Wagener/Eger
Europäische Integration

Europäische Integration

Wirtschaft und Recht, Geschichte und Politik

von

Prof. Dr. Hans-Jürgen Wagener

und

Prof. Dr. Thomas Eger

3., vollständig überarbeitete Auflage

Verlag Franz Vahlen München

Professor em. Dr. Hans-Jürgen Wagener lehrte Volkswirtschaftslehre, insbesondere Wirtschaftspolitik, an der Europa-Universität Viadrina in Frankfurt an der Oder.

Professor Dr. Thomas Eger lehrt Recht und Ökonomie an der Universität Hamburg.

ISBN 978 3 8006 4761 3

© 2014 Verlag Franz Vahlen GmbH, Wilhelmstr. 9, 80801 München
Satz: Fotosatz Buck
Zweikirchener Str. 7, 84036 Kumhausen
Druck und Bindung: BELTZ Bad Langensalza GmbH
Neustädter Straße 1–4, 99947 Bad Langensalza
Umschlaggestaltung: Ralph Zimmermann – Bureau Parapluie
Bildnachweise: © Claudia Perez Leal – fotolia.com
© Franz Pfluegl – fotolia.com
Gedruckt auf säurefreiem, alterungsbeständigem Papier
(hergestellt aus chlorfrei gebleichtem Zellstoff)

Vorwort

Europa ist keine *terra incognita*, die auf den Landkarten der Wissenschaft große weiße Flächen aufwiese mit dem Zusatz *ubi sunt leones*. Geschichts- und Kulturwissenschaften, Rechts-, Wirtschafts- und Politikwissenschaften – sie alle haben den Kontinent vermessen und in jeweils umfangreichen Literaturen kartographiert. Die „Quantenmechanik" und „Thermodynamik" der europäischen Integration harren nicht ihrer Entdeckung. Nicht dass es nichts Neues mehr gäbe unter der Sonne. Die europäische Integration ist ein historischer Prozess: Jede Scheibe des geschichtlichen Kontinuums hat, wenn auch nicht ihre eigenen Gesetze, so doch ihre besonderen Merkmale und eigenen Fragestellungen. Und keine Wissenschaft wäre mit ihrem Gegenstand je fertig. Doch bewegen wir uns auf relativ festem Grund, wenn wir behaupten, es gebe ein fundiertes positives Wissen, das zur Beschreibung Europas und seiner Entwicklung herangezogen werden kann. Fundiertes positives Wissen ist eine der Voraussetzungen für ein Lehrbuch.

Doch die Europäische Union ist ein lebendiges politisches Gebilde. Man kann es nur in seinem momentanen Zustand und in seiner Geschichte erfassen. Vorangetrieben wird es von gegenwärtigen Zwangssituationen und visionären Zukunftsvorstellungen. Das bringt Probleme mit sich, deren Lösungen in den seltensten Fällen „sauber", d.h. theoretisch konsistent sind. Vielmehr sind sie das Produkt der „inexhaustible creativity of the European compromise factory" (van Middelaar 2013: 23). Die Verhaltensmuster und Institutionengefüge, die sich dabei herausbilden, sind nur evolutorisch zu erklären, und zwar aus dem Zusammenwirken des konstitutiven Dreiecks aus Bürokratie (Kommission), Mitgliedstaaten (Rat) und Bürgern (Parlament). Die Machtbalance zwischen diesen drei Polen des Systems Europäische Union ist keineswegs fixiert. Das macht seine Entwicklung so spannend.

Die Geschichts- und Kulturwissenschaften, die Rechts-, Wirtschafts- und Politikwissenschaften haben je eigene Theorien, mit denen sie sich dem Untersuchungsgegenstand europäische Integration nähern. Ein komplexes Phänomen – was wäre komplexer als die europäische Integration! – ist gekennzeichnet durch unterschiedliche Aspekte, die von den einzelnen wissenschaftlichen Disziplinen arbeitsteilig behandelt werden. Es ist nun gleichgültig, ob man von einer Eigengesetzlichkeit der gesellschaftlichen Subsysteme Politik und Recht, Wirtschaft und Kultur ausgeht oder ob man in Spezialisierung und Arbeitsteilung nur ein Gebot der praktischen Vernunft sieht: Die Qualität der Wissensproduktion scheint auf die disziplinäre Beschränkung angewiesen zu sein. Auf der anderen Seite machen die Bedeutung des Ganzen der europäischen Integration als historisch einheitliches Phänomen und die Interdependenz der Teile eine integrierte Herangehensweise sinnvoll und haben in den immer zahlreicher aufgelegten multidisziplinären Studiengängen, die unter der Bezeichnung „Europastudien" angeboten werden, eine entsprechende Nachfrage geschaffen.

Schuster bleib bei deinem Leisten! Auch wir müssen bei unserem Leisten bleiben, der aus ökonomischem Holz geschnitzt ist. Doch wenn man die Ökonomie nicht nur in der „neo-klassischen" Theorie, sondern in ihren modernen Ausprägungen der Institutionen- und Konstitutionenökonomik sowie der ökonomischen Analyse des Rechts sieht und sich zusätzlich an die Tradition der historischen Schule erinnert mit ihren zahlreichen Verbindungen zur Rechts-, Geschichts- und Kulturwissenschaft, dann sollte das Fundament breit genug sein für eine „Ökonomie im Kontext". Genau darum geht es. Man wird auch vom wirtschaftswissenschaftlichen Ausgangspunkt nur dann der Komplexität des Gegenstandes europäische Integration gerecht, wenn die Ökonomie in den Kontext der rechtlichen, sozialen, politischen und geschichtlichen Zusammenhänge gestellt wird. Das haben wir in unserem Buch versucht.

Die vorliegende dritte Auflage verdankt sich dem großen Interesse an Europastudien. Sie musste allerdings völlig neu bearbeitet werden. Zum einen ist das der Dynamik der europäischen Integration geschuldet: Seit der letzten Auflage kam beispielsweise die Finanzmarkt- und Schuldenkrise voll zum Ausbruch und hat die Wirtschafts- und Währungsunion vor fast unlösbare Aufgaben gestellt. Zum anderen haben wir den Text substantiell gekürzt, um den Anforderungen kompakter Studienprogramme besser gerecht zu werden.

Dank gebührt all jenen, die zum Entstehen des Textes beigetragen haben, Kollegen, Mitarbeitern und Studenten, die gar nicht alle namentlich benannt werden können. Für besonders geduldige und konstruktive Kritik und Unterstützung sind jedoch zu erwähnen: Frank Bönker, David Börn, Jerg Gutmann, Patrick Leyens, Björn Menke, André Plaster, Agnes Strauß und Michaela Triebel. Als unser Freund und Kollege Herbert Brücker anbot, einige Absätze zur Arbeitskräftemobilität und Migrationsproblematik zu schreiben, haben wir erfreut zugegriffen und seinen Beitrag in unseren Text (konkret in Kapitel 6.2) eingearbeitet. Für diese Mitarbeit gebührt ihm besonderer Dank.

An der Herstellung eines Buches sind zahlreiche Personen beteiligt. Sie wie im Abspann eines Filmes vom Catering bis zum Kopierdienst einzeln aufzuführen, ist bei Büchern nicht üblich. Doch müssen wir Sophia Wagener nennen. Sie hat die Abbildungen graphisch gestaltet. Hermann Schenk und seine Kollegen im Vahlen Verlag begleiten das Projekt seit Jahren vorbildlich und engagiert, so wie Autoren es sich nur wünschen können. Das abschließende Urteil bleibt dem Leser.

Frankfurt a. d. Oder und
Hamburg, im Januar 2014

Hans-Jürgen Wagener
Thomas Eger

Inhaltsübersicht

Inhaltsverzeichnis

Inhaltsverzeichnis

Inhaltsverzeichnis

Inhaltsverzeichnis

Kapitel 1
Europa und Integration: Davon handelt das Buch

1.1 Europa – ein Kontinent, eine Geschichte, eine Kultur?

1.1.1 Europa – ein Mythos: Geschichten von geraubten Frauen

Sie stammte aus Asien, das Mädchen Europa. Zeus, der Göttervater, fand großen Gefallen an der phönizischen Königstochter. Eines Tages verwandelte er
sich in einen Stier, keinen gewöhnlichen Stier, sondern einen bunten, strah-
lenden, der aus dem Maul nach Krokus duftete, und entführte Europa von der
phönizischen (der heutigen libanesischen) Küste nach Kreta. Dort hatten sie
drei Söhne miteinander, von denen Minos und Rhadamanthys ebenfalls my-
thische Bedeutung erhielten. Sie waren die gerechtesten Menschen, führten
in Kreta, der ältesten Hochkultur auf europäischem Boden, Recht und Gesetz
ein und wurden deshalb zu Richtern im Totenreich erhoben. Die Herrschaft
des Rechts, das sei schon hier angemerkt, kann als der Kern des „Modells
Europa" (Pernice 2005: 768) gesehen werden, eine Entwicklung, die aus der
mythischen Vorzeit bis hin zur Rechtsgemeinschaft der Europäischen Union
geführt hat. Phönizischen Ursprungs ist übrigens auch der Name Europa, er
bedeute Sonnenuntergang, heißt es: Europa ist das Abendland.

Eine andere Sage ist jene vom trojanischen Krieg, den wiederum ein Frauenraub ausgelöst hatte. Um den Raub der Helena durch den trojanischen
Prinzen Paris zu rächen, schließen sich die griechischen Fürsten zusammen,
die sonst im Streit miteinander lagen, und zerstören das auf asiatischem
Boden gelegene Troja. Diese Geschichte fand ihre Fortsetzung in der römischen Gründungslegende, der *Aeneis* von Vergil (70–19 v.Chr.): Nach der
Zerstörung Trojas wandert Äneas mit seinem Vater und seinem Sohn und
mit seinen alten Götterbildern nach Italien aus, wo die Einwanderer sich mit
den Italern vermischen und Rom und die römische Kultur begründen. Die
Wahrung der italischen (europäischen) Identität ist dem Dichter, bzw. der
römischen Schutzgöttin Juno, dabei ein wichtiges Anliegen.

Box 1.1: Zuwanderer – von Anfang an

Juno, Schwester und Frau des Göttervaters Jupiter, verlangt von ihrem Bruder wütend, dass die Einwanderer aus dem fernen Troja, von denen sie wenig hält, sich
in der neuen Heimat Italien anpassen müssen, was dieser ihr um des häuslichen
Friedens willen zugesteht (Vergil: Aeneis XII, 834–7):

> „Muttersprache und Sitten behalten die Italer, auch ihr
> Name bleibt, wie er ist. Die Trojaner vermischen sich leiblich,
> Ansonsten passen sie sich an. Den Ritus des Kults stifte ich
> Neu und mache aus allen durch eine Sprache Latiner."

Ein dritter Frauenraub sei noch erwähnt. Wilhelm Graf von Orange, ein Ritter Karls des Großen, raubt Arabelle, eine arabische Königin, die sich taufen lässt und den fränkischen Namen Gyburg annimmt. Ihr Mann und ihr Vater wollen die Familienschande rächen und fallen in Südfrankreich ein. Wilhelm verliert die erste Schlacht und erst das nur mühsam zusammengetrommelte Aufgebot aller fränkischen und burgundischen Ritter führt zum Sieg über die Araber. Das ist in zahlreichen altfranzösischen *chansons de geste* und in Wolfram von Eschenbachs (um 1170–1220) nacherzähltem Versepos *Willehalm* ausführlich beschrieben worden. Ritterepen wie das Wilhelmslied und das Rolandslied feierten die Abwehr des Fremden, d.h. der Sarazenen, zu einer Zeit, da die europäischen Ritter, französische, deutsche, englische, sich mit den Kreuzzügen zur Rückeroberung des verlorenen römisch-christlichen Raums in Vorderasien und Nordafrika aufmachten. Dem Bemühen war bekanntlich kein bleibender Erfolg beschieden. Spätestens da war deutlich, dass „Europa", das christliche Abendland, auf den europäischen Kontinent beschränkt bleiben wird.

Mythen haben häufig einen wahren Kern. So auch die kretischen, griechisch-römischen und mittelalterlichen Geschichten von Frauenraub und seinen Folgen. Die vorderasiatischen und ägyptischen Kulturen sind sehr viel älter als die europäische. Deshalb hat vieles, was Europa heute ausmacht, seine Wurzeln in diesem Raum. Denken wir nur an die Schrift. Das heutige Europa kennt drei Schriften: die griechische und daraus abgeleitet die lateinische und die kyrillische Schrift. Die griechische Schrift stammt aber wiederum von phönizischen Vorbildern ab. Denken wir auch an die Religion. Nicht nur die römische Religion kam aus Griechenland und dorthin aus Asien. Konstitutiv für die europäische Kultur ist das Christentum, das aus dem Judentum entstanden ist und seine Wiege in Palästina hat. Es stimmt schon: Europa stammt aus Asien.

1.1.2 Europa – ein Kontinent und ein Geschichtsraum

Auf die Frage, was Europa sei, wird man spontan als erstes die Antwort „ein Kontinent" hören. Schauen wir uns den Atlas an, dann ist diese Antwort keineswegs selbstverständlich. Amerika, Afrika, Australien – ja, das sind deutlich Kontinente, von Meeren umschlossen. Europa dagegen ist Teil des riesigen eurasischen Kontinents. Und wie man vom indischen Subkontinent spricht, könnte man auch vom europäischen Subkontinent sprechen, obwohl der weniger klar abgegrenzt ist. Es waren die Europäer, die sich einen eigenen Kontinent zugemessen haben. Darunter tun wir es nicht.

Im Süden, Westen und Norden sind die Grenzen Europas eindeutig definiert: Mittelmeer, Atlantik und Nordmeer, wobei die Zugehörigkeit Grönlands (auf unserer Karte gar nicht mehr zu sehen), aber auch Zyperns zu Europa nicht unmittelbar einleuchten will. Als Teil Dänemarks gehörte Grönland jedoch der EU an und ist 1985 ausgetreten. Zypern (vorläufig nur der griechische Teil) ist seit 2004 EU-Mitglied. Eher problematisch sind die Grenzen im Osten. Üblicherweise werden hier der Ural (Gebirge und Fluss), das Kaspische Meer, der Kaukasus (bzw. die ihm vorgelagerte Manytsch-Senke, so dass

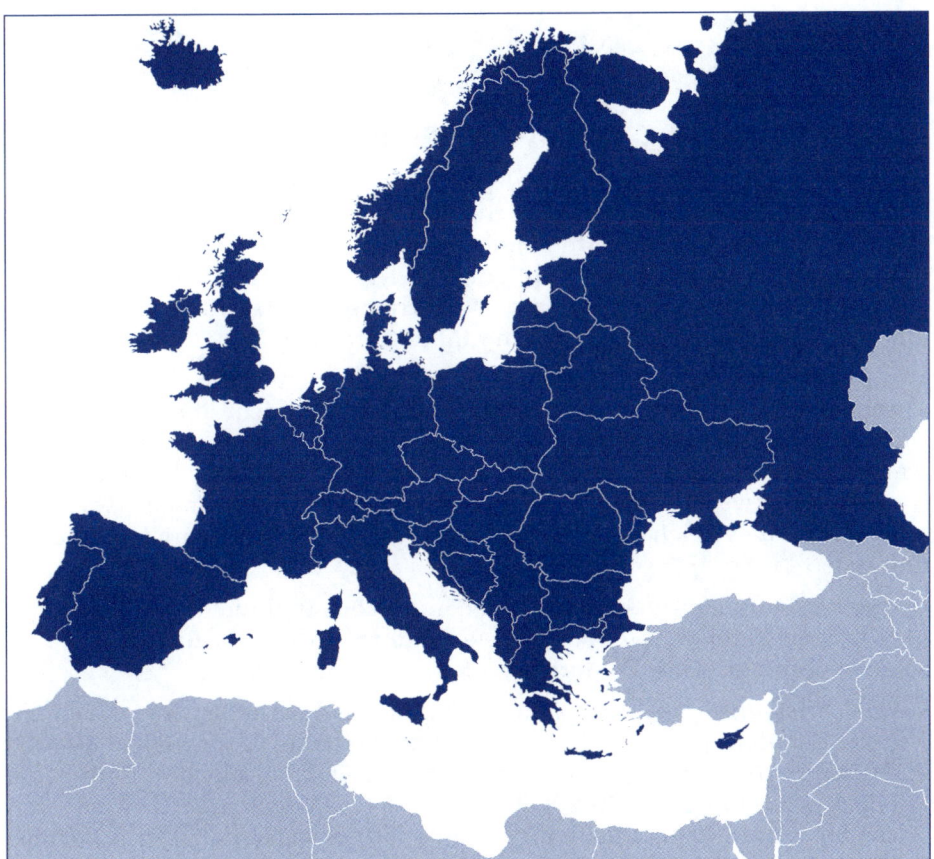

Abbildung 1.1: Der europäische Kontinent

der Kaukasus insgesamt schon Asien zugerechnet wird), und das Schwarze Meer mit Dardanellen und Bosporus als Grenze angesehen. Die Abgrenzung Europas ist relevant. Denn die Europäische Union ist eine „Union der Völker Europas" (Art. 1 EUV). Art. 49 EUV bestimmt, dass jeder europäische Staat, der die weiteren Voraussetzungen erfüllt, die Mitgliedschaft beantragen kann. Was ein europäischer Staat sei, sagt der Vertrag nicht: Es versteht sich praktisch von selbst, dass Mitgliedschaft Teilhabe am europäischen Kontinent voraussetzt.

Montesquieu (1689–1755) war einer der ersten, die in der geographischen Struktur und im Klima Europas wesentliche Ursachen für seine freiheitliche, auf das Recht gegründete und wirtschaftlich fortschrittliche Entwicklung sahen und damit den Grundgedanken der europäischen Integration formulierten (Montesquieu 1748/1961: 292):

In Europa bildet die natürliche Teilung Staaten mittleren Ausmaßes, in denen die Herrschaft der Gesetze nicht mit der Wahrung des Staates in Konflikt steht: Im

Gegenteil, sie ist so vorteilhaft, dass ohne sie dieser Staat in Verfall geriete und allen anderen unterlegen wäre. Das hat einen Geist der Freiheit geschaffen, der es für jeden schwer macht, sich von einer fremden Macht unterwerfen zu lassen, es sei denn durch Gesetz und den Nutzen seines Handels.

Die Geschichte Europas trägt ähnliche Züge wie die seiner Wiege, Griechenlands: Viele Völker und Staaten bilden sich heraus, machen sich gegenseitig den Raum streitig und führen miteinander Krieg, der im 20. Jahrhundert in der absoluten Katastrophe der zwei Weltkriege mündet. Kann man da von einer europäischen geschichtlichen Einheit sprechen?

Wann lassen wir die europäische Geschichte beginnen? Mit dem Raub der Europa in mythischer Zeit? Das tut die Geschichtsschreibung nicht. Sie sieht in der Antike eine eigene Welt, auch wenn es sich um die europäische Antike, die griechisch-römische Welt handelt. Doch das römische Reich erstreckte sich zwar über weite Teile des europäischen Kontinents, war aber ein mediterranes Reich, das im Kern Vorderasien, Nordafrika und Südeuropa umfasste.

Erst der Zusammenbruch des römischen Reiches und die Verlagerung des historischen Raumes nach Nordwesten kennzeichnet den Beginn der Geschichte Europas. Viele Faktoren spielten da zusammen:

- Die Christianisierung. Im 4. Jahrhundert haben die Kirchenväter die christliche Religion gefestigt. Der Bischof von Mailand Ambrosius (340–397) definierte das Verhältnis von Kirche und Staat. Der Mönch in Bethlehem Hieronymus (um 347–419/20) übersetzte die Heilige Schrift in eine westliche Sprache (Latein). Und der Bischof von Hippo in Nordafrika Augustinus (354–430) schaffte Klarheit über die Glaubensinhalte. Die drei repräsentieren noch ganz die geographische Ausdehnung des römischen Reiches über Europa, Vorderasien und Nordafrika.
- Die Trennung des römischen Reiches in eine östliche und westliche Hälfte. Kaiser Theodosius teilte das Reich bei seinem Tod (395) in zwei Hälften: Ostrom (Konstantinopel, Byzanz, heute Istanbul) und Westrom (zur damaligen Zeit mit Mailand als Hauptstadt). Die Trennung wurde bestimmend für die weitere europäische Geschichte. Denn während das weströmische Reich bald unterging, blieb das oströmische, byzantinische Reich bis 1453 bestehen, als die Türken Konstantinopel eroberten. Auch in der christlichen Religion lebte man sich auseinander. Es entwickelte sich eine lateinische und eine orthodoxe Kirche, die sich 1054 im großen Schisma definitiv trennten. Lange Zeit verstand sich Europa als das lateinische Europa. Und erst die europäische Integration im 20. Jahrhundert bemüht sich bewusst um das ganze Europa.
- Der Einfall der Barbaren. Das weströmische Reich löste sich auf durch den Einfall oder die Einwanderungen der so genannten Barbaren: Kelten, Vandalen, Germanen (3.–6. Jahrhundert). Auch wenn vieles von der antiken mediterranen Kultur dabei zugrunde ging, haben die neuen Herrschaftsvölker Europas andererseits vieles übernommen und adaptiert: die Sprache

(romanische Sprachen), die Schriftlichkeit (lateinische Schrift), die Architektur (romanische Baukunst) und vor allem die christliche Staatsreligion. Die Taufe des Frankenkönigs Chlodwig im Jahre 498 wird häufig als der Beginn der eigentlichen europäischen Geschichte angesehen.
*   Die Beschränkung des christlichen Abendlands auf den europäischen Kontinent. Dies ist im wesentlichen das Ergebnis der Ausbreitung des Islam im 7. Jahrhundert. Vorderasien und Nordafrika wurden von den Arabern überrannt. Sie machten am Meer nicht Halt – Spanien, Sizilien und zeitweise auch Südfrankreich wurden erobert. Doch es gelang, sie vom europäischen Kontinent wieder zu vertreiben. In Südosteuropa, das lange Zeit dem Osmanischen Reich einverleibt war, kam es zu einer Art Symbiose von Christentum und Islam. Sie war allerdings nicht immer konfliktfrei, wie wir aus den Türkenkriegen und aus der jüngsten Geschichte wissen.

Seit dem 6. Jahrhundert entwickelt sich Europa als eigener Geschichtsraum. Allerdings wurde das griechische Modell des konkurrierenden Partikularismus auf höherer Stufenleiter nachgelebt und führte ständig zu blutigen Auseinandersetzungen. Nur der Einfall des „Fremden" konnte manchmal zu einer gemeinsamen Abwehr motivieren: gegen die Araber (732 – Karl Martell), gegen die Ungarn (955 – Otto I), gegen die Türken (1683 – Johann III Sobieski).

Aus der feudalistischen Ordnung des Mittelalters, die kaum nationale Züge trug, konsolidierten sich Herrschaftsbereiche, die dann in Nationalstaaten übergingen. Sie lagen ständig im Konflikt miteinander. Und trotzdem bildete sich eine europäische Staatenordnung heraus, nach dem Frieden von Münster und Osnabrück (1648) die westfälische Ordnung genannt, die, wenn auch nicht dauerhaften Frieden, so doch zumindest eine gewisse europäische Stabilität garantierte. Sie wurde auf dem Wiener Kongress 1815 noch einmal bestätigt und brach erst mit dem ersten Weltkrieg zusammen.

1.1.3 Europa – ein Kulturraum und eine Wertegemeinschaft

Die Bedeutung des Christentums für die Herausbildung einer gesamteuropäischen Kultur kann man gar nicht überschätzen. Glaubensinhalte, Werthaltungen, Symbole, die Geschichten der biblischen Gestalten und der Heiligen, sie wurden überall verstanden. Daran änderten die Spaltungen der Kirche in orthodoxe und lateinische, in katholische und evangelische Kirchen grundsätzlich wenig. Erst der kommunistische Atheismus hat es geschafft, dass viele Leute bei der Abbildung einer Taube eher an Picasso als an den Heiligen Geist denken. Aber auch Picasso repräsentiert europäische Kultur.

Der universalistische Charakter des Christentums brachte es mit sich, dass die damit verbundene Kultur, Kunst, Wissenschaft, aber auch Technologie sich über den gesamten europäischen Raum ausbreiteten. Der Mönchsorden der Zisterzienser gilt hier als herausragendes Beispiel. Nach seiner Gründung im Jahr 1098 erstreckte er sich mit einem Netz von bis zu 742 Abteien (Zisterzen) über ganz Europa, von Portugal bis ins Baltikum und von Irland bis Griechenland. Mit ihm breiteten sich eine spezielle Baukunst, die Gotik, eine fortschrittliche Landwirtschaftstechnik, ein reformierter christlicher Glaube und der Kreuzzugsgedanke aus, was zur europäischen Integration nicht nur der ritterlich-höfischen Sphäre, sondern eben auch der ländlichen Welt führte. Ein weiteres wichtiges Element waren die ersten Universitäten (in Bologna, Padua, Paris, Oxford): Die Intellektuellen des Mittelalters bildeten eine europäische Elite. Erasmus von Rotterdam (1469–1536) ist sozusagen der Prototyp des europäischen Gelehrten: Er lebte in Rotterdam, Deventer, Cambrai, Oxford, Leuven, Turin, Florenz, Venedig, Padua, Siena, Rom, Cambridge, Gent und Basel. Er sprach sieben Sprachen, schrieb aber nur in einer, in der *lingua franca* Latein.

Die Vielfalt der Sprachen und damit der nationalen Kulturen mag auf den ersten Blick verwirrend erscheinen (Fidrmuc 2012). Und sie ist kostspielig: Mehr als 10 % der Beamten und Angestellten der EU sind Dolmetscher und Übersetzer. 24 Sprachen sind innerhalb der Europäischen Union offiziell gleichberechtigt und werden als Amtssprachen angewendet (Art. 55 EUV). Jede Erweiterung lässt neue Sprachen hinzukommen. Der riesige amerikanische Kontinent kennt – von den Indianersprachen und einigen französischen Enklaven abgesehen – nur drei Sprachen: Englisch, Spanisch und Portugiesisch. Diese kulturelle Prägung – das wird noch zu zeigen sein – bestimmt auch den gemeinsamen Markt der EU: Ein friedliches und produktives Zusammenleben der unterschiedlichen Kulturen ist nur durch wechselseitige Anerkennung möglich.

Schließlich ist die europäische Republik des Geldes zu nennen. Die Kaufleute aus den sich neu entwickelnden Städten (Venedig, Genua, Florenz, Sevilla, Lissabon, Brügge, Antwerpen, London, Hamburg, Lübeck, Riga) überzogen den Kontinent mit einem Netz von Handelsbeziehungen und Handelswegen. An den großen Messeplätzen (in der Champagne, Mailand, Verona, Medina del Campo, Frankfurt, Leipzig, Winchester, Novgorod) wurde der Handel vermittelt. Das neu entwickelte Finanzinstrument des Wechsels ließ besondere Bankplätze entstehen (Siena, Florenz, Cahors, Augsburg). Man könnte fast von einem gemeinsamen Markt sprechen. Den darf man sich allerdings nicht allzu frei vorstellen: An jedem Stadttor, an jeder Brücke war Zoll zu entrichten. Doch die Attraktivität der großen Messeplätze bestand gerade darin, geringe Zölle und Marktgebühren zu erheben.

Das Bild des europäischen Kulturraums wäre aber unvollständig, würde man nicht auch die partikularistische Gegenbewegung sehen – die Herausbildung des Nationalstaates und, schlimmer, des Nationalismus. Der Beginn dieser Bewegung manifestiert sich wiederum im religiösen Bereich. John Wycliffe (um 1320–1384), Jan Hus (um 1370–1415), Martin Luther (1483–1546), Ulrich Zwingli (1484–1531), Jean Calvin (1509–1564) sind Beispiele für die Loslösung vom universalistischen Rom und die Schaffung nationaler religiöser Bewegungen. Gleichzeitig entsteht der moderne Staat. Seine nationale Wirtschaftspolitik, der so genannte Merkantilismus, war entgegen seiner Bezeichnung keineswegs eine Fortführung der mittelalterlichen europäischen Republik des Geldes, sondern ein System des handelshemmenden Protektionismus. In Reaktion darauf betonte die politisch-ökonomische Theorie der Aufklärung die wohlfahrtsfördernde und friedenstiftende Rolle des freien Handels (*le doux commerce*) und der Aufhebung der Grenzen (*laissez faire laissez passer*). Sie bildet damit den ideologischen Grundstock der europäischen Integration.

Die Europäische Union hat als Wirtschaftsgemeinschaft begonnen. Inzwischen ist sie eine Rechtsgemeinschaft, eine Sozialgemeinschaft und ihrer Intention nach eine politische Gemeinschaft. Und die Europäische Union versteht sich als Wertegemeinschaft. Das hat sie in ihren Verträgen klar zum Ausdruck gebracht. Um die Implikationen des Begriffs Wertegemeinschaft zu verstehen, beginnen wir am besten mit einem kurzen Blick auf diese Verträge und das, was darin zu den gemeinsamen Werten gesagt wird.

Der Vertrag über die Europäische Union betont die Wertegemeinschaft sowohl in seiner Präambel als auch in seinen Artikeln. Schon die Präambel enthält den höchst bezeichnenden Satz:

> Schöpfend aus dem kulturellen, religiösen und humanistischen Erbe Europas, aus dem sich die unverletzlichen und unveräußerlichen Rechte des Menschen sowie Freiheit, Demokratie, Gleichheit und Rechtsstaatlichkeit als universelle Werte entwickelt haben, …

Schauen wir genau hin. Hier zeigt sich das Selbstbewusstsein Europas: Freiheit, Demokratie, Gleichheit, Rechtsstaatlichkeit und die Menschenrechte sind universelle Werte, doch sind sie das Produkt der kulturellen, religiösen und humanistischen Entwicklung Europas.

> **Art. 2 EUV lautet:**
> Die Werte, auf die sich die Union gründet, sind die Achtung der Menschenwürde, Freiheit, Demokratie, Gleichheit, Rechtsstaalichkeit und die Wahrung der Menschenrechte einschließlich der Rechte der Personen, die Minderheiten angehören. Diese Werte sind allen Mitgliedstaaten in einer Gesellschaft gemeinsam, die sich durch Pluralismus, Nichtdiskriminierung, Toleranz, Gerechtigkeit, Solidarität und die Gleichheit von Frauen und Männern auszeichnet.

Diese Werte sind normativ gemeint. Denn in Art. 7 EUV werden Sanktionen eingeführt, die bei einer schwerwiegenden Verletzung eines der Grundsätze greifen.

Werte als überpositive Rechtsgrundsätze repräsentieren „das Rechte", das den reinen Rechtspositivismus einschränkt und die Regulierung des Zusammenlebens bestimmten Grundsätzen unterwirft. Vor allem in dieser Form sind Werte für eine Gemeinschaft wie die Europäische Union relevant. Hierbei handelt es sich um „ethisch-sittliche Überzeugungen …, die über gemeinschaftliche Zielsetzungen und die normative Struktur politischer und gesellschaftlicher Institutionen orientieren" (Joas/Mandry 2005:

549). Charakteristisch für kollektive Werthaltungen sind ihre gewachsene Struktur und ihre historische Tiefe. Sie sind fundiert in gemeinsamen individuellen und kollektiven Erfahrungen und deren Deutungen und bilden somit die Identität der Gemeinschaft. Daraus folgt logischerweise, dass eine europäische Kultur eine europäische Entstehungsgeschichte hat. Die Menschenrechte, die Grundrechte wie Freiheit, Gleichheit, Solidarität und die Grundsätze wie Pluralismus, Toleranz, Rechtsstaatlichkeit, Demokratie sind im europäischen Kulturkreis entstanden, der – zumindest für das hier entscheidende 18. Jahrhundert – seine nordamerikanischen Ableger einschließt. Man spricht deshalb auch von der westlichen Kultur. Sie sind also Produkte der europäischen Zivilisation, da hat die zitierte Präambel des Lissabon-Vertrages schon recht.

Wenn wir mit Max Weber Bedeutung und Gültigkeit von Werten unterscheiden, dann lässt sich eine universelle Bedeutung der europäischen Werte kaum bestreiten, sehr wohl aber ihre universelle Gültigkeit. Wir brauchen nur an die Ächtung der Todesstrafe und anderer Körperstrafen, an das Abtreibungsverbot oder an die Gleichheit von Mann und Frau zu denken, um zu sehen, dass die dahinter stehenden Menschenrechte zwar universalisierbar, aber keineswegs universell gültig sind. Auch der Islam zum Beispiel kennt Menschenrechtskataloge (Europäischer Islamrat 1981, Die Kairoer Erklärung 1990, Rapport 2004). Doch da sie alle auf der Scharia, dem im Koran offenbarten göttlichen Recht, bzw. einer arabischen Tradition des 7. Jahrhunderts, basieren, sind sie keineswegs deckungsgleich mit dem europäischen Menschenrechtskatalog, der vor allem der Aufklärung, einer europäischen Tradition des 18. Jahrhunderts verpflichtet ist. Die islamischen Menschenrechte sind nach muslimischem Verständnis transzendenten Ursprungs und stellen moralische Rechte, d.h. vor allem Pflichten, dar. Die westlichen Menschenrechte sind Produkte der aufgeklärten Vernunft und sie sind juridischer Natur, d.h. individuell einklagbar.

Was läge näher, als die Entwicklung von der Transzendenz zur Vernunft und von der exklusiven Religion zum inklusiven Recht als einen universellen Prozess der Modernisierung zu interpretieren, den früher oder später alle Gesellschaften durchlaufen? Dem entspricht eine vertraute Denkgewohnheit, die wir kulturellen Monismus oder die Kantsche Hypothese nennen können. Denn sie geht auf die Aufklärungsphilosophie, unter anderem auf Kant (1795/1968) und seine Schrift „Zum ewigen Frieden" zurück. Doch auch Marx dachte mit seinem historischen Materialismus in den gleichen Bahnen. Max Weber (1920: 1) hat diese Auffassung zu Beginn seiner Aufsätze zur Religionssoziologie mit der erforderlichen Einschränkung zum Ausdruck gebracht, wenn er vom Auftreten von Kulturerscheinungen schreibt, „welche doch – wie wenigstens wir uns gerne vorstellen – in einer Entwicklungsrichtung von *universeller* Bedeutung und Gültigkeit lagen". Noch klarer hat diese Auffassung Karl Jaspers (1963: 17) ausgesprochen, dass nämlich „die Menschheit einen einzigen Ursprung und ein Ziel habe" (vgl. auch Borgolte 2005: 120).

Von dieser Vorstellung wird man sich wohl verabschieden müssen, wie Anthropologen es schon lange angemahnt haben. Kultureller Relativismus oder

Pluralismus, die Herdersche Hypothese, ist die Alternative. Es war Herder (1784-91/1974), der in seinen „Ideen zur Philosophie der Geschichte der Menschheit" die unilineare Entwicklungshypothese kritisiert hatte. Kant (1784-5/1968: 804-5) hat Herders Schrift eine ausführliche Rezension gewidmet, die auch kritisch auf diesen Punkt eingeht, nämlich auf die kulturelle Evolution der Menschheit. Claude Lévi-Strauss (1981: 218) spricht in dem Zusammenhang von falschem Evolutionismus: „… wenn man die unterschiedliche Beschaffenheit sowohl der alten als auch der entfernten Gesellschaften als *Stadien* oder *Etappen* einer einzigen Entwicklung behandelt, die, vom gleichen Ausgangspunkt herkommend, auch zum gleichen Ziel führen muß, so wird ihre Verschiedenheit zu einem bloßen Schein." Kultureller Relativismus ist die logische Konsequenz.

Doch ganz so einfach ist es mit dem Pluralismus nicht. Die Losung der Europäischen Gemeinschaft lautet „Einheit in der Vielfalt". Die erforderliche Einheit, die eine Gemeinschaft konstituiert, beruht gerade im Wertkonsens, der einheitlichen Wertebasis. Ein von einer solchen Basis nicht eingeschränkter Rechtspluralismus wäre nicht in der Lage, Freiheit und Gleichheit zu garantieren. Die Europäische Union ist eine Rechtsgemeinschaft. Das heißt nicht, dass überall die gleichen Gesetze gültig wären. Das heißt aber sehr wohl, dass überall die gleichen Grundrechte und Rechtsprinzipien gelten. Genau das verlangt der Gleichheitsgrundsatz – und, nebenbei bemerkt, der unverfälschte Wettbewerb.

Hier taucht nun ein fundamentales Dilemma auf. Wenn man von kulturellem Pluralismus ausgeht, fordert dann nicht der Gleichheitsgrundsatz, interpretiert als Nicht-Diskriminierung, dass Verschiedenes auch verschieden behandelt wird? Muss man nicht den Wertdifferenzen, der jeweils eigenen Identität von Individuen und Gruppen Rechnung tragen? Damit würde man allerdings automatisch in Konflikt mit dem verfassungsmäßigen Gleichheitsgrundsatz geraten, interpretiert als formale, unterschiedslose Gleichbehandlung aller Bürger. Auch das wird Nicht-Diskriminierung genannt, wogegen kulturalistische Relativisten einwenden, dass die normative Basis, die der unterschiedslosen Gleichbehandlung zugrunde liegt, in der Regel die Wertebasis der Mehrheit sein wird, die dann eben die Werte von Minderheiten diskriminiert (vgl. Asad 2002, Tully 2002).

Angesichts kultureller Vielfalt und Diversifizierung ist das Dilemma grundsätzlich unauflösbar. Denn eine funktionsfähige politische Gemeinschaft verlangt rechtliche Einheit. Habermas (1999c: 262) hat einen praktikablen Weg gewiesen, dem Dilemma zu entrinnen: „Die *ethische Integration* von Gruppen und Subkulturen mit je eigener kollektiver Identität muß also von der Ebene der abstrakten, alle Staatsbürger gleichmäßig erfassenden *politischen Integration* entkoppelt werden." Das heißt, von den Minderheiten wird Loyalität gegenüber der herrschenden politischen Kultur erwartet. „Gleichzeitig darf der ethische Gehalt des Verfassungspatriotismus die Neutralität der Rechtsordnung gegenüber den auf subpolitischer Ebene ethisch integrierten Gemeinschaften nicht beeinträchtigen" (ibid.: 263). Das kann eine heikle Gratwanderung sein angesichts des Totalitätsanspruchs des traditionellen Islam.

1.2 Integration – Einheit und Vielfalt

1.2.1 Was verstehen wir unter Integration?

Integration ist einer von jenen Begriffen, von denen jeder meint, er wisse, was er bedeute, und keiner eine exakte Definition geben kann. Das lateinische Wörterbuch hilft uns da nur wenig weiter: *integrare* bedeutet wiederherstellen, wieder einrenken. Im nächsten Kapitel werden wir sehen, dass die europäische Integration ursprünglich genau dies zum vornehmsten Ziel hatte, nämlich den verfeindeten, zerstrittenen Kontinent wieder einzurenken. Daran denkt man kaum, wenn man den Begriff Integration benutzt. In den europäischen Verträgen kommt er nur in der Präambel des Vertrags über die Europäische Union (EU) vor. Präambel und Art. 1 EUV sprechen dann von der „immer engeren Union der Völker Europas". Damit wird das angestrebte, aber bewusst offen gehaltene Resultat des Integrationsprozesses genannt.

Integration bedeutet „the creation and maintenance of intense and diversified patterns of interaction among previously autonomous units" (Wallace 1990: 9). Hier geht es um ein Aneinanderschließen von Räumen, innerhalb derer die jeweilige Einheit (z.B. Familie, Betrieb, aber auch Staat) tun und lassen konnte, was sie wollte, mit der Folge, dass sie nicht mehr ganz so frei ist, zu tun und zu lassen, was sie will. Dem stehen Integrationsvorteile gegenüber, vor allem niedrigere Transaktionskosten und niedrigere Risiken. Offensichtlich sind Autonomie oder Souveränität entscheidende Variablen. Absolute Autonomie, Hobbes' Naturzustand, impliziert absolute Unsicherheit bei der Begegnung mit anderen autonomen Einheiten. Daraus resultiert das Bedürfnis nach gesellschaftlicher Organisation, Integration.

Die Polis ist der Verband, innerhalb dessen Interessen – Individualinteressen und Gruppeninteressen – auf den verschiedensten Wegen zum Ausgleich gebracht werden, und der mit Nachbarverbänden nicht in institutionalisierten, sondern nur in akzidentiellen Beziehungen steht. Außerhalb oder über der Polis gibt es keine Autorität mehr, der man sich unterordnen müsste, es seien denn die Gebote Gottes oder das Naturrecht. Allerdings gibt es unterhalb des nach außen souveränen politischen Verbandes, den wir heute Staat und nicht Stadt (griechisch: *polis*) nennen, weitere Formen der Kommunikation und Assoziation mit integrativem Effekt, die zweierlei deutlich machen:

- Zum einen wäre es falsch, nur eine einfache Dichotomie Individuum – Staat zu sehen und damit den Staat als einzige und höchste Form der Integration. Integration ist ein Prozess der Vergesellschaftung und der tritt in sehr unterschiedlichen Formen auf.

- Und zum anderen hat sich das Integrationsniveau im Laufe der Geschichte territorial immer weiter ausgedehnt: von der Stadt oder noch früheren und bescheideneren Verbänden über den Staat, vor allem den Nationalstaat, zu Formen globaler Vergesellschaftung. Integration ist ein Prozess, der je nach Problemlage immer umfassender werden kann.

Diese verbandstheoretische Auffassung des Politischen ist vor allem von Johannes Althaus (1557–1638) vertreten worden, einem der Begründer der Föderalismustheorie. Er unterschied in aufsteigender Linie private und öffentliche Verbände, innerhalb derer sich die Individuen assoziieren (Althusius 1603/1995):

- die Familie
- die Berufsorganisation
- die Stadt
- die Provinz
- die Republik.

Althaus hebt drei Aspekte des Politischen hervor:

- die rechtliche Basis der Zusammenarbeit, welche die Kompetenzverteilung und Verteilung der Ergebnisse regelt (Verfassungslehre),
- die Institutionen, die daraus entstehen (Institutionenlehre),
- die Verwaltung des Gemeinwesens und Maßnahmen, die zur Wohlfahrtsmaximierung ergriffen werden (Regierungslehre).

Alle drei Aspekte sind Gegenstand der politischen Integration und ihrer theoretischen Analyse.

Wir haben es in der Sprache der Systemtheorie mit Mehrebenensystemen zu tun, wobei die Zahl der Ebenen vom jeweiligen Problem und seiner Komplexität abhängt. Ein Grundprinzip der Kompetenzverteilung in einem solchen Mehrebenensystem geht auf Althaus zurück, das Subsidiaritätsprinzip: Jede Ebene sollte ihre Möglichkeiten maximal ausschöpfen und die nächst höhere Ebene nur dann in Aktion treten lassen, wenn ein Problem auf der unteren Ebene nicht gelöst werden kann. Die Regelung der gemeinschaftlichen Probleme findet also auf mehreren Ebenen statt: *multilevel governance*. Es gibt keinen Grund zur Annahme, dass die Republik, der Nationalstaat, die höchste und letzte Integrationsstufe ist. Staaten können gemäß der oben angeführten Definition in intensive und vielgestaltige Formen der Zusammenarbeit treten, die einen regelmäßigen Charakter haben: supranationale Integration.

Box 1.2: Governance – ein Modewort, aber durchaus „kleidsam"

Wie wird ein Land – oder allgemein ein System – regiert? Unter Regierung verstehen wir normalerweise die Aktivität der zu diesem Zweck berufenen Personen, der Regierung (die deutsche Sprache macht es uns insofern schwer, als sie unter Regierung eben beides versteht, die Tätigkeit des Regierens und das Staatsorgan, das diese Tätigkeit ausübt). Die Antwort auf die Frage wird auf die drei schon genannten Aspekte Verfassung, Institutionen und Politik eingehen. Das ist Regierung im rechtlichen Sinn. Man kann Regierung aber auch allgemeiner fassen im Sinn von Kontrolle und Steuerung des Systems, eben Regieren. Dabei werden mehr Akteure als die Regierung tätig und auch mehr Aktivitäten entfaltet. In diesem allgemeineren Sinn spricht man neuerdings von Governance.

Folgende Definition von *government* im Sinn von *governance*, und nicht im rechtlichen Sinn, scheint uns brauchbar (Kaufmann/Kraay/Zoido-Lobatón, 1999: 1):

> ... the traditions and institutions by which authority in a country is exercised. This includes (1) the process by which governments are selected, monitored and replaced, (2) the capacity of the government to effectively formulate and implement sound policies, and (3) the respect of citizens and the state for the institutions that govern economic and social interactions among them.

Der Begriff gute Regierung, oder gute Policey, wie ihn vor allem die Kameralisten im 17. und 18. Jahrhundert propagiert hatten, entspricht dem heute oft verwendeten englischen *good governance*. Damit wird nicht allein die Qualität der Tätigkeit des Staatsorgans Regierung erfasst, sondern insgesamt das politische System, das Rechtssystem und die Einstellung der Bürger zu ihrem Gesellschaftssystem. Gute Regierung als Resultat erfolgreicher Integration äußert sich in Partizipation, Vertrauen und Vorhersehbarkeit, schlechte Regierung in Korruption, Inkompetenz, Instabilität und Unsicherheit. Jedes politische System, so auch die Europäische Union, hat unabhängig von seiner staatsrechtlichen Form ein Governance-Problem.

Mit diesen Formen der Zusammenarbeit beschäftigt sich in der Politikwissenschaft die Disziplin der internationalen Beziehungen. Hier sind unterschiedliche Theorien zur europäischen Integration entwickelt worden. Je nachdem ob Machterhalt und -gewinn oder Wohlfahrtsmaximierung Hauptmotiv der Zusammenarbeit ist, spielt Wirtschaft dabei eine mehr oder minder zentrale Rolle. Die älteren Formen der internationalen Zusammenarbeit fixierten sich vor allem auf Macht und Gleichgewicht, das Feld der Diplomatie und ihrer Fortsetzung mit anderen Mitteln, des Krieges. Die europäische Integration nach dem zweiten Weltkrieg lief vor allem über die ökonomische Schiene. Sie ist folglich ein Musterbeispiel für wohlfahrtspolitisch ausgerichtete internationale Beziehungen, allerdings mit der Zielsetzung, kriegerische Auseinandersetzungen in Europa zu vermeiden (siehe Kap. 2).

1.2.2 *Politische Integrationstheorien*

Hier ist nicht der Ort, die politischen Integrationstheorien ausführlich darzustellen (Rosamond 2000, Wiener/Diez 2009). Wichtig sind für uns einige Grundbegriffe und -auffassungen, die die Diskussion bestimmen. Die politische Theorie untersucht nicht nur unterschiedliche Formen der Integration, sondern fragt auch nach mehr oder weniger wünschenswerten Formen. Darüber können die Meinungen auseinandergehen. Und so sind wir mit verschiedenen Ansätzen oder Schulen konfrontiert.

Realismus: Auf der internationalen Ebene ist Macht das einzige Kommunikationsmittel. Das ist die Grundannahme älterer Ansätze in der Theorie internationaler Beziehungen, die praktisch keine supranationale Integration kennt. Staaten sind autonome Akteure, die in einer anarchischen Umgebung im Eigeninteresse handeln. Das Eigeninteresse ist primär der Selbsterhalt. Oberhalb der staatlichen Ebene herrscht der Naturzustand von Hobbes, was Gleichgewichtszustände – Frieden oder die berühmte *balance of powers* – nicht ausschließt. Internationale Beziehungen sind Freund-Feind Beziehungen orientiert an Fragen der Macht und der Sicherheit. Die Freunde von heute können aber die Feinde von morgen sein. Und das impliziert, dass man sich von ihnen tunlichst nicht abhängig macht. Ökonomische Integration ist ein zweischneidiges Schwert und Autarkie eine Maßnahme politischer Vorsicht. Hier liegt nun genau das Neue der europäischen Integration nach dem zweiten Weltkrieg: Die Freunde von heute sind mit Sicherheit auch die Freunde von morgen. Die Umgebung, in der eigeninteressierte Staaten operieren, ist nicht mehr anarchisch, sondern positiv geordnet. Und damit lassen sich die Früchte von Integration ernten. Ein verstockter Realist (z.B. Mearsheimer 1990, s. Rosamond 2000: 133) wird einwenden, das gehe solange gut, wie es gut geht, in einer Krisensituation bleibe jedoch jeder auf sich gestellt, und Konflikt sei das wahrscheinlichste Resultat.

Diesem machtorientierten älteren Realismus sind jüngere Ansätze diametral entgegengesetzt wie der normative Realismus von Jürgen Neyer (2012). Das realistische Element beruht hier in der positiven Analyse empirischer Gegebenheiten, die aber eben anders als bei den machtfixierten Realpolitikern gesehen werden, während das normative Element nach der Legitimität des supranationalen politischen Systems Europäische Union fragt. Dieses System hat einen doppelten Charakter und kombiniert den horizontalen Pluralismus selbständiger politischer Systeme mit der hierarchischen Struktur einer einheitlichen Rechtsordnung. Innerhalb der EU bleiben die Nationalstaaten mit ihrem Monopol der legitimen Gewaltanwendung und der Besteuerung weiter bestehen. Sie verordnen sich aber, zumindest in bestimmten Politikfeldern, ein einheitliches supranationales Recht. Der Ansatz schafft Raum für die Governance technokratischer Eliten. Gleichzeitig erfordert das gemeinsame Recht die Rechtfertigung partikularer Interessen gegenüber den Partnern im Gegensatz zu ihrer rein machtvermittelten Durchsetzung in internationalen Verhandlungen. Deshalb nennt Neyer den Ansatz auch deliberative Integrationstheorie: „Mehr Integration verlangt immer auch ein Mehr an Rechtfertigung" (Neyer 2013: 146).

Institutionalismus: Der klassische Realpolitiker misstraut längerfristig angelegter Integration und kann damit das komplexe Institutionengefüge der EU nicht schätzen und nicht erklären. Deshalb sind fast alle Integrationstheorien Spielarten des Institutionalismus. In ihrer Grundform sind Rational Choice, Institutionalismus und historischer Institutionalismus zu unterscheiden (Pollack 2009). Ersterer erklärt Bildung und Reform von Institutionen, das sind strukturierte Gleichgewichte, aus den Präferenzen und Verhandlungen der jeweils beteiligten Akteure. Letzterer betont, dass die erzielten Gleichgewichte nicht optimal zu sein brauchen, da sie von Rückkoppelungseffekten, Blockaden (*lock-in*) und Pfadabhängigkeiten daran gehindert werden können.

Fritz Scharpf (1988) hat beispielsweise eine Gemeinschaftsentscheidungsfalle *(joint decision trap)* konstatiert und mit der gemeinsamen Agrarpolitik illustriert: Legen die bestehenden Institutionen als Regel Intergouvernementalismus, Einstimmigkeit und ihren Fortbestand bei Nicht-Einigung fest, dann bleibt eine Institution oder Politik möglicherweise auch unter geänderten Umständen gültig. Supranationale Entscheidungen, qualifizierte Mehrheitsentscheidungen und eine zeitliche Begrenzung einer Politik wären vielleicht effizienter. Institutionalistische Ansätze werden in zwei Varianten vertreten, die sich dahin gehend unterscheiden, ob die vereinbarten Institutionen rein auf der zwischenstaatlichen Ebene angesiedelt sind oder überstaatliche Organe und damit eine Art föderaler Struktur kennen.

Intergouvernementalismus (Zwischenstaatlichkeit): Die intergouvernementale Vision als Variante des Institutionalismus (exemplarisch Moravcsik 1993) geht nicht wie die Realpolitiker unmittelbar von eigeninteressierten Staaten aus, sondern vom methodologischen Individualismus. Die Interessen eines Staates sind über den nationalen politischen Prozess aggregierte Individualinteressen. Staaten operieren zwar in einer anarchischen Umgebung, diese lässt sich aber durch zwischenstaatliche Verhandlungen stabil gestalten. Der Integrationsprozess wird also aus dem Zusammenspiel von zwei Ebenen erklärt, der nationalen politischen Ebene, auf der Regierungen eine Politik anbieten, die ihre Wiederwahl sicherstellen soll, und der internationalen Ebene, auf der sie in Verhandlungen mit anderen Regierungen versuchen, die national bestimmten Präferenzen so weit wie möglich durchzusetzen. Die Einstimmigkeitsregel sorgt dafür, dass nur Pareto-superiore Lösungen akzeptiert werden. Das schließt nicht aus, das einzelne Lösungen im Lauf der Zeit für bestimmte Mitgliedländer inferior werden – ein schwerwiegendes Problem.

Box 1.3: Zwei-Ebenen-Spiele

Internationale Verhandlungen, wie sie im europäischen Integrationsprozess ständig stattfinden, können als Zwei-Ebenen-Spiele modelliert werden (Putnam 1988, Milner 1997). Dabei werden die Nationalstaaten nicht als einheitliche Akteure aufgefasst, sondern die nationalen Regierungen müssen sich auf der unteren, nationalen Spielebene mit den internen Interessengruppen, politischen Parteien und Verwaltungen oder allgemein dem Elektorat auseinandersetzen. Auf der oberen, internationalen Spielebene findet dann der Verhandlungsprozess statt, dessen Ergebnis wiederum auf der unteren Ebene ratifiziert werden muss.

Der Verhandlungsspielraum der nationalen Regierungen wird somit einerseits von den Präferenzen und Koalitionen und den Institutionen auf der unteren Ebene determiniert und andererseits von den Strategien der nationalen Regierungen und den Institutionen (wenn es diese gibt, was bei der EU aber der Fall ist) auf der oberen Ebene. Es ist nun keineswegs so, dass Regierungen mit einem großen Verhandlungsspielraum oder auch Macht sich auf der internationalen Ebene leichter tun als solche, denen die nationale Politik enge Grenzen für akzeptable Lösungen setzt. In einer Situation, in der es ein allgemeines Interesse an einer

---

kooperativen Lösung gibt, hat eine schwache nationale Regierung, der durch die nationale Opposition die Hände weitgehend gebunden sind, auf der oberen Ebene eher eine starke Position: Sie kann keine Konzessionen machen, um den Ratifizierungsprozess nicht zu gefährden. Eine Regierung, die auf beiden Ebenen aktiv agiert, kann mit dieser Situation strategisch umgehen: Sie setzt die nationale Politik ein, um die internationalen Verhandlungen zu beeinflussen und sie setzt die internationalen Verhandlungen ein, um ihre nationalen politischen Ziele durchzusetzen.

Ein Beispiel für die Relevanz von Zwei-Ebenen Spiele sind die guten Ergebnisse, die Polen, ein Land mit einer eher schwachen Regierung, in den Beitrittsverhandlungen und in den Verhandlungen zum Lissabon-Vertrag erzielen konnte. Das Theorem der Zwei-Ebenen-Spiele führt auch zu der Vermutung, dass EU Mitgliedstaaten, in denen die Fraktion der Anti-Europäer stark ist, ihre Interessen in den Verhandlungen leichter durchzusetzen verstehen als Länder, in denen es einen breiten pro-europäischen Konsens gibt. Die britische Regierung Cameron versuchte mit der Ankündigung eines Referendums zum Verbleib Großbritanniens in der EU ihren Forderungen zur Vertragsrevision Nachdruck zu verleihen. Das Resultat steht noch aus.

Das Verhältnis zwischen den Mitgliedstaaten und supranationalen Organisationen lässt sich mit dem Prinzipal-Agent Modell beschreiben. Die Mitgliedstaaten als Prinzipal, als Herren der Verträge, wie es im EU Jargon heißt, delegieren Entscheidungsmacht an die Organisation als ihren Agenten vor allem, um Transaktionskosten der Politik zu senken, um Unsicherheit über das künftige Verhalten der Partner zu reduzieren, um die unvollständigen Rahmenverträge zu konkretisieren, um rasch zu effizienten Ausführungsbestimmungen zu gelangen, um die Einhaltung der Verträge zu kontrollieren und um sich selbst glaubhaft an diese zu binden (Pollack 2009; Moravcsik/ Schimmelfennig 2009). Die wenig realistische Annahme, dass alle Spiele zwischen souveränen Staaten Nullsummenspiele seien, wird fallen gelassen.

Der Erklärungswert dieser Theorie, vor allem des Modells der Zwei-Ebenen-Spiele, für die diskreten Integrationsentscheidungen wie Vertragsänderungen (Maastricht, Amsterdam, Nizza, Lissabon), Verfassungsvertrag oder Erweiterungsverhandlungen ist groß. Sie stößt an Grenzen, wenn sie das gesamte Gebäude der Europäischen Union und seine Evolution als intergouvernementale Veranstaltung interpretieren möchte. Die europäischen Institutionen, die auf dem Weg über zwischenstaatliche Verhandlungen entstanden sind, haben inzwischen in mancher Hinsicht überstaatlichen Charakter und sie haben ihren eigenen Einfluss auf die Integration, durch den sie in die nationale Politik der Mitgliedstaaten zurückwirken. Das europäische Niveau übt selbständig Governance aus. Dem trägt die nächste Variante des Institutionalismus Rechnung.

Funktionalismus: Auch hier handeln die Akteure rational und im Eigeninteresse. Doch haben wir es mit einer Pluralität von Akteuren zu tun, deren Interessen nicht notwendigerweise auf der nationalen Ebene aggregiert werden. Eine Grundthese des Funktionalismus (Haas 1958/1968; Schmitter 1971; Niemann/Schmitter 2009) lautet: Die Form folgt der Funktion. Die Entwicklung der Institutionen unterliegt dabei Lernprozessen und verläuft kontinuierlich, keineswegs nur in den diskreten Schritten der Regierungsverhandlungen wie bei den Intergouvernementalisten. Einmal eingerichtet entwickeln die Institutionen ein Eigenleben. Vor allem kommt vom einen das andere: Aus einer Entscheidung ergibt sich – häufig unvorhergesehen – die Notwendigkeit einer weiteren (*spill-over* oder Anschlusseffekte*)*, so dass die Akteure weniger eine langfristige Vision verfolgen, sonder „they 'stumble' from one decision into the next" (Niemann/Schmitter 2009: 48). Eine Zollunion bedingt einen gemeinsamen Markt, der im Rahmen einer Währungsintegration besser funktioniert, die wiederum eine engere wirtschaftspolitische Koordination voraussetzt. Dieser Spill-over-Prozess ist so komplex, dass er von einer gemeinsamen Autorität vorbereitet und koordiniert werden muss. Der funktionale Integrationsdruck wird damit von einer institutionalisierten Integrationspolitik unterstützt. Deshalb haben die supranationalen, die Brüsseler Eliten eigene Spielräume. Diese Eliten, nicht nur die EU Beamten, sondern auch die Repräsentanten der Mitgliedstaaten, lösen sich häufig von den direkten nationalen Präferenzen, schreiben der Integration einen eigenen Wert zu und suchen den Konsens. Das wird *engrenage* (Verzahnung) genannt.

Der europäische Integrationsprozess, den wir im nächsten Kapitel etwas näher verfolgen, weist wesentliche Züge funktionalistischer Zusammenarbeit mit Anschlusseffekten auf. Die Institutionen der Union, vor allem die Kommission in Brüssel, sind mit pragmatischen Problemlösungen beschäftigt – häufig wird das abschätzig als Brüsseler Technokratie bezeichnet. Nun gibt es keine Technokratie, keine Verwaltung von Sachen, ohne Politik: Präferenzen sind zu bestimmen, Verteilungen sind festzulegen, gegensätzliche Interesse sind auszugleichen. Problem einer stark funktionalistisch orientierten Integration ist das „Politische", das außerhalb der Brüsseler Zirkel Konsens schaffen muss und Identität schaffen könnte. Es spielt eine untergeordnete Rolle. Daraus erklärt sich vielleicht auch die geringe Partizipation der Bürger Europas an der europäischen Politik. Bei Europawahlen ist die Wahlbeteiligung notorisch niedrig, und die Bürger nehmen zuweilen diese Gelegenheit wahr, um ihren nationalen Regierungen einen Denkzettel zu geben in Ermangelung von Europa-relevanten politischen Inhalten, denen man einzelne Parteien zuordnen könnte mit Ausnahme der Europa-kritischen Parteien.

Solange es um den Prozess und die Formen der Integration geht, schließen sich die institutionalistischen Theorien nicht gegenseitig aus. Intergouvernementale Verhandlungen, die durch den Verhandlungsspielraum der nationalen Regierungen begrenzt werden, sind die wichtigste Quelle neuer Integrationsformen. Sie werden allerdings nicht ausschließlich von den nationalen Regierungen vorbereitet, sondern von zahlreichen weiteren Akteuren. Einmal ins Leben gerufen treiben Anschlusseffekte ihre Entwicklung voran, wobei der weitere Pfad von historisch getroffenen Entscheidungen mitbestimmt wird.

1.2.3 Ökonomische Integration

In der Ökonomie taucht der Begriff Integration in der Theorie der internationalen Wirtschaftsbeziehungen auf. Aber auch da ist er relativ jung und erst nach dem zweiten Weltkrieg allgemein in Umlauf gekommen (Machlup 1977). Die neo-klassische Wirtschaftstheorie in ihrer einfachsten und abstraktesten Form betrachtet Produzenten und Konsumenten als Wirtschaftssubjekte, die auf Märkten über Preise miteinander kommunizieren und ihre Güter und Dienste austauschen. Der ideale Markt ist voll integriert, d.h. nur die direkten Produktionskosten und Präferenzen spielen eine Rolle – ein Punktmarkt, auf dem naturgemäß vollständige Information herrscht. Das gibt es in der realen Welt nicht. Die Wirtschaftssubjekte sind im Raum verteilt und sie sind in politisch-sozialen Verbänden organisiert. Aus der ersten Tatsache resultieren natürliche Handelsbeschränkungen, ganz allgemein Entfernung bzw. Transportkosten. Aus der zweiten Tatsache resultieren politisch-soziale Handelsbeschränkungen tarifärer und nicht-tarifärer Art. Nicht alle davon sind politisch gesetzt – man denke nur an kulturelle und sprachliche Unterschiede. Integration bedeutet nun eine Bewegung auf den hypothetischen Punktmarkt zu, d.h. die Reduktion der Handelsbeschränkungen.

Box 1.4: Eine Definition der ökonomischen Integration

Das klassische Werk zur Theorie der ökonomischen Integration wurde von Bela Balassa (1961) verfasst. Seine Definition lautet (Balassa, 1961: 1):

> We propose to define economic integration as a process and as a state of affairs. Regarded as a process, it encompasses measures designed to abolish discrimination between economic units belonging to different national states; viewed as a state of affairs, it can be represented by the absence of various forms of discrimination between national economies.

Diese Definition ist uns etwas zu eng, da sie rein legalistisch nur wirtschaftspolitische Diskriminierung berücksichtigt, während schon Augustin Cournot (1801 – 1877) die Äquivalenz von Zöllen und Transportkosten konstatiert hat (Cournot 1838/1980: 94). Integration ist ein Prozess, der die Kommunikation der Märkte fördert. Den Zustand, den dieser Prozess hervorbringt, nennen wir Union.

Im Falle der natürlichen Handelsbeschränkungen findet Integration vor allem durch technischen Fortschritt im Transport- und Kommunikationssektor statt. Im Falle der politisch-sozialen Handelsbeschränkungen findet Integration zum einen durch den Abbau der politisch gesetzten Hemmnisse statt – negative Integration. Zum anderen schaffen gemeinsame Institutionen einen einheitlichen Rahmen – positive Integration (Tinbergen 1954). Darüber hinaus spielen Lernprozesse und interkulturelle Kommunikation eine wichtige Rolle.

Schon an dieser Stelle drängt sich die Frage auf, warum Integration denn erstrebenswert sei. Die intuitive Antwort darauf ist ein Theorem des neo-klassischen Modells, das auf die klassischen Ökonomen Adam Smith (1723 – 1790) und David Ricardo (1772–1823) zurückgeht: Arbeitsteilung und Spezialisierung führen im Zusammenhang mit einer maximalen Ausnutzung komparativer Kostenvorteile im Handel zu höchstmöglicher Wohlfahrt. Alles was den Handel behindert, reduziert die Wohlfahrt. Neo-klassisch orientierte, liberale Ökonomen neigen deshalb zu negativer Integration. Nun ist das neoklassische Modell allerdings weiterentwickelt worden. Vor allem die Theorie des Marktversagens und die Institutionentheorie weisen dem Staat eine ökonomische Aufgabe zu. Der Staat hat subsidiär den Markt zu unterstützen, und das legitimiert positive Integration. Aus der potentiellen Inkongruenz der ökonomischen und politischen Räume ergibt sich die Notwendigkeit, dass bestimmte wirtschaftspolitische Maßnahmen, wenn sie ein optimales Marktresultat sicherstellen sollen, nicht an den Landesgrenzen haltmachen. Zwischenstaatliche Kooperation und Koordination wird erforderlich.

Es hat nun den Anschein, als ob aus der negativen Integration auf quasi naturgesetzliche Weise die positive Integration folge. Diese Auffassung wird im Theorem der Anschlusseffekte (Spillover-Theorem) der funktionalistischen Integrationstheorie explizit ausgesprochen. Und der europäische Einigungsprozess scheint diese Auffassung zu stützen. Es ist aber nicht zu übersehen, dass die europäische Integration international ein eher singuläres Ereignis ist. Die Gegenposition ist ebenso vertreten worden: Negative Integration führt zu positiver Desintegration oder ökonomische Integration führt zu politischer Desintegration (Alesina, Spolaore, Wacziarg 2000). Seit dem Zweiten Weltkrieg sind vor allem die tarifären Handelshemmnisse dank der verschiedenen GATT-Runden und vielleicht auch dank ökonomischer Einsicht in die wohlfahrtsfördernde Wirkung freien Handels in erheblichem Maße abgebaut worden. Die Staaten der Welt wurden offener. Gleichzeitig hat die Zahl der Mitgliedländer der Vereinten Nationen von 74 im Jahre 1946 auf 193 im Jahre 2013 zugenommen.

Die theoretische Intuition ist relativ einfach. Auf Grund von Skaleneffekten wird die Produktivität einer Wirtschaft von der Größe ihres Marktes bestimmt. In einer Welt mit Handelsbeschränkungen hängt die Größe des Marktes von der Größe des Landes ab. Fallen die ökonomischen Grenzen, die Handelsbeschränkungen, dann sind die politischen Grenzen für Marktgröße und Produktivität irrelevant. Im Bereich der Politik hat Größe des Landes jedoch einen negativen Effekt: Je größer das Land desto heterogener ist in der Tendenz seine Bevölkerung. Unterschiedliche Präferenzen erschweren die politische Willensbildung und verteuern den Entscheidungsprozess. Offene Wirtschaften können sich kleine, effiziente politische Verbände leisten, oder umgekehrt: Kleine politische Verbände müssen den freien Handel propagieren. Wir haben es allerdings mit *trade-offs* zu tun (Alesina/Spolaore/Wacziarg 2000: 1285):

- In fact, being part of a political unit may facilitate trade, even in a world without tariffs.

- … a reduction in the costs of heterogeneity would bring about, simultaneously, larger countries and easier trade. Thus, a direct effect of increased

‚tolerance' would run against, and partly counterbalance, the relationship between country size and trade.

Toleranz gehört, wie wir sahen, zu den zentralen Werten der EU.

1.2.4 Freihandel oder Protektion?

Für den Verkehr von Gütern, Dienstleistungen, Arbeit und Kapital werden Grenzen häufig zu unüberwindlichen Hindernissen auf Grund staatlicher Regelungen. Den Regierungen stehen hierfür so zahlreiche Möglichkeiten zur Verfügung, dass eine erschöpfende Aufzählung sich verbietet. Beschränken wir uns auf die wesentlichen, und das sind erst einmal die Handelshemmnisse, die sich vor allem auf den Güterverkehr erstrecken. Wir unterscheiden:

Tarifäre Handelshemmnisse, das sind Zölle.

- Schutzzölle und Finanzzölle: Zölle können unterschiedlichen Funktionen dienen. Sie haben für den Staat die angenehme Eigenschaft, Einnahmen zu generieren. Da Zölle relativ einfach zu erheben sind (Straßen-, Brücken-, Tor- und Flusszölle), waren sie lange Zeit die wichtigste Staatseinnahme. In moderner Zeit haben Steuern die fiskalische Rolle der Zölle übernommen, die jetzt vor allem der Protektion bestimmter Wirtschaftssektoren dienen.
- Import- und Exportzölle: Die Verschiebung der Funktion von fiskalischen auf protektionistische Ziele führt dazu, dass es heute fast nur noch Importzölle gibt. Das heißt aber nicht, dass der staatlichen Wirtschaftspolitik der Export egal wäre. Ganz im Gegenteil. Die entsprechenden Maßnahmen, Exportsubventionen nämlich, kann man durchaus als negative Exportzölle betrachten. Sie fallen ebenfalls unter die GATT Bestimmungen und sind generell unzulässig. Auf die Details der Erhebung (Mengen- oder Wertzölle z.B.) wollen wir hier nicht eingehen.

Nicht-tarifäre Handelshemmnisse. Darunter fallen alle anderen Maßnahmen, die den freien Verkehr steuern sollen. Der wirtschaftspolitischen Phantasie sind dabei kaum Grenzen gesetzt.

- Importquoten: Mengenmäßige Importbeschränkungen, die im Prinzip den gleichen Effekt haben wie Zölle. Allerdings ist die Schutzwirkung unmittelbarer, wodurch Umgehungen, z.B. durch Dumping, unmöglich werden. Und dann haben Quoten in erster Instanz keine fiskalische Wirkung. Wie bei jeder mengenmäßigen Beschränkung von Angebot und Nachfrage müssen die verfügbaren Mengen rationiert werden, was in diesem Fall über Importlizenzen geschieht. Indem der Staat die Lizenzen versteigert, kann er sich die Quotenrenten, d.h. die Entsprechung der Zolleinnahmen, aneignen. Anderenfalls fallen sie den Lizenzeignern zu, die im Inland oder im Ausland ansässig sein können.
- Freiwillige Exportbeschränkungen (*voluntary export restraints VERs*): Hier haben wir es mit einer mengenmäßigen Handelsbeschränkung von seiten des Exportlandes zu tun. Im Effekt sind freiwillige Exportbeschränkungen einer Importquote äquivalent. Schon der Name wirft die Frage auf: warum? Die Initiative geht natürlich vom Importland aus, das einen Industriezweig schützen will. Das Exportland ist bereit, einen entsprechenden Vertrag zu

schließen, um andere Maßnahmen von seiten des Importlandes zu vermeiden. Der Vorteil für das Exportland liegt in der Quotenrente, die ihm
zufällt, d.h. es wird über den erhöhten Preis Einkommen von den Konsumenten des Importlandes in das Exportland transferiert.

- Anti-Dumping Maßnahmen: Auf liberalisierten Märkten spielt die Frage
  des fairen Wettbewerbs eine große Rolle. Unternehmen, die zu Hause eine
  Monopolposition einnehmen, haben einen Anreiz, ihre Preise zu differenzieren und auf dem Heimatmarkt höhere Preise zu verlangen als auf dem
  internationalen Markt. Konkurrenten auf dem internationalen Markt sehen
  darin unfairen Wettbewerb oder Dumping und veranlassen ihre Regierungen, Anti-Dumping Maßnahmen zu ergreifen. Wir haben es hier also
  mit einer bedingten Protektion zu tun. Da der Nachweis des Sachverhalts
  im Einzelfall häufig schwer fällt, besteht immer wieder ein Anreiz, dieses
  wettbewerbspolitische Instrument für allgemeine Protektionszwecke zu
  missbrauchen.

- Nationale Produktmarktregelungen: Jedes Land kennt eine Fülle von
  Bestimmungen, denen Produkte genügen müssen, um auf dem Markt
  zugelassen zu werden – Sicherheitsvorschriften, Gesundheitsvorschriften,
  Umweltvorschriften usw. Hier ist die manifeste Funktion nicht der Schutz
  inländischer Produzenten, sondern der Schutz der Konsumenten oder
  Umwelt. Trotzdem haben Produktmarktregulierungen latent eine protektionistische Wirkung. Eine der wichtigsten Aufgaben der Zollbehörden an
  der Grenze ist die Überprüfung der Waren auf ihre Konformität. Sie bleibt
  bestehen, auch wenn die Zölle gefallen sind.

- Staatliche Beschaffungspolitik: Auf diesem Gebiet wurde die diskriminierende Wirkung lange Zeit für völlig legitim gehalten. Ist es nicht
  selbstverständlich, dass der Staat seine Straßen und Universitäten von
  inländischen Baufirmen bauen lässt, seine Lokomotiven und Panzer bei
  inländischen Unternehmen bestellt? Der Umfang des staatlichen Konsums
  und der staatlichen Investitionen nimmt aber einen erheblichen Anteil des
  Sozialprodukts in Anspruch, der auf diese Weise inländischen Anbietern
  vorbehalten bleibt – ausländische Anbieter werden diskriminiert.

Die genannten Beispiele betreffen fast alle den Güterverkehr. Doch auch
Dienstleistungen werden grenzüberschreitend angeboten. Im Transportsektor kennen wir seit der englischen Navigationsakte (1651) nationale Schutzmaßnahmen für die heimischen Spediteure. Andere Dienstleistungen werden direkt von staatlichen Monopolen angeboten: Eisenbahntransport, Post,
Telekommunikation, ähnliches gilt für die sogenannten öffentlichen Versorgungsbetriebe für Strom, Gas, Wasser. Schließlich sind noch Verkehrsbeschränkungen für die Produktionsfaktoren Arbeit und Kapital zu nennen.
Bei der Arbeit spielen neben den rechtlichen Behinderungen die sozialen
und kulturellen Grenzen eine wichtige Rolle. Der freie Kapitalverkehr wird
wirkungsvoll durch die Inkonvertibilität der Währungen behindert. Kurzum,
Integration als Abschaffung diskriminierender Beschränkungen des freien
Verkehrs von Gütern, Diensten, Kapital und Arbeit hat ein weites Betätigungsfeld.

Wenn wir seit über 200 Jahren, d.h. spätestens seit Adam Smith und David Ricardo, wissen, dass freier Handel wohlfahrtsteigernd wirkt, dann stellt sich natürlich die Frage, warum die Politik überhaupt Handelsbeschränkungen einführt und warum es so großer Anstrengungen bedarf, sie wieder abzuschaffen. Um das zu verstehen, müssen wir uns vergegenwärtigen, dass ein Zoll, das klassische Beispiel einer Handelsbeschränkung, aber ebenso mengenmäßige Beschränkungen und sogenannte Maßnahmen gleicher Wirkung nicht nur einen Allokationseffekt, d.h. Wohlfahrtsverluste, mit sich bringen, sondern auch eine Umverteilung der Wohlfahrt.

Box 1.5: Konsumenten- und Produzentenrente

Die Konsumentenrente ist der Wohlfahrtsgewinn, den die Konsumenten insgesamt aus dem Konsum des jeweiligen Gutes ziehen. Man stellt fest, was ein Käufer für eine Einheit maximal zu zahlen bereit gewesen wäre und was er tatsächlich zahlen musste. Die Differenz wird über alle gekauften Einheiten addiert. Die Konsumentenrente ist also das Resultat aus der unterschiedlichen Zahlungsbereitschaft individueller Konsumenten und dem Gesetz vom einheitlichen Preis. Da sich jeder Punkt auf der Marktnachfragekurve als der Preis interpretieren lässt, den ein Konsument maximal zu zahlen bereit wäre, um die entsprechende Einheit zu konsumieren, entspricht die Konsumentenrente der Fläche zwischen der Nachfragekurve und der Preisgeraden.

In Analogie zur Konsumentenrente lässt sich die Produzentenrente berechnen. Sie ist der Wohlfahrtsgewinn, den die Produzenten insgesamt aus Produktion und Absatz des jeweiligen Gutes ziehen. Dabei wird für jede verkaufte Einheit des Gutes die Differenz gebildet zwischen dem Angebotspreis, den ein Verkäufer mindestens für die verkaufte Einheit fordert, und dem tatsächlich erzielten Marktpreis. Der Angebotspreis entspricht den Grenzkosten des einzelnen Produzenten, d.h. den Produktionskosten einer zusätzlichen Einheit des Gutes. Jeder Punkt auf der Marktangebotskurve lässt sich als der Preis interpretieren, den ein Verkäufer mindestens fordert, und so entspricht die Produzentenrente der Fläche zwischen der Preisgeraden und der Angebotskurve.

Die Gesamtrente, die Summe aus Konsumenten- und Produzentenrente, gilt als grobes ökonomisches Maß für die gesellschaftliche Wohlfahrt auf dem entsprechenden Markt.

Schauen wir, wie sich die Erhebung des Zolls auf das heimatliche Land H und auf den Rest der Welt (Land W) auswirkt.

Abb. 1.2 zeigt in seiner linken Hälfte das Exportangebot (A_X) des Landes W und in seiner rechten Hälfte die Importnachfrage (N_M) des Landes H und das mit A_X identische Importangebot A_M frei Grenze. Dabei ist Land H nicht klein, beispielsweise die Europäische Union, und seine Nachfrage hat Einfluss auf den Preis auf dem Weltmarkt. Im Ausgangszustand herrscht Freihandel und damit der Weltmarktpreis p*. Die Menge Oq* wird exportiert, bzw. importiert. Jetzt erhebt Land H, die EU also, einen Zollsatz von t. Eines ist sicher: Die Importnachfrage wird zurückgehen. Damit sinkt aber auch der

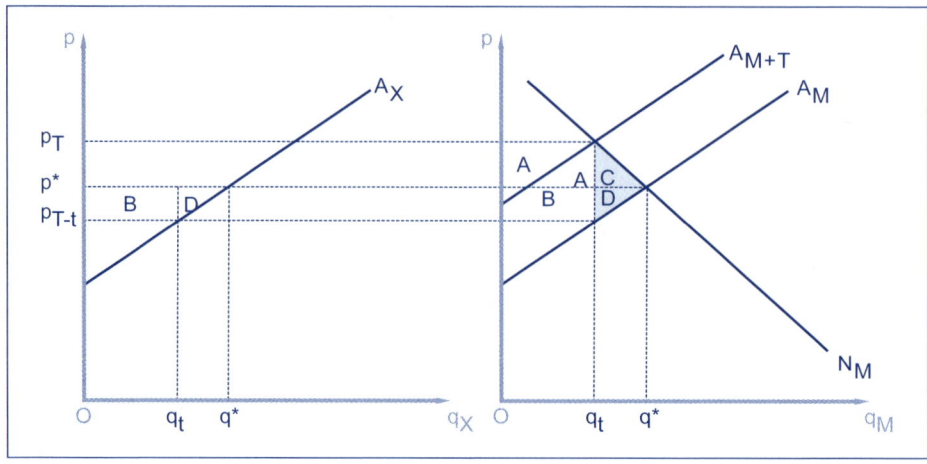

Abbildung 1.2: Auswirkungen eines Zolls auf die Gewinne aus dem Außenhandel

Exportangebotspreis auf p_{T-t}, so dass der neue Marktpreis im Land H (p_T) nicht um den vollen Zollsatz t erhöht wird. Der neue Weltmarktpreis p_{T-t} ist auch der Marktpreis im Land W. Die Konsumentenrente aus dem Außenhandel sinkt in H um (A + C), die Staatseinnahmen nehmen um (A + B) zu. In Land W sinkt die Produzentenrente um (B + D), wobei B einen Rententransfer von W nach H darstellt. Der Nettoeffekt für die Welt insgesamt beträgt (– C – D).

Die gesamtwirtschaftlichen Kosten eines Importzolls im Vergleich zum Freihandel werden aus Abb. 1.3 deutlich. Die Wohlfahrtsveränderungen in Land W (linke Hälfte der Abbildung) und in Land H (rechte Hälfte der Abbildung) sind in Tab. 1.1 zusammengestellt.

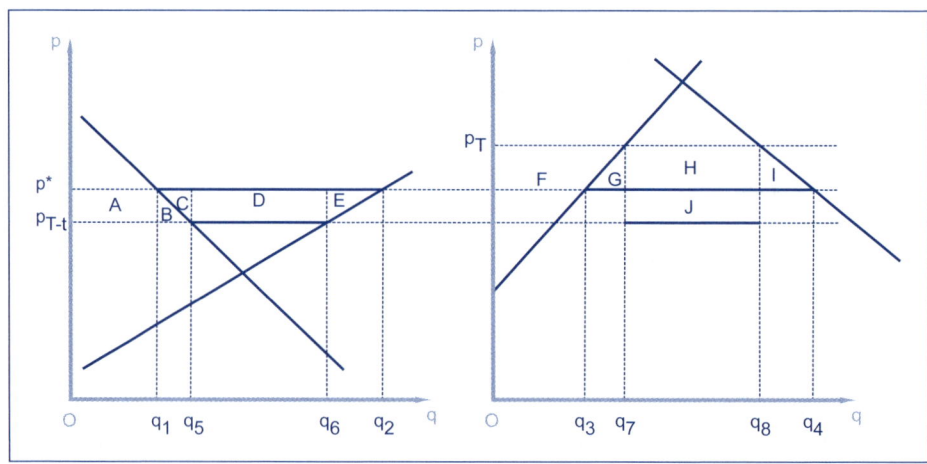

Abbildung 1.3: Wohlfahrtseffekte eines Zolls

Tabelle 1.1: Wohlfahrtsveränderungen

	H	W	H + W
Konsumentenrente	– F – G – H – I	A + B	A + B – F – G – H – I
Produzentenrente	F	– A – B – C – D – E	F – A – B – C – D – E
Staatseinnahmen	H + J		H + J
Gesamtrente	J – G – I	– C – D – E	– C – E – G – I

Beginnen wir mit dem Ausland. Dort sinkt der Marktpreis, was den Konsumenten nützt und den Produzenten schadet, allerdings ist der Gewinn für die Konsumenten geringer als der Verlust für die Produzenten. Die Einführung eines Importzolls durch das Inland wirkt sich immer negativ auf die Wohlfahrt des Auslands aus. (Deshalb heißt eine solche Politik auf Englisch auch *beggar-thy-neighbour* Politik.)

Nicht ganz so eindeutig stellt sich die Situation im Inland dar. Hier verlieren die Konsumenten und gewinnen die Produzenten durch die gestiegenen Preise, gleichzeitig gewinnt die Öffentlichkeit durch Zolleinnahmen. Wir sehen somit: Der Einfluss eines Importzolls auf die Wohlfahrt des Inlandes kann sowohl positiv als auch negativ sein. Positiv wirkt sich die Tatsache aus, dass ein Importzoll zu einer Senkung des Preises des Importgutes frei Grenze führt. Ein Teil der Zolleinnahmen entspricht somit Verlusten der ausländischen Hersteller (J = D in Abb. 1.2 bzw. B in Abb. 1.1). Negativ wirkt sich die Tatsache aus, dass das Handelsvolumen zurückgeht und somit nicht alle Vorteile des Handels genutzt werden (– G – I in Abb. 1.3 bzw. – C in Abb. 1.2). Es hängt letztlich von der Höhe der Zölle und der Steigung der jeweiligen Angebots- und Nachfragekurven ab, ob sich ein Importzoll positiv – dann spricht man von einem Optimalzoll – oder negativ auf die inländische Wohlfahrt auswirkt. Die globale Auswirkung auf Inland und Ausland zusammen ist allerdings immer negativ, wie sich leicht aus einer Addition der beiden Teilergebnisse ableiten lässt.

Mengenmäßige Importbeschränkungen haben letztlich dieselben Preis- und Mengeneffekte wie ein äquivalenter Zoll. Die Verteilung ist aber eine andere. Der Staat erhält keine Zolleinnahmen mehr. Etwas anders liegt der Fall bei den „Maßnahmen gleicher Wirkung", wie etwa unterschiedlichen Sicherheits- und Qualitätsstandards. Hierdurch werden reale Ressourcenkosten verursacht, nämlich die zusätzlichen Kosten, die dadurch entstehen, dass ein Hersteller seine für den Export bestimmten Waren an die nationalen Vorschriften des Importlandes anpassen muss (Hansen/Nielsen 1997: 28 ff.; Baldwin/Wyplosz 2012: 133 ff.). Somit müsste der Abbau derartiger „unsichtbarer" Handelshemmnisse zu einer höheren Wohlfahrtssteigerung führen als eine äquivalente Zollsenkung. Dieses Argument ist allerdings nur gültig, solange die „Maßnahme gleicher Wirkung" ausschließlich eine protektionistische Funktion erfüllt. Dienen nationale Produktstandards dazu, Marktversagen unter jeweils spezifischen nationalen Bedingungen zu bekämpfen, so sind die berechneten Wohlfahrtsverluste der „Preis" für die Behebung des Marktversagens – und es ist zu prüfen, ob sich dieser Preis ökonomisch rechtfertigen lässt.

Schauen wir noch einmal auf die Grafiken, dann nehmen wir neben dem Wohlfahrtsverlust zwei weitere Effekte des Zolls wahr:

- *Schutzeffekt:* Die inländische Produktion steigt von q_3 auf q_7. Unter den gemachten Annahmen ist eigentlich niemand daran wirklich interessiert. Aber sobald wir die Annahme des vollständigen Wettbewerbs fallen lassen, werden sowohl die Unternehmer wie die Arbeiter des betroffenen Sektors den Zoll begrüßen. Ob er ihnen langfristig hilft, bleibe dahingestellt.

- *Umverteilungseffekt:* Die inländische Konsumentenrente geht zurück, die inländische Produzentenrente steigt, und der fiskalische Umverteilungseffekt erbringt dem Staat Zolleinnahmen auf Kosten der Konsumenten und des Auslands. Ganz offensichtlich profitieren durch die Protektion Unternehmen und Staat, während die Konsumenten – und das Ausland – die Zeche bezahlen.

Soweit eine stark vereinfachte Darstellung des Freihandelstheorems. Stark vereinfacht heißt auch, die Annahmen sind sehr restriktiv. Es handelt sich um ein statisches Argument: Die Faktorausstattung ist gegeben, die Technik ist gegeben, es gibt keine neuen Produkte. Und es wird vollständiger Wettbewerb angenommen: homogene und substituierbare Produktionsfaktoren, atomistische Konkurrenz, keine Skalenerträge, vollständige Information. Das hat zur Folge, dass die durch den Import im betrachteten Produktionssektor freigesetzten Produktionsfaktoren in anderen Sektoren Einsatz finden, möglicherweise in Exportsektoren, und so die Wohlfahrt noch weiter steigern. Vollbeschäftigung ist offensichtlich kein Problem. Genau bei diesen Annahmen setzte schon früh die Kritik von Cournot (1838/1980: 119–25) an. Ähnlich, wenn auch weniger formal, verläuft das bekannte *infant industry* Argument, das wir zum ersten Mal bei Friedrich List (1789–1846) antreffen. Es ist sinnvoll, Industrien zu schützen, die möglicherweise eine strahlende Zukunft vor sich haben (sogenannte *sunrise industries*), die aber zur Zeit auf Grund von Marktunvollkommenheiten, z.B. erheblichen Kostendegressionen, nicht konkurrenzfähig sind. In einer Welt, in der nicht alle Länder den gleichen technischen und kognitiven Entwicklungsstand aufweisen, ist Freihandel die beste Protektion der führenden Nationen. Denn sie produzieren mit den niedrigsten Kosten und beherrschen bei ungehindertem Zutritt die Weltmärkte. So nimmt es kaum Wunder, dass im 19. Jahrhundert England und im 20. Jahrhundert die USA die stärksten Verfechter der Freihandelspolitik waren.

Die Schlussfolgerung ist nun ziemlich einfach: „trade is not free because politically-influential groups can be made better off by policy interventions in trade" (Rodrik 1995: 1470). Denn die Konsumenten sind nun einmal die politisch am schwächsten organisierte Gruppe, während Arbeiter und Unternehmer einzelner Sektoren ihre Stimme – sicher mit unterschiedlicher Intensität – durchaus geltend machen können, und der Staat seine fiskalischen Interessen ebenfalls durchzusetzen weiß. Nun sind Handelsbeschränkungen nicht das einzige Instrument, mit dem man Umverteilung betreiben kann.

Warum sehr häufig gerade das theoretisch ineffizienteste Instrument, eben Handelsbeschränkungen, gewählt wird, ist eine schwierige Frage.

1.2.5 Formen der ökonomischen Integration

Die einfachste Form der ökonomischen Integration ist eine Abnahme der Transport- und Kommunikationskosten. Die Fortschritte, die in den letzten 150 Jahren in dieser Hinsicht gemacht wurden, sind für die Entwicklung der Wohlfahrt kaum überzubewerten. Die Beseitigung von künstlichen Handelsbeschränkungen verlangt einen gewissen Grad von Gegenseitigkeit. Das Allgemeine Zoll- und Handelsabkommen (*General Agreement on Tariffs and Trade*, GATT) und die Welthandelsorganisation (*World Trade Organisation*, WTO, s. Kap. 2) sind Foren, in denen entsprechende Vereinbarungen auf globaler Ebene getroffen werden. Verhandlungen, an denen die meisten Handelsnationen der Welt beteiligt sind, weisen enorme Schwierigkeiten auf. Zu unterschiedlich sind Entwicklungsstand, Handelsstruktur und Interessen der einzelnen Länder. Schrittweise negative Integration ist das höchste, was auf diesem Weg zu erreichen ist, und tatsächlich ist auf diesem Wege der Welthandel seit 1948 erheblich liberalisiert worden. Formen der positiven Integration darf man allerdings auf der Ebene nicht erwarten.

Die Konsequenz aus den langsamen Fortschritten der globalen Liberalisierung sind präferentielle Handelsabkommen oder regionale Integrationsabkommen *(regional integration agreements, RIAs)*. Grundsätzlich sind solche Abkommen mit dem Meistbegünstigungsprinzip des GATT nicht in Einklang zu bringen: Was man seinem Nachbarn als Vergünstigung einräumt, muss man allen Mitgliedern des GATT bzw. der WTO einräumen. Davon macht der GATT Artikel 24 jedoch explizit eine Ausnahme: Präferentielle, regionale Integrationsabkommen sind unter bestimmten Voraussetzungen erlaubt. Und so treffen wir zahlreiche solcher Abkommen an. Die bekanntesten sind die Europäische Union und die Nordamerikanische Freihandelsassoziation (NAFTA).

Seit Balassa (1961) werden als Formen der regionalen Integration unterschiedliche Stufen wirtschaftspolitischer Maßnahmen verstanden, die eine Reduzierung der künstlichen Handelshemmnisse bewirken und die unterschiedliche Grade negativer und positiver Integration beinhalten. Grundtypen sind:

- Freihandelszone
- Zollunion
- Gemeinsamer Markt
- Währungsunion
- Fiskalunion
- Wirtschaftsunion
- Sozialunion.

Die Freihandelszone ist der am häufigsten auftretende Typ. Er ist durch rein negative Integration gekennzeichnet. Wie der Name andeutet, herrscht unter ihren Mitgliedern freier Handel, d.h. alle tarifären Handelshemmnisse werden abgeschafft. Bei den nicht-tarifären Verkehrsbeschränkungen ist das nicht ganz unproblematisch. Mengenmäßige Beschränkungen sind bereits durch das GATT Abkommen verboten. Aber um Produktmarkregelungen, staatliche Beschaffungspolitik und Wettbewerbsverhalten in den Griff zu bekommen, sind häufig sehr umfangreiche Verträge notwendig und administrative Organe, die ihre Einhaltung überwachen, bzw. Streitigkeiten schlichten. Die naive Idee, wir schaffen einfach die Zölle ab und haben dann Freihandel, entspricht nicht mehr der komplexen Realität.

Die Mitglieder einer Freihandelszone behalten sich die handelspolitische Souveränität Drittländern gegenüber vor. Das führt zu unterschiedlichen Außenzöllen. Ohne weitergehende Regelungen würde der gesamte Import aus Drittländern über das Land mit dem jeweils niedrigsten Außenzoll getätigt. Das Land mit dem niedrigsten Zoll hätte die höchsten Zolleinnahmen und die anderen Mitgliedländer gar keine. Um diesem Problem beizukommen, führt eine Freihandelszone Ursprungszertifikate ein: Nur was in einem Mitgliedstaat hergestellt wurde, geht zollfrei über die Grenze. So weit, so gut. Was aber wurde in einem Mitgliedstaat hergestellt? Abkommen über Freihandelszonen legen in der Regel fest, wie viel Prozent der Wertschöpfung eines Gutes in einem Mitgliedstaat erbracht werden müssen, um als Produkt des Mitgliedstaates zu gelten. Ursprungszertifikate und ihre Kontrolle machen einen erheblichen Kostenfaktor einer Freihandelszone aus. Das Freihandelsabkommen zwischen Polen und der EG von Anfang der 1990er Jahre bestand aus 13 Seiten allgemeine Bestimmungen und 60 Seiten, die die Ursprungsregelungen festlegten (Baldwin, Venables 1995: 1635).

Diese Kosten lassen sich im Rahmen einer Zollunion vermeiden. Denn eine Zollunion ist eine Freihandelszone mit gemeinsamen Außentarifen. Damit ist der erste Schritt einer positiven Integration genommen: Der einheitliche Außenzoll wird durch eine gemeinsame Handelspolitik festgelegt. Die Zolleinnahmen aus dem gemeinsamen Außentarif können grundsätzlich bei den importierenden Ländern belassen werden. Sobald die Zollunion in die nächste Stufe, den gemeinsamen Markt, übergeht, in dem es keine internen Grenzen mehr gibt, würde die Verteilung der Zolleinnahmen zu einem Problem. Dann ist die in der Europäischen Gemeinschaft gewählte Lösung die einfachste: Die EU als supranationale Institution erhält die Zolleinnahmen.

Wirklich freier Handel wurde in der EU erst mit der Schaffung des Gemeinsamen Marktes, Europa 1992, ermöglicht. Das setzte um einiges weitergehende positive Integrationsschritte voraus. Der gemeinsame Markt beschränkt sich nicht auf die Liberalisierung des Güterverkehrs, sondern schließt auch die Dienstleistungen und die Faktorbewegungen ein – freier Kapitalverkehr und freie Mobilität von Arbeitskräften. Um das zu ermöglichen, sind erhebliche Koordinationsanstrengungen in der Wirtschaftspolitik erforderlich. Es ist deshalb fraglich, ob man den gemeinsamen Markt scharf von der Wirtschaftsunion trennen kann, in der die Wirtschaftspolitik koordiniert wird. Für die marktbezogene Wirtschaftspolitik ist das bereits im gemeinsamen Markt unerlässlich. Wie Währungs-, Fiskal- und Sozialunion andeuten, können diese Politikfelder als gesonderte Integrationsschritte betrachtet werden.

Inwieweit sie sich untereinander bedingen und in welcher Reihenfolge sie implementiert werden sollten, ist eine theoretische und auch praktische Frage.

Was bringt die regionale ökonomische Integration? Die Antwort auf diese Frage ist nicht notwendigerweise identisch mit der Antwort auf die Frage, was bringt die ökonomische Integration allgemein. Denn während eine generelle Liberalisierung als erstbeste Politikwahl für die Maximierung der Wohlfahrt angesehen werden kann – unter Einschränkungen, wie wir bereits sahen –, ist eine regional beschränkte Liberalisierung nur ein *second best*. Das bedeutet, dass ein Überwiegen der positiven Effekte nicht *ex ante* vorausgesetzt werden kann. Sie ist im Einzelfall nachzuweisen. Die Wirtschaftstheorie hat sich mit den Effekten der präferentiellen ökonomischen Integration vor allem in zwei Diskursen beschäftigt. Der mikro-ökonomische Diskurs behandelt die Theorie der Zollunion und nahm seinen Ausgang mit dem klassischen Beitrag von Jacob Viner (1950). Der makro-ökonomische Diskurs behandelt die Theorie der Währungsunion und greift dabei regelmäßig auf Robert A. Mundells (1961) Theorie des optimalen Währungsraums zurück. Die Theorie der Zollunion (s. Kap. 5) und die Theorie der Währungsunion (s. Kap. 10) sind Ausgangspunkte für ein Verständnis der regionalen Integration.

1.2.6 *Ordnungspolitische Präferenzen und Integration*

Es ist nun unmittelbar einzusehen, dass es ordnungspolitische Präferenzen bezüglich negativer und positiver Integration gibt. Liberale Ökonomen, die sich auf die Fahnen schreiben „so wenig Staat wie möglich", werden negative Integration vorziehen. Etwas weniger orthodoxe liberale oder gar sozialdemokratische Ökonomen vertreten die Position, dass eine gut funktionierende Marktwirtschaft sich nicht spontan entwickelt, sondern ordnender Eingriffe bedarf auf nationalem wie auf supranationalem Niveau. Nationale und supranationale Ordnungspolitik sind ebenso wie negative und positive Integration keine unvereinbaren Alternativen, sondern sie sind auf wohlfahrtsmaximierende Weise miteinander zu kombinieren.

Ordnungspolitische Präferenzen bestimmen die institutionelle Struktur eines Wirtschaftssystems. Einmal installiert sind die Institutionen nur mit hohen Kosten zu ändern. Sie determinieren Verhalten, Struktur und Strategie der Unternehmen und legen so die komparativen Vorteile fest. Peter Hall und David Soskice (2001) unterscheiden zwei Grundtypen: liberale Marktwirtschaften und koordinierte Marktwirtschaften, wobei die anglo-amerikanischen Wirtschaftssysteme für erstere typisch sind und die kontinental-europäischen Systeme für letztere. Die Wirtschaft eines Mitgliedstaates und damit auch seine Regierung müssen ein vitales Interesse daran haben, dass die Ordnungspolitik der Gemeinschaft die komparativen Vorteile des jeweiligen Mitgliedstaates nicht in Gefahr bringt.

Ein kurzer Vergleich der Positionen von England und Deutschland in den Verhandlungen zum Vertrag von Maastricht macht das deutlich (Fioretos 2001; s. auch Bönker 2013). England hat eine liberale Marktwirtschaft: Einfluss und Interventionspotential des Staates sind gering, der Koordinierungsmechanismus vertraut auf deregulierte Märkte und nur wenig auf direkte Unternehmenszusammenarbeit, die Unternehmen können deshalb Probleme kollektiven Handelns nur unzureichend auffangen, was sich in der Berufsausbildung, bei der langfristigen Finanzierung und im Bereich von Forschung und Entwicklung niederschlägt. Diese institutionelle Struktur geht einher mit einer Niedrig-Kosten- und Niedrig-Qualifikationsstrategie (was High-Tech Produkte nicht grundsätzlich ausschließt). Das Verhalten der Unternehmer ist vornehmlich auf kurzfristige Gewinnmaximierung gerichtet. Deutschland hat eine koordinierte Marktwirtschaft: Neben dem Markt spielt die direkte Koordination der Unternehmen eine wichtige Rolle, die über extensive Eigentumsverflechtungen und eine tiefe Verbandsstruktur vermittelt wird. Das erlaubt eher die Bewältigung von kollektiven Handlungsproblemen: Investitionen in Berufsausbildung, langfristige Finanzierung, Technologieentwicklung. Die industriellen Beziehungen sind durch umfangreiche gesetzliche Regelungen (soziale Sicherung, Mitbestimmung) charakterisiert. Diese Institutionenstruktur bringt ein Hoch-Lohn- und Hoch-Qualifikations-Gleichgewicht mit sich. Das Verhalten der Unternehmer ist langfristig orientiert.

Drei zentrale Politikfelder der Maastricht-Verhandlungen waren die Währungsunion, die Sozialpolitik und die Industriepolitik.

- *Währungsunion:* Ein Land wie England, dessen Institutionenstruktur vor allem die Kosten zur strategischen Wettbewerbsvariable macht, aber kaum über Möglichkeiten für eine koordinierte Kostenkontrolle (wie z.B. die tripartiten Tarifabsprachen, das so genannte Polder-Modell in den Niederlanden) verfügt, wird den Wechselkurs als wirtschaftspolitisches Instrument ungern aufgeben. Deutschland dagegen, das mit relativ hohen Kosten produziert, wird stabile Wechselkurse oder eben eine einheitliche Währung vorziehen, da damit die Gefahr eines Wettbewerbs über Abwertungsschlachten ausgeschlossen ist.

- *Sozialpolitik:* Spätestens seit den Reformen von Margaret Thatcher (1925–2013) betrachten britische Unternehmer eine kostenintensive Arbeitsmarkt- und Sozialpolitik als unverträglich mit den institutionellen Vorteilen ihrer liberalen Marktwirtschaft. England hat deshalb das Sozialprotokoll von Maastricht nicht unterzeichnet (später allerdings den Vertrag von Amsterdam, der seine Bestimmungen in den EG-Vertrag integriert) und besteht nach wie vor auf dem Einstimmigkeitsprinzip in sozialpolitischen Fragen. Deutschland hingegen unterstützt sozialpolitische Mindestvorschriften, um auf diese Weise „Sozialdumping" durch Wettbewerber zu verhindern und die eigenen sozialpolitischen Standards zu verteidigen, die einen Teil der institutionellen Vorzüge seiner koordinierten Marktwirtschaft ausmachen.

- *Industriepolitik:* In der Industriepolitik nahmen vor allem England und Frankreich kontroverse Positionen ein. In einer liberalen Marktwirtschaft ist Industriepolitik grundsätzlich Anathema, während Frankreich eine lange Tradition dirigistischer Eingriffe kennt, um die Wettbewerbsposition der nationalen Unternehmen zu stärken. Dieses Ziel sollte auf europäischem Niveau verfolgt werden, vor allem im Bereich von Forschung und

Entwicklung. Art. 173 AEUV wurde ein Kompromiss. Aber entscheidend für England war die Beibehaltung der Einstimmigkeitsregel für wichtige Maßnahmen in dem Bereich.

Es wird deutlich, dass England, nachdem es den gemeinsamen Markt mit der Einheitlichen Europäischen Akte tatkräftig vorangetrieben hatte, sich aus weitergehenden Integrationsschritten möglichst herauszuhalten versucht *(opting-out)*, weil sie in der Tendenz seine liberale Marktwirtschaft unterhöhlen. Deutschland dagegen versucht, sein Modell der koordinierten Marktwirtschaft nach außen abzusichern, indem es europaweite Regelungen unterstützt, die ein Verwässern seiner Institutionen durch dumping-artigen Wettbewerb verhindern.

Kapitel 2
Die Evolution der Europäischen Integration

2.1 Modelle und Etappen der Europäischen Integration

2.1.1 Multilaterale, globale Kooperation?

„Until 1945 at least, Europeans may have been one of the most consistently belligerent groups of peoples anywhere in the world." (Pagden 2002: 14). Viele Faktoren gaben 1945 dazu Anlass, die Nachkriegsordnung auf eine völlig neue Basis zu stellen:

- Die Katastrophe des Zweiten Weltkriegs, die das Fehlschlagen der antagonistischen Friedensordnung von 1919 verdeutlichte.
- Das Erschrecken über die Exzesse des Nationalismus, die vor allem Deutschland an den Tag gelegt hatte.
- Die Einsicht, dass ein dauerhafter europäischer Friede eine Aussöhnung und dann die Kooperation zwischen Frankreich und Deutschland voraussetze.
- Die gleichzeitige Einsicht, dass wirtschaftliche Prosperität in Europa ein wirtschaftlich gesundes Deutschland bedingt.
- Die Weltwirtschaftskrise der 1930er Jahre, die praktisch erst durch Aufrüstung und Krieg zu Ende gebracht wurde. Sie war durch eine protektionistische *beggar-thy-neighbour* Politik verschärft worden.
- Die Spaltung der Welt in zwei Hälften, die sich ideologisch unversöhnlich gegenüberstanden und jeweils zum Ziel setzten, die andere Hälfte zu überflügeln, wenn nicht auszulöschen.
- Die Errichtung der Grenze zwischen diesen beiden Weltmächten mitten in Europa, die im Eisernen Vorhang und später (1961) in der Berliner Mauer ihre konkrete Gestalt fand.
- Die zwei aus dem „kalten Krieg" folgenden politischen Strategien: Eindämmung (*containment*: George Kennan (1904–2005)) und Wettbewerb der Systeme (Nikita Chruščëv (1894–1971)). Sie machten militärische Stärke und gleichzeitig Wohlfahrtssteigerung erforderlich und stellten damit höchste Anforderungen an das Wirtschaftssystem.

Der zweite Weltkrieg hinterließ ein ökonomisch ruiniertes Europa – im Westen wie im Osten. Aus der Entfernung von fast 70 Jahren gesehen erscheint Integration – und zwar auf beiden Seiten des Eisernen Vorhangs – geradezu als zwingende Lösung der aufgeworfenen Probleme. Es gab im Westen verschiedene Ansätze, bevor die Konstruktion der Europäischen Gemeinschaft gefunden wurde. Im Osten herrschten Stalin und das Sowjetimperium.

Nach Ende des Krieges lagen die Länder Europas, die besiegten und die siegreichen, in Trümmern. Güterknappheit und Devisenknappheit bei inkonvertiblen nationalen Währungen verhinderten ein Wiederaufleben des internationalen Handels und führten zu einem rigide kontrollierten Außenwirtschaftsregime mit Zöllen und Quoten. Dabei hatte man sich schon 1944 in Bretton Woods darauf verständigt, die Lehren aus der verfehlten Politik während der Weltwirtschaftskrise zu ziehen. Bretton Woods legte die Währungsordnung für die Nachkriegsperiode fest: ein System fester Wechselkurse mit der Verpflichtung der nationalen Zentralbanken, diese, wenn nötig, durch Interventionen zu stabilisieren. Und es schuf ein System internationaler Finanzinstitutionen, nämlich die Weltbank und den Internationalen Währungsfonds. Die Weltbank, gestartet unter dem Namen *International Bank for Reconstruction and Development*, hatte als ersten Auftrag, den Wiederaufbau in Europa zu unterstützen. Erst im Laufe der Zeit rückte ihr zweiter Auftrag in den Vordergrund, der sich auf die wachsende Zahl der Entwicklungsländer in den dritten Welt richtet. Der Währungsfonds hatte zur Aufgabe, das vereinbarte internationale Währungssystem zu unterstützen, d.h. die Konvertierbarkeit der nationalen Währungen zu steigern und bei Zahlungsbilanzproblemen kurzfristige Kredite zu gewähren.

Box 2.1: Konvertibilität

Der Begriff Konvertibilität beschreibt die Umtauschmöglichkeit von Zahlungsinstrumenten in andere Zahlungsinstrumente und letztlich in Waren. Je konvertibler ein Zahlungsinstrument ist, desto eher sprechen wir von Geld. In einem freien Markt weisen die legalen Zahlungsmittel die höchste Konvertibilität auf, und umgekehrt setzt ein freier Markt vollständige Konvertibilität der legalen Zahlungsmittel voraus. In einer Planwirtschaft ist das nicht gegeben, da Zahlungsbereitschaft allein nicht über die Verfügbarkeit von Gütern entscheidet.

Im internationalen Zahlungsverkehr bezeichnet Konvertibilität die Umtauschmöglichkeit von nationalen Währungen. Wiederum weist ein freier Devisenmarkt die höchste Konvertibilität auf bzw. setzt ein freier Devisenmarkt vollständige Konvertibilität voraus. Sie kann durch Devisen- und Kapitalverkehrskontrollen eingeschränkt sein, um offene Ungleichgewichte in der Zahlungsbilanz zu vermeiden. Hier unterscheidet man Konvertibilität der laufenden Posten, worunter Zahlungen im Zusammenhang mit dem Handels- und Dienstleistungsverkehr, den Arbeits- und Vermögenseinkünften aus dem Ausland und den unentgeltlichen Übertragungen verstanden werden, und Kapitalkonvertibilität, die den freien Kapitalverkehr und damit auch eine ungehinderte Spekulation ermöglicht. Deshalb ist volle Kapitalkonvertibilität eher umstritten im Gegensatz zur vollen Konvertibilität der laufenden Posten.

Neben der Weltwährungsordnung hatte man unmittelbar nach dem Krieg auch versucht, den Güterverkehr zu liberalisieren. Zu diesem Zweck wurde 1947 in Genf das Allgemeine Zoll- und Handelsabkommen (*General Agreement on Tariffs and Trade* – GATT) geschlossen, das eine vorläufige Regelung zur Senkung der Zölle zum Inhalt hatte. Wesentliche Elemente sind:

- Meistbegünstigung, d.h. jedem GATT Mitglied ist der Zoll zu gewähren, der gegenüber dem am günstigsten gestellten Land erhoben wird. Davon ausgenommen sind Freihandelszonen und Zollunionen, wie z.B. die EU, – natürlich, denn sie haben intern definitionsgemäß einen Zollsatz von Null, den sie nicht auf den Rest der Welt ausdehnen wollen.
- Ein Verbot, bestehende Handelsbeschränkungen zu verschärfen oder neue einzuführen.
- Ein grundsätzliches Verbot mengenmäßiger Beschränkungen, von Einfuhrquoten also.

Diese Regelung war „vorläufig", weil gleichzeitig eine Welthandels-Charta ausgehandelt wurde, die zur Internationalen Handelsorganisation (*International Trade Organisation* – ITO) führen sollte. Nach dem Ort der Unterzeichnung heißt die Charta auch Havanna-Charta. Sie erlitt jedoch das Schicksal so mancher internationalen Vereinbarung – sie wurde (in diesem Fall von den USA) nicht ratifiziert und konnte damit nicht in Kraft treten. So blieb die „vorläufige" Vereinbarung des GATT, die nur ein Verhandlungsforum ohne Rechtspersönlichkeit darstellte, bis zum Jahr 1994 die Grundlage der Welthandelsordnung. 1994, mit dem Abschluss der sogenannten Uruguay-Runde der GATT-Verhandlungen, wurde die Welthandelsorganisation (*World Trade Organisation* – WTO) gegründet. Sie führt die Aufgaben des GATT fort. Als weltumspannende Handelsordnung haben GATT und WTO nur ein Ziel: Liberalisierung des internationalen Handels. Dies wird Schritt für Schritt in Verhandlungsrunden (Dillon-Runde, Kennedy-Runde, Tokio-Runde, Uruguay-Runde, Doha-Runde) konkretisiert, die sich häufig über viele Jahre hinweg ziehen.

Während die Bretton Woods und GATT-WTO Vereinbarungen sich auf Marktwirtschaften beschränkten (China wurde 2001, Russland erst 2012 Mitglied der WTO), schufen die Vereinten Nationen (VN) eine Reihe von rechtlich selbständigen Organisationen und Gremien, die grundsätzlich globaler Natur waren und insbesondere auch die planwirtschaftlich organisierten Länder der zweiten, der kommunistischen Welt umfassten. Sie brauchen hier nicht im einzelnen vorgestellt zu werden. Wichtige Beispiele sind:

- Ernährungs- und Landwirtschaftsorganisation (*Food and Agriculture Organization* – FAO; 1945)
- Organisation der VN für Erziehung, Wissenschaft und Kultur (*UN Education, Science and Cultural Organization* – UNESCO; 1945)
- Welthandelskonferenz (*UN Conference on Trade and Development* – UNCTAD; 1964)
- Organisation der VN für industrielle Entwicklung (*UN Industrial Development Organization* – UNIDO; 1966).

In unserem Zusammenhang ist vor allem die Wirtschaftskommission für Europa (*Economic Commission for Europe* – ECE) zu erwähnen, eine der fünf Regionalkommissionen der Vereinten Nationen, die 1947 ins Leben gerufen wurde. Ihre ursprüngliche Aufgabe war es ebenfalls, den Wiederaufbau des kriegszerstörten Europa zu fördern, und darüber hinaus, zur Lösung von grenzüberschreitenden Problemen beizutragen, z.B. im Umwelt-, Energie- und Transportbereich. Die Tatsache, dass hier grundsätzlich Ost- und Westeuropäer zusammenarbeiteten, hatte in der Zeit des kalten Krieges zweierlei zur Folge: Die ECE war handlungsunfähig, sie war aber auch eines der wenigen Gremien, wo Ost und West über die gesamte Periode hinweg (nicht immer unverfälschte) Informationen austauschten. Wenn es eines Beweises dafür bedurft hätte, dass europäische Integration in der Zeit des kalten Krieges nur im regionalen Kontext von Ost und West möglich war, so lieferte die ECE ihn.

Auch wenn die Hilfe des Marshall-Plans ursprünglich den Ländern Ost-mitteleuropas ebenso angeboten wurde wie Westeuropa, beginnt mit die-sem Programm praktisch die regionale Integration Westeuropas. Das war durchaus das Ziel der amerikanischen Politik. Denn 1947 hielt nicht nur der US-Außenminister George Marshall (1880–1959) seine berühmte Rede vor der Harvard Universität, sondern es wurde auch die bereits erwähnte Politik der Eindämmung (*containment*) mit der Truman-Doktrin formuliert. Unmit-telbarer Anlass war eine Hilfe für Griechenland und die Türkei, um die dort drohende Ausbreitung des Kommunismus zu verhindern.

Der Marshall-Plan, bzw. das Auslandshilfegesetz (*Foreign Assistance Act*, 1948) stellte in der Zeit von 1948–1952 im Rahmen des Europäischen Wieder-aufbauprogramms (*European Recovery Program* – ERP) den Ländern Westeu-ropas insgesamt rund 13 Mrd. US $ zur Verfügung. Die Mittel hatten einen doppelten Zweck: Sie sollten intern ein Kreditvolumen für den Wiederaufbau schaffen und sie sollten extern internationale Liquidität bereitstellen, d.h. konvertible Dollar, um generell den internationalen Handel wieder zu beleben und speziell die für den Wiederaufbau benötigten Importe zu ermöglichen. An diese Hilfe knüpften die USA Bedingungen: Der Protektionismus der 1930er Jahre war abzubauen, der Handel zu liberalisieren, und die europäischen Länder verpflichteten sich zur Zusammenarbeit. „To guide Europe on the road to recovery" wurde 1948 eine internationale Organisation gegründet, die *Organization for European Economic Cooperation* (OEEC), die für die Vertei-lung der Mittel und die Einhaltung der Bedingungen verantwortlich war. Wie schon der Name sagt, war das Ziel der OEEC Kooperation, nicht Integration.

Box 2.2: European Recovery Program (ERP)

Der doppelte Zweck des ERP wurde dadurch erfüllt, dass europäische Impor-teure von amerikanischen Waren diese in nationaler Währung bezahlten, und zwar an einen nationalen Fonds, während die amerikanischen Exporteure Dollar aus dem ERP-Fonds erhielten. Zwischen den beiden Fonds fand kein Ausgleich statt, so dass der nationale Fonds Kapital akkumulierte, das revolvierend und über die Zinszahlungen wachsend in der Form von Aufbaukrediten ausgeliehen werden konnte. Die Dollarkredite des ERP zahlte die Bundesrepublik aus dem Bundeshaushalt zurück. In Deutschland entstand dadurch das so genannte ERP-Sondervermögen des Bundes, das über die Kreditanstalt für Wiederaufbau (KfW) für Aufbaukredite, nach der Wiedervereinigung vor allem auch in Ostdeutschland, eingesetzt wurde und wird.

Der internationale Wirtschaftsverkehr in Europa war wegen der Inkonvertibilität der Währungen erheblich behindert. Unter solchen Bedingungen können Länder eigentlich nur bilateralen Handel treiben, der auch bilateral auszugleichen ist. Denn ein Bilanzüberschuss mit einem Partnerland (also ein Guthaben in der Währung dieses Partnerlandes) lässt sich auf Grund der Inkonvertibilität nicht ohne weiteres auf ein anderes Land übertragen, dem gegenüber man ein Handelsdefizit aufweist. Genau dieses Problems nimmt sich eine Zahlungsunion an, die für den Kreis ihrer Mitgliedstaaten den Transfer von Bilanzsalden (*clearing*) organisiert. Zusätzlich kann eine Zahlungsunion auch gewisse Kreditfazilitäten zum kurzfristigen Ausgleich eines kumulativen Defizits zur Verfügung stellen. Zu diesem Zweck wurde in Westeuropa 1950 die Europäische Zahlungsunion (EZU) ins Leben gerufen. Die Basis hierfür schuf eine Grundausstattung der EZU mit Dollar aus dem ERP. Organisatorisch wurde das Clearing innerhalb der EZU über die Bank für Internationalen Zahlungsausgleich (BIZ) in Basel abgewickelt.

Die EZU war erfolgreich: In der zweiten Hälfte der 1950er Jahre wurden die europäischen Währungen mehr und mehr konvertibel, so dass die EZU 1958 ihre Tätigkeit einstellen konnte. Auch die OEEC wandelte sich mit der Lösung ihrer ursprünglichen Aufgabe. 1961 ging sie in der Organisation für wirtschaftliche Zusammenarbeit und Entwicklung (*Organization for Economic Cooperation and Development* – OECD) auf. Durch Zutritt der USA und Kanadas wurde aus dem europäischen Klub ein atlantischer Klub. Später kamen mit Japan, Australien, Neuseeland Länder aus anderen Erdteilen hinzu, und es wurde ein Klub der Industrieländer.

Der Osten Europas war von dieser Entwicklung abgekoppelt. Natürlich hätten Polen oder die Tschechoslowakei gerne die angebotene Marshall-Plan Hilfe angenommen. Aber dem setzte Stalin ein eindeutiges *njet* entgegen: Die mit dem ERP verbundenen Bedingungen implizierten eine Integration in den westlichen Wirtschaftsraum und würden die sowjetischen Hegemonialansprüche unterminieren. Wenn Amerika seinen Verbündeten Wirtschaftshilfe leistete, dann konnte die zweite Weltmacht das auch. 1949 rief sie deshalb den Rat für gegenseitige Wirtschaftshilfe (RgW) ins Leben als Gegenveranstaltung zur OEEC. (Ähnlich wie die Bundesrepublik in der OEEC war auch die DDR nicht von Anfang an Mitglied des RgW.) Nur fehlten der Sowjetunion die Mittel, ein dem ERP vergleichbares Programm aufzulegen. Ganz im Gegenteil fand anfänglich ein Transfer von Ressourcen aus den Satellitenstaaten in die UdSSR statt. Und so blieb diese Veranstaltung erst einmal auf dem Papier. In späteren Jahren versuchte der RgW nach dem Vorbild der EZU die Multilateralisierung des Handels der sozialistischen Planwirtschaften untereinander zu fördern. Doch auch diesem Bemühen blieb wegen der Systemeigenschaften der Wirtschaften der Erfolg versagt. Die Integration von Zentralplanwirtschaften setzt einen übernationalen Zentralplaner voraus. Genau diese Rolle hatte Chruščëv Anfang der 1960er Jahre dem RgW zugedacht. Doch so etwas war selbst im Sowjetimperium nicht durchsetzbar.

Politische Integration enthält in der Regel sicherheitspolitische Aspekte. In einer Welt, die in zwei Blöcke geteilt ist, welche auch noch in einem kalten

Krieg miteinander liegen, häufig am Rande eines heißen Atomkrieges, ist Sicherheit ein Hauptmotiv für den Zusammenschluss. Die Länder z.B., die nach 1990 in die EU strebten (Osterweiterung), strebten mit mindestens ebenso großem Nachdruck unter den Schutzschild der NATO, wo sie auch sehr rasch Aufnahme fanden. Die Interdependenz von militärischer und wirtschaftlicher Stärke ist bereits angesprochen worden. Dieser Integrationsaspekt soll in unserem Buch nicht näher behandelt werden. In der Gründungsphase der Europäischen Union spielte die sicherheitspolitische Integration eine wichtige Rolle. Und es gab wiederholte Versuche, hierfür eine europäische Lösung zu finden, Versuche, die vor allem auch von den USA unterstützt wurden. Sie schlugen aber alle fehl. So kam die atlantische Lösung der NATO zustande. Das bedeutet, Europa, das sich in den 70 Nachkriegsjahren zu einer ökonomischen Weltmacht zusammenschloss, überließ die Führungsrolle in der Sicherheitspolitik den USA und macht auch heute noch wenig Anstalten, auf diesem Gebiet selbständig zu werden. Anzumerken ist, dass die NATO nicht das sicherheitspolitische Instrument der Europäischen Union ist. Denn noch immer gehören ihr die EU Mitgliedländer Schweden, Finnland, Irland, Österreich, Zypern und Malta nicht an. Auf der östlichen Seite des Eisernen Vorhangs entstand mit dem Warschauer Pakt ein Gegenstück zur NATO.

2.1.2 Erste Schritte zur regionalen europäischen Integration

Winston Churchill (1874–1965), der große alte Mann der englischen Politik, hat das Ziel in einer berühmten Rede in Zürich am 19. September 1946 vorgegeben: „We must set up a sort of United States of Europe ... There can be no revival of Europe without a spiritually great France and a spiritually great Germany ... In this undertaking which is so urgently necessary, France and Germany together must take the lead" (Vanthoor 2002: 2). Was Keynes (1919/1971) nach dem Ende des ersten Weltkriegs bereits forderte, aber zu jener Zeit noch völlig utopisch war, die deutsch-französische Verständigung und Führungsrolle bei einer europäischen Integration, das stand jetzt auf der Tagesordnung. Genauso wie für Keynes war es auch für Churchill selbstverständlich, dass Großbritannien einen solchen Prozess fördere, aber nicht Mitglied der Vereinigten Staaten von Europa werden könne. Diese ausgesprochen konservative Grundüberlegung stand am Beginn eines Prozesses, der die westfälische Ordnung der *balance of power* in Europa ablösen und mit der Europäischen Union etwas völlig Neues schaffen sollte, und dem am Ende auch Großbritannien nicht fernbleiben konnte.

Übersehen wir da nicht die Gründung des Europarats im Jahre 1949? Nein: Ähnlich wie die OEEC auf wirtschaftlichem Terrain ist der Europarat auf politischem Gebiet ein reines Diskussionsforum. Der Europarat hat drei europäische Werte definiert: Gemeinschaft *(union dans la diversité)*, Achtung der Person, Freiheit. Die ursprünglichen Ziele gingen weiter: Von einem gemeinsamen Markt war die Rede, auch eine Militärallianz wurde z.B. von Churchill angesprochen. Aber das ließ sich nicht in die Tat umsetzen, weil man sich nicht auf eine dafür notwendige institutionelle Organisation einigen konnte. Der Konflikt zwischen Föderalisten (Belgien und Frankreich), die als

Endziel die Vereinigte Staaten von Europa vor Augen hatten, und Unionisten (Großbritannien), die nicht weiter gehen wollten als eine Vereinbarung auf rein zwischenstaatlicher Ebene, kam hier zum ersten Mal voll zum Ausbruch. So wurde es ein Europarat und keine Europaunion.

Eine erste Episode des erfolgreichen Integrationsprozesses ist die Benelux-Zollunion, über die man sich schon 1944 im Exil verständigt hatte und die 1948 in die Realität umgesetzt wurde. Die Wirtschafts- und Währungsunion zwischen Belgien und Luxemburg von 1921 fand Aufnahme in die Benelux-Zollunion, die sich als Fernziel ebenfalls eine Wirtschaftsunion setzte, welche dann 1958 geschlossen wurde. Frankreich reagierte auf diesen ersten Integrationsschritt mit dem Wunsch, daran teilzunehmen. Das hätte vor allem einen Ausschluss Deutschlands von dem so entstehenden Markt impliziert und das war von Frankreich durchaus beabsichtigt. Benelux, vor allem die Niederlande, widersetzten sich dem, und so wurde nichts daraus. Frankreich machte noch einen weiteren, ebenfalls gescheiterten Versuch, eine Integration unter Ausschluss von Deutschland auf den Weg zu bringen, nämlich eine bilaterale Zollunion mit Italien. Während der Benelux-Weg zur Integration eindeutig über die Wirtschaft führte, sparten die skandinavischen Länder diesen Bereich in ihren Kooperationsbemühungen gerade aus. 1952 schlossen sich Dänemark, Island, Schweden und Norwegen (Finnland stieß 1955 hinzu) zum Nordischen Rat zusammen und vereinbarten eine Zusammenarbeit im rechtlichen, kulturellen und sozialen Bereich.

Drei Dinge sind an diesen Episoden wichtig:

- Es führen viele Wege nach Rom – und vielleicht auch anderswohin: Es hätte genauso gut auch anders kommen und woandershin führen können.
- Die Aufnahme Deutschlands in die Integrationsbemühungen hat seine westlichen Nachbarn einige Überwindung gekostet, war aber Voraussetzung für ein Gelingen.
- Benelux, Frankreich, Italien und Deutschland stellten so etwas wie eine Mindestgröße für den Beginn einer wirtschaftlichen europäischen Integration dar.

Der Durchbruch erfolgte mit dem Schuman-Plan. Robert Schuman verkündete am 9. Mai 1950 einen Plan zur europäischen Einigung, den Gründungstext der Europäischen Union (und der 9. Mai wurde deshalb später zum Europa-Tag erklärt). Der Plan war in wesentlichen Zügen von Jean Monnet entwickelt worden. Während Schuman zur damaligen Zeit französischer Außenminister war, hatte Monnet die Funktion des Leiters der staatlichen Planungskommission *(Commissaire général au Plan)* inne. Und so trug die Grundidee auch deutlich planerische Züge. Sie lautete: „Die französische Regierung schlägt vor, die gesamte französisch-deutsche Kohle- und Stahlproduktion einer gemeinsamen Hohen Behörde zu unterstellen in einer Organisation, die anderen europäischen Ländern offen steht". Ziel war eine sektorale Integration, „um Krieg nicht nur undenkbar, sondern materiell unmöglich zu machen".

Box 2.3: Jean Monnet oder die europäische Einigung aus dem Geiste der planification?

Jean Monnet (1888–1979) wird häufig Vater der europäischen Einigung genannt. Ein so komplexes Gebilde, das erst im Laufe langer Jahre Gestalt gewann, hat viele Väter. Für die 1950er Jahre wären hier neben Monnet sicher auch Konrad Adenauer (1876–1967), Alcide De Gasperi (1881–1954) und Robert Schuman (1886–1963) zu nennen. Aber es ist richtig, dass von Monnet die konstruktiven institutionellen Ideen ausgegangen sind. 1976 wurde er vom Europäischen Rat zum ersten Ehrenbürger Europas ernannt.

Die erste Grundidee des Schuman-Plans ist planerischer Natur. Krieg materiell unmöglich zu machen, heißt den Nationalstaaten die direkte Verfügung über Ressourcen zu entziehen, die man damals für kriegswichtig hielt – Kohle und Stahl. Deswegen geht es in dem Plan nicht nur um einen gemeinsamen Markt für diesen Sektor, sondern auch darum, die Kohle- und Stahlproduktion einer gemeinsamen Hohen Behörde zu „unterstellen", d.h. den Markt zentral zu lenken.

Diese Grundidee ist in mehrfacher Hinsicht eine Sackgasse. Das Vertrauen in den freien Markt war jedoch in der Weltwirtschaftskrise auf ein Minimum gesunken. Nach dem Krieg herrschte im Westen in weiten Kreisen die Überzeugung, Planung sei auch im Kapitalismus unerlässlich. So richteten die Niederlande ein Zentralplanbüro ein unter der Leitung von Jan Tinbergen (1903–1994), dem ersten Nobelpreisträger in der Ökonomie. Frankreich besaß ein Generalkommissariat für Planung, und Großbritannien hatte unmittelbar nach dem Krieg wichtige Sektoren der Schwerindustrie verstaatlicht. Doch nicht diese Tendenz setzte sich durch, sondern der Markt. Für die europäische Integration bedeutete das, nicht gemeinsame Planung musste das Ziel sein, sondern ein gemeinsamer Markt – die zweite Grundidee des Schuman-Plans. Auch eine rein sektorale Integration, ein gemeinsamer Markt für Kohle und Stahl, ist als Sackgasse anzusehen, da im Austausch mit den nicht integrierten übrigen Sektoren der Wirtschaft Reibungsverluste drohen.

Wie er in seinen Memoiren verdeutlicht, folgte Monnet (1988) zwei Prinzipien:

1. Europa soll nicht auf Visionen oder Gemeinplätze gegründet sein, sondern auf eine konkrete Ordnung (*réalisations concrètes*)
2. Gemeinschaftsinstitutionen, und nicht die inter-gouvernementale Kooperation, sind der Schlüssel für ein dauerhaftes Europa.

Damit ist klar, dass er für positive Integration und eine bestimmte Form von Staatlichkeit des geeinten Europa plädierte. Er strebte die Vereinigten Staaten von Europa an. Und damit ist ebenso klar, dass liberale Anhänger einer rein negativen Marktintegration in seiner Basisphilosophie eine fundamentale Fehlleitung des europäischen Integrationsprojekts sehen und ihn als Etatisten und Planifikateur ausmachen.

Der Vertrag von Paris setzte 1951 den Schuman-Plan in die Realität um und trat 1952 in Kraft. Frankreich, Deutschland, Italien und die Benelux-Staaten gründeten die Europäische Gemeinschaft für Kohle und Stahl (EGKS), deren

Bedeutung nicht so sehr in ihren konkreten Aufgaben lag, die sie erfüllen sollte, als vielmehr im Ansatz der europäischen Integration und im Ansatz ihrer institutionellen Organisation:

- Die französisch-deutsche Verständigung wurde nicht nur propagiert, sondern in einem konkreten Kooperationsprogramm in die Tat umgesetzt.
- Mit der Hohen Behörde der EGKS wurde ein supranationales Exekutivorgan geschaffen und mit weit reichenden wirtschaftspolitischen Kompetenzen ausgestattet.
- Eine demokratische Kontrolle der Hohen Behörde wurde in der Gemeinsamen Versammlung institutionalisiert, deren Mitglieder von den nationalen Parlamenten ernannt wurden; doch sie war nur schwach ausgebildet, denn ihr kamen weder Legislativ- noch Budgetrecht zu.
- Für Streitfälle setzte man ein Gericht mit sieben unabhängigen Richtern ein, die von den Regierungen ernannt wurden.

Damit waren die drei staatlichen Gewalten in Stellung gebracht: Legislative (zumindest ihre formelle Hülle in der parlamentarischen Versammlung), Exekutive und Judikative. Natürlich impliziert das nicht automatisch Staatlichkeit des neuen Gebildes, schließlich handelte es sich ja nur um eine auf einen Sektor beschränkte Institution. Grundmerkmale der Konstruktion wurden aber später in die EWG übernommen und dann erweitert und vertieft. Der qualitative Sprung zu den Vereinigten Staaten von Europa, den Monnet gerne gesehen hätte, der wurde allerdings bis heute nicht vollzogen. Einen fast revolutionären ordnungspolitischen Eingriff stellte die Montan-Mitbestimmung dar, die in der Unternehmenskontrolle eine paritätische Mitbestimmung von Arbeit und Kapital durchsetzte. Ihr Ziel war allerdings, die Macht der Stahlbarone zu brechen, und nicht die industriellen Beziehungen des geeinten Europa modellhaft vorzugeben. Sie fand daher auch keine Entsprechung in der EWG.

Das Europa der Sechs, das sich hier zum ersten Mal zusammengefunden hatte, war eine klein-europäische Lösung. Großbritannien blieb mit seinem großen, weitgehend verstaatlichten Montansektor außen vor. Das lag vor allem an der supranationalen institutionellen Gestaltung der EGKS. Neben dem Mitbestimmungsmodell, das den englischen Traditionen der industriellen Beziehungen völlig fremd war, standen der Hohen Behörde Möglichkeiten der Produktionslenkung, der Preissetzung und der Investitionslenkung offen – Formen von Wirtschaftspolitik, die der damaligen Labour-Regierung nicht grundsätzlich gegen den Strich gingen, wohl aber dann, wenn sie von einer Hohen Behörde in Luxemburg verordnet wurden. All das wurde nicht so heiß gegessen wie gekocht, in Luxemburg so wenig wie in London. Einer abgeschwächten Form der Kooperation wollte Großbritannien nicht fernbleiben. Folglich schloss es 1954 einen Assoziationsvertrag mit der EGKS. Dieser Vorgang sollte sich noch oft im Prozess der europäischen Integration wiederholen und wurde von Tony Blair (1953*) sarkastisch kommentiert:

> „First we said it wouldn't happen, then we said it wouldn't work, then we said we wouldn't need it. But it did happen and Britain was left behind at every step of the way" (*Financial Times*, 23. 11. 2001).

Die Etablierung der EGKS wurde begleitet von weitergehenden Bemühungen um eine Verteidigungsgemeinschaft (EVG). Sie sollte das Problem der deutschen Wiederbewaffnung lösen, die die USA forderten und die Europäer ablehnten. Auch in Deutschland sprachen sich weite, vor allem sozialdemokratische Kreise dagegen aus. Nun ist eine Verteidigungsunion ohne gemeinsame Außenpolitik und ohne politische Union wenig sinnvoll, wenn sie nicht, wie z.B. die NATO, eine Führungsmacht hat. Deshalb bildete man eine vom belgischen Außenminister Paul Henri Spaak (1899–1972) geleitete Versammlung, um eine Verfassung für eine Europäische Politische Union (EPU) zu entwerfen. Es hatte den Anschein, als setzten sich Jean Monnet und die Föderalisten durch, eine Entwicklung, die auch die Amerikaner unterstützten, vor allem ihr Außenminister John Foster Dulles (1888–1959), der schon als Delegierter bei den Pariser Friedensverhandlungen von 1919 das Elend der innereuropäischen Konflikte beklagt hatte. Doch für einen solchen Schritt war die Zeit 1954 noch nicht reif. Die EPU wurde auf Eis gelegt, und damit war auch eigentlich klar, dass für eine Verteidigungsunion die politische Basis fehlte. Trotzdem schloss man den EVG-Vertrag, der in den Benelux-Ländern und in Deutschland (gegen die Stimmen der SPD wegen der Wiederbewaffnungsfrage) ratifiziert wurde, aber dann in der französischen Nationalversammlung scheiterte. Diese Episode hatte zwei wichtige Konsequenzen:

- Zum einen waren damit die konstitutionellen Bemühungen und der föderalistische Weg zur politischen Integration Europas vorläufig gescheitert. Die Vereinigten Staaten von Europa hatten sich als Illusion erwiesen.
- Zum anderen hackte man den Knoten des deutschen Problems durch: Mit den Pariser Verträgen von 1954 erhält Deutschland die volle Souveränität zurück, tritt der NATO bei, die Alliierte Hohe Behörde wird aufgelöst, das Saargebiet europäisiert (um dann 1957 nach einem Volksentscheid mit Deutschland wiedervereinigt zu werden).

2.1.3 *Die Verträge von Rom*

Jetzt war guter Rat teuer. Denn die EGKS konnte ja wohl nicht die Endstation der Integrationsbemühungen sein. *Relance européenne*, Wiederbelebung des Europagedankens, hieß 1955 die Parole. Auf einer Konferenz der Sechs in Messina wurden die Weichen gestellt. Allerdings war man sich keineswegs einig, wohin der Zug fahren sollte. Die von Monnet beratene französische Regierung hing weiterhin einer planwirtschaftlich orientierten sektoralen Integration an, die sie auf die Atomwirtschaft, den Transportsektor und die Landwirtschaft ausdehnen wollte, Sektoren mit hoher Regulierungsdichte und somit Handelshemmnissen. Die Benelux-Länder plädierten dagegen für eine allgemeine wirtschaftliche Integration in der Form einer Zollunion und später eines gemeinsamen Marktes. Es versteht sich fast von selbst, dass Deutschlands liberal orientierter Wirtschaftsminister Ludwig Erhard (1897–1977) die marktwirtschaftliche Lösung unterstützte. Eine Kommission, wieder geleitet von Spaak, formulierte 1956 einen Kompromiss, der die Grundlage für die römischen Verträge bildete. Allerdings konnte er nicht auch Großbritannien mit einschließen, das anfänglich an den Kommissionsberatungen teilgenommen hatte. Weder die Idee einer Zollunion noch die Idee einer gemeinsamen Landwirtschaftspolitik, die mit dem Instrument der Preisplanung operiert, waren für die Briten akzeptabel.

Am 25. März 1957 wurden die Verträge von Rom unterschrieben und traten zum 1. 1. 1958 in Kraft. Zwei Verträge waren es, der Vertrag zur Gründung der Europäischen Wirtschaftsgemeinschaft (EWG) und der Vertrag zur Gründung der Europäischen Atomgemeinschaft (EAG oder Euratom). Darin äußerte sich bereits der Kompromiss zwischen sektoraler und funktionaler Integration oder zwischen Plan und Markt. Während für die Benelux-Länder und Deutschland die EWG Priorität genoss, lag Frankreich Euratom besonders am Herzen. Monnet (1988: 531) machte den Gegensatz deutlich: „Für die Mehrzahl der Franzosen war eine Atomenergiegemeinschaft eine klare und deutliche Idee, eine Wirtschaftsgemeinschaft dagegen eine nebulöse. Für einen Teil der Deutschen dagegen war der Gemeinsame Markt das einzige dynamische Konzept für den Aufschwung, für das der Preis von Euratom und seinen Dirigismus zu bezahlen war." Es war die EWG, die die weitere Entwicklung bestimmte.

„Wettbewerb" ist der Schlachtruf der EWG, und sie hat der Marktwirtschaft zum Durchbruch verholfen, vor allem in Frankreich und Italien, wo der Staatseinfluss auf die Wirtschaft besonders hoch war. Das leitende Ordnungsmodell der EWG ist allerdings trotzdem das einer koordinierten Marktwirtschaft. Das äußert sich in ihren Grundelementen:

- Eine Zollunion mit einer gemeinsamen Handelspolitik. Schon hierfür bedarf es einer längeren Übergangsperiode, um die nationalen Zölle abzubauen und den gemeinsamen Außenzoll einzuführen.
- Ein gemeinsamer Markt mit freiem Verkehr für Güter, Dienstleistungen, Personen und Kapital. Die Realisierung des gemeinsamen Marktes war aber, wie Monnet erklärt hatte, „nebulös". Bis heute ist umstritten, in welchem Maße die folgenden Bereichen dafür Harmonisierungs- und Koordinierungsmaßnahmen erfordern:
  - Harmonisierung der Steuer- und Subventionssysteme
  - Harmonisierung der Sozialabgaben und der Arbeitsgesetzgebung
  - Harmonisierung der nationalen Gesetze, soweit für einen gemeinsamen Markt erforderlich, insbesondere ein einheitliches europäisches Gesellschaftsrecht
  - Koordinierung der Wirtschafts-, Geld- und Kreditpolitik
  - Harmonisierungen in den Bereichen Umwelt, Technologie und Bildung.
- Gemeinsame sektorale Wirtschaftspolitiken. Konkret wurden im Vertrag die Sektoren Landwirtschaft und Transport angesprochen. Dies war eine Forderung Frankreichs und Italiens, um die eindeutigen Vorteile zu kom-

pensieren, die Deutschland aus dem gemeinsamen Markt im industriellen Bereich ziehen würde.

- Eine gemeinsame Wettbewerbspolitik. Dies war eine Forderung Deutschlands, um den etatistischen Tendenzen in der Industriepolitik Frankreichs und Italiens entgegenzuwirken.
- Die Schaffung eines europäischen Sozialfonds, um zumindest eine rudimentäre Arbeitsmarkt- und Sozialpolitik zu ermöglichen.

Das alles greift fundamental in die nationalen Souveränitätsrechte ein und erfordert eine lange Übergangsperiode. Sehr optimistisch wurde sie für die Schaffung des gemeinsamen Marktes im Vertrag von Rom (Art. 8.1 EWG) auf 12 Jahre festgelegt. 1968 erklärte man stolz, diesen Plan vorzeitig erfüllt zu haben. Das bezog sich allerdings nur auf die Einführung der Zollunion. Der gemeinsame Markt wurde erst viel später mit der Einheitlichen Europäischen Akte von 1986 ernsthaft in Angriff genommen und ist auch heute noch nicht in allen Aspekten vollendet.

Es ist erstaunlich, wie weitsichtig die relevanten Probleme angesprochen worden sind. Denn Vorbilder für einen gemeinsamen Markt ohne politische Integration gab es nicht. Die EWG, der gemeinsame Markt, war eine ordnungspolitische Innovation, und man musste zahlreiche Institutionen, Regelungen und Verfahren erst erfinden, die sein reibungsloses Funktionieren erforderte. Der Zeithorizont von 12 Jahren war zu knapp bemessen. Jede Entscheidung war einstimmig zu treffen. Anders als die EGKS hatten EWG und Euratom keine supranationale Hohe Behörde mit der Möglichkeit, Mehrheitsentscheidungen zu fällen.

2.1.4 Das Gegenmodell: EFTA

Als Großbritannien sich realisierte, wohin der in Messina aufs Gleis gesetzte Zug fuhr, verließ es die Spaak-Kommission und setzte alle seine Bemühungen daran, ein Integrationsmodell umzusetzen, von dem es überzeugt war, dass es das bessere sei – zumindest für das eigene Land. Die Bestimmungsfaktoren der britischen Politik sind zum Teil schon erwähnt worden:

- Die atlantische Gemeinschaft mit den USA, die historisch begründet ist und sich in der engen Kooperation der Finanzmärkte von London und New York, aber auch in einer atomwirtschaftlichen Kooperation manifestierte, die Großbritannien bereits 1952 zur dritten Atommacht werden ließ.
- Daraus erklärte sich der Anspruch auf die Position einer dritten Weltmacht.
- Die 1932 in Ottawa begründete Commonwealth-Präferenzzone, die Großbritannien billigen Weizen aus Kanada, billiges Fleisch und billige Butter aus Australien und Neuseeland und billigen Wein aus Südafrika verschaffte.
- Die liberale Freihandelstradition des 19. Jahrhunderts, durch die den Interessen der britischen Industrie am besten gedient wurde und die man dem kontinentalen Etatismus und Protektionismus entgegenstellte.

Aus diesen Bestimmungsfaktoren ergibt sich mehr oder minder logisch die Forderung, eine europäische wirtschaftliche Integration müsse die Form einer Freihandelszone annehmen. Auch die übrigen Länder Europas mussten eine sich abzeichnende Zollunion in der Mitte des Kontinents als Bedrohung empfinden. Denn dort lagen ihre Haupthandelspartner, von denen sie durch einen Außenzoll abgeschottet werden würden. Was lag näher, als im Rahmen der OEEC eine große europäische Freihandelszone unter Einschluss der prospektiven Mitglieder der EWG zu organisieren? Unter britischer Führung wird dieses Projekt in Angriff genommen. Ziel ist es, in der Freihandelszone den gemeinsamen Markt aufzulösen wie ein Stück Zucker in einer Tasse englischen Tees. Das Projekt stößt in den traditionell liberal gesinnten Benelux-Ländern, aber auch bei Ludwig Erhard durchaus auf Gegenliebe. Doch das *non*!, das General de Gaulle, inzwischen in Frankreich an die Macht gekommen, 1958 aussprach, hatte offensichtlich auch die Unterstützung Adenauers, für den die französisch-deutsche Kooperation wichtiger war als das OEEC-Projekt. So wurden ungeachtet dieses Störfeuers, das sich von 1956 bis 1958 hinzog, die römischen Verträge geschlossen.

Box 2.4: Der politische Unterschied zwischen der Europäischen Gemeinschaft und einer Freihandelszone

„Wollte man erneut die englische Vorherrschaft über Europa, während es gleichzeitig seine Distanz wahrte, so konnte man dies am sichersten durch die Entfernung von den Regeln der Gemeinschaft und den Anschluss an die Freihandelszone erreichen.

Das Problem stellte sich vor allem in Deutschland. Ich sprach im Januar 1959 mit Erhard, dessen vom Freihandel beeinflusste Meinungen die Gefahr mit sich brachten, die Politik seines Landes auf Abwege zu führen. ‚Diese Sache ist sehr unangenehm', sagte er … ‚Es gibt einen fundamentalen Unterschied', erwiderte ich, ‚zwischen der Gemeinschaft, die eine Methode darstellt, um die Völker zu vereinigen, und der Freihandelszone, die ein kommerzielles Arrangement darstellt. Unsere Institutionen erfassen das Ganze und schaffen eine gemeinsame Politik; die Freihandelszone versucht, einzelne Schwierigkeiten zu beheben, ohne sie in den Rahmen eines gemeinsamen Handelns zu bringen. Die Gemeinschaft wird sich durch England erweitern, aber ohne im Prinzip der Integration Konzessionen zu machen'" (Monnet 1988: 569).

Die liberale Position sieht das verständlicherweise etwas anders: „The free-trade area proposal … had real merit and, as an extension of the OEEC, would have been fully compatible with both it and GATT. A union of nineteen nations [die OEEC hatte zu diesem Zeitpunkt nur 17 Mitglieder] rather than six, a free-trade area would also have been far larger than the EEC. Created only to promote free trade and explicitly nonpolitical, interference with the market at the European level would have been ruled out. Competition would have promoted the principle of comparative advantage and reduced distortions to trade and investment at the national level. The lack of a political component simplified negotiations and made it easier to reach agreement" (Gillingham 2003: 50).

Der Versuch, eine „große" Freihandelszone einzurichten, war gescheitert. Das Europa der Sechs war eine Tatsache. So blieb für die elf restlichen OEEC-Mitglieder nur eine kleine Lösung offen. Sie wurde 1960 in Stockholm vertraglich vereinbart und begründete die Europäische Freihandelsassozia-tion (*European Free Trade Association* – EFTA) – das Europa der Sieben. Die OEEC-Mitglieder Irland, Island, Griechenland und Türkei haben sich aus unterschiedlichen Gründen daran nicht beteiligt.

Sitz der EFTA wurde Genf, wo sie ein kleines Sekretariat unterhielt, das vor allem die regelmäßigen Ratssitzungen organisierte und sich so vom stetig wachsenden Apparat der Europäischen Gemeinschaften in Brüssel, Luxem-burg und Straßburg unterschied. Manifestierte sich nicht allein schon darin die größere Effizienz einer Freihandelslösung? Auch eine Freihandelszone, die sich auf das warenproduzierende Gewerbe beschränkt und, wie die EFTA, Agrarerzeugnisse von der Liberalisierung ausnimmt, ist mit Koor-dinierungsproblemen konfrontiert, z.B. mit Wettbewerbsverzerrungen. Die Lösung wurde nicht in einem eigenen Wettbewerbsrecht gesucht, wie in der EWG, sondern in schwer kontrollierbaren vertraglich vereinbarten Verboten und Regelungen für Subventionen, Kartellabsprachen, Dumping-Praktiken und das öffentliche Auftragswesen. Weiterentwicklung (*widening*) und Ver-tiefung (*deepening*) der Integration sind der EFTA völlig fremd.

2.1.5 Das Ende der ersten Phase der Integration (1945 – 1960)

1960 kann die erste Phase der Nachkriegsentwicklung und der europäischen Integration als abgeschlossen betrachtet werden. Die Welt war in zwei Blöcke geteilt, Ost und West, die sich in ihren politischen und ökonomischen Syste-men fundamental voneinander unterschieden und in einer sehr stabilen Kon-frontation einander gegenüberstanden. Ein dritter Block, die Dritte Welt, war noch völlig im Prozess der Entkolonialisierung und Staatenbildung befangen und damit einer der Schauplätze des kalten Krieges, der dort immer wieder in „heiße" militärische Auseinandersetzungen überging (z.B. Korea-Krieg, Indochina-Krieg).

1960 hatten sich in Europa drei Integrationsmodelle herausgeschält:

* Der Rat für gegenseitige Wirtschaftshilfe (RgW; in Abb. 2.1 hellblau).
* Die Europäischen Gemeinschaften (EGKS, EWG und Euratom; in Abb. 2.1 dunkelblau).
* Die Europäische Freihandelsassoziation (EFTA; in Abb. 2.1 mittelblau).
* Einige europäische Staaten (Spanien, Griechenland, Jugoslawien, Albani-en, Irland, Finnland und Island; in Abb. 2.1 weiß) nahmen an keinem der Integrationsprojekte teil.

Heute ist die EU *the only game in town*, wie es so schön heißt. Der RgW wurde 1991 aufgelöst, und die EFTA fristet mit den Mitgliedern Island, Norwegen, Schweiz und Liechtenstein ein Schattendasei. Das ist erstaunlich. Würde man nicht auf Grund eines liberalen ökonomischen Kosten-Nutzen Kalküls die Freihandelszone im Wettbewerb der Systeme für überlegen halten? Of-fensichtlich bietet die tiefere Integration der EU größere Vorteile. Den Mit-

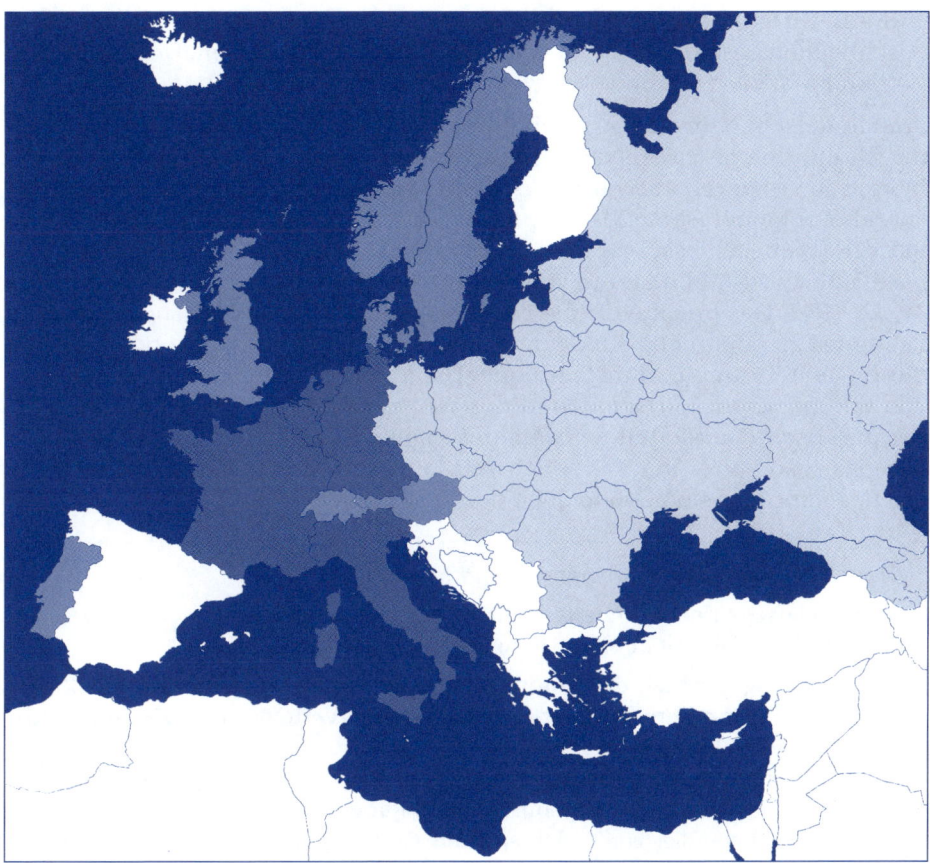

Abbildung 2.1: Die Vierteilung Europas Anfang der 1960er Jahre

gliedern der EFTA scheint fast von Beginn an klar gewesen zu sein, dass sie nicht neben der EG, sondern nur mit ihr existieren konnten. Das bedeutete:

- *Entweder Beitritt:* Nur etwas mehr als ein Jahr nach Gründung der EFTA stellte Großbritannien 1961 den ersten Antrag auf Beitritt zur EWG. Dänemark, über seine Agrarexporte eng mit den britischen Inseln verflochten, musste sich dem anschließen. Für Irland, das nicht Mitglied der EFTA war, galt das gleiche. 1962 folgte Norwegen mit seinem Beitrittsbegehren. Diese erste Erweiterungsrunde zog sich auf Grund eines wiederholten *non*! von de Gaulle über 10 Jahre hinweg und trat erst zum 1. Januar 1973 in Kraft – mit Ausnahme Norwegens, dessen Bevölkerung in einem Referendum den Beitritt abgelehnt hatte.

- *Oder Assoziation:* Ebenfalls 1961 stellten Österreich, Schweden und die Schweiz einen Antrag auf Assoziation, 1962 folgte Portugal. Assoziation bedeutete im Wesentlichen bilaterale Freihandelsabkommen zwischen der EG und dem Partnerland. Assoziation war eine Form der Bindung an die EG, die den neutralen Ländern (Schweden, Finnland, Österreich und die Schweiz) in der Zeit der Ost-West Konfrontation offen stand. Auch diese Anträge scheiterten erst einmal am französischen *non*! und konnten schließlich zusammen mit dem Beitritt von Großbritannien, Dänemark und Irland realisiert werden.

Freihandelsabkommen zwischen einem EFTA-Land und der EG waren natürlich mit den gleichen Nachteilen behaftet, die das Modell der negativen Integration generell aufweist. Das wirkte sich so lange nicht weiter störend aus, als der gemeinsame Markt innerhalb der EG nicht wirklich Realität war. In der 1986 beschlossenen Einheitlichen Europäischen Akte (EEA) vereinbarten die EG-Mitglieder die Vollendung des gemeinsamen Marktes bis zum 31. 12. 1992. Das brachte für die verbliebenen EFTA-Länder die Notwendigkeit mit sich, neuerliche Abkommen mit der EG zu treffen, die sich auf eben diesen gemeinsamen Markt bezogen. Die Lösung fand man im Vertrag über den Europäischen Wirtschaftsraum (EWR) zwischen der EG und der EFTA, der praktisch das Modell des gemeinsamen Marktes auf alle Länder Westeuropas ausdehnte. Nur in der Schweiz fand der Vertrag keine Zustimmung der Bevölkerung, sie blieb folglich dem EWR fern.

Box 2.5: Von der Wirtschaftsgemeinschaft zur Union

Die Europäische Union firmierte im Laufe der Zeit unter verschiedenen Bezeichnungen, die etwas mit ihrer Entstehungsgeschichte zu tun haben.

- Den Anfang machten drei Europäische Gemeinschaften: die EGKS von 1952 und die beiden Gemeinschaften der römischen Verträge von 1958, die EWG und die EAG (Euratom).
- 1965 wurden die drei Gemeinschaften mit Wirkung vom 1. 1. 1967 organisatorisch fusioniert, d.h. Kommission und Rat waren für alle drei Teilgemeinschaften zuständig. Für Parlament und Gerichtshof hatte das schon zuvor gegolten. Diese organisatorisch fusionierten Gemeinschaften laufen unter der Bezeichnung Europäische Gemeinschaften (EG).
- EG kann aber auch die Europäische Gemeinschaft (im Singular) abkürzen. So nannte sich die EWG in der Neufassung des Vertrages von Maastricht 1992, dem Vertrag zur Gründung der Europäischen Gemeinschaft (EGV). Im Art. 1 EGV heißt es: „Durch diesen Vertrag gründen die Hohen Vertragsparteien untereinander eine Europäische Gemeinschaft."
- Gleichzeitig wurde in Maastricht der Vertrag über die Europäische Union (EUV) geschlossen, der eine Vertiefung der Integrationsbemühungen darstellt. Im Art. 1 EUV heißt es: „Grundlage der Union sind die Europäischen Gemeinschaften [im Plural!], ergänzt durch die mit diesem Vertrag eingeführten Politiken und Formen der Zusammenarbeit."
- Der Vertrag von Lissabon führt die Europäische Union und die Europäische Gemeinschaft zusammen. Im Art. 1 EUV heißt es: „Die Union tritt an die Stelle der Europäischen Gemeinschaft, deren Rechtsnachfolgerin sie ist." Die Atomgemeinschaft EAG bleibt davon unberührt.

Die Evolution von der Wirtschaftsgemeinschaft zur Union bringt zum Ausdruck, dass sich die europäische Integration im Laufe der Zeit weiterentwickelt *(widening)* und vertieft *(deepening)* hat.

2.1.6 Die zweite Phase der Integration (1960 – 1992/95)

Die zweite Phase der Integration ist gekennzeichnet von den Krisen, die in ihr stattfanden. Einige der Krisen waren interner Natur. Andere hatten internationale Ursachen wie der Zusammenbruch des Bretton Woods Systems (1972), die Ölpreisschocks (1973 und 1979) und das damit verbundene Ende der 30jährigen Nachkriegsprosperität. Die Krisen hatten einerseits eine gewisse Stagnation der Integrationsbemühungen zur Folge, andererseits erforderten sie von den Mitgliedstaaten Anpassungsprozesse, mit denen diese erst einmal selbst fertig werden mussten. Ein neuerlicher Prozess der *relance européenne* schließt die zweite Phase ab, gekennzeichnet von der Realisierung des gemeinsamen Marktes und der Aufnahme der meisten west-europäischen Länder in die EU. Der erste Prozess war in der Einheitlichen Europäischen Akte (EEA) von 1986 auf den 31. 12. 1992 terminiert. Der zweite Prozess fand mit der so genannten Norderweiterung am 1. 1. 1995 seinen Abschluss, dem Beitritt von Schweden, Finnland und Österreich.

Von den internen Krisen seien hier zwei kurz erwähnt, die „Episode des leeren Stuhls" und die „Episode des *handbag-banging*". Beide Episoden verdeutlichen die Anfälligkeit des Integrationsmodells für ein Ausscheren eines der Mitgliedstaaten aus dem integrationspolitischen Grundkonsens der Gemeinschaft. Die wachsende Komplexität der wirtschaftlichen Integration ist nicht begleitet von einer adäquaten politischen Integration. Der Konflikt zwischen einem intergouvernementalen Vertrag und einer supranationalen Institution wirkt sich so lange störend aus, als die EU bestimmte wirtschaftspolitische Kompetenzen besitzt, damit verbundene Entscheidungen jedoch nur einstimmig treffen kann.

Die Episode des leeren Stuhls beschreibt die Krise der EG, die General de Gaulle (1890 – 1970) als französischer Staatspräsident (1958 – 1969) heraufbeschworen hatte. 1966 war die Übergangsperiode ausschließlicher Einstimmigkeit nach dem EWG-Vertrag abgelaufen, und Entscheidungen sollten grundsätzlich mit qualifizierter Mehrheit getroffen werden. De Gaulle hatte die Vision eines „europäischen Europa" *(l'Europe européenne)*, d.h. ein Infragestellen der atlantischen sicherheitspolitischen Gemeinschaft, und die Idee eines „Europa der Vaterländer" *(l'Europe des patries)*, d.h. eines kontinental-europäischen Konzertes der souveränen Staaten unter französischer Führung. Historisch mag man darin einen Rückfall ins 19. Jahrhundert sehen. Praktisch war es eine Abkehr vom eingeschlagenen Integrationsweg: De Gaulle weigerte sich strikt, Souveränität abzutreten oder auch nur zu delegieren. Das hätte ihn für die britische Position und das EFTA-Modell einnehmen müssen, wäre Großbritannien in seinen Augen nicht ein Konkurrent um die Stabführung im Konzert der Nationen gewesen und hätte ein Übergang zum EFTA-Modell nicht die Aufgabe der gemeinsamen Agrarpolitik (GAP) bedeutet.

In Rom war verabredet worden, im Rat ab 1966 bestimmte Fragen, vor allem im Bereich der Wirtschaftspolitik (und das hieß zur damaligen Zeit vor allem im Bereich der GAP), mit Mehrheit zu entscheiden. Dem schob de Gaulle einen Riegel vor, indem französische Regierungsvertreter den Sitzungen des Rats einfach fernblieben, der damit entscheidungsunfähig wurde. Der Rat, so die französische Position, ist ein rein intergouvernementales Organ, das nur mit Einstimmigkeit Beschlüsse fassen kann, und die Kommission ist ein ihm untergeordnetes rein technisches Organ. Das entsprach weder dem Text, noch dem Geist der römischen Verträge. Und de Gaulle hätte gerne eine grundlegende Neuformulierung der Verträge gesehen.

Entsprechende Vorschläge stießen aber auf den erbitterten Widerstand der Partnerländer. Doch die französische Verweigerung der Mitarbeit im Rat musste aufgehoben werden, sollte die Gemeinschaft nicht auseinanderbrechen. So kam es zum Kompromiss von Luxemburg vom Januar 1966. Er begründet zwei Prinzipien, die sich lähmend auf die Tätigkeit der EG auswirkten, eine strikte Unterordnung der Kommission unter den Rat und ein faktisches Vetorecht:

- Im Verhältnis von Rat und Kommission hat sich letztere dem Rat unterzuordnen. Das heißt vor allem, selbst dort, wo der Kommission nach dem Vertrag ein Initiativrecht zusteht, hat sie ihre Vorschläge mit den Regierungen der Mitgliedstaaten bzw. deren permanenten Repräsentanten abzustimmen.
- Wo der Vertrag Mehrheitsentscheidungen über Kommissionsvorschläge vorsieht, kann ein Mitgliedland nicht überstimmt werden, wenn wichtige Interessen dieses Landes auf dem Spiel stehen.

Es ist klar, dass der Kompromiss der Idee einer europäischen Föderation die Basis entzog, und dass er auch eine Weiterentwicklung und Vertiefung der römischen Verträge wesentlich erschwerte. Dem Integrationsprozess waren Fesseln angelegt worden – fortan bestimmte das langsamste Schiff das Tempo des Geleitzuges. Eine Erweiterung der EG konnte erst nach dem Rücktritt de Gaulles 1969 zum 1. 1. 1973 stattfinden. Doch die Neumitglieder Großbritannien und Dänemark lehnten ebenso wie de Gaulle eine supranationale Gemeinschaft ab und übernahmen den Kompromiss von Luxemburg mit größter Bereitwilligkeit, wodurch er definitiv zum Gemeinschaftsbesitz *(acquis communautaire)* avancierte. Vom faktischen Vetorecht wieder los zu kommen, war ausgesprochen schwer. Es gelang in einem ersten Schritt 1972 auf dem Gipfel von Paris, wo man übereinkam, sich auf den Kompromiss von Luxemburg nicht missbräuchlich zu berufen, und definitiv 1986 im Zusammenhang mit der Einheitlichen Europäischen Akte, und das unter hörbarem Zähneknirschen von seiten Margaret Thatchers (1925–2013).

Sie stand im Zentrum der zweiten Krise, der Episode des *handbag-banging*. Kern der Auseinandersetzung war die Tatsache, dass Großbritannien 1979 16 % des Sozialprodukts der EG erstellte, 20,5 % der Budgeteinnahmen bestritt und nur 10 % der Budgetausgaben erhielt. England war ein Nettozahler. Allerdings gehörte Großbritannien als damals größter Nettozahler (relativ zum BIP) nicht zu den reicheren Ländern der EG. Die Position des Nettozahlers war besonderen strukturellen Eigenschaften der britischen Wirtschaft geschuldet:

- Großbritannien hatte einen intensiveren Außenhandel mit Drittländern (vor allem den Commonwealth-Ländern) und trug überproportional zu den Zolleinnahmen der EG bei.

- Insbesondere brachte Großbritannien 19 % der Agrar-Importabgaben auf, weil seine Importeure und Konsumenten die Gemeinschaftspräferenz weniger berücksichtigen und mehr aus den Commonwealth-Ländern und den USA importieren.

- Die Konsumquote war in Großbritannien höher als im Durchschnitt der Gemeinschaft. Folglich war sein Anteil an den Mehrwertsteuereinnahmen der EG höher als sein Anteil am BIP.

- Der Agrarsektor Großbritanniens war besonders klein und erzeugte wenig Überschüsse. So erhielt er relativ wenig Lagerhaltungs- und Exportsubventionen aus dem EG-Budget. Und der Agrarhaushalt war nun einmal der größte Posten (zu jener Zeit rund 70 %) in diesem Budget.

Premierministerin Thatcher verlangte praktisch eine Neuverhandlung des *acquis communautaire*, d.h. des vereinbarten Budgetprozesses und seiner Prinzipien. Es geht das Gerücht, sie habe in Ratsversammlungen wütend mit ihrer Handtasche auf den Tisch geschlagen und gefordert: *I want my money back* – daher die Bezeichnung *handbag-banging* Episode. Als Einzelentscheidung ist so etwas kaum durchzusetzen. Anders sieht es aus, wenn der Rat in einer anderen Angelegenheit die Zustimmung Großbritanniens benötigt. Eine solche Situation ergab sich 1983: Die EG geriet in eine finanzielle Krise. Der vereinbarte Plafond für die Mehrwertsteuerabführung an das EG-Budget war erreicht, aber die Ausgaben für die Landwirtschaft stiegen. Nun galt es, entweder die Einnahmen zu erhöhen, was Frankreich vorschlug, wofür aber die Zustimmung Englands erforderlich war, oder die GAP zu reformieren und ihre Ausgaben zu senken, was England schon immer gefordert hatte und auch in Deutschland Unterstützung fand, was aber bei den größten Nutznießern der GAP, Frankreich und Italien, auf Widerstand stieß. Die Lösung konnte nur ein Kompromiss sein, der Kompromiss von Fontainebleau (1984) – eine Paketlösung, die eine bescheidene Reform der GAP zum Inhalt hatte, die Erhöhung der Budgeteinnahmen für die EG und die Änderung der Budgetregeln zugunsten von Großbritannien (den so genannten Britenrabatt). Dieses Verfahren ist typisch für schwierige Entscheidungen in der Gemeinschaft. Dank des Vetorechts können Mitgliedstaaten ihre nationalen Interessen durchsetzen, indem sie auf den Zeitunkt warten, da ihre Stimme gebraucht wird.

Margaret Thatcher steht nicht nur im Mittelpunkt einer Krise in der zweiten Phase der Integration, sondern auch im Mittelpunkt des wichtigsten Integrationsschrittes dieser Phase – der Einheitlichen Europäischen Akte (EEA). Gegenstand dieses Schrittes war die Vollendung des gemeinsamen Marktes, d.h. die Beseitigung aller Verkehrsbeschränkungen nicht nur für Güter, sondern auch für Dienstleistungen, Personen und Kapital. Das heißt vor allem negative Integration und Liberalisierung und entsprach genau den Erwartungen Englands an die EG, insbesondere aber den streng liberalen Überzeugungen der britischen Premierministerin. Partner und Gegenspieler

bei dieser Operation war Jacques Delors, seit Januar 1985 Kommissionspräsident, der die Vertiefung der Integration mit einer Weiterentwicklung
im rechtlichen und auch im politischen Bereich zu verbinden verstand, was
keineswegs auf britische Gegenliebe stieß.

Box 2.6: Jacques Delors – ein zweiter Monnet

Jacques Delors (1925*) ist nach Jean Monnet wohl der einflussreichste Europa-
Politiker, der die Integration entscheidend vorangebracht hat. Vertraut mit der
französischen Gewerkschaftsbewegung, der französischen Planification und dem
europäischen Parlament war er unter Präsident François Mitterand Wirtschafts-
und Finanzminister in Paris geworden und damit verantwortlich für ein kurzlebi-
ges Experiment sozialistischer Wirtschaftspolitik in einer marktwirtschaftlichen
Ordnung. 1985 übernahm er die Kommissionspräsidentschaft in Brüssel. Nach
25 Jahren Euroskeptizismus und Integrationsstagnation (1960–1984) fallen in
seine Präsidentschaft (1985–95) drei wichtige Entscheidungen, die den Integra-
tionszug wieder unter Dampf gebracht haben, die Einheitliche Europäische Akte
(1986), die Verträge von Maastricht (1992) und die Reform und Reorientierung
von Kommission und Gemeinschaftspolitik (das Delors-Paket von 1988).

Der liberalen Orthodoxie (Gillingham 2003: 157–63) ist Delors, ganz ähnlich wie
Monnet, äußerst suspekt, da er auf sehr eigenwillige Weise liberales, sozialisti-
sches, keynesianisches und katholisch-korporatistisches Gedankengut miteinander verbindet. So halten die Implementierung des Binnenmarkts und die Konstruktion der Währungsunion durchaus der liberalen Kritik stand. Sie stützen die
marktwirtschaftliche Ordnung und vertiefen den Wettbewerb. Demgegenüber ist
Delors' Eintreten für eine europäische Sozialunion sehr viel weniger konsensfähig.
Auch die Akzentverschiebung der Ausgabenpolitik von der Landwirtschaft auf die
Regional- und Strukturförderung entsprach den allgemeinen Erwartungen. Aber
die neue Autorität, die die Kommission unter seiner Leitung gewann, festigte die
institutionelle Struktur und damit die supranationale politische Rolle der EG. Das
Ziel einer politischen Union trat wieder deutlicher in den Vordergrund und damit
das Schreckgespenst eines europäischen oder Brüsseler Etatismus.

Die EEA kodifizierte das bereits früher vom EuGH formulierte Grundprinzip
der wechselseitigen Anerkennung, wodurch die EG der Aufgabe enthoben
wurde, für alle Bereiche ein eigenes Regelwerk zu beschließen. Ein freier
Binnenmarkt erhöht in erheblichem Maße die Wettbewerbsintensität. Die
weniger entwickelten Länder der EG sahen darin eine Gefährdung für ihre
Wirtschaft und haben sich in erster Instanz dieser Initiative widersetzt.
Ihre Zustimmung – wieder ein Beispiel für typische Paketlösungen – wurde
dadurch gewonnen, dass in den Vertrag das Prinzip der Stärkung des wirtschaftlichen und sozialen Zusammenhalts (Art. 3.1.k EGV, im AEUV wieder
fallen gelassen) aufgenommen wurde, das so genannte Kohäsionsprinzip,
und vor allem, dass entsprechende Mittel in einem eigenen Kohäsionsfonds
ausgewiesen wurden.

Der Binnenmarkt macht also zahlreiche wirtschaftspolitische Entscheidungen notwendig. Hier jeweils Einstimmigkeit erzielen zu müssen, hätte den Prozess seiner Verwirklichung weit über den anvisierten Termin, Ende 1992, ausgedehnt. Die EG musste zu qualifizierten Mehrheitsentscheidungen zurückkehren, so wie das der römische Vertrag für die Zeit nach 1966 vorgesehen hatte, und diese generell auf alle mit dem Binnenmarkt verbundenen Entscheidungen ausweiten. Das ist trotz des zu erwartenden Widerstands aus Großbritannien und Dänemark gelungen, wobei allerdings sensible Bereiche grundsätzlich ausgenommen blieben, z.B. Geld- und Fiskalpolitik und Teile der Sozialpolitik.

2.1.7 Die dritte Phase der europäischen Integration (1992/95 – 2009)

Die dritte Phase der europäischen Integration setzt 1992 in Maastricht zu etwas Neuem an, das man sich 1957 in Rom nicht hätte vorstellen können. Es geht um die Wirtschafts- und Währungsunion und um die Ausweitung der EU auf die ehemals unter sowjetischem Einfluss stehenden Länder Ostmitteleuropas, die Osterweiterung. Diese umfangreichen Um- und Anbauten am europäischen Haus lösten wiederum Bestrebungen aus, das Programm der politischen Einigung voran zu treiben, wozu der Vertrag über eine europäische Verfassung dienen sollte. Diese ist zwar gescheitert, doch hat der Vertrag von Lissabon, 2009 in Kraft getreten, die wesentlichen inhaltlichen Neuerungen des Verfassungsvertrags übernommen.

Der neu gewonnene Schwung wäre kaum denkbar ohne grundlegende Veränderungen in der historischen Konstellation. Die endogene Dynamik des Integrationsprozesses bringt nur langsame Fortschritte, externe Schocks treiben die Entwicklung voran. Es war noch einmal das deutsche Problem, das zum Handeln zwang. Der Zusammenbruch des Sowjetimperiums und damit des kommunistischen Systems in Ostmitteleuropa hatte 1990 die Wiedervereinigung Deutschlands zur Folge und danach die Anträge der ostmitteleuropäischen Länder auf Mitgliedschaft in der EU. Dadurch verschoben sich die Gewichte in Europa grundlegend. Die Furcht vor einer deutschen Dominanz und vor möglichen deutschen Sonderwegen ging von neuem um.

Symbol der deutschen Stärke war die D-Mark als Leitwährung im Europäischen Währungssystem. Es lag folglich nahe, die D-Mark zu europäisieren und eine gemeinsame europäische Währung zu schaffen, die den gleichen Stabilitätsprinzipien wie die D-Mark unterliegen sollte. Diese von Jacques Delors noch vor der Wende angestoßene Idee fand bei Präsident Mitterand und Bundeskanzler Kohl sehr positive Aufnahme, und damit konnte die wichtigste Entscheidung der Maastrichter Beschlüsse, die gemeinsame europäische Währung, ausgearbeitet werden. Eine Währungsunion impliziert für das einzelne Mitglied die Aufgabe wichtiger wirtschaftspolitischer Instrumente, der Geldpolitik und der Wechselkurspolitik. Verständlicherweise stößt das dort auf Widerstand, wo die nationale Souveränität uneingeschränkten Vorrang vor der europäischen Zusammenarbeit hat. Großbritannien, Schweden und Dänemark blieben der Währungsunion vorläufig fern. (Schweden war in Maastricht noch nicht Mitglied der Union, hatte also nicht die Möglichkeit des *opting-out*. Das hat man ihm aber praktisch in den Beitrittsverhandlungen zugestanden, auch wenn Schweden formell verpflichtet bleibt, den Euro einzuführen).

Ganz ähnlich liegen die Dinge bei der Zusammenarbeit im Bereich der Innen- und Rechtspolitik. Die Maßnahmen des Vertrags über die Europäische Union folgten zum Teil schon aus den Prinzipien des Binnenmarkts. Die Interdependenz der Systeme lässt fast automatisch auf einen Schritt negativer Integration (z.B. Liberalisierung des Personenverkehrs) weitere Schritte positiver Integration (z.B. eine gemeinsame Einwanderungspolitik und innen- und rechtspolitische Zusammenarbeit) folgen. Worauf man sich in Maastricht noch nicht einigen konnte, das fand im Vertrag von Amsterdam seine Weiterentwicklung, durch den das Schengener Abkommen in den EG-Vertrag aufgenommen und zum Gemeinschaftsbesitz wurde. Im Schengener Abkommen hatten 1985 Frankreich, Deutschland und die Benelux Länder begonnen, die Grenzkontrollen untereinander aufzuheben. Ihm waren im Laufe der Jahre die meisten anderen Mitgliedländer beigetreten mit Ausnahme von Großbritannien, Irland und Dänemark, die sich auch im Vertrag von Amsterdam diesbezügliche Ausnahmen vorbehielten.

Beide Vorgänge, die sogenannten *opting-out* und *opting-in* Ausnahmeregelungen für einzelne Mitgliedstaaten bei der Schaffung der Währungsunion und der innen- und rechtspolitischen Zusammenarbeit in einem Raum ohne Grenzkontrollen, verdeutlichen Fortschritte im Entscheidungsverfahren der Union bei Dissens über den Entscheidungsgegenstand. Solange eine Institution nicht Gemeinschaftsbesitz *(acquis communautaire)* ist, unterliegt die Entscheidung sie einzurichten in vielen Bereichen dem Einstimmigkeitsverfahren. Soll das Veto eines oder mehrerer Mitgliedstaaten die Entscheidung nicht grundsätzlich verhindern, sind eben Ausnahmen, sogenannte Derogationen, einzuräumen. Daraus folgt automatisch das so genannte Europa der unterschiedlichen Geschwindigkeiten, wodurch die Weiterentwicklung der Zusammenarbeit sehr erleichtert wird.

Hatten die Weiterentwicklung und Vertiefung der EU in Maastricht und Amsterdam eine Stärkung des supranationalen Charakters der Gemeinschaft zur Folge, so wurden dort gleichzeitig Prinzipien festgeschrieben, die etatistischen und interventionistischen Zügen der römischen Verträge und ihrer Politik eine Absage erteilten. Eines dieser Prinzipien ist das Bekenntnis zum „Grundsatz einer offenen Marktwirtschaft mit freiem Wettbewerb" (Art. 4.1 EGV, jetzt: Art. 119.1 AEUV), wodurch diese liberale Maxime geradezu Verfassungsrang gewinnt. Eine andere konstitutionelle Festlegung ist das Bekenntnis zum Subsidiaritätsprinzip (Art. 2 EUV und Art. 5 EGV, jetzt: Art. 5 EUV), wonach die nationale Souveränität grundsätzlich vor der Gemeinschaftsebene Vorrang besitzt, es sei denn der Gemeinschaft ist eine ausschließliche Zuständigkeit zugewiesen worden, wie z.B. in der Zollpolitik und der Geldpolitik, oder die angestrebten Ziele lassen sich auf nationaler, regionaler oder lokaler Ebene nicht adäquat realisieren. Dabei handelt es sich offensichtlich nur um politische Prinzipien. Aber oberste Gerichte, so auch der EuGH, verstehen es, Verfassungsgrundsätze in konkrete Rechte zu transformieren.

Das zweite Großprojekt der dritten Integrationsphase war die Osterweiterung. Am 1. Mai 2004 fanden acht Länder Ostmitteleuropas, die noch 15 Jahre zuvor unter dem Einfluss der Sowjetunion standen oder sogar Teilrepubliken der Sowjetunion waren, zusammen mit Malta und Zypern Aufnahme in die EU. Drei weitere Länder folgten, Bulgarien und Rumänien zum 1. 1. 2007 und Kroatien zum 1. 7. 2013. Es ist abzusehen, dass weitere Balkanländer hinzukommen. Die notwendigen internen Anpassungen der Gemeinschaft sollte der Vertrag von Nizza (2001) regeln. Das ist nur unvollkommen gelungen. Eine Union von 25–30 Mitgliedstaaten bedarf anderer Organisationsstrukturen und Entscheidungsverfahren als die EU-6 oder EU-15, um effektiv arbeiten zu können. Änderungen in diesem Bereich unterliegen aber dem Einstimmigkeitsverfahren und sind dementsprechend schwer durchzusetzen. Hier mussten Vertragsänderungen weitere Fortschritte bringen, was ein wesentliches Ziel des Verfassungsvertrages bzw. des daran anschließenden Vertrages von Lissabon war.

In beiden Fällen sollte man aber nicht übersehen, dass es eine starke Dissonanz zwischen der Politik und der Bevölkerung gegeben hat. Am Vorabend der Erweiterung war die Zustimmung zu diesem Schritt unter der deutschen und der englischen Bevölkerung am geringsten in der gesamten Gemeinschaft (*Eurobarometer* 61 vom Frühjahr 2004). Während sich die Ablehnung in England im Bereich des europäischen Durchschnitts bewegte (und folglich ein großer Prozentsatz der Bevölkerung sich indifferent verhielt), war die Ablehnung in Deutschland besonders hoch. Hier, wie in ähnlicher Weise in Österreich, wird die Kosten-Nutzen Rechnung von der Bevölkerung ganz anders aufgemacht als von der Politik. Eine solche Dissonanz zwischen den politischen Eliten und der Bevölkerung hat spätestens dann negative Folgen, wenn die politischen Eliten die Zustimmung der Bevölkerung zu ihren Projekten benötigen. Das war zum Beispiel dort der Fall, wo die Ratifizierung des Vertrages an ein Referendum geknüpft wurde. Die Ablehnung der Verfassungsvertrages in Frankreich und den Niederlanden ließ sich kaum aus sachlichen Argumenten gegen konkrete Bestimmungen der Verfassung erklären, sondern viele Beobachter sahen darin ein (verspätetes) Votum gegen die Osterweiterung. Ganz ähnlich, wenn auch mit anderem Hintergrund, war die Sitation beim irischen Referendum zum Lissabon-Vertrag im Juni 2008: Im Parlament hatten 160 von 166 Abgeordnete für den Vertrag gestimmt, die Bevölkerung sagte mehrheitlich *no* (nach gewissen Konzessionen fiel ein zweites Referendum dann positiv aus und der Vertrag konnte 2009 in Kraft treten).

Mit dem Inkrafttreten des Lissabon-Vertrages 2009 und der zweiten Runde der Osterweiterung 2007 sehen wir die dritte Phase der europäischen Integration abgeschlossen. Eine vierte Phase begann 2008 mit dem externen Schock der globalen Finanzmarktkrise, der 2009 eine tiefe Rezession und ab 2010 die Schuldenkrise folgten. Sie ist offensichtlich durch monetäre und fiskalische Probleme gekennzeichnet, deren Bewältigung tiefgreifende institutionelle Änderungen innerhalb der EU und insbesondere innerhalb der Eurozone erfordert. Wir kommen darauf im Zusammenhang mit der Währungsunion zurück.

2.2 Erweiterungen: Wer ist drin und wer steht draußen?

2.2.1 Wer wird aufgenommen in den Club?

In den vorangegangenen Kapiteln haben wir bereits gesehen, dass die heutige Europäische Union mit dem Europa der Sechs bescheiden angefangen hatte. Damals lautete die Frage nicht so sehr: Wen nehmen wir auf in unseren Club? als vielmehr: Wer möchte überhaupt mitmachen? Allerdings hatte bereits Art. 98 des Gründungsvertrags der EGKS aus dem Jahr 1951 festgestellt: „Jeder europäische Staat kann einen Antrag auf Beitritt zu diesem Vertrag stellen." Alle Folgeverträge enthalten einen ähnlichen Satz. Seit Amsterdam 1997 ist er jedoch um eine Klausel erweitert worden und lautet in der Formulierung des Vertrages von Lissabon: „Jeder europäische Staat, der die in Artikel 2 genannten Werte achtet und sich für ihre Förderung einsetzt, kann beantragen, Mitglied der Union zu werden" (Art. 49 EUV). Den genannten Art. 2 EUV haben wir oben im Abschnitt 1.1.3 zitiert. Erweiterung war also von Anfang an eine strategische Option der Union. Was einen „europäischen" Staat ausmacht, haben die Verträge offen gelassen (Pechstein 2014).

Mit dem Antrag Großbritanniens auf Mitgliedschaft (zusammen mit Irland, Norwegen und Dänemark) änderte sich die Situation. Es wurde klar, dass sich das Konkurrenzunternehmen EFTA nicht durchsetzen würde, und damit stellte sich die Frage nach den Aufnahmebedingungen. Die langwierige Geschichte der ersten Erweiterungsrunde, vor allem de Gaulles markiges *non!* dem Vereinigten Königreich gegenüber, verdeutlichen, dass eine Gemeinschaft, hat sie sich erst einmal konstituiert, von Neumitgliedern eine gewisse Anpassung an die Gepflogenheiten des Clubs verlangen muss, um ihren Clubgeist, ihren Charakter sozusagen, nicht zu verlieren.

Im Falle der ersten Erweiterungsrunde hat das Europa der Sechs vor allem auf zwei Bedingungen gepocht:

- *Die Übernahme des gemeinschaftlichen Besitzstandes*, des sogenannten *acquis communautaire.* Das Grundprinzip für Beitrittsverhandlungen lautet, dass die Verträge nicht neu verhandelt werden können, sondern zusammen mit den weiteren Verordnungen und Regelungen integral zu übernehmen sind. Was verhandlungsfähig ist, sind im wesentlichen Übergangsbestimmungen und, wo das erforderlich ist, die Einordnung des neuen Mitgliedlandes in die Ordnungsstruktur der Gemeinschaft (z.B. Zuteilung von Milch- oder Zuckerquoten, die es 1973 zum Teil noch nicht gab). Auch wenn Großbritannien die Übernahme der Gemeinsamen Agrarpolitik (GAP) nur widerwillig geschluckt hat, war diese Bedingung 1973 noch relativ erträglich. Nach weiteren 30 Jahren vertiefter Integration bedeutete die Übernahme des *acquis communautaire* bei der Osterweiterung im Jahre 2004 die Einarbeitung von Tausenden von Seiten rechtlicher Bestimmungen in das nationale Recht der neuen Mitgliedstaaten, die Einrichtung damit übereinstimmender Verwaltungsstrukturen, aber auch umfangreiche materielle Investitionen (z.B. in vorschriftsmäßige Molkereien, Schlachtereien, Umweltschutzmaßnahmen usw.). Je später ein Land der Union beitritt, desto höher ist die Hürde der Übernahme des gemeinschaftlichen Besitzstandes.

- *Ein Unterschreiben der Ziele der Gemeinschaft.* Das scheint fast eine Selbstverständlichkeit. Im Fall der Europäischen Union ist das aber nicht ganz so selbstverständlich. Am gemeinsamen Markt teilzunehmen, ist zweifellos das erste Motiv für einen Aufnahmeantrag. Das impliziert aber nicht notwendigerweise, dass man das Ziel „Schaffung einer immer engeren Union der Völker Europas" (Präambel EUV) bedingungslos unterstützt. Es ist unvermeidlich, dass sich der Charakter des Clubs mit neuen Mitgliedern verändert. Denn sind sie erst einmal drin, dann haben sie eine Stimme bei allen Entscheidungen über den weiteren Gang der Dinge. Und bei wichtigen Entscheidungen ist das eine Veto-Stimme. Diese Macht darf aber nicht dazu führen, die beabsichtigte weitere Integration der Union durch Obstruktion zu verhindern.

Die zweite Erweiterungsrunde (1981/1986) machte deutlich, dass die Europäische Union nicht nur ein ökonomischer Zweckverband ist, andererseits aber den ökonomischen Nutzen ihrer Mitglieder nicht aus den Augen verliert. Die römischen Verträge enthielten noch nicht wie die Präambel des EU Vertrages von 1992 ein Bekenntnis „zu den Grundsätzen der Freiheit, der Demokratie und der Achtung der Menschenrechte und Grundfreiheiten und der Rechtsstaatlichkeit". Trotzdem war es von Anfang an klar, dass nur Länder, die diese Werte hochhielten und in ihrer politischen Praxis auch lebten, Mitglied der Gemeinschaft werden konnten. Bevor Portugal, Spanien und Griechenland sich nicht ihrer Diktaturen entledigt hatten, wie aufgeklärt diese im ökonomischen Bereich auch gewesen sein mögen, konnten sie nicht Mitglied der Europäischen Wirtschaftgemeinschaft werden, selbst wenn sie Mitglieder der NATO waren wie Portugal seit ihrer Gründung und Griechenland seit 1952.

Die griechische Militärdiktatur war nur ein kurzes Zwischenspiel von 1967 bis 1974. Die Möglichkeit, Griechenland in die EGKS oder die EWG einzubeziehen, hatte zuvor aber niemand in Erwägung gezogen. Das Land lag weitab vom Europa der Sechs und es war ein reiner Agrarstaat. Das heißt, das materielle Entwicklungsniveau hätte es Griechenland sehr schwer gemacht, die Verpflichtungen aus einer Mitgliedschaft zu erfüllen. Auf der anderen Seite besaß die EWG noch nicht das entwickelte strukturpolitische Instrumentarium, um die Konvergenz unterentwickelter Regionen zu stimulieren. Die bescheidenen Mittel, die dafür zur Verfügung standen, nahm der italienische *Mezzogiorno* in Anspruch. Nach der Rückkehr zur Demokratie spielten dann politischen Gründe eine größere Rolle als die wirtschaftlichen Bedenken. Ökonomisch hatte vom Beitritt Griechenlands niemand etwas zu befürchten, und so konnte dieser, 1976 beantragt, bereits 1981 in Kraft treten.

Der Übergang zur Demokratie erfolgte in Portugal 1974 mit der „Nelken-Revolution" und in Spanien ein Jahr später mit dem Tode Francos. Beide

Länder stellten 1977 einen Antrag auf Mitgliedschaft, aber erst 1986 konnte der Beitritt vollzogen werden. Die lange Wartezeit dokumentiert die schwierigen Verhandlungen, um den Beitritt der iberischen Länder für die Altmitglieder der Gemeinschaft akzeptabel zu machen. Auch wenn das nirgendwo schwarz auf weiß stand, sollten die Wirtschaften der Altmitglieder durch Beitritte nicht geschädigt werden, was jedes einzelne Mitgliedland durch ein Veto gegen den Beitritt ja auch hätte verhindern können. Im Falle der iberischen Länder lagen die Probleme einerseits in der Landwirtschaft (Wein, Öl, Südfrüchte), die für Italien und Griechenland eine Konkurrenz darstellten, andererseits in der Fischerei und in der Freizügigkeit der Arbeitskräfte, die vor allem Frankreich einen Zustrom billiger Arbeitskräfte befürchten ließ.

Die dritte Erweiterungsrunde (1995) zeigt, dass es neben den internen auch externe Bedingungen für eine Mitgliedschaft gegeben hatte. Denn mit Schweden, Finnland, Österreich und der Schweiz (für Norwegen galt das nicht) beantragten Länder ihre Mitgliedschaft in der EU, die in der Zeit des kalten Krieges einen neutralen Status gewahrt hatten, sei es freiwillig (Schweden und die Schweiz) oder durch einen Vertrag mit der Sowjetunion dazu angehalten (Finnland und Österreich). Ob dies *de jure* eine Mitgliedschaft in der Union ausgeschlossen hätte, ist nicht ganz klar. *De facto* hielten die Länder und die EU es für angebracht, erst nach dem Ende der Sowjetunion Verhandlungen zu eröffnen. Sie warfen keine größeren Probleme auf, da diese Kandidaten über die EFTA-EG Kooperation und traditionelle Bindungen schon sehr eng mit der Union zusammenarbeiteten und da es sich hier ausschließlich um hoch entwickelte Industrieländer handelte, die für das Gemeinschaftsbudget keine Belastung darstellen, sondern im Gegenteil einen Nettobeitrag leisten würden. Am Ende lehnte die Bevölkerung in der Schweiz (indirekt durch Ablehnung des EWR Vertrages) und in Norwegen einen Beitritt ab.

2.2.2 Die Kopenhagener Kriterien

Bei der vierten Erweiterungsrunde, der Osterweiterung, kamen nun alle diese Bedingungen voll zum Tragen. Voraussetzung für die Erweiterungsrunde war die Aufgabe der Brežnev-Doktrin durch die Sowjetunion, die aus den Staaten Osteuropas den von der Sowjetunion geführten „Ostblock" gemacht hatte. Einmal aus der sowjetischen Kontrolle entlassen warfen die Länder das kommunistische politische System und die damit verbundene Wirtschaftsordnung ab und führten in einem Transformationsprozess Demokratie und Marktwirtschaft ein. Als das Sowjetimperium 1989–91 auseinander fiel, fand die Nachkriegsgeschichte ein Ende, und Europa brauchte eine neue Ordnung. Das war die Stunde der EU. Damit war sie herausgefordert, unmittelbar auf diese Situation zu reagieren. Sie tat das bereits 1989 mit dem PHARE Programm *(Poland and Hungary Aid for the Restructuring of Economies)*, das später auf andere Transformationsländer ausgedehnt wurde. 1991 folgten Assoziationsabkommen mit mehreren ostmitteleuropäischen Staaten, wie sie ähnlich auch mit anderen Nachbarländern der EU existierten. Diese Abkommen schufen hauptsächlich bilaterale Freihandelszonen. Die ersten

Abkommen enthielten noch keine eindeutige Mitgliedschaftsperspektive. Denn die EU zögerte, ob sie eine solche Perspektive bieten oder Osteuropa nicht besser in einer Art besonderer Beziehung auf Abstand halten solle. Das änderte sich mit dem Europäischen Rat von Kopenhagen im Juni 1993, der deutlich machte, die EU wird sich nach Osten erweitern. Man ersetzte die Assoziationsabkommen durch so genannte Europa-Abkommen und verstärkte die bilaterale Zusammenarbeit und Hilfe (Wagener 2013).

Auf dem Kopenhagener Gipfeltreffen von 1993 hat die Gemeinschaft die Beitrittsbedingungen summarisch festgelegt, die sogenannten Kopenhagener Kriterien:

1. Institutionelle Stabilität, wodurch sichergestellt werden sollen:
   a. Demokratie
   b. Rechtsstaat
   c. Wahrung der Menschenrechte
   d. Respektierung und Schutz der Rechte von Minderheiten
2. Existenz einer funktionsfähigen Marktwirtschaft
3. Fähigkeit, dem Wettbewerbsdruck und den Marktkräften in der Union standzuhalten
4. Fähigkeit, den Verpflichtungen aus der Mitgliedschaft nachzukommen:
   a. Übernahme des Besitzstandes (des *acquis communautaire*) der Union
   b. Verbundenheit mit den Zielen der politischen Union und der Wirtschafts- und Währungsunion.

Vor allem das zweite und dritte Kriterium sind auslegungsbedürftig. Die Kommission, die anhand dieser Kriterien die Beitrittsreife zu überprüfen hat, misst die Existenz einer funktionsfähigen Marktwirtschaft an:

• Liberalisierung der Preise und des Außenhandels, Ausgleich von Angebot und Nachfrage über den Markt
• Freier Marktzutritt und Marktaustritt
• Funktionierendes Rechtssystem und geregelte Eigentumsrechte
• Durchsetzbarkeit von Gesetzen und Verträgen vor Gericht
• Makroökonomische Stabilität (Preise, Staatshaushalt, Zahlungsbilanz)
• Entwickelter Finanzsektor
• Grundkonsens über die Wirtschaftspolitik

Hier erkennen wir die konstituierenden Prinzipien einer Wettbewerbswirtschaft wieder, wie sie von Walter Eucken (1891–1950) formuliert worden sind (Eucken 1952/1990: 254–89).

Die Wirtschaftsordnung der Europäischen Union ist eine Wettbewerbsordnung. Eine Wettbewerbsordnung ist nun aber keinesfalls ein Umfeld, in dem das wirtschaftliche Überleben generell leicht fallen würde. Eine Aufnahme neuer Mitglieder ist nur dann sinnvoll, wenn sie die Fähigkeit mitbringen, dem Wettbewerb standzuhalten. Anderenfalls handelt man sich Probleme ein, die die Solidarität der Gemeinschaft überstrapazieren würden. Die Aufnahme Griechenlands in die Wirtschafts- und Währungsunion kann als ein solcher Fall gesehen werden. Die Fähigkeit, dem Wettbewerb standzuhalten, misst die Kommission an:

- Funktionsfähige Marktwirtschaft und makroökonomische Stabilität (d.h. ein stabiles Umfeld für betriebliche Entscheidungen)
- Adäquater Stand von Human- und Sachkapital, Infrastruktur, Forschung und Bildung
- Wettbewerbspolitik
- Ausreichende Handelsverflechtung mit der EU
- Ausreichendes Segment von Mittel- und Kleinunternehmen.

Für die ehemaligen Planwirtschaften in Osteuropa bedeutete das konkret, dass der Transformationsprozess erfolgreich abgeschlossen sein musste. Wann das der Fall ist, ist eine Ermessensfrage. Andererseits scheint die Aussicht auf Mitgliedschaft in der EU den Transformationsprozess beflügelt zu haben. Denn in Ostmitteleuropa wurde er sehr viel konsequenter vollzogen als weiter im Osten und das auch mit größerem wirtschaftlichem Erfolg.

Integration setzt Konvergenz voraus. Dieser Satz ist allerdings zu interpretieren. Wir sehen, dass die Beitrittsbedingungen hier differenzieren:

- *Unbedingte Konvergenz:* Im Bereich der Gesellschaftsordnung, der Wirtschaftsordnung und des Gemeinschaftsrechts kann die Union keine Kompromisse machen. Nur demokratisch verfasste Marktwirtschaften, die den rechtlichen Rahmen der Gemeinschaft voll übernehmen, sind mitgliedfähig. Hier ist auch von institutioneller Konvergenz Sprache.
- *Bedingte Konvergenz:* In der Wirtschaftspolitik gibt es Bereiche, die einen hohen Grad an Konvergenz verlangen, z.B. die Wettbewerbspolitik. Andere Bereiche, z.B. die Wirtschafts- und Währungsunion, verlangen ebenfalls einen hohen Grad an Konvergenz, dies aber nicht notwendigerweise schon vor dem Beitritt. Allerdings wird makro-ökonomische Stabilität erwartet oder nominale Konvergenz. In wiederum anderen Bereichen haben die Mitglieder eine relative Autonomie, so dass hier nur der Grundkonsens über die Wirtschaftspolitik gefragt ist, den wir mit Ordnungskonformität präzisieren können.
- *Materielle Konvergenz:* Im Bereich der Wirtschaftsentwicklung ist materielle Konvergenz ein Ziel der Union, aber keine Voraussetzung für den Beitritt. Es können also durchaus weniger entwickelte Länder aufgenommen werden, so wie das bei der Süderweiterung und der Osterweiterung der Fall war. Das Kriterium, dem Wettbewerbsdruck standhalten zu können, enthält allerdings Aspekte, die ein gewisses Mindestniveau der wirtschaftlichen Entwicklung voraussetzen.

2.2.3 Vielfalt in der Einheit

Der Vergleich mit anderen wirtschaftlichen Großmächten verdeutlicht das große internationale Gewicht der EU-28. Der Vergleich mit China und Indien relativiert diese Feststellung wieder. Wir müssen allerdings die Produktivität der Länder in Rechnung stellen, um zu sehen, was sie ökonomisch auf die Waage bringen.

Das heutige Entwicklungsniveau der Mitgliedländer der EU (Tab. 2.3) ist Ergebnis einer langen Geschichte. Der Weg, der dorthin geführt hat (be-

Tabelle 2.1: Fläche, Bevölkerung und Produktivität 2012

Land	Fläche 1 000 km	Bevölkerung Mio.	Anteil an der Weltbevölke- rung	BIP pro Kopf in PPP[2] USA = 100
EU-27	4 312	504	7,3	66
Deutschland	357	82	1,2	79
USA	9 263	314	4,5	100
Indonesien	1 913	238[1]	3,4	10
Brasilien	8 514	192[2]	2,7	24
Russland	17 075	143	2,0	35
Japan	370	127	1,8	72
Indien	3 046	1 210[2]	17,3	8
China	9 561	1 350[1]	19,1	17

[1] 2013
[2] 2011

Quellen: Eurostat, Wikipedia, IMF

schränken wir uns nur auf das 20. Jahrhundert), sind hundert Jahre europäische Geschichte, die wir hier nicht ansatzweise zusammenfassen können. 1913 gab es von den in der Tab. 2.2 aufgeführten Ländern einige nicht als selbständige Staaten (Tschechien, Slowakei, Polen, Irland, Finnland, Estland, Lettland, Litauen, Slowenien, Kroatien, Zypern, Malta), die meisten anderen hatten zum Teil völlig andere Grenzen als heute (Frankreich, Deutschland, Österreich, Italien, Ungarn, Rumänien, Bulgarien, Griechenland, Türkei). Die beiden Weltkriege, aber auch der Zusammenbruch des Sowjetimperiums 1989–91 haben das Staatengefüge Europas, vor allem in Mittel- und Osteuropa, grundlegend verändert.

In ihrer Vielfalt liegt das kulturelle Kapital der EU. Würde man die Europäische Union am grünen Tisch ohne Rücksicht auf Geschichte und Kultur in Verwaltungseinheiten einteilen, so ist ziemlich sicher, dass dabei nicht das heutige Muster der Mitgliedländer herauskommen würde, deren größtes, Deutschland, mehr als 200 mal so viel Einwohner zählt wie das kleinste, Malta. Ein Vergleich der mit dem Lineal auf der Karte gezogenen Staatsgrenzen innerhalb der Vereinigten Staaten von Amerika und der über Jahrhunderte umstrittenen Grenzen innerhalb der Europäischen Union macht die Unterschiede von historischer Entwicklung und rationaler Planung deutlich. Jedes Mitgliedland der Union hat seine eigene Geschichte und seine eigene Kultur. Trotz Globalisierung und europäischer Integration weist seine Wirtschaft strukturelle Besonderheiten und komparative Vorteile auf. Und obwohl es sich ausnahmslos um demokratisch verfasste Rechtsstaaten handelt, hat jedes Land ein eigenes politisches System und ein eigenes Rechtssystem. Die ganze Vielfalt in allen ihren Schattierungen wiederzugeben, würde ein eigenes Buch, wenn nicht einen Bücherschrank, füllen und ist nicht Ziel unserer Darstellung.

Hier sollen nur einige charakteristische Aspekte angesprochen werden, um die Vielfalt der Mitgliedländer zu zeigen, aus der sich typische Probleme der Integration ergeben. Wichtige Dimensionen in dieser Hinsicht sind unter anderen: Größe, Entwicklungsstand, außen- und integrationspolitische Orientierung, Typus der Marktwirtschaft. Die beiden letzten Dimensionen sind bereits in Kapitel 1.2.6 etwas ausführlicher behandelt worden. Darauf brauchen wir hier nicht zurückzukommen. Die Dimension der außen- und sicherheitspolitischen Orientierung gewinnt angesichts der Tatsache Bedeutung, dass seit Maastricht 1992 die gemeinsame Außen- und Sicherheitspolitik eine Säule des Gebäudes der Union darstellt, eine Säule allerdings, die noch keine tragende Funktion besitzt. Wenn es eines Beweises dafür bedurft hätte, dann ist er durch den zweiten Golfkrieg (2003) geliefert worden. Während ein Teil der EU Mitgliedstaaten sowohl aus West- wie aus Osteuropa an der Seite der USA auf Bagdad marschiert ist, standen andere bei dieser Operation abseits. Wie sich ein europäischer Außenminister, hätte es ihn damals schon gegeben, in einer solchen Situation zu verhalten hat, liegt nicht auf der Hand. So paradox es klingen mag, die Osterweiterung hat die atlantische Orientierung verstärkt. Denn für die Länder, die der sowjetischen Hegemonie entkommen sind, war es die Haltung der USA im kalten Krieg und ist es ihre Mitgliedschaft in der NATO, die ihnen die Emanzipation ermöglicht hat und die neu gewonnene Selbständigkeit garantiert.

Größe ist eine Dimension, die vor allem in den Entscheidungsprozessen (hierzu mehr in Kapitel 4) eine Rolle spielt. Das haben die langwierigen Verhandlungen über den Verfassungsvertrag deutlich gemacht. Bei Entscheidungen, die Einstimmigkeit erfordern, hat Malta das gleiche Gewicht wie Deutschland. Auf der anderen Seite steht das demokratische Prinzip *one person one vote*. Würde man dem allgemeine Geltung verschaffen, dann würden die Kleinen unter den Tisch fallen. Tab. 2.2 zeigt die gewaltigen Unterschiede in der Verteilung von Land und Bevölkerung. Die Türkei, Mazedonien und Island haben zur Zeit Kandidatenstatus. Kroatien trat zwar erst 2013 der Union bei, wird hier aber bereits unter die Mitglieder gerechnet.

Entwicklung und Wohlstand korrelieren hoch miteinander. Entwicklung wird an sehr unterschiedlichen Indikatoren gemessen: Lebenserwartung, Säuglingssterblichkeit, Ausbildungsniveau zum Beispiel, aber auch am Anteil der drei großen Wirtschaftszweige (Landwirtschaft, Industrie, Dienstleistungen) an der Gesamtbeschäftigung. Da die Landwirtschaftspolitik und die Kohäsions- oder Strukturpolitik die beiden größten Ausgabenposten des Unionsbudgets sind (siehe Kapitel 9), werden die weniger entwickelten und stärker agrarisch geprägten Mitgliedländer für eine großzügige Ausgabenpolitik der Gemeinschaft plädieren. Der Wohlstand, gemessen am Volkseinkommen pro Kopf der Bevölkerung, ist wiederum für die Einnahmenseite des Budgets entscheidend. Je reicher ein Land, desto größer wird in der Tendenz sein Nettobeitrag zum gemeinsamen Haushalt sein. Die Reichen werden folglich für eine Beschränkung der Ausgaben eintreten, um so ihren Nettobeitrag in Grenzen zu halten.

Tabelle 2.2: Fläche und Bevölkerung der EU, 2012

Land	Fläche 1000 km²	Anteil an EU-28	Bevölkerung Mio.	Anteil an EU-28
EU-28	4312	100	507,8	100
Deutschland	357	8,28	81,8	16,11
Frankreich	544	12,62	65,4	12,88
Großbritannien	242	5,61	63,0	12,41
Italien	301	6,98	60,8	11,97
Spanien	505	11,71	46,2	9,10
Polen	313	7,26	38,5	7,58
Rumänien	238	5,52	21,4	4,21
Niederlande	41	0,95	16,7	3,29
Griechenland	69	1,60	11,3	2,23
Belgien	30	0,70	11,0	2,17
Portugal	92	2,13	10,5	2,07
Tschechien	79	1,83	10,5	2,07
Ungarn	93	2,16	10,0	1,97
Schweden	450	10,44	9,5	1,87
Österreich	84	1,95	8,4	1,65
Bulgarien	111	2,57	7,3	1,44

Land	Fläche 1000 km²	Anteil an EU-28	Bevölkerung Mio.	Anteil an EU-28
Dänemark	43	0,98	5,5	1,08
Slowakei	49	1,14	5,4	1,06
Finnland	338	7,84	5,4	1,06
Irland	69	1,60	4,6	0,91
Kroatien	57	1,32	4,4	0,87
Litauen	65	1,51	3,0	0,59
Slowenien	20	0,46	2,1	0,41
Lettland	65	1,51	2,0	0,39
Estland	45	1,04	1,3	0,26
Zypern	9	0,21	0,9	0,18
Luxemburg	3	0,07	0,5	0,10
Malta	0,3	0,007	0,4	0,08
Island	103		0,3	
Mazedonien	25		2,1	
Türkei	780		74,7	

Quelle: Eurostat

Die Interessenlage der Mitgliedländer orientiert sich aber nicht nur an der Budgetpolitik der Gemeinschaft. Die Vorteile, die der gemeinsame Markt bietet, werden um so mehr genutzt, je stärker ein Land außenhandelsorientiert ist. Die europäische Integration hat die beteiligten Wirtschaften insgesamt offener gemacht. Aber auf Grund ihrer Wirtschaftsstruktur und ihrer geographischen Lage ziehen einzelne Mitgliedländer einen größeren Vorteil daraus als andere. Die Offenheit einer Wirtschaft misst man üblicherweise am Verhältnis von Außenhandelsumsatz und Bruttoinlandsprodukt. Und es ist klar: Je größer ein Land ist, desto niedriger wird in der Tendenz der Offenheitsgrad sein. Denn der Abnehmer eines belgischen Produkts liegt mit höherer Wahrscheinlichkeit außerhalb der Landesgrenzen als der Abnehmer eines französischen Produkts.

Um die Zahlenflut nicht ausufern zu lassen, beschränken wir uns auf einen Indikator, die Produktivität gemessen am Bruttoinlandsprodukt (BIP) pro Kopf der Bevölkerung. Vergleichbare Daten der Volkswirtschaftlichen Gesamtrechnung herzustellen, ist ein großes statistisches Problem. Erst einmal müssen vergleichbare Tatbestände in der Sozialproduktsrechnung erfasst werden. Vergleichbare Tatbestände heißt auch, dass gleichnamige Produkte qualitativ miteinander vergleichbar sind: Eine Tonne Hartweizen ist eine Tonne Hartweizen, aber eine Vierzimmerwohnung in Genf und eine Vierzimmerwohnung in Bukarest sind nicht ohne weiteres das Gleiche.

Dann werden die Sozialproduktsdaten in nationalen Währungen erfasst. Die könnte man nun mit Hilfe der Wechselkurse in eine Währung, z.B. US Dollar oder Euro, umrechnen. Doch welche Information erhält man damit? Wechselkurse sagen nicht notwendigerweise etwas aus über die Kaufkraft der jeweiligen Währung. Sie werden, abgesehen vom Wechselkursregime (feste oder flexible Wechselkurse), bei konvertiblen Währungen mehr und mehr von Finanztransaktionen bestimmt, die nicht unmittelbar etwas zu tun haben mit der Produktivität und der Wohlfahrt eines Landes. Deshalb verwendet man für vergleichbare Daten häufig sogenannte Kaufkraftparitäten (*purchasing power parities*, PPP). Doch auch hier ist zu fragen, welche Information sie vermitteln (s. Box 2.7).

> *Box 2.7: Wechselkurse und Kaufkraftparitäten*
>
> Wechselkurse sind eindeutige Daten. Sie werden bei konvertiblen Währungen vom Devisenmarkt bestimmt, nicht ganz ohne Einflussnahme der nationalen Zentralbanken. In einem Regime flexibler Wechselkurse ändern sie sich allerdings täglich. Vergleicht man nun Sozialproduktsdaten über die Zeit, so können enorme Sprünge auftreten, die nicht auf reale Veränderungen zurückzuführen sind, sondern nur auf Wechselkursschwankungen.
>
> Die Berechnung von Kaufkraftparitäten führt dagegen nicht zu eindeutigen Daten, sondern ist abhängig von der gewählten Methode. Kaufkraftparitäten sind Indexzahlen und implizieren damit das statistische Indexzahlenproblem. Bei zwei Ländern wird der Wert eines repräsentativen Warenkorbs in den nationalen Währungen miteinander verglichen. Nun kann man den Warenkorb des Landes A

oder des Landes B zugrunde legen. Je nachdem wird die Kaufkraftparität unterschiedlich sein. Bei intertemporalen Preisindices ist das als der Unterschied von Paasche und Laspeyres Indizes bekannt. Häufig wird aus beiden Indizes das geometrische Mittel gebildet, was den sogenannten Fisher-Index ergibt. Abb. 2.2 zeigt den Wechselkurs des US Dollars im Verhältnis zum Euro und seine Kaufkraftparität auf der Basis eines durchschnittlichen OECD Warenkorbs.

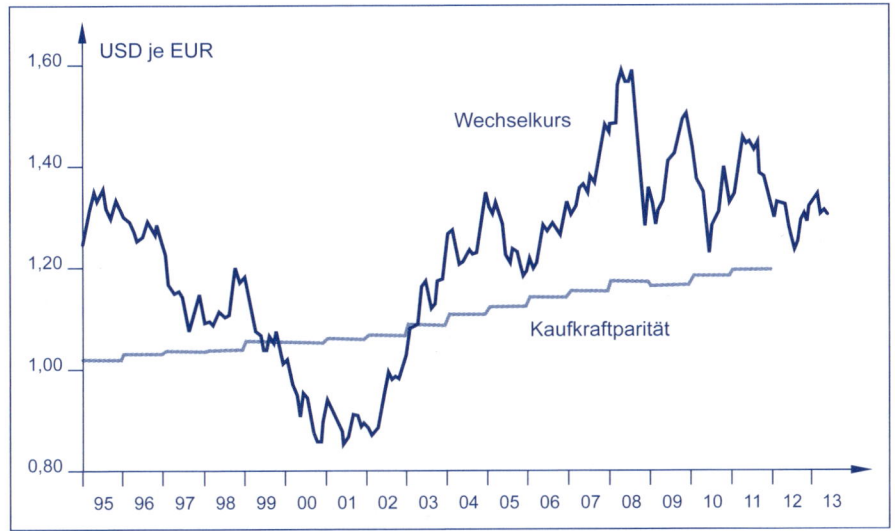

Abbildung 2.2: Wechselkurs und Kaufkraftparität

Die von Eurostat in so genannten Kaufkraftstandards (KKS) ausgewiesenen Daten basieren auf transitiven Kaufkraftparitäten und drücken Volumendaten in einer fiktiven Einheit (eben KKS) aus, die von den nationalen Währungen unabhängig ist (Eurostat 2003a: 147), aber ungefähr einem Euro entspricht. Nun sollte man denken, dass die einheitliche Währung des Euro zumindest für die Euro-Länder das Problem löse. Das ist nicht der Fall, da das Preisniveau in Euro in den einzelnen Mitgliedländern sehr unterschiedlich ist. Der Euro hat das Preisniveau in den Euro-Ländern noch nicht ausgeglichen, und weniger entwickelte Länder haben in der Tendenz ein relativ niedrigeres Preisniveau bzw. einen Wechselkurs, der unter der Kaufkraftparität liegt. Ob nationale Sozialproduktsdaten mit Hilfe von Wechselkursen oder von Kaufkraftstandards vergleichbar gemacht werden sollten, hängt von der jeweiligen Fragestellung ab.

Sozialproduktsdaten mittels Kaufkraftparitäten vergleichbar zu machen, führt je nach der gewählten Methode zu unterschiedlichen Datensätzen. Das bedeutet, dass man mit Fehlermargen rechnen muss und komparative Daten nicht überinterpretieren darf. Rangordnungen der Länder sind auf dieser Basis nicht angebracht. Bestenfalls kann man Gruppen von Ländern bilden, die auf einem ähnlichen Produktivitätsniveau stehen. Tab. 2.3 zeigt die Entwicklungsunterschiede innerhalb der EU im Jahr der ersten Osterweiterung 2004 und nach dem neuesten Stand 2012.

Tabelle 2.3: BIP pro Kopf der Bevölkerung 2004 und 2012, in Kaufkraftstandards

Land	BIP pro Kopf		Land	BIP pro Kopf	
	2004	*2012*		*2004*	*2012*
EU-27	100	100	EU-27	100	100
Luxemburg	252	271	Zypern	91	91
Österreich	128	131	Malta	78	86
Irland	143	129	Slowenien	87	82
Niederlande	129	128	Tschechien	78	79
Schweden	126	128	Slowakei	57	75
Dänemark	126	125	Litauen	51	70
Deutschland	115	121	Estland	57	68
Belgien	121	119	Ungarn	63	66
Finnland	116	115	Polen	51	66
Großbritannien	123	110	Kroatien	56	61
Frankreich	110	108	Lettland	47	58[1]
Italien	107	98	Rumänien	34	49
Spanien	101	97	Bulgarien	35	47
Griechenland	94	75			
Portugal	77	75	Island	131	112
			Türkei	40	52[1]
			Mazedonien	27	35[1]

[1] *2011*

Quelle: Eurostat

In der linken Hälfte der Tabelle treffen wir die alten Mitgliederländer der EU-15 an. Sie haben bis auf die vier Südländer ein überdurchschnittliches und, sehen wir einmal von Luxemburg ab, relativ ausgeglichenes Entwicklungsniveau. In die Zeit von 2004 bis 2012 fallen die Finanzmarktkrise mit Rezession 2008–9 und die Schuldenkrise 2010–13. Besonders hart sind davon offensichtlich Irland, Großbritannien, Island, Griechenland und Italien getroffen worden. Die neuen Mitglieder in der rechten Tabellenhälfte weisen zum Teil noch erhebliche Entwicklungslücken und stärkere Unterschiede auf. Sie haben aber mit Ausnahme Sloweniens in der Zeit ihrer Mitgliedschaft zum Teil beachtliche Aufholleistungen erzielt. Das Feld rückt zusammen.

Box 2.8: Catching-up

Zum führenden Läufer aufzuschließen, bedeutet schneller zu laufen als dieser. Die Zeit, die dafür erforderlich ist, bestimmen der Vorsprung des Führenden und die Geschwindigkeitsdifferenz. Nehmen wir an, die Wirtschaft der EU-15 (Produktivitätsindex $P_1 = 100$) wächst langfristig mit einer durchschnittlichen Rate von $r_1 = 2\%$. Die Dauer des *catching-up* Prozesses hängt dann ab von der Produktivitätslücke ($\Delta P = P_1 - P_i$, wobei P_i der Produktivitätsindex des aufholenden Landes ist) in der Ausgangssituation (dem Jahr 2004 in Tab. 2.3) und von der durchschnittlichen Wachstumsrate r_i ($i = 2, 3, ..., n$). Das bedeutet, die Entwicklung von P_1 und P_i ist gegeben durch:

$$P_1 (1 + r_1)^T \quad \text{und} \quad P_i (1 + r_i)^T$$

Die Dauer T des Aufholprozesses bestimmt sich dann nach der Formel:

$$T = \ln (P_1/P_i)/\ln [(1 + r_i)/(1 + r_1)]$$

Schauen wir uns die konkrete Situation 2004 in Europa an. Nehmen wir an, die wirtschaftsschwächeren Länder wollten auf ein durchschnittliches Niveau (EU-15 = 100), z.B. auf das Niveau von Frankreich oder Deutschland, aufschließen. Vereinfachend können wir dann sechs Produktivitätslücken unterscheiden:

- $P_i = 90$ Spanien, Italien
- $P_i = 80$ Griechenland, Zypern, Slowenien
- $P_i = 70$ Tschechien, Malta, Portugal; hier wären auch die neuen Bundesländer im Vergleich zu den alten einzuordnen
- $P_i = 60$ Slowakei, Ungarn, Estland, Kroatien
- $P_i = 50$ Litauen, Lettland, Polen
- $P_i = 30$ Türkei, Rumänien, Bulgarien

Für unterschiedliche Wachstumsdifferenzen ($\Delta r = r_i - r_1$) ergeben sich damit folgende Perspektiven für den *catching-up* Prozess:

Tabelle 2.4: Dauer des catching-up Prozesses

	$\Delta r = 2\%$	$\Delta r = 4\%$	$\Delta r = 6\%$	$\Delta r = 8\%$
$P_i = 90$	5,4	2,7	1,8	1,4
$P_i = 80$	11,5	5,8	3,9	3,0
$P_i = 70$	18,4	9,3	6,2	4,7
$P_i = 60$	26,3	13,3	8,9	6,8
$P_i = 50$	35,7	18,0	12,1	9,2
$P_i = 30$	62,0	31,3	21,1	15,9

Irland hatte in der zweiten Hälfte der 1990er Jahre eine Wachstumsdifferenz von 7–8% gegenüber dem Durchschnitt der EU-15. Im gleichen Zeitraum war die Wachstumsdifferenz zwischen den neuen und den alten Bundesländern praktisch Null. Doch das eine war ungewöhnlich hoch und das andere ungewöhnlich niedrig: Irland hat die Produktivitätslücke geschlossen, ja sogar einen Vorsprung gewonnen (vgl. Tab. 2.3); die neuen Bundesländer haben entsprechende Erwartungen nicht erfüllen können.

2.2.4 Wer gehört noch nicht dazu?

Von den 43 Staaten Europas sind zur Zeit 28 Mitglied der Gemeinschaft. Mit der Türkei, Mazedonien und Island laufen Aufnahmeverhandlungen. Die 12 Nicht-Mitgliedländer können wir in vier Gruppen einteilen.

Schweiz, Liechtenstein und Norwegen: Diese reichen, hochentwickelten westeuropäischen Länder haben von sich aus beschlossen, der Gemeinschaft nicht beizutreten. Die Schweiz und Norwegen hatten in der Vergangenheit (Norwegen bereits zweimal) Anträge auf Mitgliedschaft eingereicht, diese auf Grund von ablehnenden Volksentscheiden jedoch zurückgezogen, bzw. ruhen lassen. Island zählte lange Zeit ebenfalls zu dieser Gruppe und war

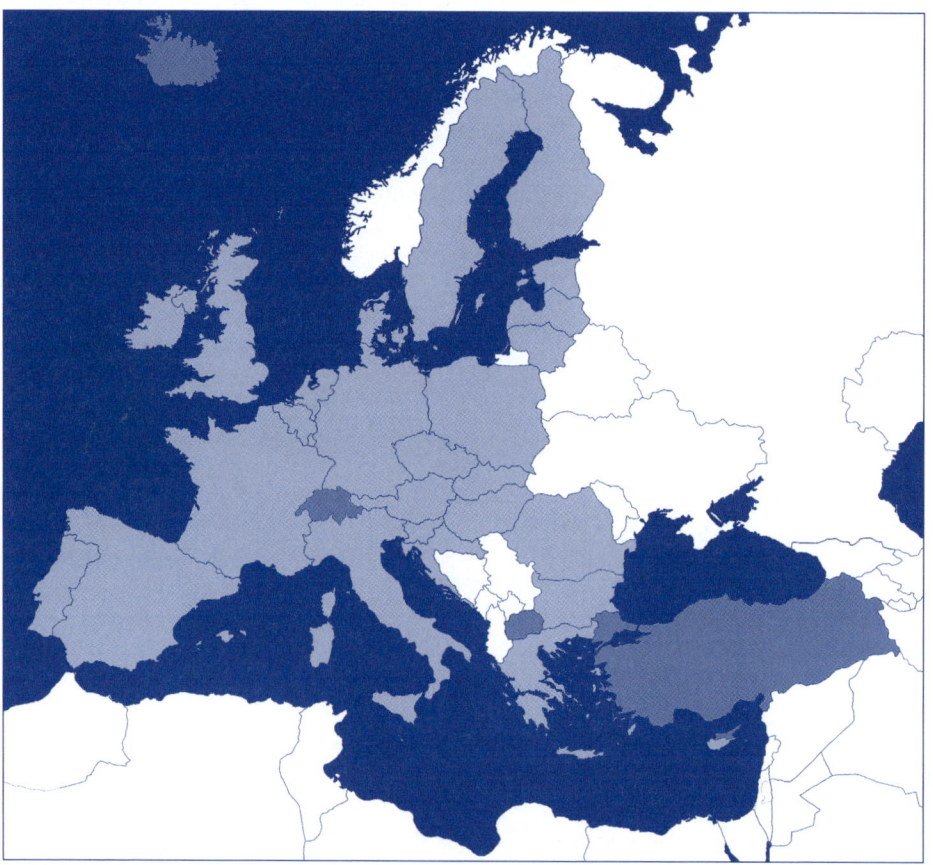

Abbildung 2.3: Die EU (hell), ihre Kandidaten (im Fall der Schweiz ruhend, dunkel) und der Rest Europas (weiß)

wegen der Fischereipolitik der Gemeinschaft an einer Mitgliedschaft nicht interessiert. Die Finanzmarktkrise hat das Land jedoch besonders hart getroffen, worauf es einen Antrag auf Mitgliedschaft stellte. Sollte eines dieser drei Länder in Zukunft doch den Wunsch äußern, Mitglied zu werden, so dürfte einer Aufnahme nichts im Wege stehen.

Die Balkanländer Serbien, Bosnien-Herzegowina, Montenegro, Kosovo und Albanien: Alle übrigen Nicht-EU Länder sind weniger entwickelt. Das ist zweifellos ihr Hauptproblem. Das eigentliche Problem des Balkans ist aber politischer Natur. Schon die geographische Lage zwischen dem EU-Mitgliedland Griechenland und Mitteleuropa macht die Balkanländer zwar zu natürlichen Kandidaten für eine Mitgliedschaft, was sicher zur politischen Stabilisierung der Region beitragen würde. Nur schreckt die Gemeinschaft davor zurück, ökonomisch sehr schwache Länder aufzunehmen, die ihre internen Probleme noch nicht gelöst haben, und das sind vor allem ethnische und religiöse Konflikte, eine schwach ausgebildete Rechtsstaatlichkeit, Demokratiedefizite und eine extrem hohe Arbeitslosigkeit. Die strukturellen und institutionellen Voraussetzungen einer Mitgliedschaft wären von diesen Ländern finanziell schwer zu verkraften. Das bedeutet, dass die Hinführung zur Mitgliedschaft erhebliche Investitionen von seiten der EU erfordert. Die Aufnahme Kroatiens 2013 und der Kandidatenstatus Mazedoniens machen deutlich, dass die EU dazu prinzipiell bereit ist.

Die europäischen Nachfolgestaaten der Sowjetunion Russland, Weißrussland (Belarus), Ukraine und Moldawien: Diese Länder kommen aus den unterschiedlichsten Gründen mittelfristig für eine Mitgliedschaft in der Europäischen Union nicht in Frage. Alle vier haben die Transformation zu demokratischen und marktwirtschaftlich organisierten Systemen noch nicht hinreichend erfolgreich abgeschlossen, ja Belarus hat diesen Prozess noch kaum begonnen. Moldawien ist ein historisch und politisch sehr inhomogener Staat, der auf Grund seiner ethnisch-kulturellen Zusammensetzung zwischen Russland und Rumänien umstritten war und ist. Die Ukraine hat offiziell ihr Interesse an einer EU Mitgliedschaft bekundet. Gleichzeitig ist sie aber stark abhängig von Russland, vor allem was ihre Energieversorgung betrifft. Und so ist noch nicht abzusehen, ob sie über einen Assoziationsvertrag mit der EU hinauskommen wird. Russland, das sollte deutlich sein, ist allein schon wegen seiner Größe und seiner Ausdehnung bis an den Pazifik ein schwieriges Kapitel für die EU. Zwar ist die EU von russischen Rohstoffen (Erdöl, Erdgas) abhängig, und der enorme Investitionsbedarf Russlands stellt einen wichtigen Absatzmarkt für die europäische Industrie dar. Das heißt, von einer engen Zusammenarbeit profitieren beide Seiten. Aber eine Integration in der Form der Mitgliedschaft in der Gemeinschaft ist zur Zeit schwerlich vorstellbar. Eine Marginalie in diesem Zusammenhang ist der Bezirk Kaliningrad (der nördliche Teil des ehemaligen Ostpreußen), der nach dem Krieg an die Sowjetunion und dort an die Russische Sowjetrepublik gefallen war. Dieser Bezirk ist heute, nachdem Polen und Litauen Mitglieder der EU geworden sind, eine russische Enklave in der EU.

Unter den Kandidaten ist die Mitgliedschaft der Türkei ein besonderes und sehr umstrittenes Thema. Die Diskussion ist fast eine unendliche Geschichte. Schon 1963 hatte sich die EWG im Assoziierungsvertrag mit der Türkei, dem Ankara-Abkommen, bereit erklärt, die Türkei langfristig als potentielles Mitglied zu betrachten. Der damalige Kommissionspräsident Walter Hallstein (1901–1982) erklärte anläßlich der Unterzeichnung (zitiert nach Güney 2014):

> Die Türkei gehört zu Europa … Und eines Tages soll der letzte Schritt vollzogen werden: Die Türkei soll vollberechtigtes Mitglied der Gemeinschaft sein. Dieser Wunsch und die Tatsache, dass wir in ihm mit unseren türkischen Freunden einig sind, ist der stärkste Ausdruck unserer Gemeinsamkeit.

1987 hat die Türkei offiziell einen Antrag auf Mitgliedschaft gestellt, der zwei Jahre später abgelehnt wurde, auch wenn man die Akte nicht völlig geschlossen hat. Erst seit dem Ratstreffen 1999 in Helsinki betrachtet die EU die Türkei als Kandidat für eine Mitgliedschaft, und es dauerte wieder bis Dezember 2004, bis eine Entscheidung über die Aufnahme von Beitrittsverhandlungen gefällt wurde, die schließlich im Oktober 2005 erfolgte. Ganz offensichtlich liegt die Türkei der EU schwer im Magen, und man weiß nicht so recht, wie damit umzugehen sei. In der Diskussion um die Aufnahme der Türkei geht es jedoch nicht nur um dieses Land. Es geht vor allem auch um die Europäische Union: Was stellt man sich unter Europa vor? Die Diskussion wird auf drei Ebenen geführt, der politischen, der ökonomischen und der historischen (Kramer 2003; Quaisser/Reppegather 2004; Leggewie 2004; Güney 2014).

Die historische Ebene ist die komplexeste; denn hier verbinden sich Fragen nach der Geschichte, der Identität, den Wertvorstellungen, d.h. nach den Gemeinsamkeiten, die die europäische Gemeinschaft aufweist, mit der Bestimmung des „Anderen", der Grenzziehung zur Umgebung. Eine einfache Lösung wäre die Festlegung Europas auf das christliche Abendland. Die am Ende gescheiterten Bemühungen einiger Mitgliedländer, die christliche Tradition in den Verfassungstext aufzunehmen, hatte zwar nicht dies zum Ziel, wäre am Ende aber nicht anders verstanden worden. Der Versuch ist vor allem an einer anderen europäischen Tradition gescheitert, der aus der französischen Revolution stammenden strikten Trennung von Kirche und Staat. Diesen Schritt hat die Türkei auf ihrem Weg nach Europa mit der Revolution unter Kemal Atatürk (1881–1938) nachvollzogen, was allerdings in jüngster Zeit relativiert wird, wohlgemerkt bei gleichzeitiger Annäherung an das europäische Rechtssystem mit seinen Grundwerten Demokratie und Rechtsstaatlichkeit. Das Erbe der europäischen Aufklärung beinhaltet aber auch Pluralismus und Toleranz. Wollte man nun die Religion zum Abgrenzungskriterium machen, müsste man nachweisen, dass der Islam Pluralismus und Toleranz grundsätzlich ausschließt, eine wohl kaum gerechtfertigte Vorstellung.

Ein Europa unter Einschluss der Türkei wäre ein anderes Europa als ein Europa ohne die Türkei. Darüber besteht Einigkeit. Die Aufnahme eines Landes, das zu 97 % in Kleinasien liegt, würde bedeuten, dass man es aufgibt, eine prinzipielle Außengrenze Europas festzulegen. Das Projekt der europäischen Integration wäre grundsätzlich offen und würde der Idee eines kosmopolitischen Föderalismus, wie sie Kant (1795) in seiner berühmten Schrift entwickelt hat, sehr viel eher entsprechen als ein exklusives Europa (vgl. Kap. 1). Allerdings würde eine der Kantschen Voraussetzungen, die Respektierung einer einheitlichen rechtlichen Basis, die in der heutigen EU ihren Niederschlag im obligatorischen Charakter des *acquis communautaire* findet, auf die Dauer mit einiger Wahrscheinlichkeit in die Kritik des kulturellen Pluralismus geraten. Diese Kritik richtet sich gegen „the difference-blind application of his principle of equality and the principle of citizens' dependence on a single, common source of legislation" (Tully 2002: 352). Wertvorstellungen sind kulturell bestimmt, und das Recht schreibt die ethischen Normen fest. Was wäre „natürlicher", als dass unterschiedliche Kulturen ihre Gesellschaften unterschiedlich verfassen? Es ist nun aber eines festzustellen, ein jeder könne auf seine Façon selig werden, und ein anderes, innerhalb einer Gemeinschaft unterschiedliche Rechtsauffassungen zu respektieren. Ein Europa, das sich als Wertegemeinschaft versteht, hat mit der Aufnahme der Türkei größere Probleme als ein Europa, das sich als Freihandelszone versteht. Es ist aber keineswegs ausgemacht, dass die Türkei die europäischen Verträge, den europäischen Grundrechtskatalog und generell das Projekt der europäischen Integration nicht mittragen würde.

Zumindest im Hintergrund dürfte auch die Überlegung eine Rolle spielen, dass die Türkei binnen kürzester Zeit das größte Mitgliedland der Union wäre. Schon heute wird sie mit ihren 75 Millionen Einwohnern nur von Deutschland übertroffen, hat aber im Gegensatz zu diesem ein beachtliches Bevölkerungswachstum. Für viele Kritiker eines Beitritts der Türkei ist es eine abenteuerliche Vorstellung, die größte Vetomacht der Gemeinschaft in den Händen einer peripheren asiatischen Provinz Europas zu wissen. Historisch-kulturelle Argumente sind allerdings, wie wir gesehen haben, in den Kopenhagener Beitrittskriterien nicht enthalten. Wenn die Union nur diese Bedingungen für notwendig und hinreichend hält, dann sollten die politischen und ökonomischen Voraussetzungen entscheidend sein. Und genau das ist es, was die Kommission, wie bei der Osterweiterung, für die Türkei überprüft. Das ist ein technokratischer Vorgang, und es obliegt den politischen Organen der Union, Parlament und Rat, einen entsprechenden Beschluss zu fassen. Die eigentliche Hürde stellt aber die Ratifizierung eines Beitrittsabkommens dar, denn das kann in einzelnen Mitgliedstaaten einem Referendum unterworfen werden. Und ein Beitritt der Türkei wird von der Bevölkerung in vielen Ländern sehr kritisch gesehen (*Eurobarometer* 66).

Wäre die EU eine rein intergouvernementale Veranstaltung, dann ließe sich eine Intensivierung der Integration auch auf der Ebene einer vertieften Zusammenarbeit vorstellen, wie z.B. der im Ankara-Abkommen vereinbarten und mehr als 30 Jahre später (1996) in Kraft getretenen Zollunion. Sie ist es aber nicht, und deshalb besitzt Mitgliedschaft eine andere Qualität. Genau diese Qualität strebt die Türkei an. So steht die Union vor dem Problem, klar „ja" oder „nein" zu sagen, nachdem sie über Jahrzehnte „später" gesagt hat.

Dieser Entscheidungszwang birgt die Chance, Intention und Identität der Europäischen Union neu zu reflektieren. Die Hauptargumente Pro und Kontra einer EU-Mitgliedschaft der Türkei lassen sich im Anschluss an Leggewie (2004: 17) in folgender Tabelle zusammenfassen:

Tabelle 2.5: Argumente für und gegen eine EU-Mitgliedschaft der Türkei

Pro	Kontra
Dynamik der Entwicklung	Rückständigkeit, Anpassungskosten
Bevölkerungszahl: Marktgröße	Bevölkerungszahl: Stimmgewicht in der Union
Modell der Versöhnung von Islam und Demokratie	Politischer Islam, weitere Ausdehnung nach Europa
Brücke Orient – Okzident	Zusammenprall der Kulturen
Identitätserweiterung der EU	Identitätsbruch der EU
Erweiterung des Modells Europa	Erschwerte Vertiefung der EU
Pazifizierung der Region	Sicherheitsrisiko

Kurz gesagt, der türkische Beitritt wird zum Testfall für die Grenzen der europäischen Integration. Ein Beitritt der Türkei verschiebt die Ostgrenze der EU mehr als 1 200 km nach Osten mit Syrien, Irak, Iran, Aserbaidschan und Armenien als neuen Nachbarn. Darin kann man die Gefahr einer Überdehnung des Integrationsprojektes sehen mit nachteiligen Folgen für den internen Zusammenhalt und die Konsensfähigkeit in den Entscheidungen der Union. Man kann darin aber auch die Loslösung des Projektes Europa aus seiner geographischen Beschränkung sehen mit der Chance, die Grundsätze der Freiheit, der Demokratie und der Rechtsstaatlichkeit im wechselseitigen Einverständnis über diese Grenzen hinauszutragen.

Kapitel 3
Prinzipien der Integration: Verfassung und Wirtschaftsordnung

3.1 Der politische Charakter der EU

Die Europäische Union ist kein staatliches Gebilde im herkömmlichen Sinn, keine föderativen „Vereinigten Staaten von Europa", schon gar kein Zentralstaat. Sie ist aber auch keine rein intergouvernementale Veranstaltung, dazu weist sie schon zu viele Institutionen auf, die den Rahmen einer internationalen Organisation wie der Welthandelsorganisation (WTO) oder ihrer ehemaligen Konkurrenz, der Europäische Freihandelszone (EFTA), überschreiten.

Von der bescheidenen Organisation der EFTA zum Beispiel unterscheidet sich die EU fundamental – bedauerlicherweise, wie manche Kritiker finden. Sie verfügt über Legislative, Exekutive und Judikative. Sie hat ein Corpus europäischen Rechts geschaffen, das Vorrang vor dem Landesrecht hat. Sie hat ein System von Gerichten, einen Rechnungshof und eine Zentralbank, die eine eigene Währung unterhält.

> *Box 3.1: Begriffe*
>
> „Anstalt soll ein Verband heißen, dessen gesatzte Ordnungen innerhalb eines angebbaren Wirkungsbereiches jedem nach bestimmten Merkmalen angebbaren Handeln (relativ) erfolgreich oktroyiert werden. ...
>
> Herrschaft soll heißen die Chance, für einen Befehl bestimmten Inhalts bei angebbaren Personen Gehorsam zu finden. ...
>
> Politischer Verband soll ein Herrschaftsverband dann und insoweit heißen, als sein Bestand und die Geltung seiner Ordnungen innerhalb eines angebbaren geographischen Gebiets kontinuierlich durch Anwendung und Androhung physischen Zwangs seitens des Verwaltungsstabes garantiert werden. Staat soll ein politischer Anstaltsbetrieb heißen, wenn und insoweit sein Verwaltungsstab erfolgreich das Monopol legitimen physischen Zwanges für die Durchführung der Ordnungen in Anspruch nimmt." (Weber 1956: 42–3)

Was fehlt ihr dann zur eigenen Staatlichkeit? Das lässt sich vielleicht mit der Taxonomie Max Webers klären (siehe Box 3.1). Herrschaft übt die EU aus, d.h. es besteht die Chance, für ihre Anordnungen bei einem definierten Personenkreis Gehör zu finden. Wo die Gemeinschaft Rechtsakte erlässt, haben diese Vorrang vor dem nationalen Recht. Die EU ist auch ein Herrschaftsverband, denn sie verfügt über einen Verwaltungsstab. Das unterscheidet sie beispielsweise von einer Freihandelszone wie der EFTA, die nur über ein Büro verfügte, das die jährlichen Sitzungen koordinierte. Dieser Herrschaftsverband hat die Eigenschaften einer Anstalt, denn seine Ordnung ist für alle auf seinem Territorium tätigen natürlichen und juristischen Personen verbindlich. Was der EU fehlt und nach Max Weber den politischen Verband, insbesondere den Staat ausmacht, ist die Durchsetzung der Anordnungen mittels Androhung physischer Gewalt seitens des Verwaltungsstabes, wofür der Staat ein Monopol besitzt. Dieses Monopol haben sich die einzelnen Mitgliedstaaten vorbehalten. Wir vermeiden es, den Staat über seine uneingeschränkte Souveränität nach innen und außen zu definieren. Denn in föderativen Systemen, die für eine europäische Staatlichkeit Modell sein könnten, verteilt sich die Souveränität zwischen Teilstaaten und Gesamtstaat.

Wir haben hier folglich einen Herrschaftsverband vor uns, der für die Durchsetzung seiner Anordnungen auf das Potential legitimen physischen Zwangs seiner dezentralen Einheiten zurückgreifen muss und dies bislang auch relativ erfolgreich getan hat. Es genügt für die folgenden Ausführungen festzustellen, dass wir es bei der EU mit einem politischen System zu tun haben – *sui generis,* wenn man so will (Nettesheim 2003) – das eine ausreichende institutionelle Kapazität und auch ausreichende Legitimität für seine Politik, insbesondere Wirtschaftspolitik, besitzt, die sich auf Allokation und Verteilung der Ressourcen auswirkt. Die Anforderungen, die an die Gemeinschaftsinstitutionen gestellt werden, beschränken sich nicht auf die Regierungen der Mitgliedstaaten, sondern gehen ebensosehr von den Bürgern und ihren jeweiligen Gruppierungen aus. Dieses System ist nicht starr, sondern führt ein Eigenleben und ist einer ständigen Evolution unterworfen (Hix/Høyland 2011: 12f.).

Kompetenz und Legitimität gründen auf der „Verfassung", d.h. dem Vertrag zur Gründung der Europäischen Gemeinschaft bzw. dem Vertrag über die Europäische Union. Diese Verträge wurden von den Mitgliedstaaten ausgehandelt, von den nationalen Parlamenten ratifiziert und zum Teil von der nationalen Bevölkerung in einem Referendum bestätigt. Die politische Autorität der Union ist also im Rahmen der vertraglichen Übereinkunft an sie delegiert. So verhält es sich mit jeder politischen Autorität einer demokratischen Regierung.

Die Besonderheit des politischen Systems der EU gegenüber einem herkömmlichen Bundesstaat – zu dem sie sich durchaus noch entwickeln könnte, aber nicht muss – liegt in dem komplexen Verhältnis zwischen den Mitgliedstaaten und den zentralen Gemeinschaftsinstitutionen, die eben nicht mit der Zentralregierung eines Bundesstaates gleichgesetzt werden können. Das politische System, das sich im Laufe der Zeit herausgebildet und keineswegs bereits zu einer etablierten Ordnung verfestigt hat, wird adäquat als Mehrebenensystem (Scharpf 1999, 2002) beschrieben. Je nach Verfassung der Mitgliedstaaten ist die Zahl der Ebenen unterschiedlich. In Deutschland haben wir es mit vier Ebenen zu tun: Gemeinde, Land, Bund, Europäische Union. Hier wollen wir vereinfachend nur von zwei Ebenen ausgehen: Mitgliedstaat und Gemeinschaft. Der Ebene der Mitgliedstaaten fällt bei legislativen und haushaltspolitischen Entscheidungen eine zentrale Rolle auf der

Gemeinschaftsebene zu. Die Hierarchie der Ebenen ist nicht eindeutig: Sind die Mitgliedstaaten die Prinzipale und die Gemeinschaftsorgane die Agenten oder präjudiziert die Gemeinschaft die Mitglieder (siehe Kap. 4)?

Dabei kommen mehrere Verfahren zur Anwendung, die sich nicht nur hinsichtlich ihres Outputs unterscheiden, sondern auch hinsichtlich des Inputs, den die einzelnen Ebenen und Organe leisten (Wallace 2010: 90 ff.):

- *Die Gemeinschaftsmethode:* Vor allem bei ausschließlicher Unionskompetenz repräsentiert die Kommission das Gemeinschaftsinteresse und entwirft eine Politik, führt sie aus bzw. überwacht ihre Ausführung und vertritt sie nach außen. Die Entscheidung, diese konkrete Politik anzunehmen, obliegt dem Ministerrat, während das Parlament eher beratend auftritt. Da es hierbei um unmittelbare Interessen von Begünstigten oder Betroffenen geht, sind diese, sei es direkt, sei es über ihre nationalen Regierungen, in den Prozess miteinbezogen. Diese Methode findet vor allem in der Gemeinsamen Agrarpolitik und Handelspolitik Anwendung.

- *Die regulative Methode:* Aus ökonomischer Sicht stellt sich die europäische Integration zunächst einmal als ein gewaltiges Deregulierungs- bzw. Reregulierungsprogramm dar. Um den Gemeinsamen Markt zu schaffen, wurden zahlreiche nationale Regulierungen beseitigt oder durch gemeinschaftliche ersetzt. Auch hierbei spielt die Kommission eine zentrale Rolle, nicht nur beim Design der Regeln, sondern zusammen mit dem EuGH auch bei ihrer Auslegung und Überwachung ihrer Einhaltung. Rat und Parlament teilen sich die Entscheidungsbefugnis. Die Mitgliedstaaten üben allerdings über die Komitologie-Ausschüsse (s. Kap. 4) auch administrative Kontrolle aus. Von rein negativer Integration zu sprechen (Scharpf 1999), ist wohl kaum gerechtfertigt. Dazu ist die Regulierungsdichte der entstandenen Ordnung zu groß.

- *Die Umverteilungsmethode:* Geld geht in der EU nur in bescheidenem Maße um. Trotzdem gibt es etwas zu verteilen, in der Agrarpolitik, in der Kohäsionspolitik, in der Forschungspolitik. Die Begünstigten sind nicht nur die Mitgliedländer unmittelbar, sondern auch auf regionaler und sektoraler Ebene anzutreffen. Dadurch gewinnen diese Ebenen an Bedeutung. Da aber die Mittelverteilung immer umstritten ist, was ihren Gesamtumfang wie auch ihre Richtung betrifft, bestehen die Mitgliedstaaten hier auf einem Vetorecht, das sich mit dem gleichberechtigten Budgetrecht des Parlaments nicht immer verträgt. Der Kommission kommt in diesem Bereich eine ausführende Funktion zu. Maßnahmen im Bereich der Währungsunion, vor allem im Zusammenhang mit der Schuldenkrise, sind gesondert zu behandeln (Kap. 11).

- *Die Koordinierungsmethode:* In vielen Fällen begann die Ausarbeitung einer Gemeinschaftspolitik mit der Koordinierung nationaler Maßnahmen. Daran sind vor allem nationale Regierungsvertreter und Fachleute beteiligt, so dass solche Aktivitäten auf der Ratsebene und in ihren Kommissionen stattfinden. Die Tatsache, dass man in vielen Bereichen auf der Gemeinschaftsebene zusammenarbeitet, lässt es natürlich erscheinen, in anderen Bereichen, die (noch) außerhalb der Kompetenz der Union liegen,

Erfahrungen auszutauschen und eventuelle Reibungsflächen zu glätten. Mit der „offenen Methode der Koordinierung" wurde das in Lissabon 2000 für die Sozialpolitik institutionalisiert (s. Kap 9). Die Effektivität dieses Ansatzes wird eher zurückhaltend beurteilt. Das mag auch noch für die Koordinierung der Wirtschafts- und Fiskalpolitik gelten. Doch ist der Zwang zur Koordinierung, zumindest innerhalb der Währungsunion, sehr viel stärker.

Man könnte fast behaupten, die Aktivitäten der Gemeinschaft seien apolitisch. Das würde sich darin äußern, dass man für die europäische Politik nicht von politischen Unternehmern sprechen kann, Unternehmern, die ein konkretes Programm formulieren, sich dafür auf dem Stimmenmarkt ein Mandat holen, es mehr oder minder geschickt umsetzen und sich dann der politischen Kontrolle der Wiederwahl stellen. Dieses Fehlen „Emotionen bewegender" Politik auf der europäischen Ebene, dem ein diffuses europapolitisches Profil der im Parlament vertretenen Parteien (mit Ausnahme der Anti-Europäer) entspricht, wird häufig bedauert. Denn damit wird auch keine politische Identifikation der Bürger stimuliert, was sich in einer niedrigen Wahlbeteiligung niederschlägt.

Die politischen Aktivitäten der Union haben eher einen administrativen oder bürokratischen Charakter. In der Kommission kann man geradezu eine Verkörperung des Weberschen Idealtypus der Bürokratie sehen. Das Programm ist vertraglich vereinbart: ein gemeinsamer Markt, eine gemeinsame Währung, die Förderung unterentwickelter Regionen. Und die Gemeinschaftsinstitutionen sind dafür da, dieses Programm in die Realität umzusetzen. Es hat den Anschein, als ob hier ausschließlich technokratisch gehandelt würde. Eine solche rein administrative „Verwaltung von Sachen" ist eine Fiktion. Jede politische Entscheidung impliziert Gewinner und Verlierer und die langwierigen Verhandlungen, die Ratsentscheidungen häufig vorausgehen, verdeutlichen den politischen Einsatz. Die Kontrolle der Politik erfolgt nicht durch den üblichen politischen Prozess der Wiederwahl, sondern einerseits durch die parlamentarische und mediale Öffentlichkeit, andererseits und sehr viel effektiver durch die Administration der Mitgliedstaaten, die sich im Rat Gehör verschaffen kann. Die politischen Methoden beinhalten eine Vermischung von Kompetenzen und Funktionen zwischen den Ebenen und das unterscheidet sie vom klassischen Föderalismus, bei dem beide Ebenen möglichst unabhängig voneinander sein sollten (Apolte 2004). Die Lösung von Spannungen wird ganz entscheidend durch das Gemeinschaftsrecht bestimmt.

3.2 Primäres Gemeinschaftsrecht: die Verträge

Mit der Gründung der Europäischen Gemeinschaft für Kohle und Stahl (EGKS) durch den Pariser Vertrag vom 18. 4. 1951 beginnt zwischen sechs europäischen Staaten (Deutschland, Frankreich, Italien, Belgien, Niederlande, Luxemburg) für einen damals strategisch wichtigen, doch letztlich eher kleinen Sektor der Wirtschaft ein Prozess der Integration. Er wurde durch die Römischen Verträge vom 25. 3. 1957 zur Gründung der Europäischen Wirtschaftsgemeinschaft (EWG) sowie der Europäischen Atomgemeinschaft (EAG) auf die anderen Wirtschaftszweige ausgedehnt und seitdem ständig vertieft, erweitert und auf neue Mitgliedstaaten ausgedehnt.

Aus heutiger Sicht ist der mit Abstand wichtigste der drei Gründungsverträge der EWG-Vertrag, der seit 1992/93 EG-Vertrag heißt und mit Inkrafttreten des Lissabon-Vertrags am 1. 12. 2009 im EU-Vertrag bzw. dem Vertrag über die Arbeitsweise der EU aufgeht. Er erfasst alle Branchen der Volkswirtschaft, die nicht Gegenstand der beiden spezielleren Verträge über die Montanunion und die Atomgemeinschaft sind. Da der auf 50 Jahre befristete EGKS-Vertrag am 23. 7. 2002 ausgelaufen ist und da die zivile Nutzung der Kernkraft, Gegenstand des Euratom-Vertrages, in Europa stark an Bedeutung verloren hat, wird der Ordnungsrahmen für die europäische Integration praktisch durch den EWG-Vertrag mit allen seinen Veränderungen sowie das zugehörige sekundäre Gemeinschaftsrecht und die relevante Rechtsprechung des Europäischen Gerichtshofs definiert.

Seit 1957 wurde der EWG-Vertrag mehrfach und in immer kürzeren Abständen geändert. Abgesehen davon, dass sich wiederholt neue Mitglieder der Gemeinschaft angeschlossen haben (s. Kap. 2), beziehen sich diese Vertragsänderungen auf zwei Dimensionen:

- Zum einen wurden immer mehr Politikbereiche „vergemeinschaftet", d.h. die Kompetenzen der Union wurden erweitert und vertieft.
- Zweitens hat man das europäische Gesetzgebungsverfahren mehrfach geändert, mit der Folge, dass der Einfluss der Mitgliedstaaten beim Erlass sekundärrechtlicher Normen zugunsten supranationaler Organe zurückgedrängt wurde (Kap. 4).

Die Ausarbeitung neuer Verträge bzw. die Änderung bestehender findet auf Regierungskonferenzen statt. Diese werden vom Europäischen Rat einberufen und mit einem konkreten Auftrag versehen. Dann machen sich die ständigen Vertreter der Mitgliederländer und Expertengruppen an die Arbeit, den neuen Vertrag auszuarbeiten. Am Ende klärt eine Sitzung des Europäischen Rats noch strittige Punkte und beschließt einstimmig den neuen Vertrag. Parlament und Kommission haben in diesem Prozess keine entscheidende Funktion. Die Kommission ist wenigstens in den Arbeitsgruppen mit ihrem Expertenwissen beratend vertreten. Das Parlament kommt über einen Beobachterstatus nicht hinaus. Die Verträge sind rein zwischenstaatlicher Natur.

3.2.1 Von Rom bis Amsterdam

Grundlegend für die europäische Integration sind der Gemeinsame Markt und die schrittweise Annäherung der Wirtschaftspolitik der Mitgliedstaaten, die bereits im EGKS-Vertrag von 1951 und in den beiden Römischen Verträgen von 1957 als Ziel und Mittel der europäischen Integration Erwähnung finden:

Aufgabe der Gemeinschaft ist es, durch die Errichtung des Gemeinsamen Marktes und die schrittweise Annäherung der Wirtschaftspolitik der Mitgliedstaaten eine harmonische Entwicklung des Wirtschaftslebens innerhalb der Gemeinschaft, eine beständige und ausgewogene Wirtschaftsausweitung, eine größere Stabilität, eine beschleunigte Hebung der Lebenshaltung und engere Beziehungen zwischen den Staaten zu fördern, die in dieser Gemeinschaft zusammengeschlossen sind. (Art. 2 EWG)

Aus der Aufzählung der Tätigkeitsbereiche in Art. 3 EWG wird deutlich, dass die sechs Gründungsstaaten bereits 1957 weitaus mehr vorhatten, als lediglich eine Zollunion zu errichten, d.h. die tarifären und nicht-tarifären Handelshemmnisse zwischen den Mitgliedstaaten abzubauen und einen gemeinsamen Zolltarif gegenüber Drittstaaten zu etablieren (lit. a und b). Vielmehr sollte die Liberalisierung auch auf den Personen-, Dienstleistungs- und Kapitalverkehr zwischen den Mitgliedstaaten ausgedehnt werden. Unterstützt wird dieses Prinzip gleicher Marktfreiheiten durch das in Art. 7 EWG-Vertrag (heute: Art. 18 AEUV) verankerte allgemeine Verbot der Diskriminierung von Angehörigen anderer Mitgliedstaaten. Darüber hinaus sollten insbesondere eine gemeinsame europäische Handels-, Landwirtschafts-, Verkehrs- und Wettbewerbspolitik eingerichtet, nationale Politikmaßnahmen zur Beseitigung von Zahlungsbilanzungleichgewichten koordiniert und nationale Rechtsvorschriften einander angeglichen werden, um ein ordnungsgemäßes Funktionieren des Gemeinsamen Marktes zu ermöglichen. Bezüglich der Sozialpolitik enthielt der EWG-Vertrag allerdings keine Regelungen zur Harmonisierung, sondern lediglich die Absichtserklärung einer engen Zusammenarbeit (Art. 117 ff. EWG).

Der EWG-Vertrag enthielt eine Übergangszeit von 12 Jahren, die in drei Stufen von jeweils vier Jahren unterteilt war. Für den Beginn der dritten Stufe, zum 1. 1. 1966, war vorgesehen, in einigen Bereichen die Einstimmigkeitsregel durch eine qualifizierte Mehrheitsregel zu ersetzen mit der Folge, dass bei der Entscheidung über neue sekundärrechtliche Gemeinschaftsnormen einzelne Länder im Ministerrat hätten überstimmt werden können. Als es soweit war, hat sich De Gaulle mit einem Boykott, der „Politik des leeren Stuhls", dem widersetzt und den „Kompromiss von Luxemburg" erzwungen (vgl. Kapitel 2).

Obwohl der Abbau der Binnenzölle und die Vereinheitlichung der Außenzölle zwischen den sechs Gründerstaaten schneller erfolgte als geplant und bereits zum 1. 7. 1968 abgeschlossen war, gestaltete sich der Prozess der europäischen Integration in den 1970er und frühen 1980er Jahren äußerst zäh. Von einem gemeinsamen Markt konnte keine Rede sein. Die Situation änderte sich erst 1985, als Jacques Delors zum Kommissionspräsidenten gewählt wurde.

Mit sehr viel Energie und Geschick sorgte er dafür, dass ein Ruck durch die Mitgliedstaaten ging (relance européenne). Für die Vollendung des europäischen Binnenmarktes wurde eine konkrete Zeitvorgabe, nämlich bis zum 31. 12. 1992, rechtlich verbindlich vorgegeben und ein umfangreiches Maßnahmenbündel ausgearbeitet. Die primärrechtlichen Voraussetzungen für diese Maßnahmen schuf die Einheitliche Europäische Akte (EEA), die am 28. 2. 1986 unterzeichnet wurde und am 1. 7. 1987 in Kraft trat. Neben den erforderlichen Änderungen und Ergänzungen im EWG-Vertrag wurden die Anfänge einer gemeinsamen Außenpolitik, die sich seit 1970 entwickelt hatte, durch den Titel III der EEA als „Zusammenarbeit in der Außenpolitik" vertraglich normiert, allerdings noch nicht unter die Zuständigkeit der Gemeinschaft gebracht. Schließlich erfuhr das supranationale Element in der Entscheidungsfindung eine Stärkung durch mehr Mitwirkungsrechte des Parlaments und erweiterte qualifizierte Mehrheitsentscheidungen des Rates.

> Der Binnenmarkt umfasst einen Raum ohne Binnengrenzen, in dem der freie Verkehr von Waren, Personen, Dienstleistungen und Kapital gemäß den Bestimmungen dieses Vertrages gewährleistet ist. (Art. 26.2 AEUV)

Einige Autoren gaben sich viel Mühe, die Begriffe „Binnenmarkt" und „Gemeinsamer Markt" zu differenzieren. Substantielle Unterschiede haben sich hieraus aber nicht ergeben (Streit/Mussler 1995: 84). Wir verwenden deshalb die beiden Begriffe im Folgenden synonym.

Um die Zustimmung der peripheren und weniger entwickelten Mitgliedländer Griechenland, Irland, Spanien und Portugal zu dem umfassenden Binnenmarktprogramm zu erhalten, wurde ein neues Politikfeld „wirtschaftlicher und sozialer Zusammenhalt" in den Vertrag aufgenommen, die später so genannte Kohäsionspolitik. Sie wurde dann im Vertrag von Maastricht mit einem eigenen Kohäsionsfonds ausgestattet und dient dem Ziel, die peripheren Länder vor allem durch Infrastrukturmaßnahmen näher an den Kern des Binnenmarktes heranzuführen, der von den neu geschaffenen Verkehrsfreiheiten am stärksten profitiert. Schließlich erweiterte das Einfügen neuer Kapitel und Titel den Aufgabenkatalog der Gemeinschaft um die Bereiche Forschung und Entwicklung, Umwelt, Europäisches Währungssystem, Schutz der Sicherheit und Gesundheit der Arbeitnehmer und Entwicklung des Dialogs zwischen den Sozialpartnern auf europäischer Ebene.

Aus der Durchführung des Binnenmarktprogramms ergab sich sehr bald ein Bedarf nach weiteren Integrationsschritten, ganz wie es die Spillover-Hypothese erwarten ließ. Freier Güter-, Kapital- und Personenverkehr erfordern auch die Abschaffung der Binnengrenzen. Das ist aber nur denkbar bei Einigkeit über Schutz und Kontrolle der Außengrenzen und bei polizeilicher und justizieller Zusammenarbeit bei der Verfolgung von illegaler Einwanderung und grenzüberschreitender Kriminalität. Das Schengener Abkommen von 1985 zwischen den Benelux Staaten, Frankreich und Deutschland war der Beginn eines Prozesses, der im Vertrag von Amsterdam zum Abschluss kam und die Abschaffung der Binnengrenzen zum Gemeinschaftsbesitz avancieren ließ. Ihm blieben nur Großbritannien und Irland fern, dafür nahmen die Nicht-EU Länder Norwegen, Island und die Schweiz daran teil. Des weiteren entwickelte sich mit dem Binnenmarktprogramm die Vorstellung, eine gemeinsame Währung werde den Gemeinsamen Markt wesentlich unterstützen.

Gleichzeitig veränderten die Ereignisse von 1989–90 das Gesicht Europas grundlegend. Die Hegemonialmacht Sowjetunion löste sich auf, wodurch einerseits der alte Ost-West Gegensatz aufgehoben wurde, andererseits aber ein Zustand der Unsicherheit über Schicksal und Position der Nachfolgestaaten wie auch der politisch und wirtschaftlich transformierten Länder Ostmitteleuropas entstand. Die Wiedervereinigung Deutschlands am 3. 10. 1990 brachte eine implizite Osterweiterung mit sich und ließ Deutschland zum mit Abstand größten Mitgliedstaat der EU aufsteigen. Die Verträge von Maastricht müssen auch in Verbindung mit diesen Ereignissen gesehen werden. Denn einerseits war eine umfangreiche Erweiterungsrunde zu erwarten, und andererseits wollte man mit einer vertieften Integration Deutschland noch stärker in Europa einbinden.

Die Verträge von Maastricht wurden am 7. 2. 1992 unterzeichnet. Aber sie konnten erst am 1. 11. 1993 in Kraft treten. Denn die Ratifizierungsverfahren erwiesen sich konfliktreich mit Volksabstimmungen in Frankreich, Irland und Dänemark, wobei die dänische Bevölkerung erst in einem zweiten Urnengang zustimmte, und in Deutschland mit einer vom Bundesverfassungsgericht zurückgewiesenen Verfassungsklage. Die Verträge eröffneten eine neue Etappe auf dem Weg zur politischen Einigung Europas. Zum einen wurde der EWG-Vertrag geändert und in „Vertrag zur Gründung der Europäischen Gemeinschaft", umbenannt. Zum anderen etablierte der Vertrag über die Europäische Union (EU) neue Formen der intergouvernementalen Zusammenarbeit in sensiblen Bereichen: die Gemeinsame Außen- und Sicherheitspolitik (GASP) sowie die Zusammenarbeit im Bereich der Justiz und Innenpolitik (ZBJI). Es ist üblich geworden, beide Verträge zusammen als *den* Vertrag von Maastricht zu bezeichnen, aber meistens wird damit der EG-Vertrag gemeint.

Der Maastricht-Vertrag ist äußerst kompliziert und in Teilen schwer nachzuvollziehen. Die Grundstruktur lässt sich mit der Architektur eines Tempels vergleichen, wobei die drei supranationalen Europäischen Gemeinschaften (EG, EAG und bis 2002 die EGKS) sowie die beiden intergouvernementalen Formen der Zusammenarbeit drei Säulen bilden und die Europäische Union mit einigen allgemeinen Prinzipien und politischen Absichtserklärungen ein Dach darüber spannt. In der Realität sieht das Gebäude nicht ganz so symmetrisch aus. Denn die erste Säule der Europäischen Gemeinschaften ist sehr viel mächtiger als die beiden anderen Säulen, die erst den Beginn gemeinsamer Aktivitäten in diesen Politikbereichen darstellen. Die Tendenz zur Erweiterung äußerte sich auch in einer umfangreichen Ausweitung des Katalogs der Tätigkeitsfelder in Art. 3.1 EGV. Der Vertrag von Lissabon hat diese Liste schließlich gestrichen: Eine explizite Aufzählung erübrigt sich.

Die mit Abstand gravierendste Änderung im EG-Vertrag besteht im Drei-Stufen-Plan zur Errichtung einer Währungsunion. Damit wurden die bestehenden Elemente der europäischen Wirtschaftsordnung, nämlich der Gemeinsame Markt und die Gemeinsamen Politiken, durch die einheitliche Währung

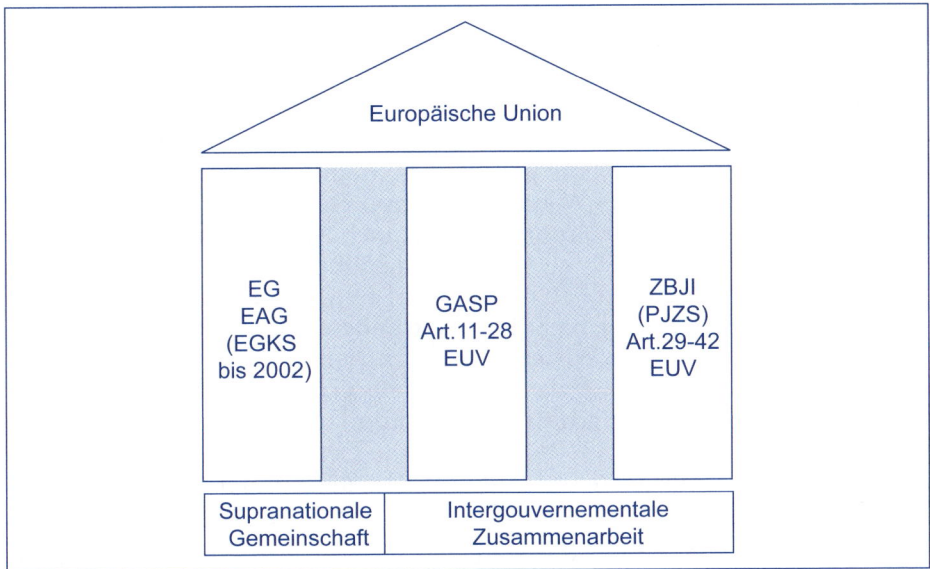

Abbildung 3.1: Der Tempel von Maastricht

mit einer europäischen Zentralbank als drittes Element ergänzt. Der Verzicht auf eine nationale Währung und eine eigene Geld- und Währungspolitik bedeutete für manche Mitgliedstaaten eine bittere Pille. Andererseits bot die gemeinsame Währung für inflations- und abwertungsgeneigte Länder wie Italien die Chance größerer monetärer Stabilität. Frankreich schließlich wollte vermeiden, dass ein wiedervereinigtes Deutschland in Zukunft das Europäische Währungssystem dominiere. Deutschland verzichtete, quasi als Preis für Frankreichs Zustimmung zur Wiedervereinigung, auf die DM als Symbol für wirtschaftliches Wachstum und Wohlstand. Allerdings waren nicht alle Staaten zur Teilnahme an der Währungsunion bereit. Großbritannien und Dänemark haben sich in Maastricht die Übernahme des Euro für später vorbehalten *(opt-out)*. Schweden, das erst 1995 der EU beitrat, hat diese Übernahme bis heute vermieden. Die Neumitglieder in Ostmitteleuropa sind zum Teil noch nicht für die Gemeinschaftswährung reif.

Auch in einem weiteren Politikbereich kam es zu Kontroversen zwischen dem Kontinent und der britischen Insel. Im Rahmen der Vertragsverhandlungen war es nicht möglich, sich mit Großbritannien auf eine Annäherung der Standards der Sozialpolitik (wie z.B. sozialer Schutz von Arbeitnehmern, Wiedereingliederung von Arbeitslosen in das aktive Berufsleben, Koalitions- und Mitbestimmungsrecht, Arbeitszeitrecht) zu verständigen. Deshalb schlossen die übrigen Mitgliedstaaten ein Abkommen über die Sozialpolitik, das als Protokoll dem Vertrag beigefügt wurde. Nach dem Regierungswechsel von John Major auf Tony Blair erlosch der britische Widerstand gegen eine Angleichung der Sozialpolitik, und der Vertrag von Amsterdam konnte das Sozialprotokoll in den EG-Vertrag überführen.

Der Maastricht-Vertrag enthält auch einige Bestimmungen, die einer übermäßigen Zentralisierung wirtschaftspolitischer Kompetenzen in Brüssel sowie einer systematischen Verdrängung von Marktkräften durch interventionistische Maßnahmen entgegenwirken sollen. So verlangt ein neu eingeführter Artikel (heute Art. 119 AEUV) von den Mitgliedstaaten und der Gemeinschaft eine Wirtschaftspolitik, die „dem Grundsatz einer offenen Marktwirtschaft mit freiem Wettbewerb verpflichtet ist". Allerdings besteht dieser neu aufgenommene Grundsatz nur „nach Maßgabe dieses Vertrags", d.h. der unverfälschte Wettbewerb steht gleichberechtigt neben den zahlreichen anderen Gemeinschaftsaktivitäten. Er wird im Konfliktfall kaum als wirksamer, „verfassungsrechtlich" begründeter Schutz des Wettbewerbs gegen interventionistische Wirtschaftspolitik dienen können (Mussler 1998: 179). Schließlich wurden als weitere Zentralisierungsbremse das Subsidiaritätsprinzip und der Grundsatz der Verhältnismäßigkeit im EG-Vertrag verankert (heute Art. 5 EUV). Danach darf die Gemeinschaft bei konkurrierender Zuständigkeit nur tätig werden, wenn die mit den entsprechenden Maßnahmen angestrebten Ziele nicht in ausreichendem Maße auf Ebene der Mitgliedstaaten erreicht werden können.

Bereits die Vorbereitungen zum Vertrag von Maastricht hatten klar gemacht, dass eine Erweiterung größeren Umfangs voraussetzt, dass man die Entscheidungsprozesse auf Gemeinschaftsebene deutlich verbessert und die entsprechenden Institutionen grundlegend reformiert. Zu diesem Zweck nahm 1996 eine Regierungskonferenz der 15 Mitgliedstaaten ihre Arbeit auf, die am 2. 10. 1997 zur Unterzeichnung des Vertrages von Amsterdam führte, der am 1. 5. 1999 in Kraft getreten ist. Der Vertrag enthielt allerdings eher marginale Änderungen und nicht, wie beabsichtigt, eine Reform der europäischen Institutionen. Man einigte sich darauf, diesen Punkt zu einem späteren Zeitpunkt zu lösen. Wie in den vorangegangenen Vertragsanpassungen machte das Parlament auch in Amsterdam Fortschritte bei der Mitentscheidung, und das qualifizierte Mehrheitsverfahren erfuhr eine Ausweitung.

Grundsätzlich wurde die Architektur des Vertrages von Maastricht mit ihren drei Säulen beibehalten. Zwischen den Säulen fanden einige Verschiebungen statt. Das Ziel einer gemeinsamen Innen- und Rechtspolitik wurde in Art. 2 EUV als „Raum der Freiheit, der Sicherheit und des Rechts" erst einmal für die dritte Säule formuliert. Da, wie schon erwähnt, die Abkommen von Schengen durch ein Protokoll zum Vertrag von Amsterdam in den Rahmen der Europäischen Gemeinschaft überführt wurden, war ein Teil der dritten Säule des Maastricht-Vertrages (Visapolitik, Aufenthalt von Zuwanderern, Asylverfahren, Flüchtlingsfragen, justitielle Zusammenarbeit in Zivilsachen) in die erste Säule (den EG-Vertrag) zu übertragen und somit zu vergemeinschaften. Für die zweite Säule (GASP) schuf man die Rolle des Hohen Repräsentanten der Gemeinsamen Außen- und Sicherheitspolitik („Mr. GASP").

Der Vertrag von Amsterdam eröffnete erstmals die Möglichkeit einer verstärkten Zusammenarbeit innerhalb einer Teilgruppe von Mitgliedstaaten („Europa der zwei Geschwindigkeiten"). Sie wurde dann im Vertrag von Lissabon ausgeweitet und spezifiziert (Art. 20 EUV und Art. 326 – 334 AEUV)

(Eger 2014: 273 ff.). Schließlich konnte man, wie erwähnt, dank der geänderten britischen Haltung das Sozialprotokoll zum Vertrag von Maastricht nun in den EG-Vertrag übernehmen (Art. 151 – 161 AEUV). Zum anderen wurde ein neuer Titel zur Beschäftigungspolitik eingefügt (Art. 145 – 150 AEUV), der allerdings faktisch keine großen Änderungen brachte, da die formalen Befugnisse bei den Mitgliedstaaten bleiben.

3.2.2 Von Nizza bis Lissabon

Schon bei der Unterzeichnung des Vertrages von Amsterdam waren sich die Mitgliedstaaten darüber einig, dass sie ihr Ziel nicht erreicht hatten, die Institutionen und Verfahren der Gemeinschaft, ursprünglich für sechs Mitgliedstaaten konzipiert, an die Bedürfnisse einer beträchtlich erweiterten Union anzupassen. Vor allem drei Probleme hatte der Vertrag von Amsterdam nicht gelöst (die so genannten *left-overs*):

- Zum einen musste eine Entscheidung über die Größe der Kommission getroffen werden. Bei 25 oder mehr Mitgliedern ist es kaum möglich, jedem Mitgliedland mindestens einen Kommissar zuzugestehen, ohne die Handlungsfähigkeit der Kommission zu gefährden.
- Weiterhin sollte die Legitimation der Gemeinschaftsentscheidungen dadurch erhöht werden, dass die Stimmgewichtung im Rat und die Sitzverteilung im Europäischen Parlament stärker an die Bevölkerungsgröße der Mitgliedstaaten angepasst werden und dass die Stellung des Europäischen Parlaments durch Ausweitung des Mitentscheidungsverfahrens und des Klagerechts vor dem EuGH gestärkt wird.
- Schließlich sollte die Integration dadurch erleichtert werden, dass in wichtigen Bereichen der EG-Gesetzgebung die Einstimmigkeitsregel durch qualifizierte Mehrheitsentscheidungen ersetzt wird.

Um diese institutionellen Reformen durchzusetzen, wurde zu Beginn des Jahres 2000 eine Regierungskonferenz einberufen und mit dem Europäischen Rat von Nizza im Dezember 2000 abgeschlossen. Der Nizza-Vertrag trat nach einem langwierigen Ratifizierungsprozess – diesmal waren in Irland zwei Referenden erforderlich – zum 1. 2. 2003 in Kraft. Die großen Erwartungen an den Vertrag wurden in Nizza nur unvollkommen erfüllt. Es blieb bei einem „bescheidenen Reformminimum" (Herdegen 2013: § 4, Rn. 23). Bezüglich der Größe der Kommission einigte man sich auf einen Stufenplan, von dem am Ende nur die erste Stufe ausgeführt wurde. Die Stimmen im Rat wurden neu gewichtet, allerdings mit einigen merkwürdigen Inkonsistenzen. Die qualifizierte Mehrheit wird an drei Kriterien gemessen (dreifache Mehrheit), was die Gesetzgebung blockadeanfälliger macht (vgl. Kap. 4).

Zwar reduzierte man die Anwendung des Einstimmigkeitsprinzips im Rat von bisher 73 auf 38 Anwendungsfälle. Die Aufgliederung der Politikfelder in Fälle, die der Einstimmigkeit, und andere Fälle, die der qualifizierten Mehrheit unterliegen, macht das Gesetzgebungsverfahren aber nicht transparenter. Insbesondere beim Asylrecht, der Steuerpolitik (Harmonisierung der indirekten Steuern), Teilen der Sozialpolitik (soziale Sicherheit der Arbeitnehmer, Kündigungsschutz, Betriebsverfassung und Mitbestimmung) und der Strukturpolitik bleibt das Einstimmigkeitsprinzip erhalten.

Neben den Verhandlungen über das Vertragswerk proklamierte die Konferenz von Nizza feierlich die Charta der Grundrechte der Europäischen Union. Ein Konvent unter Vorsitz des ehemaligen deutschen Bundespräsidenten Roman Herzog hatte zwischen Dezember 1999 und Oktober 2000 diese Charta ausgearbeitet. Sie besteht aus 54 Artikeln und gliedert sich in sieben Kapitel: Würde des Menschen, Freiheiten, Gleichheit, Solidarität, Bürgerrechte, justitielle Rechte und allgemeine Bestimmungen. Die Grundrechte-Charta wurde in Nizza noch nicht zum förmlichen Bestandteil der Verträge und konnte deshalb keine unmittelbare Geltung beanspruchen. Sie fand erst in Lissabon Aufnahme in das Vertragswerk, allerdings nicht unter den ersten Kapiteln des Vertrags über die Europäische Union, wo man sie gerne sähe, sondern weiterhin als eigenständiger Rechtsakt mit der vertraglichen Bestimmung:

> … die Charta der Grundrechte und die Verträge sind rechtlich gleichrangig (Art. 6.1 EUV),

wobei einige Länder sogar noch Vorbehalte protokollieren ließen.

Grundrechte sind in der Regel Bestandteil einer Verfassung. So war das auch für die EU vorgesehen. Denn nach dem enttäuschenden Ergebnis von Nizza machte man sich bereits auf dem Europäischen Rat von Laeken im Dezember 2001 daran, die Ausarbeitung einer Verfassung für Europa auf den Weg zu bringen. Deshalb berief der Europäische Rat den „Konvent zur Zukunft Europas" ein mit der Aufgabe, sich mit einer Liste von mehr als 60 Fragen zur Zukunft Europas auseinanderzusetzen und bis Mitte 2003 ein Abschlussdokument zu erstellen.

Box 3.2: Braucht Europa eine Verfassung?

Die erste Antwort auf diese Frage ist: nein. Denn die Gemeinschaft hat bereits eine Verfassung in den Verträgen von Rom. Fast alles, was in einem demokratischen Rechtsstaat die Verfassung regelt, wird von den Verträgen erfasst. "In other words: the treaties have all necessary elements of a constitution but one: They do not emanate from or are attributable to the people as the ultimate source of legitimate public power. Rather, it is the Member States which created the Union and retain the power to amend or abolish its legal foundations. They continue to be the so-called 'masters of the treaties'" (Grimm 2002: 320).

Dieses demokratische Element, so wird weiterargumentiert, kann durch eine formale Verfassung auch gar nicht geschaffen werden. Denn es fehlen eine europaweite politische Repräsentation, eine europaweite Zivilgesellschaft, ein europaweiter politischer Diskurs und eine europaweite Öffentlichkeit, die einer formal demokratischen Organisationsstruktur den notwendigen materiellen Inhalt verleihen würden. Das trifft auf den gegenwärtigen Zustand der Union zweifellos zu. Fragt sich nur, was zuerst da sein muss: ein verfasstes Staatswesen oder die Gesellschaft, die sich die Verfassung gibt? Das Beispiel der Schweiz – ganz allgemein ein gutes Vorbild für einen Konstitutionalisierungsprozess in einem multikulturellen Staatenbund – macht deutlich, wie aus einem gewollten Staatsverband eine politische Identität erwächst (van Aaken 2002).

Schließlich kann man auch mit Grimm (1995; 2002) der Ansicht sein, dass die augenblickliche Verfassung der Europäischen Union optimal sei. Die Union ist eine staatsrechtliche Innovation, die einerseits den Nationalstaat in seinen Rechten belässt, andererseits über eine reine internationale Organisation hinausgeht, indem sie eine eigene Rechtsprechung und damit die Möglichkeit hat, ihre Regeln durchzusetzen. In dem Moment, wo die Union eine echte Verfassung erhalte, gehe der *pouvoir constituant* von den Mitgliedstaaten auf das neue Gebilde über, das damit ein ganz normaler Staat werde, und der Charme der Innovation und des politischen Gebildes *sui generis* gehe verloren.

„In Grimms Beschreibung erscheint die EU als eine hinzunehmende Einrichtung, mit deren Abstraktionen wir leben müssen. Die Gründe, aus denen wir sie politisch wollen sollten, kommen nicht vor" (Habermas 1999: 188). Am augenblicklichen Demokratiedefizit zweifelt auch Habermas nicht, denn es ist bereits auf dem nationalen Niveau zu beklagen. Allerdings hält er es für möglich, dass sich die demokratische Öffentlichkeit nach der Konstitutionalisierung herausbilde.

Der Konvent vereinte Vertreter der Regierungen und Parlamente der 15 Mitgliedstaaten und der 13 Kandidaten (einschließlich der Türkei!) sowie Vertreter der Kommission und des Europäischen Parlaments. Er begann seine Arbeit im Februar 2002 und legte im Juli 2003 dem Europäischen Rat den Entwurf eines Verfassungsvertrages vor, der sämtliche Bestimmungen des primären Unionsrechts in einem Vertrag zusammenfasste. Die folgende Regierungskonferenz konnte sich erst nach zahlreichen bilateralen Gesprächen und einigen Änderungen im Entwurf einigen. Am Ende beschloss der europäische Rat von Brüssel im Juli 2004 den Verfassungsvertrag, den die Staats- und Regierungschefs der inzwischen 25 Mitgliedstaaten und der 3 Beitrittskandidaten am 29. 10. 2004 feierlich in Rom unterzeichneten. Seine Ratifizierung scheiterte jedoch Anfang 2005 an ablehnenden Referenden in Frankreich und den Niederlanden. Die Ablehnung dürfte sich weniger aus einem Vergleich der konkreten Regelungen im Vertrag von Nizza mit dem Verfassungsvertrag speisen als vielmehr aus der allgemeinen Wahrnehmung, dass wesentliche Zukunftsentscheidungen in zunehmendem Maße auf europäischer Ebene ohne Einbeziehung der betroffenen Bürger gefällt werden.

Der Verfassungsvertrag bestand aus vier Teilen, wobei Teil I die „eigentliche Verfassung" enthält (Ziel und Zweck der Union, Grundsätze, Kompetenzen, Gesetzgebung, Institutionen etc.). Als Teil II wurde die Grundrechte-Charta aufgenommen, Teil III führt die einzelnen Politikbereiche und die Arbeitsweise der Union näher aus und Teil IV enthält die Übergangs- und Schlussbestimmungen. Mit insgesamt 448 Artikeln hätte es sich hierbei um eine der längsten Verfassungen der Welt gehandelt. Dies ist dem voluminösen Teil III zu verdanken, dessen Umfang (322 Artikel) dadurch zu erklären ist, dass aufgrund des Prinzips der begrenzten Einzelermächtigung die Politikbereiche im einzelnen beschrieben sein müssen. Das bedeutet, dass der Verfassungsvertrag, der den EG-Vertrag und den EU-Vertrag ersetzen sollte, die Bestimmungen dieser Verträge übernehmen musste, soweit sie Gültigkeit behalten sollten.

Das Verfassungsprojekt war gescheitert und guter Rat teuer. Denn die wesentlichen Neuerungen, die der Vertrag bringen sollte, blieben für eine vertiefte Integration wie für ein reibungsloses Funktionieren der erheblich erweiterten Union unverzichtbar. Nach einer Reflexionsphase nahm der Europäische Rat vom Juni 2007 in Brüssel dazu die Initiative und beauftragte eine unmittelbar einzuberufende Regierungskonferenz, bis zum Jahresende einen Reformvertrag auf der Basis der Beschlüsse des Rates von 2004 vorzulegen. Damit war der rekurrente Anschluss an den Verfassungsvertrag gewahrt, ohne die Verfassung explizit zu erwähnen. Das Ergebnis dieser Bemühungen ist der Vertrag von Lissabon, der am 13. Dezember 2007 unterzeichnet wurde und am 1. Dezember 2009 in Kraft getreten ist. Er übernimmt im Wesentlichen die materielle Substanz des Verfassungsvertrages, gibt aber den Verfassungsbegriff und alle daran erinnernden Regelungen auf.

Der Ansatz, das gesamte Primärrecht der Union in einem Vertrag zu vereinen, wurde aufgegeben, was sich bei Weiterbestehen des Euratomvertrages sowieso nicht perfekt durchführen ließ. Damit haben wir neben diesem drei Verträge:

- *den neuen EU-Vertrag (EUV)*, mit kleineren Änderungen ist das Teil I des Verfassungsvertrages;
- *den Vertrag über die Arbeitsweise der Europäischen Union (AEUV)*, das war Teil III des Verfassungsvertrages, der aus dem alten EG-Vertrag hervorgegangen ist,
- *die Charta der Grundrechte (ChGR)*, Teil II des Verfassungsvertrages, die durch den zitierten Art. 6 Abs. 1 EUV explizit in das Primärrecht der Union aufgenommen wird.

Wesentliche Neuerungen finden sich im EU-Vertrag. Die Trennung von Union und Europäischer Gemeinschaft wird aufgegeben, die Europäische Union erhält eine eigene Rechtspersönlichkeit mit dem Europäischen Rat als oberstem Organ der Politikgestaltung. Als Neuheit wird das Amt des Präsidenten des Europäischen Rates eingeführt, der für die Dauer von zweieinhalb Jahren gewählt wird. Ebenfalls neu ist das Amt eines Außenministers der Union, genannt Hoher Vertreter für die Außen- und Sicherheitspolitik. Durch diese Innovationen sollten der politische Zusammenhalt und die Repräsentation der Union nach außen verbessert werden.

Darüber hinaus wurden zahlreiche Vorkehrungen getroffen, um die Entscheidungsprozesse innerhalb der erweiterten Union zu vereinfachen und zu demokratisieren. Das im Vertrag von Nizza vereinbarte System der dreifachen Mehrheit bei qualifizierten Mehrheitsentscheidungen im Ministerrat wird durch ein System der doppelten Mehrheit ersetzt, wobei das Stimmgewicht der Mitgliedländer ihrem Bevölkerungsumfang entspricht. Die Rolle des Europäischen Parlaments bei der Gesetzgebung wird dadurch verstärkt, dass das Mitentscheidungsverfahren zum „ordentlichen Gesetzgebungsverfahren der Union" avanciert. Erstmals enthält das Primärrecht eine Bestimmung, die es jedem Mitgliedstaat erlaubt, nach einem festgelegten Verfahren wieder aus der Union auszutreten. Ebenfalls neu ist das in einem Zusatzprotokoll verankerte Recht der nationalen Parlamente der Mitgliedstaaten, Einspruch gegen Entwürfe europäischer Rechtsetzungsakte zu erheben, wenn sie das Subsidiaritätsprinzip verletzt sehen, und gegebenenfalls den entsprechenden Rechtsetzungsakt beim EuGH deswegen anzufechten.

3.3 Sekundäres Gemeinschaftsrecht und die integrations-fördernde Rolle des Europäischen Gerichtshofs

Im Unterschied zu den Mitgliedstaaten handelt die Europäische Gemein-schaft weniger durch ihren Haushalt als durch die Produktion von Rechts-normen. Die Gemeinschaftsaktivitäten zielen zum einen auf die Errich-tung eines gemeinsamen Marktes, zum anderen auf die Durchführung der verschiedenen gemeinsamen Politiken. Zu einem geringen Teil basieren die erforderlichen Maßnahmen auf den Verträgen, d.h. dem primären Ge-meinschaftsrecht. Zum weitaus überwiegenden Teil handelt die Gemein-schaft aber durch die Produktion sekundärrechtlicher Normen. Die durch die Verträge institutionalisierten Gemeinschaftsorgane (Rat, Kommission, Parlament) verabschieden nach jeweils spezifischen Verfahren sekundäres Gemeinschaftsrecht. Dabei gilt das „Prinzip der begrenzten Einzelermächti-gung", wonach die Gemeinschaftsorgane nur tätig werden dürfen, wenn sie ausdrücklich durch die Verträge hierzu ermächtigt wurden. Dieses Prinzip wurde allerdings von Anfang an durch die Generalermächtigung des (ge-genwärtigen) Art. 352.1 AEUV durchbrochen:

> Erscheint ein Tätigwerden der Union im Rahmen der in den Verträgen festgelegten Politikbereiche erforderlich, um eines der Ziele der Verträge zu verwirklichen, und sind in den Verträgen die hierfür erforderlichen Befugnisse nicht vorgesehen, so erlässt der Rat einstimmig auf Vorschlag der Kommission und nach Zustimmung des Europäischen Parlaments die geeigneten Vorschriften.

Das sekundäre Gemeinschaftsrecht besteht aus folgenden Rechtsakten:

- Die *Verordnung* entspricht dem Gesetz der nationalen Rechtsordnungen. Sie hat unmittelbare Wirkung in jedem Mitgliedstaat und betrifft als abstrakt-genereller Rechtssatz eine unbestimmte Zahl von Fällen und eine unbestimmte Anzahl von Personen. Der Verfassungsvertrag sah hier den neuen Begriff „Europäisches Gesetz" vor, was aber im Vertrag von Lissabon wieder fallengelassen wurde.
- Die *Richtlinie* richtet sich an die Mitgliedstaaten und verpflichtet sie wie ein Rahmengesetz, den Richtlinieninhalt durch innerstaatliche Rechtsakte in nationales Recht umzusetzen. Der Verfassungsvertrag wählte deshalb den Terminus „Europäisches Rahmengesetz", doch auch diese Bezeich-nung musste aufgegeben werden.

- Die *Entscheidung* betrifft den Einzelfall, d.h. sie ist in allen ihren Teilen für einen bestimmten Adressaten (Mitgliedstaaten, natürliche oder juristische Personen) verbindlich. Die entsprechende Wortwahl im Verfassungsvertrag lautete: „Europäischer Beschluss".
- *Empfehlungen und Stellungnahmen* der Gemeinschaftsorgane sind demgegenüber nicht verbindlich. Sie zählen insofern zum „Soft-Law", entfalten allerdings in der Praxis häufig eine nicht zu unterschätzende Wirkung, da sie von den nationalen Gerichten bei der Auslegung nationaler Rechtsvorschriften zu berücksichtigen sind.

Beim Erlass sekundärrechtlicher Gemeinschaftsnormen kommt der Kommission in der Regel ein Initiativmonopol zu. Sie ist der Motor der Integration und hat in dieser Rolle immer wieder bedeutsame Gesetzgebungsvorhaben auf den Weg gebracht. Allerdings ist es kaum möglich, die Dynamik der Europäischen Integration zu erklären, ohne die wesentlichen Grundsatzentscheidungen des Europäische Gerichtshof (EuGH) zu berücksichtigen. „Der Gerichtshof hat in besonderer Weise als Integrationsfaktor für die Gemeinschaft gewirkt. Sein Mandat zur ‚Wahrung des Rechts' hat der Gerichtshof immer wieder in besonders dynamischer Weise verstanden und dieses Verständnis in einer integrationsfreundlichen Auslegung der Verträge, zuweilen in kühner Rechtsfortbildung dokumentiert." (Herdegen 2013: §7, Rn. 98). Die Strategie des EuGH besteht darin, den einzelnen Bürger mit individuell einklagbaren Rechtspositionen auszustatten, um ihn dazu zu mobilisieren, Gemeinschaftsrecht durch Klagen vor innerstaatlichen Gerichten durchzusetzen und damit die Integration voranzutreiben.

Der Rechtsweg zum EuGH wird dadurch eröffnet, dass eine der im EG-Vertrag vorgesehenen Verfahrensarten relevant ist (Herdegen 2013: §9; Arndt 2003: 58 ff.). Wichtig sind hierbei insbesondere:

- *das Vertragsverletzungsverfahren*, das der Beseitigung von Vertragsverletzungen seitens der Mitgliedstaaten dient,
- *die Nichtigkeitsklage*, durch welche die Rechtmäßigkeit von Handlungen der Gemeinschaftsorgane gerichtlich überprüft werden kann,
- *die Untätigkeitsklage*, wonach gegen ein Unterlassen der Gemeinschaftsorgane geklagt werden kann,
- *die Amtshaftungsklage*, die auf einen Ersatz der durch rechtswidrige Akte der gemeinschaftlichen Hoheitsgewalt verursachten (deliktischen) Schäden gerichtet ist,
- *das Vorabentscheidungsverfahren*, das eine Besonderheit des Gemeinschaftsrechts darstellt und in der Praxis die größte Bedeutung hat.

Das Vorabentscheidungsverfahren hat sich im Laufe der Jahre zur bedeutendsten Verfahrensart am EuGH entwickelt. Nach Art. 267 AEUV soll eine einheitliche Auslegung und gleichförmige Anwendung des Gemeinschaftsrechts in der gesamten Gemeinschaft erreicht werden. Hat ein nationales Gericht in einer Rechtssache, die das Gemeinschaftsrecht betrifft, Zweifel an dessen Auslegung oder Gültigkeit, so kann es das Verfahren aussetzen und dem Gerichtshof Fragen zur Vorabentscheidung vorlegen. In bestimmten Fällen sind die nationalen Gerichte sogar verpflichtet, ein Vorabentscheidungsverfahren vor dem EuGH anzustrengen. Von den im Jahr 2011 neu eingegangenen Rechtssachen betrafen 62 % Vorabentscheidungsersuchen nationaler Gerichte beim EuGH. Allerdings machen die einzelnen Mitgliedländer unterschiedlichen Gebrauch von diesem Verfahren: Rund 20 % der 2011 eingegangen Ersuchen stammten aus Deutschland, 10 % aus Italien, 7 % aus Frankreich und nur 6 % aus Großbritannien (Gerichtshof der EU 2012: 120 ff.).

3.4 Grundlegende EuGH-Entscheidungen zur Reichweite des Gemeinschaftsrechts

Der EuGH erweist sich in seiner Rechtsprechung als äußerst integrationsfreundlich. Ganz im Sinn der zitierten Generalermächtigung des Art. 352.1 AEUV bedient er sich bei der Auslegung des Gemeinschaftsrechts insbesondere zweier Konzepte (Herdegen 2013: § 8, Rn. 75; Oppermann/Classen/ Nettesheim 2011: § 9, Rn. 176 ff.):

- *der implied-powers Lehre*, die dem allgemeinen internationalen Organisationsrecht entlehnt ist und besagt, dass sich Zusatzkompetenzen der Gemeinschaft aus dem engen Sachzusammenhang mit bereits bestehenden EU-Zuständigkeiten ergeben, und
- *der effet utile Maxime*, die der französischen Rechtsprechungstradition entlehnt ist. Danach sind die Vertragskompetenzen teleologisch so auszulegen, dass sie ihre volle Wirksamkeit im Sinne der europäischen Integration entfalten.

Unter diesen Bedingungen fällte der EuGH zahlreiche Grundsatzentscheidungen, die den Einfluss des Gemeinschaftsrechts auf den Alltag der Unionsbürger in ganz erheblicher Weise verstärken.

Die unmittelbaren Anwendbarkeit von Primärrecht: In der Rechtssache *Van Gend & Loos* (EuGH Rs. 26/62, Slg. 1963, 1) klagte ein niederländisches Transportunternehmen vor einem niederländischen Gericht gegen die niederländische Zollverwaltung, die für die Einfuhr eines chemischen Erzeugnisses aus Deutschland einen höheren Zoll als bisher erhoben hatte. Das Unternehmen sah hierin einen Verstoß gegen Art. 12 EWG-Vertrag, der den Mitgliedstaaten die Einführung neuer und die Erhöhung bestehender Zölle verbot. Der EuGH, dem das niederländische Gericht den Fall im Rahmen eines Vorabentscheidungsverfahrens vorlegte, nahm den Fall zum Anlass, grundsätzlich festzustellen, dass die Gemeinschaft eine neue Rechtsordnung *sui generis* darstelle. Der EWG-Vertrag richte sich nicht nur an die Mitgliedstaaten, sondern auch an deren Bürger. Und die Vertragsbestimmungen verliehen den einzelnen Bürgern von der Gesetzgebung der Mitgliedstaaten unabhängige Rechte, sofern der Vertrag inhaltlich völlig klare und unbedingte Regelungen enthält und die Mitgliedstaaten eindeutig zu einem bestimmten Tun oder Unterlassen verpflichtet.

Der Anwendungsvorrang von Gemeinschaftsrecht: Schon 1964 hat der EuGH in einem Grundsatzurteil (*Costa/ENEL*; Rs. 6/64, Slg. 1964, 1251) den Vorrang des Gemeinschaftsrechts gegenüber dem nationalen Recht der Mitgliedstaaten festgestellt. Hierzu führte der EuGH aus: „Durch die Gründung einer Gemeinschaft für unbegrenzte Zeit, die … insbesondere mit echten, aus der Beschränkung der Zuständigkeit der Mitgliedstaaten oder der Übertragung von Hoheitsrechten der Mitgliedstaaten auf die Gemeinschaft herrührenden Hoheitsrechten ausgestattet ist, haben die Mitgliedstaaten ihre Souveränitätsrechte beschränkt und so einen Rechtskörper geschaffen, der für ihre Angehörigen und sie selbst verbindlich ist." Daraus folgt, dass „dem vom Vertrag geschaffenen, somit aus einer autonomen Rechtsquelle fließenden Recht wegen dieser seiner Eigenständigkeit keine wie immer gearteten innerstaatlichen Rechtsvorschriften vorgehen" (ebenda, 1253). Der Vorrang des Gemeinschaftsrechts gegenüber den nationalen Rechtsnormen der Mitgliedstaaten wurde durch weitere EuGH-Entscheidungen bestätigt.

Der vom EuGH postulierte Vorrang des Gemeinschaftsrechts stößt verständlicherweise nicht auf uneingeschränkte Zustimmung seitens der obersten Gerichte der Mitgliedstaaten (Craig/de Búrca 2011: 268ff.). In der Bundesrepublik Deutschland hat sich das Bundesverfassungsgericht in einigen bedeutenden Entscheidungen mit der Frage auseinandergesetzt, ob und inwieweit deutsche Gerichte und Verwaltungsbehörden beim Vollzug des Gemeinschaftsrechts an die Grundrechte des Grundgesetzes gebunden sind. (Herdegen 2013: § 10 Rn. 19ff.; Huber 2002: 33ff.; Bergmann 2001: 192ff.). Nach seiner *Solange I Entscheidung* (BVerfGE 37: 271ff.) von 1974 sind beim Vollzug des Gemeinschaftsrechts durch deutsche Behörden die deutschen Grundrechte zu beachten, solange das Gemeinschaftsrecht, das zunächst keine Grundrechtsgarantien kannte, nicht selbst den vom Grundgesetz geforderten Mindeststandard sicherstellt. Zwölf Jahre später revidiert das Bundesverfassungsgericht dieses viel kritisierte Urteil und kommt in seiner *Solange II Entscheidung* (BVerfGE73: 339ff.) von 1986 zu dem Ergebnis, dass das Gemeinschaftsrecht einen wirksamen Schutz der Grundrechte gewährleiste und dass insofern der Vorrang des Gemeinschaftsrechts gegenüber nationalem Recht akzeptiert wird.

Im *Maastricht-Urteil* (BVerfGE 89: 155ff.) von 1993 wird eine neuerliche Klarstellung vorgenommen, die potentiellen Sprengstoff enthält. Danach können Rechtsakte der Gemeinschaftsorgane keine Anerkennung im innerstaatlichen Recht der Bundesrepublik Deutschland beanspruchen, wenn sie offensichtlich die der Gemeinschaft übertragenen Kompetenzen überschreiten. Damit wird der Vorrang des Gemeinschaftsrechts gegenüber nationalem Recht und das Monopol des EuGH für die verbindliche Auslegung des Gemeinschaftsrechts theoretisch durchlöchert, auch wenn das bisher noch keine praktischen Auswirkungen hatte.

Box 3.3: Stoppt den Europäischen Gerichtshof!

Sehr viel Aufmerksamkeit hat die vor einigen Jahren entschiedene Rechtssache *Mangold* (Rs. C-144/04, Slg. 2005: I–9981) hervorgerufen. Diesem Fall liegt ein von zwei Rechtsanwälten angestrengter Rechtsstreit zugrunde. Um die Einstellungschancen älterer Arbeitnehmer zu erhöhen, hatte die rot-grüne Koalition in Deutschland Ende 2002 beschlossen, die Altersgrenze, von der an Arbeitsverträge ohne sachliche Rechtfertigung befristet abgeschlossen werden können, vorübergehend von 58 auf 52 Jahre zu senken. Die Rechtsanwälte sahen in dieser Regelung einen Verstoß gegen das europarechtliche Verbot der Ungleichbehandlung wegen des Alters in Beschäftigung und Beruf, was der EuGH bestätigte.

Aus vier Gründen stieß das Mangold-Urteil auf massive Kritik (Herzog/Gerken 2008: 8; Egger 2008: 71 ff.):

- *Erstens* gehört die Arbeitsmarkt- und Sozialpolitik zu den Kernkompetenzen der Mitgliedstaaten und fällt nicht in die Kompetenz der EU.
- *Zweitens* waren die Mitgliedstaaten aufgefordert, die Vorgaben der Antidiskriminierungsrichtlinie bis zum 2. Dezember 2006 in nationales Recht umzusetzen. Zum Zeitpunkt des Rechtsstreits war diese Frist noch nicht abgelaufen.
- *Drittens* rechtfertigte der EuGH sein Urteil damit, dass das Verbot der Diskriminierung wegen des Alters nicht nur aus der Antidiskriminierungsrichtlinie folge, sondern darüber hinaus einen „allgemeinen Grundsatz des Gemeinschaftsrechts" darstelle, der in den „gemeinsamen Verfassungstraditionen der Mitgliedstaaten" und in „verschiedenen völkerrechtlichen Verträgen" enthalten sei. Nur zwei der Verfassungen der damals 25 Mitgliedstaaten enthalten jedoch ein explizites Verbot der Diskriminierung wegen des Alters (Finnland und Portugal), und es bleibt auch offen, auf welche völkerrechtlichen Verträge sich der EuGH bezieht.
- *Viertens* entschied der EuGH, dass das deutsche Reformgesetz ab sofort „unangewendet" zu bleiben habe, d.h. alle auf Grundlage des deutschen Reformgesetzes geschlossenen befristeten Arbeitsverträge waren unwirksam und wurden in unbefristete Verträge umgewandelt. Dies führte zu materiellen Folgeschäden für die betroffenen Unternehmen und einem Vertrauensverlust in die Verlässlichkeit arbeitsrechtlicher Regelungen.

Aufgrund dieses Falles und einiger ähnlich gelagerter Fälle kamen Roman Herzog, ehemaliger Bundespräsident und Präsident des Bundesverfassungsgerichts, und Lüder Gerken, Vorsitzende des Centrums für Europäische Politik, zu dem Ergebnis, dass der „EuGH ... als letztinstanzlicher Wächter der Subsidiarität und als Schützer der Belange der Mitgliedstaaten ungeeignet [ist]" und dass „die Errichtung eines vom EuGH unabhängigen Gerichtshofs für Kompetenzfragen zwingend geboten [ist]" (Herzog/Gerken 2008: 8).

Es mag erstaunen, dass die mehrfachen Revisionen des Vertrages nicht zum Anlaß genommen wurden, den Vorrang des Gemeinschaftsrechts vertraglich zu fixieren. Das ist auch in Lissabon nicht geschehen. Allerdings hat die Regierungskonferenz vom 17. 12. 2007, die den Lissabon-Vertrag verabschiedete, ihm eine Erklärung hinzugefügt (*Amtsblatt der EU* C 306: 256):

Die Konferenz weist darauf hin, dass die Verträge und das von der Union auf der Grundlage der Verträge gesetzte Recht im Einklang mit der ständigen Rechtspre-

chung des Gerichtshofs der Europäischen Union unter den in dieser Rechtsprechung festgelegten Bedingungen Vorrang vor dem Recht der Mitgliedstaaten
haben.

Man kann über die Widerstände nur Vermutungen aufstellen, die eine Aufnahme des Vorrangs des EU-Rechts in den Vertrag verhindern, doch gleichzeitig zulassen, dass er in der Schlussakte einer Regierungskonferenz her-
vorgehoben wird.

Die Haftung von Mitgliedstaaten bei Verstößen gegen Gemeinschaftsrecht:
Mit einer aufsehenerregenden Entscheidung Anfang der 1990er Jahre in
der Rechtssache *Francovich* (Rs. C-6/90 und C-9/90, Slg. 1991: I–5357) entwickelte der EuGH ein neuartiges europarechtliches Staatshaftungsinstitut,
indem er einen Mitgliedstaat haften ließ für Schäden, die Bürgern durch die
Nichtumsetzung einer Richtlinie entstanden sind. Im konkreten Fall konnten
einige italienische Arbeitnehmer bei Konkurs ihres Arbeitgebers ihre ausstehenden Lohnforderungen nicht erstattet bekommen, da eine Richtlinie,
die in solchen Fällen Zahlungen aus einem Ausgleichsfonds vorsieht, noch
nicht in nationales italienisches Recht umgesetzt war. Der EuGH entschied,
dass unter bestimmten Voraussetzungen Mitgliedstaaten für Schäden aus der
Nichtumsetzung von Richtlinien gegenüber ihren Bürgern schadensersatz-
pflichtig sind. In späteren Urteilen hat der EuGH diese Grundsätze auch auf
Verletzungen des primären Gemeinschaftsrechts (*Brasserie du Pêcheur* und
Factortame III, Urteil vom 5. 3. 1996) sowie auf die fehlerhafte Umsetzung von
Richtlinien (*British Telecommunications*, Urteil vom 26. 3. 1996) ausgedehnt.

Diese verschuldensunabhängige Haftung der Mitgliedstaaten für Verstöße
gegen Gemeinschaftsrecht lässt sich als Mittel begreifen, den einzelnen
Bürger dazu zu mobilisieren, im wohlverstandenen eigenen Interesse die
Durchsetzung gemeinschaftsrechtlicher Normen einzufordern. Aus juris-
tischer Sicht bedeutet die Anerkennung einer Staatshaftung für gemein-
schaftsrechtswidrige Gesetzgebungsakte „einen geradezu revolutionären
Einbruch in das deutsche Staatshaftungsrecht" (Herdegen 2013: § 10, Rn. 15).
Das deutsche Recht kennt nämlich bisher keine Amtshaftung für legislatives
Unrecht, da Amtspflichten des parlamentarischen Gesetzgebers gegenüber
Dritten verneint werden. (Zu den ökonomischen Anreizwirkungen vgl. Schä-
fer 2012: 82 ff.).

Die unmittelbare Wirkung von Richtlinien: Während EU-Verordnungen nach
Art. 288 AEUV unmittelbar in jedem Mitgliedstaat gültig sind, überlässt eine
Richtlinie den innerstaatlichen Stellen die Wahl der Form und der Mittel, wie
die zu erreichenden Ziele umgesetzt werden. Abweichend von dieser Kon-
zeption hat der EuGH bereits in den 1970er Jahren durch eine Reihe von Entscheidungen anerkannt, dass eine Richtlinie eine vertikale Direktwirkung
habe, sodass sich ein Bürger einem Mitgliedstaat gegenüber auf eine von
diesem Staat nicht umgesetzte Richtlinie berufen könne. Diese unmittelbare
Wirkung von Sekundärrecht setzt allerdings voraus, dass die Richtlinie nicht
fristgemäß oder inhaltlich nicht ordnungsgemäß umgesetzt worden ist und

dass die Bestimmungen der Richtlinie inhaltlich unbedingt und hinreichend genau sind. (Herdegen 2013: Rn. 45 ff.; Arndt 2003: 82 ff.; siehe allerdings das Mangold-Urteil in Box 3.3).

3.5 Zuständigkeit der Gemeinschaft – wie der Ökonom sie gern hätte

Nachdem wir die Quellen des primären und sekundären Rechts und die rechtsschöpfende Autorität des EuGH kennengelernt haben, stellt sich die Frage, wo die Gemeinschaft tätig werden dürfe oder solle. Der Bedeutung der ersten Säule entsprechend wird die Antwort vor allem auf dem Feld der Wirtschaftspolitik zu suchen sein. Ziel der EU ist die politische und wirtschaftliche Integration Europas. Seit Tinbergen (1954) unterscheiden wir zwischen negativer und positiver Integration (s. Scharpf 1999 und Kap. 1), wobei negative Integration passive wirtschaftspolitische Maßnahmen bezeichnet, die Handelshemmnisse und Verkehrsbehinderungen abschaffen, während positive Integration die aktive Ausübung von wirtschaftspolitischen Kompetenzen meint.

Welche Optionen, wirtschaftspolitische Kompetenzen auszuüben, stehen der Gemeinschaft nun rein theoretisch zur Verfügung und wie sind diese Optionen aus ökonomischer Sicht zu bewerten? Ganz allgemein lassen sich drei Alternativen unterscheiden (Van den Bergh, 2000: 448):

1. Die Gemeinschaft hält sich vornehm zurück und überlässt die Wirtschaftspolitik ausschließlich den Mitgliedstaaten. In diesem Fall ist zu erwarten, dass Unterschiede in den grundlegenden nationalen Rechtsvorschriften und in der laufenden Wirtschaftspolitik nur sehr langsam – wenn überhaupt – abgebaut werden. Sowohl die positive als auch die negative Integration gehen nur langsam voran, und somit zerfällt Europa auf absehbare Zeit in mehr oder weniger stark voneinander abgeschottete nationale Teilmärkte.

2. Auch bei der zweiten Alternative hält sich die Gemeinschaft weitgehend zurück und ergreift lediglich Maßnahmen, um bilaterale und multilaterale Verträge zwischen den Mitgliedstaaten zur Beseitigung grenzüberschreitender Externalitäten aller Art zu erleichtern (die Coasesche Verhandlungslösung).

3. Die Gemeinschaft kann selbst aktiv tätig werden, indem sie die Mitgliedstaaten zwingt, bestimmte nationale Rechtsvorschriften wechselseitig anzuerkennen und damit Hemmnisse für grenzüberschreitende Aktivitäten zu beseitigen (negative Integration), oder indem sie gegenüber allen Mitgliedstaaten einheitliche Rechtsvorschriften durchsetzt (Harmonisierung: positive Integration).

Wann ist ein Eingreifen der oberen Ebene ökonomisch geboten? Dieses Problem stellt sich generell in föderalen Mehrebenensystemen, die sich ein Grundprinzip der Demokratie zu eigen gemacht haben, dass nämlich „die Entscheidungen entsprechend dem Subsidiaritätsprinzip möglichst bürgernah getroffen werden" (Präambel EUV). Die neoklassische Theorie des Fiskalföderalismus (Oates 1999) bietet hierfür möglicherweise einen Lösungsansatz. Sie untersucht generell Kosten und Nutzen der Zuweisung von öffentlichen Aufgaben an die unterschiedlichen Regierungsebenen und trifft dann ihre Entscheidungen nach dem ökonomischen Prinzip der Wohlfahrtsmaximierung. *Mutatis mutandis* lässt sich dieser Ansatz auch auf die vorgelagerte Frage anwenden, welche Entscheidungen individuell und welche kollektiv gefällt werden sollten, die Frage Markt oder Staat? Auf den ersten Blick scheinen Wohlfahrtsmaximierung und Bürgernähe nichts miteinander zu tun zu haben. Doch wenn wir Kosten und Nutzen unterschiedlicher Entscheidungsebenen näher betrachten, dann stellen wir eine brauchbare Entsprechung fest.

Die alte Hypothese der Planwirtschaftler, dass Zentralisierung Koordinations- und Verwaltungskosten spare, wird kaum noch vertreten. Zu zahlreich sind die Gegenbeispiele vor allem aus den Zentralplanwirtschaften, wo Informationskosten und Motivationsprobleme optimale Entscheidungen verhindert haben. Eindeutig negativ schlagen die Kontrollkosten zu Buche, die bei wachsender Entfernung vom Bürger zunehmen. Die Kosten der zunehmenden Zentralisierung werden darüber hinaus durch die regionale Inhomogenität der Präferenzen erhöht. Dieses Argument geht von der plausiblen Annahme aus, je kleiner und geschlossener eine gesellschaftliche Gruppe ist, desto homogener sind ihre Präferenzen (vgl. Kap. 1). Politische Entscheidungen in einer Demokratie unterliegen dem Diskriminierungsverbot oder dem Gleichheitsgrundsatz. So auch in der Europäischen Gemeinschaft und das heißt, dass Regelungen für den gesamten Jurisdiktionsraum der jeweiligen Regierungsebene undifferenziert gültig sein müssen. Treffen diese einheitlichen Entscheidungen jedoch auf heterogene Präferenzen, dann sind Ineffizienzen fast unvermeidlich. Ein Schutz davor ist das Einstimmigkeitsprinzip, das in der EU deshalb in vielen Bereichen hoch gehalten wird, dessen Kosten aber in der möglicherweise aufgezwungenen Beibehaltung eines Status quo zu sehen sind, den eine Mehrheit nicht für effizient hält.

Hieraus lässt sich eine generelle Präferenz für dezentrale Entscheidungen ableiten. Das ist die Grundlage des Subsidiaritätsgedankens. Die Theorie des Fiskalföderalismus zeigt allerdings, dass es auf die Frage nach dem adäquaten Entscheidungsniveau keine allgemeinverbindliche Antwort gibt, sondern dass man je nach betroffener Wirtschaftsaktivität differenzieren muss. Vor allem Friedrich von Hayek (1967) hat die Frage aufgeworfen, warum es überhaupt staatliche Eingriffe in die private Wirtschaftstätigkeit geben solle. Die Antwort findet man in der Theorie des Marktversagens: Öffentliche Güter, Skalenerträge und externe Effekte bringen die Möglichkeit mit sich, dass rein über den Markt koordinierte private Entscheidungen zu suboptimalen Ergebnissen führen. Staatlicher Eingriff folgt daraus noch nicht zwingend, wie das Coase-Theorem zeigt. Aber die Transaktionskosten individueller Koordination sprechen häufig für kollektive Lösungen. Diese erste Stufe des Subsidiaritätsgedankens, die den Übergang vom Individuum zum Kollektiv rationalisiert, ergänzt der Fiskalföderalismus dadurch, dass er die gleichen

Überlegungen für die zweite Stufe anwendet, nämlich für die Verteilung der staatlichen Aktivität auf die unterschiedlichen Regierungsebenen.

Box 3.4: Effizienter Föderalismus

Mit Föderalismus bezeichnen wir die vertikale Struktur der Herrschaft oder des öffentlichen Sektors. Argumente, die bei ihrer konstitutionellen Einrichtung eine Rolle spielen sind:

- der Schutz persönlicher, politischer oder ökonomischer Rechte,
- die Stimulierung der individuellen Partizipation in der Politik,
- die effiziente Allokation ökonomischer Ressourcen.

Gehen wir aus vom Wettbewerbsmodell der Jurisdiktionen (Tiebout 1956). In Analogie zum Marktmodell in der Güterproduktion setzt ein wohlfahrtsmaximie-render Wettbewerb der Jurisdiktionen erstens freien Zutritt voraus, d.h. politische Gemeinden können sich frei formieren, zweitens Handlungs- und Vertragsfrei-heit, d.h. die politische Gemeinde kann die von ihr gewünschte Politik setzen und durchsetzen, und drittens freie Mobilität der Haushalte und Unternehmen zwischen den einzelnen Jurisdiktionen. Wie im Marktmodell muss auch hier ein starker Zentralstaat die Einhaltung der Bedingungen garantieren.

Der politische Wettbewerb ist nur unter bestimmten Bedingungen effizient (In-man, Rubinfeld 1998):

1. Die von lokalen Jurisdiktionen produzierten Güter müssen zu minimalen Durchschnittskosten erstellt werden, d.h. keine Skalenerträge.
2. Das Angebot lokaler Jurisdiktionen muss vollständig elastisch sein.
3. Die Haushalte und Unternehmen, die Konsumenten also, benötigen perfekte Information über die angebotenen Politiken.
4. Die Mobilität zwischen den Jurisdiktionen erfolgt kostenlos.
5. Es treten keine Externalitäten und Spillovers auf.

Wie im Gütermarktmodell gibt es auch bei diesem Wettbewerb offensichtlich Marktversagen und damit die Notwendigkeit, nach anderen Lösungen Ausschau zu halten.

Dazu zählen – die Analogie geht weiter – effiziente Verhandlungen, wie wir sie aus dem Ansatz von Coase (1960) kennen, oder zentralstaatliche Übernahme der jeweiligen Aufgabe. Effiziente Verhandlungen nach dem Coaseschen Muster haben wiederum eine Reihe von restriktiven Voraussetzungen, unter denen niedrige Transaktionskosten, vollständige Information und Konsens über die Ver-teilung der Verhandlungsgewinne besonders wichtig sind. Intergouvernementale Verhandlungen sind also nicht immer möglich oder effizient. Damit kommt die nächst höhere Ebene, im europäischen Fall das supranationale Niveau, ins Spiel.

Demokratischer Föderalismus ist deshalb „a middle ground upon which to balan-ce the advantages of a decentralized federal constitution for protecting rights and promoting participation and the advantages of a centralized federal constitution for efficiently providing public goods and local spillovers" (Inman, Rubinfeld 1998: 547). Beispiele für Aktivitäten, die eher der zentralen Ebene zuzuordnen sind:

- öffentliche Güter mit Skalenerträgen in der Produktion oder im Verbrauch wie z.B. die Landesverteidigung,
- Institutionen, die den Wettbewerb und damit die Effizienz beeinflussen wie z.B. eine Marktordnung,
- Makro-ökonomische Politik mit erheblichen Spillover Effekten wie z.B. die Geld- und Fiskalpolitik,
- Umverteilungsmaßnahmen aus Gründen der sozialen Gerechtigkeit, was jedoch nicht unumstritten ist.

Ein Mehrebenensystem erschwert die Aufgabe, weil mehr als zwei Ebenen zur Wahl stehen. Die Beweislast obliegt dem Zentralisierungsbegehren. Denn normativer Ausgangspunkt ist das Dezentralisierungstheorem:

> „in the absence of cost-savings from the centralized provision of a local public good and of interjurisdictional externalities, the level of welfare will always be at least as high (and typically higher) if Pareto-efficient levels of consumption are provided in each jurisdiction than if *any* single, uniform level of consumption is maintained across all jurisdictions" (Oates 1999: 1122).

Es ließe sich somit der folgende Schluss ziehen: Bei homogenen Präferenzen, starken externen Effekten und steigenden Skalenerträgen sollte die Politik zentralisiert werden, bei heterogenen Präferenzen, schwachen externen Effekten und nicht-steigenden Skalenerträgen sollte die Politik dezentralisiert werden, bei heterogenen Präferenzen und starken externen Effekten oder steigenden Skalenerträgen sollte eine Coasesche Verhandlungslösung angestrebt werden.

Ein Problem der traditionellen Föderalismustheorie besteht nun darin, dass sie den politischen Willensbildungsprozess und die damit verbundenen Informations- und Anreizprobleme völlig ausblendet (Apolte 1999). So gibt es auch noch politisch-ökonomische Überlegungen zur Kompetenzverteilung in der Wirtschaftspolitik. Wettbewerb ist die dynamische Kraft der Gesellschaft. Generell beruhen effiziente Gleichgewichte in Marktwirtschaften auf Wettbewerb. Bei einer dezentralisierten Wirtschaftspolitik in der Zuständigkeit der Mitgliedstaaten wirkt Wettbewerb als Entdeckungsverfahren. Die einzelnen Länder experimentieren zur Lösung ihrer Probleme mit jeweils spezifischen Politikkonzepten. Erfolgreiche Konzepte werden von anderen Mitgliedstaaten mit ähnlichen Problemen imitiert. Diese Form des Lernens ist bei einer zentralisierten Wirtschaftspolitik ausgeschlossen.

Des weiteren kann man nicht davon ausgehen, dass Regierung und Gesetzgeber einzig und allein daran interessiert sind, die Wohlfahrt der in ihrem Zuständigkeitsbereich lebenden Bevölkerung zu maximieren. Wie wir aus der Public-Choice Literatur wissen, besteht bei der Gesetzgebung immer das latente Problem, dass sich gut organisierte Sonderinteressen Geltung verschaffen und die Gesetzgebung zum eigenen Vorteil und zu Lasten der Effizienz der Volkswirtschaft beeinflussen. Man spricht in diesem Fall von *rent seeking* (Buchanan/Tollison/Tullock 1980). In welchem Maße dieses Problem manifest wird, hängt von den *checks and balances* im System der politischen

Willensbildung ab. Auch die für die Durchsetzung der Wirtschaftspolitik verantwortlichen Bürokraten verfolgen eigene Ziele, die nicht notwendig mit dem Ziel der Wohlfahrtsmaximierung kompatibel sind. Dezentralisierung und Wettbewerb zwischen den Gebietskörperschaften können hier die Anreize zu einer effizienten Wirtschaftspolitik verbessern.

Zwischen den Mitgliedstaaten der EU herrscht Freizügigkeit für Waren, Dienstleistungen, Personen und Kapital. Das ermöglicht „Abstimmung mit den Füßen". Nun stellt sich die Frage, welche Wirkung eine dezentralisierte Wirtschaftspolitik in Verbindung mit den vier Grundfreiheiten haben wird. Hier gibt es keine allgemeingültige Antwort, denn die Wirkungen sind für die einzelnen Politikbereiche gesondert zu analysieren. Allgemein lässt sich nur soviel sagen: Durch den Wettbewerb zwischen den Jurisdiktionen wird die wirtschaftspolitische Gestaltungsmöglichkeit der Mitgliedstaaten eingeschränkt. Dies ist immer dann positiv zu beurteilen, wenn die Mitgliedstaaten ohne diesen Wettbewerbsdruck eine ineffiziente Politik zugunsten bestimmter Sonderinteressen durchführen würden. Der Wettbewerb zwischen den Jurisdiktionen dient in diesem Fall dazu, Staatsversagen zu korrigieren. Negativ ist die Einschränkung der Gestaltungsfreiheit der Mitgliedstaaten demgegenüber zu bewerten, wenn der Staat ohne diesen Wettbewerbsdruck eine effiziente Politik zur Bekämpfung von Marktversagen betrieben hätte und nun daran gehindert wird. Genau diesen letzteren Punkt betont Hans-Werner Sinn (2003: 6) durch Hinweis auf das vom ihm so genannte Selektionsprinzip:

> Because the state is a stopgap which fills the empty market niches and corrects the failures of existing markets, it cannot be expected that the reintroduction of the market by the back door of systems competition will lead to a reasonable allocation result.

Wenn staatliche Regulierung und Intervention prinzipiell nur solche Aktivitäten auswählen, wo kein Markt vorhanden ist oder wo der Markt versagt, wieso sollte man dann erwarten, dass Wettbewerb unter Staaten in diesen Fällen zu effizienteren Ergebnissen führe? Worauf Sinn hinweist, ist die Möglichkeit eines „Marktversagens" im Systemwettbewerb. Das dadurch drohende „race to the bottom" kann entweder durch Harmonisierung der Rechtsvorschriften (d.h. Zentralisierung der Wirtschaftspolitik), durch Beschränkung des Wettbewerbs (d.h. Einschränkung der Grundfreiheiten) oder durch Coasesche Verhandlungen zwischen den Mitgliedstaaten vermieden werden. Jede dieser Optionen ist mit spezifischen Kosten verbunden.

Was folgt aus alledem für die ökonomisch gewünschten Zuständigkeiten in der Gemeinschaft? Der Grundsatz des Subsidiaritätsprinzips „so dicht wie möglich beim Bürger" wird sowohl von der neoklassischen Theorie wie von der neo-österreichischen Wettbewerbstheorie unterstützt. Eindeutig überlegen ist Zentralisierung der Wirtschaftspolitik auf EU-Ebene nur, wenn die folgenden Bedingungen erfüllt sind:

1. Die Präferenzen der Bürger in allen Mitgliedstaaten sind bezüglich der zentralisierten Wirtschaftspolitik homogen.
2. Die wirtschaftspolitischen Maßnahmen haben eine geographische Reichweite, die alle Mitgliedstaaten umfasst, so dass eine Dezentralisierung mit starken negativen externen Effekten verbunden wäre, oder es bestehen steigende Skalenerträge bei der Bereitstellung der öffentlichen Leistungen.
3. Zentraler Gesetzgeber und zentrale Regierung sind hinreichend informiert und haben auf Grund der bestehenden Architektur der kollektiven Willensbildungsprozesse auch hinreichend starke Anreize, eine effiziente Wirtschaftspolitik im Interesse der Bevölkerung durchzusetzen.

3.6 Zuständigkeiten der Gemeinschaft – wie sie sich tatsächlich entwickeln

Das war die Theorie. In der Praxis gilt für die Zuständigkeit der Union das „Prinzip der begrenzten Einzelermächtigung", d.h. die Gemeinschaftsorgane dürfen nur tätig werden, wenn sie ausdrücklich durch die Verträge hierzu ermächtigt werden. Die Gemeinschaft erhält nur Kompetenzen, welche die Mitgliedstaaten als Herren der Verträge freiwillig abgeben. Vier Grade der Kompetenzübertragung werden im Vertrag aufgeführt (Art. 2–6 AEUV):

- Bereiche mit ausschließlicher Zuständigkeit: Hier hat die Union ausschließliche gesetzgebende bzw. Politik setzende Macht.
- Bereiche mit geteilter Zuständigkeit: Hier teilen sich Union und Mitgliedstaaten die Befugnisse.
- Die Koordination der Politik der Mitgliedstaaten durch Richtlinien.
- Unterstützungs-, Koordinierungs- und Ergänzungsmaßnahmen: Hier liegen die Entscheidungsbefugnisse eindeutig bei den Mitgliedstaaten.

Bei genauerem Hinsehen erweist sich das Prinzip der begrenzten Einzelermächtigung als Zentralisierungsbremse allerdings wenig wirksam. Die Gemeinschaftskompetenzen sind in den Verträgen funktional und zum Teil derart breit definiert, dass sie die Gemeinschaftsorgane in ihrem Bestreben, Kompetenzen an sich zu ziehen, kaum wirksam begrenzen: Die Kommission hat beim Sekundärrecht, d.h. insbesondere bei den Verordnungen und Richtlinien, das Initiativmonopol, und der Europäische Gerichtshof hat bei der Auslegung des Gemeinschaftsrechts das Interpretationsmonopol.

Schauen wir uns den Vertrag daraufhin an, auf welchen wirtschaftspolitischen Feldern er für die Gemeinschaft Betätigungsmöglichkeiten vorsieht, so beschreiben der dritte und fünfte Teil des Lissabon-Vertrages (Art. 26–197 und 205–222 AEUV) die Politiken der Union. Der EG-Vertrag hatte nicht weniger als 21 Titel, im Lissabon-Vertrag sind es bereits 24 Titel für das innere und 7 Titel für das auswärtige Handeln. Es dürfte schwer fallen, irgendein wirtschaftspolitisches Feld zu finden, auf dem die Gemeinschaft prinzipiell nicht tätig werden könnte. Das ist auch nicht weiter verwunderlich, wenn man in Art. 3 EUV die allgemeinen Ziele liest, die sich die Gemeinschaft gesetzt hat. Es gibt allerdings auch den Fall, wo der Vertrag der Gemeinschaft grundsätzlich eine Zuständigkeit versagt. Art. 345 AEUV ist ein Beispiel. Er lautet apodiktisch: „Die Verträge lassen die Eigentumsordnung in den verschiedenen Mitgliedstaaten unberührt." Irgendeine Form von „Verstaatlichung" auf der zentralen EU-Ebene kann es nicht geben.

Die Union ist inzwischen praktisch für alles zuständig und könnte sich deshalb tatsächlich zu einem zentralistischen Superstaat entwickeln. Um einer derartigen Entwicklung entgegenzusteuern, wurde im Vertrag von Maastricht das Subsidiaritätsprinzip verankert, das jetzt zusammen mit den Grundsätzen der begrenzten Einzelermächtigung und der Verhältnismäßigkeit in Art. 5 EUV anzutreffen ist (Carbonara/Luppi/Parisi 2012: 95 ff.).

Box 3.5: Subsidiarität, Korporatismus und Demokratie

Das Subsidiaritätsprinzip wird häufig auf die katholische Soziallehre und die Enzyklika *Quadragesimo anno* zurückgeführt. Doch der Grundgedanke ist älter und geht auf Johannes Althaus (Althusius 1603) zurück, einen calvinistischen Rechtsprofessor und Stadtsyndikus von Emden. Die Föderalismustheorie von Althaus verbindet private (Familie und Berufsverband) und öffentliche (Stadt, Provinz, Reich) Vergesellschaftungsformen und Herrschaftsebenen (vgl. Kap., 1). Dabei ist klar zu trennen zwischen der Kompetenzzuweisung an die jeweilige Ebene und der Legitimation und Repräsentation der jeweiligen Ebene. Die katholische Soziallehre der 1930er Jahre war z.B. korporatistisch strukturiert, d.h. die höheren Ebenen werden von der nächst unteren bestimmt und kontrolliert: ein Pyramidenmodell (Apolte 2004). Im modernen demokratischen Föderalismus der Bundesrepublik Deutschland werden dagegen die Repräsentanten auf den drei Ebenen, Bund, Länder und Gemeinden, direkt vom Volk als dem Souverän gewählt. Allerdings haben die Länder über den Bundesrat einen gewissen Einfluss auf die zentrale Legislative. Dadurch entsteht eine weitgehende personelle Unabhängigkeit der drei Ebenen, und die individuellen Präferenzen kommen auf allen drei Ebenen direkt zum Tragen: ein Lagenmodell.

Die Europäische Gemeinschaft folgt – zumindest zur Zeit noch – mehr dem korporatistischen als dem demokratischen Modell. Die Kompetenzzuweisung, die sich von der Rationalität des Subsidiaritätsgedankens leiten lassen sollte, ist grundsätzlich Sache des Souveräns, also eine Verfassungsangelegenheit. Im Pyramidenmodell legt die untere Ebene fest, welche Kompetenzen an die obere zu delegieren sind. Das ist nicht unproblematisch. Im Lagenmodell regelt der Souverän, der sich ja auf den unterschiedlichen Ebenen selbst organisiert, unmittelbar per Verfassung die Kompetenzverteilung. Dabei wäre es allerdings nicht weniger unproblematisch, wenn die oberste Ebene über die legitime Kompetenzzuweisung zu urteilen hätte. Wir erinnern uns an den Ruf von Herzog und Gerken nach einem eigenen Gerichtshof für Kompetenzfragen (Box 3.3).

Als die Mitgliedstaaten die Brisanz des in Maastricht eingeführten Kriteriums erkannten, fügten sie dem Vertrag von Amsterdam ein „Protokoll über die Anwendung der Grundsätze der Subsidiarität und der Verhältnismäßigkeit" an. Darin wird klargestellt: „Das Subsidiaritätsprinzip stellt nicht die Befugnisse in Frage, über welche die Europäische Gemeinschaft aufgrund des Vertrags entsprechend der Auslegung des Gerichtshofs verfügt." Das heißt, das Prinzip kommt nur dort zur Anwendung, wo es konkurrierende Zuständigkeiten gibt. Der Subsidiaritätstest sieht nach den Bestimmungen des Vertrags und des Protokolls etwa wie folgt aus:

1. Lässt der Vertrag eine Regelung nach dem Subsidiaritätsprinzip überhaupt zu?
2. Weist das betreffende Politikfeld grenzüberschreitende Aspekte auf, die durch geeignete Maßnahmen der nationalen Regierungen nicht adäquat geregelt werden können?
3. Können die betroffenen Mitgliedstaaten die Angelegenheit nicht durch einfache Kooperation unter sich regeln?
4. Würde das Fehlen von Gemeinschaftsmaßnahmen gegen die Anforderungen des Vertrages verstoßen oder sonst die Interessen der Mitgliedstaaten erheblich beeinträchtigen?
5. Bringen Maßnahmen auf Gemeinschaftsebene deutliche Vorteile mit sich?

Als wirksame Waffe gegen einen europäischen Superstaat glich das Subsidiaritätsprinzip eher einem Papiertiger. Deshalb räumen der neu gefasste Art. 5 EUV und das entsprechend angepasste „Protokoll über die Anwendung der Grundsätze der Subsidiarität und der Verhältnismäßigkeit" den nationalen Parlamenten ein Einspruchsrecht wegen Verletzung des Subsidiaritätsprinzips ein. Allerdings fragt sich auch in diesem Fall, inwieweit das Subsidiaritätsprinzip überhaupt justitiabel ist – einmal abgesehen davon, dass es bei ausschließlichen Kompetenzen der Gemeinschaft keine Anwendung findet. Kritiker sehen deshalb einen besseren Weg darin, einen klaren Kompetenzkatalog für die Union zu definieren (Kirchner 1997).

Die Gemeinschaftsorgane dürfen aber nicht einseitig als gefährlicher Leviathan, als „sanftes Monster Europa" (Enzensberger 2011) angesehen werden, den es zu bändigen gilt. Sie haben einen heilsamen Druck auf die Mitgliedstaaten ausgeübt und diese gezwungen, nationalen Protektionismus abzubauen und ihren Beitrag zur Schaffung eines Gemeinsamen Marktes zu leisten. Es ist evident, dass der größte Effizienzvorteil von der negativen Integration erwartet werden kann, d.h. von der Abschaffung von Handelshemmnissen und Verkehrsbeschränkungen, d.h. der Einführung eines gemeinsamen Marktes. Durch die Erweiterung des Marktes sinken automatisch die Marktanteile der einzelnen Akteure auf dem Markt, und der Wettbewerb nimmt zu. Gleichzeitig können auf Grund größerer Absatzchancen Spezialisierungsvorteile und Skalenerträge stärker genutzt werden. Das ist sozusagen die Gründungsidee der Europäischen Wirtschaftsgemeinschaft. Nur reicht dafür negative Integration nicht aus, sie muss immer wieder durch Maßnahmen der positiven Integration ergänzt werden.

Geht es um die Kompetenzen von Markt und Staat, dann stehen für die Theorie die öffentlichen Güter oben an. Öffentliche Güter, die wegen ihres Wirkungsbereichs auf der Unionsebene angeboten werden müssten, sind allerdings nicht so zahlreich. Das wichtigste ist der Ordnungsrahmen, insbesondere die Wirtschaftsordnung selbst. Eine Wirtschaftsgemeinschaft mit unterschiedlichen Wirtschaftsordnungen ist schwer vorstellbar. Die Grundfragen der Ordnungspolitik sind zentral zu regeln. Das geschieht im Vertrag, der sich in Art. 119 Abs. 1 AEUV auf den „Grundsatz einer offenen Marktwirtschaft mit freiem Wettbewerb" festlegt. Die Osterweiterung war deshalb erst nach einer erfolgreichen Transformation der Wirtschaftsordnung in den beitretenden Ländern möglich. Der Grundsatz einer offenen Marktwirtschaft ist aber nicht alles. Die Beitrittsländer haben sehr bald erfahren, dass mit dem *acquis communautaire* ein umfangreicher Katalog gemeinsamer Bestimmungen vorliegt, die fast alle Bereiche wirtschaftlicher Tätigkeit neben vielen Feldern der Innen-, Außen- und Rechtspolitik betreffen.

Um den Binnenmarkt voranzutreiben, sucht man nach Wegen, die räumliche Ausdehnung des Rechts in Europa dort zu erweitern, wo man in seiner Zersplitterung Hemmnisse für einen freizügigen Verkehr zu erkennen glaubt. Grundsätzlich verursachen sowohl zivilrechtliche wie öffentlich-rechtliche länderspezifische Bestimmungen Kosten, die den Güter-, Kapital- und Personenverkehr behindern. Eine Vereinheitlichung des Zivilrechts ist ein Harmonisierungsprojekt, das mit großen Schwierigkeiten rechnen muss, aber trotzdem schrittweise vorangetrieben wird (z.B. Martiny 2013). Zunächst ging es deshalb um öffentlich-rechtliche Regulierung (Interventionsrecht). Mit dem Abbau der Binnenzölle etablierten die Mitgliedstaaten in zunehmendem Maße nichttarifäre Handelshemmnisse wie länderspezifische Produktregulierungen, Subventionen, Lizenzen, diskriminierende öffentliche Auftragsvergabe u.s.w., um die heimische Wirtschaft vor Konkurrenz zu schützen (Egan: 2001: 41 ff.). Zwischen 1958 und 1985 versuchte die Kommission mit einer Strategie der regulatorischen Harmonisierung die räumliche Ausdehnung der relevanten öffentlich-rechtlichen Vorschriften zu erhöhen. Die praktische Erfahrung zeigte jedoch, dass es sich hierbei um einen aussichtslosen Kampf handelte, da sehr schnell immer wieder neue nationale Vorschriften erlassen wurden.

Die Strategie der Detailharmonisierung erwies sich als wenig erfolgreich (Egan 2001: 78 ff.; s. Kap. 5). Deshalb schlug die Kommission in ihrem „Weißbuch über die Vollendung des Binnenmarktes" von 1985 einen „neuen Ansatz" zum Abbau technischer Handelshemmnisse vor, der aus den folgenden Elementen besteht (Streit/Mussler 1995: 89):

- Solange keine Harmonisierung der technischen Vorschriften erfolgt ist, gilt das Prinzip der gegenseitigen Anerkennung, wie es der EuGH in seinen Entscheidungen *Dassonville* (1974) und *Cassis de Dijon* (1979) entwickelt hat.

- Die Harmonisierung der Rechtsvorschriften beschränkt sich auf die Festlegung zwingender Erfordernisse für Gesundheit und Sicherheit. Dadurch werden endlose Debatten im Rat über technische Details vermieden.

- Die Harmonisierung der technischen Standards im Detail soll, wo erforderlich, durch die Europäischen Normungsinstitute wie beispielsweise das 1961 gegründete „Comitée Européen de Normalisation" (CEN) erfolgen.

Kurzum, war man anfangs in der Gemeinschaft der Überzeugung, dass alle marktrelevanten Regulierungen vereinheitlicht, also harmonisiert werden müssten, so sah man nach der bahnbrechenden *Cassis de Dijon* Entscheidung des EuGH, dass in vielen Fällen das Prinzip der wechselseitigen Anerkennung ausreiche. Denn kein Mitgliedstaat hat einen Anreiz, zum Beispiel seine Gesundheitsvorschriften unter ein bestimmtes, den eigenen Präferenzen entsprechendes Niveau zu senken, um den heimischen Produzenten Wettbewerbsvorteile auf ausländischen Märkten zu verschaffen. Und die Gesundheit und Sicherheit betreffenden Präferenzen, so die zusätzliche Annahme, liegen in Europa nicht weit auseinander. Gleichförmige Präferenzen erlauben folglich nicht nur zentrale Regulierungen, wie es die Theorie postuliert, sondern offensichtlich auch effiziente dezentrale Lösungen. Letztere verursachen jedoch geringere Transaktionskosten.

Interessanterweise veränderte sich die Strategie der Integration – unterstützt durch die Rechtsprechung des EuGH – derart, dass immer weniger der einfache Abbau der Diskriminierung von Ausländern gegenüber Inländern bezüglich der vier Grundfreiheiten im Vordergrund stand. Vielmehr wurde der generelle Abbau von Beschränkungen der freien Güter- und Faktormobilität sowie der allgemeinen Freizügigkeit zum Maß aller Dinge. Hierdurch entsteht ein Wettbewerb zwischen den Jurisdiktionen der Mitgliedstaaten. Einschränkungen ergeben sich nur aus einigen primärrechtlich definierten und vom EuGH sehr eng interpretierten Rechtfertigungsgründen sowie aus einer Reihe sogenannter „zwingender Gründe des Allgemeininteresses", die der EuGH in ständiger Rechtsprechung entwickelt hat (vgl. Kap. 5 und 6).

Ein gemeinsamer Markt schließt eine Zollunion ein. Damit begann alles. Schon der Begriff macht deutlich, dass ein gemeinsamer Außentarif oder eine gemeinsame Handelspolitik nur auf der EU-Ebene beschlossen werden können. Ebenso klar war von Beginn an, dass die Gemeinschaft eine Wettbewerbspolitik zur Bekämpfung von Wettbewerbsbeschränkungen mit gemeinschaftsweiter Bedeutung braucht. Auch wenn die Mitgliedstaaten, jeder für sich in seinen Grenzen, den unverzerrten Wettbewerb kontrollieren – was 1957 nicht der Fall gewesen ist –, haben sie nach Einführung des gemeinsamen Marktes starke Anreize, der eigenen Wirtschaft durch Förderung der Konzentration und Gewährung von Subventionen Wettbewerbsvorteile zu verschaffen und so zusätzliche Marktanteile und Wohlfahrt zu gewinnen.

Nachdem das Projekt des gemeinsamen Marktes 1992 zu einem gewissen Abschluss gebracht worden war, nahm man im gleichen Jahr das Projekt einer monetären Union in Angriff. Die Währungsunion ist geradezu eine ordnungspolitische Revolution für die Gemeinschaft. Denn moderne Geldpolitik wird nicht mehr rein regulativ, sondern diskretionär gefahren, wenn auch unter einer mehr oder minder strikten Zielvorgabe. Sinnvollerweise wurden die entsprechenden politischen Befugnisse aber nicht auf die Kommission übertragen, sondern auf ein neues Organ der Gemeinschaft, das unabhängig von Kommission und Rat ist – die Europäische Zentralbank.

Mit dem Projekt der monetären Union lässt sich die Charakterisierung der Wirtschaftspolitik der Gemeinschaft als vornehmlich ordnungspolitisch oder regelorientiert nicht mehr aufrechterhalten. Denn eine gemeinsame Währung impliziert notwendigerweise eine gemeinsame Geld- und Wechselkurspolitik. Und die Annahme, die noch den Maastricht-Vertrag bestimmt hatte, dass nämlich für die Fiskal- und Stabilitätspolitik allgemeine Randbedingungen eine ausreichende Koordinierung sicher stellten, war mit dem Versagen des Stabilitäts- und Wachstumspakts und spätestens mit der Schuldenkrise von 2010–13 falsifiziert. Es galt lange Zeit als empirisch gesichert, dass das fiskalpolitische Verhalten auf der unteren Regierungsebene nur geringe Spillover-Effekte auf andere Mitgliedländer habe, womit ein wichtiges Zentralisierungsargument fortfalle. Das ist aber nur solange richtig, wie die Fiskalpolitik im Rahmen einer soliden Haushaltsführung bleibt. Welche Folgen die Währungsunion für den makro-ökonomischen Koordinierungsbedarf und die Kompetenzen der Union haben wird, ist noch eine offene Frage (s. Kap. 11).

Andere Felder der Prozesspolitik, die nach den Vertragsbestimmungen in den Kompetenzbereich der Union fallen, sind sehr umstritten, z.B. die Agrar-, Industrie- und Sozialpolitik (s. Kap. 9). Die Logik der gemeinsamen Agrarpolitik ist grundsätzlich einfach. Der Agrarmarkt ist Teil des gemeinsamen Marktes. Auf ihn müssen die gleichen Regeln zutreffen wie auf die übrigen Teilmärkte des gemeinsamen Marktes: keine Diskriminierung, keine Wettbewerbsverzerrungen, gleiche Chancen für alle Anbieter. Oder er wird aus dem gemeinsamen Markt ausgegliedert, wie das bei der EFTA der Fall gewesen ist. Wettbewerbsverzerrungen werden auf dem Agrarmarkt vor allem durch die staatliche Politik verursacht. Denn in fast allen Industrieländern gibt es eine Agrarpolitik, die zum Schutze der bäuerlichen Betriebe und zur Stabilisierung der Preise und Einkommen ein komplexes Instrumentarium von Zöllen, Subventionen und anderen Regulierungen zum Einsatz bringt. In einem gemeinsamen Agrarmarkt muss diese Politik vereinheitlicht werden. Eine Harmonisierung der Agrarpolitik ist jedoch nicht erforderlich – und hier haben wir ein schönes Beispiel für Dezentralisierungsmöglichkeiten der Wirtschaftspolitik –, wenn die Förderung der bäuerlichen Betriebe von der Produktion entkoppelt wird und in der Form von direkten *lump sum* Zahlungen erfolgt. Diesen Weg beschreiten die Reformen der gemeinsamen Agrarpolitik seit 1992, und es wird bereits darüber gesprochen, den Mitgliedstaaten auf längere Sicht die Agrarpolitik zumindest teilweise wieder zu überlassen.

3.7 Wie aktiv ist die EU-Wirtschaftspolitik?

Wirtschaftspolitik verfügt über zwei Instrumente: Geld und Regeln. Die europäische Wirtschaftspolitik folgt dem Grundsatz *rules, not money*. Notgedrungen, denn sie unterliegt harten Budgetbeschränkungen. Der gesamte Haushalt der EU darf kaum mehr als 1 % des Bruttoinlandsprodukts der Gemeinschaft betragen (s. Kap 9). Zweitens muss er vertragsgemäß (Art. 310.1 AEUV) ausgeglichen sein: Die EU macht keine Schulden. Vergleichen wir die 1 % des EU-Haushalts mit dem Anteil der Staatsausgaben der Mitgliedländer

an ihrem BIP, der im Jahre 2011 für die EU-27 im Durchschnitt bei 49,1 %
lag, dann sehen wir, dass die EU mit ihrem Haushalt keine großen Sprünge
machen kann. In der Bundesrepublik Deutschland beispielsweise teilen sich
die Staatsausgaben zwischen Bund, Ländern und Gemeinden im Verhältnis
60 : 24 : 16 auf. Die gesamte Ausgabensumme der EU von rund 133 Mrd. € im
Jahre 2013 erscheint noch immer beachtlich, ist aber angesichts der Größe
der Gemeinschaft doch sehr bescheiden. Allein die Landwirtschaftspolitik
und die Wachstums- und Regionalpolitik beanspruchen mit jeweils etwa 44 %
fast die gesamten für Zahlungen verfügbaren Mittel. Kurzum, die Haushaltspolitik ist innerhalb der EU weitestgehend dezentralisiert und sektoral hoch
konzentriert.

Umverteilungsmaßnahmen wie die Landwirtschafts- und Regionalpolitik
können der Natur der Sache nach nur auf der oberen Regierungsebene
vorgenommen werden. Für einige Länder, vor allem die Beitrittsländer in
Ostmittel- und Südosteuropa, sind die Beträge nicht zu vernachlässigen, auch
wenn es sich dabei insgesamt um weniger als 1 % des BIP der Union handelt.

Also Regeln. Die primären und sekundären Rechtsquellen der EU sind weiter
oben vorgestellt worden. Alesina, Angeloni und Schuknecht (2001) haben
sich die Mühe gemacht, die einzelnen legislativen Akte der Gemeinschaft
über die Zeit von 1971 bis 2000 zu zählen. Gleichzeitig haben sie diese in elf
breite Politikfelder eingeordnet. Tabelle 3.1 gibt das Resultat für das erste
und letzte Jahrfünft wieder.

Tabelle 3.1: Legislative und fiskalische Aktivitäten der EU 1971–2000

Politikfeld	1971–1975		1996–2000		
	Regeln		Regeln		Anteil am EU-HH
	absolut	in %	absolut	in %	
Handelspolitik	864	33,1	2 041	17,9	0,1
Gemeinsamer Markt	133	5,1	529	4,6	0,2
Geld und Finanzen	49	1,9	249	2,2	0,1
Landwirtschaft	980	37,5	4 907	43,0	46,7
Industrie, Energie	109	4,2	370	3,2	1,0
Transport	66	2,5	160	1,4	0,0
Unternehmensbezie-hungen	116	4,4	1 406	12,3	0,4
Internat. Beziehungen	155	5,9	501	4,4	9,2
Umwelt	29	1,1	255	2,2	0,2
FuE, Erziehung, Kultur	15	0,6	136	1,2	5,5
Soziales, Bürger	96	3,7	860	7,5	35,9
Insgesamt	2 612	100	11 414	100	100

Quelle: Alesina, Angeloni, Schuknecht 2001

Tabelle 3.1 bedarf kurz der Erläuterung. Die Politikfelder sind nicht so eindeutig, wie ihre Bezeichnungen suggerieren. Es scheint selbstverständlich, alle die Landwirtschaft betreffenden Aktivitäten der entsprechenden sektoralen Wirtschaftspolitik zuzurechnen. Viele der Aktivitäten dienen aber gleichzeitig der Aufrechterhaltung des gemeinsamen Marktes, indem sie Wettbewerbsgleichheit in diesem Sektor schaffen. Das lässt sich in der Aufstellung der Tabelle nicht wiedergeben. Unter dem Titel Unternehmensbeziehungen sind nicht-sektoral ausgerichtete Maßnahmen zusammengefasst wie Vereinheitlichung von Gesetzen, Wettbewerbspolitik und allgemeine Subventionen. Die internationalen Beziehungen enthalten vor allem auch die Entwicklungshilfe. Unter dem Titel „Soziales und Bürger" werden auch die Maßnahmen der Struktur- und Regionalpolitik subsumiert, was besonders unglücklich, aber verständlich ist, da die Mittel der Struktur- und Kohäsionsfonds für sehr unterschiedliche Aktivitäten verwendet werden. Der Einwand, dass die Zahl der legislativen Akte nicht ihre Bedeutung wiedergibt, liegt auf der Hand. Doch die quantitativen Verhältnisse der Tabelle widerspiegeln sicher in groben Zügen die wirtschaftspolitischen Aktivitäten der Gemeinschaft. Der Agrarpolitik kommt dabei ein unverhältnismäßig großes Gewicht zu – dieser Sektor ist mit hoher Wahrscheinlichkeit überreguliert. Der Reformbedarf ist allgemein anerkannt, die Richtung ebenfalls, nämlich Dezentralisierung. Doch Änderungen lassen sich nur gegen massive Widerstände durchsetzen. Die Rolle der europäischen Sozialpolitik, die wegen der hohen Präferenzasymmetrie der Einstimmigkeitsregel unterliegt, ist demgegenüber äußerst bescheiden und entspricht folglich der theoretisch bevorzugten Kompetenzverteilung.

Seit Mai 2004 hat die Zahl der Mitgliedländer der EU von 15 auf 28 zugenommen, und weitere Länder sitzen zur Zeit im Wartezimmer. Welche Folgen hat das für die europäische Wirtschaftspolitik? Der Wirtschaftsraum der Gemeinschaft ist durch die Erweiterung erheblich größer und erheblich inhomogener geworden. Nach der oben ausgeführten Theorie ist es wahrscheinlich, dass die Zahl der externen Effekte, die den gesamten Wirtschaftsraum erfassen, abnehmen wird, ebenso die Zahl der öffentlichen Güter, die über den gesamten Raum wirksam sein sollten. Zugleich ist es wahrscheinlich, dass die Inhomogenität der Präferenzen wächst, zumal die Neuankömmlinge ein Entwicklungsniveau haben, dass zum Teil weit unter dem der bisher am geringsten entwickelten Mitgliedländer Griechenland und Portugal liegt.

Hieraus folgt erst einmal, dass die wirtschaftspolitische Domäne der zentralen Regierungsebene verkleinert werden müsste. Nehmen wir aber an, dass die Aktivität der Gemeinschaftsebene für die EU 15 optimal war – das ist nicht in jedem Einzelfall so gewesen –, dann würde die Rückverweisung von bestimmten wirtschaftspolitischen Kompetenzen an die untere, nationale Regierungsebene für die Altmitglieder ineffizient sein oder, anders ausgedrückt, die Erweiterung wäre ineffizient gewesen. Die Ineffizienz kann allerdings behoben werden durch das, was man das Europa der unterschiedlichen Geschwindigkeiten nennt: Einzelne Mitgliedstaaten kooperieren auf bestimmten Politikfeldern miteinander und bilden so eine neue Regierungsebene zwischen der Gemeinschaftsebene und der nationalen Ebene.

Ein gutes Beispiel ist die Währungs- und Wirtschaftsunion. Von den 15 Altmitglieder der EU sind nur 12 auch der EWWU beigetreten. Von den 13 Beitrittsländern der Osterweiterung haben bislang 6 den Euro übernommen. Auf Grund abweichender währungspolitischer Präferenzen haben sich unter den Altmitgliedern Großbritannien, Dänemark und Schweden abseits gehalten. Die Option stand den beiden ersten bei der Gründung der EWWU 1992 offen, Schweden konnte sie sich bei seinem Beitritt 1995 *de facto* ausbedingen, obwohl es grundsätzlich zum Beitritt verpflichtet ist. Die Neumitglieder der Osterweiterung haben diese Wahlmöglichkeit nicht. Aber auf Grund ihrer besonderen Entwicklungssituation und der noch nicht voll synchronisierten Wirtschaftsentwicklung ist eine Aufgabe der nationalen Geld- und Währungspolitik bei vielen von ihnen zur Zeit nicht zu empfehlen. Und so dürfte es einige Jahre dauern, bis sie diesen Schritt im Einvernehmen mit der Union vollziehen werden.

Kapitel 4
Entscheidungsstrukturen und Entscheidungsprozesse: die Institutionen der Union

4.1 Institutions matter

Drei Aspekte des Politischen haben wir in Kapitel 1 kennengelernt, die ein staatliches Gebilde adäquat beschreiben: die rechtliche Basis der Zusammenarbeit, die die Kompetenzverteilung und die Verteilung der Ergebnisse regelt (die Verfassungslehre), die Institutionen, die daraus entstehen (die Institutionenlehre), und die Verwaltung des Gemeinwesens und Maßnahmen, die zur Mehrung von Sicherheit und Wohlfahrt ergriffen werden (die Regierungslehre). Dieses Kapitel ist den Institutionen gewidmet. Was unter Institutionen zu verstehen ist, macht der allgemeine Sprachgebrauch deutlich: Das sind die Organe der Gemeinschaft wie Parlament, Rat, Kommission, Gerichtshof – die Orte also, wo Politik gemacht, ausgeführt und kontrolliert wird. Sie können natürlich nur im Zusammenhang mit der Verfassung bzw. den sie begründenden Verträgen behandelt werden. Denn dort werden ihre Kompetenzen formal festgelegt. Also geht es in diesem Kapitel um Verfassungsregeln und die daraus resultierenden Organisationen, die von Menschen geführt werden.

Damit haben wir eine Brücke geschlagen zur Institutionentheorie (z.B. Richter/Furubotn 1999, Voigt 2002), die unter ihrem Gegenstand etwas anderes versteht als der normale Sprachgebrauch, nämlich die Regeln und nicht die Organisationen. Beides ist im Folgenden wichtig. Wenn wir von den Organen der Gemeinschaft gelegentlich als Institutionen sprechen, dann ist deutlich, was gemeint ist. Die rechtlichen Normen, die sie begründen, sind die vertraglich vereinbarten Übereinkünfte der Mitgliedländer.

Box 4.1: Institutionen – Organisationen

„Institutionen können … definiert werden als allgemein bekannte Regeln, mit deren Hilfe wiederkehrende Interaktionssituationen strukturiert werden und die mit einem Durchsetzungsmechanismus bewehrt sind, der eine Sanktionierung bzw. Sanktionsdrohung im Falle eines Regelverstoßes bewirkt" (Voigt 2002: 34).

In unserem Zusammenhang spielt vor allem das positive Recht eine zentrale Rolle, insbesondere das Verfassungsrecht. Die Verfassung informiert den einzelnen Bürger darüber, was er von der Verwaltung zu erwarten hat und was nicht. Handelt die Verwaltung außerhalb dieser Regeln, dann steht ihm der Weg zum Verwaltungs- oder Verfassungsgericht offen. Ein staatliches Organ, die Regierung zum Beispiel, besteht also aus den Regeln, die ihre Handlungsalternativen festlegen,

---

und den Personen, die konkret handeln. Das nennen die Institutionentheoretiker eine Organisation.

Doch weder die Institutionen noch die Organisationen sind unveränderliche Gegebenheiten. Vielmehr sind beide einem ständigen Wandel unterworfen. Ihn zu erklären, ist Aufgabe der Sozialwissenschaften. Die allgemeine Hypothese von Nobelpreisträger Douglass North (1990: 7) zeigt die Interdependenzen auf:

> Institutions, together with the standard constraints of economic theory, determine the opportunities in a society. Organizations are created to take advantage of those opportunities, and, as the organizations evolve, they alter the institutions. The resultant path of institutional change is shaped by (1) the lock-in that comes from the symbiotic relationship between institutions and the organizations that have evolved as a consequence of the incentive structure provided by those institutions and (2) the feedback process by which human beings perceive and react to changes in the opportunity set.

In einfachem Deutsch heißt das: Die Regeln legen die Handlungsspielräume für die Organisationen fest, doch indem sich die Organisationen entwickeln, nehmen sie Einfluss auf die Formulierung der Regeln. Das Resultat muss nicht effizient sein, denn Pfadabhängigkeiten können den Weg zum Optimum blockieren. Den Wandel der Institutionen und Organisationen in einem so komplexen System wie dem multinationalen Mehrebenensystem der Europäischen Union zu erklären, ist extrem schwierig. Das ist – glücklicherweise! – nicht Aufgabe dieses Buches.

Die europäische Integration basiert im wesentlichen auf regulativer Governance – *rules not money*. Die Normen, die durch die Regeln gesetzt werden – formale Institutionen nach der Institutionentheorie –, dienen dazu, Erwartungen zu stabilisieren, das erwartete Verhalten der Partner einzuschätzen und Vorstellungen über „normales" Verhalten zu wecken. All das reduziert Unsicherheit und schafft Vertrauen, wodurch rein ökonomisch gesehen mehr wohlfahrtsfördernde Aktivitäten möglich werden. Von entscheidender Bedeutung ist es, wer Einfluss auf die rechtlichen Regeln nehmen kann:

- bei ihrer Ausarbeitung
- bei ihrer Entscheidung
- bei ihrer Anwendung
- und bei ihrer Interpretation und Durchsetzung.

Die Antwort hierauf scheint auf der Hand zu liegen: die Regierungen der Mitgliedstaaten. Denn sie waren und sind es, die die Verträge ausgehandelt und beschlossen haben. Sie sind die „Herren der Verträge". Nur haben die Herren der Verträge Institutionen in die Welt gesetzt, die dort ihr eigenes Leben führen, so dass nach einer gewissen Zeit durchaus die Frage gestellt werden kann „Who are the masters of the Treaty?" (Alter 1998). Die unterschiedlichen Auffassungen der politischen Integrationstheorie, die wir in Kapitel 1 bereits kennen gelernt haben, werden hier manifest. Denn im Gegensatz zur gerade erwähnten Hypothese der Institutionalisten sehen die Intergouvernementalisten eben in den Regierungen der Mitgliedstaaten die alleinigen Herren der Verträge und die treibenden Kräfte der Integration.

„The integration process did not supersede or circumvent the political will of national leaders; it *reflected* their will" (Moravcsik 1998: 4). Für Moravcsik sind Adenauer, de Gaulle, Thatcher, Schmidt, Giscard d'Estaing die Helden der Integration, nicht Monnet, Hallstein, Delors. Es scheint fast evident: Keiner der diskreten Integrationsschritte hätte ohne das Zusammenwirken der Regierungschefs stattfinden können – und, da die intergouvernementalistische Integrationstheorie im Kern eine Machttheorie ist, vor allem der Regierungschefs der großen Vier: Deutschland, England, Frankreich, Italien. Die haben ihre nationalen Interessen im Auge. Das widerspricht aber nicht grundsätzlich der institutionalistischen These der Pfadabhängigkeit. Das erreichte Integrationsniveau macht häufig einen folgenden Schritt fast unausweichlich, um reibungslos zu funktionieren – die Spill-over Hypothese. Wir erhalten ein System, dessen einzelne Entstehungsschritte zwar rational aus den jeweiligen nationalen Präferenzen zu erklären sind, das aber als solches von niemandem beabsichtigt oder geplant wurde und in seinem Endergebnis nicht mehr mit den Präferenzen aller Beteiligten übereinzustimmen braucht. Darauf beruhen dann Bestrebungen zur Disintegration (s. Kap. 12).

Die institutionelle Struktur der Union muss der komplexen politischen Struktur der Union gerecht werden (Nugent 2010). Das bedeutet vor allem, dass die zwei grundlegenden Interessenrichtungen miteinander in Einklang gebracht werden müssen: die vertikale, die das Gemeinschaftsinteresse zu vertreten hat, und die horizontale, die die Interessen der Mitgliedstaaten vorträgt. Das Verhältnis von Supranationalität und Zwischenstaatlichkeit spielt also eine tragende Rolle. Es wäre aber falsch, dieses Verhältnis als antagonistische Dichotomie zu verstehen. Schließlich ist das Gemeinschaftsinteresse die Resultante nationaler Interessen, die freiwillig und bewusst den Integrationsprozess vorantreiben. Allerdings ist Integration eben ein Prozess, der von einem gewissen Moment an eine Eigendynamik entwickelt, die auch von den zentralen Instanzen forciert werden kann. Wir sehen im Verhältnis von Supranationalität und Zwischenstaatlichkeit eine dialektische Spannung von Gewolltem und Gewordenem, die es nicht mehr erlaubt, eindeutig zu beantworten, wer die Herren der Verträge sind.

4.2 Die Organe im einzelnen

Trotz des prinzipiellen Zusammenwirkens von Supranationalität und Zwischenstaatlichkeit lassen sich die wichtigsten Institutionen der Union entlang dieser Unterscheidung in zwei Gruppen einteilen:

- die Institutionen, die das intergouvernementale Element der Union repräsentieren: Europäischer Rat, Rat (Ministerrat) und Komitee der ständigen Vertreter (Coreper),
- die Institutionen, die das supranationale Element der Union repräsentieren: Parlament, Kommission, Europäischer Gerichtshof, Rechnungshof und

Europäische Zentralbank, die wir im Zusammenhang mit der Wirtschafts- und Währungsunion (s. Kap. 10) näher behandeln.

4.2.1 Der Europäische Rat und der Rat (Ministerrat)

Beginnen wir die Vorstellung der Organe mit der höchsten Instanz, dem Europäischen Rat. Er war weder in den Konstruktionsplänen der Gründerväter vorgesehen und kam folglich in den Verträgen von Paris und Rom auch nicht vor. Noch hatte er, nachdem er 1992 im Maastricht Vertrag legalisiert wurde, einen klaren formalen Status und wohl definierte Kompetenzen. Denn er war ein Organ der Union, und diese hatte keine eigene Rechtspersönlichkeit. Begonnen hat alles mit Kamingesprächen der Staatsoberhäupter – es waren sechs! – Anfang der 1970er Jahre, die in schwierigen Fragen den Knoten durchhacken und der europäischen Entwicklung neue Initiative einhauchen mussten. Der Europäische Rat bildete sich als informelle Institution. Die Feststellung von de Schoutheete (2002: 30), der Europäische Rat sei „not as an institution, in legal terms, but as a locus of power" zu betrachten, traf den Kern der Sache. „Keine Papiere – keine Beamte" war Bundeskanzler Helmut Schmidts Devise. Das Organ machte dann einen Prozess der Konstitutionalisierung durch, der mit dem Vertrag von Lissabon abgeschlossen wurde, in dem die Europäische Union Rechtspersönlichkeit erhielt und der Europäische Rat ebenso. Dieser Prozess ist typisch für die europäische Integration: Sie entwickelt und institutionalisiert sich nach Maßgabe der zu lösenden Probleme.

Man kann mit den Vertretern der intergouvernementalistischen Schule der Integrationstheorie (vgl. Kapitel 1) darin eine späte Einsicht der teilnehmenden Regierungen vermuten, dass nämlich der supranationale Charakter der Gemeinschaft eine Fehlentwicklung gewesen sei, die in die Eurosklerose der 1970er Jahre geführt habe, und behaupten, Europa kehre damit zur Normalität zwischenstaatlicher Beziehungen zurück. Europäische Politik ist – nach dieser Schule – Interessenpolitik der europäischen Staaten, die entsprechend den jeweiligen Machtverhältnissen auf intergouvernementaler Ebene ausgehandelt wird. „Bargaining outcomes reflect the relative power of states rather than supranational entrepreneurship", stellt Andrew Moravcsik (1998: 485) fest. Doch diese Auffassung übersieht, dass es gerade der Europäische Rat war, der die entscheidenden Schritte vorangetrieben und abgesegnet hat, die den supranationalen Charakter der Union gestärkt haben: die Direktwahl zum Europäischen Parlament, die Wirtschafts- und Währungsunion oder die europäische Verfassung bzw. den Vertrag von Lissabon zum Beispiel.

Der Europäische Rat hat zweifellos das intergouvernementale Element in der Entscheidungsstruktur der Union gestärkt. Und dieses Element ist wichtig für das Funktionieren des politischen Gebildes Europäische Gemeinschaft, das wesentlich auf den Konsens der Mitgliedstaaten gegründet ist. Blockaden müssen aufgebrochen, neue Entwicklungen einvernehmlich auf den Weg gebracht werden. So liegt die Richtlinienkompetenz der europäischen Politik bei den Regierungschefs der souveränen Mitgliedländer.

Mit dem Vertrag von Lissabon ging die Informalität endgültig verloren. Die Europäische Union löst als Rechtspersönlichkeit die Europäische Gemeinschaft ab, und der Europäische Rat wird ordentliches Organ der Union nach Art. 15 EUV. Die Mitglieder wählen mit qualifizierter Mehrheit einen hauptamtlichen Präsidenten, auf 2 1/2 Jahre (einmalige Wiederwahl möglich). Der neu geschaffene Präsident ist praktisch der oberste Repräsentant der Union auch nach außen. Den Europäischen Rat bilden die Staats- und Regierungschefs der Mitgliedstaaten, sein Präsident, sowie ohne Stimmrecht der Präsident der Kommission und der Hohe Vertreter der Union für Außen- und Sicherheitspolitik (der europäische Außenminister). Bei Bedarf kann jedes Land und auch der Kommissionspräsident einen Ressortminister bzw. einen Kommissar hinzuziehen. So wurden aus den ursprünglich sechs Teilnehmern sechzig, und am Kamin würde es etwas eng. Getagt wird viermal im Jahr. Entscheidungen werden im Konsens getroffen, d.h. einstimmig. Das scheint nur logisch. Denn die Beschlüsse haben nicht den legalen Charakter von Verordnungen oder Richtlinien des Rates (Ministerrates), sondern können bestenfalls als „weiches Recht" bezeichnet werden. Aber materiell sind sie wichtige Dokumente, die die Entwicklungsrichtungen der Politik in allen Bereichen der Union abstecken. Hier wird Europa sichtbar regiert, und so ziehen die Beschlüsse des Europäischen Rats die öffentliche Aufmerksamkeit auf sich.

Es fällt schwer, den Europäischen Rat in die bekannte verfassungsrechtliche Trinität einzuordnen, Legislative (Parlament und Rat (Ministerrat)), Exekutive (Kommission) und Judikative (EuGH). Am ehesten drängt sich noch der Vergleich mit einer präsidialen Regierung auf, die den technischen Teil der Exekutive der Kommission überlässt, so dass wie in der Legislative auch in der Exekutive die Symbiose von Zwischenstaatlichkeit und Supranationalität gewahrt bleibt. Dann stellt sich aber die Frage nach der demokratischen Kontrolle. Der Parlamentspräsident spricht zur Eröffnung der Sitzungen des Europäischen Rats, und Art. 15 EUV verpflichtet den Präsidenten des Europäischen Rats, nach jeder Tagung dem Parlament Bericht zu erstatten. Ansonsten sind die Mitglieder dieses Organs nur ihren nationalen Parlamenten gegenüber verantwortlich.

Der Rat (Ministerrat) war einmal die höchste Instanz der Gemeinschaft. Wir schreiben die Bezeichnung Ministerrat in Klammern, um mögliche Verwechslungen mit dem Europäischen Rat zu vermeiden. In der Rangordnung der Organe der Union (Art. 13 EUV) ist er inzwischen hinter Parlament und Europäischem Rat auf den dritten Platz gefallen. In ihm konzentrierten sich die Entscheidungsbefugnisse der Europäischen Gemeinschaft – die legislative Gewalt. Rechtsetzung und Budgetrecht liegen in „normalen" Demokratien beim Parlament. Je mehr die Europäische Union den Charakter einer „normalen" Demokratie annimmt, desto stärker wird die Rolle des Parlaments und der Rat zur zweiten Kammer der Legislative. Deshalb stellt der Lissabon-Vertrag klar:

> Das Europäische Parlament wird gemeinsam mit dem Rat als Gesetzgeber tätig und übt gemeinsam mit ihm die Haushaltsbefugnisse aus (Art. 14.1 EUV), und

> Der Rat wird gemeinsam mit dem Europäischen Parlament als Gesetzgeber tätig und übt gemeinsam mit ihm die Haushaltsbefugnisse aus (Art. 16.1 EUV).

Formal haben wir es im Rat, der in Art. 16 EUV und Art. 237–243 AEUV seine gesetzliche Grundlage findet, mit *einem* Organ zu tun. Er besteht aus je einem Vertreter der Mitgliedstaaten auf Ministerebene, der befugt ist, für seine Regierung verbindlich zu handeln. Beschlüsse des Rats haben deshalb bindende Kraft. Materiell gibt es den Rat je nach Verhandlungsgegenstand in unterschiedlichen Zusammensetzungen, die vertraglich nicht festgelegt sind. Allerdings uferten diese Zusammensetzungen aus, so dass der Europäische Rat ihre Zahl anfänglich auf 16 und dann auf 9 reduzierte, um der Ratstätigkeit mehr Konsistenz zu verleihen (Nugent 2010: 142). Jetzt sind es zehn. Nur zwei dieser Zusammensetzungen werden im Lissabon-Vertrag ausdrücklich erwähnt: der Rat „Allgemeine Angelegenheiten" und der Rat „Auswärtige Angelegenheiten". Die zur Zeit wichtigsten dieser Gremien sind:

- *Der Rat allgemeine Angelegenheiten und auswärtige Beziehungen*: In ihm kümmerten sich die Außenminister der Mitgliedländer um die allgemeinen Angelegenheiten der Gemeinschaft, d.h. sie trugen die Verantwortung für's Ganze. Daneben wurden hier die Fragen der Außenpolitik behandelt, und das war spätestens seit der Errichtung der zweiten Säule von Maastricht, der Gemeinsamen Außen- und Sicherheitspolitik (GASP), ein umfangreiches eigenes Arbeitsfeld. Deshalb kam dieser Rat seit 2002 in getrennten Sitzungen zusammen. Der Vertrag von Lissabon trennt nun die beiden Funktionen formell und schafft einen eigenen Rat „Auswärtige Angelegenheiten", dem *ex officio* der Hohe Vertreter für die Außen- und Sicherheitspolitik vorsitzt. Der Rat „Allgemeine Angelegenheiten" sorgt dagegen „für die Kohärenz der Arbeiten des Rates in seinen verschiedenen Zusammensetzungen" (Art. 16.6 EUV).

- *Der Wirtschafts- und Finanzrat (Ecofin-Rat)*, in dem die Wirtschafts- oder Finanzminister sich vor allem mit Fragen der makro-ökonomischen Politik befassen. Nach Gründung der Wirtschafts- und Währungsunion häufen sich solche Fragen unter den Staaten, die den Euro eingeführt haben. So kam es sehr bald dazu, dass die Minister dieser Staaten zusammenkamen, um über geeignete Maßnahmen zu diskutieren: Die Eurogruppe war geschaffen, wieder ein typischer informeller Integrationsschritt, der dann im Vertrag von Lissabon (Protokoll Nr. 14) legalisiert wurde. Die Eurogruppe wählt danach für eine Periode von 2 1/2 Jahren ihren Präsidenten. Auf Grund des höheren Koordinationsbedarfs innerhalb der Währungsunion erhält die Eurogruppe materiell ein großes Gewicht, wodurch sich die 10 Nicht-Euro Länder im Ecofin-Rat bisweilen übergangen fühlen. Solche Reibereien sind in einem Europa der zwei Geschwindigkeiten zu erwarten.

- *Der Rat Landwirtschaft und Fischerei* behandelt die Probleme und Politiken des Sektors, der nach wie vor einen großen Teil des Gemeinschaftsbudgets für sich in Anspruch nimmt und einen großen Teil der Gemeinschaftsregeln veranlasst (s. Tabelle 3.1).

Die übrigen fachlich bestimmten Zusammensetzungen werden vom Europäischen Rat festgelegt (Art. 236 AEUV), z.B. für Transport und Energie, Umwelt, Interne Angelegenheiten und Justiz. Der Rat weist in seiner funktionalen und sektoralen Aufgabenverteilung einen hohen Grad der Fragmentierung auf. Die Governance-Struktur der Gemeinschaft hat folglich neben der supranationalen und intergouvernementalen auch noch eine funktional-sektorale Dimension. Es bedarf ausgleichender Elemente, die das Ganze im Auge behalten und Kohäsion und Konsistenz wahren. Zum einen hat diese Funktion der Rat „Allgemeine Angelegenheiten" übernommen, zum anderen werden wir im Ausschuss der ständigen Vertreter (Coreper) eine Institution kennen lernen, die Ähnliches leistet.

Der Vorsitz im Rat, die Ratspräsidentschaft, wechselt alle 6 Monate nach einem Rotationsverfahren. Das ist im Lauf der Zeit zu einer anspruchsvollen Herausforderung geworden:

- Die Sitzungen auf allen Ebenen der Ratshierarchie vorbereiten und leiten.
- Initiativen entwickeln, durchsetzen und zu einem Konsens bringen.
- In unvorhergesehenen Situationen, z.B. 9/11 oder die Finanzmarktkrise 2008, Führungsqualität beweisen.
- Die Union nach außen vertreten, auch wenn der neue Präsident des Europäischen Rates an dieser Funktion teilhat.
- Ansprechpartner für Kommission und Parlament sein.

Das erfordert unmittelbar einen hohen personellen Aufwand, und die entsprechende vorbereitende und unterstützende Logistik nimmt viel Arbeit und Zeit in Anspruch. Um sich die Arbeit zu teilen und vor allem um Kontinuität zu wahren, hat sich die Praxis herausgebildet, dass jeweils drei Mitgliedländer eine Troika bilden, das präsidierende Land, sein Vorgänger und sein Nachfolger. Jedes Land bleibt also für 18 Monate im Vorsitz, wobei es für 6 Monate formell Ratsvorsitzender ist. Auch diese Praxis wurde im Lissabon-Vertrag (in der Erklärung Nr. 9 zu Art. 16.9 EUV) legalisiert. Unterstützt wird die Präsidentschaft durch das Generalsekretariat, dessen Aufgabe es ist, die Logistik der Ratssitzungen bereitzustellen und für administrative Kontinuität zu sorgen.

Der Hohe Vertreter der Union für die Außen- und Sicherheitspolitik erhält eine bemerkenswerte und möglicherweise nicht unproblematische Position: Er nimmt an den Sitzungen des Europäischen Rates teil, er sitzt dem Rat „Auswärtige Angelegenheiten" vor und er koordiniert als *ex officio* Vizepräsident der Kommission die zur Außenpolitik gehörigen Ressorts der Kommission (einschließlich der Handels-, Entwicklungs- und Erweiterungspolitik). Damit wird er auch Dienstherr eines zu bildenden diplomatischen Dienstes der Union, von dem noch unklar ist, ob er nun der Kommission oder dem Rat zuzurechnen sei. Die Vermischung der supranationalen und intergouvernementalen Ebenen in der Position des „Außenministers" kann als ein Eindringen der supranationalen Kommissionsebene in die intergouvernementale Ratsebene gesehen werden. Andererseits ist kaum vorstellbar, dass sich die Mitgliedstaaten ihren unmittelbaren Einfluss auf die europäische Außenpolitik schmälern lassen.

Das äußerst komplexe politische Gebilde Europäische Union mit seinen wachsenden Kompetenzen und Funktionen wird von Personen geleitet, die zu Hause schon einen Job haben, der sie mehr als *full time* in Anspruch nimmt. Man stelle sich das gleiche im bundesdeutschen Rahmen vor: Die Aufgabe des Bundeskanzlers oder eines Bundesministers würde alle sechs Monate von einem der Ministerpräsidenten der Länder, bzw. einem Länderminister zusätzlich zu seinen normalen Geschäften übernommen. Da stellt sich die Frage, wer die eigentliche Arbeit leistet, die ständig zunimmt. Die Antwort finden wir in dem schier unübersichtlichen Netzwerk von Ausschüssen, Kommissionen, Arbeitsgruppen der mittleren und unteren Ebene, die im folgenden Abschnitt kurz zur Sprache kommen sollen. Der neue Vertrag trägt dem Problem der Überbeanspruchung insofern Rechnung, als er für den neu geschaffenen Präsidenten des Europäischen Rates verbietet, dass er gleichzeitig ein einzelstaatliches Amt ausübe, was sich für den „Außenminister" als Kommissionsmitglied ebenfalls ausschließt.

Da der Rat Teil der Legislative der Gemeinschaft ist, sind die Abstimmungsregeln von zentraler Bedeutung. In einer Demokratie gilt normalerweise *„one person, one vote"*. In einem rein zwischenstaatlichen Gebilde, wie z.B. den Vereinten Nationen, wird daraus die Regel „ein Land, eine Stimme". Dabei ist es grundsätzlich egal, ob Entscheidungen dem Einstimmigkeitsprinzip oder einem Mehrheitsprinzip unterliegen. Das Einstimmigkeitsprinzip unterstreicht den intergouvernementalen Charakter einer Gemeinschaft bei Wahrung der vollen Souveränität der einzelnen Mitgliedländer. Die Entwicklung der Europäischen Union weist nun zwei parallele Tendenzen auf:

- die fortschreitende Ersetzung des Einstimmigkeitsprinzips durch das Mehrheitsprinzip (in der Regel eine qualifizierte Mehrheit)
- und einen graduellen Übergang von der Regel „ein Land, eine Stimme" zur Regel „eine Person, eine Stimme".

Dabei scheint es fast selbstverständlich, dass letztere nicht vollständig übernommen werden kann, weil die Größe der Mitgliedländer zu unterschiedlich ist und die kleinen dadurch ihre Stimme völlig verlieren würden. Beide Tendenzen lassen sich als Überführung der Gemeinschaft von einer zwischenstaatlichen Organisation in ein supranationales politisches Gebilde mit eigener Autorität und eigener demokratischer Legitimierung interpretieren. Diese Transformation ist fast unvermeidlich. Denn einerseits ist der Regelungsbedarf innerhalb der Union bei den ihr zugewiesenen Kompetenzen und Funktionen sehr hoch, und andererseits würde das Einstimmigkeitsprinzip bei 28 oder mehr Mitgliedern das Risiko von Verschleppungen und Blockaden zu groß werden lassen.

Nun steht man allerdings vor der schwierigen Frage, wie die Stimmrechte konkret zu verteilen seien. In Nizza (2000-1) wurde ein neues Schema für die Zeit nach der Osterweiterung vereinbart, das aber die Handlungsfähigkeit der Union erheblich einschränkte (Baldwin/Wyplosz 2012: 100ff.) und deshalb bereits mit dem Lissabon-Vertrag (2009) abgelöst wurde. Dessen Bestimmungen treten allerdings erst am 1. 11. 2014 in Kraft und auf Antrag eines Landes kann bis zum 31. 3. 2017 nach dem Nizza-Schema abgestimmt

werden. Diese lange Übergangszeit hatte sich Polen in Lissabon ausbedungen, da es sich durch die neue Regelung benachteiligt fühlte.

Verteilung der Stimmgewichte nach dem Nizza-Vertrag:

Eine Stimmengewichtung erfolgt nur für den Fall, dass Entscheidungen mit
qualifizierter Mehrheit gefällt werden. Dabei ist zu unterscheiden, ob der
Beschluss auf Vorschlag der Kommission zustande kommt oder nicht. Das
Grundprinzip der Nizza-Regelung ist das Prinzip der doppelten bzw. der
dreifachen Mehrheit:

- „Ein Land, eine Stimme": bei 28 Mitglieder erfordert die Mehrheit der
  Mitglieder 15 Länder,
- ein Stimmgewicht entsprechend den zugeteilten Stimmen: die qualifizierte Mehrheit liegt bei 73,9 % oder 260 der 352 Stimmen,
- ein Stimmgewicht entsprechend dem Bevölkerungsanteil, also „eine Person, eine Stimme": Für die qualifizierte Mehrheit sind 62 % erforderlich.

Die doppelte Mehrheit (qualifizierte Mehrheit der Stimmen von der Mehrheit
der Mitglieder) ist obligatorisch, die dreifache Mehrheit nur auf Antrag eines
Mitgliedlandes.

Tabelle 4.1: Stimmverteilung nach Nizza und Bevölkerungsanteil 2012

Land	Stim- men	% Stim- men	% Be- völk.	Land	Stim- men	% Stim- men	% Be- völk.
Deutschland	29	8,24	16,11	Bulgarien	10	2,84	1,44
Frankreich	29	8,24	12,88	Dänemark	7	1,99	1,08
Ver. Königr.	29	8,24	12,41	Slowakei	7	1,99	1,06
Italien	29	8,24	11,97	Finnland	7	1,99	1,06
Spanien	27	7,67	9,10	Irland	7	1,99	0,91
Polen	27	7,67	7,58	Kroatien	7	1,99	0,87
Rumänien	14	3,98	4,21	Litauen	7	1,99	0,59
Niederlande	13	3,69	3,29	Slowenien	4	1,14	0,41
Griechenland	12	3,41	2,23	Lettland	4	1,14	0,39
Belgien	12	3,41	2,17	Estland	4	1,14	0,26
Portugal	12	3,41	2,07	Zypern	4	1,14	0,18
Tschechien	12	3,41	2,07	Luxemburg	4	1,14	0,10
Ungarn	12	3,41	1,97	Malta	3	0,85	0,08
Schweden	10	2,84	1,87				
Österreich	10	2,84	1,65	Insgesamt	352	100	100

Quellen: Vertrag von Nizza; Tab. 2.2

Verteilung der Stimmgewichte nach dem Lissabon-Vertrag:

Der Vertrag weist jedem Mitgliedland ein Stimmgewicht entsprechend seinem Anteil an der Gesamtbevölkerung zu. Das Grundprinzip, das erst ab November 2014 Gültigkeit hat, ist jetzt das der doppelten Mehrheit (Art. 16.4 EUV):

- „ein Land, eine Stimme": als qualifizierte Mehrheit gelten 55 % der Mitgliedländer bei mindestens 15 Ländern,
- ein Stimmgewicht entsprechend dem Bevölkerungsanteil, also „eine Person, eine Stimme": Für eine qualifizierte Mehrheit sind 65 % erforderlich,
- zusätzlich ist noch festgelegt, dass sich für eine Sperrminorität mindestens vier Mitglieder zusammenfinden müssen.

Box 4.2: Vetomacht

Tabelle 4.1 deckt ein scheinbares Paradox auf. Der Bevölkerungsanteil nach Lissabon ist für Spanien und Polen größer oder gleich als der Stimmrechtsanteil nach Nizza. Warum wehrten sie sich im Verfassungskonvent und in Lissabon gegen den neuen Gewichtungsvorschlag? Das Paradox löst sich auf, wenn man sich klarmacht, dass es für die Macht eines Landes nicht so sehr auf den absoluten Bevölkerungsanteil ankommt, als vielmehr auf den Anteil im Verhältnis zur Mehrheitsschwelle (Baldwin/Wildgrén 2007). Am einfachsten lässt sich das an der Vetomacht zeigen. Die Regierungskonferenz von Nizza legte die Mehrheitsschwelle so fest, dass eine Entscheidung die einfache Mehrheit der Mitgliedstaaten, bei 27 Mitgliedern also 14, benötigte und 255 der insgesamt 345 Stimmen. Das bedeutet, um eine Entscheidung zu verhindern, brauchte man entweder 14 Mitgliedstaaten oder 91 Stimmen. Im ersten Fall trägt jedes Land 1/14 oder 7,14 % zu einem Veto bei. Im zweiten Fall beträgt die Vetomacht Spaniens und Polens jeweils 27/91 oder 29,67 %. Das ist erheblich, und die Vetomacht der vier „Großen" ist nur unwesentlich höher: 29/91 oder 31,87 %. Die Regelung von Lissabon implizierte bei den damals 27 Mitgliedern für ein Veto 13 Länder oder 35,01 % Bevölkerungsanteile. Im ersten Fall steigt das Gewicht jedes Landes unwesentlich auf 1/13 oder 7,69 %. Im zweiten Fall verringert sich der Einfluss Spaniens und Polens deutlich auf 23,83 bzw. 22,77 %. Der Anteil Deutschlands an der minimalen Vetokoalition steigt dagegen von 31,87 auf 48,60 %. Etwas geringere Gewinne verzeichnen auch die übrigen drei „Großen", so dass eine beliebige Dreierkoalition der vier „Großen" Beschlüsse verhindern könnten. Darin sahen alle kleineren Länder eine unerwünschte Machtkonzentration und sorgten für die Bedingung, dass ein Veto von mindestens vier Mitgliedländern getragen werden müsse. Jede Erweiterung der Union, wie z.B. der Beitritt Kroatiens 2013, doch in sehr viel stärkerem Maß ein möglicher Beitritt der Türkei, schwächt den Einfluss eines einzelnen Mitgliedlandes.

Es ist nun ziemlich müßig, über mögliche Koalitionen im Rat nachzudenken. Ihre theoretisch denkbare Zahl geht in die Millionen. Es ist deshalb zu erwarten, dass es ständig wechselnde Koalitionen geben wird, um konkrete Interessen durchzusetzen, und sei es auch nur im Huckepack-Verfahren (über Seitenzahlungen, Paketlösungen oder Log-rolling). In der Praxis des Rates sind Abstimmungen allerdings eher die Ausnahme. Denn einerseits herrscht dort eine Kultur der Konsensfindung. Und andererseits ziehen die Mitglieder bei abweichenden Interessen häufig kleinere Modifikationen dem generellen Dissens vor.

4.2.2 Ausschüsse und Arbeitsgruppen – die Lastenträger der Entscheidungsfindung

Das tägliche Geschäft, Entscheidungen vorzubereiten und Kompromisse zwischen den einzelstaatlichen Interessen auszuhandeln, aber auch die historischen Kontinuität und Konsistenz der Regierungstätigkeit zu wahren, findet außerhalb des Scheinwerferlichts der Öffentlichkeit in den zahlreichen Ausschüssen und Arbeitsgruppen statt, die die Governance-Struktur der Union so unübersichtlich machen. Sie können als Ausschüsse des Rats oder der Kommission auftreten. Die genaue Kenntnis dieser Struktur und ihrer Arbeitsweise ist eine Wissenschaft für sich – die „Komitologie". Der wollen wir uns hier nicht verschreiben, sondern nur kurz auf typische Institutionen eingehen.

Da ist vor allem der Ausschuss der ständigen Vertreter, nach der Abkürzung seiner französischen Bezeichnung *comité des représentants permanents* auch Coreper genannt (Mentler 1996). Der Ausschuss wird manchmal als Ministerrat in Permanenz bezeichnet, da die ständigen Vertreter der Mitgliedstaaten sich hier laufend, und in der Mehrzahl der Fälle auch abschließend, mit der Vorbereitung der Ratsentscheidungen befassen. Der Ausschuss hat keine formellen Entscheidungsbefugnisse, aber *de facto* wird hier das zu erwartende Abstimmungsverhalten im Rat ausgetestet. Dabei ist der Ausschuss wie der Europäische Rat bemüht, auch bei Entscheidungen, die nur einer qualifizierten Mehrheit unterliegen, Konsens herzustellen. Das Prinzip des Luxemburg-Kompromisses (vgl. Kapitel 2) wirkt offensichtlich noch nach.

Während der Rat sektoral organisiert ist, wie wir sahen, ist der Ausschuss der ständigen Vertreter intersektoral geblieben. Die ständigen Vertreter, hochrangige Diplomaten ihrer Heimatländer, behandeln alle Probleme. Damit waren sie natürlich rasch überfordert, und so hat sich der Ausschuss bereits 1962 zweigeteilt:

- *Coreper I* ist für die mehr technisch-sektoralen Fragen (z.B. Gesundheit, Fischereiwesen) zuständig und wird von den stellvertretenden ständigen Vertretern gebildet;
- *Coreper II* konzentriert sich auf die mehr politisch-funktionalen Probleme (z.B. allgemeine Angelegenheiten, Finanzen), und die sind Sache der ständigen Vertreter selbst.

Die Funktion des Ausschusses, dessen gesetzliche Grundlage Art. 240 AEUV bildet, ist auf den ersten Blick die Vorbereitung der intergouvernementalen Koordinierung. Doch geht sie allem Anschein nach (vgl. die Interviewergebnisse bei Lewis 2002) weit darüber hinaus. Die Governance-Struktur der Union ist durch ein multipolares Spannungsfeld gekennzeichnet: zwischen

Union und Mitgliedstaat, zwischen dem sektoralen und dem übergeordneten integralen nationalen Interesse, horizontal zwischen den einzelnen Sektoren, vertikal zwischen den speziellen Arbeitsgruppen und dem Ministerrat bzw. der Kommission. Im Zentrum dieses Spannungsfeldes befindet sich der Ausschuss der ständigen Vertreter, der sich bemüht, ein Auseinanderdriften der unterschiedlichen Kräfte zu verhindern und das Gesamtinteresse nicht aus den Augen zu verlieren. Das bedeutet den schwierigen Spagat zwischen nationalem Interesse, Ressortgeist und Unionsgeist, von dem die ständigen Vertreter in erheblichem Maße infiltriert zu sein scheinen, da sie sich durch ihre permanente Anwesendheit in Brüssel der wechselseitigen Verflechtung und Abhängigkeit stärker bewusst sind als nationale Ressortminister. (Böse Zungen sprechen deshalb auch vom Ausschuss der ständigen Verräter – der nationalen Interessen nämlich.) „What stands out is the interpenetration of the national with the European and vice versa" (Lewis 2002: 295).

Als Rat in Permanenz kann auch der Ausschuss der ständigen Vertreter die tägliche Detailarbeit nicht leisten. Das findet in den Arbeitsgruppen des Rates statt, von denen jede Zusammensetzung des Rates mindestens eine hat, deren Gesamtzahl je nach Problemlage schwankend aber 150 und mehr betragen kann. In der Mehrzahl der Fälle werden sie von Coreper ins Leben gerufen, und sie liefern auch ihre Berichte diesem Ausschuss. Hier kommen die Fachleute aus den Mitgliedländern zusammen, von den ständigen Vertretungen dorthin abgestellt, und arbeiten die legislativen Vorschläge der Kommission Punkt für Punkt durch. Das Bestreben ist wiederum Konsens, und wenn der gefunden ist, dann brauchen Coreper und der Rat die entsprechende Entscheidung nur noch durchzuwinken. Auch im umgekehrten Fall, wenn ein allgemeiner Dissens klar zutage getreten ist, brauchen Coreper und Rat ihre Agenda meistens nicht mehr mit der Angelegenheit zu belasten – sie wird fallengelassen (van Schendelen 1996).

Vor allem der auf Art. 134 AEUV beruhende Wirtschafts- und Finanzausschuss, der direkt dem Rat zuarbeitet, stellt eine wichtige neue politische Instanz dar. In ihm sind jeder Mitgliedstaat, die Kommission und die EZB mit jeweils höchstens zwei Mitgliedern vertreten. Die Vertreter der Mitgliedstaaten können Regierungsvertreter und Vertreter der nationalen Zentralbanken sein. Denn hier wird auch die Währungspolitik diskutiert. Stimmberechtigt sind allerdings, wenn es um Fragen geht, die später im Ecofinrat behandelt werden, nur die Regierungsvertreter der Mitgliedstaaten. Das bedeutet, dass das zentrale Politikfeld der Wirtschafts- und Finanzpolitik aus der über den Ausschuss der ständigen Vertreter verlaufenden Achse der Entscheidungsvorbereitung ausgegliedert und einer eigenen Achse zugewiesen worden ist – ein Schritt in Richtung einer eigenen EU Wirtschaftsregierung?

Komitologie im engeren Sinn hat mit der ausführenden Funktion der Kommission bei der Gesetzgebung der Union zu tun (Rowe 2013). Auch wenn der Kommission grundsätzlich diese Funktion zukommt, schließlich ist sie die Exekutive der Gemeinschaft, wollten der Rat, und das heißt vor allem die Mitgliedstaaten aber neuerdings auch das Parlament sie hier nicht ganz unbeobachtet und unkontrolliert lassen und haben Komitees gebildet, die den Implementationsprozess überwachen. Man kann darin eine unzulässige Vermischung von Legislative und Exekutive sehen, man kann das Verfahren aber auch als Ausfluss der supranational – intergouvernemental Dialektik der Europäischen Union interpretieren. In anderen, häufig temporären Ausschüssen sind Interessenvertreter unterschiedlicher Herkunft, aber auch Techniker und Wissenschaftler zusammengeführt, um die Kommission bei Bedarf zu beraten.

Eine weitere Ausschussfamilie sei ebenfalls kurz erwähnt – der Wirtschafts- und Sozialausschuss und der Ausschuss der Regionen (Art. 300–307 AEUV). Beide sind nicht dem Rat untergeordnet, sondern ihm und dem Parlament nebengeordnet. Es handelt sich dabei um bestimmte Interessenvertretungen, die im Gesetzgebungsverfahren Anhörungsrechte haben. Ihrer Intention nach sollte mehr als das daraus werden. Ihre Väter und Mütter dachten an eine dritte Kammer im Gesetzgebungsverfahren mit entsprechenden Mitbestimmungsrechten. Doch daraus wurde aus verständlichen Gründen nichts. Und so haben wir zwei umfangreiche (jeweils 350 Mitglieder in der EU-27) beratende Einrichtungen der Union, deren politischer Einfluss als äußerst beschränkt eingeschätzt werden muss. Der Versuch, über diese Ausschüsse die EU näher an die Bürger bzw. die Bürger in unmittelbareren Kontakt zur EU zu bringen, ist wohl nicht geglückt. Der Ort, wo Demokratie sich beweisen muss, ist das Parlament.

4.2.3 Das Parlament – vom Feigenblatt zur Mitentscheidung

Während Rat und Kommission von Beginn an klar definierte Kompetenzen und Einfluss in der Gemeinschaft hatten, musste das Parlament um seine Position kämpfen, bis es zur dritten Kraft im heutigen Machtdreieck der Union werden konnte. Entstanden ist das Europäische Parlament aus der Gemeinsamen Versammlung der EGKS, in die die nationalen Parlamente ihre Vertreter entsandten. Diese Praxis wurde für die „Versammlung" übernommen, wie die parlamentarische Körperschaft im Vertrag von Rom genannt wurde. Allerdings legte der Vertrag bereits fest, dass die Versammlung einen Vorschlag für allgemeine Wahlen zu einem Parlament nach einheitlichem Verfahren in allen Ländern unterbreiten solle. Dazu kam es aber erst nach der de Gaulle Eiszeit mit der ersten Direktwahl 1979 und, was das einheitliche Verfahren betrifft, noch später.

Parlamente haben in der Regel drei wichtige Kompetenzen: Legislative, Budgetrecht und Personalentscheidungen. Von allen dreien konnte bei der ursprünglichen Versammlung nicht die Rede sein. Inzwischen sind die Rechte des Parlaments und damit sein Einfluss erheblich gewachsen:

- *Budgetrecht:* Als erstes gewann das Europäische Parlament Kontrollbefugnisse bezüglich des Gemeinschaftsbudgets. Denn als die Gemeinschaft Ende der 1960er Jahre nicht mehr ausschließlich aus den nationalen Haushalten alimentiert wurde, sondern eigene Mittel erhielt, war eine Haushaltskontrolle durch die nationalen Parlamente nicht mehr möglich, und das Europäische Parlament musste diese Aufgabe übernehmen. Inzwischen ist das Budgetrecht erheblich ausgeweitet, und ein Budget der

Gemeinschaft wird erst mit der Unterschrift des Parlamentspräsidenten rechtsgültig.

- *Legislative:* Die Gewinnung legislativer Befugnisse war ein langwieriger Prozess. Ein erster Markstein ist die Entscheidung des EuGH (der so genannte *Isoglucose*-Fall von 1980, Rs. 138/79), dass legislative Ratsbeschlüsse ohne Konsultation des Parlaments nichtig sind. In der Einheitlichen Europäischen Akte bekam das Parlament Zustimmungsrechte vor allem in Verbindung mit internationalen Verträgen. In Maastricht wurde dann schließlich das Mitentscheidungsverfahren (Art. 251 EGV, jetzt Art. 294 AEUV) eingeführt, das im weiteren erheblich ausgebaut und im Vertrag von Lissabon (Art. 289 AEUV) zum „ordentlichen Gesetzgebungsverfahren der Union" geadelt wurde. Danach bedürfen Gesetze sowohl der Bestätigung durch die Regierungen (Rat) wie durch die Bürger (Parlament).

  De facto handelt es sich eigentlich um einen Trialog. Denn die Kommission hat nicht nur ein Initiativmonopol, sie beeinflusst auch das Verfahren: Wenn ihre Stellungnahme zu den Änderungsvorschlägen des Parlaments aus zweiter Lesung negativ ausfällt, kann der Rat diese nur einstimmig übernehmen; fällt sie positiv aus, genügt eine qualifizierte Mehrheit. Eine weitere wichtige Stärkung des Parlaments in Maastricht ist im indirekten Initiativrecht (Art. 225 AEUV) zu sehen: Es kann die Kommission mit absoluter Mehrheit auffordern, Gesetzesvorschläge vorzubereiten, die es zur Ausführung des Vertrages für geeignet hält (Moser 1999: 16f.).

- *Personalentscheidungen:* Schon seit den Tagen von Rom hatte das Parlament das Recht, die Kommission kollektiv mit einem Misstrauensvotum in die Wüste zu schicken (heute Art. 234 AEUV). Doch das schien nur eine theoretische Möglichkeit. Bis 1999 das Unglaubliche passierte: Der Santer-Kommission, wegen des Verhaltens einiger Kommissare ins Gerede gekommen, drohte ein Misstrauensvotum, das sie nur abwenden konnte, indem sie sich einem vom Parlament eingesetzten unabhängigen Untersuchungsausschuss stellte. Dessen Bericht fiel vernichtend aus, und die Kommission kam dem Misstrauensvotum durch den kollektiven Rücktritt zuvor. Maastricht, Amsterdam und Nizza haben die Position des Parlaments gegenüber der Kommission weiter gestärkt. Den entscheidenden Schritt nach vorn macht der Lissabon-Vertrag, nach dem das Parlament den Kommissionspräsidenten auf Vorschlag des Europäischen Rats wählt (Art. 17 EUV). Der Kommissionspräsident muss sich zusammen mit der Kommission noch einmal der Zustimmung durch das Parlament stellen. Auch wenn das Parlament nur das Kommissionskollegium insgesamt ablehnen kann, hat die Erfahrung mit der Barroso-Kommission 2004 und 2009 gezeigt, dass die Drohung, die Kommission abzulehnen, zum Austausch von Kommissaren führen kann, die nach der individuellen Vorstellung vor dem Parlament für dieses nicht akzeptabel waren.

Allerdings gibt es Bereiche, in denen das Europäische Parlament noch wenig Einflussmöglichkeiten hat. Sie betreffen die Beschlüsse des Europäischen Rats und der Regierungskonferenzen, auf denen Vertragsänderungen vorgenommen werden. Sie betreffen auch die zweite Säule des Maastricht-Vertrages, die gemeinsame Außen- und Sicherheitspolitik, während die

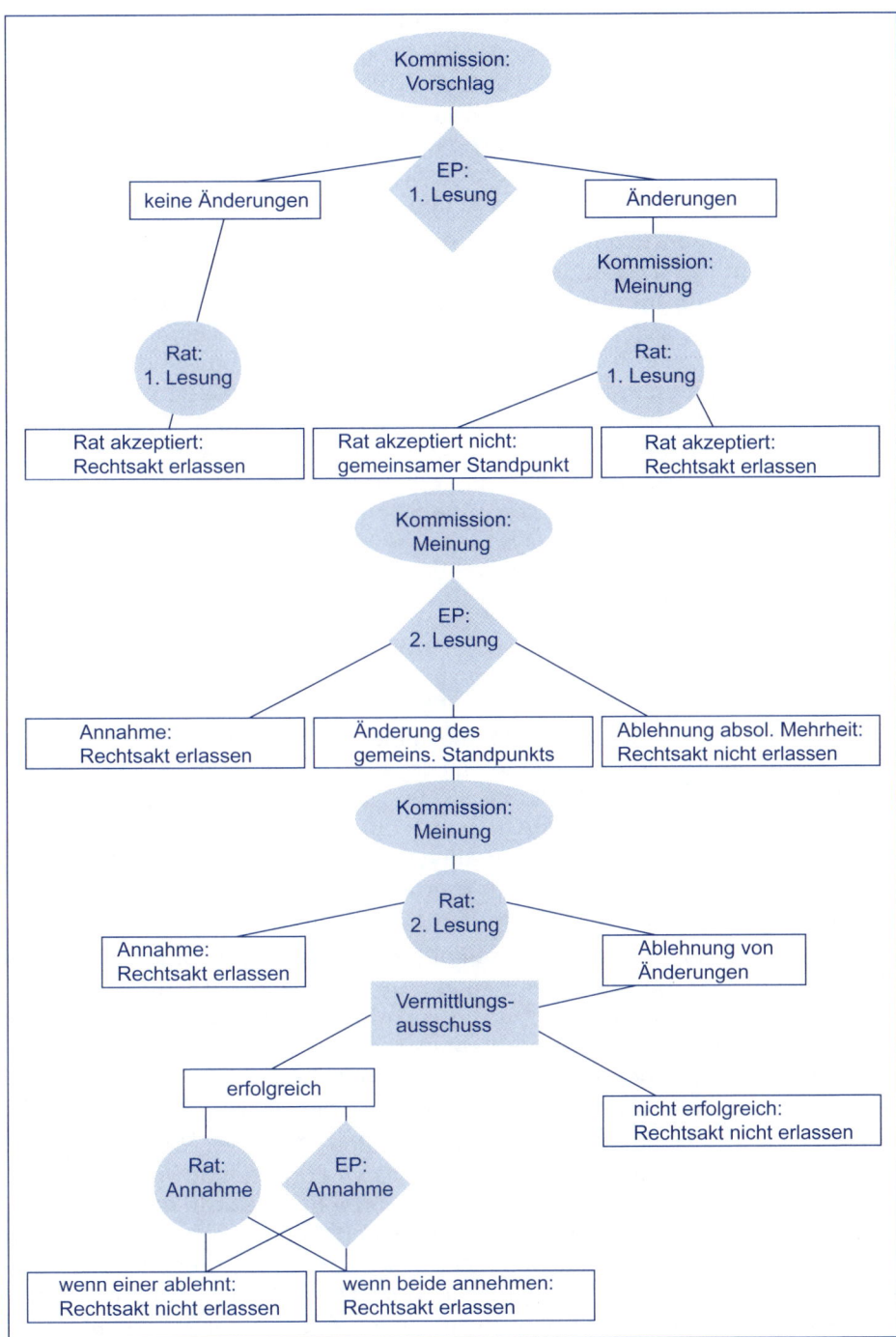

Abbildung 4.1: Das Mitentscheidungsverfahren nach Art. 294 AEUV

dritte Säule, die Zusammenarbeit in den Bereichen Justiz und Inneres, mit dem Lissabon-Vertrag dem normalen Gesetzgebungsverfahren unterworfen wird. In den ersten beiden Fällen hat das Parlament nur ein Anhörungsrecht. Daran ändert der neue Vertrag nichts, und das heißt, Änderungen der Verträge können vom Parlament zwar vorgeschlagen werden, bleiben aber den Mitgliedstaaten zur Entscheidung vorbehalten. In diesen Politikfeldern herrscht noch uneingeschränkt Zwischenstaatlichkeit.

Die Europa-Abgeordneten vertreten die Bürger der Union, nicht das Volk des jeweiligen Mitgliedlandes: Sie haben ein individuelles freies Mandat. Normalerweise gilt für eine repräsentative Demokratie die Regel „eine Person, eine Stimme". Das wirft in diesem Fall Probleme auf. Denn die Zahl der Parlamentssitze ist notgedrungen beschränkt. Der Lissabon-Vertrag erlaubt maximal 750 + 1 (den Präsidenten). Bei einer Gesamtbevölkerung der EU-27 von 503,4 Mio. Bürgern (2012; Tab. 2.2) stehen hinter einem Sitz durchschnittlich rund 670 000 Bürger. Malta und Luxemburg haben erheblich weniger Einwohner und wären deshalb im Parlament nicht vertreten. Folglich muss man vom Grundsatz „eine Person, eine Stimme" abweichen und kleineren Ländern verhältnismäßig mehr Sitze zugestehen als größeren. Das ist von Anfang an geschehen. Aber erst der Vertrag von Lissabon (Art. 14.2 EUV) hat hierfür eine Regel aufgestellt:

- mindestens 6 Sitze
- höchstens 96 Sitze
- und eine „degressiv proportionale" Repräsentation der Bürger.

Was degressiv proportional genau heiße, haben die Vertragsväter und -mütter nicht gesagt. Im Ergebnis reicht die hinter einem EU-Parlamentssitz stehende Bevölkerung von 67 000 in Malta bis 857 000 in Deutschland und Frankreich. Diese Spanne würde sich bei einem Beitritt eines großen Landes, z.B. der Türkei, noch vergrößern, wenn die Randbedingungen (höchstens 750 Sitze und mindestens 6 pro Land) beibehalten werden. Ein solcher Beitritt geht folglich auf Kosten der Repräsentanz der großen und mittleren Mitgliedstaaten.

Die Wahl zum Europäischen Parlament 2009 hätte nun nach Maßgabe des Vertrages von Lissabon stattfinden sollen. Da dieser aber erst zum 1. 12. 2009 in Kraft trat, ist das Parlament für die 7. Wahlperiode (2009–14) noch nach den alten Bestimmungen zusammengesetzt. Erst mit der 8. Wahlperiode (2014–19) wird nach den Regeln von Lissabon gewählt.

Wie in jedem Parlament findet die eigentliche Arbeit in den Ausschüssen statt, die wir hier nicht im einzelnen vorzustellen brauchen. Nicht zuletzt die Besetzung der Ausschüsse setzt die Existenz von Fraktionen voraus. Das ist ein heikles Thema. Denn die Kandidaten für die Europawahl werden in den einzelnen Mitgliedstaaten von den politischen Gruppierungen nominiert, die dort die unterschiedlichen politischen Richtungen vertreten. Diese unterscheiden sich von Land zu Land, und so gibt es fast 100 verschiedene Parteien, die Abgeordnete nach Straßburg entsenden. Sie in einer überschaubaren Zahl von Fraktionen unterzubringen, ist kein leichtes Geschäft.

Um eine Fraktion im Europäischen Parlament zu bilden, braucht man mindestens 19 Mitglieder, die aus mindestens einem Fünftel der Mitgliedländer kommen müssen. Im Laufe der Zeit haben sich acht solche Fraktionen herausgebildet, unter denen zur Zeit die Christdemokraten/Europäische Demokraten die größte sind gefolgt von den Sozialisten und den Liberalen. Je weniger die konstitutiven Parteien Volksparteien, sondern weltanschauliche Parteien sind, desto schwieriger wird der Fraktionszusammenhang. Eine relativ kleine Fraktion bringt die Gegner der Union zusammen, die natürlich auch im Parlament vertreten sind, eine andere all jene, die unabhängig sind und sich keiner der anderen Fraktionen zuordnen wollen, aber eben doch Fraktionsstatus anstreben.

Es gibt unterschiedliche Gründe dafür, dass die Arbeit des Europäischen Parlaments fast im Verborgenen stattfindet und nur selten die Aufmerksamkeit der Medien auf sich zieht. Der Hauptgrund liegt wohl darin, dass das Parlament nicht in Regierungsfraktionen und Opposition geteilt ist. Die Parlamentsarbeit ist sachbezogen, was häufig zu wechselnden Mehrheiten über die Fraktionsgrenzen hinweg führt. Sie ist sehr viel weniger politisch orientiert als in den nationalen Parlamenten, wo sich Regierung und Opposition ihre publikums- und wählerwirksam vermuteten Schlachten liefern. Ein weiterer Grund ist die Intransparenz, zu der die ungewohnten Fraktionen das ihre beitragen.

4.2.4 Die Kommission – die Eurokraten

Die Kommission wird häufig als Regierung Europas bezeichnet und der Kommissionspräsident als Ministerpräsident oder Kanzler. Einer solchen Auffassung haben auch einige Präsidenten Vorschub geleistet, z.B. Walter Hallstein (Präsident 1958–1967) und Romano Prodi (Präsident 1999–2004). Die Staats- und Regierungschefs der Mitgliedstaaten hören das nicht gerne, und im Fall von Hallstein hat ihm das den erbitterten Widerstand Präsident de Gaulles eingetragen, was Hallstein 1967 zum Rückzug aus der Kommission zwang und – unter anderem – Frankreichs zeitweiligen Rückzug aus der Gemeinschaft auslöste (vgl. Kap. 2). Das Problem ist das Verhältnis von Politik und Administration und wieder die leidige Frage Supranationalität oder Zwischenstaatlichkeit. Die Kommission ist die Exekutive der Gemeinschaft. Dabei kommt, wie wir bereits sahen, dem Europäischen Rat eine Richtlinienkompetenz zu. Nur ist es undenkbar, dass eine Institution keinen politischen Einfluss haben sollte, die das gesetzgeberische Initiativmonopol besitzt, in der alle Informationen über politische Maßnahmen und ihre Wirkungen zusammenlaufen, die über einen Apparat von mehr als 20 000 Mitarbeitern verfügt und die in allen Fragen gehört wird.

Alle drei zentralen Organe der Gemeinschaft, Parlament, Rat und Kommission, unterlagen ursprünglich unterschiedlichen Zyklen oder Amtsperioden. Mit dem Vertrag von Maastricht hat man die Amtsperiode der Kommission auf fünf Jahre erweitert und mit der des Parlaments synchronisiert. So wie die Europäische Union ein politisches Gebilde *sui generis* ist, findet auch die Kommission in der politischen Struktur von Nationalstaaten keine eindeutige Entsprechung (Nugent 2010: 105 ff.). Ihre Funktion wird oft in Metaphern umschrieben: Hüterin der Verträge, Motor der Integration, Gewissen der Gemeinschaft. Dahinter steckt das Bedürfnis nach einer supranationalen Autorität, die das Projekt europäische Integration aufrecht erhält, mit Leben erfüllt und voran treibt. In etwas nüchterner Formulierung werden ihr im Vertrag (insbesondere Art. 17 EUV) folgende Aufgaben zugewiesen:

1. Anwendung der Verträge und der daraus abgeleiteten Maßnahmen, darunter insbesondere auch die Ausführung des Haushaltsplans,
2. Überwachung der Einhaltung der Gesetze und Verordnungen,
3. Vertretung der Union nach außen, außer in der Außen- und Sicherheitspolitik (also vor allem in der Handelspolitik und bei Erweiterungsverhandlungen),
4. Leitung der jährlichen und mehrjährigen Programmplanungen,
5. Initiative, um die Interessen der Union, d.h. ihre Konsistenz, Kontinuität und Dynamik, zu wahren,
6. Vermittlung zwischen den Mitgliedstaaten und zwischen diesen und den Organen der Union.

Dabei sind die ersten zwei Punkte eindeutig administrativer Natur, während die folgenden Aufgabenbereiche ohne politischen Gestaltungswillen nicht zu bewältigen sind. Ihre exekutiven Aufgaben kann die Kommission in den meisten Fällen nur in Zusammenarbeit mit den nationalen Regierungen ausüben. Denn der Vollzug von Gemeinschaftsrecht kann selbst bei ausschließlicher Kompetenz der Union in den meisten Fällen nach dem Subsidiaritätsprinzip nur auf nationaler oder regionaler Ebene erfolgen, so z.B. im Zollwesen. Die Kommission hat darauf zu achten, dass dies auch geschieht. Eine Ausnahme stellt das Wettbewerbsrecht dar. Hier fungiert die Kommission quasi als Kartellamt und überwacht die Einhaltung des Rechts bzw. sanktioniert Missbrauch von Marktmacht.

Das Projekt Währungsunion ist ein gutes Beispiel für die Einflussmöglichkeiten des Kommissionspräsidenten. Die Initiative geht auf Jaques Delors zurück, der 1988 den Rat soweit brachte, ihn mit der Leitung einer Expertengruppe zu beauftragen, die das Konzept einer Währungsunion entwickelte. Auf Grundlage dieses so genannten Delors-Berichts arbeitete die Kommission dann 1990 den Plan für die Europäische Wirtschafts- und Währungsunion aus, der durch die Ereignisse im Kontext der deutschen Wiedervereinigung eine konkrete Chance erhielt und in Maastricht 1992 mit vielen Änderungen von der Regierungskonferenz angenommen wurde.

Die intergouvernementalistische Schule der Integrationstheorie hat sicher recht, wenn sie feststellt (Moravcsik 1998), dass die Kommission nur dann handlungsfähig sei, wenn die nationalen Interessen in Einklang gebracht werden können. Keine Kommission kann gegen den Willen der Mitgliedstaaten, und in der Regel ohne den Konsens aller Mitgliedstaaten, Europapolitik machen. Governance in der Union ist ein Spiel auf mehreren Ebenen, und die Mitgliedstaaten sind Veto-Spieler. Daraus kann man aber nicht schließen, dass die Person des Kommissionspräsidenten letztlich keinen Unterschied mache. Es gibt stärkere und schwächere Präsidenten. Doch ist einigermaßen gut belegt, dass das Initiativmonopol der Kommission politischen Einfluss verschafft (vgl. Scharpf 1999). Und damit kann ein Kommissionspräsident, wenn seine Stimme im Europäischen Rat Gewicht hat, mit eigenen Lösungsvorstellungen für politische Probleme erfolgreich sein. Das hat Jacques Delors unter Beweis gestellt.

Es wäre grundfalsch, in der Kommission ein reines Verwaltungsorgan zu sehen, auch wenn ihr eindeutig supranationaler Charakter dazu verführen mag, ihre politischen Aufgaben herunterzuspielen, um nicht Souveränitätseifersucht zu wecken, wie das bei de Gaulle der Fall gewesen ist. Schon die Organisation der Kommission lässt beide Funktionen hervortreten. Denn sie ist zweigeteilt:

- *das Kollegium der Kommissare*, der politische Arm der Kommission,
- *die Generaldirektionen und Dienste*, der administrative Arm der Kommission.

Allerdings ist eine solche Trennung der Funktionsbereiche nicht streng durchzuhalten, und sei es nur auf Grund der einfachen Tatsache, dass einerseits „politische" Kommissare auf die Zuarbeit und das Wissen ihrer Verwaltungen angewiesen sind und andererseits Verwaltungsakte unter anderem auch politische Entscheidungen darstellen. Diese Tatsache führt dazu, dass Ausführungsbestimmungen, basierend auf den vom Rat erlassen Rechtsakten, einer politischen Kontrolle bedürfen. Und das wiederum hat die so genannten Komitologie-Ausschüsse ins Leben gerufen – eine EU Konstruktion, die der Dialektik von Zwischenstaatlichkeit und Supranationalität geschuldet ist.

Das Kollegium der Kommissare unterliegt, wie der Name andeutet, dem Kollegialprinzip. Das bedeutet, nicht die Kommissare sind politisch für ihre Aufgabenbereiche verantwortlich, sondern das Kollegium insgesamt. Wir sahen bereits, dass das Parlament das Kollegium nur als ganzes bestätigen oder einem Misstrauensvotum unterziehen kann. Das würde auch bedeuten, dass der Kommissionspräsident nur *primus inter pares* ist. So war es bis Nizza. Im Vertrag von Nizza fand die Position des Präsidenten dann eine deutliche Aufwertung. Denn nun arbeitete die Kommission „unter der politischen Führung ihres Präsidenten" (Art. 217.1 EGV). Diesen Satz hat der Vertrag von Lissabon wieder gestrichen und nur die etwas schwächere Formulierung des Art. 217.2 EGV beibehalten: „Die Mitglieder der Kommission üben die ihnen vom Präsidenten übertragenen Aufgaben unter dessen Leitung aus" (Art. 248 AEUV).

Der Versuch, die Zahl der Kommissare zu beschränken, ist gescheitert. Zwar mussten die fünf „Großen" (wozu hier auch Spanien zählte) ihren zweiten Kommissar mit der Osterweiterung abgeben, und jedes Mitgliedland stellt nur noch einen. Aber die Festlegung im Vertrag von Lissabon (Art. 17.5 EUV), die Zahl der Kommissare ab 1. 11. 2014 einschließlich des Präsidenten und des „Außenministers" auf zwei Drittel der Mitgliederzahl der Union zu reduzieren, hat Irland bei der Ratifizierung des Vertrages zu Fall gebracht.

Der administrative Arm der Kommission hat mit der Ausweitung der Aufgabenbereiche der Union im Laufe der Zeit erheblich an Stärke gewonnen.

Kam Hallstein 1958 noch mit neun Generaldirektionen und sechs anderen Diensten aus, treffen wir heute 44 Generaldirektionen und andere Dienste an. Der Unterschied zwischen einer Generaldirektion und einem Dienst liegt nicht in der Bedeutung oder im Umfang der Institution – da gibt es in beiden Gruppen größere und kleinere, politisch wichtigere und weniger wichtige. Generaldirektionen verwalten einzelne Politikfelder, während die Dienste entweder mit horizontalen Aufgaben betraut sind (das Generalsekretariat, Haushaltsangelegenheiten, Finanzkontrolle) oder im eigentlichen Wortsinn Dienste sind: das Statistische Amt Eurostat, der Übersetzungsdienst, der Presse- und Kommunikationsdienst, usw.

Den Kommissaren sind nun einzelne Aufgabenfelder zugewiesen. Ihr Verhältnis zur jeweiligen Behörde ist insofern delikat, als sie nicht einfach „Minister" oder Amtsleiter sind. Diese Rolle übt der Generaldirektor aus, der in der Regel aus einem anderen Land als der Kommissar stammt. Das führt dazu, dass sich die Kommissare eigene Kabinette halten, kleine Beraterstäbe, die mit vertrauten (meist, aber nicht nur, aus dem eigenen Land stammenden) Fachleuten besetzt sind. Diesen Kabinetten stehen die Generaldirektionen (Landwirtschaft z.B. mit mehr als 800 Mitarbeitern) gegenüber, in denen der detaillierte Sachverstand versammelt ist. Das gilt auch für den Präsidenten, dem das Generalsekretariat zuarbeitet, der aber daneben noch ein eigenes Kabinett unterhält. Die obersten Etagen der Generaldirektionen werden politisch besetzt. Das heißt, dass die Mitgliedstaaten bei ihrer Besetzung ein Wörtchen mitzureden haben. Aber sie sind nicht mit politischen Beamten besetzt, die bei einem Wechsel der Kommission ohne weiteres abgelöst werden könnten.

Schließlich noch ein Wort zum öffentlichen Erscheinungsbild der Kommission. Es gilt weithin als ausgemacht, in Brüssel versammle sich ein ungeheurer Apparat von Eurokraten, die, ohne der öffentlichen und demokratischen Kontrolle unterworfen zu sein, selbstherrlich die Geschicke der Gemeinschaft leiteten. Dementsprechend denken Europas Bürger, dass Verwaltungskosten den größten Teil der Haushaltsausgaben in Anspruch nehmen. Vor allem in Deutschland ist diese Meinung weit verbreitet (Eurobarometer 2005c). Die Realität sieht ganz anders aus. Der Umfang der Kommission ist mit rund 24 000 Stellen (und unter Einrechnung der Berater und der nicht budgetierten Stellen etwa 34 000) für eine politische Einheit von über 500 Mio. Einwohnern bescheiden. Ein Vergleich mit der öffentlichen Verwaltung in Deutschland (Bund: 316 Tsd., Länder: 2,3 Mio., Kommunen: 1,5 Mio.) ist nur insofern sinnvoll, als er die völlig unterschiedlichen Aufgabenfelder der EU und eines Nationalstaates und die Auswirkung des Subsidiaritätsprinzips dokumentiert. Dabei sind auf Grund der Sprachenvielfalt etwa 10 % des EU Personals allein mit Dolmetsch- und Übersetzungsdiensten beschäftigt. Die Verwaltungskosten der Gemeinschaft (alle Organe umfassend) schlagen mit rund 6 % in den Budgetausgaben zu Buche, und die Gesamtausgaben der Gemeinschaft liegen unter 1 % ihres BIP. Eines ist sicher: Der Brüsseler Leviathan ist ein Mythos.

4.2.5 *Der Europäische Gerichtshof – Diener zweier Herrn*

In der Einleitung zu diesem Kapitel lautete eine der zentralen Fragen zur institutionellen Struktur der EU: Wer interpretiert das Recht und setzt es durch? Bevor wir die auf der Hand liegende Antwort „der Europäische Gerichtshof" geben, sollte man aber bedenken, dass dies keineswegs so selbstverständlich ist. Die Gemeinschaft basiert auf internationalen Verträgen. Und im internationalen Kontext fehlt mit dem Staat auch das Prinzip der Rechtsstaatlichkeit. Internationale Verträge müssen sich selbst durchsetzen, d.h. die Vorteile, die sie den Parteien bieten, sorgen für ihre Einhaltung. Wozu ein internationaler Vertrag verpflichtet, legt jede Partei für sich aus, natürlich unter Wahrung ihres eigenen Vorteils und unter Berücksichtigung der Erwartungen der übrigen Parteien, die diesen Vorteil bei Abweichungen von ihren Erwartungen mindern können. Nur in Ausnahmefällen richten internationale Verträge eigene Gerichtsbarkeiten ein, wie die Europäische Menschenrechtskonvention den Europäischen Menschenrechtshof in Straßburg.

Internationale Verträge sind offensichtlich strategische Spiele, deren Stabilität von den Präferenzen der Parteien abhängt (Guzman 2008). An dieser Ecke treffen wir wieder auf unsere alten Bekannten, die Intergouvernementalisten. Denn sie sehen die Union als zwischenstaatliche Veranstaltung, mithin als ein strategisches Spiel, in dem einer Institution wie dem Europäischen Gerichtshof praktisch nur die Rolle eines Agenten der Mitgliedländer als Prinzipalen zukommt. Letztere unterwerfen sich der Autorität des Gerichts nur insofern und so lange, als das für sie vom Vorteil ist. Der Vorteil beruht vor allem darin, dass die Verträge Musterbeispiele unvollständiger Verträge sind. (Man vergegenwärtige sich nur, dass das gesamte primäre Recht in seiner neuesten Formulierung, den beiden Lissabonner Verträgen, gerade einmal über 55 und 358 Artikel verfügt.) Und als unvollständige Verträge bedürfen sie der Interpretation, um sicherzustellen, dass in den kontingenten Situationen der politischen und wirtschaftlichen Entwicklung auch eingehalten wird, was man vereinbart hat. Die entsprechende Auffassung von Moravcsik (1998) haben wir bereits erwähnt: Die Mitgliedstaaten delegieren und poolen Souveränität nur soweit, wie dies Effizienz und Effektivität erfordern; sie gewähren supranationalen Organen nur so viel Raum, wie nötig ist, um ihre wechselseitig eingegangenen Verpflichtungen einzumauern. Aber sie bleiben Herr im Haus.

Diese Auffassung entspricht wahrscheinlich der ursprünglichen Intention der Gründerväter (Alter 2001). Sie brauchten eine Institution, die dafür sorgt, dass die übrigen Organe der Gemeinschaft nicht ihre Kompetenzen überschreiten, die das Problem der unvollständigen Verträge löst und die – über das Instrument der Vorabentscheidung (siehe Kapitel 3) – eine einheitliche Anwendung der vertraglichen Vereinbarungen durchsetzt. Was sie nicht brauchten, oder woran sie kaum gedacht haben dürften, war eine Institution, die aus einer internationalen Organisation eine Art supranationalen Rechtsstaat mit judikativer Autonomie macht, die eigenes Fallrecht entwickelt, damit eigenmächtig die Integration vorantreibt, und die letztlich entscheidende Schritte in Richtung auf eine transnationale Gesellschaft unternimmt.

Genau das scheint aber mit dem Europäischen Gerichtshof der Fall zu sein. Zumindest sehen das die Institutionalisten so: Nach der Gründungsphase, die nur vertragstheoretisch zu erklären ist, gewinnen die Institutionen ein Eigenleben, der durchaus beabsichtigte *lock-in* Effekt verselbständigt sich – Supranationalität setzt sich fest. Für Integouvernementalisten ist das ein Ding der Unmöglichkeit, und sie betonen deshalb (z.B. Garrett 1995, siehe auch die Kritik von Mattli/Slaughter 1995), dass das Gericht längerfristig nicht gegen die Interessen der Mitgliedländer bestehen kann. Diese würden sich einfach nicht an die Urteile halten, die Richter bei nächstbester Gelegenheit auswechseln oder ihre Gesetze so gestalten, dass umgangen wird, was ihnen nicht passt.

All das ist nicht geschehen. Oder doch? Es gibt Untersuchungen, die das Verhalten des EuGH als strategisches Spiel modellieren und zu belegen versuchen, dass das Gericht zwei Herren dient: der *rule of law* und den Interessen der Mitgliedstaaten (Garret/Kelemen/Schulz 1998). Andere Auffassungen (Armstrong/Bulmer 1998, Alter 1998) geben zwar zu, dass die Rechtsprechung des Gerichts Inkohärenzen aufweise, sind aber überzeugt davon, dass man in der Rechtsprechung des Gerichts das Recht nicht durch nationale Interessen substituieren könne. Es ist auch schwer vorstellbar, wie ein zentrales Organ die Präferenzen von 15 oder 28 Mitgliedländern akkommodieren sollte und gleichzeitig die Einheit des Rechtes wahren. Für die Kommission gilt in der Regel, dass gegen den Willen der Mitgliedstaaten nichts zu machen ist. Für das Gericht gilt das nicht, allein schon deshalb nicht, weil entsprechende Kontrollmechanismen fehlen: Dem Gericht sind keine Komitologie-Ausschüsse beigeordnet. Die Einheit des Rechts ist für einen gemeinsamen Markt ein hohes Gut. Denn würden die Marktordnungen in den einzelnen Mitgliedländern unterschiedlich ausgelegt und gehandhabt, dann führte das unweigerlich zu Wettbewerbsverzerrungen. Zweifellos versuchen die Mitgliedstaaten immer wieder, die Wettbewerbsposition „ihrer" Unternehmen zum Beispiel durch staatliche Beihilfen zu verbessern. Dass das im Rahmen des vereinbarten Rechts bleibt, darüber wachen Kommission und Gericht, die gerade mit derartigen Subventionsfällen mehr als genug zu tun haben.

Wie aber hat es dazu kommen können, dass das Gericht sich der Kontrolle der Mitgliedländer entzieht und zu einem Organ entwickelt, das den institutionellen Rahmen, innerhalb dessen die Gemeinschaft operiert, entscheidend mitbestimmen kann? Die Antwort hierauf kann wieder nur „Pfadabhängigkeit" lauten: Mit seinen Urteilen bahnt das Gericht bestimmte Wege und versucht der *rule of law* (wir verwenden hier absichtlich den englischen Begriff, da die deutsche „Rechtsstaatlichkeit" eben an die Staatlichkeit gebunden ist, die im Fall der Union noch nicht vorliegt) Geltung zu verschaffen. Dieser Weg wird beschritten, das heißt akzeptiert, und im rekurrenten Anschluss geht es so weiter. Niemand hat das Resultat vom Ende her geplant. Die Mitgliedstaaten können darauf nur insofern steuernd einwirken, als sie die Kapazität des Gerichts beschränken oder auch nicht. Die Autorität des Gerichts beruht auf Akzeptanz, da ihm kein staatliches Gewaltmonopol zur Seite steht, seine Entscheidungen durchzusetzen. Soweit ist den Intergouvernementalisten

Recht zu geben. Doch im Ergebnis verfügt die Europäische Union über ein Gericht, das nach den Grundsätzen der Rechtsstaatlichkeit und nicht strategisch urteilt.

Der Gerichtshof ist im Laufe der Zeit mit seinen Aufgaben ständig gewachsen. 1958 bei Inkrafttreten des EWG-Vertrages kam er noch mit sieben Richtern aus, die in der Regel im Plenum tagten, und mit zwei Generalanwälten, das sind nach der französischen Rechtstradition unparteiische und unabhängige Rechtsgutachter, die das Gericht unterstützen. Jetzt haben wir eine dreistufige Organisation des Gerichtshofs der Europäischen Union, die auch im Vertrag von Lissabon (Art. 19.1 EUV) festgeschrieben wird:

- *Der Gerichtshof:* Das ist der gute alte EuGH. Er besteht aus einem Richter je Mitgliedland, also 28 zur Zeit. Hinzu kommen acht Generalanwälte, deren Zahl aber vermehrt werden kann. Richter und Generalanwälte werden von den Regierungen der Mitgliedstaaten im gegenseitigen Einvernehmen für die Dauer von 6 Jahren ernannt. Der Gerichtshof ist die oberste Instanz und entscheidet vor allem über Rechtsfragen. Er tagt in Kammern oder im Plenum, je nach Fall.
- *Das Gericht:* Es hieß bislang Gericht erster Instanz und war mit der Einheitlichen Europäischen Akte geschaffen worden, um die Arbeitsüberlastung des Gerichtshofs zu mildern. Das Gericht besteht aus mindestens einem Richter je Mitgliedland, ist also beliebig erweiterungsfähig, und tagt in Kammern. Es wird bevorzugt mit Fällen betraut, in denen erst einmal der Sachverhalt zu ermitteln ist, z.B. in den häufigen wettbewerbsrechtlichen Fällen.
- *Die Fachgerichte:* Da beide Gerichte, der Gerichtshof und das Gericht erster Instanz, auch weiterhin eine Überlast nicht erledigter Fälle mit sich mitschleppten, hat der Vertrag von Nizza (Art. 225a EGV) die Möglichkeit geschaffen, sogenannte gerichtliche Kammern zu bilden, denen besondere Sachgebiete, zum Beispiel arbeitsrechtliche Klagen des Personals der Union, zugewiesen werden. Der neue Vertrag nennt sie nun Fachgerichte.

Richter und Generalanwälte werden von den Mitgliedstaaten im gegenseitigen Einvernehmen ernannt. Die Verfahren unterscheiden sich von Land zu Land. Die Verträge verlangen nur, dass eine ausreichende Qualifikation vorliegt. Das genügte der Kritik nicht. Dem hat der Vertrag von Lissabon Rechnung getragen und in Art. 255 AEUV einen Richterwahlausschuss eingerichtet, der sich vor der Ernennung eines Richters oder Generalanwalts zu seiner Eignung äußern muss. Unverkennbar ist die Absicht, eine möglichst hohe Unabhängigkeit der Justiz zu gewährleisten.

4.2.6 Der Rechnungshof – auch Eurokraten müssen kontrolliert werden

Jeder demokratische Staat überwacht die Tätigkeit seiner Verwaltung. Hierzu dient in den meisten Ländern der Rechnungshof. Die Europäische Union ist kein demokratischer Staat – braucht sie trotzdem ein solches Organ? Die Antwort der Gründer der Gemeinschaften war: nein. Denn in den römischen Verträgen suchen wir vergeblich danach. Doch damals wurde, wie wir sahen, die Gemeinschaft noch aus den nationalen Haushalten alimentiert, und diese

Ausgaben überwachten die nationalen Rechnungshöfe. Als Mitte der 1970er Jahre der Gemeinschaftshaushalt auf eigene Füße gestellt wurde, forderte das Parlament sofort eine unabhängige, d.h. supranationale Kontrollinstanz, um zur Ausübung seines Budgetrechts sachgerechte Informationen zu erhalten. Mit den Verträgen von Maastricht wurde die Rechnungsprüfungsbehörde als Rechnungshof in den Status eines vollwertigen Gemeinschaftsorgans erhoben. Funktion eines Rechnungshofs ist die externe Finanzkontrolle. Natürlich verfügen die übrigen Organe der Gemeinschaft daneben über interne Kontrollinstanzen. Doch deren Funktionstüchtigkeit muss der Rechnungshof als unabhängige Instanz überprüfen. Denn die interne Finanzkontrolle bleibt hierarchisch abhängig von der Behörde, in der sie tätig ist.

Der Rechnungshof besteht aus einem Staatsangehörigen je Mitgliedstaat, zur Zeit also aus 28 Personen, und er verfügt über einen Stab von mehr als 500 Mitarbeitern. Die Mitglieder des Rechnungshofs werden auf Vorschlag der Mitgliedländer vom Rat nach Konsultation des Parlaments ernannt. Die Kandidaten müssen dabei dem Haushaltskontrollausschuss des Parlaments Rede und Antwort stehen. Denn der Rechnungshof dient vor allem der effektiven Ausübung des parlamentarischen Budgetrechts. Bei der Kommissionskrise von 1999, die zum kollektiven Rücktritt der Santer-Kommission führte, spielten der Rechnungshof und sein Präsident eine zentrale Rolle.

Auch in diesem Fall können wir wieder das nun schon bekannte Muster der institutionellen Evolution feststellen. Der Rechnungshof wurde von den Mitgliedstaaten als den Prinzipalen installiert, um ihre Agenten, vor allem die Kommission, zu kontrollieren. Auf diese Weise wurden demokratische Praktiken guter Regierung auf dem supranationalen Niveau der Gemeinschaft etabliert. Das Geld, dessen rechtmäßige und sachgerechte Verwendung vom Rechnungshof überprüft werden muss, wird dank des Subsidiaritätsprinzips zu einem wesentlichen Teil über die Verwaltungsbehörden der Mitgliedstaaten seiner endgültigen Zweckbestimmung zugeführt. Und so kam es als eine der doch wohl eher nicht beabsichtigten Folgen dazu, dass der Hof das Finanzgebaren in den Mitgliedstaaten in seine Untersuchungen miteinbeziehen muss. Im Ergebnis werden sich wahrscheinlich die Verwaltungs- und Überwachungskulturen in der Gemeinschaft aneinander angleichen.

In der Union geht viel Geld um. Auch wenn das Budget im Verhältnis zum Bruttoinlandsprodukt klein ist, die Beträge, um die es sich dabei handelt, sind beträchtlich. Und das lockt – auch in zivilisierten Ländern – betrügerische Manipulationen hervor. Da werden Exportsubventionen für Rinderhälften beansprucht, die gar nicht in der Gemeinschaft produziert worden sind. Da lässt man sich Fortbildungskurse aus dem Sozialfonds finanzieren, die nie abgehalten wurden. Es ist klar, dass vor allem die ausgabenintensiven Bereiche Landwirtschaft und Regionalpolitik von diesem Virus besonders befallen sind. Die offizielle Schätzung der Kommission beziffert solche Betrügereien auf 1,4 % der Haushaltsausgaben. Andere Quellen sind weniger optimistisch und gehen bis zu 10 %. Ein Rechnungshof besteht aus Wirtschaftsprüfern, aber nicht aus Wirtschaftskriminalisten. Um des Betrugs Herr zu werden, hat die Kommission 1988 eine Koordinationseinheit für die Betrugsbekämpfung ins Leben gerufen, die 1999 zum Amt für Betrugsbekämpfung aufgewertet wurde. Das hört in Brüssel auf den Namen Olaf (*Office de la Lutte Anti-fraude*). Die entsprechenden rechtlichen Grundlagen (Art. 325 AEUV) hatte der Vertrag von Amsterdam geschaffen.

4.3 Gute Regierung – schlechte Regierung

Die Organe der Gemeinschaft üben Regierungsfunktionen aus in den drei politischen Bereichen der Legislative, der Exekutive und der Judikative. Das kann mit hoher Qualität geschehen oder auch mit geringerer Qualität. „Gute Regierung" nannten es die Kameralisten im 18. Jahrhundert, und *good governance* wird es auch heute wieder genannt. Im ersten Kapitel haben wir bereits den Begriff der Governance kennen gelernt (Box 1.3). Gute Regierung äußert sich in Partizipation, Vertrauen und Vorhersehbarkeit, schlechte Regierung in Korruption, Inkompetenz, Instabilität und Unsicherheit.

Das politische System der Union ist ein Mehrebenensystem. Regierung findet folglich als ein Zusammenspiel mehrerer Ebenen statt, der europäischen, der nationalen, der regionalen. In einem so großen Raum wie Europa, mit so unterschiedlichen politischen Kulturen und historischen Erbschaften werden die Praktiken des Regierens verschieden und auch von sehr unterschiedlicher Qualität sein.

Gute Regierung ist der Union zu einem Problem geworden. Es ist ihr nicht entgangen: Die Partizipation der Bürger an der Regierung ist vergleichsweise gering, das Interesse am Geschehen in Brüssel und Straßburg wenig ausgeprägt, und das Vertrauen in die Union sinkt (Eurobarometer 2012). Man kann den Gemeinschaftsorganen kaum *bad governance* vorwerfen, Korruption also, Inkompetenz, Instabilität, Unsicherheit. Und trotzdem ist das Ergebnis nicht *good governance*, Partizipation nämlich, Vertrauen und Vorhersehbarkeit. Dieses Dilemma wurde im Weißbuch „Europäisches Regieren" (Kommission 2001) konstatiert, das sich zum Ziel gesetzt hat, hier Abhilfe zu schaffen.

Die Dimensionen guten Regierens, die die Kommission dabei in den Mittelpunkt stellt, sind die folgenden:

- *Offenheit:* Die Organe sollten offener arbeiten und gemeinsam mit den Mitgliedstaaten deutlich machen, was die Union tut und wie die Entscheidungen gefällt werden. Die damit verbundenen Probleme, Komplexität, Abstraktheit und Distanz, haben wir bereits angesprochen.
- *Partizipation:* Teilhabe bewirkt Vertrauen in den Prozess und sein Ergebnis. Doch wenn das zentrale Entscheidungsorgan der Rat ist, also die Regierungen der Mitgliedstaaten, und das richtungweisende politische Organ der Europäische Rat ist, also die Regierungschefs, dann ist schwer vorstellbar, wie man die Bürger einbeziehen könnte.
- *Verantwortlichkeit:* Die Rollenverteilung zwischen Gesetzgebung und Ausführung sollte klarer geschieden sein. Der Bürger sollte wissen, wen er wofür verantwortlich sehen muss. Die Diskussion um die Verfassung,

worin die Kompetenzverteilung ja geregelt ist, hat gezeigt, dass dies einem breiten Publikum fast unmöglich zu vermitteln ist.

- *Effektivität:* Die Politik muss wirksam sein – natürlich. Doch eine effektive Zielerreichung wird vom Bürger als solche nur wahrgenommen, wenn es genau um die Ziele geht, die er für wichtig hält. Dass dies genau die Ziele der europäischen Politik sind, die eingeschränkt von den Verfassungsregeln von den Regierungen der Mitgliedstaaten ausgehandelt werden, ist nicht sicher. Es kann eine Diskrepanz zwischen Erwartung und Wirklichkeit geben. Häufig liegen die effektiven Lösungen außerhalb des Verhandlungsraums (Scharpf 1999: 171).
- *Kohärenz:* Politisches Handeln muss kohärent sein. Was für die Landwirtschaft beschlossen wird, darf den Umweltzielen nicht widersprechen. In einem Mehrebenensystem ist Kohärenz ein zentrales Governance-Problem. Die Prinzipien der Politik müssen auf allen Ebenen gewahrt bleiben. Inwieweit die europäische „Rechtsstaatlichkeit" ausreicht, das zu garantieren, mag man bezweifeln.

Gute Regierung ist mehr als das Vermeiden von schlechter Regierung. In diesem Kapitel geht es nicht um die einzelnen Politiken, sondern um den institutionellen Rahmen. Was der Kommission in ihrem Weißbuch zur Verbesserung der Regierungsqualität wichtig erscheint, ist zweifellos bedenkenswert, z.B. bessere Einbindung der Akteure und der Bürger, Transparenz und Effektivität oder Vertrauen in Expertenwissen. Am Ende des Kapitels sollte noch einmal unterstrichen werden: Die Europäische Union befindet sich institutionell noch immer in ihrer formativen Phase, hat also noch kein institutionelles Gleichgewicht erreicht. Gleichzeitig fährt sie aber wie ein Großtanker – sie ändert nur langsam ihre Richtung.

Kapitel 5
Der Gemeinsame Markt: Güter und Dienstleistungen

5.1 Zur Theorie der Zollunion

5.1.1 Wohlfahrtseffekte einer Zollunion

Jacob Viner (1950) war einer der ersten, der systematisch die ökonomischen Auswirkungen der regionalen Integration, insbesondere einer Zollunion, analysierte. Dabei stellte er die seinerzeit weitverbreitete Auffassung in Frage, dass eine Zollunion einen Schritt in Richtung Freihandel darstelle. Der von Viner eingeführte und später von anderen Autoren (insbesondere Meade 1955 und Johnson 1965, s. auch Baldwin/Venables 1995) weiterentwickelte Ansatz konzentriert sich auf eine komparativ-statische Effizienzbetrachtung. Die fundamentale Einsicht von Viner lautet: Eine regionale Integrationsvereinbarung ist grundsätzlich ein *second best*. Generell wird angenommen,

- die Produktionsfaktoren sind innerhalb eines Landes völlig mobil, zwischen den Ländern dagegen völlig immobil,
- Transportkosten spielen keine Rolle,
- die Zollsätze sind die einzige wirksame Handelsbeschränkung; insbesondere werden Handelsbeschränkungen vernachlässigt, die von unterschiedlichen Währungen ausgehen,
- die Ressourcen sind vollkommen ausgelastet,
- alle Märkte befinden sich im Gleichgewicht.

Im Grundmodell wird darüber hinaus angenommen,

- es besteht vollständige Konkurrenz auf allen Güter- und Faktormärkten und
- die in der Zollunion zusammengeschlossenen Länder sind so klein, dass sie durch ihre Exporte und Importe weder einzeln noch gemeinsam einen spürbaren Einfluss auf die Weltmarktpreise haben (kein Terms-of-Trade Effekt, vgl. die Theorie des Optimalzolls in Kapitel 1).

Wir betrachten ein homogenes Gut, das in drei Regionen, dem Heimatland (H), dem Partnerland (P) und dem Rest der Welt (W) produziert wird. Mit diesem einfachen partialanalytischen Grundmodell lassen sich einige allgemeine Zusammenhänge aufzeigen, die *mutatis mutandis* auch bei abgeschwächten Annahmen und bei anderen Integrationsformen als der Zollunion ihre Gültigkeit behalten.

Wie wirkt sich eine Zollunion auf die Wohlfahrt im Heimatland aus? Nehmen wir an, die Produktionsbedingungen des Partnerlandes seien günstiger als im Heimatland, aber ungünstiger als bei den Anbietern auf dem Weltmarkt. Das heißt, die Angebotskurve, mit der das Heimatland in der Zollunion konfrontiert ist (A_{H+P}), liege von einer bestimmten Outputmenge ab unterhalb der Autarkie-Angebotskurve (A_H), aber oberhalb der Angebotskurve des Weltmarktes (A_W). Der ursprüngliche Zollsatz in H betrug $t_H = p_{W+t} - p_W$.

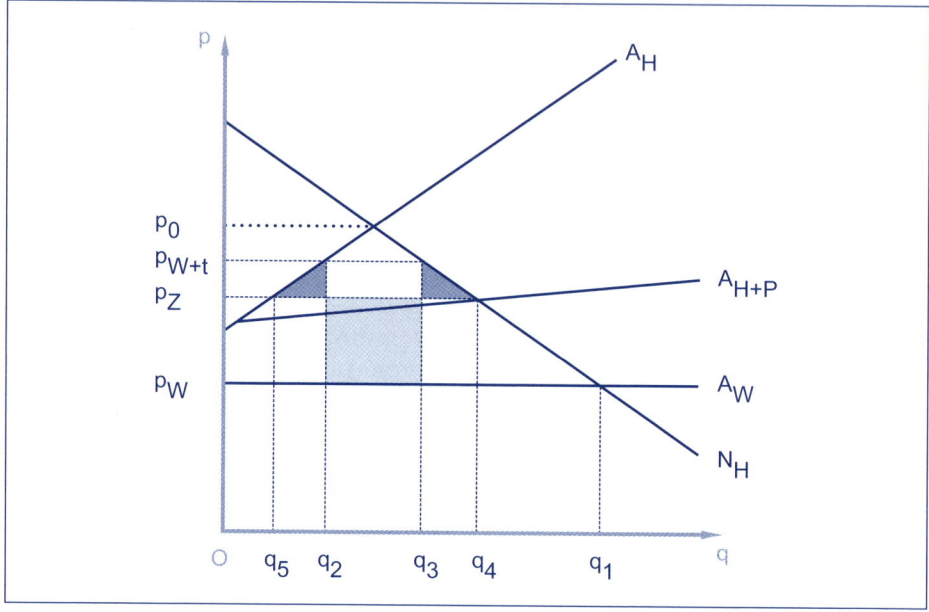

Abbildung 5.1: Zollunion: Land H

Es wurde in H die Menge q_3 konsumiert, die Menge q_2 produziert und die Differenz ($q_3 - q_2$) importiert. Solange wie der gemeinsame Außenzoll der Zollunion $t_Z > (p_Z - p_W)$ ist, spielt er in diesem Fall keine Rolle. Das Heimatland konsumiert beim Preis p_Z die Menge q_4, produziert die Menge q_5 und importiert die Differenz ($q_4 - q_5$) aus dem Partnerland.

Die allokativen Auswirkungen der Einführung einer Zollunion im Heimatland sind also:

- Preis auf dem Binnenmarkt fällt von p_{W+t} auf p_Z,
- Importe erhöhen sich auf den Betrag $q_4 - q_5$, wobei alle Importe statt vom Weltmarkt aus dem Partnerland importiert werden.

Die Wohlfahrtswirkungen einer Zollunion lassen sich wie folgt darstellen:

- Die Konsumentenrente steigt um das Trapez zwischen der Ordinate, den beiden Preislinien p_Z, p_{W+t} und der Nachfragekurve N_H,
- die Produzentenrente fällt um das Trapez zwischen der Ordinate, den beiden Preislinien und der Angebotskurve A_H,
- die Zolleinnahmen $t_H(q_3 - q_2)$ fallen insgesamt fort,
- die Nettoveränderung der Gesamtwohlfahrt wird also durch die beiden dunkelgrauen Dreiecke und das hellgraue Rechteck wiedergegeben:

– die beiden dunkelgrauen Dreiecke sind Wohlfahrtsgewinne, wobei das linke eine Einsparung an Produktionskosten bedeutet und das rechte den Gewinn an Konsumentenrente aus der Konsumerweiterung: Handelsschaffung,

– das hellgraue Rechteck stellt einen nicht kompensierten Verlust von Zolleinnahmen dar, also einen Wohlfahrtsverlust: Handelsumlenkung

Der Nettowohlfahrtseffekt der Zollunion ist somit davon abhängig, was überwiegt, der positive Effekt der Handelsschaffung *(trade creation)* oder der negative Effekt der Handelsumlenkung *(trade diversion)*.

Nehmen wir nun an, vor Errichtung der Zollunion erhebt das Land H einen nicht-prohibitiven Zoll $t_H = p_{W+tH} - p_w$ und das Land P einen prohibitiven Zoll $t_P > p_P - p_W$. In diesem Fall importiert nur das Land H Güter vom Weltmarkt, und zwar die Menge $q_2 - q_1$. Die beiden Länder bilden nun eine Zollunion und einigen sich auf den gemeinsamen Außenzoll t_Z, der sich z.B. als arithmetisches Mittel der bisher geltenden individuellen Zollsätze ergibt ($t_Z = p_{W+tZ} - p_W$). Denn es entspricht den Regeln der WTO, das Niveau des Protektionismus durch die Zollunion nicht zu erhöhen. So hat die EWG bei ihrer Gründung den gemeinsamen Außenzoll als arithmetisches Mittel der vier Außenzölle der Gründungsmitglieder (Deutschland, Frankreich, Italien und der Benelux-Zollunion) gebildet. Der gemeinsame Außenzoll t_Z bestimmt den Angebotspreis für Weltmarktprodukte p_{W+tZ} und damit eine Preisobergrenze für die Mitgliedstaaten der Zollunion – anderenfalls würde vom Weltmarkt importiert. Der gleichgewichtige Marktpreis innerhalb der Zollunion ist p^*, wobei das weniger wettbewerbsfähige Land H aus dem wettbewerbsfähigeren Land P die Menge $(q_4 - q_3) = (q_7 - q_6)$ importiert.

Für Land H ergeben sich die bekannten Nettowohlfahrtseffekte, nämlich Handelsschaffung ($x + y$) und Handelsumlenkung ($- z$). In Land P steigen durch die erhöhte Nachfrage der Konsumenten des Landes H die Preise von

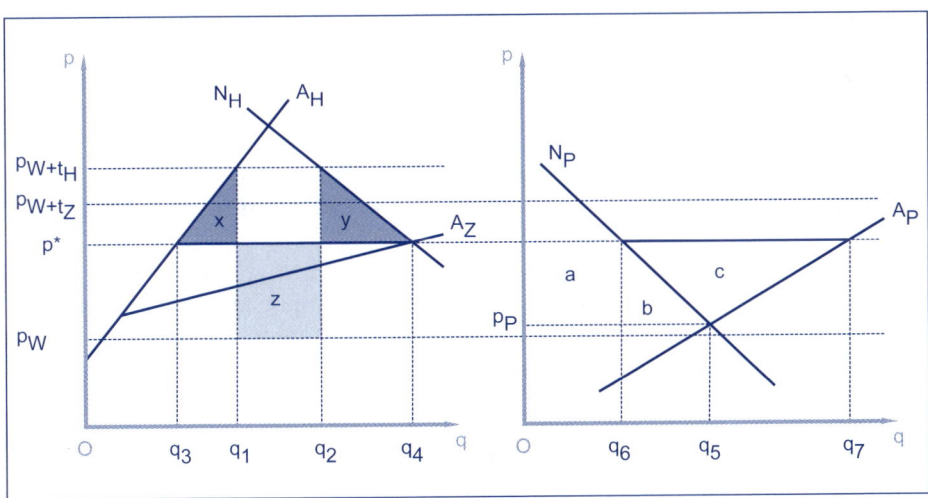

Abbildung 5.2: Zollunion: Land H und Land P

p_P auf p^*, wodurch die Konsumentenrente um die Fläche (a + b) sinkt und die Produzentenrente um die Fläche (a + b + c) steigt. Der Nettowohlfahrtsgewinn in P beträgt somit c.

Sollte durch die Zollunion die gemeinsame Wohlfahrt beider Länder steigen (d.h. x + y + c – z > 0), aber die Wohlfahrt des Landes H sinken (d.h. x + y – z < 0), so müsste zwischen beiden Ländern neben dem gemeinsamen Zolltarif noch ein Transfermechanismus vereinbart werden, der Zahlungen von P nach H vorsieht, die hinreichend groß sind, um H zur Teilnahme an der Zollunion zu motivieren. Bei der Errichtung der Europäischen Wirtschaftsgemeinschaft spielte die gemeinsame Agrarpolitik die Rolle eines solchen Transfermechanismus (siehe Kapitel 9.2). Je nach Konstellation der Märkte sowie der Zölle vor und nach Errichtung der Zollunion sind eine Vielzahl von Modellvarianten möglich, die hier nicht diskutiert werden sollen, weil sie keine grundsätzlich neuen Erkenntnisse hinzufügen.

Zu beachten sind noch einmal die Einschränkungen des Modells:

- Es handelt sich um ein Partialmodell, wobei ein einzelner Markt für ein einzelnes Gut untersucht wird. Dies führt nur solange zu halbwegs zuverlässigen Ergebnissen, solange die Rückwirkungen dieses Marktes auf die relativen Preise anderer Güter vernachlässigt werden können.
- Es wird unterstellt, dass die Zollunion so klein ist, dass Rückwirkungen auf die Weltmarktpreise vernachlässigt werden können.
- Es wird vollständige Konkurrenz auf allen Güter- und Faktormärkten unterstellt, das heißt auch, es gibt keine Beschäftigungsprobleme.

Ob eine Zollunion potentiell vorteilhaft für die Mitgliedstaaten ist, d.h. ob die handelsschaffenden die handelsumlenkenden Effekte überwiegen, hängt von den Umständen des Einzelfalls ab. Es lassen sich allerdings einige nützliche Verallgemeinerungen treffen (Robson 1998: 27; Blank/Clausen/Wacker 1998: 95):

- Je größer der Wirtschaftsraum der Zollunion und je größer die Anzahl der Mitglieder, desto stärker sind die handelsschaffenden im Verhältnis zu den handelsumlenkenden Effekten. (Extremfall: Weltweit freier Warenverkehr).
- Je geringer der gemeinschaftliche Zolltarif im Vergleich zum bisher gültigen durchschnittlichen Zolltarif, desto stärker sind die handelsschaffenden Effekte im Vergleich zu den handelsumlenkenden Effekten (hohes x und y, geringes z).
- Je ähnlicher die Produktionsstrukturen der Mitgliedstaaten sind, desto stärker sind die handelsschaffenden im Vergleich zu den handelsumlenkenden Effekten. Stellen z.B. alle Mitgliedstaaten Automobile her, so werden tendenziell teure heimische Autos durch billigere aus den Partnerländern ersetzt. Sind demgegenüber die Mitgliedstaaten in ihrer Wirtschaftsstruktur eher komplementär (z.B. einige Staaten sind industriell geprägt, andere eher agrarisch), dann überwiegt die Handelsumlenkung, da tendenziell der Import billiger Weltmarktprodukte durch den Import teurer Produkte aus den Partnerländern ersetzt wird.

- Je größer bei konkurrierenden Industrien die Unterschiede in den Produktionskosten zwischen den Mitgliedstaaten der Zollunion sind, desto größer ist der Effekt der Handelsschaffung.

Nun ist es bei einer großen Zollunion wie der EU unrealistisch, von gegebenen Weltmarktpreisen auszugehen. Vielmehr ist zu erwarten, dass der Weltmarktpreis fällt, wenn durch die Zollunion die Importe aus Drittländern zurückgehen und die Importe aus Mitgliedstaaten steigen, d.h. die Terms of Trade verbessern sich zugunsten der Zollunion (der sogenannte „Terms-of-trade Effekt"). Dadurch werden die negativen Effekte der Handelsumlenkung teilweise kompensiert oder sogar überkompensiert, was sich darin äußert, dass die Zolleinnahmen für einen jeweils gegebenen gemeinsamen Außenzoll höher sind als bei einem unveränderlichen Weltmarktpreis (Robson 1998: S.39ff.; Blank/Clausen/Wacker 1998: S.98ff.).

Die Vergrößerung des Marktes durch die Schaffung einer Zollunion kann aber auch zu Konsequenzen führen, die von der älteren Theorie mit ihren restriktiven Annahmen vernachlässigt wurden. Beispiele für Effekte, die über die einfache Handelsschaffung und Handelsumlenkung hinausgehen, sind (Baldwin/Venables 1995):

- *Produktionsverschiebung:* Die Handelsumlenkung wird die Zahl der Unternehmen und die Produktvielfalt innerhalb der Zollunion erhöhen auf Kosten des Auslands.
- *Wettbewerbsverstärkung:* Durch die Vergrößerung der oligopolistischen Märkte geraten die Gewinnaufschläge unter Druck und die Unternehmen müssen, um zu überleben, ihre Durchschnittskosten senken, und das heißt bei Skalenvorteilen, ihren Produktionsumfang steigern.
- *Reduzierung der Marktsegmentierung:* Unternehmen sind eher auf dem Heimatmarkt marktbeherrschend als auf dem Auslandsmarkt. Das führt häufig dazu, dass sie auf dem Auslandsmarkt niedrigere Preise setzen als auf dem Heimatmarkt. Ein typisches Beispiel ist die Automobilindustrie. Integration der Märkte verringert die Möglichkeiten für Preisdifferenzierung. Die paradoxe Folge ist allerdings eine Abnahme des grenzüberschreitenden Handels.
- *Akkumulationseffekte:* Produktionsverschiebungen sind fast automatisch mit Investitionsumlenkungen verbunden. Der Investitionsertrag fließt allerdings dem ausländischen Investor zu. Nur wenn der private und der gesellschaftliche Nutzen aus der Investition auseinanderfallen, wird der Integrationsraum in den Genuß einer Wohlfahrtssteigerung kommen. Bei Vorliegen abnehmender Ertragszuwächse ist das allerdings nur ein Übergangsphänomen.
- *Langfristige Wachstumseffekte:* Die moderne Wachstumstheorie kennt Fälle, bei denen physisches oder Humankapital nicht abnehmenden Ertragszuwächsen unterliegt. In solchen Fällen sind langfristige Wachstumseffekte aus der Marktvergrößerung und Handelsintensivierung denkbar.

Darüber hinaus sind die Wirkungen zu berücksichtigen, die entstehen, wenn steigende Skalenerträge vorliegen. In diesem Fall kann eine Zollunion dazu führen, dass sich größere Unternehmen (Betriebe) bilden, die größere Mengen zu geringeren Kosten produzieren. Es können somit Effizienzgewinne aus Spezialisierung entstehen, obwohl keine Unterschiede in den komparativen Kosten zwischen den beteiligten Ländern bestehen. Gleichzeitig wird sich mit der Größe des Marktes auch die Anzahl der Produktvarianten erhöhen, die zu jeweils gegebenen Kosten hergestellt werden können. Dies führt zu einer Zunahme des Intra-Industrie-Handels (z.B. deutsche gegen französische Automobile) und zu positiven Wohlfahrtseffekten, da das Produktsortiment besser an die Konsumentenbedürfnisse angepasst wird (Hansen/Nielsen 1997: 44 ff.).

Generell bleiben bei Berücksichtigung steigender Skalenerträge die orthodoxen Konzepte der Handelsschaffung und Handelsumlenkung relevant. Sie müssen allerdings durch zwei weitere Konzepte ergänzt werden: Zum einen durch den Kostensenkungseffekt *(cost reduction)*, d.h. Kostensenkungen aufgrund der besseren Ausnutzung von Größenvorteilen; zum anderen durch den Effekt der Handelsunterdrückung *(trade suppression)*, der dadurch entsteht, dass billige Importe aus Drittländern durch Ausdehnung der heimischen Produktion (unter Ausnutzung von Skalenerträgen) verdrängt werden.

5.1.2 Empirische Befunde

Wie hat sich nun die europäische Integration auf Umfang und Struktur der Handelsströme und auf die Wohlfahrt der Mitgliedstaaten (sowie des Rests der Welt) ausgewirkt? Diese Frage ist leicht gestellt, aber nicht so einfach zu beantworten. Das methodische Problem besteht darin, eine hypothetische Welt zu konstruieren, die zeigt, wie die Entwicklung verlaufen wäre, wenn es keine europäische Integration gegeben hätte. Die verfügbaren Daten machen deutlich, dass der Warenaustausch seit Gründung der EWG ständig zugenommen hat, nicht nur unter den Mitgliedstaaten der Gemeinschaft, sondern auch zwischen diesen und dem Rest der Welt. Die starke Zunahme des Binnenhandels unter den Mitgliedstaaten ist teilweise auf die verschiedenen Erweiterungen, teilweise auf die Intensivierung des Binnenhandels zwischen den jeweiligen Mitgliedstaaten zurückzuführen.

Abb. 5.3 verdeutlicht, dass seit 1999 sowohl der Intra- als auch der Extra-EU-Handel relativ zum BIP stark angestiegen sind, wobei der Intra-EU-Warenhandel, d.h. der Durchschnitt der Exporte und Importe zwischen den Mitgliedstaaten, etwa zwei Drittel und der Extra-EU-Warenhandel etwa ein Drittel betragen.

In den 1960er und 1970er Jahren gab es eine Reihe von empirischen Studien, die handelsschaffende und handelsumlenkende Effekte in den Gründungsjahren der Zollunion zu quantifizieren suchten (vgl. Baldwin/Venables 1995 und Grimwade 2004). Die meisten dieser Studien kamen zu dem Ergebnis, dass die handelsschaffenden die handelsumlenkenden Effekte dominierten. Nur für Agrarprodukte gab es als Folge der gemeinsamen Agrarpolitik (s. Kapitel 9.2) erkennbare handelsumlenkende Effekte. Für die Industrieproduktion lässt sich somit aus diesen Studien schließen, dass die europäische Integration gut für Europa und nicht schlecht für den Rest der Welt war. Der Nettowohlfahrtseffekt der Zollunion war nach diesen Studien allerdings

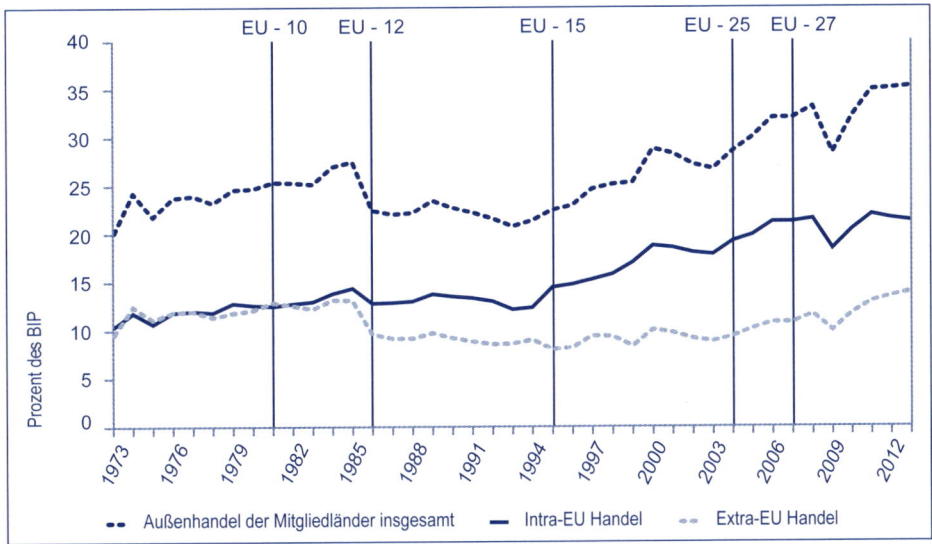

Abbildung 5.3: Intra- und Extra-EU-Warenhandel in Prozent des BIP, 1973–2012

vernachlässigbar gering. Nach Schätzungen von Balassa (1975) betrug der Wohlfahrtseffekt gerade einmal 0,15 % des Bruttoinlandsprodukts. Das liegt unter anderem auch daran, dass die späteren Mitglieder der Gemeinschaft schon vor deren Konstituierung wechselseitige Haupthandelspartner waren, und das heißt Lieferanten mit den niedrigsten Kosten. Die bescheidenen Ergebnisse sind allerdings auch darauf zurückzuführen, dass dynamische Wettbewerbs- und Skaleneffekte vernachlässigt wurden.

Wie veränderte sich die Spezialisierung der europäischen Mitgliedstaaten als Folge der Handelsschaffung? Es gibt grundsätzlich zwei unterschiedliche Formen der Spezialisierung. Nach der neoklassischen Handelstheorie, die konstante Skalenerträge und homogene Güter unterstellt, werden sich relativ kapitalreiche Länder auf die Produktion (und den Export) relativ kapitalintensiver Produkte (z.B. Chemie) spezialisieren. Umgekehrt werden sich relativ kapitalarme Länder auf die Produktion (und den Export) relativ arbeitsintensiver Produkte (z.B. Textilien) spezialisieren. Zwischen den Ländern werden Produkte unterschiedlicher Branchen gehandelt. Nach der „Neuen Handelstheorie", die steigende Skalenerträge und heterogene Güter zulässt, kommt es demgegenüber zu einem Intra-Industrie Handel, d.h. zu einem Handel mit unterschiedlichen Produktvarianten derselben Branche. Deutschland exportiert Automobile nach Frankreich und importiert zur gleichen Zeit Automobile aus Frankreich. Zur Messung des Anteils des intra-industriellen Handels am gesamten Warenhandel wird gewöhnlich der Grubel-Lloyd Index verwendet, der den gewogenen Durchschnitt des Anteils des intra-industriellen Handels über alle Produktkategorien darstellt. Verschiedene Untersuchungen zeigen, dass sich der Anteil des intra-industriellen Handels bis Mitte der neunziger Jahre beträchtlich erhöht hat, wobei allerdings auch deutliche Unterschiede zwischen den Mitgliedstaaten bestehen (Grimwade 2004: 134 ff.; Jørgensen/

Lüthje/Schröder 2001: 130 ff.). Auch im Zuge der Osterweiterung hat sich die Bedeutung des intra-industriellen Handels für die meisten Beitrittsländer beträchtlich erhöht (Zarek 2006).

Die Integration der europäischen Märkte erfolgte, wie wir aus Kapitel 2 wissen, in zwei Schritten. Der erste, die Schaffung der Zollunion, wurde in den 1960er Jahren abgeschlossen. Der zweite, die Vollendung des Binnenmarkts, ist mit dem Jahr 1992 verbunden. Zahlreiche empirische Untersuchungen haben Wachstums- und Wohlfahrtseffekte dieses zweiten Schrittes zu ermitteln versucht (s. Baldwin/Venables 1995; Henrekson/Torstensson/Torstensson 1997). Auch hier ist die quantitative Ausbeute nicht spektakulär. Doch dafür lassen sich wieder einige gute Gründe anführen. Zum einen konnte die Vollendung des Binnenmarkts nicht mehr handelsschaffend im theoretischen Sinn wirken, da die Zolltarife bereits abgeschafft waren. Zum anderen lag die Bedeutung von Europa 92 vor allem in der Integration der Dienstleistungs- und Finanzmärkte, deren Effizienzsteigerung sehr viel schwieriger als bei den Gütermärkten zu ermitteln ist.

5.2 Der Binnenmarkt in der Praxis: Die vier Grundfreiheiten

Herzstück der Europäischen Gemeinschaft ist der Binnenmarkt, d.h. ein

> … Raum ohne Binnengrenzen, in dem der freie Verkehr von Waren, Personen, Dienstleistungen und Kapital gemäß den Bestimmungen dieses Vertrages gewährleistet ist (Art. 26 Abs. 2 AEUV).

Aus ökonomischer Sicht dienen die vier Grundfreiheiten dazu, eine effiziente Allokation der Ressourcen zu ermöglichen, d.h. Waren, Dienstleistungen und Produktionsfaktoren dorthin zu lenken, wo sie am höchsten bewertet werden. Daraus folgt zunächst einmal das Verbot, Waren, Dienstleistungen und Produktionsfaktoren aus anderen Mitgliedstaaten gegenüber den inländischen zu diskriminieren. Es zeigt sich aber, dass ein rechtliches Diskriminierungsverbot nicht ausreicht, faktische Behinderungen des Imports ausländischer Ressourcen zu unterbinden. Unterscheiden sich beispielsweise die Qualitätsstandards oder Kennzeichnungs- und Verpackungsvorschriften in den einzelnen Mitgliedstaaten voneinander, so bedeutet eine formale Gleichbehandlung inländischer und ausländischer Hersteller, dass ein Hersteller die für den Export bestimmten Produkte an die nationalen Vorschriften des Importlandes anpassen muss. Dadurch entstehen ihm zusätzliche Kosten, die den freien Warenverkehr behindern.

Es gibt grundsätzlich zwei Wege, derartige Beschränkungen des freien Verkehrs von Gütern und Produktionsfaktoren zu vermeiden (vgl. Barnard 2013: 17 ff.). Nach der „zentralistischen" Lösung harmonisiert man die entsprechenden Rechtsnormen zwischen den Mitgliedstaaten. Derartige Harmonisierungen sind ein äußerst zeit- und kostenintensiver Prozess. Darüber hinaus ist zu bedenken, dass sich Unterschiede in den nationalen Rechtsnormen der Mitgliedstaaten zumindest teilweise auf Unterschiede in der Wirtschafts- und Sozialstruktur dieser Staaten zurückführen lassen. Reflektieren aber Unterschiede in den nationalen Rechtsnormen die unterschiedlichen Präferenzen der Bevölkerung, so führt eine „Gleichmacherei" durch Harmonisierung zumindest bei einem Teil der Adressaten der entsprechenden Normen zu Wohlfahrtsverlusten.

Der zweite Weg besteht in einer dezentralen Lösung. Danach werden die relevanten Artikel des EU-Vertrages nicht eng als ein Verbot formaler Diskriminierung interpretiert, sondern breiter als allgemeines Beschränkungsverbot. Das bedeutet, dass jede nationale Maßnahme, welche die Freizügigkeit des Waren-, Personen-, Dienstleistungs- und Kapitalverkehrs beschränkt, als unvereinbar mit dem Gemeinschaftsrecht gesehen wird. Eine wichtige Variante dieser dezentralen Lösung besteht darin, die Mitgliedstaaten zu zwingen, Unterschiede in den relevanten nationalen Rechtsnormen wechselseitig anzuerkennen. Der Europäische Gerichtshof hat in zahlreichen Entscheidungen, die alle vier Grundfreiheiten betreffen, diesen Weg beschritten (Herdegen 2013: § 14, Rn. 3–7). Gleichzeitig hat er die vertraglich vorgesehenen Rechtfertigungsgründe für Beschränkungen der Grundfreiheiten an harte Voraussetzungen geknüpft, hat aber darüber hinaus auch neue Rechtfertigungsgründe entwickelt, die im Vertrag zumindest nicht explizit vorgesehen sind.

Dieser Ansatz, das Diskriminierungsverbot zu einem Beschränkungsverbot weiterzuentwickeln, bzw. die Mitgliedstaaten zu einer wechselseitigen Anerkennung ihrer unterschiedlichen Regeln zu zwingen, unterstützt einerseits den freien Verkehr von Gütern und Faktoren innerhalb der Gemeinschaft, untergräbt aber andererseits die regulatorische Autonomie der Mitgliedstaaten. Allerdings sichern die vom EuGH anerkannten Rechtfertigungsgründe für Beschränkungen der Grundfreiheiten in den betreffenden Bereichen in gewissem Rahmen die nationale Gestaltungshoheit der Mitgliedstaaten.

Aus ökonomischer Sicht ist die Entscheidung zwischen einem ausgedehnten Beschränkungsverbot (= Unterstützung der vier Grundfreiheiten) und den Rechtfertigungsgründen für Beschränkungen der Grundfreiheiten (= Unterstützung nationaler Regulierungtätigkeit) wie folgt zu bewerten (ähnlich auch Sinn 2003). Liegt Marktversagen vor, dann ist zunächst einmal zu prüfen, ob die Ebene des Mitgliedstaates die für dieses spezifische Marktversagen adäquate Regulierungsebene ist. Stellt sich nun heraus, dass die nationale Norm eine adäquate Antwort auf das spezifische Marktversagen ist, so liegt aus ökonomischer Sicht ein Rechtfertigungsgrund für Beschränkungen der Grundfreiheiten vor. Würde man unter diesen Umständen ein Beschränkungsverbot durchsetzen, so würde die sinnvolle nationale Regulierungsmaßnahme konterkariert und das Marktversagen praktisch durch die Hintertür der Grundfreiheiten ins Haus zurückschleichen. Ist demgegenüber davon auszugehen, dass die nationale Norm keine effiziente Antwort auf das Marktversagen darstellt, sondern vielmehr das Resultat der Bestrebungen von Interessengruppen ist, sich durch die Behinderung des Wettbewerbs Renten anzueignen, so liegt aus ökonomischer Sicht kein Rechtfertigungsgrund für eine Beschränkung der Grundfreiheiten vor.

Im folgenden werden aus dieser Perspektive die relevanten Vertragsartikel und insbesondere einige grundlegende Entscheidungen des EuGH zu den vier Grundfreiheiten diskutiert, wobei dieses fünfte Kapitel die Güter- und

Dienstleistungsmärkte zum Gegenstand hat und das sechste Kapitel die Faktormärkte behandelt.

5.3 Der freie Warenverkehr

Nach Art. 28 AEUV ist die Grundlage der Gemeinschaft eine Zollunion. Wie wir bereits an anderer Stelle gezeigt haben, ist eine Zollunion durch eine interne und eine externe Dimension gekennzeichnet. Intern, d.h. im Verhältnis der Mitgliedstaaten untereinander, bedeutet eine Zollunion zunächst einmal die Aufhebung aller Zölle zwischen den Mitgliedstaaten. In Europa ist man allerdings bereits in den Römischen Verträgen sehr viel weiter gegangen und hat mit der Zollunion ein umfassendes Verbot aller möglichen tarifären und nichttarifären Handelshemmnisse verbunden. Verboten sind neben Ein- und Ausfuhrzöllen auch Abgaben gleicher Wirkung, mengenmäßige Ein- und Ausfuhrbeschränkungen sowie Maßnahmen gleicher Wirkung und eine diskriminierende oder protektionistische Besteuerung ausländischer Güter. Diesem Aspekt der Zollunion werden wir uns im folgenden etwas ausführlicher widmen. Extern, d.h. im Verhältnis zum Rest der Welt, bedeutet eine Zollunion gemeinsame Zölle aller Mitgliedstaaten im Handelsverkehr mit Nicht-Mitgliedstaaten. In der EU ist die gemeinsame Zollpolitik Bestandteil einer umfassenden gemeinsamen Handelspolitik, die weiter unten ausführlicher diskutiert werden wird (Kapitel 8).

5.3.1 Das Verbot von Zöllen, Abgaben gleicher Wirkung und diskriminierender Besteuerung

Gemäß Art. 30 AEUV besteht seit dem Vertrag von Amsterdam ein absolutes Verbot von Zöllen und Abgaben gleicher Wirkung, d.h. es sind keine Rechtfertigungsgründe für derartige Abgaben vorgesehen.

Am absoluten Zollverbot gibt es seit dieser Zeit nichts mehr zu rütteln. Interessant sind aber die „Abgaben gleicher Wirkung", für die ebenfalls ein absolutes Verbot gilt. Es soll verhindern, dass Waren beim Grenzübertritt mit zusätzlichen Kosten belegt werden, die genau so wie Zölle wirken, sich aber hinter einem „harmloseren" Namen verstecken. So überrascht es nicht, dass sich der EuGH bereits kurz nach Vollendung des Abbaus der Binnenzölle mit der Frage zu beschäftigen hatte, ob bestimmte Gebühren als zollgleiche Abgaben zu werten seien. In der Rechtssache *Diamantarbeiders* (Rs. 2 und 3/69, Slg. 1969, 211, 222) lieferte der EuGH eine Definition der zollgleichen Abgabe (siehe hierzu auch die Rechtssache *Kommission/Italien*, Rs. 24/68, Slg. 1969, 193, sowie die ausführlichen Kommentare bei Barnard 2013: 44 ff.):

> „Eine – auch noch so geringe – den in- oder ausländischen Waren wegen ihres Grenzübertritts einseitig auferlegte finanzielle Belastung stellt sonach, wenn sie kein Zoll im eigentlichen Sinne ist, unabhängig von ihrer Bezeichnung und der Art ihrer Erhebung eine Abgabe gleicher Wirkung im Sinne von Art. 9 und 12 dar,

> selbst wenn sie nicht zugunsten des Staates erhoben wird und keine diskriminie-
> rende oder protektionistische Wirkung hat und wenn die belastete Ware nicht mit
> inländischen Erzeugnissen in Wettbewerb steht."

In zahlreichen späteren Entscheidungen legte der EuGH fest, dass Gebühren
wie beispielsweise Statistikgebühren, Löschungsgebühren, Gebühren für
gesundheitspolizeiliche oder tierärztliche Untersuchungen von Waren, Gebühren für die Durchführung von Qualitätskontrollen oder Lagergebühren,
die bei der Zollvorführung von Waren aus anderen Mitgliedstaaten erhoben
werden, als zollgleiche Abgaben zu werten seien und insofern gegen Gemeinschaftsrecht verstießen. Wie für Binnenzölle gibt es auch für zollgleiche
Abgaben keine Rechtfertigungsgründe. Ende der achtziger Jahre legte der
EuGH in der Rechtssache *Kommission/Deutschland* Bedingungen dafür fest,
wann eine Abgabe keine Abgabe zollgleicher Wirkung und insofern zulässig
sein kann (Rs. 18/87, Slg. 1988, 5427):

- Die Abgabe ist Teil einer allgemeinen Gebührenregelung, die für inländische und ausländische Waren gleichermaßen gilt, oder
- die Abgabe stellt ein angemessenes Entgelt für einen dem Wirtschaftsteilnehmer tatsächlich geleisteten Vorteil dar, oder
- die Abgabe stellt eine EG-rechtlich vorgeschriebene Maßnahme dar, wobei diese Abgabe die entstandenen Kosten nicht überschreiten darf sowie
  gleichmäßig und obligatorisch erhoben werden muss. Außerdem muss die
  Maßnahme im Interesse der Gemeinschaft (und nicht einzelner Mitgliedstaaten) liegen und den freien Warenverkehr begünstigen.

Wir sehen also: Das Gemeinschaftsrecht verbietet sehr strikt den Einsatz
von Binnenzöllen oder von Abgaben, die Zöllen hinreichend nahe kommen.
Hierfür gibt es generell keine Rechtfertigungsgründe.

Abgaben, die aus Anlass oder im Zusammenhang mit dem Grenzübertritt von
Waren erhoben werden, sind nur in sehr seltenen Ausnahmefällen zulässig.
Andererseits wird anerkannt, dass die Mitgliedstaaten in ihrer Steuerpolitik
autonom sind. Sie können aus wirtschafts- und sozialpolitischen Gründen
einzelne Waren mit unterschiedlichen Steuersätzen belegen und sind dadurch auch in der Lage, ihr internes Steuersystem so zu gestalten, dass Güter
mit objektiven Merkmalen, die typischerweise bei importierten Gütern und
weniger häufig bei inländischen Gütern auftreten, mit höheren Steuersätzen
versehen werden. Eine derartige Diskriminierung nach Produktmerkmalen
kann der Verfolgung bestimmter gemeinschaftsrechtlich anerkannter Ziele
dienen, sie kann aber auch dazu genutzt werden, inländische Produzenten
gegenüber der ausländischen Konkurrenz abzuschirmen. In diesem Fall
kann die Wirkung eines Systems differenzierter indirekter Steuern der Wirkung von Zöllen und zollgleichen Abgaben sehr nahe kommen.

Um zu vermeiden, dass an die Stelle von Zöllen und zollgleichen Abgaben
diskriminierende oder protektionistische Systeme indirekter Steuern treten,
verbietet Art. 110 AEUV eine derartige Besteuerung. Im Einzelfall ist die
Unterscheidung zwischen differenzierten indirekten Steuersätzen, die der

Verfolgung hehrer Ziele dienen, und solchen, die aufgrund des strikten Zoll-verbots den Marktzutritt für ausländische Anbieter erschweren sollen, nicht immer leicht zu treffen. Hier nur einige Beispiele aus der EuGH-Rechtspre-chung Barnard 2013: 53 ff.):

- In der Rechtssache *Bergandi* (Rs. 252/86, Slg. 1988, 1343) hielt es der EuGH für gerechtfertigt, dass Frankreich bestimmte Typen von Spielautomaten höher besteuert als andere, um von der Nutzung dieser Automaten abzu-schrecken.
- Ebenso hielt es der EuGH für zulässig, dass Italien (mit dem Ziel, die Landwirtschaft zu unterstützen) denaturierten synthetischen Alkohol mit Erdöl als Grundlage höher besteuert als denaturierten Alkohol, der durch Vergärung gewonnen wird (*Chemial Farmaceutici*, Rs. 140/79, Slg. 1981, 1).
- Andererseits wird die differenzierte Besteuerung unterschiedlicher alko-holischer Getränke vom EuGH gewöhnlich als Protektionismus angesehen – wie etwa die günstigere Besteuerung von Bier im Vergleich zu Wein beim Bierproduzenten Großbritannien (*Kommission/UK*, Rs. 170/78, Slg. 1980, 417). Ein anderer Fall betraf Frankreich, das die dort vorherrschend produ-zierten Spirituosen auf Obstbasis (wie Cognac, Calvados, Armagnac) güns-tiger besteuerte als Spirituosen auf Getreide- oder einer anderen Basis (wie Whisky, Rum, Gin) (*Kommission/Frankreich*, Rs. 168/78, Slg. 1980, 347).

Behindern Unterschiede in der nationalen Besteuerung der Waren den freien Warenverkehr, so besteht noch eine andere Möglichkeit, dieses Hindernis aus dem Weg zu räumen: die Harmonisierung der indirekten Steuern (also die „zentralistische" Lösung). Tatsächlich ermächtigt Art. 113 AEUV die Gemein-schaft zur Harmonisierung der indirekten Steuern. Diese kann allerdings nur einstimmig erfolgen. So überrascht es nicht, dass eine Annäherung in diesem Bereich nur sehr langsam vorangekommen ist. Aufgrund ihrer besonderen Bedeutung für den freizügigen Warenverkehr diskutieren wir im folgenden Abschnitt etwas ausführlicher die Bemühungen zur Annäherung der natio-nalen Umsatzsteuersysteme, den gegenwärtigen Stand der Harmonisierung in diesem Bereich sowie die Konsequenzen für den freien Warenverkehr.

5.3.2 Mehrwertsteuern und freizügiger Warenverkehr

Unterschiedliche Systeme der indirekten Besteuerung und unterschiedliche Steuersätze können den Handel mit Gütern und Dienstleistungen innerhalb der Gemeinschaft beeinflussen und eine effiziente Arbeitsteilung und Spe-zialisierung behindern. Dies gilt in um so stärkerem Maße, je mehr sonstige Handelshemmnisse abgebaut sind. Es ist somit nur konsequent, wenn die EWG bereits relativ früh den Versuch unternahm, die indirekten Steuern in den Mitgliedstaaten zu vereinheitlichen. Die am 11. 4. 1967 erlassenen ersten beiden Mehrwertsteuerrichtlinien (RL 67/227/EWG und 67/228/EWG) sahen die Einführung der Mehrwertsteuer als einheitliche Form der Umsatzsteuer in allen EWG-Staaten vor. Dadurch wurde 1968 z.B. in Deutschland die aus dem Jahre 1918 stammende Bruttoumsatzsteuer durch die Mehrwertsteuer (d.h. die Allphasen-Nettoumsatzsteuer mit Vorsteuerabzug) ersetzt. Es dauer-te dann noch einmal 10 Jahre, bis die 6. Umsatzsteuerrichtlinie (RL/77/388/

EWG) des Rates vom 17. 5. 1977 eine weitgehende Angleichung der steuerlichen Bemessungsgrundlagen bewirkte (Oppermann/Classen/Netteshein 2011: 595 f.). Diese Richtlinie wurde mehr als 30-mal geändert und 2006 durch die konsolidierte Richtlinie 2006/112/EG ersetzt, die allerdings keine weiteren inhaltlichen Änderungen mit sich brachte.

Die Harmonisierung der Mehrwertsteuersätze hat zu gewissen Annäherungen geführt. Allerdings bestehen bis heute noch beträchtliche Unterschiede. Die Steuersatz-Richtlinie von 1992 (RL 92/77/EWG) sieht einen Normaltarif mit einem Mindestsatz von 15 % vor, wobei zahlreiche Abweichungen und Ausnahmen möglich sind. Mitte 2013 ergab sich folgendes Bild:

Tabelle 5.1: Mehrwertsteuersätze in den Mitgliedstaaten der EU (Stand: Juli 2013)

EU-15	Normal-satz	Ermäßigter Satz	Neue Mit-gliedstaaten	Normal-satz	Ermäßigter Satz
Belgien	21	6/12	Bulgarien	20	9
Dänemark	25	–	Estland	20	9
Deutschland	19	7	Kroatien	25	5/10
Finnland	24	10/14	Lettland	21	12
Frankreich	19,6	5,5/7	Litauen	21	5/9
Griechenland	23	6,5/13	Malta	18	5/7
Irland	23	9/13,5	Polen	23	5/8
Italien	21	10	Rumänien	24	5/9
Luxemburg	15	6/12	Slowenien	22	9,5
Niederlande	21	6	Slowakei	20	10
Österreich	20	10	Tschechien	21	15
Portugal	23	6/13	Ungarn	27	5/18
Schweden	25	6/12	Zypern	18	5/8
Spanien	21	10			
Ver. König-reich	20	5			

Quelle: EU-Kommission 2013

Wir sehen:

- Die Normalsätze schwanken zwischen 15 % und 27 %.
- Einige Länder haben ein stark differenziertes System von ermäßigten Sätzen.
- Außerdem haben einige Länder bestimmte Leistungen völlig von der Mehrwertsteuer befreit.

Aufgrund der spürbaren Unterschiede in der indirekten Besteuerung zwischen den Mitgliedstaaten ist es für die Effizienz der Ressourcenallokation (sowie für die Verteilung der Steueraufkommen auf die beteiligten Staaten) von Bedeutung, nach welchem Prinzip indirekte Steuern auf Güter und Dienstleistungen im grenzüberschreitenden Handel erhoben werden:

- *Ursprungslandprinzip:* Das Gut wird dort besteuert, wo es produziert wird. Das Umsatzsteueraufkommen fließt ausschließlich dem Fiskus des exportierenden Landes zu.
- *Bestimmungslandprinzip:* Das Gut wird dort besteuert, wo es konsumiert wird. Beim Grenzübertritt werden die Waren von den indirekten Steuern des Exportlandes befreit und mit den indirekten Steuern des Importlandes belegt. Das Mehrwertsteueraufkommen fließt ausschließlich dem Fiskus des importierenden Landes zu (Homburg 2010: 321 ff.; Fuest 2001: 470 ff.).

Beide Prinzipien haben ihre Vor- und Nachteile: Nehmen wir an, in zwei Ländern (A und B) wird ein homogenes, international handelbares Konsumgut produziert und konsumiert. Auf allen Märkten herrscht vollständige Konkurrenz, es bestehen keine tarifären und nicht-tarifären Handelshemmnisse, keine Transportkosten und keine Informationskosten. Bei Erhebung einer Mehrwertsteuer fallen nun die Nettopreise (d.h. die Preise, welche die Produzenten erhalten) und die Bruttopreise (d.h. die Preise, welche die Konsumenten zu zahlen haben) auseinander. Auf alle Fälle werden sich innerhalb jedes Landes die Bruttopreise für inländische und importierte Produkte angleichen, da die Konsumenten anderenfalls die teureren durch die billigeren Güter substituieren würden. Ob sich zwischen den Ländern die Brutto- oder die Nettopreise angleichen, hängt davon ab, nach welchem Prinzip die indirekten Steuern im grenzüberschreitenden Handel erhoben werden.

Beim Bestimmungslandprinzip werden Importgüter und im Inland produzierte Güter gleichermaßen mit dem inländischen Steuersatz belastet. Es gilt dann – im Gleichgewicht – für die Bruttopreise:

im Land A
$$q^A = P^A (1 + \theta^A) = P^B (1 + \theta^A)$$
und im Land B
$$q^B = P^A (1 + \theta^B) = P^B (1 + \theta^B)$$
woraus folgt, dass in beiden Ländern gilt:
$$P^A = P^B$$
(wobei q^A, q^B = Bruttopreise; P^A, P^B = Nettopreise, die den jeweiligen Grenzkosten entsprechen; θ^A, θ^B = Mehrwertsteuersätze).

Die Produzenten erhalten somit trotz der unterschiedlichen Steuersätze in beiden Ländern die gleichen Preise. Die Konsumenten werden dazu veranlasst, das Gut dort zu kaufen, wo es zu den geringsten Kosten produziert wird. Die internationale Allokation der Produktion wird somit durch die unterschiedlichen Mehrwertsteuersätze nicht verzerrt (d.h. es wird eine maximale Produktion erreicht). Die Konsumenten werden in jedem Mitgliedstaat solange teurere durch billigere Produkte ersetzen, bis die letzte Einheit in allen Staaten zu den gleichen Grenzkosten produziert wird.

Es bestehen aber auch Nachteile des Bestimmungslandprinzips:

- Die internationale Allokation des Konsums wird verzerrt, da sich die Konsumenten unterschiedlichen Preisen gegenübersehen.

- Es funktioniert bei Dienstleistungen nur eingeschränkt oder gar nicht (z.B. müsste ein französischer Friseur unterschiedliche Mehrwertsteuersätze für französische und deutsche Kunden berechnen).
- Es muss festgestellt werden, welche Güter die Grenze überschreiten, um den Exporteuren die im Inland gezahlte Mehrwertsteuer zu ersetzen. Das wird zu einem praktischen Problem in der EU, wo man die Grenzkontrollen abgebaut hat.

Beim Ursprungslandprinzip werden im Inland produzierte Güter mit der heimischen Mehrwertsteuer belastet, unabhängig davon, wo sie konsumiert werden. Entsprechend werden alle im Ausland produzierten Güter mit der ausländischen Mehrwertsteuer belastet, unabhängig davon, wo sie konsumiert werden. Für die Bruttopreise in beiden Ländern gilt dann:

$q^A = q^B$, bzw.

$P^A (1 + \theta^A) = P^B (1 + \theta^B)$.

Daraus folgt, dass sich bei unterschiedlichen Steuersätzen ($\theta^A \neq \theta^B$) die Produzentenpreise unterscheiden müssen ($P^A \neq P^B$). Es kommt somit zu einer internationalen Verzerrung der Produktion, während die internationale Allokation des Konsums nicht verzerrt ist.

Ein wichtiges Resultat der Theorie der optimalen Besteuerung besteht darin, dass insbesondere solche Steuern vermieden werden sollten, welche die Produktionsentscheidungen verzerren. Unter diesem Aspekt ist das Bestimmungslandprinzip dem Ursprungslandprinzip vorzuziehen. Bestehen allerdings flexible Arbeitsmärkte und werden alle Güter jeweils mit einem einheitlichen nationalen Mehrwertsteuersatz besteuert, so sind im theoretischen Idealfall beide Prinzipien äquivalent, da höhere Mehrwertsteuersätze durch geringere Reallöhne wieder ausgeglichen werden (Homburg 2010: 322 ff.).

Tatsächlich basierte die Erhebung der Mehrwertsteuer in den Mitgliedstaaten der EG bis Anfang der 90er Jahre auf dem Bestimmungslandprinzip. Mit dem Abbau der Grenzkontrollen innerhalb der EG seit dem 1. 1. 1993 entstand nun das Problem, dass zur Aufrechterhaltung des Bestimmungslandprinzips andere Formen der Kontrolle erforderlich wurden, um zu verhindern, dass Unternehmen ihre Produktion bzw. Handelsware als Exportware deklarieren und einen entsprechenden Grenzausgleich erhalten, obwohl sie die Ware tatsächlich inklusive eines (nicht deklarierten und nicht abgeführten) Mehrwertsteueraufschlages an inländische Endverbraucher veräußert haben.

Um derartige Probleme zu vermeiden, existiert seit dem 1. 1. 1993 eine Übergangsregelung, die eine befristete Beibehaltung des Bestimmungslandprinzips trotz Abschaffung der innergemeinschaftlichen Grenzkontrollen ermöglichen soll. Diese Übergangsregelung war ursprünglich bis zum 31. 12. 1996 befristet, bleibt aber bis zur Entscheidung des Rates für ein endgültiges System weiterhin in Kraft.

Gemäß der Änderung der 6. Mehrwertsteuerrichtlinie vom 16. 12. 1991 soll – nach Abschluss der Übergangsregelung – bei Umsätzen innerhalb der Gemeinschaft generell das Ursprungslandprinzip angewendet werden, da das Bestimmungslandprinzip als unvereinbar mit dem Abbau der Grenzkontrollen angesehen wird. Aufgrund der durch das Ursprungslandprinzip verursachten Wettbewerbsverzerrungen hat die Kommission einen Vorschlag gemacht, der eine Mischung aus beiden Prinzipien darstellt („Binnenmarktprinzip") (Homburg 2010: 325ff.). Die Grundidee des Vorschlags besteht darin, dass Importeure die im Preis der importierten Ware enthaltene Mehrwertsteuer als Vorsteuer abziehen können. Damit würden Wettbewerbsverzerrungen vermieden, da bei Importen aus Ländern mit höheren Mehrwertsteuersätzen auch höhere Vorsteuern abgezogen werden können.

Ein Problem dieses Vorschlages liegt darin, dass er eine beträchtliche Umverteilung des Umsatzsteueraufkommens zwischen den Mitgliedstaaten induziert – und zwar zu Lasten der Netto-Importländer und zugunsten der Netto-Exportländer.

Wir sehen: Die Tatsache, dass die indirekten Steuern innerhalb der Gemeinschaft nicht harmonisiert sind, wirft in einem gemeinsamen Markt erhebliche Probleme auf. Einer völligen Harmonisierung der Mehrwertsteuersätze stehen allerdings unterschiedliche nationale Präferenzen bezüglich der Zusammensetzung von direkten und indirekten Steuern im Wege.

5.3.3 Verbot mengenmäßiger Ein- und Ausfuhrbeschränkungen und Maßnahmen gleicher Wirkung

Art. 34 und 35 AEUV enthalten ein Verbot mengenmäßiger Ein- und Ausfuhrbeschränkungen sowie ein Verbot von Maßnahmen gleicher Wirkung. Während der erste Teil der beiden Artikel klar definiert ist (Verbot von Import- und Exportkontingenten; das betrifft auch den Extremfall eines Import- oder Exportverbotes, d.h. eines Kontingents von null), sind die „Maßnahmen gleicher Wirkung" interpretationsbedürftig.

Anders als beim absoluten Zollverbot aus Art. 30 AEUV gibt es für Abweichungen vom Verbot mengenmäßiger Ein- und Ausfuhrbeschränkungen und Maßnahmen gleicher Wirkung Rechtfertigungsgründe, die in Art. 36 AEUV aufgeführt sind. Danach sind mengenmäßige Beschränkungen und Maßnahmen gleicher Wirkung zulässig, wenn sie der Realisierung der folgenden nationalen Ziele dienen (Barnard 2013: 72ff.):

- Öffentliche Sittlichkeit (z.B. Verbot des Imports pornographischer Schriften)
- Öffentliche Ordnung (wird vom EuGH allerdings sehr eng definiert und dient somit sehr selten als Rechtfertigungsgrund)
- Öffentliche Sicherheit (wird vom EuGH großzügiger ausgelegt als der Rechtfertigungsgrund „Schutz der öffentlichen Ordnung")
- Schutz der Gesundheit und des Lebens von Menschen, Tieren oder Pflanzen (dieser Rechtfertigungsgrund wird am häufigsten geltend gemacht)
- Schutz des nationalen Kulturguts von künstlerischem, geschichtlichem oder archäologischem Wert (bisher hat der EuGH noch keinen Fall entschieden, der auf dieser Rechtfertigung basiert)
- Schutz des gewerblichen und kommerziellen Eigentums (siehe Box 5.1)

Die Anwendung dieser Rechtfertigungsgründe darf allerdings nicht zu willkürlicher Diskriminierung oder zu versteckten Handelsbeschränkungen führen (Art. 36, 2 AEUV). Dabei prüft der Gerichtshof, ob der Grundsatz der Verhältnismäßigkeit beachtet wurde. Die Beweislast, dass der Grundsatz der Verhältnismäßigkeit beachtet wurde, liegt bei dem entsprechenden Mitgliedstaat. Eine Berufung auf Art. 36 AEUV ist nur möglich, wenn keine Gemeinschaftsregel existiert, d.h. wenn keine Harmonisierung nationaler Rechtsnormen erfolgt ist.

Box 5.1: Intellektuelle Eigentumsrechte und Warenverkehrsfreiheit

Patentrechte, Urheberrechte und ähnliche intellektuelle Eigentumsrechte stellen einen praktisch und theoretisch besonders interessanten Rechtfertigungsgrund für mengenmäßige Beschränkungen des freien Warenverkehrs dar. Das Grundproblem besteht in folgendem. Einerseits haben Patentrechte, Urheberrechte und verwandte Schutzrechte die wichtige Funktion, die wirtschaftlichen Akteure zu Innovationen bzw. schöpferischer Tätigkeit zu ermutigen. Andererseits beziehen sich diese Rechte grundsätzlich auf das Territorium eines bestimmten Staates, so dass immer die Gefahr besteht, dass sie zur Abschottung der nationalen Märkte und somit zur Behinderung des freien Warenverkehrs missbraucht werden. Der EuGH hatte in diesem Zusammenhang in einer Reihe von Fällen zu entscheiden, ob es dem Inhaber eines Schutzrechtes erlaubt ist, den Parallelimport von Erzeugnissen zu verhindern, die durch ein Patent oder ähnliche intellektuelle Eigentumsrechte geschützt werden.

Der EU-Vertrag ist hier nicht eindeutig. Einerseits lässt er gemäß Art. 345 AEUV die Eigentumsordnung – und hierzu gehören auch die intellektuellen Eigentumsrechte – in den verschiedenen Mitgliedstaaten unberührt. Diese Bestimmung wird auch durch den Rechtfertigungsgrund des Schutzes gewerblichen und kommerziellen Eigentums aus Art. 36 AEUV unterstützt. Andererseits fordert Art. 34 AEUV freien Warenverkehr, und Art. 36 Abs. 2 AEUV bestimmt, dass die Rechtfertigungsgründe entfallen, wenn sie eine willkürliche Diskriminierung oder eine versteckte Handelsbeschränkung darstellen. Der EuGH versöhnte in mehreren Entscheidungen diese beiden Aspekte, indem er zwischen dem Bestand und der Ausübung von intellektuellen Eigentumsrechten unterschied. Der Bestand, d.h. die Bedingungen und Verfahren der Verleihung intellektueller Eigentumsrechte, gehört gemäß Art. 345 AEUV in den Verantwortungsbereich der Mitgliedstaaten. Die Ausübung der intellektuellen Eigentumsrechte fällt demgegenüber in den Verantwortungsbereich der Gemeinschaft.

Können nun unter Hinweis auf bestehende Schutzrechte Parallelimporte aus anderen Mitgliedstaaten verhindert werden? Der EuGH stellte in mehreren Urteilen klar, dass Parallelimporte aus anderen Mitgliedstaaten von patent-geschützten Erzeugnissen nicht verhindert werden können, wenn diese Erzeugnisse durch den Inhaber des Schutzrechtes selbst oder mit seiner Zustimmung in diesem anderen Mitgliedstaat erstmals in Verkehr gebracht wurden. Das Schutzrecht ist mit der freien Entscheidung über die erstmalige Vermarktung erschöpft, ein weiterer Vertrieb der Ware kann durch den Inhaber des Schutzrechtes nicht mehr verhindert werden.

Beispiel:

Die Firma „Sterling Drug" war Inhaber eines Patents an dem Medikament „Negram". Der Patentschutz wurde in verschiedenen Mitgliedstaaten entsprechend den nationalen Vorschriften gewährt. Da das Medikament in Großbritannien zu deutlich geringeren Preisen als in den Niederlanden verkauft wurde, kaufte der Parallelimporteur „Centrafarm" große Mengen des Medikaments in Großbritannien, um sie mit Gewinn in den Niederlanden zu verkaufen. „Sterling Drug" klagte auf Patentverletzung, um den Parallelimport zu unterbinden. Der EuGH sah den Patentschutz als erschöpft an und untersagte „Sterling Drug", Parallelimporte zu verhindern (Rs. 15/74, Slg. 1974, 1147). (Herdegen 2013: § 15, Rn. 27 – 33).

Was aber hat man nun unter „Maßnahmen gleicher Wirkung" (wie einer mengenmäßigen Beschränkung) zu verstehen? Hierzu entwickelte der EuGH im Laufe der Jahre ein ausgeklügeltes Fallrecht. Einige bahnbrechende Entscheidungen sollen etwas ausführlicher diskutiert werden.

Im Jahre 1974 lieferte der EuGH in der Entscheidung *Dassonville* eine sehr breite Definition des Begriffs „Maßnahmen gleicher Wirkung". In diesem Fall ging es um eine belgische Importfirma, die strafrechtlich verfolgt wurde, weil sie Scotch Whisky aus Frankreich nach Belgien, d.h. nicht direkt vom britischen Hersteller, sondern über eine französische Vertriebsgesellschaft importiert hatte, ohne eine – nach belgischem Recht erforderliche – Ursprungsbescheinigung der britischen Zollbehörden zu besitzen. Das zuständige Brüsseler Strafgericht legte dem EuGH die Frage zur Vorabentscheidung vor, ob die Bestimmung des nationalen belgischen Rechts als „Maßnahme gleicher Wirkung" im Sinne von Art. 34 AEUV aufzufassen sei. Das bestätigte der EuGH in einem Grundsatzurteil, das als entscheidende Aussage die „Dassonville-Formel" enthält.

Die Dassonville-Formel

„Jede Handelsregelung der Mitgliedstaaten, die geeignet ist, den innergemeinschaftlichen Handel unmittelbar oder mittelbar, tatsächlich oder potentiell zu behindern, ist als Maßnahme mit gleicher Wirkung wie eine mengenmäßige Beschränkung anzusehen" (EuGH, Rs. 8/74, Slg. 1974, 837, Rn. 5).

Hierdurch wird der Begriff der „Maßnahme gleicher Wirkung" äußerst extensiv ausgelegt (ausführlich Barnard 2013: 74 ff.). So zählen beispielsweise zu den Maßnahmen gleicher Wirkung auch nationale Rechtsnormen, die inländische Produzenten und Importeure formal gleich behandeln, aber faktisch zu einer versteckten Diskriminierung von in- und ausländischen Wettbewerbern führen. Das war etwa bei einer britischen Regelung der Fall, wonach in Großbritannien vermarktete H-Milch in einer im Inland zugelassenen Molkerei verpackt und sterilisiert werden musste (Herdegen 2013: § 15, Rn. 6). Auch andere staatliche Maßnahmen werden als Maßnahmen gleicher Wirkung im Sinne von Art. 34 AEUV angesehen, wie beispielsweise Werbekampagnen zur Förderung des Absatzes inländischer Waren (*Buy Irish*, Rs. 249/81, Slg. 1982. 4005), oder staatliches Unterlassen, wie z.B. die Untätigkeit französischer Behörden bei gewalttätigen Protesten französischer Landwirte gegen importiertes Obst und Gemüse (*Spanish strawberries*, Rs. C-265/95, Slg. 1997, I–6990). *Dassonville* ist folglich eine Grundentscheidung zur Liberalisierung des Handels.

Fünf Jahre nach der Dassonville-Entscheidung hat der EuGH in der Entscheidung *Cassis de Dijon* das Verbot der „Maßnahmen gleicher Wirkung" präzisiert (Rs. 120/78, Slg. 1979, 649). Im konkreten Fall beabsichtigte die deutsche Handelskette REWE, aus Frankreich einen größeren Posten französischen Johannisbeerlikörs mit der Bezeichnung „Cassis de Dijon" nach Deutschland einzuführen. Der Alkoholgehalt dieses Fruchtlikörs liegt zwischen 15 und 20 Volumenprozent. Die deutsche Bundesmonopolverwaltung untersagte der Firma REWE diesen Import, weil das deutsche Branntweinmonopolgesetz für Fruchtliköre einen Mindestalkoholgehalt von 25 % verlangt.

Das von REWE angerufene Finanzgericht Kassel legte dem EuGH die Frage vor, ob durch das deutsche Branntweinmonopolgesetz eine unzulässige Einfuhrbeschränkung mengengleicher Wirkung geschaffen worden sei. In seinem Urteil bestätigte der EuGH zunächst die in der „Dassonville-Formel" enthaltene weite Auslegung des Begriffs der mengengleichen Einfuhrbeschränkung und stellte fest, dass jedes in einem Mitgliedstaat rechtmäßig hergestellte und in den Verkehr gebrachte Erzeugnis grundsätzlich auf dem Markt der anderen Mitgliedstaaten zuzulassen sei (Ursprungslandprinzip, Prinzip der gegenseitigen Anerkennung). Auch solche nationalen technischen Vorschriften und Handelsregelungen, die unterschiedslos für heimische und Importerzeugnisse gelten, verstoßen somit zunächst einmal gegen Art. 34 AEUV, wenn sie den freien Warenverkehr behindern – es sei denn, es liegen besondere Rechtfertigungsgründe vor.

Box 5.2: Wechselseitige Anerkennung: Euromarmelade oder Produktvielfalt?

Hier haben wir es mit einem Grundprinzip der europäischen Integration zu tun. Das Problem sind nationale Regulierungen und Standards, die bei Marktunvollkommenheiten und Marktversagen Sicherheit und Gesundheit, die Umwelt und den Konsumenten schützen sollen. Sie wirken grundsätzlich als nicht-tarifäre Handelshemmnisse und verhindern die Realisierung eines gemeinsamen Marktes.

Die traditionelle Methode, mit diesem Problem umzugehen, die auch in der Gemeinschaft bis 1979 angewendet wurde, sind entweder eine einheitliche zentrale Regulierung oder die Harmonisierung der nationalen Regelungen. Das Ergebnis sind langwierige Abstimmungsprozesse und die Euromarmelade und Euroschokolade.

Ausgehend von der Annahme, dass die Ziele oder der beabsichtigte Effekt der Regulierung in den einzelnen Mitgliedstaaten der Union äquivalent sind, kann man die konkrete Spezifikation der Standards im grenzüberschreitenden Verkehr eigentlich vernachlässigen. Es geht darum, die nationale Vielfalt zu respektieren:

Das Regulierungsregime der anderen Mitgliedstaaten wird anerkannt. Schließlich wollen sie das gleiche erreichen. Wohlgemerkt: Wechselseitige Anerkennung ist kein Automatismus, sie setzt den Äquivalenztest voraus. Deshalb ist wechselseitige Anerkennung mit nicht zu vernachlässigenden Informations-, Transaktions- und Durchsetzungskosten verbunden.

Auf der anderen Seite war es nur dank dieses Prinzips möglich, den gemeinsamen Markt zügig zu realisieren. Es hat Tausende von Standardisierungsverfahren überflüssig gemacht. Dabei bleibt die Vielfalt der nationalen Produkte erhalten, denen allerdings ein größerer Markt verschafft wird, wodurch insgesamt der Wettbewerb zunimmt. Zu diesen positiven Wohlfahrtseffekten ist auch der Regulierungswettbewerb zu rechnen, der Folge der wechselseitigen Anerkennung ist. Die Überregulierung nationaler Märkte wird dadurch höchstwahrscheinlich reduziert, und es setzt eine Suche nach „best practice" Regelungen ein.

Wechselseitige Anerkennung ist eine Innovation im institutionellen Gefüge des internationalen Handels, eine Innovation, der der EuGH mit *Cassis de Dijon* zum Durchbruch verholfen hat. Etwas entsprechendes ist in anderen regionalen Integrationsräumen nicht anzutreffen, schon gar nicht im Rahmen der Welthandelsorganisation WTO. Denn eine wesentliche Voraussetzung für dieses den freien Verkehr von Gütern, Diensten und Personen stimulierende Prinzip ist die Existenz einer supranationalen Gerichtsbarkeit. Nicht nur dass der EuGH wechselseitige Anerkennung ins Leben gerufen hat, seine Rechtsprechung sorgt auch dafür, dass sie wirklich zur Anwendung kommt.

Neu an der *Cassis de Dijon* Entscheidung ist also insbesondere das Prinzip der wechselseitigen Anerkennung und, dass der EuGH neben den in Art. 36 AEUV vorgesehenen Rechtfertigungsgründen eine offene Liste weiterer Rechtfertigungsgründe präsentiert, die eine Beschränkung des Warenverkehrs durch nationale technische Vorschriften und Handelsregelungen zulassen.

Die Cassis-Formel
„Hemmnisse für den Binnenhandel der Gemeinschaft, die sich aus den Unterschieden der nationalen Regelungen über die Vermarktung (bestimmter) Erzeugnisse ergeben, müssen hingenommen werden, soweit diese Bestimmungen notwendig sind, um zwingenden Erfordernissen gerecht zu werden, insbesondere den Erfordernissen einer wirksamen steuerlichen Kontrolle, des Schutzes der öffentlichen Gesundheit, der Lauterkeit des Handelsverkehrs und des Verbraucherschutzes" (Rn. 8).

Diese offene Liste „zwingender Erfordernisse" als zusätzliche Rechtfertigungsgründe für bestimmte „Maßnahmen gleicher Wirkung", ist insbesondere deshalb von Bedeutung, weil die Rechtfertigungsgründe gemäß Art. 36 AEUV abgeschlossen sind und die Prioritäten der Sechser-Gemeinschaft im Jahre 1957 widerspiegeln. Auch bei Rückgriff auf diese zusätzlichen Rechtfertigungsgründe ist der Grundsatz der Verhältnismäßigkeit zu beachten.

Im konkreten Fall des französischen Johannisbeerlikörs gab der EuGH der REWE-Gruppe recht. Die Festsetzung eines Mindestalkoholgehaltes durch das deutsche Branntweinmonopolgesetz stelle eine mengengleiche Einfuhrbeschränkung dar, die nicht durch zwingende Erfordernisse des Gemeinwohls gerechtfertigt werden könne. Auf Grundlage der „Cassis-Formel" hat der EuGH in einer Reihe von Entscheidungen nationale Regelungen als ungerechtfertigte mengengleiche Einfuhrbeschränkungen klassifiziert und dadurch die Freizügigkeit des Warenverkehrs durchgesetzt.

Beispiele:

- „Margarinefall" (1982): in Belgien durfte Margarine nur in Würfelform verkauft werden.
- „Reinheitsgebot für deutsches Bier" (1987): Das Reinheitsgebot von 1516, das älteste Lebensmittelgesetz der Welt, wonach zur Herstellung von untergärigem Bier nur Gerstenmalz, Hopfen, Hefe und Wasser verwendet werden dürfen, rechtfertigt nicht die Abwehr des Imports von ausländischem Bier, das nicht nach dem Reinheitsgebot gebraut ist.
- „Italienische Teigwaren" (1988): Das italienische Verbot des Verkaufs von Trockenteigwaren, d.h. Nudeln, die mit – relativ billigem – Weichweizen statt Hartweizen hergestellt sind, darf nicht den Import von Teigwaren auf Weichweizenbasis beschränken.
- „Fleischurteil" (1989): Die in der Bundesrepublik geltende Fleischverordnung vom 21. 1. 1982 stellt keine Rechtfertigung für ein Verbot des Imports von Fleischerzeugnissen dar, die nicht dieser Verordnung entsprechen.

Konsequenz dieser Rechtsprechung: Es entsteht das Problem der Inländerdiskriminierung, d.h. während sich Inländer an die strengeren Inlandsvorschriften halten müssen, unterliegen ausländische Anbieter nur den schwächeren Regelungen ihrer Ursprungsländer.

Box 5.3: Führt das Ursprungslandprinzip zu einem race to the bottom?

Seit der Cassis-Entscheidung wird immer wieder die Frage aufgeworfen, ob Ursprungslandprinzip und wechselseitige Anerkennung von Produktstandards nicht dazu führen werden, dass die Konsumenten sich systematisch für Produkte aus Mitgliedstaaten mit weniger strengen Produktstandards entscheiden werden, die zu geringeren Kosten hergestellt und somit auch zu niedrigeren Preisen angeboten werden können. Regierungen und Parlamente in Mitgliedstaaten mit schärferen Qualitäts-, Sicherheits- und Umweltanforderungen stehen dann vor dem Problem, so wird argumentiert, dass sich Produkte, die nach ihren Standards hergestellt werden, nicht mehr absetzen lassen, und sie werden darauf mit einem Absenken der Produktstandards reagieren (*race to the bottom*). Aus ökonomischer Sicht wird eine wechselseitige Anerkennung unterschiedlicher Produktstandards immer dann Probleme aufwerfen, wenn die nationale Regulierung eine rationale Antwort auf bestimmte Formen von Marktversagen darstellt (Sinn 2003). Nur dann lassen sich Beschränkungen des freien Warenverkehrs ökonomisch rechtfertigen – und dies auch nur insoweit, als eine Harmonisierung der nationalen Standards ökonomisch nicht sinnvoll oder politisch nicht durchsetzbar ist.

Nehmen wir zunächst an, alle Konsumenten seien vollständig über alle relevanten Produktmerkmale informiert und weder die Produktion noch der Konsum der entsprechenden Waren verursachten irgendwelche Externalitäten. Die freie Wahl zwischen Produkten aus unterschiedlichen Mitgliedstaaten führt immer zu einem effizienten Ergebnis. Warum sollten bei vollständig informierten Konsumenten überhaupt irgendwelche Produktstandards erforderlich sein?

Nehmen wir nun an, die Konsumenten seien weder über die tatsächlichen Produkteigenschaften, noch über die Merkmale der nationalen Produktstandards hinreichend informiert, mit der Konsequenz, dass eine Informationsasymmetrie zwischen Hersteller und Verbraucher besteht. Dann taucht tatsächlich die Gefahr eines *race to the bottom* auf. Kurzfristig werden die Konsumenten dazu übergehen, systematisch billige Produkte aus Ländern mit weniger strengen Qualitätsstandards zu kaufen. Längerfristig geraten die Gesetzgeber unter Druck, die Qualitätsstandards nach unten anzupassen. Wir sehen, dass das Prinzip der gegenseitigen Anerkennung sinnvollerweise mit einer Kennzeichnungspflicht verbunden wird.

Die Abwärtsspirale eines *race to the bottom* kann aber nicht in Gang kommen, weil das Prinzip der wechselseitigen Anerkennung nur dann anwendbar ist, wenn die Ziele oder Effekte der konkreten Regulierung in den Mitgliedstaaten äquivalent sind. Würde ein Staat systematisch die Sicherheits- oder Gesundheitsstandards der übrigen unterbieten, um seinen Produzenten einen Vorteil zu verschaffen, würde er offensichtlich den Äquivalenztest nicht bestehen, und die übrigen Mitgliedstaaten könnten ihren nationalen Regulierungen zur Geltung verhelfen.

1993 machte der EuGH durch eine Entscheidung von sich reden, die von einigen Juristen als revolutionär bezeichnet wurde. Es handelt sich um die Rechtssache *Keck und Mithouard* (verb. Rs. C-267 und 268/91, Slg. 1993, I–6097). Worum ging es in diesem Fall, und warum fand diese Entscheidung eine so starke Beachtung?

Anlass für diesen Fall war ein französisches Verbot, Waren unter dem Einstandspreis weiter zu veräußern. Herr Keck und Herr Mithouard, die zwei Supermarktfilialen in Straßburg betreiben, hatten gegen dieses Verbot verstoßen. Im Strafverfahren vor einem Straßburger Gericht machten sie geltend, dass sie durch die Vorschrift im Wettbewerb mit benachbarten deutschen Supermärkten, die keinem entsprechenden Verbot unterworfen sind, benachteiligt seien. Damit würden ihre Chancen, deutsche Importwaren in Frankreich zu veräußern, verringert. Das französische Gericht legte dem EuGH die Frage vor, ob das französische Vertriebsverbot gegen Art. 34 AEUV verstoße.

In seiner Entscheidung machte der EuGH deutlich, dass sich immer mehr Wirtschaftsteilnehmer im Laufe der Jahre auf Art. 34 AEUV beriefen, um irgendwelche nationalen Regelungen zu beanstanden, weil der Gerichtshof in seinen Entscheidungen *Dassonville* und *Cassis de Dijon* die „Maßnahme gleicher Wirkung" sehr breit definiert habe. Es sei an der Zeit klarzustellen, dass Art. 34 AEUV nicht beliebig als Waffe gegen unliebsame nationale Gesetze eingesetzt werden könne. Der Kern der Entscheidung ist die sog. „Keck-Formel".

Die Keck-Formel

„... entgegen der bisherigen Rechtsprechung (ist) die Anwendung nationaler Bestimmungen, die bestimmte Verkaufsmodalitäten beschränken oder verbieten, auf Erzeugnisse aus anderen Mitgliedstaaten nicht geeignet, den Handel zwischen den Mitgliedstaaten im Sinne des Urteils Dassonville ... unmittelbar oder mittelbar, tatsächlich oder potentiell zu behindern, sofern diese Bestimmungen für alle betroffenen Wirtschaftsteilnehmer gelten, die ihre Tätigkeit im Inland ausüben, und sofern sie den Absatz der inländischen Erzeugnisse aus anderen Mitgliedstaaten rechtlich wie tatsächlich in der gleichen Weise berühren." (Rn. 16).

Durch dieses Urteil sollte offenbar einer extensiven Berufung auf die Dassonville-Formel ein Riegel vorgeschoben werden, indem unterschieden wird zwischen

- bestimmten Verkaufsmodalitäten (wie Verkaufszeiten, Verkaufsorte, Preisfestsetzungen, Werbebeschränkungen und Vorkehrungen zum Schutze der öffentlichen Sittlichkeit und Ordnung), die nach der Keck-Formel nicht mehr in den Anwendungsbereich des Art. 34 AEUV fallen, soweit sie inländische und importierte Erzeugnisse in gleicher Weise treffen und sofern sie alle inländischen Wirtschaftsteilnehmer gleichermaßen betreffen, und
- Produktanforderungen (wie Bezeichnung, Form, Abmessung, Gewicht, Zusammensetzung, Etikettierung und Beschriftung sowie Verpackung), die weiterhin in den Anwendungsbereich des Art. 34 AEUV fallen.

Abgesehen davon, dass es im Einzelfall manchmal schwierig ist, Verkaufsmodalitäten und Produktanforderungen sauber voneinander abzugrenzen und dass insofern die Rechtssicherheit leidet, steht und fällt die ökonomische Sinnhaftigkeit dieser Unterscheidung mit der Fähigkeit des Gerichtshofs zu erkennen, wann eine Verkaufsmodalität faktisch eine Marktzutrittsbeschränkung darstellt. So wird etwa ein Werbeverbot oder eine Werbebeschränkung den Marktzutritt neuer, insbesondere ausländischer Waren erschweren. (Oppermann/Classen/Nettesheim 2011: 402f.; Barnard 2013: 119ff.).

5.3.4 Zwischenfazit

Der freie Verkehr von Gütern innerhalb der Gemeinschaft ist das Produkt von Liberalisierung, wechselseitiger Anerkennung und Harmonisierung. Dort wo die Risiken des Marktversagens besonders hoch sind und nationale Sonderwege möglicherweise inakzeptable Konsequenzen hätten, greift die Gemeinschaft auf einheitliche zentralisierte Regeln zurück – die Harmonisierung alten Stils, die zu genau spezifizierten Minimalstandards führt. Das sind aber Ausnahmefälle. Der Normalfall ist durch Harmonisierung neuen

Stils und wechselseitige Anerkennung gekennzeichnet. Seit Mitte der 1980er Jahre ist das Verfahren der Harmonisierung grundlegend geändert worden. Es ist eher breit angelegt und erfasst ganze Produktgruppen. Dabei werden die wesentlichen Anforderungen (Sicherheit, Gesundheit, Schutz der Konsumenten und der Umwelt) definiert, worüber man im Rat auch relativ rasch Einigkeit findet. Denn schließlich sind die Zielsetzungen der Mitgliedstaaten mehr oder minder äquivalent.

Soweit diese Anforderungen erfüllt werden, sind die Mitgliedstaaten frei in der Ausformulierung ihrer Standards. Allerdings haben sie Produkte aus Mitgliedstaaten, die in ihrem Regelwerk die vereinbarten Anforderungen berücksichtigen, ungehindert auf ihren Märkten zuzulassen. Wechselseitige Anerkennung läuft damit auf eine Reduzierung der nationalen Regulierungssouveränität bezüglich der Importgüter hinaus. Bei Gütern mag das noch unproblematisch erscheinen, bei Dienstleistungen und dem freien Personenverkehr stößt das Prinzip auch auf Kritik. Denn es greift direkt und indirekt in die sozialpolitische Autonomie der Mitgliedstaaten ein (vgl. Kap. 6 und 9.3). Freier Verkehr von Gütern (und Diensten) – durch Liberalisierung, Harmonisierung und wechselseitige Anerkennung gewährleistet und durch eine supranationale Gerichtsbarkeit garantiert – ist eine neue Qualität im internationalen Handel: Verkehrsfreiheit ist mehr als freier Handel, ein gemeinsamer Markt ist mehr als eine Freihandelszone. Denn es werden nicht nur Handelshemmnisse beseitigt, sondern Rechte geschaffen.

5.4 Dienstleistungsfreiheit

5.4.1 Zum gemeinschaftsrechtlichen Begriff der Dienstleistung

Die Bedeutung des Dienstleistungssektors hat sich in den Mitgliedstaaten der Europäischen Union in den letzten 50 Jahren beträchtlich erhöht. Sein Anteil am Bruttoinlandsprodukt wird in den EU-Mitgliedstaaten auf gut 73 % geschätzt, der Anteil der im Dienstleistungssektor Beschäftigten an der Gesamtbeschäftigung erreicht einen etwas geringeren Anteil. Obwohl die Dienstleistungsfreiheit bereits in den Römischen Verträgen verankert war, spielten grenzüberschreitende Dienstleistungen bis in die jüngste Vergangenheit nur eine vergleichbar geringe Rolle: Nach Angaben von Kox/Lejour/Montizaan (2004: 14) exportieren die meisten Dienstleistungsbranchen weniger als 5 % ihrer Produktion in andere EU-Mitgliedstaaten. Zu groß waren die Hindernisse für einen freizügigen Dienstleistungsverkehr, die sich aus den jeweils spezifischen Regulierungsnormen der Mitgliedstaaten ergaben.

Richtig sichtbar wurden diese Hindernisse aber erst mit dem Fortschritt der Warenverkehrs- und Personenverkehrsfreiheit, der einen erhöhten Anreiz mit sich brachte, grenzüberschreitende Dienstleistungen bereitzustellen oder in Anspruch zu nehmen. Es wurden einige Richtlinien zur Harmonisierung der relevanten nationalen Rechtsnormen und zur Liberalisierung des Dienstleistungsverkehrs erlassen, und der Europäische Gerichtshof hat, insbesondere seit Ende der 1980er Jahre, in einer Reihe von Grundsatzentscheidungen zur Beseitigung zahlreicher Hindernisse beigetragen. Aber erst die Ratstagung in Lissabon formulierte im März 2000 das Ziel, die Europäische Union bis 2010 zum wettbewerbsfähigsten und dynamischsten wissensbasierten Wirtschaftsraum der Welt zu machen und in diesem Zusammenhang insbesondere den Binnenmarkt für Dienstleistungen zu verwirklichen. Daraufhin machte die Kommission eine systematische Bestandsaufnahme der noch bestehenden Hindernisse eines freizügigen Dienstleistungsverkehrs (Kommission 2002) und legte schließlich am 25. 2. 2004 den „Vorschlag für eine Richtlinie des Europäischen Parlaments und des Rates über Dienstleistungen im Binnenmarkt" (kurz: Dienstleistungsrichtlinie) vor. Nach erbitterten Widerständen von seiten der Gewerkschaften und Globalisierungskritikern trat die Richtlinie in einer deutlich abgeschwächten Version 2006 in Kraft.

In allen Mitgliedstaaten unterliegen zahlreiche Dienstleistungen traditionell einer mehr oder weniger strikten Regulierung. Für viele Berufsgruppen wie Ärzte, Rechtsanwälte, Wirtschaftsprüfer und Architekten bestehen nationale Zulassungsvoraussetzungen, die an den Nachweis bestimmter Kenntnisse und Fähigkeiten gebunden sind. Dafür gibt es gute ökonomische Gründe. Dienstleistungen sind gewöhnlich durch ausgeprägte Erfahrungs- oder Glaubenseigenschaften gekennzeichnet. Der Konsument der Dienstleistung lernt erst nach ihrer Inanspruchnahme, ob er für hohe oder geringe Qualität bezahlt hat („Erfahrungseigenschaft"), oder er bleibt sein Leben lang unsicher, von welcher Qualität die empfangene Leistung war („Glaubenseigenschaft"), wie das häufig bei Gesundheits- und Reparaturleistungen der Fall ist.

Zwischen dem Anbieter der Dienstleistung und ihrem Empfänger besteht eine Informationsasymmetrie. Insbesondere bei Dienstleistungen, die nicht häufig in Anspruch genommen werden (z.B. Hypothekendarlehen an private Kunden), sowie bei Dienstleistungen mit ausgeprägten Glaubenseigenschaften (zahlreiche Gesundheitsleistungen) ist zu erwarten, dass die Informationsasymmetrie zu Marktversagen führt:

- sei es in Form von *moral hazard*, d.h. der Anbieter als die besser informierte Partei hat einen zu geringen Anreiz, Maßnahmen zur Qualitätsverbesserung vorzunehmen,
- oder in Form von *adverser Selektion*, d.h. Dienstleistungen von überdurchschnittlich hoher Qualität werden aus dem Markt genommen, weil die schlecht informierten Konsumenten nicht bereit sind, den überdurchschnittlichen Preis zu zahlen.

Eine adäquate Regulierung kann in diesen Fällen ökonomisch sinnvoll sein, um ein effizientes Wirtschaften zu unterstützen und Anreize zu schaffen, die Qualität von Dienstleistungen zu verbessern. Das ist aber nur die eine Seite der Medaille. Nicht jede bestehende Regulierung dient dem guten Zweck, Marktversagen zu heilen und effiziente Anreize zu schaffen. Häufig lassen sich bestehende Regulierungen besser durch den Einfluss gut organisierter Interessengruppen erklären, die darin ein wirkungsvolles Instrument entdeckt haben, den Marktzutritt zu beschränken und die Einkommen der Insider zu Lasten der Outsider und der Konsumenten zu erhöhen (vgl Stigler 1971; Peltzman 1976).

Werden unter solchen Bedingungen Dienstleistungen grenzüberschreitend gehandelt, so stellt sich die Frage, inwiefern Unterschiede in den nationalen Regelungen und damit eine Beschränkung der Dienstleistungsfreiheit aus ökonomischer Sicht zu rechtfertigen sind. Zwingt man importierende Mitgliedstaaten, die Regelungen des Exportlandes anzuerkennen, so wird ihre Autonomie beeinträchtigt, die Qualität von Dienstleistungen zu kontrollieren, die von ihren Bürgern in Anspruch genommen werden. Nutzt der betroffene Mitgliedstaat seine Autonomie dazu, einheimische Anbieter von Dienstleistungen durch Marktzutrittsbarrieren gegen potentielle Konkurrenz zu schützen, erzeugt er Wohlfahrtsverluste. Der Zwang zur wechselseitigen Anerkennung und eine Beeinträchtigung der nationalen Autonomie sind allerdings negativ zu bewerten, wenn damit verhindert wird, effizient gegen Marktversagen vorzugehen und entsprechende Wohlfahrtsgewinne zu erzeugen.

Grundsätzlich gelten hier die gleichen Argumente wie beim Prinzip der wechselseitigen Anerkennung, das mit der *Cassis de Dijon* Entscheidung des EuGH zur Regel bei der Produktmarktintegration erklärt worden ist. Der einzige Unterschied besteht in der Vermutung, dass Marktversagen bei Dienstleistungen häufiger auftritt als im warenproduzierenden Gewerbe. Die Gefahr eines *race to the bottom* kann dabei unter zwei Bedingungen als gering veranschlagt werden. Sind die nationalen Präferenzen hinsichtlich des Konsumentenschutzes annähernd gleich, dann werden die nationalen Standards nicht weit voneinander abweichen. Das ist die Logik hinter *Cassis de Dijon*. Andererseits lässt sich der „Boden", auf den die Standards bei opportunistischem Verhalten absinken könnten, um so höher fixieren, je stärker die nationalen Regelungen harmonisiert sind. Eine Harmonisierung bringt allerdings – wie an anderer Stelle bereits diskutiert – eigene Probleme mit sich. Abgesehen von den langwierigen und kostspieligen Einigungsverfahren zwischen nunmehr 28 Mitgliedstaaten ist eine Harmonisierung immer dann problematisch, wenn die Unterschiede zwischen den gewachsenen nationalen Regelungen der Mitgliedstaaten auf systematische Unterschiede in den objektiven Gegebenheiten oder in den subjektiven Präferenzen der Bevölkerung zurückzuführen sind. Hier gestattet die Produktmarktregulierung trotz des Prinzips der wechselseitigen Anerkennung nationale Sonderwege bei Umkehrung der Beweislast und Wahrung des Grundsatzes der Verhältnismäßigkeit. In diesem Spannungsfeld bewegen sich alle realen, die Dienstleistungsfreiheit betreffenden Konflikte.

Art. 57 AEUV legt fest, dass es bei dieser Grundfreiheit um Leistungen geht, „die in der Regel gegen Entgelt erbracht werden, soweit sie nicht den Vorschriften über den freien Waren- und Kapitalverkehr und über die Freizügigkeit der Personen unterliegen." Adressaten der Dienstleistungsfreiheit sind selbständige Erwerbstätige; als Beispiele werden gewerbliche, kaufmännische, handwerkliche und freiberufliche Tätigkeiten aufgeführt. Es handelt sich bei der Dienstleistungsfreiheit somit um einen „Auffangtatbestand", der nur greift, wenn keine der anderen Grundfreiheiten Anwendung findet. Explizit ausgenommen ist der Verkehr (Art. 58 Abs. 1 AEUV), der in einem eigenen Titel über die gemeinsame Verkehrspolitik geregelt ist. Eine weitere Einschränkung des Anwendungsbereichs der Dienstleistungsfreiheit besteht darin, dass die Dienstleistungen von Banken und Versicherungen im Einklang mit dem Kapitalverkehr liberalisiert werden sollen (Art. 58 Abs. 2 AEUV). Die Vorschriften über die Freizügigkeit des Dienstleistungsverkehrs betreffen somit nur einen Teil der Dienstleistungen im ökonomischen Sinn.

Gemäß Art. 57 AEUV und gemäß der ständigen Rechtsprechung des EuGH muss eine Dienstleistung im Sinn von Art. 56 ff. AEUV Teil des Wirtschaftslebens sein; außerdem muss der Leistung in der Regel eine Gegenleistung gegenüberstehen. Der EuGH legt diese Kriterien weit aus: Zum einen können nach ständiger Rechtsprechung beispielsweise auch Religionsgemeinschaften und Amateursportvereine wirtschaftlich tätig sein. Zum anderen verlangt das Kriterium der Gegenleistung nicht, dass das Entgelt auch vom Konsumenten bezahlt werden muss. Das betrifft insbesondere bestimmte Dienstleistungen in den Bereichen Gesundheit, Sport, Rundfunk und Fernsehen, wo zwar häufig ein lediglich mittelbarer Zusammenhang zwischen konkreter Leistung und Gegenleistung besteht, der EuGH aber dennoch das Kriterium der Entgeltlichkeit als erfüllt ansieht (Barnard 2013: 369 ff.; s. auch Rat der Europäischen Union 2004).

Da es sich bei der Dienstleistungsfreiheit um einen Auffangtatbestand handelt, wird ihr Anwendungsbereich maßgeblich durch die Grenzziehung zu den anderen Grundfreiheiten definiert. Die nächste Verwandtschaft besteht offensichtlich zwischen Dienstleistungsfreiheit und Niederlassungsfreiheit. In beiden Fällen entschließt sich ein in einem Mitgliedland ansässiger Anbieter von Dienstleistungen, diese für Konsumenten in einem anderen Mitgliedland bereitzustellen. Das entscheidende Abgrenzungskriterium besteht darin, ob der Anbieter die Tätigkeit in dem Gaststaat permanent (Niederlassungsfreiheit) oder lediglich vorübergehend (Dienstleistungsfreiheit) ausübt. In der Entscheidung *Gebhard* hat der EuGH spezifiziert, dass es bei der Abgrenzung auf die Dauer, Häufigkeit, Regelmäßigkeit und Kontinuität der erbrachten Leistung ankommt (Rs. C-55/94, Slg. 1995, I–4165, Rn. 27). Da Dienstleistungen nicht nur von Einzelpersonen, sondern in vielen Fällen von Unternehmen mit abhängig Beschäftigten angeboten werden, ergibt sich ein Abgrenzungsproblem zur Freizügigkeit von Arbeitnehmern. Sind die Arbeitnehmer faktisch als Beschäftigte des Anbieters der Dienstleistung oder als Beschäftigte eines Auftraggebers (des Dienstleistungsempfängers) anzusehen? Im ersten Fall wäre die Dienstleistungsfreiheit, im zweiten Fall die Freizügigkeit von Arbeitnehmern berührt. Schließlich bestehen im Einzelfall noch Abgrenzungsprobleme bei Dienstleistungen, die in engem Zusammenhang mit einer Warenlieferung erfolgen (z.B. Aufstellung, Inbetriebnahme und Wartung einer Werkzeugmaschine), sowie bei Dienstleistungen, die in engem Zusammenhang mit dem Kapitalverkehr erfolgen.

Voraussetzung für eine Berufung auf die gemeinschaftsrechtliche Dienstleistungsfreiheit ist die Grenzüberschreitung der entsprechenden Dienstleistung. Hier lassen sich nach der ständigen Rechtsprechung des EuGH drei Fälle unterscheiden, von denen nur der erste durch den Wortlaut des Art. 57 AEUV erfasst ist (Barnard 2013: 366 ff.; Herdegen 2013: § 17, Rn. 1; Pache 2003: 275 f.):

(1) *Aktive Dienstleistungsfreiheit:* Der Anbieter (z.B. ein Rechtsanwalt oder Unternehmensberater), der sich in einem Mitgliedstaat niedergelassen hat, reist zu seinem in einem anderen Mitgliedland ansässigen Kunden, um dort die Dienstleistung zu erbringen.

(2) *Passive Dienstleistungsfreiheit* (anerkannt seit der Entscheidung *Luisi und Carbone* von 1984): Der Konsument reist in ein anderes Mitgliedland, um dort die Dienstleistung zu empfangen (z.B. Leistungen eines Hotels, eines Krankenhauses oder einer Reparaturwerkstatt an Touristen).

(3) *Korrespondenzdienstleistungsfreiheit* (anerkannt seit der Entscheidung *Sacchi* von 1974): Weder der Erbringer noch der Empfänger der Dienstleistung, sondern nur die Leistung selbst überschreitet die Grenze zu einem anderen Mitgliedstaat: Dies betraf ursprünglich insbesondere die grenzüberschreitende Ausstrahlung von Rundfunk- und Fernsehsendungen, gewinnt aber durch den technischen Fortschritt bei der Informations- und Kommunikationstechnologie zunehmend an Bedeutung (Internet, Call Centers etc.).

5.4.2 Zulässige und unzulässige Beschränkungen des Dienstleistungsverkehrs

Die Dienstleistungsfreiheit entsprechend dem EU-Vertrag enthält ein Diskriminierungsverbot mit der Verpflichtung, Angehörige eines Mitgliedstaates, die sich zur Erbringung einer Dienstleistung vorübergehend in einem anderen Mitgliedland aufhalten, nach den gleichen Grundsätzen wie Inländer zu behandeln (Art. 57 Abs. 3 AEUV). Darüber hinaus enthält Art. 56 Abs. 1 AEUV ein umfassendes Beschränkungsverbot, welches auch alle „sonstigen Beschränkungen" erfasst, die den freizügigen Dienstleistungsverkehr behindern, obwohl sie weder offen noch versteckt nach der Staatsangehörigkeit diskriminieren.

Explizit ausgenommen vom freien Dienstleistungsverkehr sind alle Tätigkeiten, die in einem Mitgliedstaat dauernd oder zeitweise mit der Ausübung öffentlicher Gewalt verbunden sind (Art. 62 AEUV in Verbindung mit Art. 51 AEUV). Der Vertrag lässt auch bei allen anderen Dienstleistungen eine explizite Diskriminierung nach Staatsangehörigkeit zu, wenn sie aus Gründen der öffentlichen Ordnung, Sicherheit oder Gesundheit gerechtfertigt ist (Art. 62 AEUV in Verbindung mit Art. 52 AEUV). „Sonstige Beschränkungen" können nach der ständigen Rechtsprechung des EuGH durch zwingende Gründe des Allgemeininteresses gerechtfertigt werden, sofern sie nicht-diskriminierend sind und sofern der Verhältnismäßigkeitsgrundsatz nicht verletzt wird. Bisher wurden vom EuGH im Bereich der Dienstleistungsfreiheit unter anderem die folgenden „zwingenden Gründe des Allgemeininteresses" anerkannt: Lauterkeit des Handelsverkehrs und Schutz der Verbraucher, Schutz der Arbeitnehmer, Kohärenz des Steuersystems, Ansehen der Kapitalmärkte, kulturpolitische Belange, Anliegen der Sozialpolitik und Betrugsbekämpfung, finanzielles Gleichgewicht des Systems der sozialen Sicherheit, Funktionsfähigkeit der Rechtspflege.

Eine Reihe von Richtlinien unterstützt die Liberalisierung des Dienstleistungsverkehrs. Wie das folgende Kapitel zur Niederlassungsfreiheit näher ausführt, wurden bereits in den 1960er Jahren zahlreiche Richtlinien zur Harmonisierung der Ausbildungsstandards für verschiedene Gruppen selbständig Erwerbstätiger erlassen, die weitgehend auch für grenzüberschreitende Dienstleistungen gelten. Seit Ende der 1980er Jahre ist man von der sektorspezifischen Detailharmonisierung abgekommen und zu einer sektorübergreifenden gegenseitigen Anerkennung von berufsqualifizierenden Diplomen und Befähigungsnachweisen übergegangen. Die Fernsehrichtlinie von 1989 (RL 89/552/EWG) garantiert die freie Weiterverbreitung von Fernsehsendungen mit dem Vorrang der Kontrolle durch den Ursprungsstaat (sog. Sendestaatsprinzip), enthält aber gleichzeitig Regelungen zur Begünstigung „europäischer Werke" (insbesondere durch entsprechende Mindestquoten), die mitunter scharf kritisiert wurden, da sie einen massiven Eingriff in die Programmgestaltungsfreiheit der Fernsehveranstalter darstellen. Die Fernsehrichtlinie wurde 1997 aktualisiert (Änderungsrichtlinie 97/36/EG), wobei die Übertragung von Veranstaltungen mit großer Öffentlichkeitswirkung (wie z.B. die Olympischen Spiele) als neuer Bereich einbezogen wurde, neue Werbeformen sowie das Teleshopping zugelassen wurden, sowie das Sitzlandprinzip explizit verankert und 2010 durch die Richtlinie über audiovisuelle Mediendienste (RL 2010/13/EU) verallgemeinert wurde (Oppermann/ Classen/Nettesheim 2011: 580ff.; Herdegen 2013: § 17, Rn. 11–12; Barnard 2013: 394ff.). Schließlich ist noch die Entsenderichtlinie von 1996 von Bedeutung (RL 96/71/EG), welche es den Mitgliedstaaten gestattet, gewisse Kernelemente der geltenden Arbeitnehmerschutzbestimmungen auch auf solche Arbeitnehmer anzuwenden, die von Dienstleistungsunternehmen mit Sitz in anderen Mitgliedstaaten vorübergehend zur Verrichtung von Dienstleistungen entsandt wurden und die somit grundsätzlich den arbeitsrechtlichen Bestimmungen ihres Heimatstaates unterliegen.

Übersicht 5.1 unterscheidet sechs Fallgruppen, die sich aus der Kombination der drei Typen der Grenzüberschreitung mit den zwei möglichen Quellen der Beschränkung ergeben. Von diesen sechs theoretisch möglichen Fallgruppen sind aber nur fünf praktisch relevant. Zumindest ist den Autoren kein Fall bekannt, wo der Heimatstaat des Dienstleisters diesem irgendwelche Beschränkungen für seine vorübergehende Tätigkeit in einem anderen Mitgliedstaat auferlegt.

Übersicht 5.1 Grundlegende EuGH-Entscheidungen zur Dienstleistungsfreiheit

Art der Grenz-Überschreitung / Quelle der Beschränkung	Aktive Dienstleistungs-freiheit	Passive Dienstleistungs-freiheit	Korrespondenz-dienstleistungs-freiheit
Sitzstaat des Dienstleistungs-empfängers	*Van Binsbergen* (1974) *Fremdenführer* (1991) *Corsten* (2000) *Rush Poruguesa* (1990)	*Luisi und Carbone* (1984) *Kohll* (1998) *Geraets-Smits und Peerbooms* (2001) *Müller-Fauré und van Riet* (2003)	*Bond van Adverteerders* (1988) *ARD* (1999) *Säger* (1991) *Schindler* (1994)
Sitzstaat des Dienstleistungs-erbringers		*Ciola* (1999)	*Alpine Investments* (1995)

Aktive Dienstleistungsfreiheit

Der ursprüngliche Normalfall der Dienstleistungsfreiheit bezieht sich auf die so genannte „aktive Dienstleistungsfreiheit", wobei sich der Dienstleister vorübergehend am Sitz des Kunden aufhält, um dort seine Leistung zu erbringen. Der typische Rechtskonflikt betrifft nationale Vorschriften des Gastlandes, welche die Ausübung der Dienstleistung an bestimmte Erfordernisse (wie Staatsangehörigkeit, Ansässigkeit, Ausbildung, behördliche Genehmigung) knüpfen und durch die sich der Erbringer der Dienstleistung in seinem Recht auf freizügigen Dienstleistungsverkehr behindert sieht. In der Rechtssache *van Binsbergen* (Rs. 33/74, Slg. 1974, 1299) entschied der EuGH erstmals, dass auch „sonstige Beschränkungen", die gleichermaßen für in- und ausländische Dienstleister gelten, eine Beeinträchtigung des freizügigen Dienstleistungsverkehrs zwischen den Mitgliedstaaten darstellen können. In diesem Fall ging es um einen niederländischen Rechtsanwalt, der von einem niederländischen Staatsbürger beauftragt worden war, ihn als Prozessbevollmächtigter vor einem niederländischen Gericht zu vertreten. Als der Rechtsanwalt während des Verfahrens seinen Wohnsitz nach Belgien verlegte, wurde er von der weiteren Prozessvertretung ausgeschlossen, da nach den Vorschriften der niederländischen Prozessordnung nur in den Niederlanden ansässige Personen als Prozessbevollmächtigte auftreten können. Der EuGH stellte fest, dass als Beschränkungen im Sinn von Art. 56 und 57 AEUV alle Anforderungen gelten,

> „die an den Leistenden namentlich aus Gründen seiner Staatsangehörigkeit oder wegen des Fehlens eines ständigen Aufenthalts in dem Staate, in dem die Leistung erbracht wird, gestellt werden und nicht für im Staatsgebiet ansässige Personen gelten oder in anderer Weise geeignet sind, die Tätigkeiten des Leistenden zu unterbinden oder zu behindern" (Rn. 10/12).

Zwar lässt sich nach Auffassung des Gerichts das Erfordernis einer festen beruflichen Niederlassung innerhalb des Bereichs bestimmter Gerichte grundsätzlich rechtfertigen, sofern es sachlich geboten ist, um die Einhaltung von Berufsregeln und damit das Funktionieren der Justiz zu gewährleisten. Im vorliegenden Fall sah der EuGH aber keine Rechtfertigung für die beanstandete Maßnahme, da der Verhältnismäßigkeitsgrundsatz verletzt sei. Das gleiche Ziel, ein reibungsloses Funktionieren der Justiz, könne auch mit weniger einschränkenden Maßnahmen, wie der Angabe einer Zustellungsanschrift für die gerichtlichen Mitteilungen, erreicht werden.

In diesem Tenor wurden in den darauffolgenden Jahren zahlreiche Rechtsstreitigkeiten entschieden. So standen beispielsweise in den verschiedenen „Fremdenführer-Fällen" italienische, französische und griechische Rechtsvorschriften auf dem Prüfstand, wonach ausländische Fremdenführer, die mit eigenen Touristengruppen aus anderen Mitgliedstaaten in die betreffenden Länder einreisten, ebenso wie inländische Fremdenführer eines Gewerbescheins bedurften, der wiederum das Bestehen einer entsprechenden Sachkundeprüfung voraussetzte. Der EuGH qualifizierte diese nationalen Rechtsvorschriften als „sonstige Beschränkungen" der Dienstleistungsfreiheit. Grundsätzlich akzeptierte er zwar das Interesse der betroffenen Länder an der bestmöglichen Verbreitung von Kenntnissen über das künstlerische und kulturelle Erbe ihres Landes als „zwingende Gründe des Allgemeininteresses", die eine Beschränkung rechtfertigen können, sah jedoch im konkreten Fall im Erfordernis eines Gewerbescheins den Grundsatz der Verhältnismäßigkeit verletzt (EuGH, Slg. 1991, I–682, I–718, I–735; Pache 2003: 285ff.).

Zur Dienstleistungsfreiheit gehört es auch, dass Dienstleistungsunternehmen ihre Beschäftigten in ein anderes Mitgliedland entsenden können, um dort vorübergehend Dienstleistungen zu erbringen. Diese Form der aktiven Dienstleistungsfreiheit führt zu Konflikten mit Arbeitnehmern, Gewerkschaften und Regierungen des Gastlandes, wenn die Löhne und sonstigen Arbeitsbedingungen des Heimatlandes deutlich von denen des Gastlandes abweichen. Das Problem trat erstmals in den 1980er Jahren nach dem Beitritt Portugals auf. Mit der Osterweiterung häuften sich die Fälle: Die Entsendung osteuropäischer Fleischer nach Deutschland hat beispielsweise öffentliche Aufmerksamkeit auf sich gezogen.

Ausführlich befasste sich der EuGH in der Rechtssache *Rush Portuguesa* (Rs. C-113/89, Slg. 1990, I–01417) mit dieser Frage. In dem Fall ging es um ein Bauunternehmen mit Sitz in Portugal, die „Rush Portuguesa Lda", die als Subunternehmer einer französischen Firma am Bau einer Eisenbahnstrecke in Westfrankreich beteiligt war. Unter den entsandten Arbeitnehmern befanden sich auch solche aus Drittstaaten, die in Portugal entsprechend den dort geltenden Vorschriften eingestellt worden waren. Nach französischem Recht dürfen Angehörige aus Drittstaaten aber nur vom staatlichen Einwanderungsamt angeworben werden. Das belegte das portugiesische Unternehmen wegen Verstoßes gegen das französische Arbeitsgesetzbuch mit einer Sonderzahlung, wogegen Rush Portuguesa Klage erhob. Der EuGH entschied, dass das portugiesische Bauunternehmen durch die französischen

Vorschriften in diskriminierender Weise in seiner Dienstleistungsfreiheit behindert worden sei und dass es das Recht habe, alle nach den Vorschriften des Heimatstaates legal beschäftigten Arbeitnehmer, ob sie nun aus EU-Mitgliedstaaten oder aus Drittstaaten kommen, zur Verrichtung von Dienstleistungen vorübergehend in einen anderen Mitgliedstaat zu entsenden. Gleichzeitig wies der EuGH aber darauf hin,

> „dass es das Gemeinschaftsrecht den Mitgliedstaaten nicht verwehrt, ihre … Rechtsvorschriften oder die von den Sozialpartnern geschlossenen Tarifverträge unabhängig davon, in welchem Land der Arbeitgeber ansässig ist, auf alle Personen auszudehnen, die in ihrem Hoheitsgebiet, und sei es auch nur vorübergehend, eine unselbständige Erwerbstätigkeit ausüben; ebenso wenig verbietet es das Gemeinschaftsrecht den Mitgliedstaaten, die Beachtung dieser Regeln mit den geeigneten Mitteln durchzusetzen" (Rn. 18).

Damit hatte der EuGH grünes Licht für eine sekundärrechtliche Regelung gegeben, die aber aufgrund des hinhaltenden Widerstands Portugals und Großbritanniens aber erst am 16. 12. 1996 in Gestalt der Entsenderichtlinie (RL 96/71/EG) das Licht der Welt erblickte. Sie sieht vor, dass ein harter Kern klar definierter Arbeitnehmerschutzbestimmungen eines Mitgliedstaates – wie Mindestlöhne, Ruhezeiten, bezahlter Jahresurlaub, Gesundheits-, Hygiene- und Sicherheitsstandards, Jugendschutz und Antidiskriminierungsvorschriften – auch auf Arbeitnehmer Anwendung finden, die vorübergehend aus einem anderen Mitgliedstaat entsandt wurden. Anders ausgedrückt: Die entsandten Arbeitnehmer werden im wesentlichen zu den ortsüblichen Bedingungen des Gastlandes beschäftigt. Bereits ein knappes Jahr vorher, am 26. 2. 1996, hatte der Bundestag das Arbeitnehmer-Entsendegesetz (AEntG) verabschiedet:

> „Die Rechtsnormen eines für allgemeinverbindlich erklärten Tarifvertrages des Bauhauptgewerbes oder des Baunebengewerbes … finden auch auf ein Arbeitsverhältnis zwischen einem Arbeitgeber mit Sitz im Ausland und seinem im räumlichen Geltungsbereich des Tarifvertrages beschäftigten Arbeitnehmer zwingend Anwendung." (Art. 1 AEntG).

Dieses Gesetz wurde in den letzten Jahren mehrfach geändert und sein Anwendungsbereich um weitere Branchen (z.B. Gebäudereinigung, Briefdienstleistungen) erweitert.

Was sind die ökonomischen Konsequenzen dieser Maßnahmen? Zunächst einmal wird für einen „harten Kern" von Arbeitsbedingungen das Herkunftsland- durch das Bestimmungslandprinzip ersetzt, was den Dienstleistungsverkehr mit zusätzlichen Kosten belastet. Ein Dienstleistungsunternehmen, das europaweit tätig ist, muss jedesmal, wenn es seine Arbeitnehmer in einen anderen Mitgliedstaat entsendet, die Löhne, Urlaubsbedingungen etc. an die Bestimmungen des Gastlandes anpassen. Gibt es für eine derartige

Behinderung der Dienstleistungsfreiheit ökonomische Rechtfertigungsgründe? Als Übergangsmaßnahme ließe sie sich damit rechtfertigen, dass man den Hochlohnländern eine Galgenfrist einräumt, sich an die veränderten Wettbewerbsbedingungen anzupassen. Genau aus diesem Grund hat man ja in den Beitrittsverhandlungen mit den osteuropäischen Staaten auch Übergangsfristen für die Umsetzung der Arbeitnehmerfreizügigkeit vereinbart.

Schreibt man allerdings die Mindestlöhne und Mindestarbeitsbedingungen des Gastlandes für entsandte Arbeitnehmer auf Dauer fest, um Insider zu schützen, so werden Outsider diskriminiert, insbesondere die jungen und unqualifizierten Arbeitskräfte, die zu den hohen Löhnen kaum Beschäftigung finden. Mindestlohn und Mindestarbeitsbedingungen sind allerdings dann ein ungeeignetes Mittel, die inländischen Arbeitnehmer zu schützen, wenn die Arbeitskräftemobilität ohne große Probleme durch einen freizügigen Warenverkehr ersetzt werden kann – wenn also beispielsweise die osteuropäischen Fleischer nicht nach Deutschland kommen, sondern das Vieh nach Osteuropa exportiert, dort geschlachtet und das Fleisch nach Deutschland re-importiert wird.

Eine Beschränkung der Dienstleistungsfreiheit für entsandte Arbeitskräfte ließe sich allenfalls dann rechtfertigen, wenn die geringeren Löhne und schlechteren Arbeitsbedingungen in den Entsendestaaten mit einer schlechteren Qualität der erbrachten Leistung verbunden sind und die Abnehmer die Qualität nicht korrekt einschätzen können, so dass adverse Selektion und ein *race-to-the-bottom* zu befürchten sind. Das grundlegende Problem beim Herkunftslandprinzip scheint in diesem Zusammenhang die Durchsetzung der im Herkunftsland gültigen Vorschriften zu sein. Die Behörden des Gastlandes kennen die relevanten Vorschriften nur unzureichend und haben auch einen geringen Anreiz, weniger restriktive Vorschriften des Herkunftslandes durchzusetzen. Die Behörden des Herkunftslandes sind weit vom Einsatzort der entsandten Arbeitnehmer entfernt und haben einen geringen Anreiz und eingeschränkte praktische Möglichkeiten, die eigenen Vorschriften im Ausland durchzusetzen. So wird beispielsweise berichtet, dass die Beschäftigung ungelernter Arbeitskräfte aus dem Osten zu hohen Qualitäts- und Hygieneproblemen in den betroffenen Schlachthöfen geführt habe (FAZ, 17. Mai 2005: 3).

Passive Dienstleistungsfreiheit

Die zweite Fallgruppe betrifft Kunden, die eine Dienstleistung im Ausland erhalten möchten und die durch nationale Vorschriften ihres Heimatstaates daran gehindert werden. Im Fall *Luisi und Carbone* (verb. Rs. 286/82 und 26/83, Slg. 1984, 377) hatten sich zwei Italiener in Italien Devisen beschafft, um damit medizinische Behandlungen in einem anderen Mitgliedland zu bezahlen. Die seinerzeit geltenden italienischen Devisenvorschriften erlaubten die Ausfuhr ausländischer Devisen nur bis zu einer bestimmten Höhe. Frau Luisi und Herr Carbone versuchten die Vorschriften dadurch zu umgehen, dass sie bei zahlreichen Banken jeweils geringe Beträge umtauschten. Sie wurden dabei ertappt und mit einer empfindlichen Geldbuße belegt. Der

EuGH machte erstmals deutlich, dass auch die passive Dienstleistungsfreiheit durch Art. 56 ff. AEUV geschützt ist. Eine Beschränkung des Exports ausländischer Devisen, die zur Bezahlung von im Ausland empfangenen Dienstleistungen benötigt werden, verstoße gegen die Dienstleistungsfreiheit.

Box 5.4: Marktunvollkommenheiten im Gesundheitswesen

Im Gesundheitswesen lassen sich effiziente Handlungsanreize der beteiligten Akteure nur bedingt durch Wettbewerb und Freizügigkeit herstellen (Arrow 1963). Wichtigster Grund für Marktversagen in diesem Bereich ist die Tatsache, dass das Arzt-Patienten-Verhältnis durch eine ausgeprägte Informationsasymmetrie gekennzeichnet ist. Der Arzt als Anbieter von Gesundheitsdienstleistungen bestimmt praktisch selbst, welche Leistungen der Patient zu erwerben hat. Aufgrund der mangelnden Information des Patienten über die Qualität der ärztlichen Dienstleistung führen individuelle Wahlfreiheit und Wettbewerb nicht zu einem systematischen Druck auf die Anbieter, die jeweils angemessene Qualität zu den geringsten Kosten anzubieten.

Dieser gesellschaftlich unerwünschte Effekt wird noch durch die Tatsache verstärkt, dass die Kosten in der Regel von Krankenversicherungen übernommen werden. Sie sind zum einen nicht in der Lage, das tatsächliche individuelle Risiko des Versicherten zu beobachten, so dass der Versicherte immer einen gewissen Anreiz hat, unnötige Kosten zu produzieren und auf die Versichertengemeinschaft zu überwälzen *(moral hazard)*. Zum anderen würde eine ausschließlich freiwillige Krankenversicherung dazu führen, dass sich Bürger gar nicht oder zu gering versichern, weil sie erwarten, dass die Mitbürger sie im Falle einer schweren Krankheit allein aus humanitären Gründen nicht hängen lassen. Ein weiterer Grund für Marktversagen im Gesundheitswesen besteht darin, dass die Gesundheit des Einzelnen positive externe Effekte für den Rest der Gesellschaft hat. Es ist somit zu erwarten, dass insbesondere bei ansteckenden Krankheiten die individuell rationalen Vorsorgeanstrengungen (etwa kostspieliges Impfen) geringer als die gesellschaftlich optimalen sind.

Aus diesen Gründen ist das Gesundheitswesen üblicherweise in hohem Maße reguliert, wobei sich allerdings Art und Intensität der Regulierung in den verschiedenen Staaten unterscheiden.

Die Freizügigkeit trägt offensichtlich einen Januskopf: Einerseits gestattet sie den Bürgern, auf Gesundheitsdienstleistungen zurückzugreifen, die gegenwärtig in ihrem Land nicht oder nur zu höheren Preisen zur Verfügung stehen. Dadurch erhöht sie die Anreize zu Arbeitsteilung und Spezialisierung im europäischen Gesundheitswesen. Andererseits besteht die Gefahr, dass die Freizügigkeit die Fähigkeit der Mitgliedstaaten unterminiert, Marktversagen im Gesundheitssektor zu bekämpfen und eine angemessene Gesundheitsversorgung zu tragbaren Kosten bereitzustellen (vgl. hierzu auch die allgemeinen Ausführungen zum Systemwettbewerb in Kapitel 3).

Seit Ende der 1990er Jahre hatte der EuGH einige Konflikte zu entscheiden zwischen Patienten, die Gesundheitsdienstleistungen im Ausland in Anspruch nehmen wollten, und ihren Krankenversicherungen, die sich weigerten, die Kosten zu erstatten, (Barnard, 2013, S. 405 ff.). Die erste wichtige Entscheidung in diesem Bereich wurde in der Rechtssache *Kohll* (Rs. C-158/96, Slg. 1998, I–01931) getroffen. Hier wollte der luxemburgische Staatsangehörige Raymond Kohll seine minderjährige Tochter von einem deutschen Zahnarzt in Trier behandeln lassen. Nach den Bestimmungen des luxemburgischen Sozialgesetzbuchs war eine Auslandsbehandlung grundsätzlich möglich, bedurfte aber einer vorherigen Genehmigung durch den nationalen Krankenversicherungsträger. Diese wurde ihm mit der Begründung verweigert, dass die Behandlung zum einen nicht dringend sei und zum anderen auch in Luxemburg erbracht werden könne. Herrn Kohlls Klage gegen diesen Bescheid landete letztlich zur Vorabentscheidung beim EuGH, der zu folgendem Urteil kam:

- Das luxemburgische Erfordernis einer Genehmigung von Auslandsbehandlungen beschränkt die Dienstleistungsfreiheit aus Art. 49 und 50 EG (heute Art. 56 und 57 AEUV) sowohl für den Zahnarzt als auch für die Patientin.

- Es gibt keine Rechtfertigung für diese Beschränkung: Zum einen wird durch eine Inanspruchnahme der Dienstleistungsfreiheit das finanzielle Gleichgewicht des Systems der sozialen Sicherheit nicht gefährdet, da Herr Kohll eine Kostenerstattung nach dem inländischen (luxemburgischen) Tarif verlangt hat, so dass der Versichertengemeinschaft keine im Vergleich zur Inlandsbehandlung erhöhten Kosten entstanden sind. Zum anderen kann die Genehmigungspflicht auch nicht mit dem Schutz der öffentlichen Gesundheit (Sicherung einer Mindestqualität ärztlicher Leistungen) begründet werden, da die Bedingungen des Zugangs zu und der Ausübung von ärztlichen und zahnärztlichen Tätigkeiten Gegenstand mehrerer Koordinierungs- oder Harmonisierungsrichtlinien sind.

Während der Fall *Kohll* eine ambulante Behandlung im Ausland zum Gegenstand hatte, ging es in der Entscheidung *Geraets-Smits und Peerbooms* (Rs. C-157/99, Slg. 2001, I–05473) um zwei niederländische Staatsbürger, die sich in einem anderen Mitgliedland stationär hatten behandeln lassen: Frau Geraets-Smits litt an der parkinsonschen Krankheit und hatte sich in Kassel einer speziellen Behandlung unterzogen; Herr Peerbooms war infolge eines Verkehrsunfalls ins Koma gefallen und wurde an der Universitätsklinik Innsbruck mit einer besonderen Intensivtherapie behandelt. In beiden Fällen lehnte die niederländische Krankenversicherung den Antrag auf Erstattung der Krankenhauskosten mit der Begründung ab, dass auch in den Niederlanden entsprechende Behandlungsmöglichkeiten zur Verfügung gestanden hätten. Der EuGH kam zu folgendem Urteil:

- Auch wenn – wie in den Niederlanden – das Sachleistungsprinzip vorherrscht, wobei die Krankenhäuser von den Krankenkassen pauschal entgolten werden, handelt es sich bei den Leistungen des Krankenhauses um eine wirtschaftliche Tätigkeit, die in den Geltungsbereich der Dienstleistungsfreiheit fällt.

- Die nationalen niederländischen Regelungen, wonach die Krankenkasse des Versicherten den Krankenhausaufenthalt in einem anderen Mitgliedstaat vorher genehmigen muss und wonach die Genehmigung der doppelten Voraussetzung unterliegt, dass die entsprechende Behandlung als in ärztlichen Kreisen üblich betrachtet werden kann und dass eine medizinische Notwendigkeit für die Behandlung vorliegt, stehen den Art. 49 und 50 EG (heute Art. 56 und 57 AEUV) grundsätzlich nicht entgegen.
- Dabei ist allerdings zu beachten, dass das Kriterium der Üblichkeit als erfüllt anzusehen ist, wenn es sich erweist, dass die betreffende Behandlung in der internationalen Medizin hinreichend erprobt und anerkannt ist. Außerdem kann die Genehmigung wegen fehlender medizinischer Notwendigkeit nur dann versagt werden, wenn die gleiche oder eine für den Patienten ebenso wirksame Behandlung rechtzeitig in einem (inländischen) Krankenhaus erlangt werden kann, das eine vertragliche Vereinbarung mit der Krankenkasse geschlossen hat.
- In beiden vorliegenden Fällen sah der EuGH ein Versagen der Genehmigung als nicht gerechtfertigt an, da die Kriterien der Üblichkeit bzw. medizinischen Notwendigkeit von der Krankenkasse zu eng ausgelegt wurden.

Wenige Jahre später traf der EuGH in seinem Grundsatzurteil zur Rechtssache *Müller-Fauré und van Riet* (Rs. C-385/99, Slg. 2003, I–04509) eine explizite Unterscheidung zwischen der grenzüberschreitenden Inanspruchnahme von ambulanten Gesundheitsleistungen einerseits und stationären Leistungen andererseits. Während er das Erfordernis einer vorherigen Genehmigung durch die Krankenkasse bei Krankenhausaufenthalten in einem anderen Mitgliedstaat für grundsätzlich gerechtfertigt hält, wobei allerdings die Genehmigung nur bei Vorliegen klar definierter Voraussetzungen versagt werden darf (siehe Fall *Geraets-Smits und Peerbooms*), sieht er in einer Genehmigungspflicht für die Inanspruchnahme von Gesundheitsdienstleistungen außerhalb eines Krankenhauses einen Verstoß gegen die Dienstleistungsfreiheit – jedenfalls solange eine Aufhebung des Genehmigungserfordernisses nicht zur Folge hat, dass

> „ungeachtet der Sprachbarrieren, der räumlichen Entfernung, der Kosten eines Auslandsaufenthalts und des Mangels an Informationen über die Art der im Ausland geleisteten Versorgung derart viele Patienten. [veranlasst würden], sich ins Ausland zu begeben, dass dadurch das finanzielle Gleichgewicht des niederländischen Systems der sozialen Sicherheit erheblich gestört würde" (Rn. 95).

Es wird noch einmal klargestellt, dass es allein Sache des Mitgliedstaates ist, den Umfang des Krankenversicherungsschutzes für die Versicherten zu bestimmen.

Halten wir fest: Der EuGH erkennt die Ziele eines „Schutzes der öffentlichen Gesundheit" und der „Sicherung des finanziellen Gleichgewichts des nationalen Systems der sozialen Sicherheit" als zwingende Gründe des Allgemeininteresses an. Insofern akzeptiert er die ökonomische Auffassung, dass das Gesundheitswesen durch Marktversagen gekennzeichnet ist und ein gewisses kollektives Handeln erfordert. Diese Ziele rechtfertigen aber eine Beschränkung der Dienstleistungsfreiheit nur insoweit, als der Grundsatz der Verhältnismäßigkeit nicht verletzt wird. Man könnte die zugrundeliegende Philosophie also folgendermaßen beschreiben: Soviel Regulierung wie nötig, soviel Freizügigkeit wie möglich. Inzwischen wurde eine Richtlinie über die Ausübung der Patientenrechte bei der grenzüberschreitenden Gesundheitsversorgung verabschiedet (RL 2011/24/EU), die 2011 in Kraft getreten ist und bis Oktober 2013 durch die Mitgliedstaten umzusetzen ist. Diese Richtlinie orientiert sich an den vom EuGH entwickelten Prinzipien und strebt gleichzeitig an, die Rechtssicherheit in diesem Bereich zu erhöhen.

Korrespondenzdienstleistungsfreiheit

Eine weitere Fallgruppe bezieht sich auf Dienstleistungen, die als solche die Grenze zu einem Mitgliedstaat überschreiten, ohne dass Erbringer oder Empfänger der Dienstleistung eine Ortsveränderung vornehmen. In der ersten Variante geht dabei die Beschränkung der Dienstleistungsfreiheit vom Sitzland des Dienstleistungsempfängers aus.

Nachdem der EuGH bereits 1974 im Fall *Sacchi* (Rs. 155/73, Slg. 1974, 409) den grenzüberschreitenden Rundfunk als Dienstleistung besonderer Art anerkannt hatte, musste er sich seit Mitte der 1980er Jahre mit einer Reihe von Rechtsstreitigkeiten befassen, die durch Versuche entstanden waren, eine freizügige Verbreitung von Fernsehsendungen zu behindern. Im Fall *Bond van Adverteerders* (Rs. 352/85, Slg. 1988, 02085) war ein niederländisches Gesetz Stein des Anstoßes, das die Übertragung ausländischer Programme verbot, wenn diese Programme speziell für das niederländische Publikum bestimmte Werbemitteilungen und niederländische Untertitel enthielten. Begründet wurde das Verbot damit, dass für derartige Programme eine staatliche Kontrolle seitens der Niederlande nicht ausgeübt werden könne, die aber aus Gründen der öffentlichen Ordnung erforderlich sei, um den nichtkommerziellen und pluralistischen Charakter des niederländischen Rundfunks zu wahren. Der EuGH sah in dem Gesetz eine diskriminierende Beschränkung des freien Dienstleistungsverkehrs, die nicht aus Gründen der öffentlichen Ordnung gerechtfertigt werden könne, da sie unverhältnismäßig sei: Die angestrebten Ziele ließen sich auch durch weniger einschränkende Maßnahmen – wie beispielsweise ein Verbot der Werbung für bestimmte Erzeugnisse oder an bestimmten Tagen, der Begrenzung der Zeitdauer oder der Häufigkeit der Sendungen – verwirklichen.

In der Rechtssache *ARD* (Rs. C-6/98, Slg. 1999, I–07599) klagte die ARD gegen die drei deutschen Privatsender PRO Sieben, SAT 1 und Kabel 1 auf Einhaltung des nach deutschem Recht geltenden Nettoprinzips bei der Werbeunterbrechung von Spielfilmen im Fernsehen. Während bei dem von den Beklagten befürworteten Bruttoprinzip in den Zeitraum, der für die zulässige Zahl der Unterbrechungen berechnet wird, die Dauer der Werbung einzubeziehen ist, darf nach dem Nettoprinzip nur die Dauer der Werke selbst einbezogen werden. Die ARD machte geltend, dass die Einhaltung des Nettoprinzips dazu dienen solle, den Verbraucher gegen ein Übermaß an kommerzieller Werbung zu schützen und die Erhaltung einer bestimmten Programmqualität im Rahmen der Kulturpolitik zu gewährleisten. Der EuGH stellte fest, dass zum einen die Fernsehrichtlinie zwar (implizit) die Anwendung des Bruttoprinzips vorsieht, dieses aber lediglich eine Mindestnorm sei, die es den Mitgliedstaaten erlaube, die Werbung strengeren Bestimmungen zu unterwerfen. Zum anderen stelle zwar die strengere nationale Regelung (das Nettoprinzip) eine Beschränkung des freien Dienstleistungsverkehrs dar, da hierdurch für im Sendestaat niedergelassene Fernsehveranstalter die Möglichkeit eingeschränkt werde, Werbung für in anderen Mitgliedstaaten niedergelassene Werbetreibende auszustrahlen. Diese Beschränkung diene aber zwingenden Gründen des Allgemeininteresses (Verbraucherschutz, Kulturpolitik) und entspreche dem Grundsatz der Verhältnismäßigkeit, sei also insofern rechtlich nicht zu beanstanden.

In diese erste Fallgruppe der Korrespondenzdienstleistungsfreiheit gehören allerdings nicht nur Konflikte, die in Zusammenhang mit der Verbreitung von Fernsehsendungen in anderen Mitgliedstaaten stehen. In der Rechtssache *Säger* (Rs. C-76/90, Slg. 1991, I–04221) klagte ein Münchner Patentanwalt gegen eine Gesellschaft englischen Rechts mit Sitz im Vereinigten Königreich, die von dort aus die Einhaltung gewerblicher Schutzrechte auch für Inhaber aus anderen Mitgliedländern überwacht. Der Kläger beanstandete, dass der englischen Gesellschaft die für eine Tätigkeit in Deutschland erforderliche Genehmigung fehle. Der EuGH entschied, dass das Erfordernis einer Genehmigung gegen Art. 49 EG (heute Art. 56 AEUV) verstoße. Dabei machte er insbesondere geltend, dass ein Mitgliedstaat die Erbringung von Dienstleistungen in seinem Hoheitsgebiet nicht von der Einhaltung solcher Voraussetzungen abhängig machen dürfe, die für eine Niederlassung gelten. Damit würde den Bestimmungen zur Dienstleistungsfreiheit jede praktische Wirksamkeit genommen.

In die gleiche Kategorie fällt auch die Rechtssache *Schindler* (Rs. 275/92, Slg. 1994, I–01039). Hier versandten die Brüder Schindler als selbständig tätige Bevollmächtigte der Süddeutschen Klassenlotterie von den Niederlanden aus Werbematerial und Bestellformulare an britische Staatsbürger. Der britische Zoll beschlagnahmte die Postsendungen unter Hinweis auf das seinerzeit bestehende gesetzliche Verbot von Lotterien und Glücksspielen. Der EuGH entschied, dass es sich bei dem britischen Verbot der Einfuhr von Losen und Werbematerial für Lotterien zwar um eine „sonstige Beschränkung" der Dienstleistungsfreiheit handle, dass diese Beschränkung aber durch zwingende Gründe des Allgemeininteresses gerechtfertigt sei. Das Einfuhrverbot sei geeignet und erforderlich, um den angestrebten Schutz der Empfänger der Dienstleistung und den Schutz der Sozialordnung sicherzustellen (Pache 2003: 285 ff.).

Eine zweite Variante der Beschränkung der Korrespondenzdienstleistungsfreiheit betrifft Beschränkungen, die vom Sitzland des Dienstleistungserbringers ausgehen. Einschlägig ist hier der Fall *Alpine Investments* (Rs. C-384/93, Slg. 1995, I–01141). Bei der Alpine Investments BV handelt es sich um eine auf Warentermingeschäfte spezialisierte Gesellschaft mit Sitz in den Niederlanden und Kunden in mehreren Mitgliedstaaten. Die Kundenwerbung erfolgte auf dem Weg des so genannten *„cold calling"*, womit die Praxis bezeichnet wird, mit Privatleuten ohne deren vorherige schriftliche Zustimmung telefonisch Kontakt aufzunehmen, um ihnen verschiedene Finanzdienstleistungen anzubieten. Nach Beschwerden von Kapitalanlegern, die mit dieser Anlageform schlechte Erfahrungen gemacht hatten, verbot der niederländische Minister der Finanzen das *„cold calling"* und dehnte dieses zunächst nur innerstaatlich wirkende Verbot auch auf Dienstleistungen aus, die von den Niederlanden aus in anderen Ländern angeboten wurden. Als Grund für die Maßnahme wurde der Schutz des Rufs des niederländischen Finanzsektors angegeben. Nach mehreren erfolglosen Beschwerden gegen das Verbot klagte Alpine Investments vor dem zuständigen niederländischen Gericht, das den Fall dem EuGH zur Vorabentscheidung vorlegte. Dieser entschied, dass es sich bei dem Verbot des *„cold calling"* zwar um eine „sonstige Beschränkung" des freien Dienstleistungsverkehrs handelt, dass diese Beschränkung aber aus zwingenden Gründen des Allgemeininteresses gerechtfertigt sei, da sie erforderlich und geeignet sei, den guten Ruf des nationalen Finanzsektors aufrechtzuerhalten (Pache 2003: 280 ff.).

5.4.3 Zur Diskussion um die Dienstleistungsrichtlinie

In einer umfangreichen Studie zum Stand des Binnenmarktes für Dienstleistungen stellte die Kommission vor einigen Jahren fest, dass zehn Jahre nach der angestrebten Vollendung des EU-Binnenmarktes der freizügige Dienstleistungsverkehr immer noch zahlreichen Beschränkungen ausgesetzt sei (Kommission 2002). Dabei wurde eine Vielzahl noch bestehender „rechtlicher Schranken" identifiziert, die sich auf die Niederlassungsfreiheit, den grenzüberschreitenden Dienstleistungsverkehr oder auf beides bezogen. Behinderungen des freizügigen Dienstleistungsverkehrs entstehen dem Bericht zufolge

- aus Unterschieden in den nationalen Vorschriften (wie beispielsweise spezifische Genehmigungs-, Eintragungs- und Meldepflichten, Anforderungen an die berufliche Qualifikation, Wohnsitz- und Staatsangehörigkeitserfordernisse, Inhaltskontrolle der Werbung bis hin zu Werbeverboten, Unterschiede im Vertragsrecht, unterschiedliche Vorschriften zur Berufshaftung usw.),
- aus *ex ante* schwer einschätzbaren Ermessensspielräumen der nationalen Behörden,
- aus der zusätzlichen Rechtsunsicherheit, die sich aus der Komplexität bestimmter Situationen im grenzüberschreitenden Dienstleistungsverkehr ergibt.

Am härtesten sind mittelständische Unternehmen von solchen Beschränkungen betroffen. Denn die umfangreichen Kosten für Rechtsberatung sind weitgehend unabhängig von der Unternehmensgröße. Da viele Dienstleistungen eng miteinander verflochten sind, pflanzen sich derartige Beschränkungen häufig in einer Kettenreaktion von einer Dienstleistung auf zahlreiche andere Dienstleistungen fort. Die Kommission nennt als Beispiel einen

Einzelhändler, der sich in einem anderen Mitgliedland niederlassen und zu diesem Zweck die Dienste von Immobilienmaklern, Dekorateuren, Architekten, Ingenieuren, Bauunternehmen, Banken und Versicherungen in Anspruch nehmen möchte, mit denen er gewöhnlich in seinem Herkunftsland zusammenarbeitet (Kommission 2002).

Aufbauend auf diesen Befunden legte die Kommission am 25. 2. 2004 den Vorschlag für eine Richtlinie über Dienstleistungen im Binnenmarkt („Dienstleistungsrichtlinie") vor, durch welche die noch bestehenden rechtlichen und administrativen Hindernisse für den Dienstleistungsverkehr in den Bereichen beseitigt werden sollten, die gemäß Art. 56 ff. AEUV bereits für den Wettbewerb geöffnet wurden. Der Richtlinienentwurf beabsichtigte einerseits, Hemmnisse für die Niederlassungsfreiheit zu beseitigen und die Genehmigungserfordernisse und –verfahren zu vereinfachen. Andererseits sollte der grenzüberschreitende Dienstleistungsverkehr dadurch erleichtert werden, dass in der Regel das Herkunftslandprinzip angewendet wird, wonach der Dienstleistungserbringer einzig den Rechtsvorschriften des Landes unterworfen ist, in dem er niedergelassen ist.

Dieser Richtlinienentwurf hat viel Staub aufgewirbelt. Gewerkschaften, Verbraucherschützer und Globalisierungsgegner haben sich auf ihn eingeschossen, und in Frankreich hat nicht zuletzt die Diskussion um die Dienstleistungsrichtlinie dazu beigetragen, dass die Bevölkerung die Ratifizierung der EU-Verfassung mit klarer Mehrheit abgelehnt hat (obwohl das eine mit dem anderen nichts zu tun hatte). Die Kritiker des Entwurfs befürchteten, dass sich bei einer konsequenten Anwendung des Herkunftslandprinzips immer mehr Dienstleistungserbringer in solchen Mitgliedstaaten niederlassen, wo die Qualitäts- und Umweltstandards niedrig und die Arbeitsbedingungen schlecht sind, um von dort aus in ganz Europa die entsprechenden Dienstleistungen anzubieten. Allgemein wurde von den Kritikern erwartet, dass die angestrebte größere Freizügigkeit der Bereitstellung von Dienstleistungen zu einem verschärften Wettbewerb mit der Konsequenz einer immer schlechteren Qualität der Dienstleistungen, immer schlechterer Arbeitsbedingungen und immer niedrigerer Umweltauflagen führen werde – ein *race to the bottom* also.

In Reaktion auf die anhaltenden Widerstände wurde der Richtlinienentwurf von 2004 durch Intervention des Europäischen Parlaments deutlich abgeschwächt. Vor allem die konsequente Anwendung des Herkunftslandsprinzips auf Dienstleistungen geriet dabei unter die Räder. Zum 28. 12. 2006 trat schließlich die Dienstleistungsrichtlinie (RL 2006/123/EG) in Kraft, die bis zum 28. 12. 2009 durch die Mitgliedstaaten in nationales Recht umzusetzen war – ein komplexer Prozess, wie die Berichte der Kommission zum Stand der Umsetzung offenbaren.

Die endgültige Richtlinie unterscheidet sich in zwei wichtigen Punkten vom Entwurf. Zum einen wurde auf die heftig umstrittene konsequente Anwendung des Herkunftslandprinzips verzichtet. Faktisch wird jetzt vom Bestimmungslandprinzip ausgegangen, auch wenn das nicht explizit erwähnt wird. Die Bestimmungsländer werden dabei aufgefordert, die freie Aufnahme und freie Ausübung der Dienstleistungstätigkeit in ihrem Hoheitsgebiet zu gewährleisten. Sie sind nur insofern berechtigt, ihre entsprechenden nationalen Vorschriften durchzusetzen, als diese nicht-diskriminierend, verhältnismäßig und durch einen zwingenden Grund des Allgemeininteresses, der öffentlichen Sicherheit, der öffentlichen Gesundheit oder des Umweltschutzes gerechtfertigt sind. Zum anderen wurde der Katalog von Ausnahmen vom Anwendungsbereich der Richtlinie gegenüber dem Entwurf stark erweitert. Damit betrifft der Wirkungsbereich der Richtlinie nur etwa ein Drittel der volkswirtschaftlichen Wertschöpfung (Donges et al. 2007: 29; Badinger/Maydell 2009: 696).

Drei weitere Elemente der Richtlinie, die bereits im Entwurf vorgesehen waren, betreffen die Verwaltungsvereinfachung, die Verwaltungszusammenarbeit und die Qualitätssicherung. Bezüglich der Verwaltungsvereinfachung verpflichtet die Richtlinie die Mitgliedstaaten nicht nur dazu, die für die Aufnahme und die Ausübung einer Dienstleistung geltenden Verfahren und Formalitäten hinreichend zu vereinfachen. Sie sieht darüber hinaus vor, dass die Mitgliedstaaten einheitliche Ansprechpartner etablieren, bei denen die Dienstleister alle zur Ausübung ihrer Tätigkeit erforderlichen Formalitäten erledigen können, und dass die Abwicklung dieser Formalitäten auf elektronischem Wege möglich wird. Um auch grenzüberschreitende Dienstleistungen wirksam kontrollieren zu können und um kostspielige Mehrfachkontrollen zu vermeiden, soll die Verwaltungszusammenarbeit zwischen den Mitgliedstaaten intensiviert werden. Zu diesem Zweck wurde bereits damit begonnen, ein elektronisches Informations- und Kommunikationssystem zwischen den zuständigen Behörden der Mitgliedstaaten aufzubauen.

Vergleicht man die Dienstleistungsrichtlinie von 2006 mit dem Entwurf von 2004, so lässt sich folgendes festhalten: Zweifellos hat das im Entwurf verankerte Herkunftslandprinzip die größere marktöffnende Wirkung im Vergleich zu dem jetzt faktisch wirksamen Bestimmungslandprinzip (Donges et al. 2007: 15 ff.; Badinger/Maydell 2009). Somit haben sich die Möglichkeiten der Mitgliedstarken, durch entsprechende Regulierungen die heimischen Dienstleister zu Lasten der ausländischen Konkurrenz zu schützen, grundsätzlich verstärkt. Die Dienstleistungsrichtlinie bietet aber insofern eine Chance, als sie den Weg für eine Liberalisierung der Bereitstellung von Dienstleistungen freimacht. Der Teufel steckt auch hier im Detail. Die konkreten Auswirkungen der Richtlinie hängen letztlich davon ab, wie die Umsetzung der Richtlinie in das nationale Recht umsetzender Mitgliedstaaten im Einzelnen vollzogen wird.

Kapitel 6
Der Gemeinsame Markt: Produktionsfaktoren

(unter Mitarbeit von *Herbert Brücker*)

6.1 Freier Güterverkehr und freier Verkehr der Produktionsfaktoren

Die klassischen (David Ricardo) und neo-klassischen (Eli Heckscher, Bertil Ohlin, Paul Samuelson) Theorien des internationalen Handels hatten sich ganz auf den freien Güterverkehr konzentriert und waren von der Annahme ausgegangen, dass die Produktionsfaktoren immobil sind, d.h. die Landes-grenzen nicht überschreiten. Freihandel mit Gütern, so ließ sich mit dem letzteren Ansatz theoretisch zeigen (vgl. z.B. Krugman/Obstfeld 1997), führt zur Angleichung der Faktorpreise und damit zu einer realen Konvergenz. Die einfache Intuition hinter einer etwas komplexeren Beweisführung lautet, dass sich bei gleicher Technologie und bei gleichen relativen Güterpreisen – dies dank des Freihandels – auch die Faktorpreise angleichen müssen. Werden bestimmte Güter mit stärker kapitalintensiven und andere Güter mit stärker arbeitsintensiven Methoden produziert, so ist bei freizügigem Warenverkehr zu erwarten, dass ein kapitalreiches Land mehr kapitalintensive und ein kapitalarmes Land mehr arbeitsintensive Güter produziert. Die Nachfrage nach einem Produktionsfaktor steigt dadurch im faktorreichen und sinkt im faktorarmen Land, was zur Folge hat, dass sich die Zinsen und Löhne in beiden Ländern annähern. Genügt es dann nicht, eine Freihandelszone oder eine Zollunion einzurichten, um die Ziele der ökonomischen Integration zu verwirklichen, nämlich Steigerung des Sozialprodukts in dem integrierten Wirtschaftsraum und Ausgleich der Wohlfahrtsunterschiede?

Zwei Argumente sprechen gegen eine solche Minimallösung und für die Freizügigkeit auch der Produktionsfaktoren. Zum einen hat sich die Heck-scher-Ohlin-Samuelson Theorie des internationalen Handels empirisch nicht als sehr robust erwiesen. Nicht alle Güter sind handelbar, und der Waren-verkehr ist teilweise mit hohen Transportkosten verbunden. Ein effizienter Faktoreinsatz lässt sich in der Regel nicht ohne eine gewisse Kapitalmobilität erreichen. Zum anderen beschränkt sich das europäische Integrationsprojekt nicht auf die ökonomische Integration, sondern strebt auch politische sowie eine gewisse sozio-kulturelle Integration an. Und Freizügigkeit der Person gehört zu den individuellen Grundrechten.

Freier Handel mit Gütern ist weithin als wohlfahrtssteigernd akzeptiert, auch wenn es immer wieder Bestrebungen gibt, mit offenen oder versteckten Handelshemmnissen die Verkehrsfreiheit zu beschränken. Die öffentliche Resonanz auf die Arbeitskräfte- und Kapitalmobilität ist sehr viel ambivalenter. Schon im letzten Kapitel sahen wir, dass die Dienstleistungsfreiheit, die ja in vielen Fällen mit freizügigem Personenverkehr verbunden ist, später realisiert wurde als der freie Güterverkehr und mit viel größeren Einwänden und auch Einschränkungen versehen ist. Die Einführung der Freizügigkeit insbesondere gegenüber Ländern mit niedrigem Pro-Kopf-Einkommen ist bei der Bevölkerung der Einwanderungsländer häufig mit Ängsten vor sinkenden Löhnen, steigender Arbeitslosigkeit und höheren Belastungen für den Sozialstaat verbunden. Kapitalmobilität wiederum wird als Kapitalflucht diskriminiert, denn mit dem Kapital, so die Befürchtung, wandern auch Arbeitsplätze ab. Dabei hat Faktormobilität theoretisch ähnliche Effekte wie der Handel mit Gütern: Unter den Annahmen des Heckscher-Ohlin-Samuelson-Modells sind Handel und Faktormobilität Substitute.

Zuletzt hat die Diskussion um die Osterweiterung die Ambivalenz der Einstellungen deutlich gemacht. Einige Mitgliedstaaten – vor allem Deutschland und Österreich – haben ihre Zustimmung davon abhängig gemacht, dass die grundsätzlich im *acquis communautaire* enthaltene Freiheit mit Übergangsbestimmungen für die neuen Mitgliedstaaten temporär eingeschränkt wird. Die Freizügigkeit für Arbeitnehmer und andere Personen zählt bereits seit den Verträgen von Rom zu den vier Grundfreiheiten des Gemeinsamen Marktes. 1968 trat die Arbeitnehmerfreizügigkeit für die sechs Gründungsmitglieder der Gemeinschaft mit einer Gesamtbevölkerung von 185 Millionen Personen in Kraft und wurde bis 1995 schrittweise auf die fünfzehn Mitglieder der damaligen EU und die drei weiteren Mitglieder des Europäischen Wirtschaftsraums (EWR) mit einer Gesamtbevölkerung von rund 380 Millionen Personen ausgedehnt. Allerdings wurden sowohl bei der Süderweiterung der Union um Griechenland, Portugal und Spanien als auch bei den späteren Osterweiterungen Übergangsregelungen für die Arbeitnehmerfreizügigkeit vereinbart. Seit dem 1. Januar 2014 gilt jedoch auch für die zum 1. 1. 2007 der EU beigetretenen Rumänen und Bulgaren die volle Arbeitnehmerfreizügigkeit in allen Ländern der Europäischen Union mit einer Gesamtbevölkerung von 507 Mio. Menschen. Für das jüngste EU-Mitglied Kroatien ist vorläufig eine Übergangsregelung noch in Kraft.

6.2 Der freizügige Personenverkehr

6.2.1 Umfang und Ursachen der Wanderung in Europa

Innerhalb der EU beträgt das Verhältnis des BIP pro Kopf (gemessen in Kaufkraftparitäten) zwischen den ärmeren und reicheren Mitgliedländern etwa 2,5 : 1, und die Divergenz nimmt ab (vgl. Kap. 2). Auch der Abstand der Türkei bewegt sich in dieser Größenordnung. Die Nachbarregionen in Nordafrika, dem Mittleren Osten und Zentralasien liegen demgegenüber weiter zurück. Angesichts dieser Einkommensdifferenzen ist es nicht überraschend, dass die Mehrheit der ausländischen Bevölkerung in der EU aus den neuen Mitgliedsstaaten und Ländern außerhalb der Gemeinschaft stammt. Im Jahr 2012 lebten rund 21 Mio. Ausländer in der Gemeinschaft und rund 33 Mio. Personen waren im Ausland geboren. Von den in der EU lebenden Ausländern waren gut die Hälfte Staatsbürger der EU. Die Zahl der ausländischen Staatsbürger aus den zehn neuen ostmitteleuropäischen und südosteuropäischen Mitgliedstaaten, die 2004 und 2007 der Union beigetreten sind, kann in der EU-15 für das Jahr 2012 auf 5,7 Mio. Personen geschätzt werden. In Deutschland lebten zum Jahresende 2012 944 000 Staatsbürger aus den neuen Mitgliedstaaten der EU (die Volkszählung des Jahres 2011 hat die Zahl der in Deutschand lebenden ausländischen Staatsbürger deutlich niedriger als die bisherigen Angaben der Bevölkerungsfortschreibung des Statistischen Bundesamtes angesetzt). Der überwiegende Teil der Ausländer aus Drittstaaten, d.h. aus Ländern die nicht der EU oder dem Europäischen Wirtschaftsraum angehören, stammt aus den Ländern in Osteuropa, Südosteuropa und Nordafrika.

Box 6.1: Wer ist ein Migrant?

Mit dem Konzept der Staatsangehörigkeit kann nur ein Teil der internationalen Wanderungsbewegungen erfasst werden. Zudem unterscheidet sich das Staatsbürgerschaftsrecht erheblich in den einzelnen Ländern der EU. So erhält eine in Frankreich geborene Person automatisch die französische Staatsbürgerschaft, während in Deutschland viele Kinder von ausländischen Staatsangehörigen auch in der zweiten und dritten Generation keine deutschen Staatsbürgerschaft besitzen. Andererseits erhalten Spätaussiedler, die nach Deutschland einwandern, unmittelbar die deutsche Staatsbürgerschaft. Nach den Angaben des Zensus aus dem Jahr 2011 beläuft sich die Zahl der ausländischen Staatsangehörigen in Deutschland auf sieben Prozent, die Zahl der im Ausland geborenen Personen auf 12 Prozent und die Zahl der Personen mit Migrationshintergrund auf 18 Prozent der Bevölkerung. Zu Personen mit Migrationshintergrund werden vom Zensus neben ausländischen Staatsangehörigen und im Ausland geborenen Personen auch Personen gerechnet, bei denen mindestens ein Elternteil im Ausland geboren wurde oder ausländischer Staatsbürger ist.

Das Niveau der regionalen Arbeitsmobilität in der EU beläuft sich nur auf ein Fünftel bis ein Drittel des Niveaus in den USA, obwohl die regionalen Einkommens- und Beschäftigungsdifferenzen in der EU ausgeprägter sind als in den USA. Die geringe Arbeitsmobilität kann eine der Ursachen für die höhere Arbeitslosigkeit auf dem Europäischen Kontinent sein: Wie Olivier Blanchard und Lawrence Katz (1992) gezeigt haben, werden in den USA strukturelle Schocks, die zu regionalem Strukturwandel und Arbeitslosigkeit führen, in erheblichem Umfang durch regionale Arbeitskräftemobilität absorbiert, so dass regionale Beschäftigungsunterschiede innerhalb einer Dekade weitgehend ausgeglichen werden.

Wanderungsen werfen für die Individuen oder Haushalte hohe Kosten auf. Sie hängen von zahlreichen politischen, institutionellen, ökonomischen und sozialen Faktoren ab. Die ökonomische Theorie betrachtet die Wanderungsentscheidung als Investition. Die diskontierten Nettoerträge dieser Investition müssen die monetären und nicht-monetären Kosten übersteigen, damit man sich für die Wanderung entscheidet (Sjaastadt 1962). Die ökonomischen Erträge der Migration hängen nicht allein von Unterschieden im Lohnniveau, sondern auch von den Beschäftigungschancen an den jeweiligen Orten ab (Harris/ Todaro 1970). Angesichts eines überproportionalen Arbeitslosigkeitsrisikos der ausländischen Bevölkerung können Lohnersatzleistungen wie Arbeitslosenunterstützung oder Sozialhilfe eine wichtige Rolle für Wanderungsentscheidungen spielen. Jüngere Ansätze in der Migrationstheorie betonen die Rolle der Ungewissheit und des Risikos für Wanderungsentscheidungen. Da kann es rational sein, zu Hause zu bleiben und abzuwarten, auch wenn hohe Einkommensunterschiede zwischen Ländern bzw. Regionen bestehen (Burda 1995).

Zahlreiche nicht-ökonomische Aspekte beeinflussen die Wanderungsentscheidung. So wirft die Migration hohe soziale und psychische Kosten auf, z.B. die räumlichen Trennung von Freunden und Familienmitgliedern sowie von der gewohnten Umgebung (Sjaastadt 1962). Dies erklärt auch, warum der überwiegende Teil der Migration einen temporären Charakter hat: Selbst bei hohen Einkommensdifferenzen bestehen Anreize, in die Heimatländer zurückzukehren, wenn nicht-monetäre Argumente in der Nutzenfunktion für ein Leben im Heimatland sprechen (Djajic/Milbourne 1986). Die Einschätzung des Wanderungspotentials sollte berücksichtigen, dass Menschen sich unterscheiden. Das gilt nicht nur für ihre Humankapitalcharakteristika (Ausbildung, Sprachkenntnisse, Alter, Familienstand usw.), sondern auch für ihre Präferenzen, d.h. ihre Neigung bei gegebenen Bedingungen zu wandern oder im Heimatland zu bleiben (Stark 1995; Brücker/Schröder 2005). Ein Teil der Bevölkerung wird deshalb selbst bei hohen Einkommensdifferenzen immer im Heimatland verbleiben.

Schließlich haben auch politische, institutionelle und ethnische Faktoren einen erheblichen Einfluss auf Wanderungsentscheidungen, vor allem bei politischen Schockereignissen. So sind in der Dekade nach dem zweiten Weltkrieg rund 20 Millionen Menschen aus den ehemaligen Ostgebieten des Deutschen Reiches und der DDR nach Westdeutschland gewandert, oder in den 1990er Jahren mehr als drei Millionen Menschen aufgrund der Bürgerkriege aus den Nachfolgestaaten des früheren Jugoslawiens geflohen. Seit dem Zusammenbruch der Sowjetunion können wir eine starke ethnische Segregation beobachten, die unabhängig von den Einkommensdifferenzen zu einer erheblichen Zuwanderung von ethnischen Russen nach Russland geführt hat.

Prognosen des Migrationspotentials sind von großem wirtschaftspolitischem Interesse. Die aktuelle Lage auf den Arbeitsmärkten, die demographische Entwicklung und die Finanzierung der sozialen Sicherungssysteme wird durch die Migration beeinflusst. Insbesondere bei Veränderungen der institutionellen Rahmenbedingungen für die Migration, wie z.B. bei der Einführung der Freizügigkeit, ist die Ungewissheit über das Migrationspotential hoch. Angesichts der Komplexität von Migrationsentscheidungen und Unterschieden im Migrationsverhalten ist das Potential nur schwer zu prognostizieren.

Die meisten makroökonometrischen Studien, die das Migrationspotential schätzen, erklären die Wanderung mit den gleichen Variablen: Differenzen in den Pro-Kopf-Einkommen, Arbeitslosenraten in den Ziel- und Sendeländern und institutionelle Wanderungsrestriktionen. Andere Variablen wie das Alter der Bevölkerung oder der Umfang sozialstaatlicher Leistungen (Arbeitslosenunterstützung, Sozialhilfe), die in der theoretischen Diskussion eine Rolle spielen, werden entweder gar nicht berücksichtigt oder haben sich häufig als nicht signifikant herausgestellt.

Zahlreiche Studien haben versucht, das Wanderungspotential aus den neuen in die alten Mitgliedstaaten der EU zu schätzen. Die Mehrzahl der Studien kommt zu dem Ergebnis, dass langfristig, d.h. 15 bis 25 Jahre nach Einführung der Freizügigkeit, 3–5 Prozent der Bevölkerung aus den Beitrittsländern der ersten Osterweiterungsrunde in der EU-15 leben werden. Das Migrationspotential aus Bulgarien und Rumänien wurde noch deutlich höher geschätzt. Kurzfristig, d.h. unmittelbar nach Einführung der Freizügigkeit, wurde mit einer Nettozuwanderung von 250000–350000 Personen aus den acht ostmitteleuropäischen Mitgliedstaaten in die EU-15 gerechnet (Boeri/Brücker 2001, 2005; Krieger 2003; Layard et al. 1992). Einzelne Studien kamen auch zu deutlich höheren (Sinn et al. 2001) oder niedrigeren Ergebnissen (Fertig 2001; Fertig/Schmidt 2001).

Die Entwicklung in den ersten vier Jahren seit der Osterweiterung bestätigt die aggregierten Schätzungen für die EU-15 weitgehend: So sind im Durchschnitt pro Jahr rund 250000 Personen aus den acht neuen Mitgliedsstaaten, die zum 1. 5. 2004 der EU beigetreten sind, in die EU-15 gewandert. Allerdings muss berücksichtigt werden, dass, anders als von den Studien angenommen, noch nicht alle EU Mitglieder ihre Arbeitsmärkte geöffnet haben. Die Öffnung in Deutschland und Österreich 2011 bzw. 2014 kann deshalb noch zu einem weiteren Anstieg der Wanderung führen.

Die unterschiedliche Anwendung der Übergangsfristen, die bis maximal sieben Jahre eine Einschränkung der Freizügigkeit erlauben, hat eine deutliche Umlenkung der Migrationsströme bewirkt: Vor der Osterweiterung entfielen rund zwei Drittel der Zuwanderrung aus den acht ostmitteleuropäischen Staaten, die zum 1. 5. 2004 beigetreten sind, auf Deutschland und Österreich, seit der EU-Osterweiterung rund 70 Prozent auf Irland und das Vereinigte Königreich. Alle vorliegenden Migrationsprognosen gingen jedoch von der kontrafaktischen Situation aus, dass alle EU Mitgliedsstaaten gleichzeitig ihre Arbeitsmärkte öffnen werden. Dementsprechend wurde das Migrationspotenzial für Deutschland und Österreich deutlich über-, und für Irland und Großbritannien deutlich unterschätzt. Zu diesem Vorgehen gab es jedoch keine Alternative, weil vergleichbare Voraussetzungen für eine Umlenkung der Migrationsströme in der Geschichte der EU nicht vorlagen.

Durch die Auswirkungen der Finanz- und Wirtschaftskrise kommt es zu einer neuen Umlenkung der Migrationsströme in Europa. Die wirtschaftlichen Bedingungen in vielen Zielländern der Migration haben sich im Zuge der Krise massiv verschlechtert. Das gilt vor allem für Griechenland, Irland, Italien, Portugal und Spanien. Vor der Krise waren sie wichtige Zielländer für die Migration in Europa: Allein in Spanien und Italien hatten sich mehr als zwei Millionen Bulgaren und Rumänen niedergelassen. Aber gemessen an ihrer Bevölkerungsgröße erlebten auch Griechenland und Irland eine nennenswerte Zuwanderung. Zwar kehrt nur ein vergleichsweise kleiner Teil der Zuwanderer aus diesen Krisenstaaten in ihre Heimatländer zurück. Aber Personen, die sich neu für Wanderung entscheiden, wählen seit der Krise andere Zielländer. Das führt vor allem zu einem Anstieg der Zuwanderung nach Deutschland aus den neuen Mitgliedsstaaten der Gemeinschaft. Allein im Jahr 2012 belief sich die Nettozuwanderung aus diesen Ländern auf knapp 190 000 Personen im Vergleich zu 70 000 Personen aus den vier südeuropäischen Krisensstaaten. Neue ökonometrische Schätzverfahren, die die wirtschaftlichen Bedingungen in Zielländern berücksichtigen, erlauben es die Umlenkungseffekte zu quantifizieren. So kommt die Studie von Bertoli et al. (2013) zu dem Ergebnis, dass rund 70 % des Anstiegs der Zuwanderung in Deutschland seit dem Vorkrisenjahr 2007 auf eine Verschlechterung der wirtschaftlichen Bedingungen in anderen Zielländern zurückzuführen sind.

Die weitere Beseitigung von Wanderungsbarrieren in der EU und dem EWR wird angesichts der recht homogenen und konvergierenden Pro-Kopf-Einkommen aller Voraussicht nach nur geringe quantitative Effekte nach sich ziehen. Auch die Osterweiterung der EU wird, sofern die vorliegenden Schätzungen des Wanderungspotentials zutreffen und sich die gegenwärtigen Trends fortsetzen, keine Massenwanderung auslösen. Das große Wanderungspotential liegt ohne Zweifel außerhalb der heutigen Grenzen der EU und des EWR in Südosteuropa (Balkan, Türkei), den Mitgliedern der GUS, den Mittelmeeranrainern in Nordafrika und im Mittleren Osten, von Schwarzafrika und dem südasiatischen Subkontinent ganz abgesehen. Hier ist das Einkommensgefälle, wie erwähnt, hoch und wird unter realistischen Annahmen über die Konvergenz der Pro-Kopf-Einkommen für Generationen hoch bleiben. Auch sind diese Regionen sehr viel stärkeren politischen und ethnischen Konflikten ausgesetzt als die EU. Schließlich altert die Bevölkerung in der EU deutlich schneller als in den meisten Nachbarregionen, wodurch wiederum Wanderungsanreize entstehen.

Box 6.2: Wie hoch ist das Migrationspotential aus der Türkei?

Ähnlich wie bei der Osterweiterung der EU stellt sich im Falle eines Beitritts der Türkei die Frage nach der Höhe des Migrationspotentials. Die Beitrittsverhandlungen mit der Türkei werden sicher lange Übergangsfristen für die Freizügigkeit vereinbaren. Am Ende des Prozesses müsste gleichwohl die Öffnung der Arbeitsmärkte stehen – schließlich ist Freizügigkeit für Arbeitnehmer und andere Personen eine Grundfreiheit des Gemeinsamen Marktes.

Die ökonomischen und demographischen Variablen sprechen für ein erhebliches Migrationspotential aus der Türkei: Das BIP pro Kopf zu Kaufkraftparitäten wird auf etwa 50 % des Niveaus der EU-27 geschätzt (s. Tab. 2.3). Zudem wächst die Bevölkerung der Türkei, bald auf mehr als 80 Mio. Einwohner. Allerdings sind die Wachstumsraten des BIP in der Türkei gegenwärtig außergewöhnlich hoch, und der Anteil der Alterskohorten mit einer hohen Wanderungsbereitschaft wird auch in der Türkei im Zuge des demographischen Wandels in den kommenden Dekaden deutlich abnehmen.

Es liegen zwei Studien zum Migrationspotential der Türkei vor: Die erste (Lejour *et al.* 2004) kommt zu dem Ergebnis, dass im Falle der Einführung von Freizügigkeit langfristig ca. 2,7 Mio. Personen aus der Türkei in die EU-15 wandern werden. Rund 75 % davon oder 2 Mio. würde es nach Deutschland ziehen, wobei sich dieser Migrationsprozess über mehrere Dekaden erstreckt. Die zweite Studie wurde von einem Forscherteam der Bogazici-Universität in Istanbul erstellt (Erzan *et al.* 2004). Sie stützt sich auf das Migrationsmodell von Boeri/Brücker (2001), die das Migrationspotential aus den mittel- und osteuropäischen Beitrittsländern für Deutschland prognostiziert haben. Diese sehr differenzierte Studie berechnet verschiedene Szenarien. Danach ist im Falle der Einführung der Freizügigkeit eine Zuwanderung zwischen 1,8 und 2,1 Mio. Personen nach Deutschland möglich.

Nun ist es nicht so, dass ohne EU-Erweiterung Zuwanderungen aus der Türkei ausblieben. Ezran et al. (2004) haben ein Szenario ohne Einführung der Freizügigkeit mit niedrigen Wachstumsraten in der Türkei simuliert. Nach ihren Schätzungen könnte die Zuwanderung im Fall des Nicht-Beitritts auf 2,7 Mio. Personen ansteigen und damit die Zuwanderung im Beitrittsfall sogar übertreffen. Dieses Szenario beruht vielleicht auf extremen Annahmen. Es zeigt jedoch, dass auch der Verzicht auf einen EU-Beitritt der Türkei Risiken birgt und zu einem deutlichen Anstieg der Zuwanderung aus der Türkei führen kann.

6.2.2 Wohlfahrts- und Verteilungseffekte der Freizügigkeit von Arbeitskräften

Aus ökonomischer Sicht erfüllt der Abbau von Beschränkungen der Mobilität der Arbeitskräfte innerhalb Europas zunächst die Funktion, die Arbeitskräfte dorthin zu lenken, wo sie die höchste Produktivität haben. Es geht um eine effiziente Allokation der Arbeitskräfte. Die Mobilität von Arbeit steigert aber nicht nur die Produktivität in dem integrierten Wirtschaftsraum. Sie zieht auch Verteilungseffekte nach sich. In den Einwanderungsländern können Löhne und Beschäftigungsaussichten der einheimischen Bevölkerung durch Zuwanderung fallen. Dies erklärt den Widerstand weiter Kreise der Bevölkerung gegen eine Liberalisierung der Zuwanderung.

Beginnen wir mit dem einfachsten Fall der Arbeitsmobilität zwischen zwei Ländern, in denen die Löhne völlig flexibel sind und folglich keine Arbeitslosigkeit existiert. Es wird nur ein Gut mit den beiden Faktoren Arbeit und Kapital produziert und die Produktionsfunktion zeichnet sich durch konstante Skalenerträge aus. Wir betrachten zwei Länder: das Heimatland (H) und ein Partnerland (P). Dabei ist folgendes zu beachten: Die Arbeitskraft kann nicht unabhängig von ihrem Eigner wandern. Für die volkswirtschaftliche Gesamtrechnung tut sie das praktisch im Fall der Pendler: Sie leisten ihre Arbeit in P, bleiben aber in H ansässig, womit ihr Lohn in das Volkseinkommen von H eingeht. Dieser Fall ist – *mutatis mutandis* – völlig identisch mit dem (weiter unten zu behandelnden) Fall der Kapitalmobilität. Deshalb gehen wir an dieser Stelle nicht näher darauf ein. Der häufigere Fall der Arbeitskräftemobilität mit Änderung des Wohnsitzes hat jedoch auf die Bevölkerungsverteilung zwischen H und P Einfluss.

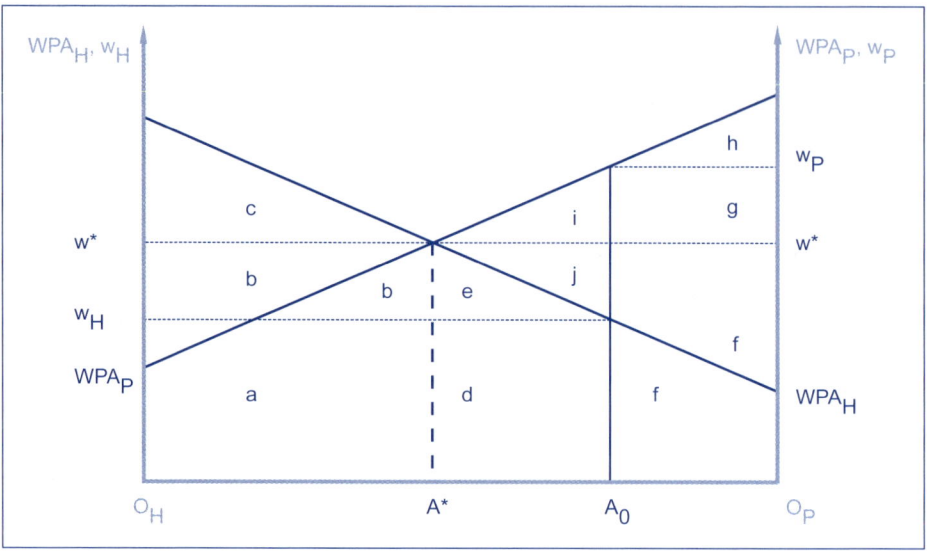

Abbildung 6.1: Produktionsveränderungen und Verteilungseffekte bei Arbeitskräftemobilität

In Abb. 6.1 sind WPA das Wertgrenzprodukt der Arbeit, O_HA_0 und O_PA_0 die jeweiligen Anfangsausstattungen mit Arbeit und w der Lohnsatz. Folglich finden wir unterhalb der Lohnlinie das Arbeitseinkommen und zwischen Lohnlinie und WPA-Kurve das Kapitaleinkommen. Die Effekte für Wohlfahrt und ihre Verteilung sind in Tab. 6.1 zusammengefasst.

Nach Einführung der freien Arbeitskräftemobilität wandert Arbeit aus H nach P, bis in A* das Gleichgewicht erreicht wird. Da die Arbeitskräfte auch als Personen den Wohnort gewechselt haben, sind Inlandsprodukt und Volkseinkommen gleich. Für beide Länder zusammen stellt sich ein Wohlfahrtsgewinn von i + j ein. Er ist aber mit einer regionalen und einer funktionalen Umverteilung verbunden. Land H ist Verlierer der Operation, und die Arbeitseinkommensbezieher sind in diesem Land als Gruppe nur dann Gewinner, wenn b > d. Land P ist generell Gewinner. Sogar seine Arbeitnehmer profitieren von der Migration, wenn (d + e + j) > g.

Würde nach Gruppen über die Einführung der Freizügigkeit abgestimmt, wäre das Ergebnis relativ klar: H dagegen, P dafür. Aber es wird in der Demokratie individuell abgestimmt. Und das bedeutet, dass wir Informationen über die Auswirkungen auf das Pro-Kopf Einkommen benötigen. Da Arbeitskräfte (wohlgemerkt: annahmegemäß sind alle Faktoren homogen!) mit niedriger Produktivität aus H abwandern und in P nur mit niedrigerer Produktivität als bisher im Lande üblich eingesetzt werden, muss das Pro-Kopf Produkt und ebenso das Pro-Kopf Einkommen in H steigen und in P fallen. Das Ab-

Tabelle 6.1: Produktion und Verteilung bei Arbeitskräftemobilität auf flexiblen Märkten

	Ohne Mobilität		Mit Mobilität	
	H	*P*	*H*	*P*
Arbeitsein-kommen	a+d	f+g	a+b	d+e+f+j
Kapitalein-kommen	b+c+e	h	c	g+h+i
Volksein-kommen	a+b+c+d+e	f+g+h	a+b+c	d+e+f+g+h+i+j

	Veränderungen durch die Mobilität			
	H	*P*	*H + P*	
Arbeitsein-kommen	b−d	d+e+j−g	b+e+j−g	
Kapitalein-kommen	−b−e	g+i	g+i−b−e	
Volksein-kommen	−d−e	d+e+i+j	i+j	

stimmungsergebnis über die Einführung der Mobilität wird damit weniger eindeutig, wenn nicht gar umgekehrt. Faktormobilität begünstigt den in der Ausgangssituation relativ reichlich vorhandenen Faktor und benachteiligt den relativ knappen Faktor. Insgesamt bringt sie eine Nettoverbesserung der Wohlfahrt.

Nun ist in der Realität die Wanderung von einem Land in ein anderes mit verschiedenen Nachteilen verbunden, deren monetäres Äquivalent wir als Mobilitätskosten bezeichnen. Man gibt seine vertraute Umgebung auf, lässt Freunde und möglicherweise auch Familienangehörige zurück, muss gegebenenfalls eine fremde Sprache lernen, sich in eine fremde Kultur einfügen. Mobilitätskosten bewirken, dass Arbeitskräfte erst einen Anreiz zur Migration haben, wenn die Lohndifferenz zwischen beiden Ländern größer ist als die Mobilitätskosten. Ein Ziel der Europäischen Gemeinschaft besteht darin, die Mobilitätskosten so gering wie möglich werden zu lassen, um Wanderungen von Arbeitskräften zu fördern. Natürlich lassen sich nicht alle sprachlichen und kulturellen Mobilitätshemmnisse durch Gesetze und höchstrichterliche Urteile beseitigen. Aber wie wir sehen werden, ist gerade der Europäische Gerichtshof sehr erfolgreich darin, systematisch Beschränkungen abzubauen, die den Zugang zu unselbständigen und selbständigen Tätigkeiten behindern und die Mitnahme von Familienangehörigen erschweren.

Die Wohlfahrts- und Verteilungswirkungen der Arbeitskräftemobilität verändern sich, wenn wir die restriktiven Annahmen unseres einfachen Modells aufgeben. Ein anderes Bild kann sich ergeben, wenn wir insbesondere folgende Annahmen fallen lassen:

- homogene Arbeitskräfte,

- flexible Arbeitsmärkte,
- homogene Regionen in den Ein- und Auswanderungsländern,
- eine sonst geschlossene Volkswirtschaft,
- fixe Kapitalausstattung.

Schauen wir uns zumindest die beiden wichtigsten Modifikationen des Grundmodells an.

Heterogene Arbeitskräfte: Arbeitskräfte unterscheiden sich in Hinblick auf Alter, Ausbildung, Arbeitserfahrung usw. und konkurrieren in unterschiedlichen Segmenten des Arbeitsmarktes. Die Zuwanderung hat deshalb unterschiedliche Effekte für die einzelnen Arbeitskräfte. So werden schlecht ausgebildete Arbeitskräfte durch die Zuwanderung gering Qualifizierter schlechter gestellt: Das Angebot steigt. Für höher qualifizierte Arbeitskräfte sind die Effekte einer solchen Zuwanderung ambivalent: Einerseits profitieren sie von einer Ausweitung der Produktion, die zu steigender Nachfrage nach höher qualifizierter Arbeit führt, andererseits können sie verlieren, wenn aufgrund des gesunkenen Lohnes für ungelernte Arbeit höher qualifizierte durch gering qualifizierte Arbeit ersetzt wird. Schließlich gibt es Gruppen im Arbeitsmarkt, deren Qualifikationen sich vollkommen komplementär zu gering qualifizierter Arbeit verhalten, d.h. aus technischen oder organisatorischen Gründen nicht substituiert werden können. Sie zählen auf jeden Fall zu den Gewinnern der Zuwanderung gering qualifizierter Arbeitskräfte. Schließlich profitieren einheimische Arbeitskräfte von der Zuwanderung durch geringere Preise für Konsumgüter und Dienstleistungen, beispielsweise im Hotel- und Gaststättengewerbe. Geben wir die Annahme der Homogenität der Arbeit auf, sind die Effekte der Zuwanderung offensichtlich komplexer, und es wird undeutlich, ob der Medianwähler in den Einwanderungsländern zu den Gewinnern oder Verlierern der Zuwanderung gehört.

Arbeitslosigkeit: Bisher sind wir von flexiblen Löhnen und Vollbeschäftigung ausgegangen. Diese Annahme ist jedoch nicht realistisch. Während in den 1960er und frühen 1970er Jahren in den meisten Einwanderungsländern der EU Vollbeschäftigung herrschte, ist die Arbeitslosigkeit heute ein Problem. Ähnliches gilt für die Auswanderungsländer. Um die Effekte der Migration bei Arbeitslosigkeit zu analysieren, stellen wir uns folgende Situation vor: Der Lohn für Arbeit wird von Arbeitgeberorganisationen und Gewerkschaften in bilateralen Verhandlungen verbindlich festgelegt. Danach stellen die Unternehmen soviel Arbeitskräfte ein, bis das Grenzprodukt der Arbeit dem Lohn entspricht. Die verbleibenden Arbeitskräfte sind arbeitslos. Würde der Lohn bei der Zuwanderung nicht sinken, würde die Zahl der Arbeitslosen unter sonst gleichen Bedingungen um die Zahl der zugewanderten Arbeitskräfte steigen. Nun reagiert aber der vereinbarte Tariflohn auf die Arbeitslosigkeit, d.h. er sinkt mit steigender Arbeitslosigkeit und steigt mit fallender Arbeitslosigkeit. Allerdings fallen die Löhne in dem Einwanderungsland weniger stark und steigen weniger stark im Auswanderungsland als im Falle des Vollbeschäftigungsmodells des vorgehenden Abschnitts.

Die Effekte der Migration sind bei partiell rigiden Arbeitsmärkten etwas schwieriger zu analysieren als bei vollkommen flexiblen Löhnen. In Abb. 6.2

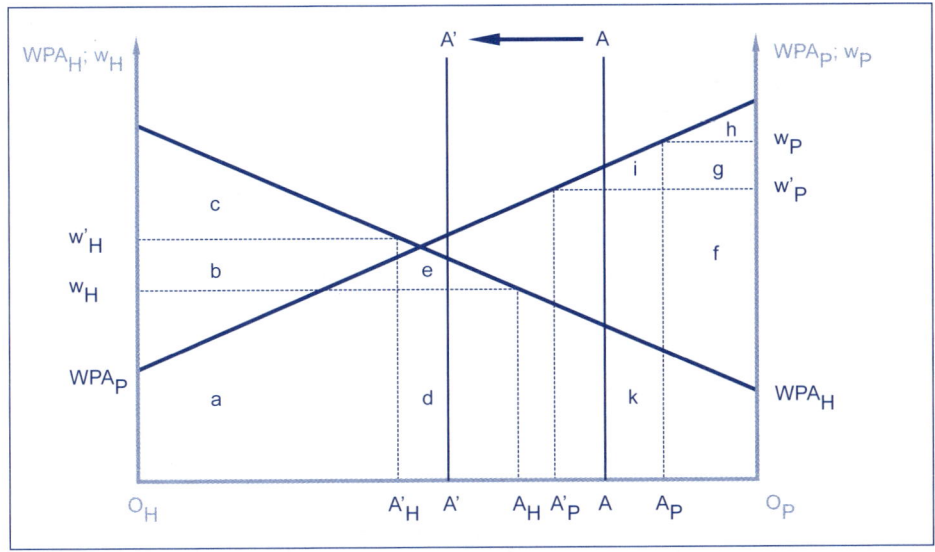

Abbildung 6.2: Produktions- und Wohlfahrtsveränderungen bei Arbeitskräftemobilität und rigiden Arbeitsmärkten

ist wieder das Grenzprodukt der Arbeit im Heimatland von links nach rechts (Kurve WPA$_H$) und im Partnerland von rechts nach links (Kurve WPA$_P$) abgetragen. Im Ausgangszustand liegt der Lohn in beiden Ländern über dem Grenzprodukt der Arbeit bei Vollbeschäftigung, so dass nur ein Teil des zur Verfügung stehenden Arbeitskräftepotentials (O$_H$A + O$_P$A) genutzt wird. Im Heimatland entspricht die Zahl der Beschäftigten der Strecke O$_H$A$_H$ und die Zahl der Arbeitslosen der Strecke A$_H$A, im Partnerland die Zahl der Beschäftigten der Strecke O$_P$A$_P$ und die Zahl der Arbeitslosen der Strecke A$_P$A.

Was passiert nun, wenn ein Teil der Arbeitskräfte (AA') aus dem Heimatland in das Partnerland wandert? Zunächst erhöht sich das Arbeitskräftepotential im Partnerland von O$_P$A auf O$_P$A' und verringert sich im Heimatland von O$_H$A auf O$_H$A'. Im Partnerland fallen die Löhne (von w$_P$ auf w$_P$'), aber nicht ausreichend, um das erweiterte Arbeitskräftepotential zu absorbieren: Die Zahl der Beschäftigten steigt von O$_P$A$_P$ auf O$_P$A$_P$', und die Zahl der Arbeitslosen steigt von A$_P$A auf A$_P$'A'. Umgekehrt steigt im Auswanderungsland H der Lohn von w$_H$ auf w$_H$', aber nicht so stark, dass die Zahl der Arbeitslosen konstant bleibt. Die Zahl der Beschäftigten sinkt dort von O$_H$A$_H$ auf O$_H$A$_H$' und die Zahl der Arbeitslosen sinkt von A$_H$A auf A$_H$'A'. Ob die Arbeitslosigkeit in beiden Ländern zusammen sinkt, ist *a priori* nicht zu sagen.

Wie sieht es nun mit den Wohlfahrtseffekten der Wanderung aus? Insgesamt verändert sich in der Region die Wohlfahrt in Höhe der Flächen i + k – d – e, d.h. es entsteht ein Nettogewinn, wenn i + k > d + e ist. Dies dürfte immer dann der Fall sein, wenn der Anstieg der Beschäftigung im Einwanderungsland P nicht sehr viel geringer ist als der Beschäftigungsrückgang in dem Heimatland H, d.h. unter realistischen Annahmen erwarten wir auch bei

Tabelle 8.2: Produktion und Verteilung bei Arbeitskräftemobilität auf rigiden Märkten

	Ohne Mobilität		Mit Mobilität	
	H	*P*	*H*	*P*
Arbeitsein-kommen	a+d	f+g	a+b	f+k
Kapitalein-kommen	b+c+e	h	c	g+h+i
Volksein-kommen	a+b+c+d+e	f+g+h	a+b+c	f+g+h+i+k
Veränderungen durch die Mobilität				
	H	*P*	*H + P*	
Arbeitsein-kommen	b−d	k − g	b+k−d−g	
Kapitalein-kommen	−b−e	g+i	g+i−b−e	
Volksein-kommen	−d−e	i+k	i+k−d−e	

partiell rigiden Arbeitsmärkten Nettogewinne für die Gesamtregion durch die Wanderung.

Interessanter sind die Verteilungseffekte: Im Heimatland gewinnen die beschäftigten Arbeitnehmer durch die gestiegenen Löhne, während die Kapitaleigner Einkommen verlieren. Es ist auch wahrscheinlich, dass das Pro-Kopf-Einkommen stärker als die Löhne steigt, weil die verbliebene Beschäftigung produktiver und die Zahl der Arbeitslosen geringer geworden sind (die Arbeitslosenrate muss wegen der Bevölkerungsveränderung nicht sinken). Im Partnerland gewinnen die Produzenten zusätzliches Einkommen. Wenn $k > g$ ist, dann gewinnen auch die Arbeitnehmer insgesamt, allerdings bei sinkendem Lohn für die alteingesessenen Arbeitnehmer. Die Effekte für die alteingesessenen Arbeitnehmer und die Migranten hängen vor allem davon ab, wie sich das Arbeitslosigkeitsrisiko auf Zuwanderer und einheimische Bevölkerung verteilt. Würde die gleiche Zahl an einheimischen Arbeitskräften wie vor der Zuwanderung beschäftigt und das Arbeitslosigkeitsrisiko allein von den Zuwanderern getragen, dann entstünde für die einheimischen Arbeitnehmer ein Einkommensverlust im Umfang der Lohnsenkung. Wird ein Teil der einheimischen durch ausländische Arbeitskräfte verdrängt, entstehen weitere Einkommensverluste durch Arbeitslosigkeit.

Im Vergleich zum Modell mit Vollbeschäftigung sinken die Löhne in dem Einwanderungsland zwar weniger stark, aber dafür steigt das Arbeitslosigkeitsrisiko der einheimischen Bevölkerung. Ob ein positiver oder negativer Nettoeffekt für die einheimische Bevölkerung in den Zuwanderungsländern entsteht, hängt von der Verteilung der Arbeitslosigkeitsrisiken auf die einzelnen Bevölkerungsgruppen und vom Grad der Lohnflexibilität ab. Schließlich müssen noch Belastungen für die Sozialversicherungssysteme berücksichtigt werden. Allerdings ist es auch denkbar, dass durch Zuwanderung die Arbeitslosigkeit in den Einwanderungsländern sinkt. Dass ist insbesondere dann der Fall, wenn höher qualifizierte Zuwanderer zusätzliche Nachfrage für geringer qualifizierte Arbeitskräfte schaffen, die überproportional von Beschäftigungsrisiken betroffen sind. Bei Lohnrigiditäten und Arbeitslosigkeit profitieren die Einwanderungsländer deshalb sehr viel stärker von Zuwanderern mit hohen Qualifikationen, als es bei räumenden Arbeitsmärkten der Fall ist. Dies dürfte der Grund sein, warum die meisten Einwanderungsländer eine Zuwanderung von hochqualifizierten Arbeitskräften bevorzugen, auch wenn sie selbst viele qualifizierte Arbeitskräfte besitzen.

Je realitätsnäher die Annahmen der einzelnen Modelle der Migration, desto unbestimmter werden die Effekte. Festzuhalten ist: Es gibt keine eindeutigen Antworten auf die Frage, ob die Migration zu sinkenden Löhnen und steigender Arbeitslosigkeit in den Empfängerländern führt. Hierfür sind eine Quantifizierung der einzelnen Effekte und empirische Untersuchungen notwendig.

Und was sagt die empirische Forschung? Die Effekte der Migration für Löhne und Beschäftigung in den Einwanderungsländern sind Gegenstand zahlreicher ökonometrischer Studien. Sie untersuchen in der Regel, ob die Erhöhung des Ausländeranteils in einer Region oder einer Branche zu einem Rückgang der Löhne oder einem Anstieg der Beschäftigungsrisiken für die einheimische Bevölkerung unter sonst gleichen Bedingungen führt. Die meisten jüngeren Studien in Deutschland, Europa und den USA kommen zu dem Ergebnis, dass die Migration weitgehend neutral für Löhne und Beschäftigung einheimischer Arbeitskräfte ist. So sinkt im Durchschnitt der empirischen Studien bei einer Zuwanderung von einem Prozent der Lohn um weniger als 0,1 Prozent und die Arbeitslosigkeit steigt um weniger als 0,1 Prozentpunkte (so die Meta-Studien von Longhi et al., 2005 und 2006). Die Arbeitsmarkteffekte der Migration sind in allen Studien sehr viel geringer, als in der Öffentlichkeit häufig vermutet wird.

6.2.3 Mobilität und soziale Sicherung

Die Wanderungsentscheidungen orientieren sich aber nicht ausschließlich an den Bruttoentgelten, sondern zusätzlich auch an den privaten und öffentlichen geldwerten Leistungen, über welche die entsprechenden Personen im Herkunfts- bzw. im Zuwanderungsland verfügen können – also an den Nettoentgelten im weitesten Sinne. Dabei sind nicht nur Steuern und Sozialversicherungsbeiträge als Abzüge vom Bruttoentgelt zu berücksichtigen, sondern auch alle Leistungen, die damit finanziert werden und die von Inländern und Zuwanderern gleichermaßen in Anspruch genommen werden können. Darunter fallen beispielsweise die Leistungen des Gesundheits- und Alterssicherungssystems wie auch Kinder-, Wohn- und Arbeitslosengeld, gebührenfreier Zugang zu Schulen und Universitäten, gegebenenfalls Sozialhilfe und anderes mehr. Zu den quantitativ wichtigsten Posten gehören die Ein- und Auszahlungen der Rentenversicherungssysteme.

In ihrem Bestreben, Beschränkungen der Arbeitskräftemobilität so weit wie möglich abzubauen, erleichterten der Gemeinschaftsgesetzgeber und der

EuGH kontinuierlich die Bedingungen, unter denen Zuwanderer Zugriff auf Sozialleistungen des Gastlandes haben. Zugleich wurde die Portabilität von Leistungen der Rentenversicherungssysteme erhöht. Orientieren sich unter diesen Bedingungen die Migranten an den Nettoentgelten im weitesten Sinne und bestehen zwischen Herkunfts- und Zuwanderungsländern große Unterschiede in der Besteuerung der Arbeitseinkommen und der Gewährung sozialer Leistungen, so besteht die Gefahr, dass die Wanderungen nicht mehr ausschließlich produktivitätsgeleitet, sondern teilweise auch umverteilungsorientiert sind. Dies hätte zwei negative Konsequenzen:

- Zum einen werden Arbeitskräfte dazu veranlasst abzuwandern, obwohl ihre Grenzproduktivität im Gastland geringer als im Herkunftsland ist, wenn der Produktivitätsunterschied durch die umfangreichen Sozialleistungen des Gastlandes überkompensiert wird.
- Zum anderen gerät im Zuwanderungsland das soziale Sicherungssystem unter Druck: Entweder müssen die Beiträge erhöht oder die Leistungen reduziert werden.

Bei heterogenen Arbeitskräften werden insbesondere solche mit geringer Qualifikation und geringer Produktivität von Aufnahmeländern mit großzügigen sozialen Sicherungssystemen angezogen werden. In diesem Fall produziert das Zuwanderungsland eine positive Migrationsexternalität für das Herkunftsland, indem dort die Streuung der Bruttoeinkommen reduziert und ohne eigenes Zutun der Zielerreichungsgrad der Sozialpolitik verbessert wird (Sinn 1995: 246f.). Dieses Problem wurde insbesondere im Zusammenhang mit der Osterweiterung diskutiert. Es wird befürchtet, dass Arbeitnehmer mit geringer Produktivität aus ärmeren Staaten gezielt in solche Staaten Westeuropas einwandern, die über ein vergleichsweise großzügiges System der sozialen Sicherung verfügen. Auch aus diesem Grunde hatte man Übergangsfristen zwischen den neuen und den bestehenden Mitgliedstaaten vereinbart, während derer die Freizügigkeit des Personenverkehrs beschränkt werden kann.

Allerdings ist auch der umgekehrte Fall denkbar, dass Zuwanderer mehr Steuern und Abgaben bezahlen, als sie an Leistungen der öffentlichen Hand und der Sozialversicherungssysteme in Anspruch nehmen. Das wirkt wie eine Steuer auf Zuwanderung, so dass die Zuwanderung geringer ausfällt als bei einem Nettoeinkommen, das dem Grenzprodukt für Arbeit entspricht. Ob damit die Zuwanderung von qualifizierten oder von gering qualifizierten Arbeitnehmern überproportional reduziert wird, hängt von der Einnahmen- und Ausgabenstruktur der öffentlichen Hand und der Sozialversicherungssysteme ab.

Es ist also eine empirische Frage, welchen Einfluß die Zuwanderung auf die öffentlichen Ausgaben und Sozialversicherungssysteme hat. In Deutschland sind Migranten zwar häufiger arbeitslos als Einheimische und beziehen eher Leistungen nach dem Sozialgesetzbuch II (Hartz-IV). Sie zahlen im Durchschnitt auch weniger Steuern. Sie erhalten jedoch auf Grund ihrer Altersstruktur sehr viel weniger Renten und Pensionen. Auch sind die Bildungsausgaben für sie geringer, weil ein Großteil der öffentlichen Bildungsinvestitionen in den Herkunftsländern angefallen sind. Nach den Angaben des deutschen Mikrozensus liegen die Transferleistungen per Saldo bei den Personen mit Migrationshintergrund deutlich unter denen der einheimischen Bevölkerung (Brücker 2013). Über den Lebenszyklus gleicht sich das an, weil auch Migranten Ansprüche an die Rentenversicherungen erwerben. Aber es bleibt immer noch ein erheblicher Überschuss (Bonin et al. 2000; Bonin 2006). Die öffentliche Hand und die Sozialversicherungssysteme profitieren in Deutschand insbesondere von den Neuzuwanderern, weil ihr Qualifikationsniveau und ihre Erwerbsbeteiligung deutlich höher liegen als im Durchschnitt der bereits in Deutschland lebenden Personen mit Migrationshintergrund.

6.2.4 Freizügigkeit der Arbeitnehmer

Bereits der EWG-Vertrag von 1957 hatte der Gemeinschaft in Art. 3 die Aufgabe übertragen, einen gemeinsamen Markt mit freizügigem Personenverkehr zu schaffen. Ursprünglich war die Freizügigkeit des Personenverkehrs zwischen den Mitgliedstaaten allerdings in zweierlei Hinsicht eingeschränkt: Zum einen musste die „mobilitätswillige" Person die Staatsbürgerschaft eines Mitgliedstaates besitzen – und das war Angelegenheit des nationalen Rechts. Zum anderen wurde Freizügigkeit nur gewährt, wenn die Abwanderung mit einer ökonomischen Aktivität verbunden war, mit einem Beschäftigungsverhältnis, mit der Aufnahme einer selbständigen Tätigkeit oder mit der Bereitstellung bzw. dem Konsum einer Dienstleistung. Außerdem wurde „Freizügigkeit" zunächst als Verbot einer (direkten oder versteckten) Diskriminierung dieser Personen auf Grund von Staatsangehörigkeit interpretiert.

Im Laufe der Zeit hat sich die Situation durch Veränderungen im Primärrecht, durch Erlass einschlägiger sekundärrechtlicher Normen sowie durch zahlreiche klärende Entscheidungen des EuGH zum Teil dramatisch gewandelt (Brücker/Eger 2012). Erstens wurde seit den 1980er Jahren, insbesondere mit der Verabschiedung des Maastrichter Unionsvertrages und der dadurch neu geschaffenen Unionsbürgerschaft, der nicht-wirtschaftliche Personenverkehr grundsätzlich in die Freizügigkeit einbezogen: Die Kopplung zwischen Freizügigkeit und wirtschaftlicher Betätigung wurde aufgehoben. Zweitens wurde die Freizügigkeit auch auf Familienangehörigen ausgedehnt, die nicht die Staatsangehörigkeit eines Mitgliedstaates besitzen.

Primärrecht: Die Freizügigkeit der Arbeitnehmer ist in den Artikeln 45 bis 48 AEUV primärrechtlich verankert. Art. 45 Abs. 2 AEUV enthält ein Verbot der Diskriminierung von Arbeitnehmern aus anderen Mitgliedstaaten aufgrund der Staatsangehörigkeit hinsichtlich Beschäftigung, Entlohnung und sonstiger Arbeitsbedingungen. Daneben werden in Art. 45 Abs. 3 AEUV als notwendige Begleitrechte der sog. „Wanderarbeitnehmer" das Recht auf Zugang zu Beschäftigungsmöglichkeiten in anderen Mitgliedstaaten sowie ein Einreise- und Aufenthaltsrecht definiert, die allerdings einem *ordre-public*-Vorbehalt unterliegen: Die öffentliche Ordnung, Sicherheit und Gesundheit können eine Einschränkung dieser Rechte seitens der Mitgliedstaaten rechtfertigen. Der Vorbehalt ist gemäß der Richtlinie 64/221/EWG sowie der Rechtsprechung des EuGH eng auszulegen und dem Grundsatz der

Verhältnismäßigkeit entsprechend anzuwenden. Nach Art. 45 Abs. 4 AEUV ist eine Beschäftigung in der öffentlichen Verwaltung von den Grundsätzen der Freizügigkeit ausgenommen, d.h. die Staatsangehörigkeit des entsprechenden Mitgliedstaates ist dann als Einstellungskriterium zulässig. Dieser Ausnahmebereich wird durch den EuGH ebenfalls sehr eng ausgelegt und auf die Ausübung hoheitlicher Funktionen beschränkt. Aus diesem Grunde musste in Deutschland das Beamtenrecht geändert werden, um Personen mit der Staatsangehörigkeit eines anderen Mitgliedstaates den Zugang zu Beamtenpositionen zu ermöglichen, die nicht eine per se hoheitliche Funktion ausüben wie z.B. beamtete Lehrer und Professoren (Oppermann 2011: 468 f., Herdegen 2013: § 16, Rn. 13 – 15; Barnard 2013: 229 ff.).

Sekundärrecht: Die primärrechtlichen Bestimmungen zur Arbeitnehmerfreizügigkeit werden in verschiedenen sekundärrechtlichen Verordnungen und Richtlinien konkretisiert, zu denen die Art. 45 Abs. 3 lit. d, 46 und 48 AEUV die Gemeinschaft ermächtigen. Zentrale Bedeutung kommt den Freizügigkeitsverordnungen (EWG-VO Nr. 1612/68 und 1251/70) zu, die im einzelnen das Recht der Wanderarbeitnehmer, ihre Familien mitzunehmen, sowie ihre Integration in das Gastland regelt. Umfassende Rechte erhalten auch nahe Familienangehörige – und zwar unabhängig von ihrer Staatsangehörigkeit: So ist beispielsweise Ehegatten, minderjährigen oder unterhaltsberechtigten Kindern und unterhaltsberechtigten Verwandten in aufsteigender Linie ein Aufenthaltsrecht im Gastland zu gewähren.

Von großer Bedeutung für die Förderung der Mobilität der Arbeitnehmer zwischen den Mitgliedstaaten ist die Sozialverordnung (EWG-VO Nr. 1408/71). Hierbei geht es darum, die von Wanderarbeitnehmern in verschiedenen Mitgliedstaaten zurückgelegten versicherungsrelevanten Zeiten zusammenzurechnen, so dass die erhöhte Mobilität nicht zu einer systematischen Verringerung der Sozialversicherungsansprüche gegenüber den nationalen Versicherungsträgern führt.

Anfang der 1990er Jahre wurden drei Richtlinien verabschiedet, die das Aufenthaltsrecht nicht-erwerbstätiger Unionsbürger betreffen. Diese drei Richtlinien sind inzwischen in der neuen EU-Freizügigkeitsrichtlinie (2004/38/ EG) aufgegangen, die bis zum 1. 5. 2006 in nationales Recht umzusetzen war. Es sind vor allem zwei Bestimmungen dieser Richtlinie, die öffentliche Aufmerksamkeit erregt und wissenschaftliche Diskussionen entfacht haben. Zum einen dürfen sich EU-Bürger generell länger als drei Monate in einem anderen Mitgliedstaat aufhalten, sofern sie dort erwerbstätig sind oder – als Nicht-Erwerbstätige – für sich und ihre Familien über ausreichende Existenzmittel verfügen und Krankenversicherungsschutz nachweisen können. Zum anderen kann jeder Unionsbürger, der sich fünf Jahre lang rechtmäßig in einem anderen Mitgliedstaat aufgehalten hat, dort ein Daueraufenthaltsrecht beanspruchen, auch wenn er nicht erwerbstätig ist und über keine ausreichenden Existenzmittel verfügt.

Die Rechtsprechung des Europäischen Gerichtshofes: Wie bereits bei der Entscheidungspraxis zum freizügigen Warenverkehr interpretierte der EuGH das relevante Primär- und Sekundärrecht auch hinsichtlich der Arbeitnehmerfreizügigkeit äußerst integrationsfreundlich. Er bezog möglichst viele Personen und möglichst viele Arten von Regelungen in den Geltungsbereich der Art. 45 ff. AEUV ein. Er erkannte bei der Beurteilung dieser Regelungen sehr häufig auf eine Behinderung der Mobilität der Arbeitnehmer. Und er gewährte Wanderarbeitnehmern und ihren Familien einen – gemessen am Wortlaut des sekundären Gemeinschaftsrechts – großzügigen Zugang zu den sozialen Leistungen des Gastlandes.

Der Begriff des Arbeitnehmers wird durch den EuGH sehr weit ausgelegt und umfasst alle abhängig Beschäftigten, die ein gewisses Entgelt für ihre Tätigkeit erhalten, selbst wenn dieses Entgelt nicht zur Deckung des Lebensunterhalts ausreicht. Nach dieser gemeinschaftsrechtlichen Definition zählen beispielsweise auch Teilzeitbeschäftigte mit niedrigem Einkommen, Lehrlinge, Studien- und Rechtsreferendare, Studenten, die ihre berufliche Karriere zwecks Weiterbildung unterbrochen haben, Profisportler und Prostituierte sowie unter bestimmten Bedingungen auch Arbeitssuchende zu den Arbeitnehmern.

Nach der ständigen Rechtsprechung des EuGH sind die Vorschriften zur Arbeitnehmerfreizügigkeit nicht nur an die Gemeinschaft und an die Mitgliedstaaten gerichtet, sondern sie entfalten auch unmittelbare Drittwirkung gegenüber privaten Dritten. Damit fallen nicht nur Tarif- und Einzelarbeitsverträge unter das Diskriminierungsverbot des Art. 45 AEUV, sondern auch Verbandsregelungen im Profisport – wie beispielsweise Staatsangehörigkeitsklauseln im internationalen Radsport (Fall *Walrave*, Rs. 36/74, 1974, 1405) bzw. Transferregeln und Ausländerklauseln nationaler Fußballverbände und des Europäischen Fußballverbandes UEFA (Fall *Bosman*, Rs. C-415/93, Slg. 1995, I–04921). Im Fall *Angonese* (Rs. C-281/98, Slg. 2000, I–4161) hat der EuGH sogar eine unmittelbare Drittwirkung der Vorschriften zur Arbeitnehmerfreizügigkeit gegenüber diskriminierenden Einstellungsvoraussetzungen geltend gemacht, die von einem privaten Arbeitgeber aufgestellt wurden.

Später hat der EuGH auch diskriminierungsfreie Beschränkungen der freizügigen Arbeitnehmermobilität wie die Transferregelungen im Profifußball als Verletzung von Art. 45 AEUV betrachtet und damit das Diskriminierungsverbot zu einem allgemeinen Beschränkungsverbot erweitert. Die breite Anwendung des Diskriminierungsverbotes von Art. 45 AEUV durch die Einbeziehung versteckter Formen der Diskriminierung und (diskriminierungsfreier) Beschränkungen relativiert der EuGH, indem er für diese Einschränkungen der Arbeitnehmerfreizügigkeit weitere Rechtfertigungsgründe anerkennt, die nicht explizit im Primärrecht vorgesehen sind. Man beachte die Analogie zu den „zwingenden Erfordernissen" der *Cassis de Dijon*–Entscheidung, durch welche bestimmte Beschränkungen des freizügigen Warenverkehrs gerechtfertigt werden können.

Sehr großzügig bei der Auslegung des Gemeinschaftsrechts zeigt sich der EuGH, wenn die Freizügigkeitsrechte der Kinder von Erwerbstätigen bzw. von Unionsbürgern, die keiner Erwerbstätigkeit nachgehen, zur Diskussion stehen. In der Entscheidung *Casagrande* (Rs. 9/74, Slg. 1974, 773) stellte der EuGH fest, dass der in München wohnhafte Sohn eines verstorbenen italienischen Gastarbeiters unter den gleichen Bedingungen wie deutsche Staatsbürger einen Anspruch auf BaföG hat. Ein Anspruch auf BaföG wurde auch der Tochter eines in Darmstadt wohnhaften italienischen Gastarbeiters für ein Studium in Italien zugesprochen (Fall *Di Leo*, Rs. C-308/89, Slg. 1990, I–4185). Noch weiter ging der EuGH in der Entscheidung *Baumbast* (Rs. C-413/99, Slg. 2002, I–7091), als er einem deutschen Staatsbürger, der in Großbritannien erwerbstätig war, aber seine Erwerbstätigkeit inzwischen eingestellt hatte, und dessen kolumbianischer Frau ein Recht auf weiteren Aufenthalt im Vereinigten Königreich zuerkannte, um ihren Kindern eine Beendigung der Ausbildung zu ermöglichen. Obwohl das Aufenthaltsrecht Nicht-Erwerbstätiger in anderen Mitgliedstaaten nach dem Wortlaut des einschlägigen Sekundärrechts an die Bedingungen ausreichender Mittel für den Lebensunterhalt und ausreichenden Krankenversicherungsschutzes gebunden ist, zeigt sich der EuGH auch hier großzügig. So bescheinigte der Gerichtshof einer spanischen Staatsangehörigen, die zeitweise in Deutschland gearbeitet hatte und inzwischen dort von der Sozialhilfe lebte, einen Anspruch auf Erziehungsgeld nach dem Bundeserziehungsgeldgesetz (Fall *Martinez Sala*, Rs. C-85/96, Slg. 1998, I–2708).

6.2.5 Die Niederlassungsfreiheit natürlicher Personen und von Gesellschaften

Primärrecht: Art. 49 AEUV verpflichtet alle Mitgliedstaaten, Personen aus anderen Mitgliedstaaten bei der Aufnahme und Ausübung einer selbständigen Erwerbstätigkeit den gleichen nationalen Bestimmungen zu unterwerfen, die auch für die Staatsangehörigen des Aufnahmelandes gelten (Diskriminierungsverbot). Dieses Recht auf Freiheit der Standortwahl und Freizügigkeit der unternehmerischen Tätigkeit bezieht sich nicht nur auf natürliche, sondern auch auf juristische Personen, und es erstreckt sich auch auf die Gründung von Agenturen, Zweigniederlassungen oder Tochtergesellschaften in einem anderen Mitgliedstaat (sekundäre Niederlassungsfreiheit). Da die Niederlassungsfreiheit juristischer Personen nicht notwendig mit der Mobilität natürlicher Personen verbunden ist und darüber hinaus eine Reihe spezifischer Fragen mit sich bringt, wird diese in einem separaten Abschnitt (6.2.5) behandelt. Eng verwandt mit der Niederlassungsfreiheit ist die Dienstleistungsfreiheit, die sich auf „vorübergehend" in einem anderen Mitgliedstaat ausgeübte bzw. in Anspruch genommene selbständige Erwerbstätigkeit bezieht (siehe Kap. 5.4). Gemäß Art. 52 AEUV kann eine Einschränkung der Niederlassungsfreiheit aus Gründen der öffentlichen Ordnung, Sicherheit oder Gesundheit gerechtfertigt werden. Ausgenommen von der Niederlassungsfreiheit sind nach Art. 51 AEUV Tätigkeiten, die dauernd oder zeitweise mit der Ausübung öffentlicher Gewalt verbunden sind. Wir sehen also: Die Architektur des Kapitels über die Niederlassungsfreiheit ist derjenigen des Kapitels über die Arbeitnehmerfreizügigkeit sehr ähnlich.

Sekundärrecht: Diese primärrechtlichen Bestimmungen zur Niederlassungsfreiheit werden durch eine Reihe sekundärrechtlicher Richtlinien konkretisiert, zu denen die Gemeinschaft durch die Art. 50 und 53 AEUV ermächtigt wird. So regelt beispielsweise eine Richtlinie das Reise- und Aufenthaltsrecht von selbständig Erwerbstätigen und ihren Familien angehörigen (RL 73/148/ EWG), eine andere das Bleiberecht der selbständig Erwerbstätigen nach der Beendigung ihrer Tätigkeit im Gastland (RL 75/34/EWG). Die Analogie zu den Verordnungen VO 1612/68 und VO 1251/70 zur Konkretisierung der Arbeitnehmerfreizügigkeit ist offensichtlich. Diese Richtlinien sind inzwischen in der neuen EU-Freizügigkeitsrichtlinie (2004/38/EG) aufgegangen.

Besonders bedeutend für die Niederlassungsfreiheit sind die verschiedenen Richtlinien zur Harmonisierung bzw. wechselseitigen Anerkennung der nationalen Qualifikationsanforderungen, die an die Aufnahme bzw. Ausübung selbständiger Tätigkeiten gestellt werden. Jeder Mitgliedstaat hat spezifische Anforderungen für einzelne Berufe und Branchen definiert, um zu verhindern, dass sich jeder Quacksalber als Arzt, jeder Michael Kohlhaas als Rechtsanwalt und jeder Hobby-Gestalter als Architekt niederlassen kann. Unterstellen wir einmal, dass die nationalen Vorschriften einen optimalen Schutz der Konsumenten gewähren und nicht dazu dienen, den Zugang zu diesen Berufen zum Vorteil der Insider künstlich zu beschränken. Selbst dann stellen die Zulassungsvoraussetzungen für selbständig Erwerbstätige eine praktisch kaum überwindbare Einschränkung der Niederlassungsfreiheit dar, auch wenn sie unterschiedslos auf Inländer und Ausländer angewendet werden. Denn in diesem Fall müsste man von einem Arzt, Rechtsanwalt oder Architekt, der in einem Mitgliedstaat zugelassen ist und sich nun in einem anderen Mitgliedstaat niederlassen möchte, verlangen, dass er die komplette Ausbildung noch einmal im Aufnahmestaat nachholt.

Um dies zu vermeiden, wurde seit Anfang der 1960er Jahre eine Vielzahl von branchen- bzw. berufsbezogenen Richtlinien zur Harmonisierung der Ausbildungsstandards verabschiedet. Es gelang, Mindeststandards für die einzelnen Ausbildungsgänge zu definieren und damit künstliche Einschränkungen der Niederlassungsfreiheit zu beseitigen. (Oppermann/Classen/Nettesheim 2011: 491ff.; Craig/De Búrca 2011: 809ff.). Dies war allerdings, ähnlich wie bei der Detailharmonisierung der Produktstandards, ein mühsamer und zeitaufwendiger Prozess. Allein die Ausarbeitung der Architektenrichtlinie benötigte beispielsweise 17 Jahre (Barnard 2013: 317). Aus diesem Grunde verständigte man sich, inspiriert von der *Cassis de Dijon*-Rechtsprechung, Ende der 1980er Jahre auf die gegenseitige Anerkennung von Diplomen und sonstigen amtlichen Befähigungsnachweisen auch ohne vorherige Harmonisierung der Ausbildungsgänge. Zu diesem Zweck verabschiedete man eine Reihe von entsprechenden Richtlinien, die im September 2005 durch eine neue Richtlinie (2005/36/EG) zur Anerkennung der Berufsqualifikationen ersetzt wurden, welche die bisher bestehenden Vorschriften konsolidiert und modernisiert (Kluth/Rieger 2005). Diese umfassende, sektorübergreifende Richtlinie, die bis zum 20. 10. 2007 in nationales Recht umzusetzen war, regelt den Marktzugang sowie die Ausübung aller reglementierten Berufe, mit Ausnahme der Rechtsanwälte und Notare. Der Marktzugang (sowohl im Bereich der Dienstleistungs- als auch der Niederlassungsfreiheit) ist durch das Prinzip der wechselseitigen Anerkennung der Berufsqualifikationen geregelt. Die Dienstleistungsfreiheit darf aufgrund der Berufsqualifikation nicht eingeschränkt werden, wenn der entsprechende Beruf im Ursprungsland ebenfalls reglementiert ist oder wenn der Dienstleistungserbringer den Beruf während der vergangenen zehn Jahre mindestens zwei Jahre lang rechtmäßig ausgeübt hat.

Die Rechtsprechung des Europäischen Gerichtshofes: Auch bezüglich der Niederlassungsfreiheit interpretierte der EuGH das Primär- und Sekundärrecht großzügig mit dem Ziel, den freizügigen Personenverkehr innerhalb der Europäischen Union so weit wie möglich zu fördern. Er erklärte Art. 49 AEUV nach Ablauf der Übergangszeit für unmittelbar anwendbar, bezog das Diskriminierungsverbot auch auf versteckte Formen der Diskriminierung und erweiterte es schließlich zu einem allgemeinen Beschränkungsverbot. Gleichzeitig relativierte der Gerichtshof wiederum die breite Interpretation des Diskriminierungsverbotes durch die Anerkennung „zwingender Gründe des Allgemeininteresses" als weitere Rechtfertigungsgründe für eine Beschränkung der Niederlassungsfreiheit, welche nicht explizit im Primärrecht vorgesehen sind. Einige wichtige Entscheidungen des Europäischen Gerichtshofes dokumentieren diese Entwicklung.

Im Fall *Reyners* (Rs. 2/74, Slg. 1974, 00631) wollte sich ein niederländischer Staatsangehöriger, der in Belgien aufgewachsen war und studiert hatte, dort als Rechtsanwalt niederlassen. Dies wurde ihm von den belgischen Behörden verweigert, da nach belgischem Recht hierzu die belgische Staatsangehörigkeit erforderlich sei. Offensichtlich handelte es sich hierbei um eine klare Diskriminierung auf Grund der Staatsangehörigkeit. Der EuGH entschied, dass das belgische Recht gegen Gemeinschaftsrecht verstoße, obwohl die in Art. 44 EG (heute: Art. 50 AEUV) vorgesehene Richtlinie noch nicht verabschiedet war. Das in Art. 43 EG (heute: Art. 49 AEUV) verankerte Diskriminierungsverbot wurde somit für unmittelbar anwendbar erklärt.

Etwas anders liegt der Fall *Klopp* (Rs. 107/83, Slg. 1984, 02971). Der Düsseldorfer Rechtsanwalt wollte eine weitere Kanzlei in Paris eröffnen. Obwohl Herr Klopp alle französischen Qualifikationsanforderungen erfüllte, untersagte ihm die Pariser Anwaltskammer die Niederlassung in Paris, da das französische Standesrecht für Anwälte mehrere berufliche Niederlassungen verbiete. Diese Regelung galt für französische und nicht-französische Staatsbürger gleichermaßen, stellte also keine offene Diskriminierung auf Grund der Staatsangehörigkeit dar. Der EuGH entschied, dass das primärrechtlich verankerte Recht, Zweigniederlassungen in anderen Mitgliedstaaten zu gründen, faktisch ausgehöhlt würde, wenn die Genehmigung, eine Niederlassung in einem Mitgliedstaat zu eröffnen, an die Bedingung geknüpft sei, eine bereits bestehende Niederlassung aufzugeben. Zwar billigte der EuGH den Mitgliedstaaten das Recht zu, im Interesse einer geordneten Rechtspflege Vorschriften zu erlassen, um einen ausreichenden Kontakt der Rechtsanwälte zu ihren Mandanten und den Gerichten zu gewährleisten. Er stellte aber auch fest, dass bei der heutigen Entwicklung des Verkehrs- und Fernmeldewesens dieser Kontakt auch ohne ein Verbot der Gründung von Zweigniederlassungen gesichert werden könne.

Eine generelle Erweiterung des Diskriminierungsverbots zu einem allgemeinen Beschränkungsverbot erfolgte in der Entscheidung *Gebhard* (Box 6.3), der für die Niederlassungsfreiheit eine ähnlich grundsätzliche Bedeutung zukommt wie den Entscheidungen *Dassonville* und *Cassis de Dijon* für die Warenverkehrsfreiheit.

Box 6.3: Verhältnismäßig: Der Fall „Gebhard" (Rs. C-55/94, Slg. 1995, I–04165)

Der deutsche Rechtsanwalt Gebhard lebt seit 1978 mit seiner italienischen Ehefrau und seinen drei Kindern in Italien. Seit dem 1. März 1978 war er zunächst Mitarbeiter, später Sozius (*associato*) in einer Anwaltssozietät in Mailand. Im Juli 1989 eröffnete Herr Gebhard eine eigene Kanzlei in Mailand, in der er seine Tätigkeit unter der Bezeichnung *avvocato* ausübte. Auf Beschwerde einiger italienischer Berufskollegen leitete die Mailänder Anwaltskammer ein Disziplinarverfahren gegen ihn ein, da er die notwendigen Voraussetzungen für diese Tätigkeit (wie ein italienisches Jura-Studium und eine Anwaltsprüfung), die für In- und Ausländer gleichermaßen gelten, nicht erfülle. Das zuständige italienische Gericht legte dem EuGH den Fall zur Vorabentscheidung vor.

Der EuGH stellte zunächst fest, dass in diesem Fall aufgrund der „stabilen und kontinuierlichen" Weise der Berufsausübung in Italien die Niederlassungsfreiheit und nicht die Dienstleistungsfreiheit berührt sei. Weiter anerkannte er das Recht der Mitgliedstaaten, die Aufnahme und Ausübung bestimmter selbständiger Tätigkeiten von der Beachtung bestimmter durch das Allgemeininteresse gerechtfertigter Rechts- und Verwaltungsvorschriften abhängig zu machen. Dann kam er zu folgender bemerkenswerten Feststellung, die sich auf alle Grundfreiheiten bezieht:

> „Aus der Rechtsprechung des Gerichtshofes ergibt sich jedoch, dass nationale Maßnahmen, die die Ausübung der durch den Vertrag garantierten grundlegenden Freiheiten behindern oder weniger attraktiv machen können, vier Voraussetzungen erfüllen müssen: Sie müssen in nichtdiskriminierender Weise angewandt werden, sie müssen aus zwingenden Gründen des Allgemeininteresses gerechtfertigt sein, sie müssen geeignet sein, die Verwirklichung des mit ihnen verfolgten Zieles zu gewährleisten, und sie dürfen nicht über das hinausgehen, was zur Erreichung dieses Zieles erforderlich ist." (Rn. 37)

Bezogen auf den konkreten Fall fordert der EuGH die Mitgliedstaaten auf, „bei der Anwendung ihrer nationalen Vorschriften nicht die Kenntnisse und Qualifikationen außer acht [zu] lassen, die der Betroffene bereits in einem anderen Mitgliedstaat erworben hat." (Rn. 38)

Allgemein lässt sich aus der Rechtsprechung des EuGH die Tendenz erkennen, alle künstlichen Barrieren zu beseitigen, die den Zugang zu einer selbständigen Tätigkeit oder ihre Ausübung behindern.

Gemäß Artikel 49 Abs. 2 AEUV umfasst die Niederlassungsfreiheit auch die Gründung und Leitung von Gesellschaften (sofern diese einen Erwerbszweck verfolgen), und Art. 54 Abs. 1 AEUV bestimmt, dass in Bezug auf die Niederlassungsfreiheit

> „ ... die nach den Rechtsvorschriften eines Mitgliedstaates gegründeten Gesell-
> schaften, die ihren satzungsmäßigen Sitz, ihre Hauptverwaltung oder ihre Haupt-
> niederlassung innerhalb der Gemeinschaft haben, den natürlichen Personen
> gleich[stehen], die Angehörige der Mitgliedstaaten sind".

Die Niederlassungsfreiheit bezieht sich also nicht nur auf natürliche, sondern auch auf juristische Personen.

Trotz zahlreicher Richtlinien, die eine gewisse Angleichung der nationalen Gesellschaftsrechte anstreben (Engert 2005: 251 ff.), unterscheidet sich das Gesellschaftsrecht der Mitgliedstaaten immer noch beträchtlich. Bei international tätigen Gesellschaften stellt sich somit die Frage, welche gesellschaftsrechtlichen Vorschriften Anwendung finden. Dies ist im internationalen Privatrecht (Kollisionsrecht) der einzelnen Mitgliedstaaten geregelt, wobei sich zwei Ansätze unterscheiden lassen:

- *Sitztheorie:* Danach ist das Recht am effektiven Sitz der Hauptverwaltung auf alle Niederlassungen der Gesellschaft anzuwenden; so in Deutschland, Österreich, Frankreich, Belgien, Luxemburg, Portugal und Griechenland.
- *Gründungstheorie:* Im Vereinigten Königreich, in den Niederlanden und den nordischen Staaten ist einheitlich das Recht anzuwenden, unter dem die Gesellschaft gegründet wurde – unabhängig davon, in welchem Staat sich die Hauptverwaltung befindet.

Das Kollisionsrecht Italiens und Spaniens war – jedenfalls zu dieser Zeit – zwischen diesen beiden Ansätzen einzuordnen. (Wendehorst 2005: 363 f.; Kieninger 2005: 2 f.).

Das Verhältnis der Niederlassungsfreiheit von Gesellschaften zu den nationalen Kollisions- und Gesellschaftsrechten wurde durch eine Reihe von EuGH-Entscheidungen präzisiert (Grundmann 2004; Hirte/Bücker 2005; Lutter 2005; Eidenmüller 2004; Roth 2008). Drei Leitentscheidungen des EuGH brachten Bewegung in das internationale Gesellschaftsrecht der Mitgliedstaaten. In allen drei Fällen sah der EuGH die Niederlassungsfreiheit durch mitgliedstaatliche gesellschaftsrechtliche bzw. kollisionsrechtliche Normen beschränkt und setzte damit insbesondere diejenigen Mitgliedstaaten unter Druck, die (noch) der Sitztheorie anhingen.

Im *Centros*-Fall ging es um ein in Dänemark ansässiges Ehepaar dänischer Staatsangehörigkeit, das in Großbritannien eine *private limited company*, die Centros Ltd., gegründet hatte, welche bei den zuständigen Behörden die Eintragung einer Zweigniederlassung in Dänemark beantragte. Der Antrag wurde abgelehnt mit der Begründung, dass die Gründung der englischen Limited (Ltd.) nur zu dem Zweck erfolgt sei, die nationalen dänischen Vorschriften über die Einzahlung eines Mindestgesellschaftskapitals von 200 000 DKR zu umgehen, dass die Gesellschaft nicht in Großbritannien, sondern ausschließlich in Dänemark tätig sei und dass es sich insofern bei der dänischen Niederlassung nicht um eine Zweigniederlassung, sondern um den Hauptsitz handele. Tatsächlich war das Hauptmotiv des dänischen

Ehepaares, die in Dänemark für Gesellschaften mit beschränkter Haftung vorgesehene hohe Mindestkapitaleinlage zu vermeiden und zu geringeren als den sonst üblichen Kosten die Vorteile einer Haftungsbeschränkung zu genießen. Der EuGH betrachtete in seiner Entscheidung (Rs. C-212/97, Slg. 1999, I–01459) die Weigerung der dänischen Handelsregisterbehörde, die Zweigniederlassung einzutragen, als Verstoß gegen die Niederlassungsfreiheit. Er machte zum einen deutlich, dass es für sich allein keine missbräuchliche Ausnutzung des Niederlassungsrechts darstelle, wenn ein Staatsangehöriger eines Mitgliedstaates eine Gesellschaft in dem Staat mit dem für ihn günstigsten Gesellschaftsrecht gründet und in anderen Mitgliedstaaten Zweigniederlassungen errichtet. Zum anderen lasse sich zwar grundsätzlich der Gläubigerschutz als „zwingender Grund des Allgemeininteresses" heranziehen, um eine Beschränkung der Niederlassungsfreiheit zu rechtfertigen. Im konkreten Fall wurde die Weigerung der dänischen Behörden, die Zweigniederlassung einzutragen, aber weder als geeignet, noch als erforderlich angesehen, das Ziel des Gläubigerschutzes zu erreichen.

Eine weitere interessante Grundsatzentscheidung des EuGH betrifft den Fall *Überseering*. Hier hatte die Überseering BV, eine Gesellschaft niederländischen Rechts, in Düsseldorf ein Grundstück erworben und ein deutsches Bauunternehmen mit der Sanierung der auf diesem Grundstück befindlichen Gebäude beauftragt. Da das deutsche Bauunternehmen den wiederholten Aufforderungen zur Beseitigung festgestellter Mängel nicht nachkam, klagte Überseering vor einem deutschen Gericht auf Schadenersatz. Die Klage wurde in zwei Instanzen mit der Begründung abgewiesen, dass Überseering ihren tatsächlichen Verwaltungssitz nach Deutschland verlegt habe und als Gesellschaft niederländischen Rechts in Deutschland nicht rechtsfähig und demnach auch nicht parteifähig sei. In seiner Entscheidung vom 5. 11. 2002 (Rs. C-208/00, Slg. 2002, I–09919) stellte der EuGH fest, dass das aus der in Deutschland geltenden Sitztheorie abgeleitete Erfordernis, die Gesellschaft in Deutschland neu zu gründen, letztlich einer Negierung der Niederlassungsfreiheit gleichkomme, die im konkreten Fall auch durch „zwingende Gründe des Gemeinwohls" wie Gläubigerschutz, Schutz der Minderheitsgesellschafter, Arbeitnehmerschutz und Fiskalinteressen nicht gerechtfertigt werden könne. Im vorliegenden Fall erscheint der Hinweis auf zwingende Gründe des Gemeinwohls zur Rechtfertigung für Beschränkungen der Niederlassungsfreiheit ja auch geradezu absurd: Da ein Gerichtsstand in den Niederlanden aufgrund der besonderen Umstände des Falls nicht eröffnet war, hätte eine konsequente Anwendung der Sitztheorie praktisch nicht zu einem Schutz, sondern zu einer Enteignung des Gläubigers geführt, indem man ihm das Klagerecht am einzig möglichen Gerichtsstand entzogen hätte (Kieninger 2004: 688).

Ein knappes Jahr später urteilte der EuGH im Fall *Inspire Art* (Rs. C-167/01, Slg. 2003, I–10155), der wesentliche Gemeinsamkeiten mit dem Centros-Fall hat. Hier gründete ein Niederländer mit Wohnsitz in Den Haag eine Gesellschaft englischen Rechts mit Sitz in Folkestone, die „Inspire Art Ltd.", welche in Amsterdam eine Zweigniederlassung errichtete und ausschließlich von dieser Zweigniederlassung aus im Kunsthandel tätig wurde. Zwar folgt man im niederländischen internationalen Gesellschaftsrecht der Gründungstheorie, hat aber besondere Vorschriften für sog. „formal ausländische Gesellschaften" erlassen, d.h. solche nach ausländischem Recht gegründete Gesellschaften, die ihre Tätigkeit vollständig oder nahezu vollständig in den Niederlanden ausüben. Bei einem Verstoß gegen diese Vorschriften haften die Geschäftsführer neben der Gesellschaft gesamtschuldnerisch für alle während ihrer Geschäftsführung im Namen der Gesellschaft vorgenommenen Rechtshandlungen. Es überrascht nicht, dass der EuGH die nationalen Bestimmungen über Mindestkapital und über die Geschäftsführerhaftung bei „formalen ausländischen Gesellschaften" als Beschränkungen der Niederlassungsfreiheit ansieht und dass er im konkreten Fall weder einen Missbrauch der Niederlassungsfreiheit noch eine Rechtfertigung für Beschränkungen der Niederlassungsfreiheit aus „zwingenden Gründen des Gemeinwohls" gegeben sieht.

Betrachtet man die drei EuGH-Entscheidungen etwas genauer, so stellt man fest, dass es nur im Fall Überseering tatsächlich um die Mobilität von Gesellschaften ging – nämlich um die Gründung und die Niederlassung der Hauptverwaltung einer Gesellschaft in einem Mitgliedstaat und die spätere Verlegung des tatsächlichen Sitzes dieser Gesellschaft in einen anderen Mitgliedstaat. Insoweit hat die Niederlassungsfreiheit für Gesellschaften vielfältige Gemeinsamkeiten mit der Niederlassungsfreiheit für natürliche Personen. Es geht darum, künstliche Beschränkungen einer optimalen Standortwahl zu beseitigen. Ganz anders liegen demgegenüber die Fälle *Centros* und *Inspire Art*. Hier geht es letztlich nicht um die optimale Standortwahl, sondern um eine optimale Wahl der Rechtsform – losgelöst vom Standort der Hauptverwaltung. Durch die vergrößerte Wahlfreiheit setzt sich letztlich im internationalen Gesellschaftsrecht der Mitgliedstaaten die Gründungstheorie gegenüber der Sitztheorie durch, und es wird möglicherweise auch Druck auf die Mitgliedstaaten ausgeübt, ihr Gesellschaftsrecht zu ändern – was durch entsprechende Richtlinien in den letzten Jahrzehnten nur sehr unvollkommen gelungen ist (Heine/Kerber 2002: 50; Kieninger 2004: 692f.; Mock 2005: 771).

Der EuGH hat somit auch bezüglich der Niederlassungsfreiheit von Gesellschaften das Diskriminierungsverbot zu einem allgemeinen Beschränkungsverbot erweitert. Seit der Entscheidung *Gebhard* ist bei allen Grundfreiheiten eine Rechtfertigung von Beschränkungen nur unter den folgenden vier Voraussetzungen gegeben:

(1) die Beschränkung wird in nicht-diskriminierender Weise angewandt,

(2) die Beschränkung wird durch zwingende Erfordernisse des Allgemeininteresses gerechtfertigt,

(3) die Beschränkung ist zur Erreichung des verfolgten Zieles geeignet und

(4) die Beschränkung geht nicht über das hinaus, was zur Erreichung dieses Zieles erforderlich ist.

In seiner Rechtsprechung zur Niederlassungsfreiheit von Gesellschaften zeigte sich der EuGH zwar großzügig in der Anerkennung von „zwingenden Erfordernissen des Allgemeininteresses": Grundsätzlich werden der Gläubigerschutz, der Schutz von Minderheitsgesellschaftern, der Arbeitnehmerschutz sowie Besteuerungsinteressen des Staates als Rechtfertigungsgründe anerkannt. Streng geprüft wird aber, ob die Beschränkungen für einen Schutz der genannten Interessen geeignet und erforderlich sind.

Der deutsche Gesetzgeber hat auf den durch die EuGH-Rechtsprechung initiierten „Wettbewerb der Gesellschaftsrechte" mit der größten Reform der deutschen GmbH seit ihrer Schaffung im Jahre 1892 reagiert. Das zum 1. November 2008 in Kraft getretene Gesetz zur Modernisierung des GmbH-Rechts und zur Bekämpfung von Missbräuchen (MoMiG) lässt neben der gewöhnlichen GmbH die sog. „Unternehmergesellschaft (haftungsbeschränkt)" zu, bei der vollständig auf ein Mindestkapital verzichtet wird (Hirte 2008).

6.3 Kapitalverkehrsfreiheit

Im Vergleich zu den anderen Grundfreiheiten wurden die rechtlichen Voraussetzungen für einen vollständig freizügigen Kapitalverkehr erst sehr spät, Ende der 1980er Jahre, geschaffen. Im EWG-Vertrag von 1957 war gemäß Art. 67 Abs. 1 (inzwischen gestrichen) eine Liberalisierung des Kapitalverkehrs nur insoweit vorgesehen, als es „für das Funktionieren des Gemeinsamen Marktes notwendig ist". Gleichzeitig enthielt der EWG-Vertrag zahlreiche Rechtfertigungsgründe für Einschränkungen der Kapitalverkehrsfreiheit, die ebenfalls in dieser Form heute nicht mehr existieren. Der Grund für die Sonderstellung der Kapitalverkehrsfreiheit bestand in der Sorge der Mitgliedstaaten, dass unkontrollierte, insbesondere kurzfristige internationale Kapitalbewegungen ihre Fähigkeit, eine autonome Geld- und Kreditpolitik durchzuführen, untergraben würden und Zahlungsbilanzkrisen verursachen könnten (Pelkmans 2006: 175). Zwar liberalisierte man mit zwei Richtlinien bereits Anfang der 1960er Jahre einige Typen internationaler Kapitaltransaktionen wie Direktinvestitionen, kurz- und mittelfristige Handelskredite sowie den Kauf börsennotierter Wertpapiere. Aber der größte Teil der Finanztransaktionen unterlag weiterhin strikten staatlichen Kontrollen (Kimms 1996: 30ff.).

Erst zwanzig Jahre später, Mitte der 1980er Jahre, nahm man den Prozess der Liberalisierung des Kapitalverkehrs wieder auf (Kimms 1996: 64ff.). Das „Weißbuch zur Vollendung des Binnenmarkts" von 1985 enthielt zahlreiche Vorschläge zur Beseitigung von Hemmnissen der finanziellen Integration, und die 1986 verabschiedete Einheitliche Europäische Akte fügte den neuen Artikel 8a (heute: Art. 26 AEUV) in den EWG-Vertrag ein, der den Binnenmarkt als einen Raum ohne Binnengrenzen definierte, „in dem der freie Verkehr von Waren, Personen, Dienstleistungen und Kapital gemäß den Bestimmungen ... [der Verträge] gewährleistet ist". Damit wurde der freizügige Kapitalverkehr als gleichberechtigt mit den anderen drei Grundfreiheiten etabliert.

Nach drei Richtlinien aus den Jahren 1985 und 1986, welche die Liberalisierung auf weitere Kategorien des Kapitalverkehrs ausdehnten, wurde der Prozess der Kapitalverkehrsliberalisierung 1988 schließlich durch die Richtlinie 88/361/EWG vollendet. Sie verpflichtete die Mitgliedstaaten, alle Beschränkungen des Kapitalverkehrs zwischen Personen, die in den Mitgliedstaaten ansässig sind, bis zum 1. 7. 1990 zu beseitigen. Dabei bezieht sich die Verpflichtung nicht nur auf den Abbau der devisenrechtlichen Beschränkungen, sondern auch auf den Abbau der indirekten Beschränkungen des Kapitalverkehrs. Im Anhang enthält die Richtlinie eine Nomenklatur für den gemeinschaftsrechtlich relevanten Kapitalverkehr. Mit Ablauf der Umsetzungsfrist erlangte die Kapitalverkehrsfreiheit als letzte Grundfreiheit unmittelbare Geltung (EuGH-Entscheidung *Bordessa*, Rs. C-358/93, Slg. 1995, I–0361). Für die seinerzeit wirtschaftlich schwächeren Länder Irland, Griechenland, Portugal und Spanien wurde eine Übergangsfrist vereinbart.

Die neuen Artikel über die Kapitalverkehrsfreiheit reproduzieren weitgehend den Inhalt der Richtlinie und sind nun zusammen mit den Vorschriften über den freizügigen Zahlungsverkehr in einem Kapitel des Vertrages (Art. 63–75 AEUV) zusammengefasst. Rechtfertigungsgründe für Beschränkungen des Kapitalverkehrs wurden im Vergleich zum EWG-Vertrag stark eingeschränkt.

6.3.1 Wohlfahrts- und Verteilungseffekte der Kapitalverkehrsfreiheit

Aus ökonomischer Sicht soll ein freizügiger Kapitalverkehr dazu beitragen, dass Kapital dort eingesetzt wird, wo es die höchsten Erträge erwirtschaftet. Wir gehen wieder vom bereits bekannten einfachen Grundmodell aus (1958 von MacDougall entwickelt; Baldwin/Wyplosz 2012: 499ff.). Im Unterschied zur Arbeitskräftemobilität liegen die Verhältnisse bei der Kapitalmobilität relativ einfach: Was wandert, ist das Kapital und sind nicht die Kapitaleigner. Deshalb haben wir keine Bevölkerungsveränderung in den beiden Ländern. Abb. 6.3 zeigt die Produktions- und Wohlfahrtsveränderungen. Die WPK-Kurve gibt das Wertgrenzprodukt des Kapitals an, $O_H K_0$ und $O_P K_0$ sind die jeweiligen Anfangsausstattungen mit Kapital, i ist der Zinssatz. Folglich finden wir das Kapitaleinkommen unterhalb der Zinsgeraden und das Arbeitseinkommen zwischen Zinsgerade und WPK-Kurve.

Nach Einführung der freien Kapitalmobilität wandert Kapital aus H nach P und zwar bis zur gleichgewichtigen Faktorverteilung K^*. Die Folgen für Produktion und Verteilung sind aus Tab. 6.3 abzulesen.

Produktion und Volkseinkommen fallen auseinander, weil nur das Kapital und nicht die Kapitaleigner wandern. Das bedeutet, dass das Einkommen des aus H abgewanderten Kapitals seinen Inhabern in H zufällt. Natürlich brauchen wir nun auch freien Güterverkehr, um die Zahlungsbilanz zwischen H und P auszugleichen und das erhöhte Einkommen zu realisieren, was nur über Importe möglich ist. Der Nettoeffekt der Mobilität besteht in den beiden Dreiecken i und j. Da sich dieser Nettoeffekt auf beide Länder aufteilt, haben auch beide Anteil an der Pareto-Verbesserung und damit ein Interesse an der Einführung der Mobilität. Die Veränderungen in der Produktion spielen

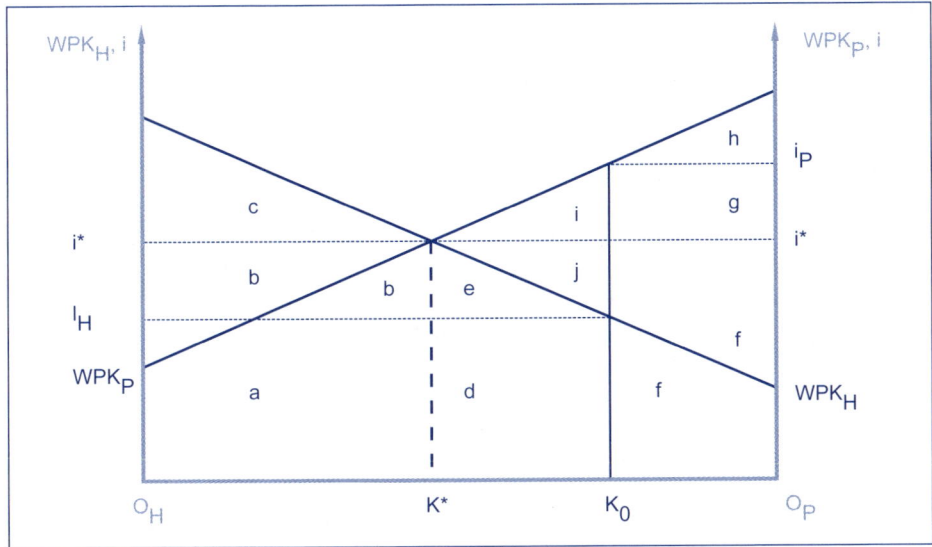

Abbildung 6.3: Produktionsveränderungen und Verteilungseffekte bei Kapitalmobilität

Tabelle 6.3: Produktion und Verteilung bei Kapitalmobilität

	Ohne Mobilität		Mit Mobilität	
	H	**P**	**H**	**P**
Kapitalein-kommen	a+d	f+g	a+b+d+e+j	f
Arbeitsein-kommen	b+c+e	h	c	g+h+i
BIP	a+b+c+d+e	f+g+h	a+b+c	d+e+f+g+h+i+j
Volksein-kommen	a+b+c+d+e	f+g+h	a+b+c+d+e+j	f+g+h+i
	Veränderungen durch die Mobilität			
	H	**P**	**H + P**	
Kapitalein-kommen	b+e+j	–g	b+e+j–g	
Arbeitsein-kommen	–b–e	g+i	g+i–b–e	
BIP	–d–e	d+e+i+j	i+j	
Volksein-kommen	j	i	i+j	

unter den gemachten Annahmen (vollständige Flexibilität auf allen Märkten) keine gravierende Rolle. Sobald man aber inflexible Märkte, vor allem bei den Arbeitsmärkten zulässt, wird die Abnahme der Produktion in H mit Beschäftigungsverlusten verbunden sein. Daraus erklären sich die weitverbreiteten Vorbehalte gegen Kapitalmobilität.

Die Einführung der Kapitalverkehrsfreiheit ist für die Kapitaleigner in H vorteilhaft, nicht aber für die Bezieher von Arbeitseinkommen. In P verhält es sich umgekehrt. Wäre über die Kapitalmobilität in beiden Ländern abzustimmen, so würden im Heimatland H die Kapitaleigner dafür, die Arbeitnehmer aber dagegen stimmen, der Medianwähler wäre also wohl dagegen. Im Zuzugsland P ist die Situation umgekehrt: Die Arbeitnehmer würden dafür votieren und die Kapitaleigner dagegen, und die Vermutung liegt nahe, dass der Medianwähler sich für die Verkehrsfreiheit ausspräche. Die Einführung des freizügigen Kapitalverkehrs führt somit nicht zu einer Pareto-Verbesserung. Erst unter Hinzuziehung des Kaldor-Hicks Kriteriums, d.h. der Möglichkeit, dass die Gewinner die Verlierer kompensieren, stellt sich eine Verbesserung ein. Um aber den Medianwähler im Abwanderungsland H zur Zustimmung zu bringen, müssten die Gewinner tatsächlich seine Verluste kompensieren. Das ist im konkreten Fall nicht immer ganz einfach.

Wir können somit festhalten, dass jede Beschränkung des internationalen Kapitalverkehrs den Konvergenzprozess der Zinsen und der Grenzproduktivitäten des Kapitals bremst und damit eine ineffiziente Faktorallokation verursacht. Dieses Ergebnis ist allerdings zu modifizieren, wenn man die stark vereinfachenden Annahmen des Grundmodells abschwächt. Im Unterschied zum Produktionsfaktor Arbeit kann man die Mobilitätskosten des Kapitals fast vernachlässigen, mit einer Ausnahme – dem Risikoaspekt. Denn es gibt, abgesehen vom normalen Unternehmensrisiko, zahlreiche Risiken, die den internationalen Kapitalverkehr einschränken: Wechselkursrisiken, politische Risiken, das Risiko unterschiedlicher Rechts- und Wirtschaftskulturen zum Beispiel. Genau hier setzt dann auch wieder das europäische Integrationsprojekt an: Es gilt solche und andere Verkehrsbeschränkungen so weit wie möglich zu reduzieren. Die gemeinsame Währung beispielsweise ist ein wichtiger Schritt auf diesem Wege.

Freizügigkeit von Kapital und Arbeit sind substitutiv. Besteht in einem Land relativer Kapitalreichtum, in einem anderen relativer Reichtum an Arbeitskräften, so kann entweder die Arbeit zum Kapital oder das Kapital zur Arbeit wandern. Beide Alternativen tragen unter den Bedingungen des Grundmodells zu einer Konvergenz der Faktorpreise und somit zu einer effizienten Allokation der Produktionsfaktoren bei. Vom sozialen Standpunkt aus gesehen ist es besser, das Kapital wandert und die Arbeitskräfte bleiben in ihrer angestammten Umgebung. Doch zeigt die Erfahrung, dass sich das Kapital oft schwerer tut, Grenzen zu überschreiten, als die Arbeit. Es ist als einer der großen Erfolge des europäischen Integrationsprojektes anzusehen, dass die innergemeinschaftliche Arbeitskräftemobilität im Laufe der Zeit abgenommen und die Kapitalmobilität zugenommen hat.

Kapital- und Arbeitskräftemobilität können aber auch in einer komplementären Beziehung zueinander stehen, vor allem dann, wenn wir die Annahme der Homogenität der Faktoren fallen lassen. Die Errichtung einer Produktionsstätte im Ausland (Kapitalexport) kann mit dem Einsatz von Arbeitskräften mit gewissen Schlüsselqualifikationen verbunden sein. Im kapitalarmen Land, in das Kapital exportiert wird, ist häufg auch *know-how* ein knapper Faktor. Das kann zur Folge haben, dass Kapital und (qualifizierte) Arbeit in die gleiche Richtung wandern.

Der Kapitalverkehr setzt sich aus sehr unterschiedlichen Transaktionen zusammen. Dabei geht es um alle finanziellen Transaktionen, die nicht durch Waren- oder Dienstleistungsverkehrsströme gedeckt sind: insbesondere Direktinvestitionen, Wertpapieranlagen sowie Finanz- und Handelskredite mit unterschiedlichen Laufzeiten. Eine wichtige theoretische Unterscheidung wird zwischen Portfolioinvestitionen und Direktinvestitionen gemacht:

- *Portfolioinvestitionen:* Die Anleger orientieren sich ausschließlich an den Erträgen der entsprechenden Anlageformen, korrigiert um die damit verbundenen Risiken. Auf diesen Typ von Kapitalverkehr bezieht sich unser einfaches Grundmodell – unter der Voraussetzung, dass keine Wechselkursrisiken bestehen und dass die Erträge auf die Investition keine Varianz aufweisen.
- *Direktinvestitionen:* Zum Ertragsmotiv kommt das Kontrollmotiv hinzu. Multinationale Unternehmen errichten im Ausland Produktionsstätten auf der grünen Wiese, erwerben Anteile an bestehenden Unternehmen oder beteiligen sich an grenzüberschreitenden Fusionen. Sie beabsichtigen, die entsprechenden Aktiva unter eine einheitliche Kontrolle zu bringen und Beschaffung, Produktion und Absatz besser an die bestehenden ökonomischen, rechtlichen und politischen Bedingungen anzupassen. Unterschiede in den Zinssätzen spielen somit bei den Direktinvestitionen eine untergeordnete Rolle (vgl. z.B. Blank/Clausen/Wacker 1998: 143 ff.).

Direktinvestitionen sind häufig mit einem Technologietransfer verbunden. Bei technischem *know-how* handelt es sich um ein „öffentliches Gut", d.h. ein Gut, bei dem keine Rivalität im Konsum besteht (allerdings kann durchaus Ausschließbarkeit z.B. durch Patentschutz bestehen). Somit erhöht ein Technologietransfer das technische *know-how* im kapitalimportierenden Land, ohne es gleichzeitig im kapitalexportierenden Land zu verringern. Anders als beim Grundmodell können daher in diesem Fall auch die im kapitalimportierenden Land ansässigen Kapitaleigner zu Gewinnern werden. Erfolgen Direktinvestitionen verbunden mit Technologietransfer in beide Richtungen, wie das zwischen entwickelten Ländern üblich ist, gibt es somit keine Verlierer mehr, sondern nur noch Gewinner eines freizügigen Kapitalverkehrs.

Eine letzte Modifikation des Grundmodells betrifft die Tatsache, dass in der Realität Kapitalanbieter und -nachfrager gewöhnlich nicht direkt aufeinander treffen, sondern dass Banken, Versicherungen und Börsen als Intermediäre dazwischengeschaltet sind. Die Finanzmärkte sind allerdings in allen Staaten aufgrund der starken Informationsasymmetrien zwischen Marktteilnehmern und den daraus folgenden Prinzipal-Agenten-Problemen mehr oder weniger stark reguliert. Neben den direkten Kapital- und Devisenkontrollen stellen somit Unterschiede im Banken-, Börsen-, Wertpapier- und Gesellschaftsrecht ein weiteres potentielles Hemmnis eines freizügigen Kapitalverkehrs dar.

6.3.2 Zulässige und unzulässige Beschränkungen des Kapitalverkehrs

Gemäß Art. 63 Abs. 1 AEUV

> „sind alle Beschränkungen des Kapitalverkehrs zwischen den Mitgliedstaaten sowie zwischen den Mitgliedstaaten und dritten Ländern verboten".

Im Unterschied zu den anderen Grundfreiheiten wird die Kapitalverkehrsfreiheit auch im Verhältnis zu Drittstaaten eingeführt. Eine Definition des Kapitalverkehrs wird nicht geliefert. Der EuGH orientiert sich in ständiger Rechtsprechung an der Nomenklatur im Anhang der Richtlinie 88/361 EWG, die eine große Bandbreite von Transaktionen dem Kapitalverkehr zuordnet. Hierunter fallen beispielsweise so unterschiedliche Transaktionen wie die Verbringung oder die Übertragung von Bargeld, Devisengeschäfte, die Begebung von Schecks und Wechseln, der Erwerb von Grundstücken, die Übertragung von Gesellschaftsanteilen, die Ausgabe von und der Handel mit Aktien und Schuldverschreibungen, der Erwerb von Anteilen an Investmentfonds, Termingeschäfte, der Erwerb von Unternehmen, die Erbringung einer Kapitaleinlage bei der Gründung einer Gesellschaft, die Gewährung von Darlehen, die Einzahlung von Spareinlagen, die Versicherung von Risiken, die Begründung von Forderungen, die Abtretung von Forderungen, die Bestellung von Sicherungsrechten, die Übernahme von Bürgschaften, Beitritt zu fremden Verbindlichkeiten sowie Schenkungen, Erbschaften und Vermächtnisse (Wilmovsky 2003: 290 f.). Art. 63 Abs. 2 AEUV verbietet Beschränkungen des internationalen Zahlungsverkehrs, worunter die finanziellen Transaktionen zu verstehen sind.

Art. 65 AEUV enthält Rechtfertigungsgründe, die sowohl im Verhältnis der Mitgliedstaaten untereinander als auch gegenüber Drittstaaten gelten. Gemäß Abs. 1 lit. a berührt das Beschränkungsverbot nicht das Recht der Mitgliedstaaten, Steuerpflichtige mit unterschiedlichem Wohn- und Kapitalanlageort unterschiedlich zu behandeln. Weitere Rechtfertigungsgründe sind solche der öffentlichen Ordnung und Sicherheit, die Gewährleistung einer effektiven Steuer- und Finanzaufsicht oder die Durchsetzung von Meldeverfahren für den Kapitalverkehr zwecks administrativer oder statistischer Information (Abs. 1 lit. b). Aber auch diese Maßnahmen und Verfahren dürfen keine willkürliche Diskriminierung oder eine verschleierte Beschränkung des freien Kapital- und Zahlungsverkehrs darstellen. Zusätzlich zu diesen allgemein gültigen Rechtfertigungsgründen gibt es gegenüber Drittstaaten noch eine Vielzahl weiterer zulässiger Beschränkungen des Kapitalverkehrs. Ähnlich wie bei den anderen Grundfreiheiten hat der EuGH in ständiger Rechtsprechung „zwingende Erfordernisse des Allgemeininteresses" definiert, welche auch im Verhältnis der Mitgliedstaaten untereinander diskriminierungsfreie Beschränkungen des Kapitalverkehrs rechtfertigen, sofern der Grundsatz der Verhältnismäßigkeit nicht verletzt wird (Barnard 2013: 601 ff.; Wilmovsky 2003: 298 f.).

Wurde früher der internationale Kapitalverkehr insbesondere durch Devisenkontrollen eingeschränkt, spielen in den heutigen Rechtskonflikten andere staatliche Maßnahmen, welche die internationalen Finanztransaktionen mit zusätzlichen Kosten belegen, die entscheidende Rolle. Dabei wird auch deutlich, dass die Kapitalverkehrsfreiheit eng mit den anderen Grundfreiheiten zusammenhängt. Investiert jemand im Ausland, um eine Unternehmung zu gründen oder eine Zweigniederlassung zu etablieren, so ist neben der Kapitalverkehrsfreiheit auch die Niederlassungsfreiheit betroffen Auf diesen Zusammenhang nimmt Art. 55 AEUV Bezug, indem er die Mitgliedstaaten auffordert „… die Staatsangehörigen der anderen Mitgliedstaaten hinsichtlich ihrer Beteiligung am Kapital von Gesellschaften im Sinne des Artikels 54 den eigenen Staatsangehörigen gleich[zustellen]". Im Folgenden werden einige wichtige Entscheidungen des EuGH diskutiert, die sich auf drei Kategorien des grenzüberschreitenden Kapitalverkehrs beziehen: Immobilieninvestitionen, Portfolioinvestitionen und Direktinvestitionen.

Immobilieninvestitionen: Bei der Entscheidung *Konle* (Rs. C-302/97, Slg. 1999, I–03099) ging es um einen deutschen Staatsangehörigen, der im Rahmen eines Zwangsversteigerungsverfahrens den Zuschlag für ein Grundstück in Tirol unter dem Vorbehalt der damals erforderlichen behördlichen Genehmigung erhalten hatte. Die Genehmigung wurde ihm aus raumplanerischen Gründen verweigert, da die zuständige Behörde befürchtete, dass der Käufer das Grundstück lediglich als Ferienwohnung nutzen werde, die über längere Zeiträume leer stehen würde. Rechtsgrundlage für diese behördliche Verweigerung war das Tiroler Grundverkehrsgesetz, welches im Laufe des Rechtsstreits geändert worden war. Während das Gesetz in der Fassung von 1993 eine behördliche Genehmigung ausschließlich von nicht-österreichischen Staatsbürgern forderte und damit eine diskriminierende Beschränkung des Kapitalverkehrs darstellte, dehnte das reformierte Gesetz in der Fassung von 1996 das Erfordernis einer behördlichen Genehmigung auch auf österreichische Staatsbürger aus. Der EuGH erkannte in diesem neuen Gesetz eine nicht-diskriminierende Beschränkung des Kapitalverkehrs, die durch „zwingende Erfordernisse des Allgemeininteresses", zu denen auch die von österreichischer Seite geltend gemachten raumplanerischen Ziele gehören, grundsätzlich gerechtfertigt werden kann. Im konkreten Fall erkannte der Gerichtshof allerdings in den Tiroler Rechtsvorschriften einen Verstoß gegen Gemeinschaftsrecht: Zum einen bemängelte er, dass der behördliche Ermessensspielraum derart weit gefasst war, dass die Gefahr einer Diskriminierung nicht-österreichischer Staatsangehöriger bestand. Zum anderen machte er geltend, dass weniger einschneidende Mittel existierten, um das angestrebte Ziel zu erreichen, wie beispielsweise die Abgabe einer vorherigen schriftlichen Erklärung in Verbindung mit empfindlichen Sanktionen bei einem Verstoß gegen diese Erklärung.

In der Rechtssache *Albore* (Rs. C-423/98, Slg. 2000, I–05965) hatten zwei deutsche Staatsangehörige Grundstücke auf der Insel Ischia (Italien) erworben, ohne eine Genehmigung des Präfekten beantragt zu haben. Da die fraglichen Grundstücke zu Gebieten von militärischer Bedeutung erklärt worden waren, erforderte das italienische Recht für alle nicht-italienischen Staatsbürger eine solche Genehmigung. Der Fall landete letztlich zur Vorabentscheidung beim EuGH. Der stellte fest, dass die italienische Vorschrift eine diskriminierende Beschränkung des Kapitalverkehrs zwischen den Mitgliedstaaten darstelle, die grundsätzlich nur durch einen der explizit in Artikel 65 AEUV aufgeführten Gründe gerechtfertigt werden könne. Er sah eine Rechtfertigung aufgrund der militärischen Interessen des Landes („öffentliche Sicherheit") nicht gegeben, da nicht dargelegt werden konnte, warum weniger einschneidende Maßnahmen nicht ausgereicht hätten, den Erfordernissen der Landesverteidigung zu genügen. Auch hier scheiterte die Rechtfertigung am Grundsatz der Verhältnismäßigkeit.

Portfolioinvestitionen: Die Entscheidung *Verkooijen* (Rs. C-35/98, Slg. 2000, I–4071) geht zurück auf die Klage eines Niederländers, der Aktien der belgischen Aktiengesellschaft Petrofina NV besaß und 1991 eine Dividende in Höhe von 2 337 Gulden erhalten hatte. Grund für seine Klage war eine Vorschrift des niederländischen Einkommensteuergesetzes, wonach der Freibetrag für Einkünfte aus Kapitalvermögen in Höhe von 2 000 Gulden nur für Dividendeneinkünfte von Kapitalgesellschaften mit Sitz in den Niederlanden geltend gemacht werden kann. Hier lag offenkundig eine Ungleichbehandlung vor, und es war zu prüfen, ob sie zu rechtfertigen ist. Artikel 65 Absatz 1 lit. a AEUV berechtigt zwar die Mitgliedstaaten, bei der Besteuerung von Kapitaleinkünften nach dem Anlageort des Kapitals zu unterscheiden. Absatz 3 des gleichen Artikels verbietet aber jede willkürliche Diskriminierung. Da nicht ersichtlich war, dass die Ungleichbehandlung sachlich gerechtfertigt ist, sah der EuGH in der niederländischen Vorschrift einen Verstoß gegen das Verbot einer Beschränkung des freizügigen Kapitalverkehrs.

Im Fall *Kommission/Belgien (Eurobonds)* (Rs. C-478/98, Slg. 2000, I–07587) hatte der belgische Finanzminister auf dem Euroanleihenmarkt eine öffentliche Anleihe in Höhe von einer Milliarde DM plaziert. Dabei verzichtete er entsprechend den auf dem Euroanleihenmarkt geltenden Regeln auf die bei Inlandsanleihen übliche Quellenbesteuerung der Zinseinnahmen. In Belgien ansässigen Personen wurde die Zeichnung der Anleihe mit der Begründung untersagt, dadurch würden Steuerhinterziehung vermieden sowie steuerliche Kohärenz und Wirksamkeit der Steueraufsicht gewährleistet. Die Kommission erhob aufgrund dieser Vorschrift Klage gegen das Königreich Belgien. Der EuGH erkannte einen Verstoß gegen die Kapitalverkehrsfreiheit, da der Grundsatz der Verhältnismäßigkeit verletzt sei. Das sei bereits daraus deutlich ersichtlich, dass keine in Belgien ansässige Person daran gehindert werde, andere als vom Königreich Belgien ausgegebene Euroanleihen zu zeichnen.

Direktinvestitionen: In diesem Bereich gibt es eine Reihe interessanter Entscheidungen, die unter dem Stichwort Goldene Aktien" (*golden shares*) diskutiert werden. Hierbei geht es um verschiedene Sonderrechte, die sich staatliche Stellen auch nach der Privatisierung ehemaliger Staatsunternehmen vorbehalten (ein Überblick über solche Fälle findet sich bei Grundmann/Möslein 2003 sowie in einem „Commission Staff Working Document" vom 22. 7. 2005).

Gegenstand der Entscheidung *Kommission/Belgien* (Rs. C-503/99, Slg. 2002, I–04809) waren zwei königliche Verordnungen, die dem belgischen Staat Sonderrechte in zwei privatisierten Energieversorgungsunternehmen einräumten. Es handelte sich um ein Entsenderecht für zwei Verwaltungsratsmitglieder und um eine Meldepflicht mit Widerspruchsrecht des Ministers bei Übertragung von Leitungen und bestimmten anderen strategischen Aktiva oder deren Verwendung als Sicherheit. Der EuGH erkannte darin eine Beschränkung des Kapitalverkehrs, die allerdings durch das legitime öffentliche Interesse an der Sicherstellung der Energieversorgung im Krisenfall gerechtfertigt sei. Da die Widerspruchsregelung an strenge Fristen gebunden sei, sich auf klar definierte Entscheidungen beschränke, nur bei Beeinträchtigung der energiepolitischen Ziele greife, einer förmlichen Begründung bedürfe und einer wirksamen gerichtlichen Kontrolle unterliege und da die Kommission als Klägerin nicht dargetan habe, dass das verfolgte Ziel mit weniger einschneidenden Maßnahmen erreicht werden könne, sei auch der Grundsatz der Verhältnismäßigkeit nicht verletzt.

Meist kam der EuGH allerdings zu einer anderen Bewertung staatlicher Sonderrechte bezüglich privatisierter Unternehmen. In der Entscheidung *Kommission/Portugal* (Rs. C-367/98, Slg. 2002, I–04731) galt es, ein portugiesisches Rahmengesetz zur Privatisierung öffentlicher Unternehmen und zwei auf dieser Ermächtigungsgrundlage ergangene Verordnungen zu prüfen. Dabei normierte die eine Verordnung eine Obergrenze des Anteilsbesitzes ausländischer Anleger von insgesamt 25 % am Gesellschaftskapital. Gemäß der zweiten Verordnung unterlag jede Transaktion, die zu einem Überschreiten des Schwellenwertes von 10 % des stimmberechtigten Kapitals durch eine Person führte, einem Genehmigungsvorbehalt. Offensichtlich stellt die erste Vorschrift eine Diskriminierung zwischen in- und ausländischen Anlegern dar, die nach Auffassung des EuGH nicht dadurch gerechtfertigt werden könne, dass in der Verwaltungspraxis kein Gebrauch davon gemacht wurde. Die zweite Vorschrift wurde vom EuGH als nicht-diskriminierende Beschränkung des Kapitalverkehrs klassifiziert. Die von der portugiesischen Regierung geltend gemachten Rechtfertigungsgründe (Schutz der finanziellen Interessen der Portugiesischen Republik, Wahl eines strategischen Partners, Stärkung der Wettbewerbsstruktur des fraglichen Marktes, Modernisierung und Steigerung der Leistungsfähigkeit der Produktionsmittel) wurden allerdings verworfen, da nach ständiger Rechtsprechung des EuGH „wirtschaftliche Gründe" keine Beeinträchtigungen rechtfertigen.

Um Sonderaktien des Staates, Genehmigungsvorbehalte und Höchststimmrechte bei privatisierten Unternehmen ging es auch in den Fällen *Kommission/Großbritannien* (Rs. C-98/01, Slg. 2003, I–04641), *Kommission/Spanien* (Rs. C-463/00, Slg. 2003, I–04581), *Kommission/Italien* (Rs. C-174/04) und *Kommission/Portugal* (Rs. C-171/08; Rs. C-543/08; Rs. C-212/09). In allen diesen Fällen entschied der EuGH, dass die nationalen Privatisierungsvorschriften rechtswidrige Beschränkungen des Kapitalverkehrs darstellten. Anfang 2005 hat die Kommission nach langem Streit Klage gegen die Bundesrepublik Deutschland erhoben, da sie in den durch das VW-Gesetz statuierten Höchststimmrechten und Entsenderechten des Landes Niedersachsen eine Beschränkung des freizügigen Kapitalverkehrs sieht (siehe Box 6.4).

Box 6.4: ... und läuft, und läuft, und läuft? Kapitalverkehrsfreiheit und VW-Gesetz

1960 wurde die Volkswagenwerk GmbH privatisiert und in eine Aktiengesellschaft umgewandelt. Um der öffentlichen Hand Einfluss auf den Automobilhersteller zu erhalten, legte das VW-Gesetz von 1960 (geändert 1970) zum einen Höchststimmrechte fest, wonach kein Aktionär mehr als 20% der Stimmrechte ausüben kann, auch wenn er über mehr als 20% der Anteile verfügt. Gegenwärtig hält das Land Niedersachsen 20,1% der Stammaktien. Die Bundesrepublik hat sich inzwischen von allen VW-Aktien getrennt. Zweitens erhielten die Bundesrepublik und das Land Niedersachsen das Recht, jeweils zwei Aufsichtsratsmitglieder zu entsenden (Entsenderechte), welches gegenwärtig aber nur von Niedersachsen in Anspruch genommen wird. Drittens war für Grundlagenentscheidungen eine qualifizierte Mehrheit von 80% des Grundkapitals vorgesehen (Sperrminorität von 20%, statt der im deutschen Aktienrecht üblichen 25%). Diese Vorschriften stärken den Einfluss der öffentlichen Hand und machen VW für eine Übernahme uninteressant.

Die EU-Kommission sieht in diesen Regelungen ein Hindernis für ausländische Investoren und reichte nach langjährigem Streit mit der Bundesregierung am 12. 3. 2005 Klage beim EuGH ein (Rs C-112/05). Der EuGH entschied mit Urteil vom 23. 10. 2007, dass das VW-Gesetz gegen die in Artikel 63 AEUV verankerte Kapitalverkehrsfreiheit verstoße (vgl. auch Roth 2008: 435 f.). Im Mai 2008 legte die Bundesregierung den Entwurf eines neuen VW-Gesetzes vor, bei dem zwar die ersten beiden Steine des Anstoßes (Höchststimmrechte und Entsenderechte) gestrichen wurden, die Sperrminorität von 20% aber beibehalten wurde. Daraufhin wurde durch die Kommission im Juni 2008 erneut ein Vertragsverletzungsverfahren gegen die Bundesrepublik Deutschland wegen nicht erfolgter Umsetzung des EuGH-Urteils eingeleitet und im November 2008 verschärft (vgl. auch Ringe 2010: 406 ff.). Im Februar 2012 klagte die Europäische Kommission erneut vor dem EuGH gegen die Bundesrepublik Deutschland (Rs. C-95/12). Auf Vorschlag des Generalanwalts wurde die Klage am 22. 10. 2013 abgewiesen.

6.3.3 Sekundärrechtliche Maßnahmen zur Schaffung eines europäischen Finanzraums

Der Abbau von Beschränkungen des freizügigen Kapitalverkehrs, wie er im vorangegangenen Abschnitt beschrieben wurde, ist zwar eine notwendige, aber keine hinreichende Bedingung für die Schaffung eines europäischen Finanzraums, innerhalb dessen die Marktteilnehmer nach einheitlichen Spielregeln in ganz Europa ihr Kapital dort anlegen, wo es die höchsten Erträge bringt, oder sich Eigenkapital bzw. Kredite dort beschaffen, wo das zu den geringsten Kosten möglich ist. In der europäischen Realität stellten und stellen noch immer die Unterschiede zwischen den Mitgliedstaaten in der Regulierung der Banken, Börsen und Versicherungen, im Gesellschaftsrecht sowie in der Besteuerung der Kapitalerträge ein Hemmnis für die Kapitalmobilität dar, welches allerdings im Unterschied zu den vorher diskutierten Beschränkungen primärrechtlich nicht zu beanstanden ist. Aus diesem Grund wurde seit Ende der 1960er Jahre eine unübersehbare Vielzahl von Richtlinien verabschiedet, die alle eines gemeinsam haben: Sie versuchen, durch eine gewisse Harmonisierung im Kapitalmarkt-, Gesellschafts- und Steuerrecht mittelbar Einfluss auf den internationalen Kapitalverkehr in Europa zu nehmen (Ress/Ukrow 2002; Kimms 1996: 86 ff.). Auch was die zivilrechtliche Haftung für fehlerhafte Kapitalmarktinformationen betrifft, weisen die Mitgliedstaaten Unterschiede auf (Hopt 2013a)

Bank-, Börsen- und Versicherungsrecht: Der europäische Finanzraum stützt sich im wesentlichen auf drei Grundsätze:

- *Das Prinzip der Teilharmonisierung:* Es werden gewisse Mindeststandards bezüglich der Zulassung und Tätigkeit von Banken und Versicherungen sowie bezüglich der Börsenregeln festgelegt.
- *Das Prinzip der gegenseitigen Anerkennung:* Ein Finanzinstitut darf seine Dienstleistungen auch in anderen Mitgliedstaaten anbieten, ohne dort noch einmal nach den dortigen Bedingungen zugelassen werden zu müssen (der so genannte „europäische Pass").
- *Das Prinzip der Sitzlandkontrolle:* Die zuständigen Behörden des Sitzstaates üben die Aufsicht über die Gesamttätigkeit eines Finanzinstituts in allen Mitgliedstaaten aus.

Am weitesten fortgeschritten ist man mit diesem Ansatz im Bankenbereich. Hier wurden seit 1973 zahlreiche Richtlinien über Mindestanforderungen hinsichtlich Eigenkapital, Solvabilität und Einlagensicherung, über die Zulassung von Zweigniederlassungen in anderen Mitgliedstaaten, Geldwäsche, Bankenaufsicht u.a.m. erlassen und in nationales Recht umgesetzt (Schnyder 2005; Kimms 1996: 89 ff.; Nagel 2003: 343 ff.; Bigus/Leyens 2008; Leyens 2009).

Bei den Versicherungen wurde die Niederlassungsfreiheit bereits frühzeitig durch den Erlass entsprechender Richtlinien verwirklicht. Die Dienstleistungsfreiheit, d.h. die Möglichkeit Versicherungsleistungen grenzüberschreitend bereit zu stellen, kam aber nur sehr langsam voran. Erst mit den Urteilen des EuGH vom 4. 12. 1986 (insbesondere Rs. 205/84 *Kommission/Deutschland*, Slg. 1986, 3755) gab es hier einen gewissen Fortschritt. Denn es wurde festgestellt, dass das Erfordernis der Ansässigkeit eines Versicherungsunternehmens nicht mit dem Gemeinschaftsrecht vereinbar sei. Allerdings wurde das Prinzip der Sitzlandkontrolle nur bei Industriegeschäften gefordert, während bei Massengeschäften aus Gründen des Verbraucherschutzes weiterhin eine Kontrolle durch die Vorschriften des Bestimmungslandes erfolgen durfte. Inzwischen gilt die Sitzlandkontrolle mit gewissen praktischen Einschränkungen auch im Massengeschäft. Aufgrund der relativ geringen Transparenz spielen hier aber grenzüberschreitende Dienstleistungen noch eine geringe Rolle.

Zur Regulierung der Wertpapiergeschäfte versuchen zahlreiche Harmonisierungsrichtlinien, eine einheitliche Zulassung und Aufsicht sowie eine angemessene Eigenkapitalausstattung der Wertpapierhäuser durchzusetzen. In der Praxis wurden allerdings viele Richtlinien bisher nicht umgesetzt, und sowohl die Harmonisierung als auch die wechselseitige Anerkennung lassen noch zu wünschen übrig.

Gesellschaftsrecht: Häufig sind an Kapitalmarkttransaktionen nicht nur natürliche Personen beteiligt, sondern Gesellschaften, die wiederum den nationalen Vorschriften des Gesellschaftsrechts unterliegen. Wie wir im Abschnitt 6.2.5 über die Niederlassungsfreiheit von Gesellschaften gesehen haben, werden diese Vorschriften damit gerechtfertigt, die Interessen von Gläubigern, Minderheitseignern und Arbeitnehmern zu schützen. Unterschiede im Gesellschaftsrecht können grundsätzlich die internationale Kapitalmobilität in zweierlei Hinsicht beeinträchtigen. Zum einen wird durch diese Unterschiede die Markttransparenz verringert. Ein Anleger, der sich an einer ausländischen Gesellschaft beteiligen will, ist unsicher, welche Erträge und welche Rechte, Pflichten und Risiken mit der Anlage verbunden sind. Er zieht deshalb möglicherweise eine inländische Beteiligung vor, obwohl er sich bei vollständiger Information für die ausländische Beteiligung entschieden hätte. Diese Intransparenz wird allerdings durch Informationsintermediäre wie Anlageberater oder Rating-Agenturen verringert. Zum anderen bringen Unterschiede im Gesellschaftsrecht insbesondere dann kaum lösbare Probleme mit sich, wenn zwei Gesellschaften aus unterschiedlichen Mitgliedstaaten fusionieren wollen oder wenn die eine die andere übernehmen will. Was aus diesen Problemen folgt, ist die sehr kontrovers diskutierte Frage: Sollte man das Gesellschaftsrecht stärker harmonisieren, oder sollte man den Unternehmenseignern eine größere Wahlfreiheit bei der Wahl der Rechtsform lassen und dadurch den Wettbewerb zwischen den Jurisdiktionen um das bessere Gesellschaftsrecht eröffnen?

Seit 1968 wurden zahlreiche gesellschaftsrechtliche Richtlinien erlassen und weitgehend in nationales Recht umgesetzt, die Mindeststandards für Publizitäts- und Prüfungspflichten festlegen und für bestimmte Fallgruppen einheitliche Bilanzierungsregeln definieren. Dadurch sollte die Markttransparenz erhöht werden. Die Lösung des zweiten Problems, grenzüberschreitende Übernahmen und Fusionen, gestaltete sich deutlich schwieriger, wie aus der Historie der „Verschmelzungsrichtlinie" und der „Übernahmerichtlinie" deutlich wird.

Nach mehr als zwanzigjähriger kontroverser Diskussion über eine „Verschmelzungsrichtlinie" mit dem Ziel, grenzüberschreitende Fusionen in Europa zu erleichtern, wurde schließlich im Oktober 2005 die Richtlinie 2005/56/EG über die Verschmelzung von Kapitalgesellschaften aus unterschiedlichen Mitgliedstaaten verabschiedet. Welche Bedeutung hat die Richtlinie über grenzüberschreitende Fusionen für den freizügigen Kapitalverkehr in Europa? Bislang waren Fusionen zwischen Kapitalgesellschaften aus verschiedenen Mitgliedstaaten insbesondere aufgrund der Unterschiede im Gesellschaftsrecht äußerst kompliziert und kostspielig. Häufig wurden die beteiligten Unternehmen zu diesem Zweck aufgelöst und in eine neue Gesellschaft eingebracht. Die Richtlinie sieht vor, dass grenzüberschreitende Fusionen grundsätzlich nach dem Recht des Mitgliedstaates vollzogen werden, in dem das aus der Fusion hervorgegangene Unternehmen eingetragen wird. Es ist ein Verschmelzungsplan aufzustellen, der eine Reihe verbindlicher Angaben enthalten muss, um den beteiligten Arbeitnehmern und Gesellschaftern einen gewissen Mindestschutz zu gewähren. Durch diesen gesetzlichen Rahmen will man insbesondere auch kleinen und mittelständischen Unternehmen die grenzüberschreitende Expansion erleichtern (vgl. Europäische Kommission, *Single Market News* 36, 2004).

Als Alternative zur Vornahme einer transnationalen Verschmelzung innerhalb Europas oder einer identitätswahrenden Sitzverlegung steht seit einigen Jahren die *Societas Europaea (SE)* als gemeinschaftsrechtliche Gesellschaftsform zur Verfügung (Schmidt 2010). Trotz des Inkrafttretens der Verschmelzungsrichtlinie und trotz der Beseitigung einiger Mobilitätshemmnisse durch die EuGH-Entscheidungen *Centros*, Überseering und *Inspire Art* (siehe Kap. 6.2.5) erfreut sich diese Gesellschaftsform in den letzten Jahren zunehmender Beliebtheit (siehe die Informationen des European Trade Union Instituts unter www.worker-participation.eu). Die SE bestehen zum überwiegenden Teil aus kleineren und mittleren Unternehmen. Insbesondere in Deutschland finden sich allerdings auch Großunternehmen mit klangvollen Namen wie Allianz, BASF, Porsche und Fresenius. Erste Erhebungen deuten darauf hin, dass die SE durchaus auch als Mittel genutzt wird, (unerwünschten) nationalen Regelungen auszuweichen („regulatorische Arbitrage") (Eidenmüller/Engert/Hornuf 2008). So machten beispielsweise mitbestimmte deutsche Gesellschaften in mehreren Fällen von der Möglichkeit Gebrauch, den Aufsichtsrat zu verkleinern bzw. die bisherige Größe des Aufsichtsrates trotz zunehmender Arbeitnehmerzahl beizubehalten.

Ein weiterer Dauerbrenner ist die „Übernahmerichtlinie". Nach kontroversen Diskussionen wurde schließlich 2004 die Übernahmerichtlinie erlassen (RL 2004/25/EG), die bis zum 20. 5. 2006 in nationales Recht umzusetzen war (Hopt 2013b). Worüber konnte man sich so lange nicht einigen? Wie bereits bei den „Golden Shares" Entscheidungen des EuGH geht es auch hier um den Markt für Unternehmenskontrolle. Die nationalen Rechtsvorschriften in den einzelnen Mitgliedstaaten lassen unterschiedliche Abwehrmaßnahmen zu, eine vom Vorstand oder von den bisher die Kontrolle ausübenden Anteilseignern unerwünschte Übernahme zu verhindern. So gestattet beispielsweise das deutsche Recht der Hauptversammlung, sog. Vorratsbeschlüsse zu fassen, die den Vorstand ohne Vorliegen eines konkreten Übernahmeangebotes auf Vorrat zur Abwehr ermächtigen. In Skandinavien und Frankreich können Übernahmen faktisch durch Mehrfachstimmrechte verhindert werden, durch die Minderheitseignern eine Mehrheit auf der Hauptversammlung gesichert wird. Eine ähnliche Wirkung haben auch Stimmrechtsbeschränkungen.

Die neue Übernahmerichtlinie verpflichtet die Mitgliedstaaten, einerseits dafür zu sorgen, dass derartige Regeln während eines Übernahmeangebotes ausgesetzt werden. Andererseits werden Fristen und Offenlegungspflichten definiert, und bei Überschreitung bestimmter Schwellenwerte ist ein Ausschluss- bzw. Andienungsverfahren vorgesehen. Nach dem Ausschlussverfahren (*squeeze-out*) kann ein Bieter von den verbleibenden Minderheitsanteilseignern verlangen, dass sie ihm ihre Anteile zu einem angemessenen Preis verkaufen. Nach dem Andienungsverfahren (*sell-out*) können die verbleibenden Minderheitsanteilseigner verlangen, dass der Bieter ihre Anteile zu einem angemessenen Preis erwirbt. Das übernahmerechtliche Auschluss- bzw. Andienungsverfahren ist günstiger, schneller und einfacher als die allgemeine gesellschaftsrechtliche Variante dieser Verfahren. Aus ökonomischer Sicht soll das Andienungsverfahren sicherstellen, „dass der Erwerber die Unternehmung nur dann kauft, wenn er erwartet, dass sie in seinen Händen eine Wertsteigerung erfährt, und nicht bereits dann, wenn seine Macht im Unternehmen so groß wird, um für ihn profitable Umverteilungen zu Lasten der Kleinaktionäre durchführen zu können" (Schäfer/Ott 2005: 657). Das Ausschlussverfahren soll demgegenüber dem Erwerber ermöglichen, den gesamten Profit aus seinem unternehmerischen Handeln zu ziehen.

6.3.4 Besteuerung der Kapitalerträge

Die Besteuerung der Kapitalerträge in den europäischen Mitgliedstaaten ist zum einen durch eine klare Tendenz gekennzeichnet, die gesetzlichen Einkommensteuersätze und insbesondere die Körperschaftsteuersätze zu reduzieren. Weniger klar ist dabei allerdings, inwiefern sich diese Tendenz auch auf die effektive Steuerbelastung (unter Berücksichtigung aller steuerlichen Abschreibungsbedingungen) bezieht (Fuest 2001: 482 ff.; Sinn 2003: 19 ff.). Zum anderen bestehen immer noch immer beträchtliche Unterschiede zwischen den Mitgliedstaaten (Tab. 6.4).

Ob Unterschiede zwischen den Mitgliedstaaten in der Besteuerung der Kapitalerträge Auswirkungen auf die freizügige Kapitalmobilität haben, hängt davon ab, nach welchem Prinzip grenzüberschreitende Kapitaleinkommen besteuert werden (Fuest 2001: 473 ff.). Werden die Einkommen eines Investors nach dem Wohnsitzlandprinzip besteuert, d.h. wird der Investor bei allen Kapitalerträgen mit dem inländischen Steuersatz belastet, unabhängig davon, in welchem Land die Erträge anfielen, so wird die internationale Kapitalallokation durch die unterschiedlichen Steuersätze nicht verzerrt. Jeder Investor hat einen Anreiz, sein Portfolio umzuschichten, bis die Grenzerträge des Kapitals vor Steuern in allen Ländern gleich sind. Für einen Investor, der in Land A ansässig ist und sowohl in seinem Wohnsitzland als auch im Ausland (Land B) nach Anlagemöglichkeiten sucht, gilt im Gleichgewicht:

$$r^A (1 - t^A) = r^B (1 - t^A)$$

Tabelle 6.4: Besteuerung der Kapitalerträge in den EU-Mitgliedstaaten 2012

EU-15	Einkommensteuerspitzensatz sowie sonstige Zuschläge in % (ab zu versteuerndem Einkommen, in €)	Unternehmenssteuern[1] in %	Neue Mitgliedstaaten	Einkommensteuerspitzensatz sowie sonstige Zuschläge in % (ab zu versteuerndem Einkommen, in €)	Unternehmenssteuern[1] in %
Belgien	53,5 (36.300)	33,99	Bulgarien	10 (Flat Tax)	10
Dänemark	51,5	25	Estland	21 (Flat Tax)	21
Deutschland	47,48 (250.730)	29,83	Lettland	25 (Flat Tax)	15
Finnland	48,75 (70.300)	24,5	Litauen	15 (Flat Tax)	15
Frankreich	54,61 (150.000/500.000)	36,1	Malta	35 (19.500)	35
Griechenland	45 (100.000)	20	Polen	32 (20.443)	19
Irland	48 (16.016/32.800)	12,5	Rumänien	16 (Flat Tax)	16
Italien	47,63 (75.000/300.000)	31,4	Slowakei	19 (Flat Tax)	19
Luxemburg	41,34 (41.794/150.000)	28,8	Slowenien	41 (15.681)	18
Niederlande	52 (56.491)	25	Tschechien	15 (Flat Tax)	19
Österreich	50 (60.000)	25	Ungarn	50 (190.290)	20,26
Portugal	49 (153.300)	26,5	Zypern	35 (60.000)	10
Schweden	56,6 (67.208)	26,3			
Spanien	52 (175.000/300.000)	30			
Großbritannien	50 (190.290)	24			

[1] Körperschaftsteuer, Gewerbeertragsteuer und vergleichbare andere Steuern des Zentralstaats und der Gebietskörperschaften

Quelle: Bundesministerium der Finanzen, Die wichtigsten Steuern im internationalen Vergleich 2012, Ausgabe 2013.

Unter diesen Bedingungen wird der Investor also unabhängig von den ausländischen Steuersätzen ein Portfolio anstreben, für das gilt: $r^A = r^B$. Unterschiede in der Kapitalbesteuerung verzerren bei diesem Prinzip allerdings die internationale Allokation der Ersparnisse. In Ländern mit hohen Steuersätzen werden relativ zu wenig Ersparnisse bereitgestellt, in Ländern mit niedrigen Steuersätzen besteht das ungekehrte Problem. Ein weiteres Problem des Wohnsitzlandprinzips ist dessen Durchsetzbarkeit. Ist es für einen Investor leichter, ausländische Kapitalerträge vor dem Finanzamt geheim zu halten, als das bei inländischen Kapitalerträgen der Fall ist, wird es auch bei diesem Prinzip zu einer Verzerrung der Kapitalallokation zugunsten ausländischer Anlagen kommen.

Werden demgegenüber die Einkommen eines Investors nach dem Quellenlandprinzip besteuert, d.h. wird der Investor für im Ausland erzielte Kapitalerträge mit den dortigen Steuersätzen belastet, so verzerren unterschiedliche Steuersätze die Kapitalallokation. Der Investor strebt ein Portfolio mit relativ hohen Kapitalerträgen im Hochsteuerland und relativ niedrigen Kapitalerträgen im Niedrigsteuerland an und wird somit zuviel im Niedrigsteuerland und zuwenig im Hochsteuerland investieren:

$$r^A (1 - t^A) = r^B (1 - t^B)$$

d.h. wenn $t^A > t^B$, dann muss auch $r^A > r^B$, um attraktiv zu sein.

Nach welchen Prinzipien werden in den Mitgliedstaaten der EU die Kapitalerträge besteuert? Hier muss man zwischen der Besteuerung der privaten Kapitaleinkommen (insbesondere Zinsen und Dividenden) und der Besteuerung der Unternehmenseinkommen unterscheiden. Die privaten Kapitaleinkommen werden in den Mitgliedstaaten traditionell im Rahmen der persönlichen Einkommensteuer nach dem Wohnsitzlandprinzip besteuert und dabei teilweise durch eine Quellenbesteuerung ergänzt. Aufgrund der durch die ergänzende Quellenbesteuerung verursachten Doppelbesteuerung sowie aufgrund der Existenz von Steueroasen und der weit verbreiteten Steuerhinterziehung in diesem Bereich gibt es seit über 40 Jahren zahlreiche Versuche, die Besteuerung innerhalb der EU zu harmonisieren (Genschel 2002: 128 ff.). Aber erst im Juni 2003 einigten sich die Mitgliedstaaten auf eine diesbezügliche Richtlinie (Richtlinie 2003/48/EG), die zum 1. 7. 2005 in Kraft getreten ist und folgenden Kompromiss vorsieht:

- 22 der 25 Mitgliedstaaten haben sich zu einem automatischen Auskunftsaustausch verpflichtet. Danach meldet die Bank die Zinserträge ausländischer Kontoinhaber an die zuständige inländische Behörde, welche die Information an die zuständige Behörde im Wohnsitzland des Kontoinhabers weiterleitet.
- Österreich, Belgien und Luxemburg beteiligen sich vorläufig nicht an diesem automatischen Auskunftsaustausch, sondern erheben während eines Übergangszeitraumes auf Zinseinkünfte von Anlegern mit steuerlichem Wohnsitz in einem anderen Mitgliedstaat eine einheitliche Quellensteuer. Der Steuersatz beträgt seit dem 1. 7. 2011 35 %. Die Einnahmen aus der Quellensteuer gehen zu 25 % an den Quellenstaat und zu 75 % an den

Wohnsitzstaat des Steuerpflichtigen, wobei die Identität des Steuerpflichtigen nicht offengelegt wird.

- Die meisten der abhängigen bzw. assoziierten Gebiete sowie die fünf europäischen Drittstaaten Schweiz, Andorra, Liechtenstein, Monaco und San Marino führen ebenfalls einen entsprechenden Quellensteuerabzug ein.

Während das deutsche Finanzministerium in diesen Maßnahmen den großen Durchbruch im Kampf gegen die grenzüberschreitende Steuerflucht sieht, gibt es auch skeptische Stimmen, die bezweifeln, dass diese Regeln konsequent durchgesetzt werden, oder die darauf hinweisen, dass insbesondere für juristische Personen immer noch Schlupflöcher bestehen (vgl. *Der Spiegel* vom 7. 6. 2005: 80). Zahlreiche Skandale deuten an, dass dem so ist.

Die Unternehmensbesteuerung erfolgt demgegenüber weitgehend nach dem Quellenlandprinzip. Das bedeutet, dass grenzüberschreitend tätige Unternehmen die Gewinne und Verluste der Betriebsstätten oder Tochtergesellschaften in jedem Mitgliedstaat getrennt ermitteln und nach den dortigen Vorschriften versteuern müssen. Obwohl die direkten Steuern grundsätzlich in die Zuständigkeit der Mitgliedstaaten fallen, können die nationalen Steuervorschriften in Konflikt mit dem Gemeinschaftsrecht geraten, wenn sie gegen die Grundfreiheiten des Binnenmarktes oder gegen allgemeine Diskriminierungsvorschriften verstoßen. Eine Reihe von EuGH-Entscheidungen führten aus diesem Grunde bereits zur Anpassung nationaler Vorschriften zur Unternehmensbesteuerung. (Fuest 2005: 21 ff.; Wiegard 2006: 107 f.; Beiser/Kühbacher 2008). Derartige Probleme könnten grundsätzlich durch eine Harmonisierung der Unternehmensbesteuerung gelöst werden. Diese gestaltet sich jedoch sehr viel schwieriger als eine Harmonisierung der Steuern auf private Kapitaleinkommen (Genschel 2002: 156 ff.; Bach 2001: 105 ff.).

Das hängt zum einen damit zusammen, dass es keine einheitliche Steuer für Unternehmensgewinne gibt, sondern dass Einzelunternehmer und Personengesellschaften der persönlichen Einkommensteuer unterliegen, während Kapitalgesellschaften und andere juristische Personen mit Körperschaftsteuern belastet werden. Will man Wettbewerbsverzerrungen zwischen Personen- und Kapitalgesellschaften vermeiden, so muss man Vorkehrungen treffen, um zu verhindern, dass an die Teilhaber ausgeschüttete Gewinne doppelt belastet werden: erst mit der Körperschaftsteuer und dann mit der persönlichen Einkommensteuer der einzelnen Teilhaber. Dieses Problem wurde in den Mitgliedstaaten auf sehr unterschiedliche Weise gelöst, so dass die Besteuerung der Unternehmensgewinne in den Mitgliedstaaten letztlich durch unterschiedliche Körperschaftsteuersysteme, unterschiedliche steuerliche Bemessungsgrundlagen und unterschiedliche Steuersätze gekennzeichnet ist.

Ein Schiedsabkommen zwischen den Mitgliedstaaten reagiert auf ein weiteres Problem der grenzüberschreitenden Unternehmensbesteuerung. International tätige Konzerne kalkulieren für innerhalb des Konzerns erfolgende Lieferungen von Waren oder Bereitstellungen von Dienstleistungen Verrechnungspreise, die kreativ dafür eingesetzt werden, die Kosten in Hochsteuerländern und die Erlöse in Niedrigsteuerländern zu erhöhen. Derartige Verrechnungspreise werden von den Steuerbehörden der negativ betroffenen Mitgliedstaaten häufig korrigiert. Erfolgt keine Gegenkorrektur durch den begünstigten Staat, entsteht eine Doppelbesteuerung. Durch das Schiedsverfahren soll eine solche Doppelbesteuerung schnell und verbindlich vermieden werden.

Wiederholte Versuche der Kommission, das Körperschaftsteuersystem zu harmonisieren, kamen überhaupt nicht voran. Zahlreiche Richtlinienentwürfe wurden vorgelegt und wieder zurückgezogen, bis man im Laufe der 1990er Jahre zu der Überzeugung kam, dass man sich nicht auf die Harmonisierung der Körperschaftsteuersysteme konzentrieren, sondern stattdessen Spielregeln für einen „fairen Steuerwettbewerb" durchsetzen bzw. Maßnahmen zur Bekämpfung des „schädlichen Steuerwettbewerbs" ergreifen sollte. Der Ministerrat verabschiedete schließlich 1998 den „Verhaltenskodex für die Unternehmensbesteuerung", eine rechtlich unverbindliche Vereinbarung zwischen den Mitgliedstaaten über den Gebrauch von Steueranreizen in der Unternehmensbesteuerung. Der Grund für derartige Spielregeln ist die Befürchtung, dass ein ungehinderter Steuerwettbewerb dazu führe, die mobilen Faktoren (Kapital) letztlich von allen Steuern zu befreien und stattdessen die immobilen Faktoren (insbesondere Arbeit) stärker mit Steuern zu belasten. So würde insgesamt die Fähigkeit der Mitgliedstaaten, ihre öffentlichen Aufgaben aus Steuermitteln zu finanzieren, beeinträchtigt. Die Kommission hat inzwischen den Vorschlag für eine neue Richtlinie über eine gemeinsame konsolidierte Körperschaftsteuer-Bemessungsgrundlage erarbeitet (KOM(2011) 121/4), wonach eine Harmonisierung der Bemessungsgrundlage, nicht aber der Steuersätze angestrebt wird.

Wie aus Box 6.5 deutlich wird, ist eine Besteuerung der Kapitalerträge ökonomisch nicht unbedingt geboten, was dem intuitiven Gerechtigkeitsgefühl widerspricht.

Box 6.5: Kapitalertragsbesteuerung – Wettbewerb oder Harmonisierung?

Betrachten wir ein sehr einfaches Modell einer kleinen offenen Volkswirtschaft, deren Output durch den Einsatz eines mobilen Faktors (Kapital) und eines immobilen Faktors (Arbeit) erzeugt wird (Homburg 2010: 293 ff.). Die immobilen Faktoren können sich auf dem „Weltkapitalmarkt" beliebig viel mobiles Kapital beschaffen, sofern sie bereit sind, den gleichgewichtigen Zinssatz vor Steuern (i*) zu zahlen. Unter diesen Bedingungen wird jede Quellensteuer vollständig überwälzt werden, d.h. ein Quellensteuersatz von t erhöht die Kapitalkosten, die letztlich die Eigentümer der immobilen Faktoren zu tragen haben, auf i* + t. Ein Steuerwettbewerb, der zu immer niedrigeren Steuern auf Kapitalerträge führt, ist somit überraschenderweise im wohlverstandenen Interesse des kapitalimportierenden Landes und der Eigentümer der immobilen Faktoren. Im Optimum wird vollständig auf eine Besteuerung der Kapitalerträge verzichtet. Dies kann man sich leicht anhand der folgenden Abbildung klarmachen.

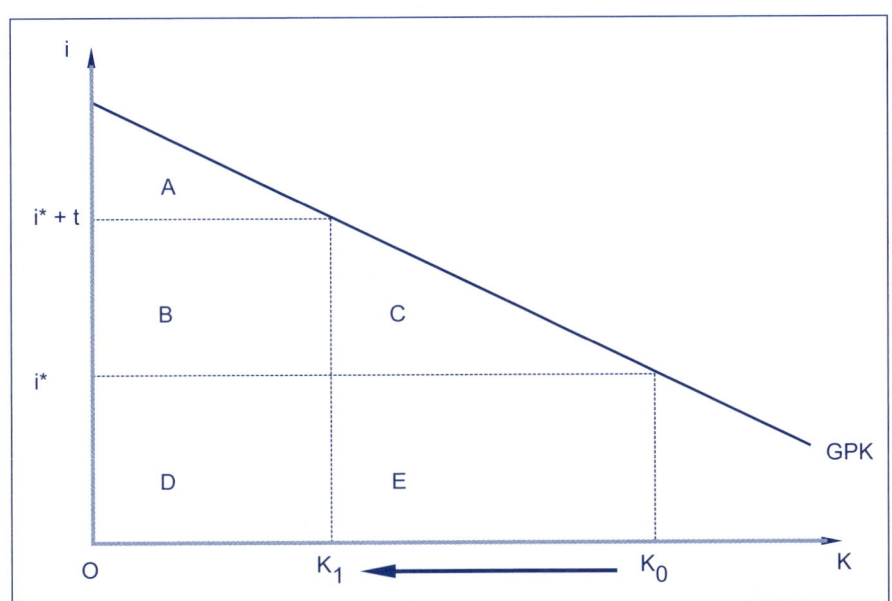

Abbildung 6.4 Kapitalbesteuerung und Einkommen

Bei einem Steuersatz t und damit Kapitalkosten von i* + t wird der Kapitaleinsatz auf K_1 festgelegt, wo die Grenzkosten des Kapitaleinsatzes der Grenzproduktivität des Kapitals (GPK) entsprechen. Die Gesamtproduktion beträgt A + B + D, wovon die ausländischen Kapitaleigner D, der Fiskus B und die inländischen Eigentümer der immobilen Faktoren A erhalten. Wird auf eine Quellenbesteuerung der Kapitalerträge vollständig verzichtet, so verringern sich die Kapitalkosten auf i*, der Kapitaleinsatz erhöht sich auf K_0 und die Inlandsproduktion auf A + B + C + D + E, wovon die ausländischen Kapitaleigner D + E und die inländischen Eigentümer der immobilen Faktoren A + B + C erhalten. Damit erhöhen sich die Einkommen der immobilen Faktoren um einen größeren Betrag (B + C), als sich die Steuereinnahmen des Staates verringern (−B). Beschafft sich der Staat die entgangenen Steuern aus Kapitalerträgen bei den Eigentümern der immobilen Faktoren, so steht sich niemand schlechter und einige stehen sich besser.

6.3.5 Finanzmarktregulierung und Finanzmarktintegration

Finanzielle Integration bedeutet, dass die Erträge auf bestimmte Anlagen sowie die Konditionen für bestimmte Kredite nicht durch nationale Vorgaben und damit verbundene Kosten systematisch verzerrt werden. Mit anderen Worten: Die Preise für vergleichbare Anlagen und Kredite, und das heißt vor allem für vergleichbare Risiken, gleichen sich über die Grenzen an: Es gilt das Gesetz des einheitlichen Preises. Das erfolgt über Arbitrage, vorausgesetzt es stellen sich dem freien Kapitalverkehr keine Hindernisse in den Weg. Diese Definition unterstellt allerdings nicht, dass sich die nationalen

Strukturen des Finanzsektors aneinander angleichen, und sie unterstellt auch nicht, dass die Finanzmärkte perfekt sind. Wesentlich für Integration ist es, dass Marktfriktionen keine asymmetrischen Effekte haben, d.h. nicht diskriminierend wirken. Finanzielle Integration ist zu trennen von monetärer Integration, auch wenn erstere durch letztere sehr gefördert wird und umgekehrt finanzielle Integration die Geldpolitik in einem einheitlichen Währungsraum unterstützt.

Die Finanzmärkte haben sich in den letzten 50 Jahren zu einem sehr komplexen und differenzierten Gefüge entwickelt (Avgouelas 2012). Damit ging auch ihre Internationalisierung einher, was unter dem Stichwort „Globalisierung" einen fast bedrohlichen Klang erhalten hat. Die zentralen Akteure auf diesen Märkten sind die Banken und Versicherungen, die Angebot und Nachfrage über eine Vielzahl von Finanzierungsinstrumenten vermitteln. Bei Finanzgeschäften geht es um Geld, aber nicht nur darum, sondern vor allem auch um Zeit, Risiken und Vertrauen (das heißt schließlich „Kredit" auf Deutsch). Damit werden diese Märkte von Informationen beherrscht. Auf Grund der enormen Informationsanforderungen für einen liquiden und funktionierenden Kapitalmarkt und auf Grund der Tatsache, dass die relevanten Informationen kostspielig und asymmetrisch verteilt sind, wird es einen perfekt integrierten Finanzmarkt nicht geben. Was auf Gütermärkten die Transportkosten sind auf Finanzmärkten die Informationskosten.

Je nach Teilmarkt sind die Informationsprobleme unterschiedlich strukturiert und unterschiedlich gewichtet. Betrachten wir das Privatkundengeschäft *(retail banking)*, so geht es dabei auf der Passivseite darum, dass die Bürger ihr Kapital ertragreich und vor allem sicher anlegen können. Sie werden zögern, dabei Grenzen zu überschreiten, wenn sie nicht sehr gut über die Qualität der ausländischen Finanzinstitute und über die Qualität der Regulierung der ausländischen Finanzsysteme informiert sind. Auf der Aktivseite müssen die Kreditgeber über Bonität und Sicherheiten der Kunden informiert sein, was über große Entfernungen ebenfalls nur schwer möglich ist. Das führt zum so genannten *home bias* im Privatkundengeschäft (Barros et al. 2005; Schrooten 2013). Kurz, das Privatkundengeschäft setzt geringe Distanzen und damit ausgebaute Filialnetze voraus. Auf dem Markt für Unternehmensfinanzierung *(wholesale banking)* sind die Informationen stärker normiert und werden durch einheitliche Bilanzierungsvorschriften auch vergleichbarer und transparenter.

Vor 1985 hatten die Mitgliedstaaten der Gemeinschaft sehr unterschiedliche Bankensysteme, was Struktur, Produktdifferenzierung und Regulierung betrifft. Sie waren aber alle hoch geschützt gegen internationale Konkurrenz. Mit einer ersten Bankenrichtlinie von 1977 (77/780/EWG) startete die EG den Versuch, die nationalen Finanzmarktregulierungen zu harmonisieren. Das verlief hier genauso wenig problemlos wie auf anderen Dienstleistungsmärkten. Und genauso wie dort erwies sich das Prinzip der wechselseitigen Anerkennung kombiniert mit Deregulierung und einer Harmonisierung der unmittelbaren Bankenregulierung als Voraussetzung für eine erfolgreiche Integration der Finanzmärkte. Hierfür zeichneten die Einheitliche Europäische Akte von 1986 und die zweite Bankenrichtlinie von 1989 (89/646/EWG) verantwortlich. Sehr viel langsamer erfolgte die Integration der nationalen Märkte. Das veranlasste die Gemeinschaft, 1999 einen Aktionsplan für Finanzdienstleistungen *(Financial Services Action Plan, FSAP)* zu beschließen. Er setzte sich zum Ziel, bis zum Jahr 2005

- das Privatkundengeschäft europaweit zu öffnen, indem noch bestehende Hindernisse für grenzüberschreitende Dienstleistungen beseitigt, der Informationsfluss verbessert und die Sicherheitsvorkehrungen vereinheitlicht und transparenter gemacht werden,
- die Voraussetzungen für einen wirklich gemeinsamen Markt für Unternehmensfinanzierung zu schaffen,
- die Finanzmarkt- und die Bankenregulierung zu modernisieren und zu harmonisieren und dafür zu sorgen, dass sie auf dem nationalen Niveau auch adäquat überwacht wird.

Die Konkretisierung des Aktionsplans für Finanzdienstleistungen wurde, was den Wertpapiermarkt betrifft, einem „Ausschuss der Weisen" unter Leitung des belgischen Bankfachmanns Alexandre Lamfalussy übertragen. Aufgabe war es, die Regulierung dieses Marktes europaweit zu vereinheitlichen, damit er voll funktionsfähig wird. Das Resultat, der so genannte Lamfalussy-Prozess, ist insofern von Interesse, als hier ganz im Gegensatz zur offenen Methode der Koordinierung ein verkürztes zentralisiertes Entscheidungsverfahren eingeführt wurde, um den Marktentwicklungen nicht hinterherzuhinken. Rat und Parlament kommen dabei nur im Zusammenhang mit den allgemeinen Richtlinien zu Wort. Der Rest ist ein mehr oder minder technisches Problem im Rahmen der Komitologie (vgl. Kap. 4). Da dieses Verfahren sich in den ersten Jahren bewährt hat, soll es auf die Regulierung der Banken, der Versicherungen und der betrieblichen Pensionskassen ausgedehnt werden.

Ein wesentlicher weiterer Schritt zur Marktintegration war dann die Einführung einer Gemeinschaftswährung, die innerhalb des Euroraums mit den Wechselkursrisiken aufgeräumt hat. Wie weit werden nun die sich daraus ergebenden Möglichkeiten auch genutzt? Wie weit sind die Märkte integriert? Als erstes sind die Zinssätze zu betrachten. Denn bei vollständig integrierten Finanzmärkten werden gewinnorientierte Marktteilnehmer Arbitragegewinne realisieren, bis die Zinsen für gleiche Risiken in allen Ländern identisch sind. Abbildung 11.1 macht deutlich, wie die Einführung des Euro und die dadurch bedingte Beseitigung des Wechselkursrisikos erwartungsgemäß zur Konvergenz der Zinssätze für Staatsanleihen mit zehnjähriger Laufzeit führte, bei denen das Ausfallrisiko bis vor kurzem praktisch keine Rolle spielte. Seit Ende 2008 hat sich die Situation geändert. Seither hat sich die internationale Finanzkrise dramatisch zugespitzt und in einer Reihe von Euro-Staaten zur Schuldenkrise ausgeweitet. So wurden beispielsweise Griechenland, Italien, Portugal, Spanien, Zypern und Irland durch die Ratingagenturen in ihrer Kreditwürdigkeit herabgestuft. Zwischenzeitlich waren auf Staatsanleihen aus diesen Ländern Risikozuschläge von bis zu mehr als 20 Prozentpunkten zu zahlen. Ähnlich verhält es sich auch auf dem Markt für private

Anleihen. Damit wird allerdings nicht die europäische (oder auch globale) Finanzmarktintegration berührt. Eine Diskriminierung fand nur insofern statt, als die Marktteilnehmer (Banken und Versicherungen) einander nicht mehr vertrauten und der Geld- und Kreditmarkt deshalb zusammenbrach.

Indikativ für Marktintegration ist auch die Zusammenstellung der Portfolios institutioneller Investoren. Sowohl Anleihen- wie Aktienfonds werden mehr und mehr internationalisiert. Und selbst die besonders strengen Vorschriften unterworfenen Pensionsfonds investieren stärker in ausländische Titel. So stieg beispielsweise der Anteil von Unternehmensbeteiligungen, die von in der Eurozone ansässigen Anlegern in anderen Mitgliedstaaten der Eurozone erworben wurden, kontinuierlich an (1997: ca. 12 %; 2011: über 40 %; ECB 2013: 30).

Dass in Europa auch protektionistische Faktoren nach wie vor am Werk sind, zeigte sich besonders deutlich seit Herbst 2008 im Gefolge der sich weltweit ausbreitenden Finanzkrise. Die Regierungen der Mitgliedstaaten waren schnell geneigt, sich in milliardenschweren Unterstützungsmaßnahmen für „ihre" Banken und später auch „ihre" Industrieunternehmen zu engagieren, und die Europäische Kommission hatte Mühe, die Beihilfenkontrolle (siehe Kapitel 7.7) so anzuwenden, dass einerseits sinnvolle Maßnahmen der nationalen Krisenbekämpfung nicht verhindert werden und andererseits ein für alle Staaten schädlicher Subventionswettlauf unterbunden wird. Gleichzeitig wird nach Wegen gesucht, wie derartige Krisen in Zukunft vermieden oder zumindest besser bewältigt werden können. Zu diesem Zweck hatte die Kommission eine Expertengruppe unter Vorsitz des ehemaligen IWF-Direktors Jacques de Larosière ins Leben gerufen, die Ende Februar 2009 einen umfangreichen Bericht vorlegte. Dieser Bericht verdeutlicht unter anderem, dass die bestehende Bankenregulierung und -aufsicht in Europa versagten, weil sie zu hohes Vertrauen in das Risikomanagement der Banken setzten und weil sie systemische Risiken vernachlässigten. Die prozyklisch wirkenden Eigenkapitalregeln für Kreditinstitute (Basel II) hätten darüber hinaus den Abschwung noch weiter verstärkt (vgl. zu derartigen Fragen ausführlich Hellwig 2008c).

Zum 1. Januar 2011 trat schließlich das Europäische Finanzaufsichtssystem (ESFS) in Kraft, das aus drei europäischen Aufsichtsbehörden (Europäische Bankenaufsichtsbehörde EBA, Europäische Aufsichtsbehörde für das Versicherungswesen und die betriebliche Altersversorgung EIOPA und Europäische Wertpapier- und Marktaufsichtsbehörde ESMA) sowie dem Europäischen Ausschuss für Systemrisiken (ESRB) besteht. Seit dem Spätsommer 2012 ist die Europäische Kommission bemüht, eine „Bankenunion" ins Leben zu rufen (s. Kap. 11.6). Schließlich wurden im April 2013 die neuen weltweiten Bankkapitalstandards (Basel III) mit teilweise gravierenden Änderungen durch eine Richtlinie (RL 2013/36/EU) und eine Verordnung (VO Nr. 575/2013) in europäisches Recht umgesetzt. Die Finanzkrise von 2008 und die auf sie folgende Schuldenkrise haben nicht nur in der EU die labile Situation des Finanzsystems offenbart. Zur Stabilisierung sind tiefgreifende Reformen erforderlich, deren Umsetzung noch einige Zeit in Anspruch nehmen wird (Admati/Hellwig 2013).

Kapitel 7
Wettbewerbspolitik – der Ordnungshüter

7.1 Wettbewerbspolitik – braucht man so etwas?

Märkte, auch der Gemeinsame Markt, funktionieren nur unter Wettbewerbs-bedingungen. Statische wie dynamische Effizienz zu erreichen, setzt An-strengungen und adäquate Informationen voraus. Die Anstrengungen wer-den nur dann aufgebracht, wenn Nachlässigkeit zum Marktaustritt, d.h. in der Regel zum Konkurs führt. Informationen sind nur dann optimal, wenn sie keine Verzerrungen durch Gruppeninteressen, d.h. keinen monopolis-tischen Bias enthalten. Das Ergebnis der Marktprozesse wird nur dann als einigermaßen fair akzeptiert, wenn dadurch einzelne Marktteilnehmer nicht besonders begünstigt werden. All das setzt voraus, dass auf dem Markt mög-lichst vollständiger Wettbewerb herrscht.

Die wirksamste Garantie für Wettbewerb ist zunächst einmal der Gemein-same Markt selbst. Wenn 28 nationale Märkte die Handelsmauern schleifen, dann erhält man einen Freihandelsraum von gewaltigem Ausmaß. In diesem Raum ist Wettbewerb, und zwar ein intensiver Wettbewerb, der Normalzu-stand. Wer da seine Kosten nicht im Zaum hält, wer da nicht innovativ ist, wer da nicht erstklassige Konditionen und Service bieten kann, der wird binnen kürzester Zeit vom Markt verdrängt. Brauchen wir dann noch eine eigene Wettbewerbspolitik? Spontan ist man geneigt, mit nein zu antworten. Doch gibt es mehrere Gründe dafür, dass Freihandel keine ausreichende Garantie für Wettbewerb ist.

Denn Wettbewerb ist kein Naturzustand – oder doch? Dazu gibt es unter-schiedliche Auffassungen. Während deutsche Ordoliberale hier staatlichen Handlungsbedarf sehen, halten Chicagoer Liberale Märkte für grundsätzlich umstritten (*contestable markets*). Eines steht aber fest: So wohlfahrtsfördernd für die Gesamtgesellschaft Wettbewerb sein mag, jeder einzelne Unterneh-mer hasst die Konkurrenz und sucht den Wettbewerb tunlichst zu umgehen oder auszuschalten. Dafür stehen ihm verschiedene Strategien zu Gebote:

- *Die Verhandlungsstrategie:* Schon Adam Smith (1776/1976: 145) wusste: „People of the same trade seldom meet together, even for merriment and diversion, but the conversation ends in a conspiracy against the publick, or in some contrivance to raise prices". Kartelle, Syndikate, Absprachen, stillschweigende Kooperation (*tacit collusion*) – das Instrumentarium hier-für ist facettenreich.

- *Die Behinderungsstrategie:* Häufig bedienen sich Unternehmen diverser Geschäftspraktiken, die dazu geeignet sind, Konkurrenten oder aktuelle und potentielle Vertragspartner durch Verträge (wie z.B. Ausschließlichkeits- und Kopplungsbindungen) oder faktisches Marktverhalten (wie z.B. Diskriminierung, Lieferverweigerung und Boykott) in ihrer Wettbewerbsfreiheit zu beschränken oder die Funktionsfähigkeit des Wettbewerbs als Institution zu beeinträchtigen.

- *Die Konzentrationsstrategie:* Die Wirtschaftsgeschichte zeigt, dass mit den Märkten der Umsatz führender Unternehmen mitwächst. Erfolgreiche Unternehmen expandieren, das ist normal. Und wenn es ihnen gelingt, zum Beispiel durch innovative Spezialisierung Marktnischen zu öffnen und zu besetzen, dann können sie auch in räumlich großen Märkten marktbeherrschende Positionen einnehmen. Wie lange diese Position unbestritten bleibt, ist, wie gesagt, Gegenstand des wissenschaftlichen Diskurses. Rascher als über internes Wachstum geht es über externes Wachstum. Durch die Übernahme von Konkurrenten oder den Zusammenschluss mit Konkurrenten (horizontale Konzentration), aber auch mit vor- oder nachgelagerten Unternehmen (vertikale Konzentration) werden die Marktbedingungen zugunsten des eigenen Unternehmens verbessert.

- *Die Protektionsstrategie:* Am wirkungsvollsten lassen sich die Marktkräfte durch staatliche Intervention ausschalten. Indem man sich die eine oder andere Form eines staatlichen Privilegs beschafft, schließt man den Markt für lästige Konkurrenten und führt ein geruhsames Leben. Tarifäre und nicht-tarifäre Handelshemmnisse, staatliche Monopole und Gebietsmonopole, gesetzlich abgesicherte Preise (Gebührenordnungen), Subventionen – auch hier gibt es zahlreiche Möglichkeiten, für deren Ausbeutung zum Teil erhebliche Mittel aufgewendet werden *(rent seeking)*.

Im Fall des sogenannten natürlichen Monopols ist Wettbewerb aus technischen Gründen mehr oder minder ausgeschlossen. Das tritt bei extrem hohen Fixkosten oder Netzwerkexternalitäten auf. Und der Staat kann Wettbewerb verhindern, sei es dass sich protektionistische Sonderinteressen erfolgreich durchgesetzt haben, sei es dass der Staat seine öffentlichen Unternehmen vor lästiger Konkurrenz schützt.

Kurzum, ehe man es sich versieht, gibt es auf dem Markt Wettbewerbsbeschränkungen, Wettbewerbsverzerrungen, unfairen Wettbewerb, Begünstigungen und Behinderungen: Das Spielfeld, auf dem der Konkurrenzkampf ausgetragen wird, ist nicht mehr eben. Um letzteres einigermaßen sicherzustellen, bedarf es der Wettbewerbspolitik. Da es dabei grundsätzlich darum geht, für den gesamten Markt gleiche Bedingungen herzustellen, ist Harmonisierung unerlässlich, d.h. eine gemeinsame Wettbewerbspolitik. Sie ist das Grundgesetz eines jeden Marktes, und diesem Grundgesetz muss man aktiv Geltung verschaffen. Denn wie wir gerade sahen, sind die Regierungen einzelner Länder häufig und die individuellen Unternehmen immer daran interessiert, den Wettbewerb zu umgehen.

Seit der Gründung der Europäischen Wirtschaftsgemeinschaft ist die Wettbewerbspolitik als Gemeinschaftsaufgabe primärrechtlich verankert. Das Sensationelle dieser Tatsache ist uns heute kaum noch bewusst. Denn als der Vertrag von Rom ausgehandelt wurde, gab es im Europa der Sechs kein Wettbewerbsrecht, das diesen Namen verdiente. Das deutsche Gesetz gegen

Wettbewerbsbeschränkung (GWB) war gerade im Bundestag verabschiedet worden und trat genauso wie der EWG-Vertrag am 1. 1. 1958 in Kraft. Italien besaß überhaupt keine rechtliche Regelung, und die kleineren Benelux Länder verließen sich vor allem auf ein liberales Handelsregime.

Zusammen mit den vier Grundfreiheiten bildet die Wettbewerbspolitik die wichtigste ordnungspolitische Stütze des europäischen Integrationsprozesses. Ohne eine gemeinsame Wettbewerbspolitik könnten der freizügige Waren- und Dienstleistungsverkehr auf andere Weise als durch tarifäre und nichttarifäre Handelsbeschränkungen der Mitgliedstaaten beeinträchtigt und die Versorgung der Bevölkerung zugunsten steigender Monopolgewinne der Unternehmen verschlechtert werden. Während sich die Mitgliedstaaten immer darüber einig waren, dass eine gemeinsame Wettbewerbspolitik unverzichtbar ist, bestehen unterschiedliche Vorstellungen darüber, wie diese Wettbewerbspolitik im einzelnen auszugestalten sei. Letztlich dreht sich die Diskussion um Grundsatzfragen: Wie weit sollte sich die Gemeinschaft auf ordnungspolitische Maßnahmen zur Unterstützung eines wirksamen Wettbewerbs beschränken und wie weit sollte die Wettbewerbspolitik auch industrie-, umwelt-, beschäftigungspolitische und sonstige Ziele verfolgen?. Seit dem Vertrag von Maastricht scheinen die Gewichte zugunsten einer stärker interventionistischen Politik verschoben zu sein, wie sie vor allem Frankreich vertritt (A. Schmidt 2001: 365–368, 387 ff.).

Das europäische Wettbewerbsrecht ist durch drei Besonderheiten gekennzeichnet, die wichtig für das Verständnis seiner Konsequenzen im wirtschaftlichen Alltag sind:

1. Das Ziel der europäischen Wettbewerbspolitik besteht nicht nur darin, einen funktionsfähigen Wettbewerb zu gewährleisten, sondern auch darin, die Marktintegration der Mitgliedstaaten zu unterstützen. Daraus folgt, dass alle wettbewerbsbeschränkenden Maßnahmen, die dazu geeignet sind, die nationalen Märkte der Mitgliedstaaten voneinander abzuschotten, von den wettbewerbspolitischen Autoritäten besonders kritisch gesehen werden.
2. Das europäische Wettbewerbsrecht enthält Vorschriften, die sich direkt an Unternehmen richten (wie Kartellverbot, Missbrauchsaufsicht und Fusionskontrolle). Darüber hinaus enthält es Vorschriften, die sich an die Mitgliedstaaten richten (wie Vorschriften über öffentliche Unternehmen und Beihilfenkontrolle).
3. Die europäische Wettbewerbspolitik wird sowohl auf europäischer als auch auf der Ebene der Mitgliedstaaten durchgesetzt. Die zuständige europäische Wettbewerbsbehörde ist die Europäische Kommission, der umfangreiche Auskunfts-, Untersuchungs- und Sanktionsrechte übertragen wurden. Da die relevanten Artikel des Vertrages unmittelbar anwendbar sind, können sie auch vor den zuständigen Gerichten der Mitgliedstaaten geltend gemacht werden.

7.2 Kartellverbot (Art. 101 AEUV)

7.2.1 Inhalt des Kartellverbots

Ein wichtiges Ziel jeder Wettbewerbspolitik ist die Bekämpfung von Kartellen. Nach Art. 101 Abs. 1 AEUV sind alle Vereinbarungen zwischen Unternehmen, Beschlüsse von Unternehmensvereinigungen und abgestimmte Verhaltensweisen verboten, sofern sie

- geeignet sind, den Handel zwischen den Mitgliedstaaten zu beeinträchtigen (Zwischenstaatlichkeitsklausel), und
- eine Verhinderung, Einschränkung oder Verfälschung des Wettbewerbs innerhalb des Gemeinsamen Marktes bezwecken oder bewirken (Wettbewerbsbeschränkung).

Der Anwendungsbereich dieses Verbots ist durch die ständige Rechtsprechung von EuG und EuGH sehr weit gefasst: Zum einen werden die Adressaten der Norm, Unternehmen und Unternehmensvereinigungen, funktional definiert unabhängig von Rechtsform und Finanzierung, so dass beispielsweise auch Einzelkaufleute, Freiberufler sowie Sportler und Künstler, soweit sie am Wirtschaftsverkehr teilnehmen, vom Kartellverbot erfasst sind. Zum anderen bezieht sich das Kartellverbot grundsätzlich sowohl auf horizontale Wettbewerbsbeschränkungen, wie beispielsweise Preisabsprachen zwischen Konkurrenten, als auch auf vertikale Wettbewerbsbeschränkungen, d.h. wettbewerbsschädliche Abstimmungen zwischen Unternehmen vor- und nachgelagerter Produktionsstufen.

Die Zwischenstaatlichkeitsklausel grenzt den Zuständigkeitsbereich europäischer Wettbewerbspolitik von der Wettbewerbspolitik der Mitgliedstaaten ab. Auch sie wird durch die ständige Rechtsprechung sehr breit interpretiert. Es wird geprüft, ob eine Maßnahme unmittelbar oder mittelbar, tatsächlich oder potentiell dazu geeignet ist, den Handel zwischen den Mitgliedstaaten zu beeinträchtigen.

Damit eine Vereinbarung, ein Beschluss oder eine Verhaltensweise unter das Kartellverbot fällt, muss eine Wettbewerbsbeschränkung bezweckt oder bewirkt sein. Art. 101 Abs. 1 AEUV nennt hier einige Regelbeispiele wie Preisfestsetzungen und Marktaufteilungen. Insbesondere auf oligopolistischen Märkten besteht das Problem, dass nicht immer leicht zu entscheiden ist, ob ein gleichförmiges Verhalten von Wettbewerbern Ergebnis eines intensiven Wettbewerbs ist, der alle konkurrierenden Unternehmen zwingt, sich in einer bestimmten Weise an die jeweils spezifischen Marktbedingungen anzupassen („Parallelverhalten"), oder ob es sich hierbei um ein abgestimmtes Verhalten handelt mit dem Ziel, den Wettbewerb zu beschränken (Motta 2004: 211ff.). Besonders kritisch sehen Kommission und Europäischer Gerichtshof Vereinbarungen, die zu einer Abschottung der nationalen Märkte führen (Box 7.1).

Box 7.1: Der Fall „Farbstoffe"

Stein des Anstoßes war die Beobachtung, dass zwischen 1964 und 1967 die Preise für Anilin-Farbstoffe in mehreren Mitgliedstaaten gleichzeitig und wiederholt um einen einheitlichen Preis erhöht worden waren. Die Kommission sah hierin ein rechtswidriges abgestimmtes Verhalten und verhängte hohe Bußgelder gegen die beteiligten Unternehmen, die teilweise außerhalb der Europäischen Gemeinschaft ansässig waren. Die Unternehmen machten demgegenüber geltend, dass es sich bei den beanstandeten Maßnahmen nicht um ein Preiskartell handele, sondern vielmehr um ein aus der oligopolistischen Konkurrenz resultierendes Parallelverhalten, und brachten den Fall vor den EuGH.

Der EuGH schloss sich der Auffassung der Kommission an. Aus der Entscheidung sind insbesondere zwei Grundsätze hervorzuheben, die bis heute maßgeblich sind:

- Wichtigstes Element des Gesetzesverstoßes war die „Abschottung der nationalen Märkte" durch die beteiligten Unternehmen, wodurch auf jedem nationalen Markt ein spezifisches Preisniveau durchgesetzt werden konnte.
- Weiterhin bestätigte der EuGH die Auffassung der Kommission, dass ihre Entscheidung auch für Unternehmen mit Sitz außerhalb der Europäischen Gemeinschaft verbindlich sei. Entscheidend für einen Verstoß gegen Art. 101 Abs. 1 AEUV ist lediglich, dass sich die Wettbewerbsbeschränkungen auf den Gemeinsamen Markt auswirken. Somit ist das EG-Wettbewerbsrecht auch extraterritorial anwendbar.

Literatur: EuGH v. 14. 7. 1972, Slg. 1972, 619, 713, 745, 787, 845, 851, 887, 934; Mestmäcker/Schweitzer 2004: 253 f., 158; Nagel 2003: 106 f.

Gemäß Art. 101 Abs. 2 AEUV sind Vereinbarungen, Beschlüsse und abgestimmte Verhaltensweisen, die gegen das Kartellverbot aus Abs. 1 verstoßen, nichtig, sofern das Kartellverbot nicht aus den in Abs. 3 genannten Gründen für nicht anwendbar erklärt wird.

7.2.2 Keine Regel ohne Ausnahme: Ausnahmen vom Kartellverbot

Art. 101 Abs. 3 AEUV enthält eine Reihe von Rechtfertigungsgründen, bei deren Vorliegen das Kartellverbot aus Abs. 1 für nicht anwendbar erklärt werden kann:

- Die entsprechende Maßnahme dient der Verbesserung der Warenerzeugung oder -verteilung bzw. der Förderung des technischen oder wirtschaftlichen Fortschritts.
- Die Verbraucher werden angemessen am dadurch entstehenden Gewinn beteiligt.
- Die Wettbewerbsbeschränkung ist für diese erwünschten gesamtwirtschaftlichen Folgen unerlässlich.
- Der Wettbewerb wird für einen wesentlichen Teil der betreffenden Waren durch diese Maßnahme nicht ausgeschaltet.

Vor allem bei vertikalen Vereinbarungen sahen die Kommission und der Europäische Gerichtshof die Bedingungen aus Abs. 3 häufig erfüllt, es sei denn, sie dienten dazu, die nationalen Märkte voneinander abzuschotten.

Für eine ökonomische Würdigung der Möglichkeit der Freistellung vom Kartellverbot ist zunächst einmal von Interesse, wie sie in der Praxis gehandhabt wird. Hier lohnt es sich, die Entwicklung der letzten vier Jahrzehnte Revue passieren zu lassen. Die Durchführungsbestimmungen zu den Art. 101 und 102 AEUV waren bis vor kurzem in der Verordnung des Rates Nr. 17/1962 enthalten. Sie sah für die Freistellung vom Kartellverbot ein Genehmigungsverfahren vor, d.h. jede Freistellung musste bei der Kommission beantragt und von dieser genehmigt werden. Die Mitgliedstaaten verfügten zu dieser Zeit kaum über wettbewerbsrechtliche Erfahrungen, und die Unternehmen waren somit sehr unsicher, ob bestimmte Maßnahmen überhaupt in den Anwendungsbereich des Kartellverbots fielen. So gab es in den ersten Jahren eine Flut von Anträgen auf einen so genannten Negativattest (kein Verstoß gegen das Kartellverbot gemäß Abs. 1) bzw. auf eine Freistellung vom Kartellverbot gemäß Abs. 3.

Um die hieraus resultierende Arbeitslast zu reduzieren, bediente sich die Kommission insbesondere zweier Strategien:

- Zum einen ging sie seit Anfang der 1970er Jahre dazu über, das Verfahren durch die Ausgabe einfacher Verwaltungsschreiben *(comfort letters)* zu erleichtern, worin die Kommission den anmeldenden Unternehmen mitteilt, dass nach den ihr bekannten Tatsachen ein Tätigwerden nicht erforderlich sei. Diese Verwaltungsschreiben schützten zwar vor einem Bußgeldverfahren, gaben jedoch keine Rechtssicherheit.

- Zum anderen erließ die Kommission, nach einer entsprechenden Ermächtigung durch den Rat, seit Anfang der 1980er Jahre eine Reihe von so genannten Gruppenfreistellungsverordnungen. Dadurch werden bestimmte Typen von Vereinbarungen, sofern sie bestimmten Voraussetzungen genügen, generell vom Kartellverbot freigestellt, ohne dass es einer vorherigen Anmeldung und Genehmigung bedarf.

Box 7.2: Ökonomische Argumente für Ausnahmen vom Kartellverbot

Unter Ökonomen ist unstrittig, dass vertikale Vereinbarungen effizienzsteigernde Wirkungen haben können, die auch den Konsumenten zugute kommen. Bei hochwertigen Gütern fragen die Konsumenten häufig vor und nach dem Kauf zusätzliche Dienstleistungen wie Beratung, Wartung, Reparatur u.a.m. nach. Der Wert des Gutes für den Konsumenten (und damit auch dessen Zahlungsbereitschaft) wird durch die Qualität des Gutes und die Qualität der entsprechenden Dienstleistungen bestimmt.

Der Hersteller hochwertiger Produkte hat somit ein Interesse, Trittbrettfahrerverhalten von Discountern zu unterbinden – und genau dem Zweck dienen verschiedene Arten vertikaler Vereinbarungen. So kann der Hersteller beispielsweise nur ausgewählte Fachhändler beliefern und ihnen verbieten, an Discounter weiter zuverkaufen. Oder er gibt den Händlern einen Mindestpreis vor, um Preiswettbewerb zu Lasten der Fachhändler zu unterbinden und Nicht-Preis-Wettbewerb über die Qualität der ergänzenden Dienstleistungen zu fördern. Solche Vereinbarungen beschränken zunächst einmal lediglich den Wettbewerb innerhalb des Vertriebsnetzes eines bestimmten Herstellers *(intrabrand competition)*, sie beschränken aber nicht notwendigerweise den Wettbewerb zwischen konkurrierenden Herstellern *(interbrand competition)* – ja sie können diesen sogar fördern.

Andererseits ist es auch denkbar, dass vertikale Vereinbarungen horizontale Wettbewerbsbeschränkungen ermöglichen. Eine Gruppe von Herstellern kann beispielsweise leichter eine abgestimmte Preispolitik durchsetzen, wenn jeder Hersteller erreicht, dass sein Produkt bei allen Händlern zum gleichen Preis verkauft wird. Allgemein werden vertikale Vereinbarungen als wettbewerbspolitisch relativ unbedenklich angesehen, wenn die horizontale Konkurrenz zwischen den Herstellern *(interbrand competition)* hinreichend stark ist (Eger 1995: 192ff.).

7.2.3 Gruppenfreistellungsverordnungen

Sieht man einmal von den sektorspezifischen Gruppenfreistellungen ab (insbesondere Versicherungen und Transport), so bezogen sich die ersten Gruppenfreistellungen auf zwei Typen von Vereinbarungen – vertikale Vereinbarungen (Alleinvertriebsvereinbarungen, Alleinbezugsvereinbarungen, selektive Vertriebssysteme in der Kfz-Branche und Franchisevereinbarungen) und horizontale Vereinbarungen (Spezialisierungsvereinbarungen, Forschungs- und Entwicklungsvereinbarungen sowie Patentlizenzen und Know-How-Vereinbarungen).

Die „neue Generation" von Gruppenfreistellungsverordnungen schließen eine automatische Freistellung vom Kartellverbot nur dann aus, wenn die Vereinbarung bestimmte ausdrücklich verbotene „Kernbeschränkungen" enthält („schwarze Liste") und wenn bestimmte Marktanteile überschritten werden. Seit einigen Jahren ist die Kommission dazu übergegangen, sich bei Freistellungen vom Kartellverbot insofern eines stärker ökonomisch orientierten Ansatzes *(more economic approach)* zu bedienen, als die Form der wettbewerbsbeschränkenden Absprache in den Hintergrund tritt und stattdessen das Augenmerk auf die erwarteten positiven und negativen Auswirkungen der Absprache auf den relevanten Markt richtet. Dieser Ansatz wird mittlerweile bei der Anwendung aller Instrumente der europäischen Wettbewerbspolitik zugrundegelegt (Schmidtchen/Albert/Voigt 2007).

Derzeit (d.h. im Sommer 2013) sind u.a. folgende nicht-sektoralen Gruppenfreistellungsverordnungen gültig:

Vertikale Vereinbarungen

Gruppenfreistellungsverordnung für vertikale Vereinbarungen und aufeinander abgestimmte Verhaltensweisen (VO Nr. 330/2010 der Kommission vom 20. April 2010; entspricht weitgehend VO Nr. 270/1999 der Kommission):

- Fasst die drei früheren Verordnungen über Alleinvertriebsvereinbarungen, Alleinbezugsvereinbarungen und Franchisevereinbarungen zusammen.
- Stellt die entsprechenden vertikalen Vereinbarungen vom Kartellverbot frei, sofern der Marktanteil des Verkäufers (bei Alleinbelieferungsvereinbarungen: der Marktanteil des Käufers) 30 % nicht übersteigt und sofern die Vereinbarungen nicht die in der „schwarzen Liste" enthaltenen verbotenen Kernbeschränkungen (wie insbesondere vertikale Mindestpreisbindung und Gebietsaufteilung) enthalten.
- Durch die Ausgaben von Leitlinien zu vertikalen Beschränkungen hat die Kommission noch einmal präzisiert, nach welchen Prinzipien sie im Konfliktfall vertikale Vereinbarungen bewertet.

Kfz-Gruppenfreistellungsverordnung (VO Nr. 461/2010 der Kommission vom 27. 5. 2010, in Kraft getreten zum 1. 6. 2010; löst VO Nr. 1400/2002 der Kommission ab.):

- Die Gruppenfreistellung bezieht sich ausschließlich auf den Kfz-Anschlussmarkt (Vetrieb von Ersatzteilen, Reparatur- und Wartungsdienstleistungen).
- Für den Primärmarkt (Vertrieb neuer Kraftfahrzeuge) galten bis zum 31. 5. 2013 die Regeln der alten Kfz-GVO von 2002. Seit 1. 6. 2013 fällt der Vertrieb neuer Kraftfahrzeuge unter die allgemeine GVO für vertikale Vereinbarungen (s.o.).
- Grundsätzlich gilt die automatische Freistellung nur bis zu einem Marktanteil des Anbieters von 50 %.
- Um zu verhindern, dass der Ersatzteilemarkt durch den Hersteller monopolisiert wird, sind folgende Beschränkungen seitens der Hersteller grundsätzlich nicht freigestellt:
  - Beschränkungen des Verkaufs von Originalersatzteilen durch zugelassene Werkstätten an unabhängige Werkstätten,
  - Beschränkungen der Möglichkeit unabhängiger Ersatzteilehersteller, zugelassene oder unabhängige Werkstätten zu beliefern, und
  - Beschränkungen der Möglichkeiten von Ersatzteileherstellern, ihr Waren- oder Firmenzeichen auf ihren Produkten anzubringen.
- Durch verschiedene Maßnahmen soll verhindert werden, dass der Ersatzteilemarkt durch die Hersteller monopolisiert wird.

Horizontale Vereinbarungen

Gruppenfreistellung für Spezialisierungsvereinbarungen (VO Nr. 2658/2000 der Kommission vom 29. 11. 2000, in Kraft getreten am 1. 1. 2001):

- Durch diese Verordnung soll die Wettbewerbsfähigkeit kleiner und mittlerer Unternehmen gefördert werden.
- Bedingung für die Freistellung ist, dass die Summe der Marktanteile der beteiligten Unternehmen 20 % nicht übersteigt.
- Bestimmte, als besonders wettbewerbsschädlich angesehene, Kernbeschränkungen fallen nicht unter die Freistellung.

Gruppenfreistellung für Vereinbarungen über Forschung und Entwicklung (VO Nr. 2659/2000 der Kommission vom 29. 11. 2000, in Kraft getreten am 1. 1. 2001):

- Nach dieser Verordnung sind gemeinsame F&E-Aktivitäten wettbewerbsrechtlich unbedenklich und somit vom Kartellverbot freizustellen, solange das Stadium der Produktreife noch nicht erreicht ist und sofern der wirksame Wettbewerb in Bezug auf Innovationen nicht wesentlich verringert wird.
- Der Marktanteil der beteiligten Unternehmen darf 25 % nicht überschreiten.
- Die VO enthält eine Reihe von Kernbeschränkungen, die einer Freistellung entgegenstehen.

Gruppenfreistellung für Vereinbarungen über Technologietransfer (VO Nr. 772/2004 vom 7. 4. 2004, in Kraft getreten am 1. 5. 2004):

- Bezieht sich auf Patent- und Know-how-Lizenzen sowie auf Rechte an Mustern, Modellen und Softwarelizenzen.
- Freigestellt sind entsprechende Vereinbarungen zwischen Wettbewerbern nur dann, wenn der gemeinsame Marktanteil auf den relevanten Märkten 20 % nicht überschreitet. Zwischen Nicht-Wettbewerbern ist eine automatische Freistellung ausgeschlossen, wenn der individuelle Marktanteil der Parteien auf den relevanten Märkten 30 % überschreitet.
- Die Verordnung enthält eine Reihe von Kernbeschränkungen, die den Wettbewerb erheblich beeinträchtigen und deshalb eine Freistellung ausschließen.

Die durch Art. 101 und 102 AEUV kodifizierten europäischen Wettbewerbsregeln wurden bis Anfang des neuen Jahrhunderts weitgehend durch die Europäische Kommission, also auf behördlichem Wege, durchgesetzt. Die in der Verordnung Nr. 1/2003 enthaltenen Verfahrensänderungen stellen die vermutlich tiefgreifendste Reform des europäischen Wettbewerbsrechts dar und betreffen insbesondere die Durchsetzung des Kartellverbots gemäß Art. 101 AEUV. Erfüllen die horizontalen oder vertikalen Vereinbarungen die Voraussetzungen des Art. 101 Abs. 3 AEUV, so sind sie von vornherein ohne explizite Freistellung zulässig. Ob dies der Fall ist, müssen die betroffenen Unternehmen zunächst selbst einschätzen. Der endgültige Test erfolgt erst, wenn die Wettbewerbsbehörden vom Amts wegen oder aufgrund einer Beschwerde ermitteln oder wenn vor einem Zivilgericht Klage erhoben wird. Während bisher Ausnahmen vom Kartellverbot als Erlaubnisvorbehalt (administrative *ex ante* Kontrolle) ausgelegt wurden, ist man nun zu einem System der Legalausnahme mit dezentraler Durchsetzung übergegangen und will dadurch die Rolle der Privatinitiative seitens der Opfer bei der Durchsetzung des Wettbewerbsrechts stärken (*ex post* Kontrolle durch Individualklagen). Die Kommission kann sich auf die Verfolgung der schwerer wiegenden Kartellverstöße konzentrieren und auch nach der Erweiterung der EU auf nunmehr 28 Mitglieder arbeitsfähig bleiben. Der Systemwechsel wurde im europäischen Ausland teilweise befürwortet (Wils 2001). Insbesondere bei deutschen Wettbewerbsrechtlern stieß die Reform auf scharfe Kritik, weil man einen Verlust an Rechtssicherheit befürchtet (Mestmäcker/Schweitzer 2004: 148ff., 473ff.).

In den letzten Jahren konzentrierte sich die Kommission auf Ermittlungen gegen internationale Hardcore-Kartelle, d.h. gegen solche Kartellvereinbarungen, für die es mit Sicherheit keine Rechtfertigungsgründe gibt. Die 1996 erlassene und 2002 sowie 2006 geänderte Kronzeugenregelung, die Kartellaussteiger durch Bußgelderlasse bzw. -ermäßigungen zur Zusammenarbeit mit der Kommission ermutigen soll, erleichtert der Kommission in der Praxis den Nachweis von Kartellverstößen und trug wohl mit dazu bei, dass sich die Zahl der von der Kommission entschiedenen Kartellfälle von etwa zwei pro Jahr zwischen 1990 und 1999 auf etwa 6 pro Jahr seit 2000 drastisch erhöht hat. Gleichzeitig erreichten die verfügten Geldbußen, deren Höhe von der Schwere und der Dauer der Zuwiderhandlung abhängt und auf maximal 10 % des im vorausgegangenen Geschäftsjahr erzielten Gesamtumsatz begrenzt ist, im neuen Jahrhundert ständig neue Rekordhöhen. Die insgesamt wegen Verstößen gegen das europäische Kartellverbot verhängten Geldbußen betrugen in den Zeiträumen 1990–1994 bzw. 1995- 1999 gerade einmal 344 bzw. 271 Millionen €, und stiegen dann rapide an auf 3,1 Mrd. € (2000–2004), 8,3 Mrd. € (2005–2009) und für die kürzere Periode 2010 bis Juli 2013 auf immerhin 5,5 Mrd. €. 2008 wurde erstmalig in einem Kartellfall eine Geldbuße von insgesamt mehr als 1 Milliarde € verhängt (1,384 Mrd. € im Fall *Autoglas*). Aus Tabelle 7.1 wird deutlich, dass sich von den zehn höchsten Geldbußen neun auf die letzten sechs Jahre konzentrieren.

Tabelle 7.1: Die bis 2013 zehn höchsten Geldbußen wegen Verstoßes gegen das Kartellverbot pro Unternehmung

Jahr	Unternehmung	Fall	Betrag in €*
2008	Saint Gobain	Autoglas	880.000.000
2012	Philips	Bildröhren	705.296.000
2012	LG Electronics	Bildröhren	687.537.000
2001	F. Hoffmann-La Roche AG	Vitamine	462.000.000
2007	Siemens AG	Gasisolierte Schaltanlagen	396.562.500
2008	Pilkington	Autoglas	357.000.000
2010	Ideal Standard	Badezimmerausstattung	326.091.196
2009	E.ON	Gas	320.000.000
2009	GDF Suez	Gas	320.000.000
2007	ThyssenKrupp	Aufzüge	319.779.900

* Korrigiert gemäß Gerichtsentscheidungen

Quelle: http://ec.europa.eu/competition/cartels/statistics/statistics.pdf

Um die Verwaltungsverfahren zu vereinfachen und die Anzahl der Rechtsstreitigkeiten in Kartellsachen zu verringern, verfügt die Kommission mit der Verordnung Nr. 622/2008 nun über die Möglichkeit, geständigen Kartellsündern einen Vergleich mit bis zu 10 % reduzierten Geldbußen anzubieten. Dieses Instrument ergänzt die weiterhin bestehende Kronzeugenregelung und soll der Kommission helfen, Ressourcen einzusparen, die letztlich zur Bearbeitung weiterer Fälle zur Verfügung stehen.

Der durch die Verordnung Nr. 1/2003 eingeleitete Paradigmenwechsel hin zur stärkeren Betonung einer privatrechtlichen Durchsetzung des EG-Kartellrechts vor den nationalen Gerichten der Mitgliedstaaten ist noch keineswegs abgeschlossen. Bis heute spielen private Schadensersatzklagen der Opfer von Kartellrechtsverletzungen in der EU – anders als beispielsweise in den USA – eine vernachlässigbare Rolle. Aus diesem Grund plant die Kommission, weitere Rechtsakte, welche die Durchsetzung von Schadensersatzansprüchen aus Verletzungen der Art. 101 und 102 AEUV betreffen.

Wie sind diese Aktivitäten zu einer Erleichterung privater kartellrechtlicher Schadensersatzklagen zu beurteilen? Aus ökonomischer Sicht steht weniger der Schadensausgleich *(ex post)* als vielmehr die Verhaltenssteuerung *(ex ante)* im Vordergrund. In einem kombinierten System behördlicher und privater Durchsetzung des Kartellrechts können private Schadensersatzklagen grundsätzlich auf zweierlei Weise zu einer erhöhten Abschreckung von Kartellrechtsverletzungen beitragen. Zum einen wird die Wahrscheinlichkeit erhöht, dass Sanktionen verhängt werden, sofern durch die privaten Kläger zusätzliche Informationen zur Verfügung gestellt werden. Zum anderen wird die Sanktion im Falle einer Aufdeckung der Rechtsverletzung dadurch erhöht, dass auf die behördliche Geldbuße noch ein privater Schadensersatzanspruch draufgesattelt wird. Wir sind der Meinung, dass die Abschreckungswirkung ergänzender privater Schadensersatzklagen sehr unterschiedlich sein wird, je nach dem ob es sich um die Durchsetzung des Kartellverbots (Art. 101 AEUV) oder des Verbots des Missbrauchs einer beherrschenden Stellung (Art. 102 AEUV) handelt.

Bei einer Verletzung des Kartellverbots entstehen typischerweise einerseits Streuschäden, d.h. eine Vielzahl von Opfern erleiden jeweils relativ geringe Schäden, andererseits ist die Kausalität für das einzelne Opfer in der Regel kaum erkennbar. Es ist vielmehr zu erwarten, dass Schadensersatzklagen wegen Verstößen gegen das Kartellverbot typischerweise Folgeklagen im Anschluss an Entscheidungen der Wettbewerbsbehörden sind. Zum anderen ist nicht auszuschließen, dass aus der Sicht der Kartellmitglieder das erhöhte Risiko privater Schadensersatzklagen die Kronzeugenprogramme weniger attraktiv werden lässt. Es ist bei Verstößen gegen das Kartellverbot keineswegs klar, dass der private Ausgleich über Schadensersatzklagen zielgenauer ist als der kollektive Ausgleich über die Verringerung der Beiträge, die die Mitgliedstaaten an den EU-Haushalt leisten (Eger/Weise 2010). Bei einer Verletzung des Verbots des Missbrauchs einer beherrschenden Stellung ist demgegenüber typischerweise zu erwarten, dass die Opfer über mehr Informationen als die Kommission verfügen. Zusätzliche Anreize, diese Informationen zur Verfügung zu stellen, erhöhen somit die Wahrscheinlichkeit, Verletzungen des Missbrauchsverbots aufzudecken und damit auch potentielle Täter abzuschrecken.

7.3 Missbrauchsaufsicht (Art. 102 AEUV)

Nach Art. 102 AEUV ist die missbräuchliche Ausnutzung einer beherrschenden Stellung auf dem Gemeinsamen Markt oder einem wesentlichen Teil desselben verboten, sofern dadurch der Handel zwischen den Mitgliedstaaten beeinträchtigt wird. Es müssen somit drei Bedingungen erfüllt sein, damit die Europäische Kommission im Rahmen der Missbrauchsaufsicht tätig werden kann:

1. Eine Unternehmung verfügt über eine beherrschende Stellung.
2. Es besteht eine missbräuchliche Ausnutzung dieser beherrschenden Stellung.
3. Dadurch wird der Handel zwischen den Mitgliedstaaten beeinträchtigt.

Die Zwischenstaatlichkeitsklausel wird durch die Rechtsprechung sehr breit definiert: Es reicht bereits hin, dass eine Maßnahme unmittelbar oder mittelbar, tatsächlich oder potentiell dazu geeignet ist, den zwischenstaatlichen Handel zu beeinträchtigen (der so genannte Dassonville Test). Bei den ersten beiden Punkte handelt es sich offensichtlich um unbestimmte Rechtsbegriffe. Die Entscheidungspraxis der Kommission und Urteile der zuständigen Europäischen Gerichte haben diese unbestimmten Rechtsbegriffe zwar im Laufe der Zeit mit Inhalt gefüllt. Doch die rechts- und wirtschaftswissenschaftlichen Kontroversen um eine geeignete Definition von Marktbeherrschung und Missbrauch dauern bis heute an.

7.3.1 Beherrschende Stellung

In zwei frühen Entscheidungen zum heutigen Art. 102 AEUV (EuGH Rs. 27/76, *Chiquita*, Slg. 1978, 207, und EuGH Rs. 85/76, *Vitamine*, Slg. 1979, 461) definierte der EuGH „beherrschende Stellung" als

> die wirtschaftliche Machtstellung eines Unternehmens […], die dieses in die Lage versetzt, die Aufrechterhaltung eines wirksamen Wettbewerbs auf dem relevanten Markt zu verhindern, indem sie ihm die Möglichkeit verschafft, sich seinen Wettbewerbern, seinen Abnehmern und schließlich den Verbrauchern gegenüber in einem nennenswerten Umfang unabhängig zu verhalten.

Auch diese Formulierung ist interpretationsbedürftig, denn es fragt sich, woran man die Fähigkeit eines Unternehmens festmachen soll, sich dem Wettbewerbsdruck zu entziehen,.

Ein in der Ökonomie bekanntes Maß zur direkten Messung von Marktmacht ist der 1934 von Abba Lerner entwickelte und nach ihm benannte Lerner-Index. Dieser Index macht die Fähigkeit einer Unternehmung, sich dem Wettbewerbsdruck zu entziehen, daran fest, in welchem Maße es ihr gelingt, Preise oberhalb der Grenzkosten durchzusetzen (siehe Box 7.3). In der Praxis der Kartellbehörden spielt dieser Index allerdings aus zwei Gründen kaum eine Rolle (Motta 2004: 116): Zum einen kann sich mangelnder Wettbewerbsdruck auch in höheren Kosten niederschlagen, so dass ein geringer

Aufschlag auf die Grenzkosten nicht notwendigerweise ein Zeichen für geringe Marktmacht ist. Zum anderen sind die Grenzkosten der Produktion für einen Außenstehenden schwer zu bestimmen. Um dies zu vermeiden, kann man den Lerner-Index zwar alternativ auch über den Kehrwert der Preiselastizität der Nachfrage nach den Produkten der Unternehmung bestimmen, doch entsteht auch hier das Problem, dass nicht immer zuverlässige Daten zur Verfügung stehen.

Box 7.3: Lerners Maß der Marktmacht

Der Lerner-Index L misst den im Preis enthaltenen Aufschlag auf die Grenzkosten:

$$L = \frac{p - K'}{p}$$

wobei K' die Grenzkosten darstellen.

Der Lerner-Index kann Werte zwischen 0 und 1 annehmen. Entspricht der Preis den Grenzkosten (p = K'), so wird L = 0, d.h. es besteht überhaupt keine Marktmacht. Der maximale Wert von L = 1 wird erreicht, wenn die Grenzkosten (und damit auch die Grenzerlöse) einen Wert von null annehmen.

Alternativ lässt sich der Lerner-Index durch die Preiselastizität der Nachfrage nach den Produkten der Unternehmung ermitteln, und zwar wie folgt:

Die Grenzerlöse betragen:

$$E = p(x)x$$

$$E' = p + x\frac{dp}{dx} = p + p\frac{x\,dp}{p\,dx}$$

Da $\frac{x\,dp}{p\,dx} = \frac{1}{\eta} =$ d.h. den Kehrwert der Preiselastizität der Nachfrage η darstellt, gilt

$$E' = p + p\frac{1}{\eta}$$

Die Regel für Gewinnmaximierung lautet bekanntlich K' = E', also ergibt sich

$$L = \frac{p - K'}{p} = -\frac{1}{\eta}$$

d.h. der Lerner-Index kann durch den (negativen) Kehrwert der Preiselastizität der Nachfrage gemessen werden (Pindyck/Rubinfeld 2003: 483). Dieser ursprüngliche Lerner-Index misst die Marktmacht eines Monopolisten. Handelt es sich um einen oligopolistischen Markt, so lässt sich der Lerner-Index durch Berücksichtigung des Marktanteils der betrachteten Unternehmung (i) in folgender Weise verallgemeinern: $L_i = -\,m_i/\eta$, wobei m_i den Marktanteil von Unternehmung i bezeichnet. (Motta 2004, S. 123).

Wegen der genannten Probleme ist es gängige Praxis der Wettbewerbsbehörden in aller Welt, die beherrschende Stellung von Unternehmen indirekt zu messen, insbesondere anhand des Marktanteils, ergänzt um Faktoren, die die Bedeutung des Marktanteils gegebenenfalls modifizieren. So ist es auch bei der Europäischen Kommission und den zuständigen Europäischen Gerichten unstrittig, dass zur Feststellung einer beherrschenden Stellung der Marktanteil des Unternehmens eine entscheidende Rolle spielt (Daumenregel: ab 40 % Marktanteil wird eine beherrschende Stellung angenommen).

Wenn nun der Marktanteil eine so große Rolle spielt, schließt sich die Frage an, wie der relevante Markt in sachlicher und räumlicher Hinsicht abzugrenzen sei. Definiert man den relevanten Markt eng, so erscheint der Marktanteil des betreffenden Unternehmens hoch; definiert man den Markt breit, so erscheint der Marktanteil des betreffenden Unternehmens demgegenüber gering. Es ist klar, dass jedes von einer Missbrauchsklage betroffene Unternehmen versuchen wird, seinen Markt so weit wie möglich zu fassen.

Schwellenwerte für Marktanteile spielen eine bedeutende Rolle bei der Abgrenzung zwischen wettbewerbswidrigem und rechtlich zulässigem Verhalten, und zwar nicht nur bei der Missbrauchsaufsicht nach Art. 102 AEUV, sondern in zunehmendem Maße auch beim Kartellverbot. So ist es für die betroffenen Unternehmen wichtig, dass die Definition des relevanten Marktes und die Berechnung der Marktanteile zuverlässig und grundsätzlich vorhersehbar erfolgt. Um die Rechtssicherheit bei potentiellen Klägern und Beklagten zu erhöhen, hat die Kommission ihre Vorgehensweise in Bekanntmachungen zum relevanten Markt offengelegt.

In ihrer letzten Bekanntmachung zum relevanten Markt von 1997 (ABl. 1997, C 372/5) entschied sich die Kommission für einen Test, der Anfang der 1980er Jahre in den USA entwickelt und inzwischen von vielen Wettbewerbsbehörden in aller Welt übernommen wurde, den hypothetischen Monopoltest, auch SSNIP-Test genannt.

Box 7.4: SSNIP oder was wäre wenn?

Es handelt sich beim SSNIP-Test (SSNIP steht für *Small but Significant Non-transitory Increase in Price*) um ein Gedankenexperiment (Motta 2004: 102 ff.). Man beginnt mit einer sehr engen Abgrenzung des Produktmarktes und unterstellt, dass sich alle Anbieter wie ein Monopolist verhalten und den Preis dauerhaft um 5 % – 10 % erhöhen. Ist aufgrund der verfügbaren Informationen zu erwarten, dass der Gewinn der hypothetischen Monopolisten nach der Preiserhöhung ansteigt, so ist der relevante Markt auch entsprechend eng zu definieren. Ist demgegenüber zu erwarten, dass sich der Gewinn reduziert, weil viele Konsumenten auf ein anderes Produkt ausweichen, so wird dieses nahe Substitut in den relevanten Markt einbezogen. Der Test wird für den erweiterten Markt wiederholt, und es werden solange weitere Produkte eingeschlossen, bis der hypothetische Monopolist für den erweiterten Markt durch eine Preiserhöhung von 5 % – 10 % seinen Gewinn erhöhen kann. Nach dem gleichen Prinzip erfolgt die Marktabgrenzung auch in räumlicher Hinsicht.

Was die praktische Leistungsfähigkeit des SSNIP-Tests betrifft, so sind einige Autoren sehr optimistisch (Van den Bergh/Camesasca 2006: 125 ff.), andere bezweifeln, dass die Kartellbehörden über entsprechende Informationen verfügen, um den Test durchführen zu können (Mestmäcker/Schweitzer 2004: 394 f.). Ein systematisches Problem der Anwendung des SSNIP-Tests tritt dann auf, wenn das betreffende Unternehmen über Marktmacht verfügt und diese bereits durch einen hohen Preisaufschlag auf die Grenzkosten ausgenutzt hat. Führt eine weitere Erhöhung des Preises um 5 % – 10 % zu einer starken Abwanderung der Konsumenten zu einem anderen Produkt, so kann man daraus nicht schließen, dass beide Produkte zusammen einen relevanten Markt bilden. Der korrekte Referenzpreis ist nämlich nicht der tatsächliche Preis, sondern der Preis, der sich bei wirksamem Wettbewerb gebildet hätte. Dieses Problem wird in der Literatur unter der Bezeichnung *Cellophane Fallacy* diskutiert, nachdem der US Supreme Court irrtümlich entschieden hatte, dass Cellophan und andere Verpackungsmaterialien nahe Substitute seien.

7.3.2 Missbrauch

Für sich allein genommen verstößt die beherrschende Stellung eines Unternehmens noch nicht gegen europäisches Wettbewerbsrecht: Was kann der Sigismund dafür, dass er so schön ist? Es muss noch etwas hinzukommen, nämlich der Missbrauch dieser beherrschenden Stellung. Wann genau liegt Missbrauch vor? Die Beantwortung dieser Frage erfordert viel Fingerspitzengefühl und gute Kenntnis der Verhältnisse auf dem entsprechenden Markt. Ist die Kommission schnell mit dem Finger am Abzug und erkennt in jedem vom „Üblichen" abweichenden Verhalten einen Missbrauch, so riskiert sie, innovative Strategien eines Unternehmens zu unterbinden, die dazu geeignet wären, seine Rivalen aus dem Dornröschenschlaf zu reißen und den Wettbewerb zugunsten der Konsumenten zu verstärken. Der Wettbewerb würde auf diesem Markt durch öffentliche Intervention eingeschränkt. Ist die Kommission dagegen zu nachgiebig gegenüber mächtigen Unternehmen, so besteht die Gefahr, dass diese ihre Machtstellung dazu nutzen, tatsächlichen und potentiellen Konkurrenten systematisch Steine in den Weg zu legen und den Wettbewerb zu Lasten der Konsumenten zu behindern.

Art. 102 AEUV enthält vier Regelbeispiele, die den allgemeinen Missbrauchstatbestand konkretisieren sollen, die aber keine erschöpfende Aufzählung aller denkbaren Verstöße gegen das Missbrauchsverbot darstellen:

- den Preis- und Konditionsmissbrauch gegenüber schwächeren Vertragspartnern (lit. a),
- die Einschränkung der Erzeugung, des Absatzes oder der technischen Entwicklung zum Schaden der Verbraucher (lit. b),
- die Diskriminierung von Handelspartnern (lit. c) und
- die sachlich nicht gerechtfertigte Kopplung verschiedener Leistungen (lit. d).

Aus diesen Regelbeispielen wird deutlich, dass Art. 102 AEUV zwei Formen des Missbrauchs erfasst, den Ausbeutungsmissbrauch gegenüber Abnehmern und Lieferanten sowie den Behinderungsmissbrauch gegenüber Konkurrenten auf den beherrschten oder dritten Märkten.

Ein typisches Anwendungsbeispiel für den Ausbeutungsmissbrauch einer marktbeherrschenden Stellung ist die Durchsetzung „unangemessener Preise", d.h. überhöhter Preise seitens eines dominanten Anbieters bzw. unangemessen niedriger Preise seitens eines dominanten Nachfragers. Aber gerade hier stößt die Wettbewerbspolitik an ihre Grenzen. Was ist ein angemessener Preis? Welcher Preis hätte sich bei wirksamem Wettbewerb ergeben? Sowohl Wissenschaftler als auch Praktiker lehnen den Einsatz der Wettbewerbsbehörden als „Preiskommissare" in aller Regel ab. Die Aufgabe der Wettbewerbsbehörden besteht darin, den Restwettbewerb auf beherrschten Märkten soweit wie möglich zu schützen und damit mittelbar den Verbraucherinteressen zu dienen. Eine Preisregulierung wird im allgemeinen nur dann als gerechtfertigt angesehen, wenn es nicht möglich ist, einen wirksamen Wettbewerb auf Dauer zu gewährleisten, wie im Fall natürlicher Monopole (z.B. Versorgungsnetzwerke wie Wasserwerke, Elektrizitätswerke, das Ortsnetz bei der Telekommunikation).

Die Kommission konzentriert sich somit auf die verschiedenen Formen des Behinderungsmissbrauchs, d.h. auf die Versuche marktbeherrschender Unternehmen, durch exklusive Bezugs- und Abnahmeverpflichtungen, Kopplungen, Geschäftsverweigerungen, Diskriminierungen von Handelspartnern, Kampfpreisunterbietungen und anderes mehr den Wettbewerb zu Lasten der Konkurrenten und auch zu Lasten der Verbraucher zu beeinträchtigen. Eine adäquate Bewertung derartiger Strategien erfordert gute ökonomische Kenntnisse und detaillierte Informationen über die konkreten Bedingungen des Einzelfalls. Die Grenze zwischen rechtswidrigem Missbrauch und erwünschten innovativen Strategien des Leistungswettbewerbs zugunsten der Verbraucher ist häufig nicht leicht zu bestimmen: Was dem einen als unzulässige Kampfpreisunterbietung erscheint, stellt sich für den anderen als ein erwünschter intensiver Preiswettbewerb dar. Preisdiskriminierung klingt in vielen Ohren sehr böse, kann aber in einer Welt unvollkommenen Wettbewerbs durchaus zu Wohlfahrtssteigerungen führen.

Wie wir bereits im letzten Abschnitt gesehen haben, beschränken vertikale Bindungen zwischen Abnehmern und Lieferanten zwar den *intra-brand* Wettbewerb, können sich aber durchaus förderlich auf den *inter-brand* Wettbewerb auswirken. Kopplungsverträge mögen als Versuch erscheinen, den Wettbewerb für das gekoppelte Produkt zu beschränken und damit die Marktmacht von einem Markt auf den anderen auszudehnen. Andere nehmen derartige Verträge als gelungenen Versuch wahr, den Konsumenten ein „Rundum-Sorglos-Paket" zu einem günstigen Preis zu bescheren. Europäische Kommission und Europäische Gerichte hatten sich in den letzten 30 Jahren mit einer Vielzahl derartiger mutmaßlicher Missbrauchsfälle auseinanderzusetzen, wobei die Entscheidungen aus ökonomischer Sicht teils mehr und teils weniger geglückt erschienen (Mestmäcker/Schweitzer 2004: 409–472; Bishop/Walker 2002: 190–252; Schmidt/Schmidt 2006: 69–83). Da uns hier der Platz fehlt, auf wichtige Einzelentscheidungen zu den verschiedenen Fallgruppen einzugehen, wollen wir abschließend – stellvertretend für die vielen anderen Entscheidungen – einen Fall diskutieren, der in der

Öffentlichkeit sehr viel Aufsehen erregt hat und der mehrere Aspekte der Missbrauchsaufsicht in sich vereint: den Fall Microsoft (Box 7.5).

Box 7.5: May the best win: Der Fall Microsoft

Im Dezember 1998 beantragte die amerikanische Firma „Sun Microsystems", ein Hersteller von Servern und Betriebssystemen, bei der Europäischen Kommission ein Verfahren gegen Microsoft wegen Verletzung von Art. 82 EG (heute Art. 102 AEUV). Sun Microsystems beschuldigte Microsoft, durch Geheimhaltung wesentlicher Schnittstelleninformationen die Dialogfähigkeit zwischen Windows-PCs und nicht von Microsoft stammenden Arbeitsgruppenservern zu beeinträchtigen und sich dadurch eine beherrschende Stellung bei Betriebssystemen für Arbeitsgruppenserver zu sichern. Daraufhin leitete die Kommission umfangreiche Ermittlungen ein, die sie auf eigene Initiative auf einen weiteren Sachverhalt ausdehnte – nämlich die Integration des „Windows Media Players", einer speziellen Software zur Kommunikation von Audio- und Videoinhalten über das Internet, in das Betriebssystem „Windows 2000".

Nach mehr als fünfjährigen Ermittlungen kam die Kommission am 24. 3. 2004 schließlich zu folgender Entscheidung:

1. Wegen schweren und fortdauernden Verstoßes gegen Art. 82 EG (heute Art. 102 AEUV) wird gegen Microsoft ein Bußgeld in der Rekordhöhe von mehr als 497 Mio. € verhängt.
2. Innerhalb von 120 Tagen muss Microsoft die Kommunikationsprotokolle für die Schnittstellen zu seinem Betriebssystem Windows offenlegen. Soweit die Schnittstelleninformationen durch intellektuelle Eigentumsrechte geschützt sind, ist Microsoft eine angemessene Vergütung zu zahlen (Technologiezugang durch Zwangslizenzen).
3. Innerhalb von 90 Tagen muss Microsoft eine abgespeckte zweite Windows Version ohne den Media Player anbieten („Produktentbündelung").

Microsofts Antrag auf einstweilige Verfügung wurde vom Europäischen Gericht erster Instanz in seiner Entscheidung vom 22. 12. 2004 abgelehnt. Als mehr als zwei Jahre nach der Kommissionsentscheidung die Auflage der Offenlegung aller relevanten Schnittstelleninformationen nicht erfüllt war, verhängte die Kommission am 12. 7. 2006 ein Zwangsgeld in Höhe von 280,5 Mio. € gegen Microsoft. Microsofts Klage in der Hauptsache wurde vom Europäischen Gericht Erster Instanz in seiner Entscheidung vom 17. 9. 2007 in allen wesentlichen Punkten abgewiesen.

Wenden wir uns den ökonomische Konsequenzen der Entscheidung zu: der Verpflichtung. Eine Verpflichtung zur Offenlegung der relevanten Schnittstelleninformationen ließe sich aus wettbewerbsrechtlicher Sicht möglicherweise durch Rückgriff auf die im amerikanischen Antitrust-Recht entwickelte *essential facilities doctrine* begründen. Nach dieser Doktrin wird durch die Öffnung des Zugangs zu „wesentlichen Einrichtungen" der Wettbewerb auf nachgelagerten Märkten erst ermöglicht. Typische Anwendungsbeispiele sind Durchleitungen im Bereich der leitungsgebundenen Energie und der Zugang zur „letzten Meile" bei der Festnetz-Telekommunikation. Entsprechend könnte man auch die relevanten Schnittstelleninformationen als „wesentliche Einrichtung" betrachten, über die der Zugang zum Markt für Windows-kompatible Arbeitsgruppenserver erst ermöglicht wird.

Diese Argumentation greift allerdings zu kurz, da sie die Anreize vernachlässigt, in Produktinnovationen zu investieren. Diese Anreize werden durch einen entsprechenden Schutz geistiger Eigentumsrechte geschaffen. Erwartet beispielsweise Microsoft, dass es in Zukunft alle Informationen, die Verbesserungen der Schnittstellen betreffen, seinen Konkurrenten offenlegen und diesen gegebenenfalls eine Zwangslizenz gewähren muss, so verringern sich *ex ante* die Anreize, in derartige Verbesserungen zu investieren. Aber auch das ist noch nicht die ganze Wahrheit. Denn auf der anderen Seite erhalten dadurch die Wettbewerber von Microsoft Anreize, in Verbesserungen der Betriebssysteme für Arbeitsgruppenserver zu investieren. Entscheidend für die Bewertung der langfristigen ökonomischen Konsequenzen der Offenbarungspflicht ist somit der Nettoeffekt auf die Innovationsanreize im gesamten Netzwerk.

Literatur: Motta 2004; Lévêque 2005; Ayres/Nalebuff 2005; Kirchner 2005; Kühn/ Van Reenen 2009.

Im Dezember 2005 veröffentlichte die Europäische Kommission ein Diskussionspapier, das darauf abstellt, die Kontrolle beherrschender Unternehmen stärker an ökonomischen Kriterien auszurichten. Dabei soll zum einen das Wohl der Verbraucher durch den Schutz des Wettbewerbs und nicht der Schutz der Wettbewerber im Vordergund stehen. Zum anderen soll sich die Kontrolle missbräuchlichen Verhaltens an den Auswirkungen bestimmter Unternehmensstrategien und nicht an deren Form orientieren, d.h. wettbewerbsfördernde sollen gegenüber wettbewerbshemmenden Wirkungen gegeneinander abgewogen werden. Im Dezember 2008 verabschiedete die Kommission eine entsprechende „Guidance", die ihre Prioritäten bezüglich der Durchsetzung des Verbots des Behinderungsmissbrauchs gemäß Art. 82 EG (heute Art. 102 AEUV) offenbart und den *more economic approach* in diesem Bereich stärker präzisiert. Inwieweit sich die insbesondere von deutschen Wissenschaftlern geäußerten Befürchtungen bewahrheiten, dass der neue Ansatz zu einer schwer prognostizierbaren Einzelfallgerechtigkeit und somit zu einer Beeinträchtigung der Rechtssicherheit führe, wird die Praxis zeigen (Schmidtchen/Albert/Voigt 2007; Hellwig 2007).

7.4 Fusionskontrolle

7.4.1 Eine schwierige Geburt

Neben dem Kartellverbot und der Missbrauchsaufsicht ist die präventive Zusammenschlusskontrolle („Fusionskontrolle") das dritte wesentliche Element jeder modernen Wettbewerbspolitik. Hierdurch sollen Wettbewerbsbeschränkungen verhindert werden, die aus unkontrollierten Konzentrationsprozessen resultieren. Aus ökonomischer Sicht sind Zusammenschlüsse von Unternehmen ambivalent. Zum einen besteht immer die Gefahr, dass hierdurch Marktmacht aufgebaut und der Wettbewerb zu Lasten schwächerer Konkurrenten und der Konsumenten beschränkt wird. Zum anderen können durch Unternehmenszusammenschlüsse auch Wohlfahrtsgewinne auftreten, wenn sich dadurch Größenvorteile ergeben (Van den Bergh/Camesasca 2006: 31 ff., 348 ff.).

Der EG-Vertrag enthält keine explizite Vorschrift zur Fusionskontrolle. Aus dem Grunde griffen Europäische Kommission und Europäischer Gerichtshof bei der Bewertung strittiger Unternehmenszusammenschlüsse zunächst auf Art. 101 und 102 AEUV (damals Art. 85 und 86 des Vertrages) zurück. Im Fall *Continental Can* untersagte die Kommission eine Fusion zwischen zwei Unternehmen der Verpackungsindustrie, weil sie darin Missbrauch einer beherrschenden Stellung sah. Der EuGH verneinte zwar in diesem Fall das Bestehen einer beherrschenden Stellung, machte in seiner Grundsatzentscheidung aber deutlich, dass er den Tatbestand des Missbrauchs einer beherrschenden Stellung auch dann als erfüllt ansehe, wenn eine bereits vorhandene beherrschende Stellung durch Fusion verstärkt wird (EuGH, Slg. 1973, 215). Vierzehn Jahre später entschied der EuGH im Fall *Philipp Morris*, dass auch Art. 85 EGV (heute Art. 101 AEUV) auf Unternehmenszusammenschlüsse angewendet werden kann, wenn der Erwerb einer Kapitalbeteiligung an einem Wettbewerber dazu genutzt wird, das Geschäftsverhalten des Zielunternehmens zu beeinflussen und den Wettbewerb zu beschränken (EuGH, Slg. 1987, 4566).

Die Kontrolle von Unternehmenszusammenschlüssen auf Grundlage von Art. 101 und Art. 102 AEUV hatte allerdings einige schwerwiegende Nachteile. So wurden auf diese Weise nicht alle relevanten Zusammenschlüsse erfasst, die Bewertung erfolgte nicht auf Grundlage einheitlicher Kriterien und das Verfahren war umständlich und langwierig. Deshalb hatte die Kommission bereits 1973 einen Vorschlag für eine Fusionskontrollverordnung vorgelegt. Der Ministerrat verabschiedete sie jedoch nach langen Diskussionen erst am 21. 12. 1989, und sie trat am 21. 9. 1990 in Kraft (VO Nr. 4064/89). Diese Verordnung wurde 1997 in einigen Punkten geändert (VO Nr. 1310/97) und 2004 schließlich durch eine neue Verordnung ersetzt, die am 1. 5. 2004 in Kraft getreten ist (VO Nr. 139/2004). Bei allen Unterschieden im Detail lässt sich die Grundstruktur dieser Fusionskontrollverordnungen folgendermaßen beschreiben:

- Unternehmenszusammenschlüsse von gemeinschaftsweiter Bedeutung sind bei der Kommission anzumelden.
- Die Kommission entscheidet innerhalb gesetzlich festgelegter Fristen anhand von bestimmten Kriterien (Untersagungskriterien), ob sie den beantragten Zusammenschluss (mit oder ohne Auflagen) genehmigt oder untersagt.

Hierbei geht es darum, die Zuständigkeiten zwischen Europäischer Gemeinschaft und Mitgliedstaaten voneinander abzugrenzen. Zu diesem Zweck definiert die Fusionskontrollverordnung als „Aufgreifkriterien" Umsatzschwellen, bei deren Überschreiten die Gemeinschaft zuständig ist. Das ist einer der wenigen Fälle, in denen dem Subsidiaritätsprinzip relativ eindeutige Kriterien beigegeben sind:

- Alle am Zusammenschluss beteiligten Unternehmen haben einen weltweiten Gesamtumsatz von mehr als 2,5 Mrd. € und
- mindestens zwei der beteiligten Unternehmen erzielen einen gemeinschaftsweiten Umsatz von mehr als 100 Mio. € und
- alle am Zusammenschluss beteiligten Unternehmen erzielen zusammen in mindestens drei Mitgliedstaaten einen Gesamtumsatz von jeweils mehr als 100 Mio. € und
- mindestens zwei der beteiligten Unternehmen erzielen in jedem dieser drei Mitgliedstaaten einen Umsatz von jeweils mehr als 25 Mio. € und
- alle beteiligten Unternehmen erzielen weniger als 2/3 ihres gemeinschaftsweiten Umsatzes in ein und demselben Mitgliedstaat.

Was aber ist ein Zusammenschluss im Sinn der europäischen Fusionskontrollverordnung? Der europäische Gesetzgeber fasst diesen Begriff sehr weit. Es wird nicht nur die Vollfusion von zwei oder mehreren bislang unabhängigen Unternehmen erfasst. Darüber hinaus greift die Fusionskontrolle auch dann, wenn ein Unternehmen (unmittelbare oder mittelbare) Kontrolle über ein anderes Unternehmen durch Erwerb von Anteilsrechten oder Vermögenswerten, durch Vertrag oder auf andere Weise erlangt. Eine besondere Variante des Zusammenschlusses stellt die Gründung eines Gemeinschaftsunternehmens dar, sofern dieses auf Dauer alle Funktionen einer selbständigen wirtschaftlichen Einheit erfüllt.

7.4.2 Untersagung und Freistellung von Zusammenschlüssen

2002 war ein schwarzes Jahr für die Europäische Kommission. Innerhalb kurzer Zeit hob das Europäische Gericht Erster Instanz (EuG) drei Untersagungsentscheidungen wieder auf – nämlich in den Fällen *Airtours*, *Schneider Electric* und *Tetra Laval*. In allen Fällen bemängelten die Richter unter anderem, die Kommission habe die ökonomische Theorie nicht konsistent angewandt. Bereits zuvor hatte es Kritik an Untersagungsentscheidungen der Kommission gegeben, und so nimmt es nicht Wunder, dass auf Initiative von EU-Kommissar Mario Monti seit September 2003 ein Chefökonom, unterstützt durch einen Stab von Industrieökonomen, mehr ökonomische Expertise in die wettbewerbspolitischen Aktivitäten der Kommission einbringen soll. Die ökonomische Orientierung zeigt sich unter anderem in der neuen Fusionskontrollverordnung (FKVO) von 2004, die einen veränderten Untersagungstatbestand definiert:

> Zusammenschlüsse, durch die wirksamer Wettbewerb im Gemeinsamen Markt oder in einem wesentlichen Teil desselben erheblich behindert würde, insbesondere durch Begründung oder Verstärkung einer beherrschenden Stellung, sind für mit dem Gemeinsamen Markt unvereinbar zu erklären. (Art. 2 Abs. 3 FKVO; dies auch ein Beispiel Brüsseler Sprachkunst).

Neues Untersagungskriterium ist somit die „erhebliche Behinderung des wirksamen Wettbewerbs". Das bisherige Kriterium der „Begründung oder Verstärkung einer beherrschenden Stellung" bleibt lediglich als Regelbeispiel erhalten. Die Veränderung ist Resultat einer langjährigen Diskussion um die Frage, ob der „Marktbeherrschungstest" ein adäquates Mittel zur Beurteilung von Unternehmenszusammenschlüssen sei, oder ob man nicht lieber zu dem schon längere Zeit in den USA, Kanada und Australien üblichen „SLC-Test" *(substantial lessening of competition)* übergehen solle (Bishop/Walker 2002: 309 ff.).

Die alte Fusionskontrollverordnung rückte das Kriterium der beherrschenden Stellung in den Vordergrund und ließ zumindest explizit keine *efficiency defence* zu, d.h. Effizienzvorteile (z.B. Kosteneinsparungen durch Ausnutzung von Größenvorteilen), die schädliche Konsequenzen für den Wettbewerb überkompensierten, blieben unberücksichtigt. Die ökonomische Kritik daran bezog sich insbesondere auf zwei Punkte:

- Zusammenschlüsse, die keine beherrschende Stellung schaffen oder verstärken, aber dennoch zu Wohlfahrtseinbußen führen, können nicht untersagt werden.

- Zusammenschlüsse, die eine beherrschende Stellung schaffen oder verstärken, die aber dennoch zu Wohlfahrtssteigerungen führen, können nicht ohne weiteres freigestellt werden.

Die neue Fusionskontrollverordnung in Verbindung mit den neuen „Leitlinien zur Bewertung horizontaler Zusammenschlüsse" schiebt zum einen das Kriterium der „beherrschenden Stellung" etwas mehr in den Hintergrund und führt zum anderen explizit einen Erlaubnisvorbehalt aufgrund von Effizienzgewinnen ein (Leitlinie, Rd. Nr. 76 ff.). Der Vorschlag Frankreichs und einiger anderer Länder, eine derartige *efficiency defence* explizit in die Fusionskontrollverordnung aufzunehmen, um die Wettbewerbsfähigkeit europäischer Unternehmen auf den internationalen Märkten zu stärken, scheiterte an ordnungspolitischen Bedenken Englands und Deutschlands. Hier zeigen sich deutlich die Fronten zwischen den industriepolitischen und wettbewerbspolitischen Präferenzen.

Wichtiges Kriterium für eine marktbeherrschende Stellung ist der Marktanteil der Unternehmen nach dem Zusammenschluss. So wird bei einem gemeinsamen Marktanteil unter 25 % in der Regel keine beherrschende Stellung angenommen. Bei einem Marktanteil von deutlich über 25 % sind nach ständiger Rechtsprechung ergänzende Umstände zur Feststellung einer beherrschenden Stellung erforderlich. Besonders hohe Marktanteile von über 50 % rechtfertigen in der Regel die Annahme einer beherrschenden Stellung (Mestmäcker/Schweitzer 2004: 609 f.). Als (verschärfende oder mildernde) ergänzende Umstände wurden insbesondere die Marktstellung der verbleibenden Wettbewerber, die relative Marktstärke der Nachfrager und die Stärke des potentiellen Wettbewerbs berücksichtigt. Seit einiger Zeit wird von der Kommission darüber hinaus der *Herfindahl-Hirschman-Index* zur Messung des Konzentrationsgrades herangezogen (Box 7.6).

Box 7.6: Der Herfindahl-Hirschman-Index

Ein gebräuchliches Maß für den Konzentrationsgrad eines Marktes, auf dem nicht zu viele Unternehmen tätig sind, ist der Herfindahl-Hirschman-Index (HHI). Dieser Index misst den Konzentrationsgrad eines Marktes als Summe der quadrierten Marktanteile aller Unternehmen in diesem Markt:

$$HHI = \sum_{i=1}^{N} S_i^2$$

wobei N die Anzahl der Unternehmen im Markt und S_i den Marktanteil von Unternehmen i kennzeichnet.

Besteht beispielsweise ein Markt aus vier Anbietern mit Marktanteilen von 50, 20, 20 und 10 Prozent, so beträgt der Herfindahl-Hirschman-Index

$$HHI = 50^2 + 20^2 + 20^2 + 10^2 = 3\ 400.$$

Offensichtlich kann der HHI Werte zwischen 0 (unendlich viele Unternehmen mit einem Marktanteil von jeweils 0) und 10 000 (ein Unternehmen mit einem Marktanteil von 100) annehmen. Die Kommission legt ihren Entscheidungen zum einen den HHI nach dem Zusammenschluss zugrunde, zum anderen aber auch die Veränderung des HHI durch den Zusammenschluss (das sog. „Delta"). Nach den „Leitlinien zur Bewertung horizontaler Unternehmenszusammenschlüsse" von 2004 (Amtsblatt C 31 vom 5. 2. 2004) geht die Kommission davon aus, dass ein Unternehmenszusammenschluss, der zu einem HHI von unter 1 000 führt, keine weiteren Untersuchungen erfordert. Das gleiche gilt für einen HHI nach Zusammenschluss zwischen 1 000 und 2 000 bei einem Delta-Wert von weniger als 250 oder für einen HHI nach Zusammenschluss von mehr als 2 000 bei einem Delta-Wert von weniger als 150, sofern keine besonderen, wettbewerbspolitisch bedenklichen Umstände vorliegen.

Von September 1990 bis Juli 2013, also in den 23 Jahren seit Bestehen einer europäischen Fusionskontrolle, wurden insgesamt 5.293 Fusionen angemeldet, wovon lediglich 215 in die zweite Stufe des vertieften Prüfverfahrens weitergeleitet wurden. Davon wurden letztlich 24 Zusammenschlüsse untersagt. Erstmalig wurde im Oktober 1991 ein Zusammenschluss durch die Kommission untersagt (siehe Box 7.7).

Box 7.7: Ein Euro-Champion wird verhindert: Der Fall Aérospatiale/Alenia – de Havilland

Am 2. 10. 1991 hat die Europäische Kommission erstmals einen Zusammenschluss untersagt. Das französische Staatsunternehmen *Aérospatiale SNI* und das italienische Staatsunternehmen *Aeritalia e Selenia SpA* hatten 1982 das Gemeinschaftsunternehmen *Groupement d'Intérêt Économique Avion de Transport Régional* (ART) gegründet, das auf die Entwicklung, Fertigung und den Vertrieb von Regionalflugzeugen spezialisiert war. ART, der europa- und weltweit führende Hersteller von Regionalflugzeugen, wollte die Kontrolle über *de Havilland*

---

erlangen, eine kanadische Tochter des US-amerikanischen Boeing-Konzerns und weltweit zweitgrößter Hersteller von Regionalflugzeugen.

Die Kommission untersagte den Zusammenschluss mit der Begründung, dass dadurch auf dem relevanten Markt (regionale Turbopropflugzeuge mit einer Kapazität von 20 bis 70 Sitzplätzen) sowohl innerhalb der EG als auch auf dem Weltmarkt mit 65 % bzw. 50 % eine beherrschende Stellung entstehe. Mittel- bis langfristig sei weder von den verbleibenden Konkurrenten noch von den Fluggesellschaften als Nachfragern ein hinreichend starker Wettbewerbsdruck auf das neue Unternehmen zu erwarten und unter den gegebenen Bedingungen nicht mit einem Marktzutritt potentieller Konkurrenten zu rechnen.

Diese erste Untersagung eines Unternehmenszusammenschlusses führte nicht nur zu heftigen Protesten seitens der französischen und italienischen Regierung, sondern veranlasste auch den für Industriepolitik zuständigen Kommissar Bangemann, ein verstärktes Mitspracherecht seiner Generaldirektion schon bei der Einleitung eines Fusionskontrollverfahrens zu fordern. Abgesehen von einer Informationspflicht der Generaldirektion Wettbewerb gegenüber den anderen betroffenen Generaldirektionen, auf die sich die Kommission im Februar 1992 einigte, hatte dieser Protest allerdings keine Konsequenzen für die zukünftige Fusionskontrolle (Schmidt/Schmidt 2006: 107 f.; Nagel 2004: 150 f.).

In den darauffolgenden Jahren untersagte die Kommission weitere Zusammenschlüsse wegen Begründung einer kollektiv beherrschenden Stellung, wie z.B. in den Fällen *Kali und Salz* (KomE 14. 12. 1993) und *Airtours/First Choice* (KomE 22. 9. 1999). Diese Untersagungen wurden später vom EuGH bzw. dem EuG wieder gekippt, und das EuG formulierte relativ harte Bedingungen (wie hinreichende Markttransparenz, wirksame Sanktionen gegen Abweichler sowie unzureichender tatsächlicher und potentieller Wettbewerb), die erfüllt sein müssten, um eine kollektiv beherrschende Stellung anzunehmen.

Ein besonderes Kapitel stellen vertikale und konglomerate Unternehmenszusammenschlüsse dar. Auf den ersten Blick entsteht hierdurch kein Handlungsbedarf, da sich der Marktanteil auf keinem Markt verändert. Schließen sich etwa ein Automobilhersteller und ein Hersteller von Autositzen zusammen (vertikaler Zusammenschluss), so verändern sich dadurch weder auf dem Automobilmarkt noch auf dem Markt für Sitze die Marktanteile. Das gleiche gilt für den Zusammenschluss eines Automobilherstellers und eines Waschmaschinenproduzenten (konglomerater Zusammenschluss). Deshalb ist in der wettbewerbspolitischen Literatur umstritten, unter welchen Bedingungen derartige Zusammenschlüsse überhaupt ein wettbewerbsrechtliches Problem darstellen (Mestmäcker/Schweitzer 2004: 616 ff.; Bishop/Walker 2002: 288 ff.).

Vertikale Zusammenschlüsse werfen nur dann wettbewerbspolitische Probleme auf, wenn das integrierte Unternehmen auf einer oder mehrerer Wirtschaftsstufen über beherrschende Stellungen verfügt. Unter diesen Bedingungen wird es nämlich in die Lage versetzt, die Kosten der Wettbewerber auf einer Wirtschaftsstufe durch Behinderung ihres Zugangs zu wichtigen Inputs auf der vorgelagerten Wirtschaftsstufe zu erhöhen (der so genannte *foreclosure effect*). Bei wichtigen Inputs handelte es sich in der Vergangenheit insbesondere um natürliche Rohstoffe (etwa in der Montanindustrie). Heute dagegen spielt der Zugang zu Netzen der Kommunikationswirtschaft eine zunehmende Rolle. Bei konglomeraten Zusammenschlüssen ist es noch zweifelhafter, ob hier ein wettbewerbspolitisches Problem vorliegt. Führt „Größe an sich" zu Wettbewerbsbeschränkungen? Grundsätzlich geht die Kommission bei konglomeraten Zusammenschlüssen von der Vermutung aus, dass keine Wettbewerbsbeschränkungen resultieren. In den letzten Jahren hat die Kommission allerdings mehrere Voraussetzungen identifiziert, unter denen wettbewerbsbeschränkende Wirkungen von konglomeraten Zusammenschlüssen zu erwarten seien. Ein interessantes Beispiel von grundsätzlicher Bedeutung ist der Fall *General Electric – Honeywell*, der deshalb etwas ausführlicher diskutiert werden soll (Box 7.8).

Box 7.8: Greift die Kommission in den amerikanischen Markt ein? Der Fall General Electric – Honeywell

Im Februar 2001 wurde bei der Europäischen Kommission die beabsichtigte Übernahme des amerikanischen Flugzeugausrüsters *Honeywell* durch den amerikanischen Hersteller von Flugzeugmotoren *General Electric* angemeldet. Obwohl an dieser Megafusion mit einem Volumen von 42 Mrd. Dollar nur amerikanische Unternehmen beteiligt waren, fiel der Fall in die Zuständigkeit der Europäischen Kommmission, da die relevanten Umsatzschwellenwerte überschritten wurden und der Zusammenschluss somit eine „gemeinschaftsweite Bedeutung" hatte. Während die ebenfalls angerufenen amerikanischen Antitrust-Behörden keine Einwände hatten, untersagte die Kommission den Zusammenschluss mit der Begründung, dass durch die Verbindung eine beherrschende Stellung entstehe bzw. verstärkt werde. Die Begründung verleiht dem Fall eine grundsätzliche Bedeutung.

Besonders kompliziert wird der Zusammenschluss dadurch, dass er sowohl horizontale als auch vertikale und konglomerate Elemente enthält. Zunächst einmal sind von dem Zusammenschluss drei Märkte für Flugzeugmotoren betroffen:

(1) Motoren für düsengetriebene große Verkehrsflugzeuge: Hier hat General Electric (GE) einen Marktanteil von über 50%, Honeywell tritt aber nicht als Anbieter auf.

(2) Motoren für Regionalflugzeuge, wobei auf dem Teilmarkt für größere Regionalflugzeuge sowohl GE als auch Honeywell Motoren anbieten.

(3) Motoren für Privatflugzeuge, die ebenfalls von beiden Unternehmen angeboten werden.

Auf zwei dieser drei Märkte hätte der Zusammenschluss somit eine horizontale Dimension.

Aber das Interessante und zugleich Komplizierte an dem Fall ist die Tatsache, dass auch eine vertikale und eine konglomerate Dimension bestehen. So finanziert die Tochtergesellschaft *GE Capital*, eine der größten Banken der Welt, die Entwicklung neuer Produktlinien bei den Flugzeugherstellern, die sich im Gegenzug häufig bereit erklären, ausschließlich GE Motoren zu verwenden. Eine weitere GE Tochtergesellschaft, die GECAS *(General Electric Capital Aviation Services)*, ist als Leasinggesellschaft weltweit einer der bedeutendsten Nachfrager nach Flugzeugen (ca. 10% Marktanteil) und bietet darüber hinaus den Fluggesellschaften sämtliche Dienstleistungen an, die für den Erwerb, die Finanzierung, das Management und die Unterhaltung einer Luftflotte von Bedeutung sind. Honeywell bietet eine breite Palette von Produkten an, die der Ausrüstung von Flugzeugen dienen. Honeywell hat nicht nur als Hersteller dieser Produkte eine weltweit führende Stellung, sondern hat auch auf den Folgemärkten für Wartung, Reparatur und Überholung eine starke Marktstellung. Darüber hinaus stellt Honeywell Vorprodukte für die Herstellung von Flugzeugmotoren her (sog. *engine controls*), hat insbesondere bei der Starttechnik einen Marktanteil von ca. 50% und ist in dieser Eigenschaft auch Lieferant von General Electric.

Durch diesen Zusammenschluss würde zweifellos ein sehr mächtiges Unternehmen entstehen. Aber würden dadurch auf den relevanten Märkten beherrschende Stellungen begründet oder verstärkt? Würde durch den Zusammenschluss der wirksame Wettbewerb im Gemeinsamen Markt oder einem wesentlichen Teil desselben erheblich behindert? Die Europäische Kommission sagte: ja, die amerikanischen Antitrust-Behörden und viele Ökonomen sagten: nein. Die Nichtigkeitsklagen von GE und Honeywell wurden vom Europäischen Gerichtshof Erster Instanz am 14. Dezember 2005 abgewiesen. Obwohl das Gericht Teile der Kommissionsentscheidung, die sich auf konglomerate und vertikale Wirkungen der Fusion beziehen, als rechtswidrig betrachtete, wurde die Untersagung der Fusion auf Grund der unstreitigen horizontalen Effekte bestätigt.

Literatur: KomE 3. 7. 2001, Abl. 2004, Nr. L 48/1; Motta 2002: 379ff.; Mestmäcker/Schweitzer 2004. 623ff.; Schmidt/Schmidt 2006: 131ff.; Vives/Staffiero 2009: 434ff.

7.5 Öffentliche Unternehmen und „Daseinsvorsorge" (Art. 106 AEUV)

7.5.1 Geht das Brüssel etwas an?

Interessanterweise sahen die Römischen Verträge von Anfang an vor, dass öffentliche und private Unternehmen wettbewerbspolitisch grundsätzlich gleich zu behandeln seien, und übertrugen der Kommission zur Durchsetzung dieses Ziels besondere Entscheidungs- und Richtlinienbefugnisse. Abgesehen von begründeten Ausnahmen sind die Wettbewerbsregeln somit auch auf öffentliche Unternehmen anzuwenden. Geregelt ist dies alles in Art. 106 AEUV.

Eine derartige Regelung ist unverzichtbar, wenn man die Schaffung eines europäischen Binnenmarktes ernst nimmt. Was nützten alle Bestimmungen zu den vier Grundfreiheiten und zu den Wettbewerbsregeln für private Unternehmen, wenn es den Mitgliedstaaten freigestellt bliebe, nach eigenem Gutdünken Aufgaben auf öffentliche Unternehmen zu übertragen und diese dem Wettbewerb zu entziehen? Gemäß Art. 345 AEUV lässt der EG-Vertrag die Eigentumsordnung der Mitgliedstaaten unberührt. Aber diese Gestaltungsfreiheit der Mitgliedstaaten wird durch Art. 106 AEUV insofern relativiert, als öffentliche Unternehmen nur in begründeten Ausnahmefällen dem Wettbewerb entzogen werden dürfen.

Gleichzeitig enthält der Artikel auch eine erhebliche politische Sprengkraft. Denn welcher Staat lässt sich schon gerne untersagen, öffentliche Leistungen zu anderen Bedingungen anzubieten, als sie ein wirksamer Wettbewerb erzeugen würde? Wichtige Beispiele für derartige Leistungen, die in Deutschland auch unter dem Begriff „Daseinsvorsorge" zusammengefasst werden, sind die großen netzgebundenen Wirtschaftszweige der Versorgungswirtschaft (Elektrizität, Gas, Wasser), der Telekommunikation und des Verkehrswesens, aber auch das öffentliche Bankwesen und der öffentlich-rechtliche Rundfunk. In den einzelnen Mitgliedstaaten herrschen sehr unterschiedliche Vorstellungen darüber, wie das nationale Interesse an derartigen Leistungen mit dem Gemeinschaftsinteresse an einem einheitlichen europäischen Binnenmarkt in Einklang zu bringen sei.

Deshalb stand Art. 86 EG (heute Art. 106 AEUV) von dem Augenblick an unter Beschuss, als ihn die Kommission nach einem langen Dornröschenschlaf in den 1980er Jahren konsequent anwenden wollte. Einige Mitgliedstaaten forderten Änderungen oder sogar die Abschaffung des Artikels, worauf als Kompromiss der Vertrag von Amsterdam Art. 16 EG (heute Art. 14 AEUV) neu eingeführt hat. Er betont noch einmal die Verantwortung der Gemeinschaft und der Mitgliedstaaten für die wirtschaftliche Funktionsfähigkeit der öffentlichen Dienste. Aber damit sind die Bemühungen um eine Revision des Vertrages im Bereich der Daseinsvorsorge noch lange nicht abgeschlossen. Mit dem Weißbuch der Kommission zu Dienstleistungen von allgemeinem Interesse vom 12. 5. 2004 wurde einmal mehr deutlich, dass die beteiligten Akteure noch Klärungsbedarf sehen. In einer Mitteilung vom 20. 12. 2011 definierte die Europäische Kommission einen „Qualitätsrahmen für Dienstleistungen von allgemeinem Interesse in Europa".

Art. 106 AEUV besteht aus drei Absätzen. Absatz 1 sieht vor, dass die Wettbewerbsvorschriften der Art. 101 ff. AEUV sowie das allgemeine Diskriminierungsverbot gemäß Art. 18 AEUV grundsätzlich auch für öffentliche Unternehmen gelten sowie für solche Unternehmen, denen die Mitgliedstaaten besondere oder ausschließliche Rechte gewähren. Nach ständiger Rechtsprechung des EuGH kann bereits die Gewährung und Aufrechterhaltung ausschließlicher Rechte einen Verstoß gegen Art. 102 AEUV (Missbrauchsverbot) darstellen.

Art. 106 Abs. 2 AEUV sieht eine Ausnahme der Anwendung der Wettbewerbsregeln für solche Unternehmen vor, die mit Dienstleistungen von allgemeinem wirtschaftlichen Interesse betraut sind bzw. die den Charakter eines Finanzmonopols haben. Der Begriff der Dienstleistungen von allgemeinem wirtschaftlichen Interesse ist weder im Primär- noch im Sekundärrecht näher bestimmt. Die Kommission geht in ihrem Weißbuch vom 12. 5. 2004 (S. 27) davon aus, dass weitgehende Übereinstimmung dahingehend herrscht, dass es sich um wirtschaftliche Tätigkeiten handelt,

> … die von den Mitgliedstaaten oder der Gemeinschaft mit besonderen Gemeinwohlverpflichtungen verbunden werden und für die das Kriterium gilt, dass sie im Interesse der Allgemeinheit erbracht werden.

Auch diese Formulierung hilft nicht wirklich weiter. Als Beispiele werden Verkehrswesen, Postdienste, Energiesektor und Telekommunikation genannt. Bei Finanzmonopolen handelt es sich um öffentliche Unternehmen, denen Monopolrechte übertragen wurden, um Einnahmen für den Staatshaushalt zu erzielen (z.B. das Branntweinmonopol).

Auf Anforderung des Europäischen Rats hat die Kommission in ihren Mitteilungen zu Leistungen der Daseinsvorsorge in Europa vom 19. 1. 2002 drei Grundsätze entwickelt, die für die Anwendung von Art. 106 Abs. 2 AEUV maßgebend sind:

- *Neutralität*: Dienstleistungen von allgemeinem wirtschaftlichen Interesse können sowohl von öffentlich-rechtlich als auch von privatrechtlich organisierten Unternehmen erbracht werden.
- *Gestaltungsfreiheit*: Die primäre Zuständigkeit im Bereich der Daseinsvorsorge liegt bei den Mitgliedstaaten; die Kommission kontrolliert die mitgliedstaatlichen Entscheidungen nur auf „offensichtliche Fehler".
- *Verhältnismäßigkeit*: Ausnahmen von der Geltung der relevanten gemeinschaftsrechtlichen Vorschriften sind auf die Fälle zu beschränken, in denen die mitgliedstaatliche Regulierung tatsächlich der Erfüllung der übertragenen Aufgaben dient und die Einschränkung des Wettbewerbs oder der Binnenmarktfreiheiten nicht über das erforderliche Maß hinausgeht.

Absatz 3 ermächtigt die Kommission, die erforderlichen Richtlinien und Entscheidungen zu erlassen. Damit werden ihr weitreichende ausschließliche Kompetenzen übertragen, um die Bestimmungen der Absätze 1 und 2 auch durchzusetzen. Die Mitgliedstaaten waren nicht begeistert, als die Kommission begann, auf dieser Rechtsgrundlage Richtlinien zu erlassen, und erhoben zu Beginn generell Nichtigkeitsklagen gegen Richtlinien gemäß Art. 86 Abs. 3 EG (heute Art. 106 Abs. 3 AEUV) mit der Begründung, dass diese Vorschrift die Kommission lediglich zur Anwendung bestehenden Gemeinschaftsrechts im Einzelfall, nicht aber zur Rechtsetzung ermächtige. Der EuGH hat jedoch in ständiger Rechtsprechung die Position der Kommission bestätigt.

7.5.2 Liberalisierung von Netzindustrien

Seit Mitte der 1980er Jahre übt die Europäische Gemeinschaft kontinuierlich Druck auf die Mitgliedstaaten aus, die Bereitstellung von Netzdienstleistungen, wie beispielsweise Elektrizität, Gas und Wasser, Telekommunikationsdienste und schienengebundene Transportleistungen, in stärkerem Maße zu

liberalisieren und dem Wettbewerb zu öffnen. Sie wurden bislang typischerweise exklusiv durch entsprechende öffentliche Unternehmen angeboten.

Lange Zeit rechtfertigte man Staatsmonopole wie die Deutsche Bundesbahn
und die Deutsche Bundespost sowie die Gebietsmonopole bei der Energie-
und Wasserversorgung ökonomisch mit dem Hinweis auf Marktversagen.
Diese Netzindustrien wurden als natürliche Monopole angesehen, und die
Bereitstellung der entsprechenden Dienstleistungen durch öffentliche Unternehmen stellt eine Lösung der mit einem natürlichen Monopol verbundenen
Effizienzprobleme dar (Box 7.9). Ein weiterer Grund für die öffentliche Bereitstellung der Leistungen bestand in dem Ziel der nationalen Gesetzgeber,
ein kontinuierliches, flächendeckendes Angebot wichtiger Infrastrukturleis-
tungen zu erschwinglichen Preisen sicherzustellen.

Box 7.9: Natürliche Monopole, öffentliche Unternehmen und Regulierung

Bei einem natürlichen Monopol sinken die langfristigen Durchschnittskosten
eines Anbieters mit Zunahme der produzierten Menge, so dass die Produktionskosten minimiert werden, wenn ein Anbieter die gesamte Produktion erbringt.
In Abbildung 7.1 kennzeichnen DK die langfristigen Durchschnittskosten, GK die
langfristigen Grenzkosten, GE die Grenzerlöse, N die Nachfragefunktion und X die
produzierte und abgesetzte Menge.

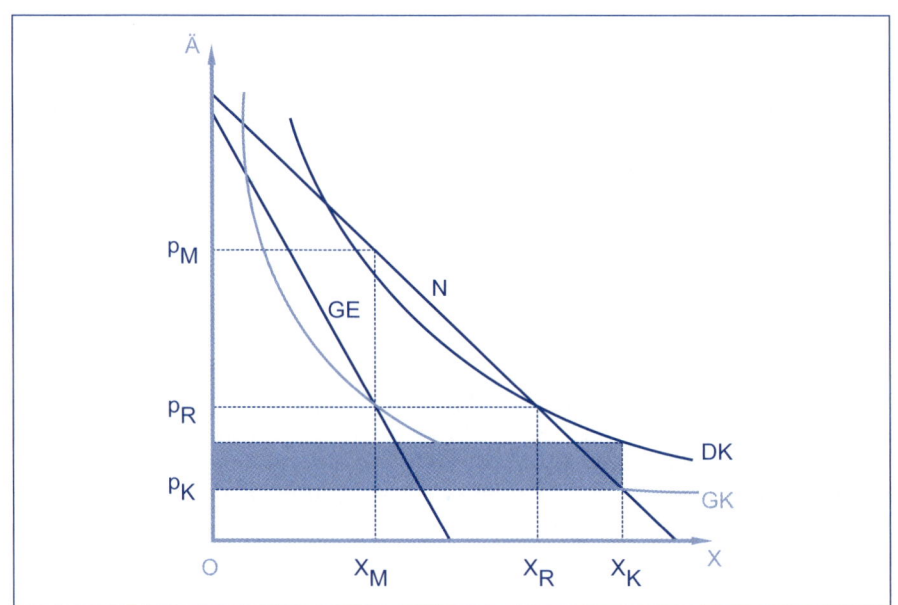

Abbildung 7.1: Das natürliche Monopol

Typische Beispiele für natürliche Monopole sind so genannte Netzindustrien, welche die Bevölkerung mit Elektrizität, Gas, Wasser, schienengebundenem Verkehr u.a.m. versorgen. Dafür sind zunächst umfangreiche Investitionen in eine Netzinfrastruktur erforderlich, über die dann die gewünschten Dienstleistungen bereitgestellt werden. Grund für sinkende Durchschnittskosten in diesen Industrien ist somit der hohe Fixkostenblock. Bei freiem Wettbewerb zwischen privaten Anbietern würde sich letztlich ein Anbieter als natürlicher Monopolist durchsetzen, der entsprechend der Gewinnmaximierungsregel (Grenzkosten = Grenzerlöse) eine geringe Menge (x_M) zu einem hohen Preis (p_M) anbietet. Dieses Ergebnis ist bekanntlich ineffizient.

Die zumindest in Kontinentaleuropa „klassische" Lösung für derartiges Marktversagen ist die Übertragung der Versorgungsaufgaben auf öffentliche Unternehmen. Die Leistung wird zum Grenzkostenpreis (p_K) angeboten, und der dabei entstehenden Verlust (die graue Fläche) aus Steuereinnahmen gedeckt. So bestechend die Lösung auf den ersten Blick erscheint, sie bringt Probleme mit sich:

- Das Management hat kein wirkliches Interesse, die Leistungen zu minimalen Kosten zu erstellen. Denn jede Kostensenkung führt zu verringerten Preisen oder zu verringerten Zuschüssen. Es wird somit den eigenen Nutzen durch komfortablere Büros, größere Dienstwagen, umfangreiche Reisetätigkeit usw. zu steigern versuchen und damit auch die Kosten erhöhen.
- Aus dem gleichen Grund bestehen nur geringe dynamische Anreize zu Innovationen, die in Zukunft die Produktivität erhöhen und damit die Kosten senken.
- Da praktisch keine Steuer allokationsneutral wirkt, erzeugt die Verlustdeckung aus Steuermitteln zusätzliche Ineffizienzen.
- Da die Konsumenten über den Preis nur einen Teil der Gesamtkosten der entsprechenden Leistung vergüten, während der andere Teil über Zwangsabgaben gedeckt wird, ist es bei dieser Lösung nicht ausgeschlossen, dass sich die soziale Wohlfahrt erhöhen würde, wenn die entsprechende Leistung überhaupt nicht angeboten und die hohen Fixkosten eingespart würden.

Eine andere Lösung besteht in der Regulierung privater Unternehmen. In diesem Fall überträgt man das Monopolrecht einer privaten Unternehmung. Eine Regulierungsbehörde sorgt dafür, dass die entsprechenden Leistungen in der erwünschten Qualität und Quantität angeboten werden und dass die regulierte Unternehmung für diese Leistung nicht den hohen Monopolpreis fordert, sondern einen Preis p_R, der die Gesamtkosten deckt. Gebräuchlich sind insbesondere zwei Formen der Regulierung:

In den USA wird häufig die Regulierung der Kapitalverzinsung *(rate-of-return-regulation)* praktiziert. Dabei strebt die Regulierungsbehörde an, die Preise so zu setzen, dass die Unternehmung ihr Kapital angemessen verzinst. Abgesehen von der praktischen Schwierigkeit, den Wert des eingesetzten Kapitals und einen „angemessenen" Gewinn zu bestimmen, ist diese Regulierungsmethode mit folgenden Problemen verbunden:

- Wie bei jeder kostenorientierten Preisbestimmung bestehen auch hier nur geringe Anreize, die Minimalkostenkombination zu realisieren und sich um kostensenkende Innovationen zu bemühen.
- Zusätzliche Probleme können sich ergeben, wenn der „angemessene Gewinnzuschlag" über der marktüblichen Risikoprämie liegt. Denn dann kann die Unternehmung zu einer übermäßig kapitalintensiven Produktion tendieren („Averch-Johnson-Effekt").

In Großbritannien wird die Methode der Preisobergrenzen-Regulierung *(price-cap-regulation)* angewendet. Entkopplung der genehmigten Preise von den tatsächlichen Kosten soll die Anreize zur Kostensenkung verstärken. Hierbei orientieren sich die genehmigten Preise an der allgemeinen Inflationsrate sowie an der Produktivitätsentwicklung eines Durchschnittsunternehmens in einem vergleichbaren Wirtschaftszweig, d.h. die genehmigten Preise erhöhen sich mit der Inflationsrate und verringern sich mit der Rate der Produktivitätssteigerung. Abgesehen vom praktischen Problem, die Produktivitätsentwicklung zuverlässig zu ermitteln, liegt das Hauptproblem darin, dass für die regulierten Unternehmen ein starker Anreiz besteht, die Kosten durch Qualitätsverschlechterung zu senken. Aus diesem Grund ist mit dieser Form der Regulierung auch immer eine Regulierung der Produktqualität verbunden. Je besser es den Regulierungsbehörden gelingt, die geforderten Qualitätsstandards *ex ante* zu spezifizieren und *ex post* durchzusetzen, desto weniger fällt das Problem ins Gewicht.

Literatur: Viscusi/Vernon/Harrington 2000: Kapitel 11; Fritsch/Wein/Ewers 2003: Kapitel 7 und 8; Ogus 1994.

In diesen Industrien gibt es jedoch einen Spielraum für mehr Wettbewerb. Denn die mit Versorgungsleistungen betrauten öffentlichen (oder auch privaten) Unternehmen weisen in der Regel komplexe vertikale Strukturen auf. Sie haben nur teilweise den Charakter eines natürlichen Monopols und sind teilweise durchaus für eine wettbewerbliche Öffnung geeignet. Aus ökonomischer Sicht besteht das Ziel einer sinnvollen Liberalisierung von Netzindustrien darin, allen Wettbewerbern auf den vor- und nachgelagerten Stufen einen diskriminierungsfreien Zugang zur Netzinfrastruktur zu angemessenen Preisen zu gewähren, die auch hinreichende Anreize setzen, in den Erhalt und die Verbesserung der Netzinfrastruktur zu investieren. Sind allerdings die Verbundvorteile einer vertikalen Integration größer als die Vorteile eines intensiveren Wettbewerbs auf vor- bzw. nachgelagerten Märkten, lässt sich eine Entflechtung von Netzindustrien aus ökonomischen Effizienzerwägungen nicht mehr rechtfertigen.

Ausgehend von diesen ökonomischen Vorüberlegungen lassen sich die verschiedenen Gemeinschaftsaktivitäten seit Ende der 1980er Jahre bewerten, die darauf abzielen, den öffentlichen Sektor stärker als bisher den Wettbewerbsregeln und den vier Grundfreiheiten zu unterwerfen. Zunächst leitete die Europäische Kommission die Liberalisierung der Telekommunikation ein. Die Endgeräte-Richtlinie von 1988 (RL 88/301/EWG) verpflichtete die Mitgliedstaaten, die bestehenden Ausschließlichkeitsrechte für den Betrieb, die

Einrichtung und die Wartung von Endgeräten der Telekommunikation aufzuheben. Viele Kunden der Deutschen Bundespost werden sich noch daran erinnern, dass man sich früher seinen Telephonapparat nicht kaufen konnte, sondern ihn bei der Post mieten musste. Als dieses Monopol fiel, konnten die Konsumenten aus einer großen Vielfalt von Telephonapparaten bei schnell sinkenden Preisen wählen. Tatsächlich gab es keine ökonomische Rechtfertigung dafür, die Monopolrechte am Festnetz auf den Markt für Endgeräte auszudehnen. Hier hat die Politik der Europäischen Gemeinschaft dazu beigetragen, dort Wettbewerb einzuführen, wo auch Wettbewerb hingehört.

Weitere Monopole fielen als Folge der Richtlinie 96/19 EG, welche die Mitgliedstaaten zur Einführung vollständigen Wettbewerbs auf den Telekommunikationsmärkten bis zum 1. 1. 1998 verpflichtete. Für die schnelle Liberalisierung im Bereich der Telekommunikation ist sicherlich nicht zuletzt der technische Fortschritt verantwortlich, der mit der Mobilfunktechnologie, Satellitenübertragungen, den Breitbandkabelnetzen von Rundfunk und Fernsehen sowie dem Internet wirtschaftliche Alternativen zur traditionellen Sprachtelefonie über herkömmliche Festnetze schuf und damit den Charakter des Telekommunikationsmonopols immer mehr in Frage stellte. In Deutschland kann man bestenfalls die Ortsnetze („letzte Meile", *local loop*) als natürliches Monopol definieren. Sie befinden sich noch zu über 90 % im Eigentum der Telekom, wobei ein diskriminierungsfreier Zugang für die Wettbewerber durch die 1998 gegründete „Regulierungsbehörde für Telekommunikation und Post" gesichert werden soll. (Gabelmann/Groß 2003: 85 ff.; Mestmäcker/ Schweitzer 2004: 21 ff.).

Letztlich geht es bei diesen Liberalisierungsmaßnahmen darum, das schwierige Problem zu lösen, das bestehende Monopol des Netzmonopolisten durch einen diskriminierungsfreien Zugang zum Netz durch konkurrierende Anbieter von Telekommunikationsleistungen aufzubrechen, ohne dadurch die Anreize zur Erhaltung und Verbesserung der Netze zu schwächen.

Die Liberalisierung der Energiemärkte wurde durch die Elektrizitätsbinnenmarktrichtlinie (RL 96/92/EG) vom 19. 12. 1996 eingeleitet. Vor der Liberalisierung waren in den Mitgliedstaaten mit der Stromversorgung der Bevölkerung in der Regel Energieversorgungsunternehmen betraut, die durch Ausschließlichkeitsrechte geschützt und in hohem Maße vertikal integriert waren. Sie kontrollierten den gesamten Produktionsprozess weitgehend von der Stromerzeugung, über den Betrieb der relevanten Netze, den Transport über große Distanzen, die Verteilung zu den Endkunden und die Vertragsgestaltung mit den Endkunden. Während es sich bei der Netzinfrastruktur offensichtlich um ein natürliches Monopol handelt, gibt es keinen ökonomischen Rechtfertigungsgrund dafür, bei Stromerzeugung und Handel mit Strom den Wettbewerb zu beschränken.

Die Richtlinie hatte zum Ziel, Wettbewerb auf der Ebene der Stromerzeugung einzuführen, indem sie die Mitgliedstaaten verpflichtete, Großkunden das Recht einzuräumen, ihren Stromlieferanten frei zu wählen, und damit diesem auch Zugang zu fremden Netzen zu gewähren. Die Kommission stellte es den Mitgliedstaaten frei, zwischen drei Formen der Organisation des Netzzugangs zu wählen:

- einem (durch eine sektorspezifische Regulierungsbehörde) regulierten Netzzugang,
- einem (zwischen den relevanten Verbänden) verhandelten Netzzugang, wobei die Einhaltung der Diskriminierungsfreiheit auf Grundlage des allgemeinen Kartellrechts durchgesetzt werden soll,
- und das Alleinabnehmersystem, das in der Praxis kaum eine Rolle spielt.

Deutschland entschied sich bei der Umsetzung der Richtlinie als einziges Mitgliedland für einen verhandelten Netzzugang. Das hatte zur Folge, dass kurzfristig zahlreiche neue Stromanbieter auftraten, dass es aber nach einigen Jahren den vier großen Anbietern gelang, über vergleichsweise hohe Netznutzungsentgelte die neuen Anbieter wieder vom Markt zu verdrängen und die eigene Marktmacht auszubauen. Außerdem gewährte Deutschland im Unterschied zu den meisten anderen Mitgliedstaaten ohne Zwischenschritte nicht nur Großkunden, sondern allen Kunden das Recht, den Stromlieferanten frei zu wählen (Brunekreft/Keller 1993: 131 ff.; Mestmäcker/Schweitzer 2004: 26 ff.).

Alles in allem war die Liberalisierung der Stromversorgung nicht so erfolgreich wie bei der Telekommunikation. Der diskriminierungsfreie Zugang zu den Netzen erfolgte in einigen Mitgliedstaaten nur sehr zögerlich. Aufgrund dieser Probleme erließ die Kommission 2003 eine neue Elektrizitätsbinnenmarktrichtlinie (RL 2003/54/EG). Sie sah eine stärkere Entflechtung von Netz und Versorgung vor und macht darüber hinaus das System des regulierten Netzzugangs für alle Mitgliedstaaten verbindlich. Auf ähnliche Weise haben zwei Erdgasbinnenmarktrichtlinien der Kommission (RL 98/30/EG und RL 2003/55/EG) die Versorgung mit Erdgas liberalisiert. Die Umsetzung in deutsches Recht erfolgte durch das Energiewirtschaftsgesetz vom 7. Juli 2005, das die Zuständigkeit der Überwachung des Netzzugangs und der Netzentgelte für Strom und Gas der damaligen Regulierungsbehörde für Telekommunikation und Post übertrug und sie in „Bundesnetzagentur" umbenannte.

Mit einem dritten Gesetzespaket für den Energiemarkt, das am 3. März 2011 in Kraft getreten ist, wurden die beiden Richtlinien von 2003 durch zwei neue Richtlinien (RL 2009/72/EG für Elektrizität und RL 2009/73/EG für Gas) aufgehoben. Hauptziele sind die Trennung des Netzbetriebs von der Versorgung und Erzeugung sowie eine Stärkung der Verbraucherrechte. Gegenwärtig hat die Kommission insbesondere die mittel- und osteuropäischen Mitgliedstaaten im Blick, deren Energiemärkte noch relativ stark voneinander abgeschottet sind. Das gilt insbesondere für den Bereich der Erdgasversorgung, die durch den russischen Energiegiganten Gazprom dominiert wird, gegen den die Kommission 2012 ein Verfahren wegen Missbrauchs einer marktbeherrschenden Stellung eingeleitet hat (Europäische Kommission 2013b: 9).

Auch bei der Liberalisierung des Schienenverkehrs hat die Europäische Gemeinschaft ihre Hände im Spiel. Traditionell waren die Eisenbahnunternehmen in den Mitgliedstaaten weitgehend als Staatsmonopole organisiert. Die Richtlinie 91/440/EWG von 1991, die eine Öffnung des grenzüberschreitenden Schienengüterverkehrs für den Wettbewerb vorsieht, schreibt den Mitgliedstaaten zwingend vor, in der Rechnungsführung die Bereitstellung von Transportleistungen vom Betrieb der Eisenbahninfrastruktur zu trennen. Die vier Jahre später verabschiedeten Richtlinien 95/18/EG und 95/19/EG regelten allgemein den Zugang von Wettbewerbern zum Schienennetz. Trotz dieser Richtlinien blieben in den Mitgliedstaaten Struktur und Höhe der Wegeentgelte sowie Form und Dauer der Fahrwegzuweisung noch immer erheblich differenziert. Wettbewerb konnte sich nur sehr zögerlich entwickeln.

Die Europäische Kommission legte daraufhin seit 1998 drei „Eisenbahnpakete" mit entsprechenden Gesetzesentwürfen vor. Sie sollen den Wettbewerb im grenzüberschreitenden Schienengüterverkehr verstärken und ihn auf den inländischen Schienengüterverkehr sowie den grenzüberschreitenden Schienenpersonenverkehr ausdehnen (Berndt/Kunz 2003: 165 ff.; o.V. 2005: 1 ff.). Im Januar 2013 stellte die Kommission den Entwurf eines 4. Eisenbahnpakets vor (Mitteilung der Kommission, COM(2013)25), der u.a. die Änderung einer erst im November 2012 verabschiedeten Richtlinie zur Schaffung des einheitlichen europäischen Eisenbahnraums vorsieht. Dieses Paket enthält insbesondere drei wesentliche Maßnahmenbündel:

(1) Striktere Trennung zwischen Netz und Betrieb,
(2) Marktöffnung nun auch für den inländischen Personenverkehr,
(3) Zentralisierung von Genehmigungsverfahren und Sicherheitsbestimmungen durch eine Europäische Eisenbahnagentur.

Die integrierten Eisenbahnkonzerne in Deutschland und Frankreich leisten nach wie vor erbitterten Widerstand. Weder die ökonomische Theorie noch die empirische Evidenz erlauben den eindeutigen Schluss, dass die strikte institutionelle Trennung von Netz und Betrieb der volkswirtschaftlich günstigste Weg einer Verstärkung des Wettbewerbs im Bereich des Schienenverkehrs ist (Di Pietrantonio/Pelkmans 2004).

7.6 Beihilfenkontrolle (Art. 107 – 109 AEUV)

7.6.1 Berechtigte Interessen oder Verfälschung des Wettbewerbs?

Auch die Kontrolle der Beihilfen war von Anfang an in den Römischen Verträgen verankert. Würde man es den Mitgliedstaaten überlassen, ihre Wirtschaft nach eigenem Gutdünken durch Subventionen, Steuerermäßigungen, Staatsbürgschaften, Vorzugskonditionen bei der Inanspruchnahme bestimmter Dienstleistungen zu fördern, so würde der Leistungswettbewerb auf dem Gemeinsamen Markt statt durch Zölle und nicht-tarifäre Handelshemmnisse durch mitgliedstaatliche Beihilfen verzerrt. Andere betroffene Mitgliedstaaten würden nicht tatenlos zusehen und dazu übergehen, die nun verschlechterten Wettbewerbschancen ihrer Unternehmen durch eigene staatliche Beihilfen wieder auszugleichen. Ergebnis wäre ein Subventionswettlauf mit der Folge, dass allgemein der Wettbewerbsdruck auf die Unternehmen nachlässt, dass zu höheren Kosten als strikt erforderlich produziert wird und dass die Versorgung der Bevölkerung mit Gütern und Dienstleistungen sinkt (vgl. Kap. 8).

Das ist aber nur eine Seite der Medaille. Würden staatliche Beihilfen ausschließlich dem Zweck dienen, den Leistungswettbewerb zu behindern und ineffiziente Strukturen zu konservieren, so bestünde die beste Lösung darin, sie ausnahmslos abzuschaffen. Staatliche Beihilfen können aber auch als wirtschaftspolitisches Instrument dienen, um bestimmte Formen des Marktversagens zu bekämpfen. Ein Beispiel haben wir bereits im letzten Abschnitt kennengelernt. Verpflichtet der Staat ein natürliches Monopol, die entsprechenden Leistungen flächendeckend zu Grenzkostenpreisen anzubieten, so ist eine staatliche Beihilfe erforderlich, um die dabei entstehenden Verluste zu decken. Häufig werden staatliche Beihilfen auch dazu eingesetzt, kleine und mittelständische Unternehmen zu fördern, die Umwelt zu schützen, Forschung und Entwicklung zu unterstützen und bestimmte Regionen zu entwickeln, um tatsächlichem oder von interessierter Seite behauptetem Marktversagen entgegenzuwirken oder um bestimmte verteilungs- und kulturpolitischen Ziele zu verfolgen. Die umfangreichsten Beihilfen hat die jüngste Finanzmarktkrise verursacht, als der Staat zur Bankenrettung aufgerufen war. Die Mitgliedstaaten haben ein starkes Interesse, die Wirtschaftspolitik ihren Gegebenheiten und politischen Präferenzen entsprechend selbst zu gestalten und zu diesem Zweck auch staatliche Beihilfen zu gewähren.

Die Grenze zwischen ökonomisch gerechtfertigten und ökonomisch nicht gerechtfertigten staatlichen Beihilfen ist in der Praxis häufig schwer zu ziehen. Es besteht ein Konflikt zwischen der Sicherung des unverfälschten Wettbewerbs im Gemeinsamen Markt und dem Recht der Mitgliedstaaten, Beihilfen als Mittel der Politikgestaltung einzusetzen. Zu seiner Lösung begrenzt der Vertrag den Einsatzbereich staatlicher Beihilfen und unterwirft sie einer strikten Kontrolle durch die Gemeinschaft. Diese sogenannte Beihilfenkontrolle bezieht sich ausschließlich auf von den Mitgliedstaaten gewährte Beihilfen, nicht aber auf Beihilfen, die von der Europäischen Gemeinschaft gewährt werden.

Gemäß Art. 107 Abs. 1 AEUV sind staatliche Beihilfen, die den Wettbewerb verfälschen oder zu verfälschen drohen, mit dem Gemeinsamen Markt unvereinbar (und damit auch nach der ständigen Rechtsprechung des EuGH verboten), soweit sie den Handel zwischen den Mitgliedstaaten beeinträchtigen. Es handelt sich hierbei allerdings um kein absolutes Verbot, sondern es werden in Absatz 2 einige eng eingegrenzte Arten von Beihilfen als Legalausnahmen zugelassen. Darüber hinaus räumt Abs. 3 der Kommission bei der Kontrolle einer relativ weit definierten Gruppe von Beihilfen einen Ermessensspielraum ein. Für die Landwirtschaft und den Verkehr gelten beihilfenrechtliche Spezialregelungen (Art. 42 AEUV bzw. Art. 93, 96, 98 i.V.m. Art. 100 AEUV).

Der Begriff der „staatlichen Beihilfe" ist im Vertrag nicht definiert, wurde aber in der Rechtsprechung des EuGH und der Praxis der Kommission sehr weit interpretiert. Dementsprechend lassen sich staatliche Beihilfen durch mehrere Tatbestandsmerkmale charakterisieren (Mestmäcker/Schweitzer 2004: 1054 f.; Nagel, 2004, S. 353 ff.; Schmidt/Schmidt 2006: 208 ff.).

Entscheidend für das Vorliegen einer staatlichen Beihilfe im Sinne von Art. 107 Abs. 1 AEUV ist weder die Form noch die Zielsetzung der staatlichen Maßnahme, sondern ausschließlich deren Wirkung. Damit werden nicht nur Subventionen im engeren Sinn erfasst, sondern beispielsweise auch bestimmte Formen der Ermäßigung von Steuern und Sozialabgaben bzw. Zahlungserleichterungen, Vorzugsbedingungen bei der Inanspruchnahme öffentlicher Dienstleistungen u.a.m.

Diese Maßnahmen haben nur dann den Charakter einer staatlichen Beihilfe, wenn sie bestimmte Unternehmen oder Produktionszweige begünstigen. Damit fallen Zuwendungen an private Haushalte gewöhnlich nicht unter den Beihilfenbegriff – es sei denn, diese Zuwendungen führen mittelbar zu einer Begünstigung bestimmter Unternehmen oder Wirtschaftszweige. Insbesondere bei Unternehmen, die „Dienstleistungen von allgemeinem wirtschaftlichen Interesse" gemäß Art. 106 Abs. 2 AEUV bereitstellen, tritt häufig die Frage auf, in welchem Maße Zuwendungen an diese Unternehmen eine Begünstigung oder einen Ausgleich für eine spezifische, vom Staat geforderte Leistung darstellen. Im Urteil *Altmark Trans* (EuGH Slg. 2003, Rs. C-280/00) stellte der Europäische Gerichtshof erstmals klar, nach welchen Grundsätzen er eine staatliche Beihilfe von einer Ausgleichszahlung abgrenzt. Ein Ausgleich liegt vor und unterliegt nicht der Beihilfenkontrolle,

- wenn das begünstigte Unternehmen mit einer klar definierten Verpflichtung betraut ist,
- wenn der Ausgleich anhand objektiver und transparenter Parameter erfolgt,
- wenn der Ausgleich nicht über das hinausgeht, was zur Erfüllung der entsprechenden Verpflichtung erforderlich ist,
- und wenn die Höhe des Ausgleichs sich entweder aus einem transparenten, nichtdiskriminierenden Vergabeverfahren für die Auswahl des mit der öffentlichen Aufgabe betrauten Unternehmens ergibt oder auf Grundlage einer Analyse der Kosten bestimmt wird, die einem für die Erfüllung der Aufgaben angemessen ausgestatteten durchschnittlichen, gut geführten Unternehmen entstünden.

Art. 345 AEUV schützt, wie wir bereits sahen, das Eigentümerverhalten des Staates. Bei öffentlichen Unternehmen tritt nun die Frage auf, wie man ihre Begünstigung gegenüber konkurrierenden Unternehmen durch staatliche Zuwendungen abgrenzen kann. Die Kommission hat hierzu eine Reihe von Prüfkriterien entwickelt, die darauf abstellen, wie sich ein privater Investor vernünftigerweise verhalten hätte. Ein solcher Test trug letztlich dazu bei, dass in Deutschland nach langjährigen Konflikten die Anstaltslast und Gewährträgerhaftung bei öffentlich-rechtlichen Banken gekippt wurden (siehe Box 7.10).

Box 7.10: Anstaltslast und Gewährträgerhaftung ade! Zur Umgestaltung des öffentlich-rechtlichen Bankensektors in Deutschland

Die Beziehung der öffentlich-rechtlichen Banken (z.B. Sparkassen, Landesbanken, KfW) zu ihren Trägern, d.h. den entsprechenden Gebietskörperschaften, ist traditionell durch zwei Besonderheiten gekennzeichnet:

- *Die Anstaltslast* verpflichtet den Träger nach innen, seine Anstalt (die Sparkasse oder Landesbank) in dem für den Betrieb erforderlichen Zustand zu halten.
- *Die Gewährträgerhaftung* verpflichtet den Träger nach außen, d.h. gegenüber den Gläubigern, für alle Schulden vollständig zu haften.

Hinter den Sparkassen und Landesbanken standen letztlich die Steuerzahler der entsprechenden Gebietskörperschaft, was zur Folge hatte, dass die öffentlich-rechtlichen Finanzinstitutionen eine hohe Bonität genossen und sich zu günstigen Bedingungen refinanzieren konnten.

Zwei Richtlinien der Gemeinschaft veranlassten eine Änderung des deutschen Kreditwesengesetzes und verpflichteten die Banken, ab 30. 6. 1993 einen bestimmten Mindestprozentsatz ihrer ausstehenden Kredite durch Eigenkapital abzusichern. Da die Westdeutsche Landesbank (WestLB) diese Anforderung nicht erfüllte, beschloss die Landesregierung von Nordrhein-Westfalen, das Immobilienvermögen der landeseigenen Wohnungsbaugesellschaft WfA an die WestLB zu übertragen, um deren Eigenkapital aufzustocken. Hiergegen, sowie gegen ähnliche Maßnahmen sechs weiterer Landesbanken, legte der Bundesverband deutscher Banken, die Interessenvertretung der Privatbanken in Deutschland, Beschwerde bei der Europäischen Kommission ein. Die Privatbanken sahen in der Vermögensübertragung eine den Wettbewerb verfälschende staatliche Beihilfe, da die Verzinsung, die das Land Nordrhein-Westfalen als Gegenleistung von der WestLB forderte, weit unter den marktüblichen Konditionen lag.

Mehrjährige ergebnislose Verhandlungen zwischen allen Beteiligten machten klar, dass sich hierbei das gesamte System der Anstaltslast und Gewährträgerhaftung auf dem Prüfstand befand. Schließlich leitete die Kommission 1997 ein formelles Prüfverfahren ein und verpflichtete 1999 den deutschen Staat, einen Betrag von 1,58 Milliarden DM von der WestLB zurückzufordern (Entscheidung 2000/392). Gegen diese Entscheidung klagten die WestLB, das Land Nordrhein-Westfalen und die Bundesrepublik Deutschland mit Erfolg beim Gericht Erster Instanz, welches bemängelte, dass die Berechnung der Höhe der rechtswidrigen Beihilfe nicht nachzuvollziehen sei (Rs. T-228/99 und T-233/99, Entscheidung vom 6. 3. 2003). Die Kommission leitete ihrerseits beim EuGH gegen die Bundesrepublik Deutschland erfolgreich ein Vertragsverletzungsverfahren ein (Rs. C-209/00, Entscheidung vom 12. 12. 2002). Parallel zu diesen Gerichtsverfahren fanden aber auch Verhandlungen zwischen der Bundesrepublik Deutschland und der Kommission statt, um eine generelle Einigung bezüglich Anstaltslast und Gewährträgerhaftung zu erzielen. Am 17. 7. 2001 wurde diesbezüglich der folgende Kompromiss erzielt:

- Die Anstaltslast wird in eine ganz normale marktwirtschaftliche Eigentümerbeziehung umgewandelt, d.h. die Nachschusspflicht des Trägers entfällt.

> - Die Gewährträgerhaftung wird nach einer Übergangszeit von vier Jahren aufge-geben, d.h. alle neuen Verbindlichkeiten, die bis zum 18. Juli 2005 eingegangen wurden, unterliegen bis zum 31. Dezember 2015 weiterhin der Gewährträger-haftung.
>
> Den betroffenen Landesbanken blieben allerdings milliardenschwere Rückzahlun-gen an die entsprechenden Landeshaushalte nicht erspart, die Anfang 2005 fällig wurden. Damit fand eine elfjährige Auseinandersetzung um die Vereinbarkeit von Anstaltslast und Gewährträgerhaftung mit dem Gemeinschaftsrecht, an der drei Wettbewerbskommissare (Van Miert, Monti, Kroes) mitgewirkt haben, ihren (vorläufigen) Abschluss.
>
> *Literatur:* Van Miert 2000: 134 – 143; Mestmäcker/Schweitzer 2004: 1073 ff.; *Wirtschaftswoche* vom 27. 1. 2005: 46.

Ein weiteres Tatbestandsmerkmal der staatlichen Beihilfe ist die Selektivität der Begünstigung. Damit sollen allgemeine staatliche Maßnahmen, die in die Regelungskompetenz der Mitgliedstaaten fallen und nicht der Beihilfenkont-rolle unterliegen, von beihilfenrechtlich relevanten Maßnahmen abgegrenzt werden. Schließlich hat der EuGH durch ständige Rechtsprechung klarge-stellt, dass nur solche staatlichen Maßnahmen unter die Beihilfenkontrolle fallen, die auch tatsächlich zu einer Belastung staatlicher Mittel führen. Maßnahmen, die weder unmittelbar noch mittelbar zu einer Belastung des Staatshaushaltes führen, wie beispielsweise die Festsetzung von Mindest-preisen, sind damit ausgenommen.

Staatliche Beihilfen, die diese Tatbestandsmerkmale erfüllen, fallen aller-dings nur dann unter das grundsätzliche Verbot, wenn sie den Wettbewerb verfälschen, d.h. die Stellung des Begünstigten im Leistungswettbewerb gegenüber aktuellen oder potentiellen Konkurrenten stärken, und wenn dadurch Volumen oder Struktur des Handels zwischen den Mitgliedstaaten beeinflusst wird.

Wie bereits erwähnt, handelt es sich hierbei nicht um ein absolutes Verbot, sondern es gibt Rechtfertigungsgründe auch für solche staatlichen Beihilfen, die den Wettbewerb verfälschen und den Handel zwischen den Mitgliedstaa-ten beeinträchtigen. So definiert Art. 107 Abs. 2 AEUV drei Legalausnahmen und privilegiert damit die folgenden Typen von Beihilfen:

- Beihilfen sozialer Art an einzelne Verbraucher, wenn sie ohne Diskrimi-nierung nach Herkunft der Waren gewährt werden (lit. a);
- Beihilfen zur Beseitigung von Schäden, die durch Naturkatastrophen oder sonstige außergewöhnliche Ereignisse entstanden sind (lit. b);
- Beihilfen für bestimmte, durch die Teilung Deutschlands betroffene Gebie-te der Bundesrepublik Deutschland, soweit sie zum Ausgleich der durch die Teilung verursachten wirtschaftlichen Nachteile erforderlich sind (lit. c).

Von praktisch größerer Bedeutung sind allerdings die Ermessenstatbestände des Art. 107 Abs. 3 AEUV, wonach die Kommission nach einer Abwägung aller Vor- und Nachteile weitere Typen von staatlichen Beihilfen vom Verbot ausnehmen kann.

7.6.2 Das Verfahren der Beihilfenkontrolle

Art. 108 AEUV unterscheidet zwischen bestehenden Beihilferegelungen (Abs. 1) und neu eingeführten oder umgestalteten Beihilfen (Abs. 3). Die vor Inkrafttreten des EWG-Vertrages bzw. vor dem Beitritt des jeweiligen Mitgliedstaates bestehenden Beihilferegelungen werden von der Kommission in Zusammenarbeit mit den Mitgliedstaaten fortlaufend auf ihre Vereinbarkeit mit dem Gemeinsamen Markt überprüft. Bei neu eingeführten oder umgestalteten Beihilfen besteht ein zentralisiertes System der *ex-ante* Kontrolle. Die Einzelheiten des Verfahrensrechts haben sich auf Grund der Unvollständigkeit von Art. 108 AEUV zunächst durch die Rechtsprechung des EuGH und die Verwaltungspraxis der Kommission entwickelt. 1999 wurden sie durch eine spezielle Verordnung kodifiziert (VO Nr. 659/1999).

Jede von einem Mitgliedstaat beabsichtigte Veränderung der bestehenden Beihilfen ist grundsätzlich bei der Kommission anzumelden und darf bis zur abschließenden Entscheidung der Kommission, die an bestimmte Fristen gebunden ist, nicht durchgeführt werden. Als einzige Beihilfenvorschrift entfaltet dieses Durchführungsverbot unmittelbare Wirkung, d.h. es kann von Wettbewerbern des begünstigten Unternehmens vor nationalen Gerichten geltend gemacht werden. Von der Anmeldepflicht sind allerdings solche Beihilfen ausgenommen, welche unter die Bagatellklausel der De minimis Verordnung fallen oder durch die seit 2001 verabschiedeten Gruppenfreistellungsverordnungen erfasst werden. Erst 1998 hatte der Rat die Kommission durch die Verordnung Nr. 994/98 ermächtigt, Gruppenfreistellungsverordnungen für horizontale staatliche Beihilfen zu erlassen, die typischerweise eine Ausnahme vom Beihilfenverbot rechtfertigen. Hier müssen die Mitgliedstaaten selbst einschätzen, ob die Freistellungskriterien erfüllt sind. Sie sind lediglich zur Veröffentlichung einer Kurzbeschreibung der gewährten Beihilfe im Amtsblatt verpflichtet.

Durch De minimis Verordnungen und Gruppenfreistellungsverordnungen soll die Kommission von Routineentscheidungen entlastet werden. Um die Rechtssicherheit zu erhöhen, hat die Kommission darüber hinaus zahlreiche Leitlinien, Mitteilungen und sogenannte Gemeinschaftsrahmen erlassen, wodurch ihre Kriterien bei der Ausfüllung des Ermessensspielraums transparenter werden. Alle anderen Beihilfen, die nicht bei der Kommission angemeldet wurden, sind rechtswidrig. Bei Vorliegen außergewöhnlicher Umstände kann der Rat allerdings auf Antrag des betroffenen Mitgliedstaates einstimmig bestimmte Beihilfen für mit dem Gemeinsamen Markt vereinbar erklären und damit die Kompetenz der Kommission brechen.

Schließlich soll der bereits aus dem Kartellverbot, der Fusionskontrolle und der Missbrauchsaufsicht bekannte stärker ökonomisch orientierte Ansatz *(more economic approach)* nun auch für die Durchsetzung der beihilferechtlichen Vorschriften nutzbar gemacht werden. Hierzu schlägt die Kommission vor, bei der Prüfung der Rechtfertigungsgründe für staatliche Beihilfen gemäß Art. 107 Abs. 3 AEUV einen dreistufigen Abwägungstest einzuführen, der die positiven und negativen Wirkungen einer Beihilfe gegeneinander abwägt. Als Beispiel für die Nutzung dieses stärker ökonomischen Ansatzes kann der Gemeinschaftsrahmen für Forschung, Entwicklung und Innovation vom 22. November 2006 dienen, der für solche Beihilfen aus dem Bereich Forschung, Entwicklung und Innovation dient, die nicht durch De-minimis-Verordnung oder Gruppenfreistellungsverordnung von der Anmeldepflicht ausgenommen sind. Wie auch bei den anderen Instrumenten des Wettbewerbsrechts wird dieser ökonomische Ansatz in der Beihilfenkontrolle kontrovers diskutiert.

Alles in allem scheint eine gewisse abschreckende Wirkung von der Beihilfenkontrolle auszugehen. So reduzierte sich der Anteil der von den EU-27 Mitgliedstaaten gewährten staatlichen Beihilfen (ohne Schienenverkehr und krisenbedingte Maßnahmen) am Bruttoinlandsprodukt von 1,1 % im Jahr 1992 auf 0,5 % im Jahr 2007, auf welchem Stand er bis 2011 geblieben ist. Staatliche Beihilfen haben in den Mitgliedstaaten der Europäischen Union sehr unterschiedliche Bedeutung. Überdurchschnittlich war ihr Anteil am Bruttoinlandsprodukt im Jahr 2011 insbesondere in Malta (1,6 %), Griechenland (1,2 %) und Ungarn (1,1 %) während Bulgarien, die Slowakei, Estland, Luxemburg und Großbritannien (mit 0,1 bis 0,3 %) klar unter dem Durchschnitt lagen (http://ec.europa.eu/competition/state_aid/studies_reports/ws2_2.xls).

Sofern eine staatliche Beihilfe rechtswidrig ist, kann die Kommission den betroffenen Mitgliedstaat dazu verpflichten, alle notwendigen Maßnahmen zu ergreifen, um die rechtswidrige Beihilfe zurückzufordern. Das gleiche gilt unter bestimmten Bedingungen für die missbräuchliche Anwendung von Beihilfen. Wie wir bereits bezüglich der Landesbanken in Deutschland festgestellt haben, wird von dieser Rückforderungspflicht durchaus Gebrauch gemacht. Die vorliegenden Daten deuten allerdings darauf hin, dass die Kommission in der Vergangenheit in der Durchsetzung dieser Sanktion nur bedingt erfolgreich war.

7.6.3 Beihilfenkontrolle in der Finanz- und Verschuldungskrise 2008 – 2013

Mit der dramatischen Zuspitzung der internationalen Finanzkrise im Herbst 2008 kam es zunächst zu Spannungen zwischen den Finanzministern der Mitgliedstaaten, die ihren „notleidenden" Banken mit umfangreichen staatlichen Beihilfen unter die Arme greifen wollten, und EU-Wettbewerbskommissarin Neelie Kroes, die auf einer strengen Auslegung der Beihilfevorschriften beharrte. Ihr ging es darum, einen letztlich für alle Beteiligten schädlichen Subventionswettlauf und massive Wettbewerbsverzerrungen zu vermeiden (Spiegel vom 8. 12. 2008: 38).

Die Kommission ist letztlich zu der Auffassung gelangt,

> „dass die derzeitige globale Krise nicht nur Maßnahmen zur Stützung des Finanz-
> systems, sondern auch außergewöhnliche wettbewerbspolitische Maßnahmen
> erforderlich macht",

und hat dies in dem „Vorübergehenden Gemeinschaftsrahmen für staatliche Beihilfen zur Erleichterung des Zugangs zu Finanzierungsmitteln in der gegenwärtigen Finanz-und Wirtschaftskrise" vom 22. Januar 2009 verankert und spezifiziert. Rechtsgrundlage für die vergleichsweise großzügige Behandlung staatlicher Beihilfen in Krisenzeiten ist Art. 107 Abs. 3 (lit. b) AEUV, wonach die Kommission eine Beihilfe für mit dem Gemeinsamen Markt vereinbar erklären kann, wenn diese zur Behebung einer beträchtlichen Störung im Wirtschaftsleben eines Mitgliedstaats beiträgt. Dadurch werden den Mitgliedstaaten Barzuwendungen, subventionierte Kreditgarantien, Zinsschüsse und Risikokapitalbeihilfen zur Bekämpfung der Finanz- und Wirtschaftskrise ermöglicht. Gleichzeitig hat die Kommission das Genehmigungsverfahren für diese Beihilfen vereinfacht und beschleunigt.

Tatsächlich haben die Mitgliedstaaten mittlerweile Beihilfen in bisher unbekannter Höhe zur Rettung von Banken aufgebracht. In Deutschland seien nur die umfangreichen Hilfen für die Sachsen LB, die IKB, die Hypo Real Estate, die Bayern LB, die Nord LB und die West LB erwähnt. Während sich die nicht-krisenbedingten Beihilfen auch nach 2008 um die 0,5 % des Bruttoinlandsprodukts der EU-27 bewegten, beliefen sich die Beihilfen zugunsten des Finanzsektors im Jahr 2011 auf 5,7 % des EU-BIP und haben erheblich zur wachsenden Staatsverschuldung beigetragen. Der größte Teil dieser Beihilfen beschränkte sich auf wenige Mitgliedstaaten und erfolgte hauptsächlich durch Garantien und Liquiditätsmaßnahmen (Eger/Schäfer 2014: 718). Die von 2008 bis September 2012 von den Mitgliedstaaten bewilligten Mittel zur Rettung ihrer Banken beliefen sich auf 40,3 % des BIP von 2011. Die tatsächlich von 2008 bis 2011 in Anspruch genommenen Hilfsgelder betrugen immerhin noch 12.8 % des BIP (Europäische Kommission 2012).

Dabei lässt sich durchaus darüber streiten, welche dieser Banken tatsächlich „systemische Bedeutung" haben, so dass sich aus volkswirtschaftlicher Sicht eine staatliche Unterstützung rechtfertigen ließe. Nicht in jedem Fall ist Insolvenz die schlechteste Lösung, bestraft sie doch Management und Eigentümer für eine schlechte Geschäftspolitik und eröffnet die Chance, Arbeitnehmer und nicht-menschliche Ressourcen einer produktiveren Verwendung zuzuführen. Volkswirtschaftlich schädliche Ansteckungseffekte lassen sich in vielen Fällen auch auf andere Weise vermeiden, als erfolglose Unternehmen künstlich am Leben zu erhalten. Auch Industrieunternehmen wie Opel und die Schaeffler Gruppe haben eine „systemische Bedeutung" geltend gemacht, so dass sich generell die Frage aufdrängt, wo die Grenzen staatlicher Beihilfen zur Lösung einzelwirtschaftlicher Probleme erreicht sind.

Kapitel 8
Welche Politik braucht der Gemeinsame Markt?

8.1 Nationale Wirtschaftspolitik – Europäische Wirtschaftspolitik

Geht man aus vom Vorrang autonomer Wirtschaftssubjekte, d.h. dem Subsidiaritätsprinzip, dann findet Wirtschaftspolitik als staatliche Regelung und staatlicher Eingriff in das Wirtschaftsgeschehen seine Begründung in einer der vielfältigen Formen des Marktversagens. Diese Feststellung ist fast trivial. Denn Wirtschaftspolitik produziert ein öffentliches Gut, wozu der Markt bekanntlich nicht im Stande ist. Ihrer Natur nach reine öffentliche Güter sind allerdings sehr seltene Vögel. Theorie und historische Episoden des *free banking* machen beispielsweise deutlich, dass man ein Geldsystem auch ohne zentralstaatliche Regulierung und ohne Zentralbank konzipieren kann. Doch herrscht in der Geldtheorie fast einmütig die Meinung vor, hier liege aus den verschiedensten Gründen eine genuine öffentliche Aufgabe. Die Nachfrage nach dem öffentlichen Gut Wirtschaftspolitik beruht auf der Vermutung einer geringeren Effektivität des Marktes, die entweder in technisch-ökonomischen Unvollkommenheiten, seiner Krisenanfälligkeit oder in sozialen Fehlleistungen gesehen wird.

In vielen Fällen machen es die Verbundvorteile *(economies of scope)* und die Transaktionskosten geradezu naturnotwendig, dass die Regelung auf dem Niveau des gesamten Markts erfolgt. Integriert man die nationalen Märkte zu einem gemeinsamen Markt, dann muss die Regelungskompetenz in diesen Fällen auf das Gemeinschaftsniveau übergehen. Bei der Bildung der EWG war es selbstverständlich, dass die Zollunion eine gemeinsame Handelspolitik bedingt und dass ein gemeinsamer Binnenmarkt eine einheitliche Regelung der Wettbewerbsordnung erfordert. Ebenso macht die Währungsunion die Übertragung der geldpolitischen Kompetenz auf eine gemeinschaftliche Institution notwendig.

Etwas anders liegt der Fall, wenn es keinen grundsätzlichen wirtschaftspolitischen Handlungsbedarf gibt. Agrarmärkte könnten nach dem *laissez faire* Prinzip funktionieren. In den entwickelten Industrieländern tun sie es in der Regel nicht: Jedes Land versucht seine Bauern durch protektionistische Maßnahmen zu fördern und zu stützen. Eine Integration solcher Agrarmärkte ist mit einem fairen Wettbewerb der nationalen Produzenten untereinander nur dann möglich, wenn die nationalen Agrarpolitiken in einer gemeinsamen Agrarpolitik vereinheitlicht werden (vgl. Kap. 9). Wo das auf Grund unterschiedlicher agrarpolitischer Präferenzen nicht möglich ist, muss der Agrarmarkt vom gemeinsamen Binnenmarkt ausgeschlossen bleiben. So hielt man es z.B. in der Freihandelszone der EFTA. In diesem zweiten Fall folgt die gemeinsame Wirtschaftspolitik aus der Nachfrage nach aktiver Wirtschaftspolitik auf dem nationalstaatlichen Niveau, und zwar dann, wenn die nationalstaatliche Politik sich auf den grenzüberschreitenden Wirtschaftsverkehr auswirken würde.

Wirtschaftspolitik begleitet und beeinflusst die Wirtschaftssubjekte praktisch auf Schritt und Tritt. Ob das notwendig ist oder nicht, soll uns hier nicht näher beschäftigen. Wir können die entsprechenden Maßnahmen in makro-, meso- und mikroökonomische Eingriffe einteilen. Wir können sie funktional oder sektoral klassifizieren. Die Liste von Handelspolitik, Konjunktur-, Geld- und Fiskalpolitik, von Arbeitsmarkt-, Verteilungs- und Sozialpolitik, von Verkehrs-, Energie- und Infrastrukturpolitik, von Umwelt-, Agrar-, Industrie-, Stahl- und Atompolitik ist beliebig zu verlängern und unterstreicht nur den ersten Satz dieses Abschnitts: Jedes wirtschaftliche Handeln unterliegt wirtschaftspolitischen Einflüssen. In allen Fällen ist aber das Ergebnis der Wirtschaftspolitik ein Eingriff in die spontane Allokationsleistung des Marktes. Soweit das beabsichtigt ist, mag es in Ordnung sein. Die Risiken und Nebenwirkungen sind jedoch nur in den seltensten Fällen einem Beipackzettel zu entnehmen, deshalb aber nicht weniger real.

Muss die Europäische Gemeinschaft, deren tragende Säule der Gemeinsame Markt ist, nun auf allen wirtschaftspolitischen Feldern tätig werden, auf denen die Nationalstaaten aktiv sind? Die spontane Antwort ist ein dezidiertes Nein! Und wenn wir uns die Frühphase der wirtschaftlichen Integration Europas ansehen, dann stellen wir fest, dass im EWG-Vertrag von Rom nur die funktionalen Bereiche der Handels- und Wettbewerbspolitik und der sektorale Bereich der Agrarpolitik ausgestaltet waren. Die Transportpolitik wurde zumindest als Desiderat erwähnt. Für zwei weitere Sektoren, die auf nationaler Ebene einer starken wirtschaftspolitischen Beeinflussung ausgesetzt waren, hatte man allerdings eigene Verträge geschlossen, den Pariser Vertrag zur Europäischen Gemeinschaft für Kohle und Stahl (EGKS) und den zweiten der römischen Verträge über die Europäische Atomenergiegemeinschaft (Euratom). Im übrigen zeichnet sich der EWG-Vertrag durch weitgehende wirtschaftspolitische Zurückhaltung auf der Gemeinschaftsebene aus.

Die Vollendung des Binnenmarkts in der Folge der Einheitlichen Europäischen Akte von 1986 brachte jedoch die Notwendigkeit mit sich, die Wettbewerbsbedingungen für die vier Grundfreiheiten so zu gestalten, dass das Spielfeld für alle Beteiligten auch gleichermaßen eben ist. Nationale Wirtschaftspolitiken, die sich auf den grenzüberschreitenden Verkehr mit Gütern, Dienstleistungen, Arbeit und Kapital auswirken, waren, wenn schon nicht zu harmonisieren, so doch zumindest einheitlichen Rahmenbedingungen zu unterwerfen, die positive oder negative Diskriminierung ausschließen.

Vergleichen wir den Vertrag von Lissabon mit dem EWG-Vertrag von Rom, dann können wir eine fundamentale Erweiterung und Vertiefung feststellen. Art. 3 EWG führte in 11 Punkten die wirtschaftspolitischen Tätigkeiten der Gemeinschaft auf. Art. 3 EUV von Nizza hatte die Liste auf 21 Punkte erweitert. Der Vertrag von Lissabon verteilt diese Liste über mehrere Artikel (Art. 2–6 AEUV), wobei die Zuständigkeit der Union deutlicher bestimmt wird: In 5 wirtschaftspolitischen Bereichen hat die EU eine ausschließliche Zuständigkeit (Art. 3 AEUV), in 13 Bereichen eine geteilte Zuständigkeit (Art. 4 AEUV), in 9 weiteren Bereichen kann sie koordinierend auftreten (Art. 5 und 6 AEUV). Was heute den dritten Vertragsteil ausmacht „Die internen Politiken und Maßnahmen der Union (Art. 26–197 AEUV), waren im Vertrag von Rom der zweite Teil „Die Grundlagen der Gemeinschaft" und der dritte Teil „Die Politik der Gemeinschaft". Ersterer beschrieb den gemeinsamen Markt mit den Titeln zum freien Warenverkehr, zum freien Verkehr von Personen, Dienstleistungen und Kapital, zu Landwirtschaft und Transport. Letzterer enthielt die Politik, die den gemeinsamen Markt aufrecht erhalten sollte: Wettbewerbspolitik an erster Stelle, dann Wirtschaftspolitik (Konjunktur- und Handelspolitik), Sozialpolitik und die Einrichtung der Europäischen Investitionsbank, wobei die Konjunktur- und Sozialpolitik Leerstellen blieben. Heute sind die insgesamt 8 Titel von damals auf 24 Titel angewachsen, die auf Grund der Zusammenführung von Union und Gemeinschaft auch nicht-ökonomische Titel enthalten, während ökonomische Titel, wie z.B. die Handelspolitik, in den fünften Teil „Das auswärtige Handeln der Union" verlegt wurden. Noch deutlicher wird die zunehmende wirtschaftspolitische Aktivität der Gemeinschaft aber aus der wachsenden Zahl der politischen Akte, die wir in Kapitel 3 (Tab. 3.1) für die Perioden 1971–75 und 1996–2000 aufgelistet haben. Kurzum: Die EG hat sich als wichtiger wirtschaftspolitischer Akteur etabliert.

Jede wirtschaftspolitische Maßnahme wirkt sich direkt oder indirekt auf die Allokation der Ressourcen aus und ist somit marktrelevant. Wir könnten deshalb in diesem Kapitel das gesamte Spektrum der im dritten Teil des EG-Vertrages aufgeführten Politikfelder abhandeln. Das scheint uns allerdings wenig sinnvoll, zumal es dafür eine ausgedehnte Spezialliteratur und auch umfangreiche Übersichten (Wallace/Pollack/Young 2010; Nugent 2010) gibt. Im Folgenden wollen wir vielmehr exemplarisch auf vier Politikfelder eingehen, die Handelspolitik, die Industriepolitik, die Verkehrspolitik und die Umweltpolitik, an Hand derer wir das Tätigwerden der Gemeinschaft weiter verdeutlichen können und die innerhalb der Gemeinschaft zum Teil heftig umstritten sind. Denn hier handelt es sich anders als bei der im letzten Kapitel behandelten Wettbewerbspolitik, die vornehmlich ordnungspolitischen Charakter hat, im Wesentlichen um Prozesspolitik und damit in der Tendenz um einen höheren Grad von Interventionismus.

In der Wettbewerbspolitik kann man noch eine vertragliche Vereinbarung auf intergouvernementaler Ebene sehen. Sie legt die Spielregeln für den gemeinsamen Markt fest und wird von einem „unpolitischen" Schiedsrichterkollegium (der Kommission) und einem Sportgericht (dem Europäischen Gerichtshof) auf ihre Einhaltung überwacht. Dagegen wächst der Gemeinschaft und ihren Organen durch diese Politikfelder, wenn sie denn dazu wirklich ermächtigt werden, diskretionärer Entscheidungsspielraum zu, der dann notwendigerweise in supranationale Eingriffe mündet und politisch legitimiert werden muss. Andere Politikfelder werden in späteren Kapiteln vorgestellt, so die Budget-, Agrar-, Sozial- und Strukturpolitik im Rahmen der innergemeinschaftlichen Umverteilung und die Geld- und Fiskalpolitik im Rahmen der Wirtschafts- und Währungsunion.

8.2 Handelspolitik: Europa in der Welt

8.2.1 Die gemeinsame Handelspolitik

Der gemeinsame Binnenmarkt kann nur dann reibungslos funktionieren, wenn für den Wirtschaftsverkehr mit Drittländern einheitliche Regeln gelten. Die Binnengrenzen innerhalb der Gemeinschaft sind aufgehoben, und es muss für den Drittländerverkehr belanglos sein, wo die Außengrenze überschritten wird. Das setzt eine gemeinsame Handelspolitik voraus. Der Begriff Handelspolitik ist dabei sehr weit zu fassen. Es geht eigentlich um den Außenwirtschaftsverkehr, wie er z.B. im deutschen Außenwirtschaftsgesetz definiert worden ist, nämlich den „Waren-, Dienstleistungs-, Kapital-, Zahlungs- und sonstigen Wirtschaftsverkehr mit fremden Wirtschaftsgebieten sowie den Verkehr mit Auslandswerten und mit Gold" (§ 1.1 AWG). Der EU-Vertrag kennt eine derartige zusammenfassende Definition nicht. Unter dem Titel „Gemeinsame Handelspolitik" erfasst der Vertrag von Lissabon den Handel mit Waren und Dienstleistungen, die Handelsaspekte des geistigen Eigentums und ausländische Direktinvestitionen (Art. 207 AEUV). Den Kapital- und Zahlungsverkehr mit dritten Ländern behandelt Art. 63 AEUV, wo lapidar festgestellt wird, dass Beschränkungen des Kapital- und Zahlungsverkehrs zwischen den Mitgliedstaaten und gegenüber dritten Ländern verboten sind.

Ähnlich lapidar könnten auch die übrigen Bestimmungen zur Handelspolitik lauten, wenn sich die Gemeinschaft an das wohlfahrtsmaximierende Freihandelsrezept der ökonomischen Theorie halten würde. Danach sind Grenzkontrollen nur erforderlich, um verbotene oder gefährliche Güter vom Markt zu wehren, um steuerliche Anpassungen vorzunehmen (es gibt keinen einheitlichen EU-Mehrwertsteuersatz! vgl. Kap. 5) und um den Handel statistisch zu erfassen. Darauf beschränkt sich die Gemeinschaft nun aber keineswegs. Für eine aktive Handelspolitik, d.h. zumeist für protektionistische Maßnahmen, lassen sich allerdings auch valide ökonomische Argumente anführen (s. Kap. 1 und Krugman/Obstfeld 1997):

- *Das terms of trade Argument:* Für ein großes Land – und das ist die EU zweifellos –, das nicht mit einer horizontalen Angebotskurve konfrontiert ist, kann ein niedriger Zollsatz, auch optimaler Zollsatz genannt, eine Wohlfahrtssteigerung mit sich bringen.
- *Das Marktversagen-Argument:* Sind die Bedingungen des vollständigen Wettbewerbs nicht gegeben, weil zum Beispiel positive Externalitäten oder zunehmende Skalenerträge auftreten, dann kann ein Zoll einen positiven Nettowohlfahrtseffekt haben. Verstärkt wird dieses Argument noch im dynamischen Zusammenhang von Innovation und Lerneffekten.

In der Regel sind es aber nicht solche theoretischen Überlegungen, die eine aktive Handelspolitik hervorbringen, sondern konkrete Produzenteninteressen, die so ihre Märkte zu schützen versuchen und sich politisch durchzusetzen verstehen.

Die Wettbewerbsbedingungen für Drittländer können durch handelspolitische Maßnahmen eingeschränkt werden. Aber diese müssen sich auf alle Mitgliedländer der Gemeinschaft in gleichem Maße auswirken. Soweit es sich um den Güterverkehr handelt, ist das allgemein akzeptiert. England, Frankreich, Spanien und Italien hatten in den 1970er und 1980er Jahren mit Japan freiwillige Exportbeschränkungen für Kleinwagen zum Schutz dieses Marktsegments verabredet. Das widerspricht dem Prinzip des Binnenmarkts, nämlich keine internen Grenzkontrollen, und so wurden die Absprachen dann auch nach 1992 nicht mehr fortgeführt. Sobald es aber um Dienstleistungen und andere Formen des internationalen Wirtschaftsverkehrs geht, scheint die Notwendigkeit einer gemeinsamen Handelspolitik weniger evident. Warum sollte Deutschland seine Praxis einer nationalen Exportkreditversicherung nicht beibehalten? Dagegen spricht die potentielle Wettbewerbsverzerrung auf dem Binnenmarkt (man denke nur an Folgendes: Geringere Kreditkosten lassen das Handelsvolumen und damit das Produktionsvolumen steigen, wodurch Skaleneffekte und Lerneffekte ausgebeutet werden können).

Für eine gemeinsame Handelspolitik lassen sich auch politisch-ökonomische Argumente anführen. Denn ein wichtiges Feld der Handelspolitik sind multilaterale internationale Verhandlungen, wie sie im Rahmen des GATT und seiner Nachfolgeorganisation, der Welthandelsorganisation (WTO), geführt werden. Wenn die EU international als einheitlicher Akteur auftritt, dann braucht sie hierfür ein Mandat. Das war lange Zeit umstritten und hat z.B. bei der Uruguay-Runde des GATT zur Frage geführt, wer denn nun das Abkommen unterzeichnen solle. Der EuGH wurde um Rat gefragt und hat sich 1994 für eine sehr weitgehende ausschließliche EU Kompetenz ausgesprochen. Man lese aber nur Art. 207 und 218 AEUV um zu sehen, dass Mandat und Kompetenzzuweisung eine äußerst delikate Angelegenheit sind.

Eine einheitliche Handelspolitik, die von der Kommission formuliert und vom Rat mit qualifizierter Mehrheit beschlossen wird, bedeutet für die einzelnen Mitgliedstaaten einen Verlust an Souveränität in einem besonders sensiblen Bereich, nämlich ihrer Außenpolitik. Hinzukommt der Umstand, dass internationale Verträge für die EU und für ihre Mitgliedstaaten bindend sind, dass also die Möglichkeit besteht, auf dem Umweg über internationale Verträge Regelungen einzuführen, die innerhalb der Gemeinschaft dem Einstimmigkeitsprinzip unterliegen. Beide Gegebenheiten erklären die äußerst komplizierte Formulierung von Art. 207 und 218 AEUV.

Die Gemeinschaft ist „dem Grundsatz einer offenen Marktwirtschaft mit freiem Wettbewerb verpflichtet". Das stand einmal an prominenter Stelle unter den Grundsätzen des ersten Vertragsteils (Art. 4.1 EGV). Im Lissabon-Vertrag ist das Bekenntnis zum marktwirtschaftlichen Prinzip weit nach hinten gerückt (Art. 119.1 AEUV). Ganz so einfach, wie der Grundsatz einer offenen Marktwirtschaft vermuten lässt, ist es jedoch leider nicht. Nur allzu lange haben die Mitgliedstaaten versucht, trotz eines einheitlichen Außenzolls besondere Schutzmaßnahmen in einzelnen Bereichen aufrecht zu erhalten. Erst der gemeinsame Binnenmarkt hat dem Wettbewerbsprinzip zu einem echten Durchbruch verholfen und auch die Handelspolitik wesentlich vereinheitlicht.

Europäische Handelspolitik steht im Spannungsfeld von fünf Einflussfaktoren:

1. Dem durchaus ernst gemeinten Grundsatz einer offenen Marktwirtschaft mit freiem Wettbewerb.
2. Der internationalen ökonomischen Integration mit Handelspartnern, die ihre eigene, häufig stark protektionistische Handelspolitik führen. Das findet vor allem im Rahmen multilateraler Verhandlungen (GATT, WTO) statt und führt zu Verträgen, die den Handlungsspielraum der EU einschränken.
3. Der nationalen Wirtschaftspolitik, die sich zuweilen sektorale Interessen zueigen gemacht hat, was auf Wettbewerbsbeschränkungen hinausläuft.
4. Der Außenwirtschaftspolitik der EU, die einzelnen Ländern oder Ländergruppen eine präferentielle Behandlung zugesteht.
5. Anderen Politiken der EU, für die die Handelspolitik instrumentell werden kann, z.B. Landwirtschaftspolitik, Wettbewerbs- und Industriepolitik, Außen- und Entwicklungspolitik.

So erhalten wir ein äußerst differenziertes Bild der konkreten Handelspolitik sowohl mit Bezug auf die Güter, als auch mit Bezug auf die Partnerländer.

Das Instrumentarium, das dabei zum Einsatz kommt, ist vielfältig. Die Welthandelsorganisation ist bemüht, handelspolitische Eingriffe auf transparente feste Zollsätze zu beschränken. So wurden mit der Uruguay-Runde der WTO z.B. die variablen Einfuhrabschöpfungen der EU im Handel mit Agrargütern durch feste Zölle ersetzt. Mengenmäßige Handelsbeschränkungen oder Quoten widersprechen grundsätzlich den GATT/WTO Regeln und sind seit der Uruguay-Runde ebenfalls weitgehend beseitigt. Die sogenannten freiwilligen Exportbeschränkungen *(voluntary export restraints, VERs)* zählen auch zu den mengenmäßigen Handelsbeschränkungen und wurden von der WTO verboten, was nicht bedeutet, dass sie völlig von der Bildfläche verschwunden sind. In der immer noch nicht abgeschlossenen Doha-Runde zielt die WTO nun auf die Exportsubventionen, die von der EU im Landwirtschaftssektor gewährt werden. Wir sehen, dass über internationale Vereinbarungen versucht wird, in der Folterkammer der Handelspolitik gründlich aufzuräumen.

Das heißt nicht, dass der Gemeinschaft außer den Zöllen keine weiteren Instrumente zur Verfügung ständen. Ein beliebtes Instrument sind Anti-Dumping Maßnahmen. Dumping ist eine Form der Preisdiskriminierung, die als unfairer Wettbewerb gilt. Ein Wettbewerber innerhalb der Gemeinschaft kann bei der Kommission ein Anti-Dumping Verfahren anstrengen, wenn der Importpreis unter dem „normalen" Preis im Exportland liegt und wenn dadurch der Markt gestört wird bzw. gestört zu werden droht. Die erlaubte Gegenmaßnahme sind Ausgleichszölle. Der protektionistische Charakter der Anti-Dumping Politik führt zu einem möglichen Konflikt zwischen der Handelspolitik und der Wettbewerbspolitik der Gemeinschaft.

Box 8.1: Preisdiskriminierung und Dumping

Preisdiskriminierung ist ein normales Marktverhalten der Verkäufer auf Märkten mit unvollständigem Wettbewerb, das unterschiedliche Reservationspreise der Käufer (d.h. Höchstpreise, die der Käufer zu zahlen bereit ist) und die Trennung der Teilmärkte (oder Verhinderung von Arbitrage) voraussetzt. Typische Beispiele sind Studentenrabatte oder Sondertarife für Menschen über 65. Abb. 8.1 zeigt das Verhalten eines Anbieters mit Preissetzungsmacht. Ist er mit einem einheitlichen Markt konfrontiert, wird er den Monopolpreis p_M setzen, bei dem die produzierte und gemäß der Nachfragefunktion (N) abgesetzte Menge so festgelegt wird, dass die Grenzkosten (GK) den Grenzerlösen (GE) entsprechen. Bei diesem Preis gibt es aber Käufer, die zusätzliche Mengen des Gutes zu einem noch immer gewinnbringenden Preis p_1 ($p_M > p_1 > p_K$) kaufen würden. Kann der Verkäufer letztere gesondert bedienen, dann erzielt er einen über den normalen Monopolgewinn hinausgehenden Extragewinn.

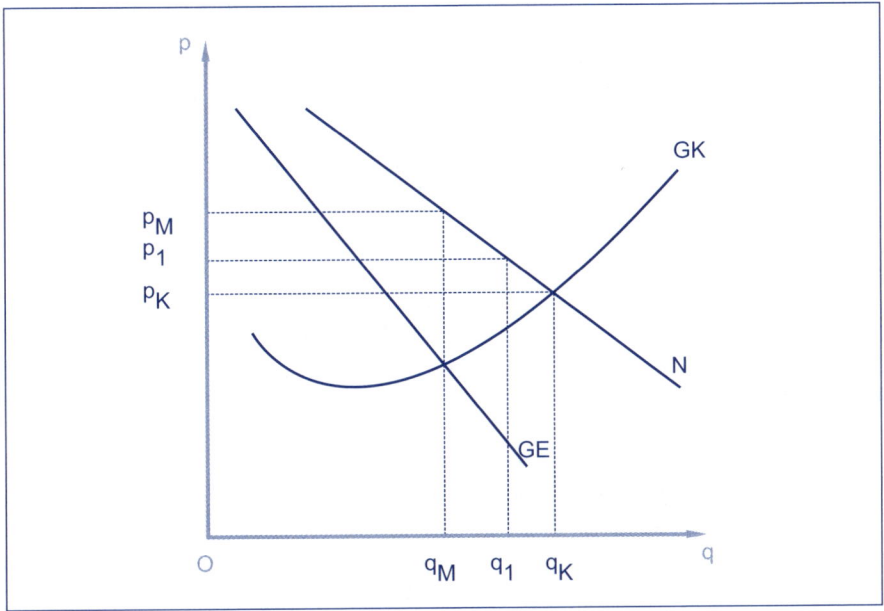

Abbildung 8.1: Preisdiskriminierung

Vom wettbewerbspolitischen Standpunkt ist dagegen nichts einzuwenden, solange der Preis die Grenzkosten deckt, d.h. solange $p_1 > p_K$. Preissenkungen werden von Wettbewerbsbehörden erst dann sanktioniert, wenn der Preis die Kosten nicht mehr deckt. Man spricht dann von räuberischer Preispolitik *(predatory pricing)*. Nach den GATT Regeln liegt Dumping bereits dann vor, wenn der Exportpreis niedriger als der „normale" Wert ist, worunter der durchschnittliche Marktpreis im Exportland verstanden wird. Gilt also im Exportland Preis p_M und wird für den Export Preis p_1 ($p_1 < p_M$) gesetzt, liegt eine wesentliche Voraussetzung für Dumping vor, auch wenn $p_1 > p_K$ ist und die Kosten deckt. Damit ist klar, dass in solchen Fällen Anti-Dumping eine wettbewerbsbeschränkende Maßnahme darstellt. Auf der anderen Seite ist auch klar, dass der durchschnittliche Marktpreis im Gegensatz zu den Grenzkosten sehr viel leichter zu ermitteln ist.

Der moderne internationale Wirtschaftsverkehr beschränkt sich schon lange nicht mehr auf den reinen Güterverkehr, auf den sowohl die Theorie als auch das handelspolitische Instrumentarium ausgerichtet sind. Dienstleistungen spielen eine immer größere Rolle. Aber genauso wie innerhalb der Gemeinschaft die Liberalisierung des Dienstleistungsverkehrs sehr viel später und mit größeren Schwierigkeiten und Verzögerungen auf die Liberalisierung des Güterverkehrs folgte (siehe Kap. 6), ist auch die internationale Liberalisierung dieses Sektors jüngeren Datums. Die Uruguay-Runde des GATT beschloß 1994 das Allgemeine Abkommen über den Dienstleistungshandel *(general agreement on trade in services, GATS)* abgeschlossen, das hier den wichtigen ersten Schritt machte. Außerdem beschloß sie Abkommen zu den *TRIPs (trade-related aspects of intellectual property rights)* und den *TRIMs (trade-related investment measures)*. 1997 folgten Vereinbarungen über die Öffnung der Finanzmärkte. Der Beitritt Chinas (2001) und Russlands (2012) zur WTO hat in diesem Zusammenhang große Bedeutung. Dem Vorteil für das beitretende Land (Meistbegünstigung) steht das Bemühen der WTO-Mitglieder gegenüber, Sanktionsmöglichkeiten gegen die in diesen Ländern üblichen Investitionshindernisse und Verletzungen geistiger Eigentumsrechte zu erhalten.

Bei der Durchführung der Handelspolitik kommt das Subsidiaritätsprinzip zur Geltung. Obwohl die Zölle dem EU Haushalt zufallen, verfügt die EU über kein eigenes Zollwesen. Sie überlässt das gesamte Geschäft der Grenzkontrollen und der Zollerhebungen den Mitgliedstaaten, die dafür mit einem Teil der Zolleinnahmen entschädigt werden.

8.2.2 Geschützte Sektoren, bevorzugte Länder

Es würde nun zu weit führen, die Regelungen des Handelsverkehrs mit einzelnen Gütern oder Dienstleistungen exakt nachzuzeichnen. Wie man aus den vorangegangenen Abschnitten ersehen kann, unterliegen diese Regelungen vor allem auf Grund der internationalen Vereinbarungen einem ständigen Wandel. Die Grundtendenz ist dabei eine allmähliche Liberalisierung und transparente Berechenbarkeit der angewendeten Handelsbeschränkungen. Dies ist ein Geschäft auf Gegenseitigkeit. Auch wenn es im Rahmen von GATT/WTO-Verhandlungen manchmal zu einseitigen Zugeständnissen – zumeist an die Entwicklungsländer – kommen kann, handelt es sich hier längerfristig immer um ein *quid pro quo*. Die EU sucht für ihre Produkte einen besseren Marktzutritt auf ausländischen Märkten oder sie sucht mehr Sicherheit für internationale Investitionen. Dafür muss sie eigene Schutzmaßnahmen zu einem gewissen Grad abbauen. Ein typisches Beispiel ist die Textil- und Bekleidungsindustrie (vgl. Box 8.2).

Box 8.2: Der lange Abschied von der Protektion

Als sensibel und besonders schützenswert gelten jene wenig innovativen oder arbeitsintensiven Industrien, die den Zenith des Produktzyklus schon lange überschritten haben *(sunset industries)* und die starker Konkurrenz aus weniger entwickelten Ländern ausgesetzt sind, z.B. die Textil- und Bekleidungsindustrie. 1960 verdienten in Deutschland 12,4 % der Beschäftigten im verarbeitenden Gewerbe dort ihr Brot, 2012 waren es noch 1,7 %. Für die Entwicklungsländer, die sich in einer frühen Phase der Industrialisierung befinden, ist die Textil- und Bekleidungsindustrie dagegen eine Wachstumsbranche und ein wichtiger Devisenbringer. Wenn nicht, ja wenn nicht die alten Industrieländer sich gegen die entsprechenden Importe durch sehr restriktive quantitative Handelsbeschränkungen gewehrt hätten. Um den Entwicklungsländern zumindest einen minimalen Marktzutritt zu garantieren, handelte man im GATT Vereinbarungen aus:

- 1962 die langfristige Vereinbarung über Baumwolltextilien *(long term agreement on cotton textiles, LTA)*,
- 1974 das weitere Produkte umfassende Multi-Faser Abkommen *(multi-fibre agreement, MFA)*, das mehrfach verlängert wurde,
- 1995 schließlich das Textil- und Bekleidungsabkommen *(agreement on textiles and clothing, ATC)*.

Ziel der Abkommen war die kontinuierliche Steigerung der Importquoten für Textilien und Bekleidung in den Industrieländern, darunter auch der EU. Das ATC-Abkommen bestimmte die endgültige Abschaffung der Importquoten nach einer zehnjährigen Übergangsfrist im Jahre 2005. Als es im Jahre 2005 dann soweit war, nahm der EU-Import von Bekleidung aus China sprunghaft zu, so dass sich der Handelskommissar von den europäischen Produzentenländern (Frankreich, Italien, Spanien) gezwungen sah, neuerliche Übergangsregelungen mit China zu vereinbaren. Das stieß bei den europäischen Textilhändlern erwartungsgemäß auf wütende Proteste, deren Importe an der Grenze blockiert wurden. Eine Beseitigung der Importquoten bedeutet nicht, dass damit auch alle Zölle auf Textilien und Bekleidung abgeschafft wären. Hier handelt es sich aber nur noch um Nachhutgefechte. Inzwischen ist der Strukturwandel in Produktion und Handel in diesem Industriezweig mehr oder minder abgeschlossen. Die handelsbeschränkenden Maßnahmen haben ihn allerdings über Jahrzehnte hinausgezögert.

Für Agrarprodukte gilt grundsätzlich eine Gemeinschaftspräferenz (siehe Kap. 9). Das bedeutet, die Gemeinschaft zieht ihre eigenen Agrarprodukte vor und möchte Produkte aus Drittländern eigentlich nur zum Ausgleich von Defiziten auf den Markt lassen. In dieser Politik muss man das Gegenteil des Freihandelsprinzips sehen. Damit sind erhebliche Wohlfahrtsverluste verbunden, und entsprechend vehement ist deshalb auch die Kritik daran, vor allem natürlich von Seiten wettbewerbsfähiger Agrarproduzenten, die so vom EU-Agrarmarkt ausgeschlossen werden. Das sind viele Schwellen- und Entwicklungsländer und beispielsweise auch die USA, Australien und Neuseeland. Unter dem Druck der internationalen Verhandlungen reformiert die Gemeinschaft ihre Agrarpolitik, so dass wir eine gewisse Liberalisierung der Handelspolitik für Agrargüter feststellen können. Der erste Schritt war die Einführung fester Zollsätze in der Uruguay-Runde, anstelle der variablen Einfuhrabschöpfungen. Ein zweiter Schritt ist die allmähliche Senkung der Zollsätze. Ein dritter Schritt wird möglicherweise die Abschaffung der Exportsubventionen in der Doha-Runde sein.

Die meisten Handelspartner der Europäischen Union sind Mitglieder der Welthandelsorganisation WTO. Das Grundprinzip dieser Organisation ist die Meistbegünstigung *(most favoured nation treatment, MFN)*, d.h. jedes Mitgliedland der WTO ist so zu behandeln wie das am meisten begünstigte. Daraus würde man schließen, dass fast alle Handelspartner der EU gleich behandelt werden. Weit gefehlt! Meistbegünstigungszölle, die normale Behandlung also, treffen nur auf eine kleine, aber wichtige Gruppe von Ländern zu: die USA, Kanada, Japan, Australien, Neuseeland, Süd Korea, Singapur, Hongkong, Russland und die Ukraine. Und der Rest? Die restlichen Länder genießen die eine oder andere Form von Präferenzbehandlung.

Die Präferenzbehandlung beruht auf multilateralen oder bilateralen Abkommen oder auf einer einseitigen Entscheidung der EU. Die längste Tradition hat die Beziehung der Gemeinschaft zu den sogenannten AKP Staaten (Afrika-Karibik-Pazifik). Als der Vertrag von Rom unterzeichnet wurde, waren die meisten von ihnen noch Kolonien. Mit 22 überseeischen Ländern und Territorien – auf Grund der Zusammensetzung der Gründungsmitglieder der EWG vor allem französischen Kolonien – schloss die EWG 1957 Assoziations- und Kooperationsabkommen ab, die diesen Ländern den Zugang zum neu geschaffenen europäischen Markt sicherten und einen Rahmen für die europäische Entwicklungspolitik liefern sollten. Das wurde 1963 in der Konvention von Jaunde für 18 inzwischen unabhängig gewordene Ländern in Afrika festgeschrieben. Mit dem Beitritt Großbritanniens 1973 kamen 20 Commonwealth-Länder hinzu. Diese erweiterte Gruppe nannte sich jetzt AKP-Gruppe, und die Zusammenarbeit mit der EWG wurde in der Konvention von Lomé 1975 stärker formalisiert. Die Konvention von Lomé wurde mehrfach erneuert und im Jahr 2000 im Vertrag von Cotonou substantiell neu gefasst. Inzwischen gehören 79 Länder der AKP-Gruppe an (48 in Afrika, 16 in der Karibik und 15 im Pazifik). Zusammen mit den 28 EU Mitgliedern sind das mehr als die Hälfte der Mitgliedländer der Vereinten Nationen.

Das Programm von Lomé und von Cotonou umfasst ein weites Spektrum entwicklungspolitischer Maßnahmen, die zum Teil von den EU-Mitgliedstaaten direkt, zum Teil aus dem Europäischen Entwicklungsfonds finanziert werden. Im Bereich der Handelspolitik bedeutet Lomé für die AKP-Staaten eine sehr weit gehende Zollfreiheit. Selbst im Bereich der konkurrierenden Agrarprodukte (Zucker zum Beispiel) werden ihnen erhebliche zollfreie Kontingente und darüber hinaus niedrigere Zölle zugestanden.

Der Effekt der Präferenzbehandlung wurde im Laufe der Zeit durch die Liberalisierungen im Rahmen der WTO-Runden und durch die ständige Erweiterung des Präferenzregimes der Gemeinschaft erodiert. Das heißt, die AKP Staaten – zu einem gewissen Grad durch die Präferenz verwöhnt – treffen auf dem europäischen Markt mehr und mehr auf die Konkurrenz der übrigen Länder. Deshalb richtet der Vertrag von Cotonou sein Augenmerk stark auf die Wettbewerbsfähigkeit der AKP Staaten im Zusammenhang mit der Globalisierung. Das eigentliche Problem vieler dieser Länder wird aber an ihrem niedrigen Governance-Niveau festgemacht: Staatsvereinahmung, Korruption, Vetternwirtschaft, mangelnde Rechtssicherheit. Dem ist nur schwer durch Hilfe von außen beizukommen.

Die Präferenzbehandlung der AKP Staaten hatte ihre Wurzeln in der kolonialen Vergangenheit. Es war aber nicht einzusehen, warum andere, ähnlich schwach entwickelte Länder der Dritten Welt durch die unverminderten Außenzölle der EU in ihren Entwicklungschancen eingeschränkt bleiben sollten. So entschied sich die Gemeinschaft 1971, für diese Länder ein allgemeines Präferenzsystem *(generalised system of preference, GSP)* einzuführen, das die zollfreie Einfuhr ihrer Produkte bis zu einer bestimmten Quote ermöglichte und das nicht reziprok war: Diese Länder brauchten den Zollschutz ihrer gerade erst aufkeimenden Industrie nicht aufzugeben. 1999 wurde das GSP grundlegend revidiert, denn es widersprach mit der Quotenregelung den WTO Prinzipien. Der Grad der Zollpräferenz hängt seitdem ab vom Entwicklungsstand des jeweiligen Landes und von der Sensibilität des Produktes. Das System besticht nicht durch Einfachheit und Transparenz. Um den ärmsten Ländern bessere Exportchancen einzuräumen, gewährt die EU den 48 am wenigsten entwickelten Staaten jetzt zollfreien Zutritt zum europäischen Markt.

Box 8.3: Festung Europa?

Die EU Mitgliedstaaten handeln vor allem untereinander. 2011 gingen 63 % ihrer Exporte in EU Partnerländer, aus denen 61 % der Importe kamen. Der Rest der Welt trägt etwas mehr als ein Drittel zum EU-Außenhandel bei: Festung Europa? Festung Europa ist ein Schlagwort, womit eine extrem protektionistische Handelspolitik der Europäischen Gemeinschaft angeprangert werden soll. Stellt sich die Frage: Ist Europa wirklich eine Festung? Für Agrargüter ist das mit der Politik der Gemeinschaftspräferenz noch immer der Fall. Aber allgemein?

Woran lässt sich eine extrem protektionistische Position messen? Am Grad der Autarkie oder umgekehrt am Grad der Offenheit der Wirtschaft. Nun ist klar, dass eine Wirtschaft in der Tendenz um so offener ist, je kleiner sie ist. Denn eine normale Wirtschaftstransaktion überquert um so eher eine Außengrenze, je näher sich diese zum Ort der Produktion befindet. Das heißt, Belgien und die Niederlande sollten offener sein als Deutschland, und dieses wiederum offener als die EU insgesamt oder die USA. Der Grad der Offenheit (OG = $\frac{1}{2}$ (Export + Import)/BIP) kann > 1 sein, da Export und Import Umsatzgrößen sind und das BIP eine Wertschöpfungsgröße ist. Er wird durch weitere Faktoren bestimmt, z.B. Küstenlage, Produktionsstruktur, Wettbewerbsfähigkeit. Empirische Messungen ergeben, dass Belgien, die Niederlande und Irland, aber auch Deutschland besonders offene Wirtschaften sind. Sie liegen über dem Trend. Griechenland und Zypern, aber auch Japan sind eher geschlossen. Die EU insgesamt (OG = 0,165) liegt dicht am Trend. Sie ist weder absolut geschlossener als die USA (OG =

0,157), noch relativ zur Wirtschaftsgröße geschlossener als Japan (OG = 0,163). Die Festung Europa ist ein Mythos.

8.3 Industriepolitik

8.3.1 Industriepolitik – ein Sündenfall?

Sünde ist, was jeder einzelne von Zeit zu Zeit gerne begeht in der Hoffnung, ungestraft davon zu kommen, worüber alle gemeinsam sich aber einig sind, dass es dem ewigen Leben nicht zuträglich ist. Ökonomen nennen das opportunistisches Verhalten. Für einen Großteil der traditionell praktizierten Industriepolitik trifft *mutatis mutandis* genau das zu: Einzelne Gruppen oder Sektoren werden bevorzugt behandelt oder geschützt auf Kosten der übrigen Marktteilnehmer, wobei der gesellschaftliche Nettoertrag negativ ist – das sind die berüchtigten *beggar-thy-neighbour* Politiken (im Deutschen auch als Sankt-Florians-Prinzip bekannt) und *rent seeking* Aktivitäten. Die Theorie hat aber auch Fälle aufgezeigt, in denen eine bevorzugte Behandlung eines einzelnen Sektors oder einer Gruppe auf Grund von positiven externen Effekten zu einem Nettowohlfahrtsgewinn führen kann. Das geschieht noch immer auf Kosten Dritter. Denn eines der vornehmsten Ziele der Industriepolitik ist die Steigerung der internationalen Wettbewerbsfähigkeit einer Wirtschaft. Und wachsende Wettbewerbsfähigkeit des einen Konkurrenten geht nun einmal auf Kosten der übrigen Konkurrenten, auch wenn dadurch die Gesamtwohlfahrt zunimmt. Solange dies im Rahmen der Regeln für einen fairen Wettbewerb stattfindet, müssen solche Fälle der Industriepolitik als wirtschaftspolitische Tugenden gesehen werden. Doch bevor wir über Tugend oder Untugend der gemeinsamen Industriepolitik weiter sprechen, ist etwas näher auf die Sache selbst einzugehen. Was verstehen wir unter Industriepolitik und worin besteht die Industriepolitik der EU?

Der Begriff Industriepolitik ist unter marktwirtschaftlich orientierten Ökonomen, die in einer klassischen oder neo-klassischen Tradition stehen, nicht sehr beliebt – so zum Beispiel unter britischen oder deutschen Ökonomen. In Frankreich, wo seit Colbert (1619–1683) ein stärker etatistisch geprägter Wirtschaftsstil vorherrscht, hat Industriepolitik einen weniger ordnungswidrigen Beigeschmack. Dieser Gegensatz prägt die Grundeinstellung zur Industriepolitik in der Gemeinschaft. Das hat allerdings keinen Einfluss auf die Tatsache, dass weitgehende Einigkeit über zahlreiche Entscheidungen besteht, die zwar industriepolitische Auswirkungen haben, aber unter einer anderen Flagge segeln. Denn Industriepolitik lässt sich nur schwer eingrenzen, wenn wir darunter alle staatlichen Maßnahmen verstehen, die direkt oder indirekt die Ressourcenallokation in der Industrie beeinflussen. Das sind alle wirtschaftspolitischen Aktionen, die sich auf die Input- oder Output-Gestaltung der Produktion und auf die Preisbildung auswirken. Schon die Einschränkung auf angebotsseitige Maßnahmen wäre bei dieser weiten Definition unzulässig. Denn ein beliebtes industriepolitisches Instrument operiert von der Nachfrageseite her – die staatliche Beschaffungspolitik. So gesehen haben alle wirtschaftspolitischen Entscheidungen, die die Randbedingungen der wirtschaftlichen Tätigkeiten beeinflussen und die sich fördernd oder schützend auf diese auswirken, einen industriepolitischen Aspekt. Insbesondere fallen darunter:

- *die Außenhandelspolitik*, die mit tarifären und nicht-tarifären Maßnahmen, mit Handelsverträgen und mit ihrer Antidumping-Politik die Bedingungen für den internationalen Wettbewerb bestimmt,
- *die Struktur- und Sozialpolitik*, die den Strukturwandel in seinem Zeitablauf zu beeinflussen und ihn sozial verträglich zu gestalten versucht,
- *die Wettbewerbspolitik*, die in spontane Marktvorgänge eingreift, die aber auch die staatlichen Eingriffe kontrolliert und steuert (schon hier zeigt sich ein Spannungsverhältnis zwischen Industrie- und Wettbewerbspolitik),
- *die Bildungs-, Forschungs- und Entwicklungspolitik*, die die Entfaltung dieser Voraussetzungen für eine dynamische Wirtschaftsentwicklung nicht allein dem Markt überlassen.

Im engeren Sinn umfasst Industriepolitik horizontale Eingriffe, die sich auf die Entwicklung konkreter Industriesektoren oder einzelner Unternehmen beziehen und diese in eine bestimmte Richtung zu lenken versuchen. Die Maßnahmen können nun rückwärts gerichtet sein, d.h. auf die Stützung rückläufiger Sektoren (so genannter *sunset industries*): Die Stahlindustrie zum Beispiel verliert im Prozess des Strukturwandels an Bedeutung, es entstehen Überkapazitäten, die zurückgefahren werden müssen, was zu Beschäftigungsverlusten führt, die bei Schließung einzelner Werke erhebliche, meist regional konzentrierte Arbeitslosigkeit verursachen. Der Schrumpfungsprozess einer solchen Industrie kann durch Subventionen oder Außenhandelsprotektion zeitlich in die Länge gezogen werden. Vom Effizienzgesichtspunkt aus macht das wenig Sinn, denn die knappen Ressourcen, die in dieser Industrie gebunden sind, könnten woanders produktiver genutzt werden. Das setzte jedoch vollständige Flexibilität voraus, die weder beim Faktor Arbeit, noch beim Faktor Kapital gegeben ist. Ein fünfzigjähriger Stahlarbeiter lässt sich nicht problemlos in der Mikroelektronik einsetzen, genauso wenig wie das in einem Hochofen gebundene Kapital unmittelbar für die Produktion von T-Shirts umgewidmet werden kann. Es mag trotzdem gute ökonomische und soziale Gründe dafür geben, die unproduktive Stahlfabrik nicht zu subventionieren, sondern sofort zu schließen, das Kapital abzuschreiben und die freigesetzten Arbeiter umzuschulen oder direkt zu unterstützen. Auf der anderen Seite können industriepolitische Maßnahmen auch vorwärts, d.h. auf die Förderung aufstrebender Sektoren (der so genannten *sunrise industries*) gerichtet sein: Ein Industriezweig, die Mikroelektronik oder die Biotechnologie z.B., zeichnet sich im Prozess des Strukturwandels als Industrie mit großen Zukunftschancen ab. Um ihr vor allem auf dem internationalen Markt einen Vorsprung zu verschaffen, ist eine staatliche Subventionierung denkbar.

Solange die 30 goldenen Nachkriegsjahre des stürmischen Wirtschaftswachstums in Europa währten, spielte Industriepolitik kaum eine Rolle. Wozu auch?

Der Laden brummte, der Handel wuchs, und es herrschte Vollbeschäftigung. Als sich mit dem ersten Ölpreisschock ein längerer Konjunkturabschwung abzeichnete, griffen viele nationale Regierungen auf das industrie- und handelspolitische Instrumentarium zurück, um für ihre Industrien die nationalen Märkte zu schützen und die Wettbewerbsfähigkeit auf den internationalen Märkten zu fördern. Innerhalb der EWG war das zwar auf Grund der gemeinsamen Wettbewerbs- und Handelspolitik nur beschränkt möglich. Aber die Mitgliedländer fanden immer wieder Wege, das Grundprinzip des Gemeinsamen Marktes, Nicht-Diskriminierung, zu umgehen. Den Strukturwandel industriepolitisch zu begleiten, wenn man das für unerlässlich hielt, machte folglich einen gemeinsamen Ansatz erforderlich. Er war auch erforderlich, um der leidigen Subventionsspirale zu entgehen. Denn Industriepolitik kann leicht in ein Gefangenendilemma-Spiel ausarten:

		Land B	
		subventionieren	*nicht subventionieren*
Land A	subventionieren	– 2/– 2	2/– 3
	nicht subventionieren	– 3/2	0/0

Das Ergebnis für Land A steht in der Auszahlungsmatrix vor dem Querstrich, das für Land B danach. Wir sehen: Die Subventionspolitik ist eine dominante Strategie, d.h. sie ergibt für beide Länder ein günstigeres Ergebnis unabhängig davon, wie das jeweils andere handelt. Das Strategiepaar (subventionieren/subventionieren) konstituiert folglich ein Nash-Gleichgewicht, das aber mit erheblichen Verlusten der Beteiligten verbunden ist, nämlich den Kosten der Subventionen, die keinen Effekt haben, wenn sie in beiden Ländern in gleicher Weise eingesetzt werden. Das lässt sich nur durch gemeinsame Vereinbarungen, durch Kooperation vermeiden: Man muss sich wechselseitig glaubhaft verpflichten, den verschwenderischen Subventionswettlauf zu unterlassen, bzw. eine höhere Instanz unterbindet das schädliche Verhalten.

Eine rückwärts gewandte Politik lässt sich ökonomisch nur schwer verteidigen. Deshalb finden wir in der Literatur plausible Argumente für eine Industriepolitik fast nur im Zusammenhang mit einer vorwärts gewandten Strategie. Dabei geht es um die internationale Wettbewerbsfähigkeit der heimischen Produktion: Industriepolitik ist Handelspolitik. Der Grundgedanke lautet, dass Kostenvorteile nicht naturgegeben sind, sondern Ergebnis eines konkreten Entwicklungsprozesses. Das mag der spontane Marktprozess sein, das kann aber auch eine bewusste, staatlich geförderte Entwicklung sein, zum Beispiel in den Bereichen Ausbildung, Forschung und Innovation. Wir müssen deshalb die gemeinsame Forschungspolitik der EU als integralen Bestandteil der Industriepolitik betrachten.

Die Theorie der strategischen Industrie- und Handelspolitik (z.B. Brander/Spencer 1985, Brander 1995) verstärkt die Begründung einer wirtschaftspolitischen Unterstützung dadurch, dass sie zeigt, wie bei Vorliegen von externen

Effekten und positiven Skalenerträgen der endogene Wachstumsprozess zu unterschiedlichen Gleichgewichten führen kann. Im günstigen Fall überwindet man bei der Einführung neuer Produkte oder neuer Techniken die Anfangsschwierigkeiten, arbeitet sich auf der Lernkurve rasch in kostengünstige Bereiche der Massenproduktion vor und erreicht so auf dem Markt eine beherrschende Position. Im ungünstigen Fall verpasst man den Zug.

Box 8.4: Ein Dyopol bei extrem hohen Entwicklungskosten

Nehmen wir das Beispiel des Flugzeugbaus. Die Entwicklung eines neuen Flugzeugs ist mit enormen Kosten verbunden, die nur bei entsprechend hohen Verkaufszahlen zurückverdient werden. Für zwei Produzenten ist der Markt eigentlich zu klein. Das kann zu folgender strategischen Spielsituation führen:

		Airbus	
		produzieren	*nicht produzieren*
Boeing	*produzieren*	– 5/– 5	50/0
	nicht produzieren	0/50	0/0

Offensichtlich gibt es hier keine dominante Strategie. Aber wenn A nicht produziert, würde B gerne produzieren und umgekehrt. Wer zuerst auf dem Markt ist, erreicht günstigere Stückzahlen und kann billiger anbieten – der so genannte *first mover* Vorteil. Damit schließt sich der Markt für den Konkurrenten. Eine staatliche Subvention für Airbus verändert die Entscheidungssituation:

		Airbus	
		produzieren	*nicht produzieren*
Boeing	*produzieren*	– 5/(– 5+10)	50/0
	nicht produzieren	0/(50+10)	0/0

Jetzt ist „Produzieren" für Airbus die dominante Strategie, und sie werden sofort damit beginnen. Die an Airbus beteiligten Unternehmen erarbeiten sich Kostenvorteile im Flugzeugbau, der vor allem im entsprechenden *know-how* der Entwicklungsingenieure, der Techniker und der qualifizierten Arbeiter beruht. Für *newcomer* ist der Markt praktisch geschlossen. Und der Konkurrent Boeing muss sich anstrengen, beim nächsten Flugzeugtyp der *first mover* zu sein. Die Sache artet zu einer wohlfahrtsschädlichen Subventionsspirale aus, sobald beide Regierungen gleichzeitig versuchen, ihre Industrie in die *first mover* Position zu bringen. Die Vorteile liegen dann beim Rest der Welt, der von Wettbewerbspreisen für Flugzeuge profitiert (vgl. Baldwin/Krugman 1987). Die WTO, vor der die beiden Kontrahenten Klagen gegen unzulässige Subventionierung vorbringen, ist praktisch überfordert. Aber auch ein bilaterales Abkommen, wie es zwischen Airbus und Boeing zusammen mit der US-Regierung und der EU 1992 abgeschlossen wurde, um die Subventionen zu beschränken, führte nicht zu einem dauerhaften stabilen Gleichgewicht. Es wurde 2004 einseitig von der amerikanischen Seite gekündigt (vgl. Braunberger 2006).

Erfolgreiche Industriepolitik hat vor allem einen Umverteilungseffekt. Der Nutzen in Europa (Preiseffekte, Spillover-Effekte, Wertschöpfung) geht auf Kosten von Boeing und des amerikanischen Steuerzahlers. In unserem Zusammenhang ist anzumerken, dass dieser Fall in erster Instanz nur am Rande etwas mit der gemeinsamen Industrie- oder Handelspolitik der EU zu tun hat. Hier geht es um zwischenbetriebliche und zwischenstaatliche Kooperation, an der Mitgliedstaaten der Gemeinschaft beteiligt sind. Die umfangreichen Subventionen werden direkt aus den jeweiligen Staatshaushalten gewährt. Das Budget der Gemeinschaft ist nicht involviert, und Brüssel muss sich vor allem um die wettbewerbspolitischen Aspekte kümmern.

Wie praktisch jede Wirtschaftspolitik wird auch Industriepolitik durch Marktunvollkommenheiten motiviert. Diese können aus den unterschiedlichsten Ursachen entstehen (Jovanović 1997: 174 ff.): Landesgröße, regionale Disparitäten, Ausbildung, Mobilität und Organisierungsgrad der Beschäftigten, versunkene Kosten *(sunk costs)* in Forschung und Entwicklung, Skalenerträge, die Wettbewerbs-, Konkurs-, Steuer-, Patentgesetzgebung, Infrastruktur, usw. Entsprechend vielfältig sind auch die Instrumente, die der Politik zur Verfügung stehen, wenn sie sich dazu entschließt, die Marktunvollkommenheiten auszugleichen: tarifäre und nicht-tarifäre Handelsbeschränkungen, Wechselkurspolitik, Steuerprivilegien, nicht-kommerzielle Kredite und Kreditbürgschaften, Ausfallversicherungen und andere Subventionen, öffentliche Beschaffungspolitik, Bildung und Umschulung, Forschungsförderung, Infrastrukturpolitik. Die Liste lässt sich beliebig verlängern.

Vieles von dem, was hier genannt ist, steht im Widerspruch zu den Regeln des gemeinsamen Marktes und der gemeinsamen Wettbewerbspolitik. Und vieles davon ist mit einem erheblichen finanziellen Aufwand verbunden. Die Gemeinschaft, die, wie wir sahen, ihre Politik nach dem Grundsatz *rules not money* gestaltet und ausführt, steht folglich vor der Aufgabe, ihre Industriepolitik, sofern sie überhaupt eine solche führen möchte, auf folgende Gesichtspunkte hin zu überprüfen:

- Es darf nicht viel kosten. Denn der finanzielle Handlungsspielraum für eine gemeinsame Industriepolitik ist äußerst beschränkt, praktisch auf den Posten Forschung und Entwicklung, der in der Haushaltsperiode 2014–20 rund 6 % der Ausgaben für sich in Anspruch nimmt.

- Der Wettbewerb innerhalb der Gemeinschaft darf dadurch nicht verzerrt werden. Denn es „sind staatliche oder aus staatlichen Mitteln gewährte Beihilfen gleich welcher Art, die durch die Begünstigung bestimmter Unternehmen oder Produktionszweige den Wettbewerb verfälschen oder zu verfälschen drohen, mit dem Binnenmarkt unvereinbar, soweit sie den Handel zwischen Mitgliedstaaten beeinträchtigen" (Art. 107.1 AEUV).

Box 8.5: *Picking winners – lohnt sich Doping?*

Die Auswahl von Investitionsprojekten mit hinreichend großen Erfolgsaussichten ist eine wichtige Funktion des Kapitalmarkts. Aussicht auf Gewinn lässt private Investoren auf den Zug aufspringen und setzt ihn damit in Bewegung. Das ist das Schumpeter-Prinzip. Es ist aber nicht ohne Risiko, da die Zukunft bekanntlich unsicher ist, und was ursprünglich als brillantes Projekt aussah, kann sich am Ende als Flop entpuppen. Nicht nur der Kapitalmarkt, auch Politiker trauen sich zu, produktive und innovative Investitionsprojekte selektieren zu können. Der Staat argumentiert, seine Hilfe sei zur Sicherung der internationalen Wettbewerbsfähigkeit dort notwendig, wo der Markt zu kurzsichtig oder zu kurzatmig ist.

Ordnungspolitische Bedenken würden rasch beiseite gelegt, wenn *picking winners* sichtbare Erfolge aufweisen könnte. Es gibt inzwischen aber ausreichende ökonomische Argumente, die sich gegen eine solche Politik des Staates anführen lassen (vgl. Seabright 2005). Zwar scheinen nach empirischen Untersuchungen Politiker nicht einmal so viel schlechter als der Markt bei der Auswahl der Projekte abzuschneiden. Demgegenüber schneidet der Markt aber eindeutig besser ab, wenn es gilt, erfolglose Projekte rasch zu beenden. Der Staat vergeudet besonders knappe Ressourcen für hochriskante Investitionen durch seinen Starrsinn, Recht behalten zu wollen. Private Investoren, die ihr eigenes Geld riskieren, reagieren entschlossener als öffentliche Investoren, die politisch Verantwortung ablegen müssen.

Auch hier gibt es allerdings Ausnahmen. Und mit Airbus haben wir bereits einen Anwärter auf den Titel „Euro-Champion" kennen gelernt. Genauere Untersuchungen (Neven/Seabright 1995; Sutton 1998) machen jedoch deutlich, dass die Luftfahrtindustrie ganz besondere Eigenschaften (extrem hoher Fixkostenanteil, fallende variable Durchschnittskosten, relativ wenig differenzierte Produkte) aufweisen, die sie eben zu einem Ausnahmefall machen.

Wenn es in der modernen Ökonomie den bei Adam Smith und Karl Marx so beliebten Begriff der unproduktiven Arbeit noch gäbe, dann wäre er hier auf die Aktivität des *rent seeking* anzuwenden. Das politisch-ökonomische Problem jeder Wirtschaftspolitik, insbesondere der Industriepolitik, liegt darin, dass die Regierungen in Berlin, Rom oder Tallin, aber auch in Brüssel einem erheblichen Druck von seiten einzelner Interessenvertreter oder Lobbies ausgesetzt sind. Bei den jeweiligen Entscheidungen bleibt häufig unklar, ob sie Partikularinteressen dienen oder dem allgemeinen Wohl.

Die Aktivitäten der Interessenvertreter richten sich vor allem an die Regierungen der einzelnen Mitgliedstaaten. Denn deren Subventionspolitik lässt substantielle Beihilfen erwarten. Machten die Beihilfen aber in der Periode 1981–86 im Durchschnitt der EU-12 noch 3 % des BIP aus, so ist der Prozentsatz für die EU-15 bis zur Periode 1998–2000 auf knapp über 1 % gesunken (Curzon Price 2004: 222). Danach sind sie noch weiter bis auf rund 0,6 %gesunken. Die Eindämmung staatlicher Beihilfen durch die Gemeinschaft ist also erfolgreich gewesen. Die Rettungsaktionen im Zusammenhang mit der

Finanzmarktkrise 2008-10 haben die Zahlen jedoch wieder sprunghaft ansteigen lassen.

8.3.2 Europäische Industriepolitik: Viel Lärm um nichts?

Was kann die Gemeinschaft nun konkret tun? Eigentlich recht wenig. Und das sehen wir auch, wenn wir uns die entsprechenden Verlautbarungen der Kommission näher anschauen. Zwei davon seien hier besonders erwähnt, das so genannte Bangemann-Papier, d.h. die industriepolitischen Vorstellungen der Gemeinschaft, die die Einführung des Binnenmarkts begleiteten (EG 1990), und der so genannte Lissabon-Prozess, der eine Strategie für das erste Jahrzehnt des 21. Jahrhunderts formulierte. Wenn das Bangemann-Papier feststellt: „Das Programm zur Vollendung des Binnenmarkts schafft einen ‚Heimmarkt' von beträchtlicher Größe und Qualität. Es kann deshalb als eine industriepolitische Maßnahme par excellence betrachtet werden" (EG 1990: 16), dann werden damit zwei Tatsachen angesprochen:

- *erstens* die zweifellos richtige Überlegung, dass jede Vertiefung und Vergrößerung des gemeinsamen Marktes die internationale Wettbewerbsfähigkeit der auf diesem Markt erfolgreich operierenden Unternehmen stärkt, und
- *zweitens* – eher implizit – die beschränkten industriepolitischen Handlungsspielräume der Gemeinschaft.

Das Positionspapier der Kommission hat dazu geführt, dass der Maastricht-Vertrag um einen Artikel erweitert wurde, der eine Rechtsgrundlage für Industriepolitik schafft – Art. 157 EGV (heute Art. 173 AEUV). Als Ziele werden dabei genannt:

- Anpassung der Industrie an strukturelle Änderungen,
- Förderung des Unternehmensumfelds, insbesondere für kleine und mittlere Unternehmen,
- Förderung eines Umfelds, das die Zusammenarbeit zwischen den Unternehmen stärkt,
- Förderung des Potentials in den Bereichen Innovation, Forschung und Entwicklung.

Die Formulierungen sind betont zurückhaltend gefasst, und um jeglichen Missverstand auszuräumen, heißt es am Ende von Art. 173 AEUV:

> „Dieser Titel bietet keine Grundlage dafür, dass die Gemeinschaft irgendeine Maßnahme einführt, die zu Wettbewerbsverzerrungen führen könnte."

Das beruhigt allerdings weniger, als es den Verdacht derer weckt, die hinter Industriepolitik prozesspolitische Interventionen vermuten, welche sie grundsätzlich als wettbewerbswidrig ansehen. Und der Verdacht wurde nicht gerade dadurch zerstreut, dass man das in Maastricht vorgesehene Einstimmigkeitsprinzip bei Beschlüssen nach Art. 157 EGV in Nizza in ein Mehrheitsvotum abänderte.

Die Ratstagung 2000 in Lissabon hat den so genannten Lissabon-Prozess auf den Weg gebracht, eine Strategie der Gemeinschaft mit dem Ziel, die

Union bis 2010 zum wettbewerbsfähigsten und dynamischsten wissensbasierten Wirtschaftsraum der Welt zu machen. Der Ansatz ist typisch für die gemeinschaftliche Industriepolitik, denn er sieht nicht konkrete industriepolitische Maßnahmen vor, sondern eine umfassende Weiterentwicklung der Ordnungs-, Wirtschafts-, Sozial-, Bildungs- und Umweltpolitik. Entsprechend vage bleiben die konkreten Festlegungen. Doch schaut man sich die Handlungsfelder im einzelnen an, die hier einer strategischen Planung unterworfen werden, dann zeigt sich, dass vor allem die Marktintegration weiter vorangetrieben werden soll. Auch wenn die Ziele und das Vokabular typisch für Prozesspolitik sein mögen (Vollbeschäftigung und Wettbewerbsfähigkeit einzelner Sektoren), der Kern der Strategie ist Ordnungspolitik. Zentrale Handlungsfelder des Lissabon-Prozesses sind:

- Ein vollständig integrierter und liberalisierter Telekommunikationsmarkt,
- Schaffung eines europäischen Forschungsraums,
- ein ordnungspolitisches Klima, das für Investitionen, Innovation und unternehmerische Initiative förderlich ist,
- weitere Vertiefung des Binnenmarkts,
- effiziente und integrierte Finanzmärkte,
- Förderung der sozialen Integration in der Beschäftigungs- und Bildungspolitik, sowie der Gesundheits- und Wohnungspolitik.

Ein Schlüsselproblem jeder Wirtschaftspolitik, ganz sicher aber der Entwicklungs- und Forschungspolitik, ist das Kenntnisproblem: Woher weiß die politische Instanz, welche Forschungsrichtungen erfolgversprechend sind im Sinne einer verstärkten internationalen Wettbewerbsfähigkeit? Ganz einfach: Sie weiß es nicht oder, wie Hayek sagt, sie maßt sich Wissen an. Diesen Wissensmangel versucht die Kommission durch den „Team-Ansatz" (Starbatty/ Vetterlein 1998: 676) zu beheben. An einem „Runden Tisch" berät sie mit den größten Industrieunternehmen der Gemeinschaft über die erforderlichen Maßnahmen. So werden dezentrales Wissen und zentraler Überblick zusammengeführt. Das ist die positive Seite der Geschichte. Die negative besteht darin, dass ein solcher „Runder Tisch" nichts anderes ist als ein institutionalisierter *rent seeking* Prozess: Die voraussichtlich größten Nutznießer der Forschungspolitik sind in den Entscheidungsprozess eingebunden. Das Dilemma lässt sich nicht auflösen. Beide Seiten sind praktisch untrennbar miteinander verbunden. Eine Forschungspolitik, die nicht unmittelbar an der Praxis ansetzt, ist zum Scheitern verurteilt.

Box 8.6: Prozessplanung – ein neues wirtschaftspolitisches Instrument der Gemeinschaft?

Ein neuer Begriff im Brüsseler Jargon ist der „Prozess": Barcelona-Prozess (1995: die Mittelmeerintiative), Luxemburg-Prozess (1997: eine koordinierte Beschäftigungsstrategie), Cardiff-Prozess (1998: eine strukturelle Reform und Modernisierung der Güter-, Dienstleistungs- und Kapitalmärkte), Köln-Prozess (1999: Koordinierung der makroökonomischen Wirtschaftspolitik), Bologna-Prozess (1999: Harmonisierung im Hochschulbereich), Lissabon-Prozess (2000: Integration dieser Ansätze mit den Zielen der Vollbeschäftigung und der internationalen

Wettbewerbsfähigkeit). Diese „Prozesse" werden auch „Strategie" genannt, was ihren Planungscharakter deutlicher hervortreten lässt. Dahinter verbergen sich längerfristige Programme zur Steigerung der Wettbewerbsfähigkeit, der Bildungspolitik, der sozialen Integration, der Beschäftigungspolitik usw., genannt nach den Orten, wo sie verabschiedet wurden. Doch stellt sich die Frage, ob wir es da mit einer substantiellen Neuerung in der gemeinschaftlichen Wirtschafts- und Sozialpolitik zu tun haben oder mit des Kaisers neuen Kleidern.

Ein solcher „Prozess" formuliert ein längerfristiges Ziel, zum Beispiel das Ziel, die Union innerhalb von 10 Jahren zum wettbewerbsfähigsten und dynamischsten wissensbasierten Wirtschaftsraum der Welt zu machen. Zur Erreichung des Ziels wird eine Strategie festgelegt, d.h. es werden die Hauptansatzpunkte für die Politik bestimmt, z.B.:

- der Übergang zu einer wissensbasierten Wirtschaft und Gesellschaft,
- das europäische Gesellschaftsmodell zu modernisieren,
- ein dafür geeigneter makro-ökonomischer Policy-mix.

Und dann wäre die Umsetzung der Strategie zu konkretisieren. Hier jedoch bleibt der Rat relativ vage. Aus gutem Grund. Denn im Einklang mit dem Subsidiaritätsprinzip soll völlig dezentral vorgegangen werden. Das lässt sich auch anders formulieren: Die notwendigen Maßnahmen liegen mehrheitlich nicht in der Kompetenz der Gemeinschaft. Die Rolle der Gemeinschaft ist die des Koordinators (vgl. Kap. 3), der Leitlinien festlegt, gegebenenfalls quantitative oder qualitative Indikatoren formuliert, und der die Umsetzung dieser Leitlinien durch die nationale Politik überwacht. Erst wenn sich hierbei Defizite zeigen, kann der Rat mit qualifizierter Mehrheit länderspezifische Empfehlungen machen.

Die so genannte „offene Methode der Koordinierung" (vgl. hierzu auch Kap. 9) trägt wesentliche Züge der indikativen Planung, wie sie vor allem in den ersten Nachkriegsjahrzehnten in Frankreich praktiziert wurde. Indikative Planung beruht auf Information und Konsensbildung. Auch hier galt: Für direktive Planung fehlte dem Staat die notwendige Kompetenz. Es wäre falsch zu glauben, dass das Fehlen planerischer Autorität die indikative Planung zu einer Sonntagvormittagsveranstaltung verdamme. Die Umgestaltung der Hochschulstudiengänge in ganz Europa nach dem Bachelor-Master-Modell, wie sie der Bologna-Prozess vereinbart hat, belehrt uns eines besseren. Solange Konsens darüber besteht, dass die Strategie sinnvoll ist, wird sie auch dezentral umgesetzt.

Die einzelnen Prozessplanungen mögen ihre hochgesteckten Ziele nicht immer erreichen – in vielen Fällen fehlt ihnen dafür einfach das geeignete Instrumentarium nicht nur auf der Gemeinschaftsebene, sondern auch auf der nationalen Ebene. Ziel der Luxemburg- und Lissabon-Strategie z.B. ist Vollbeschäftigung. Die lässt sich in einer Marktwirtschaft nicht planen. Im besten Fall können günstige Rahmenbedingungen dafür geschaffen werden. Aber die auf Konsultation und Konsens gegründeten Prozessplanungen der Gemeinschaft geben der nationalen Wirtschafts-, Sozial- und Bildungspolitik in vielen Aspekten eine Richtung und *benchmarks* für Handlungsalternativen. Inwieweit die politischen Prozesse dadurch optimiert werden, bleibe dahingestellt. „Even if these measures prove insufficient, nevertheless, they will furnish us with better knowledge than we have now for taking the next step", so vermutete schon Keynes (1972: 292), ein früher Advokat indikativer Planung, in seinem Aufsatz *The End of Laissez-faire* von 1926.

Nach Ablauf der Planungsperiode für den Lissabon-Prozess muss man feststellen: Die hochgesteckten Ziele wurden mit Sicherheit auch nicht annähernd erfüllt. Die Dynamik der europäischen Wirtschaft hinkt nach wie vor hinter dem Rest der Welt her. Im Vergleich zu den USA, dem *benchmark* von Lissabon, schließt sich die europäische Wachstumslücke nicht. Was im Bereich der Beschäftigung gewonnen wird – und da weist die europäische Beschäftigungsquote durchaus eine steigende Tendenz auf –, geht im Bereich der Produktivität wieder verloren. Vor allem die großen Länder Deutschland, Frankreich, Großbritannien und Italien machen ihre Wirtschafts- und Reformpolitik ohne einen spürbaren Bezug auf die Lissabon-Strategie. Allerdings hat eine im ersten Jahrzehnt des neuen Jahrhunderts auseinander driftende Wettbewerbsfähigkeit innerhalb Europas (mit entsprechenden Folgen für die Leistungsbilanz) die nationalen Regierungen wach gerüttelt. Noch stärker war aber der Schock der Finanzmarktkrise 2007–08 mit der anschließenden Rezession 2009 und der Schuldenkrise 2010–12. Diese Ereignisfolge zog erst einmal alle Aufmerksamkeit auf sich. Der in seinem ersten Jahrzehnt gescheiterte Lissabon-Prozess wurde mit der Strategie Europa 2020 (Europäische Kommission 2010) wieder aufgenommen und fortgeschrieben. Ihre Ziele sind etwas tiefer gehängt und richten sich in den Bereichen Forschung und Entwicklung, Bildung, Energie und Klimawandel, Beschäftigung und Armutsbekämpfung auf ein intelligentes, nachhaltiges und integratives Wachstum.

Hier ist nicht der Ort, eine Wirkungsanalyse der Forschungsförderung oder generell der Industriepolitik anzustellen. Bedenken gegen staatliche Wirtschaftspolitik in diesen Bereichen kommen von zwei Seiten. Zum einen sind es ordnungstheoretische Einwände: die Gefahr einer Wettbewerbsverzerrung. Zum anderen sind es wohlfahrtstheoretische Einwände: die Gefahr eines Missverhältnisses zwischen Kosten und Nutzen der Maßnahmen. Beide Einwände sind sehr ernst zu nehmen und erfordern eine ständige Überprüfung der Wirtschaftspolitik. Wir haben gesehen, dass die Industriepolitik der Gemeinschaft immer mehr den Charakter einer angebotsorientierten Ordnungspolitik angenommen hat. Kosten-Nutzen Analysen vor allem der budgetintensiven Forschungspolitik sind ein schwieriges Feld. Grundsätzlich ist festzuhalten, dass Forschung, je weiter sie von der unmittelbaren Prozess- und Produktinnovation entfernt ist, umso mehr den Charakter eines öffentlichen Gutes annimmt. Daraus folgt ein Argument für ihre öffentliche Finanzierung. Aufwendige Grundlagenforschung, wie z.B. die Kernfusion, erfordert ein Poolen der Mittel und eine Koordination oberhalb der nationalen Ebene. Damit kommt der Gemeinschaft in diesem Bereich eine wichtige Funktion zu.

8.4 Transportpolitik – wenn es denn unbedingt sein muss

Transportpolitik ist eine der ältesten Varianten protektionistischer Wirtschaftspolitik. Der Streit um die Freiheit der Meere datiert aus dem frühen 17. Jahrhundert, wobei der berühmteste Jurist der damaligen Zeit, Huigh de Groot (Hugo Grotius, 1583–1645), je nach Auftraggeber naturrechtliche Begründungen für ein *mare liberum* und ein *mare clausum* fand. 1651 erließ das englische Parlament die erste Navigationsakte, der in kurzen Abständen weitere ähnlich lautende Gesetze folgten. Darin wurde festgelegt, dass der Handel mit England und den englischen Kolonien nur auf in England gebauten Schiffen, unter einem englischen Kapitän und mit einer mindestens zu drei Vierteln englischen Mannschaft ausgeführt werden dürfe (bei bestimmten Massengütern waren Schiffe der Produktionsländer erlaubt). Hier haben wir es mit einer typischen *infant industry* Maßnahme zu tun: Die führende Seemacht, der wichtigste Transporteur und der größte Umschlagplatz waren zur damaligen Zeit die Niederlande. Sie wurden auf diese Weise eines Großteils ihres Geschäftes beraubt, während der englische Schiffbau und die Handelsflotte sich unter dem Schutz dieser Maßnahme entwickeln konnten. Das löste den ersten Anglo-Niederländischen Krieg (1652–1654) aus, den die Engländer gewannen. Sie holten binnen kürzester Zeit den holländischen Vorsprung in der Schiffbautechnik und im Seefahrtswesen ein und verdrängten die Niederländer von der Vorherrschaft auf den Weltmeeren und von vielen lukrativen Transportrouten, so dass es bald hieß: *Britannia rules the waves*. Es ist bezeichnend, dass Adam Smith, ein großer Verfechter des Freihandelsprinzips und ein scharfer Kritiker des Merkantilismus, diese merkantilistische Politik uneingeschränkt verteidigt hat: „the act of navigation is, perhaps, the wisest of all the commercial regulations of England" (Smith 1776/1976: 465).

Box 8.7: Kabotage oder die Freiheit der Luft, der Straßen und der Meere

Kabotage (vom französischen *cabotage* – Küstenschifffahrt) ist ein Begriff aus dem Seetransportwesen und bezeichnet das Recht, Transportdienstleistungen zwischen den Häfen eines Hoheitsgebietes anzubieten. Inzwischen wendet man den Begriff aber allgemein auf das gesamte Transportwesen an. Typisch für die aus dem Merkantilismus stammende Wirtschaftspolitik der modernen Nationalstaaten ist der Kabotage-Vorbehalt: Die Küstenschifffahrt wird der eigenen Flagge vorbehalten, der Binnentransportverkehr den heimischen Spediteuren, der Binnenland-Luftverkehr den nationalen Fluggesellschaften. Dann bleibt nur noch der grenzüberschreitende Transportverkehr zu regeln. Hier greift man in der Regel auf bilaterale zwischenstaatliche Abkommen zurück, in denen Kontingente und Tarife festgelegt werden. Dabei können gleichzeitig auch gewisse Kabotage-Kontingente gewährt werden.

Die ökonomischen Probleme des Kabotage-Vorbehalts und der Kontingentierungen liegen auf der Hand. Der internationale Wettbewerb wird ausgeschlossen, wodurch die Transportkosten unnötig hoch sind und der Zwang zur Effizienz-

---

steigerung sich abschwächt. Verfechter des Vorbehalts haben immer darauf hingewiesen, dass nur so die Einhaltung von Sozial- und Sicherheitsvorschriften garantiert werden könne, während in einem liberalisierten Transportmarkt entweder unfairer Wettbewerb herrsche oder das berühmte *race to the bottom* einsetze, eben das Unterlaufen der Sozial- und Sicherheitsstandards. Ein spezifisches Problem des Kabotage-Vorbehalts und der Kontingentierungen ist das Problem der Leer-Rückfahrten: Bei grenzüberschreitenden Lieferungen müssen die Spediteure häufig ohne Fracht zurückfahren. Hier wird argumentiert, dass die Grenzkosten einer Frachtdienstleistung auf der (sowieso notwendigen) Rückfahrt besonders niedrig liegen und der Wettbewerb deshalb ohne Tarifregulierung verfälscht würde.

Für die Europäische Gemeinschaft stellt sich nun die Frage, ob sie als einheitliches Hoheitsgebiet betrachtet werden und die Kabotage sich folglich auf das gesamte Territorium der Gemeinschaft erstrecken müsse. Nichts anderes liegt dem Konzept des gemeinsamen Marktes zugrunde, und daraus folgt notwendigerweise der politische Auftrag, die Kabotage-Vorbehalte abzubauen und den Transportmarkt zu liberalisieren.

Das Schienennetz und zumeist auch die Bahngesellschaften waren lange Zeit staatliche Monopole. Jedes sich selbst respektierende Land unterhielt bis vor kurzem eine nationale Fluggesellschaft, oder zumindest eine Fluggesellschaft mit starker staatlicher Beteiligung. Die Flughäfen und die Seehäfen, die Straßen, schiffbaren Flüsse und Kanäle, kurz die gesamte Verkehrsinfrastruktur ist ohne staatliche Investitionen kaum denkbar. Folglich war die Verkehrs- und Transportpolitik traditionell ein bevorzugtes Terrain für nationale Wirtschaftspolitik. Und dass man die Entwicklung dieses Sektors nicht einfach dem Markt überlassen könne, war dann eine Selbstverständlichkeit. Zu deutlich treten hier öffentliche Güter, Skalenerträge, positive und negative externe Effekte auf. Erst in allerjüngster Zeit wurde auch dieser Sektor teilweise liberalisiert und stärkerem Wettbewerb unterworfen – nicht zuletzt dank der Verkehrs- und Transportpolitik der Gemeinschaft. Auch früher hatte es bereits Liberalisierungstendenzen gegeben. Davon zeugt die Mannheimer Akte von 1868, die die Schifffahrt auf dem Rhein und seinen Nebenflüssen den Spediteuren aus allen Anrainerstaaten öffnete. Doch das blieb eine Ausnahme.

Da der Transportsektor in den 1950er Jahren ein hochregulierter Sektor war und da die Integration der Wirtschaftsräume wesentlich von der Integration der Verkehrsinfrastruktur und der Transportmärkte abhängt – schließlich sind die Transportkosten ein wesentlicher handelshemmender Faktor –, war den Verfassern des EWG-Vertrages klar, dass ein gemeinsamer Markt eine gemeinsame Transportpolitik voraussetze. Sie fand im Zielkatalog (Art. 3 EWG) und im zweiten Teil „Grundlagen der Gemeinschaft" als notwendige Ergänzung zum Binnenmarkt neben der Landwirtschaftspolitik Erwähnung. Doch während die Aufforderung für eine gemeinsame Landwirtschaftspolitik nach 1958 rasch zu konkreten Maßnahmen führte, sahen sich die

EWG-Mitgliedstaaten nicht gedrängt, die Aufforderung für eine gemeinsame Transportpolitik in die Tat umzusetzen.

Die Kommission hat sich mit Vorschlägen für die Verwirklichung der gemeinsamen Transportpolitik redlich bemüht, fand im Rat jedoch nie eine Mehrheit. Der Unterschied zur gemeinsamen Agrarpolitik ist offensichtlich. Dort ging es vor allem darum, die Gemeinschaft gegenüber dem Wettbewerb des Weltmarkts durch Zölle abzuschirmen und das Einkommen der Bauern durch Preis- und Mengenregulierungen auf Kosten der Konsumenten sicherzustellen. Darauf hatte man sich im Prinzip bereits bei Abschluss des EWG-Vertrages geeinigt. Eine gemeinsame Transportpolitik musste zum Ziel haben, eine einheitliche Marktordnung zu schaffen und die Wirtschaftsräume zu integrieren, wobei Schutz vor der Konkurrenz von außerhalb der Gemeinschaft nur eine untergeordnete Rolle spielte. Die einheitliche Marktordnung musste vielmehr den Wettbewerb innerhalb der Gemeinschaft stimulieren, und genau das fürchteten einzelne Mitgliedstaaten. Zwei Wege führen zu einer einheitlichen Marktordnung: Harmonisierung oder Liberalisierung. Der Streit darüber, welcher von beiden der Königsweg sei, hielt den Rat über Jahrzehnte davon ab, auf die Vorschläge der Kommission einzugehen.

Länder, die in den staatlichen Unternehmungen und Regulierungen des Transportsektors quasi naturnotwendige Eingriffe sahen, um ihr Territorium infrastrukturell zu erschließen und fairen Wettbewerb sicherzustellen, plädierten für eine europaweite Harmonisierung der Produkt- und Sozialvorschriften, der Steuern und der Quoten- und Tarifregelungen. Dazu zählten vor allem Frankreich und Deutschland. Demgegenüber waren die Niederlande und Belgien stärker marktorientiert und sahen in Transportdienstleistungen eine normale wirtschaftliche Aktivität, die der Markt bei Einhaltung minimaler Vorschriften effizient koordiniert. Sie setzten sich dafür ein, den Sektor erst einmal zu liberalisieren, wodurch nicht nur die räumliche Integration vorangetrieben werden würde, sondern unter dem Zwang des verstärkten Wettbewerbs würde auch die Harmonisierung der verbleibenden Regulierungen leichter fallen. Der Beitritt neuer Mitgliedländer (Großbritannien und Dänemark) und ein allmählich sich wandelndes ordnungspolitisches Klima verschoben im Laufe der 1980er und 1990er Jahre die Gewichte zugunsten der zweiten, marktorientierten Auffassung.

Der Europäische Gerichtshof hatte einen entscheidenden Anteil am Stilwandel in der Transportpolitik. In einer Entscheidung vom 22. 5. 1985 gab er einer Klage des Europäischen Parlaments gegen den Rat der Gemeinschaft statt. Das Parlament hatte von seinem Recht Gebrauch gemacht, den Rat vor den EuGH zu zitieren, wenn dieser den Vorschriften der Verträge nicht nachkomme. Und genau das war ja in der Transportpolitik passiert. Eine Untätigkeitsklage also, der sich die Kommission, die Niederlande und Belgien angeschlossen hatten. So kam der EuGH zu der Entscheidung, dass die Dienstleistungsfreiheit auch im Transports- und Verkehrsbereich durchzusetzen sei. Das war einer der Anlässe für die Initiative, den Binnenmarkt bis 1993 zu realisieren, was bekanntlich seinen Niederschlag in der Einheitlichen Europäischen Akte fand. Die Liberalisierung der einzelnen Teilbereiche des Transportsektors schreitet seitdem langsam voran. Zusammen mit der ebenfalls schrittweise vorangehenden Privatisierung der zahlreichen staatlichen Monopolunternehmen hat sie jedoch die Organisation des Sektors im Laufe der Zeit grundlegend geändert.

Nachdem die ordnungspolitischen Weichen inzwischen so gestellt sind, dass die Liberalisierung unumkehrbar erscheint, gewinnen die substantiellen Probleme des Sektors mehr an Gewicht, und die sind nicht gering. Nach dem ersten Weissbuch von 1992 hat die Kommission 2001 ein zweites Weissbuch veröffentlich, das die Ziele der Politik bis zum Jahr 2010 formuliert (Europäische Kommission 2001). Mit der Liberalisierung wird der Verkehrssektor allerdings nicht einfach dem Markt überlassen. „Kontrollierter (oder nach der englischen Fassung: regulierter) Wettbewerb" ist das ordnungspolitische Stichwort des Weissbuchs. Das heißt, die Kommission sieht einen Bedarf für aktive Wirtschaftspolitik in diesem Sektor. Da ihr Handlungsspielraum, insbesondere ihr finanzieller Handlungsspielraum, äußerst beschränkt ist, bleibt ihr als Instrument wiederum vor allem die indikative Prozessplanung im Einvernehmen mit den Mitgliedstaaten. Das Programm wurde 2011 in einem neuen Weissbuch fortgeschrieben (Europäische Kommission 2011) und stärker auf allgemeine wirtschafts- und umweltpolitische Ziele ausgerichtet. Internationale Wettbewerbsfähigkeit und Schonung der natürlichen Ressourcen sind die leitenden Stichworte ganz im Einklang mit der Strategie Europa 2020.

Schließlich sei noch erwähnt, dass die Gemeinschaft Kompetenzen in der Infrastrukturpolitik hat. Sie wurden ihr in Maastricht im Titel „Transeuropäische Netze" (heute Art. 170–172 AEUV) zugewiesen. Sie beziehen sich auf die Verkehrs-, Telekommunikations- und Energie-Infrastruktur, womit deutlich wird, dass die Gemeinschaft neben der Verkehrspolitik auch eine Telekommunikations- und Energiepolitik führt, auf die wir hier aber nicht näher eingehen (siehe dazu Knieps 1998; Martin/El-Agraa 2011). Die Begründung für diese Kompetenzen folgt aus dem Subsidiaritätsprinzip. Es geht darum, die Infrastrukturnetze der einzelnen Mitgliedländer miteinander zu verbinden, zentrale Stränge gemeinschaftlich zu planen, die technischen Normen, aber auch die sozialen Bestimmungen zu harmonisieren, um die Anschlussfähigkeit sicherzustellen, sowie darum, entlegene periphere Gebiete der Gemeinschaft im Rahmen der Kohäsionspolitik (vgl. Kap. 9) an das Zentrum anzubinden. Durch die Osterweiterung sind der Infrastrukturpolitik umfangreiche neue Aufgaben zugewachsen. Denn hier handelt es sich um infrastrukturell schwach entwickelte Regionen, die zum Teil auch noch weit entfernt vom Zentrum der europäischen Wirtschaftstätigkeit liegen.

Die Union identifiziert im Rahmen der Transeuropäischen Transportnetze die wichtigsten Straßen-, Schienen- und Binnen-Wasserstraßennetze und die wichtigsten See- und Lufthäfen. Im Schienenverkehr z.B. werden die Hochgeschwindigkeitsstrecken so geplant, dass sie einander ergänzen. Nur ist deutlich, dass die Hauptlast der Planung und Ausführung und natürlich auch der Finanzierung bei den nationalen Regierungen liegt. Was Brüssel dabei bieten kann, ist ein Forum für multilaterale Koordination und in sehr beschränktem

Maß finanzielle Zuschüsse. In den Bereich der Infrastrukturpolitik fällt auch die Vereinheitlichung und Rationalisierung der Luftverkehrskontrolle, die bislang hochgradig fragmentiert ist. Damit verbunden ist eine Aufgabe nationaler Souveränitätsrechte. Hier wird noch einmal die säkulare Tendenz der Integration deutlich: Ein gemeinsamer Markt erfordert einen einheitlichen Wirtschaftsraum, der nach dem Subsidiaritätsprinzip nur durch Übertragung bestimmter dezentraler Kompetenzen an die Union zu schaffen ist. Die Interdependenz der einzelnen Politikfelder macht integrale Ansätze notwendig. Daraus folgt allerdings nicht ein Zwang zur politischen Union.

8.5 Auch die Umwelt ist ein Gemeinschaftsziel

8.5.1 Umweltpolitik zwischen Markt und Regulierung

Produktion und Konsum finden nicht einem luftleeren Raum statt, sondern in einer konkreten Umgebung. Sie greifen quasi selbstverständlich in natürliche Ökosysteme ein und verändern damit diese Umgebung. Vielen Menschen bereiten die Eingriffe Sorgen, und sie plädieren deshalb für eine Umweltpolitik, die auf die Wahrung der natürlichen Ökosysteme gerichtet ist. Dieser Ansatz ist legitim, er hat aber unmittelbar nichts mit Wirtschaftspolitik und mit dem europäischen Binnenmarkt zu tun. Wäre dieser – in einem gewissen Sinne fundamentalistische – Ansatz ausschließlich bestimmend für die europäische Umweltpolitik, dann müsste er unabhängig von der Realisierung der Grundfreiheiten und den sonstigen Zielen der wirtschaftlichen Integration diskutiert werden.

Es gibt aber auch einen zweiten Ansatz für die Umweltpolitik, der in der ökonomischen Wohlfahrtstheorie gründet. Produktion und Konsum finden in einem Wettbewerbssystem so lange ihren optimalen Umfang, wie die damit tätigen Individuen alle Kosten und Nutzen in ihre Kalkulation einbeziehen. Das ist nicht immer möglich: Treten Externalitäten auf, dann weichen die individuell wahrgenommenen und in die Wirtschaftsrechnung einbezogenen privaten Kosten und Nutzen systematisch von den sozialen Kosten und Nutzen ab.

Das Lehrbuchbeispiel ist die Umweltverschmutzung. Wenn Elsässer Kaligruben den Rhein verschmutzen, dann muss die Stadt Köln, die ihr Trinkwasser aus dem Fluss bezieht, dieses aufwendig reinigen. Hätte die Stadt Köln ein Recht auf sauberes Wasser, dann könnte sie die Elsässer Kaliproduktion untersagen. Hätten die Kaligruben ein uneingeschränktes Verschmutzungsrecht, dann würden sie ohne Rücksicht auf die Stadt Köln produzieren. In beiden Fällen ist der Produktionsumfang der Gruben suboptimal. Wir sehen: Das Problem sind nicht das natürliche Ökosystem Rhein und seine Lachse, sondern die Anrainer, die sich entsprechend ihren Eigentumsrechten wechselseitig externe Effekte verursachen. Wie wir spätestens seit Ronald Coase (1960) wissen, findet der Markt hier keine adäquate Lösung, wenn die Eigentumsrechte zwischen den Anrainern nicht eindeutig definiert sind (Verschmutzungs- oder Abwehrrecht) oder wenn die Transaktionskosten einer Verhandlung zwischen den betroffenen Parteien zu hoch sind. In diesem Fall wird eine staatliche Umweltpolitik erforderlich, die Fehlallokationen korrigiert.

Der staatlichen Umweltpolitik stehen unterschiedliche Instrumente zur Verfügung (Faure/Skogh 2003). Das traditionelle und bei der Europäischen Union und ihren Mitgliedstaaten trotz aller Reformen immer noch sehr beliebte Instrument ist der Umweltstandard. Dabei kann es sich um Produktionsstandards handeln, wobei der Gesetzgeber den Produzenten vorschreibt, welche Schadstoffmenge durch die entsprechenden Produktionsanlagen maximal emittiert werden darf, welche Lärmemission maximal zulässig ist, welche Sicherheitsvorkehrungen die Produktionsanlagen mindestens vorweisen müssen u.a.m. Es kann sich aber auch um Produktstandards handeln, wie beispielsweise maximal zulässige Autoabgase oder das Verbot bestimmter gesundheitsschädlicher Materialien (Asbest).

Diese traditionellen Instrumente stoßen bei Ökonomen auf Kritik. Die meisten Ökonomen bevorzugen eine pretiale Lenkung durch Steuern („Ökosteuern", „Pigou-Steuern") gegenüber Standards, die ja letztlich Mengen festlegen. Tatsächlich lassen sich durch eine geeignete Steuer alle mit Umweltstandards verbundenen Probleme lösen. Besteuert man Produzenten sowie Nutzer von Wirtschaftsgütern entsprechend dem Schaden, den ihre Aktivitäten der Umwelt zufügen, so werden alle Externalitäten vollständig internalisiert, und die Akteure haben einen Anreiz, nach geeigneten Wegen zu suchen, die Umweltbelastung zu verringern. Abgesehen von dem generellen Problem der korrekten Schadensbewertung besteht für die EU das spezielle Problem dieser Lösung darin, dass sie nicht über Steuerhoheit verfügt und Steuerfragen nach dem Einstimmigkeitsprinzip entschieden werden.

Box 8.8: Energiesteuern und Wettbewerbsverzerrung

1990 gab es in der Europäischen Gemeinschaft den Vorschlag, zur Drosselung des Energieverbrauchs eine Energiesteuer einzuführen. Um den Verdacht einer rein fiskalischen Maßnahme zu zerstreuen, wurde von Anfang an die Verwendung der Steuereinnahmen zur Senkung der Lohnnebenkosten angeregt. Steuerpolitische Entscheidungen der Gemeinschaft bedürfen der Einstimmigkeit. Der Vorschlag konnte sich nicht durchsetzen. Allerdings hat einige Jahre später die Bundesregierung eine Energiesteuer eingeführt und zwar mit dem gleichen beschäftigungspolitischen Nebenmotiv.

Soweit die Energiesteuer nur dazu führt, dass die Konsumenten höhere Preise für Benzin, Heizöl, Gas und Strom bezahlen, scheint das zunächst eine rein innerdeutsche Angelegenheit zu sein. Doch eine nationale Energiesteuer verzerrt die Wettbewerbsposition der energieintensiven einheimischen Produzenten auf dem internationalen Markt. Ihr Ruf nach Ausnahmeregelungen lässt dann auch nicht lange auf sich warten. Dem kann sich der Staat nur schwer verschließen. Denn vom Gesichtspunkt des Klimaschutzes ist es belanglos, ob eine Aluminiumhütte bei Hamburg oder bei Danzig steht. Und so zahlt der Konsument brav Energiesteuern, während die größten Energieverbraucher davon ausgenommen werden. Eine europaweite Regelung wäre vorzuziehen.

Ein weiteres Instrument, das die meisten Ökonomen ebenfalls positiv bewerten, ist die Ausgabe von handelbaren Emissionsrechten. Hier werden – ähnlich wie beim Umweltstandard – mengenmäßige Beschränkungen für die Schadstoffemission definiert. Anders als beim Umweltstandard handelt es sich bei diesen Mengen allerdings um eine Ausgangsausstattung mit Rechten, die zwischen den Unternehmen gehandelt werden können. Dadurch besteht ein Anreiz, die Schadstoffemission unter die durch den ursprünglichen Standard definierten Höchstmengen zu senken, wenn nämlich die Erlöse aus dem Verkauf der Rechte höher sind als die Grenzvermeidungskosten, d.h. die Mehrkosten, die eine Schadstoffreduktion verursacht.

Es stellt sich nun die Frage, warum die EU eine gemeinsame Umweltpolitik benötige. Sollte man die Umweltpolitik nicht besser den einzelnen Mitgliedstaaten überlassen, als allen Mitgliedern einen einheitlichen europaweiten Standard aufzupfropfen?

Unterschiedliche Umweltbestimmungen sind mit unterschiedlichen Kosten verbunden, so dass Unterschiede in der nationalen Umweltpolitik zu Wettbewerbsverzerrungen auf dem europäischen Binnenmarkt führen können. Doch dieses Argument ist keineswegs so eindeutig, wie es auf den ersten Blick erscheinen mag. Nehmen wir an, es bestehen keine grenzüberschreitenden Umweltschäden und die Unterschiede in der Umweltpolitik der Mitgliedstaaten reflektieren die Präferenzen der Bevölkerung adäquat. In diesem Fall stellen unterschiedlich strenge Umweltvorschriften in den Mitgliedstaaten eine wichtige Information über die relative Knappheit der Ressource „intakte Umwelt" bereit, genau so wie unterschiedliche Bodenpreise in München und in der Uckermark Auskunft über die relative Knappheit des Faktors Boden an den beiden Standorten geben. Wenn in dünn besiedelten Regionen mit geringem Pro-Kopf-Einkommen der geldwerte Schaden einer Schadstoffimmission geringer ist als in dichter besiedelten Regionen mit hohem Pro-Kopf-Einkommen, dann sollten Unternehmen mit hoher Schadstoffemission auch durch unterschiedliche Umweltvorschriften veranlasst werden, dort zu produzieren, wo sie den geringsten Schaden anrichten. Das hat zunächst einmal nichts mit „Ökodumping" zu tun.

Ähnliche Argumente spielen auch bei der Instrumentwahl eine Rolle. Umweltstandards lassen sich als Qualitätsstandards oder als einheitliche Emissionsstandards definieren. Qualitätsstandards können auf Grund geographischer und klimatischer Unterschiede zu unterschiedlichen Kostenbelastungen führen. Dank der Wind- und Strömungsverhältnisse um die britischen Inseln erreichen die britischen Produzenten die gleiche Luft- und Wasserqualität mit erheblich höheren Emissionen, als dies auf dem Kontinent möglich ist. Es verwundert deshalb nicht, dass die Briten für Qualitätsstandards plädierten, wobei sie auf die legitime Nutzung absoluter und komparativer Kostenvorteile verwiesen. Das Argument wird in den neuen Mitgliedländern Ostmitteleuropas wieder aufgenommen. Sie sehen in hohen Umweltstandards Kostenbelastungen, die ihrem Entwicklungsniveau und ihren natürlichen Bedingungen nicht entsprechen und die ihren wirtschaftlichen Aufholprozess bremsen.

Etwas anders stellt sich das Problem bei umweltbezogenen Produktstandards dar, wie beispielsweise bei Regelungen der Kfz-Emissionen. Wie wir in Kap. 5 gesehen haben, behindern unterschiedliche Produktstandards den freizügigen Warenverkehr. Andererseits können unterschiedliche Produktstandards auch unterschiedliche Umweltpräferenzen der Bevölkerung reflektieren. Hier muss im Einzelfall abgewogen werden, welche Beschränkungen des freizügigen Warenverkehrs aus „zwingenden Gründen des Allgemeininteresses" gerechtfertigt sind. Der EuGH hatte sich mit mehreren Fällen auseinander zu setzen, in denen einzelne Mitgliedstaaten strengere Produktstandards als die gemeinschaftsweit gültigen Minimumstandards festgelegt hatten. Er erkannte dabei generell den Umweltschutz als zwingenden Grund des Allgemeininteresses zur Rechtfertigung von Beschränkungen des freien Warenverkehrs an, sofern die entsprechenden Nebenbedingungen (keine Diskriminierung, Grundsatz der Verhältnismäßigkeit) erfüllt sind (vgl. Nagel 2003: 236ff.).

Ein eindeutiges ökonomisches Argument für eine gemeinschaftsweite Umweltpolitik ist eigentlich nur bei grenzüberschreitenden Umweltbelastungen gegeben. Umweltbeeinträchtigungen machen nicht an nationalen Grenzen halt. Wenn nördlich der Alpen Singvögel geschützt sind und südlich der Alpen zum Verzehr freigegeben, dann bringt das den Artenschutz kaum voran. Wenn die britischen Industrie die Luft belastet, dann werden die Briten selbst dank der vorherrschenden Windrichtung wenig davon in Mitleidenschaft gezogen: Der saure Regen fällt im Schwarzwald. In diesem Fall hat der nationale Gesetzgeber zunächst einmal keinen Anreiz, die bei den Nachbarn anfallenden Umweltschäden zu berücksichtigen, und wird somit aus der Sicht der betroffenen Parteien eine zu laxe Umweltpolitik betreiben. Mögliche Lösungen sind Coasesche Verhandlungen zwischen den beteiligten Staaten (was allerdings klar definierte Eigentumsrechte und geringe Transaktionskosten voraussetzt) oder eben eine gemeinsame Umweltpolitik auf EU-Ebene.

8.5.2 Die Umweltpolitik der Gemeinschaft

Im EWG-Vertrag von 1957 fand die Umwelt noch keine Erwähnung. Der zweite Vertrag von Rom, der Euratom-Vertrag, konnte allerdings die Sicherheits- und Gesundheitsrisiken der Kernkraftnutzung nicht außer Acht lassen. Es dauerte bis zur Einheitlichen Europäischen Akte von 1986, ein Umweltkapitel (heute Art. 191–193 AEUV) in den dritten Teil des Vertrages über die Politiken der Gemeinschaft aufzunehmen. Der Vertrag von Maastricht (1992) hat einige wesentliche Umformulierungen und Ergänzungen vorgenommen sowie den Umweltschutz dem Zielkatalog (heute Art. 4 AEUV) zugefügt. In Amsterdam wurde schließlich 1997 der Umweltschutz unter die Unionsziele aufgenommen (heute Art. 3 EUV) und die Nachhaltigkeit der Wirtschaftsentwicklung als Querschnittsaufgabe definiert (heute Art. 11 AEUV). Die Umweltpolitik der Gemeinschaft setzt sich vier Ziele (Art. 191 AEUV):

- Erhaltung und Schutz der Umwelt,
- Schutz der menschlichen Gesundheit,
- Umsichtige und rationelle Verwendung der natürlichen Ressourcen,
- Internationale Kooperation in Umweltfragen.

Die Umweltpolitik der Europäischen Gemeinschaft wird aus beiden Quellen gespeist, der fundamentalistischen, die grundsätzlich auf die Wahrung der natürlichen Umwelt gerichtet ist, und der wohlfahrtstheoretischen, die externe Effekte zu internalisieren versucht. Die zur Erfüllung der Ziele vorzunehmenden Maßnahmen müssen unterschiedlichen Grundsätzen und Kriterien entsprechen:

- *Vorsorge und Vorbeugung:* Potentielle Umweltfolgen privater und öffentlicher Aktivitäten sind bereits in der Planungsphase zu berücksichtigen, um sie zu vermeiden.
- *Beseitigung:* Die Umweltbelastung ist an ihrer Quelle und so rasch wie möglich abzustellen bzw. zu minimieren.
- *Verursacherprinzip:* Während die Wohlfahrtstheorie keinen Verursacher kennt und die Kosten der Internalisierung von externen Effekten entsprechend der Verteilung der Eigentumsrechte zuweist, gilt nach diesem Prinzip grundsätzlich, dass der materielle Verursacher die Kosten trägt: *polluter pays*. Das impliziert auch, dass Subventionen zur Vermeidung von Umweltschäden grundsätzlich ausgeschlossen sind.
- *Inklusionsprinzip:* Umweltaspekte sind bei Entscheidungen über andere Gemeinschaftspolitiken zu berücksichtigen. Das gilt natürlich vor allem für die gemeinsame Agrarpolitik und die Verkehrspolitik.
- *Wissenschaftliche Fundierung:* Das Wissen um Umweltschädigungen unterliegt einer großen Informationsunsicherheit. Um die Verhältnismäßigkeit der Maßnahmen zu wahren, sind Risikoeinschätzungen, Analysen der Kosteneffektivität und des Kosten-Nutzen Verhältnisses erforderlich.
- *Risikoaversion:* Wegen der gegebenen Informationsunsicherheit und der häufigen Irreversibilität von Umweltschädigungen sind dabei nicht die nachgewiesenen Kosten und Nutzen zu berücksichtigen, sondern, wie bereits gezeigt, die potentiellen Kosten und Nutzen. Dem entspricht auch das Vorsorgeprinzip: Maßnahmen sind angebracht, wenn zwar keine umfassende Risikobewertung möglich, aber ein potentielles Risiko feststellbar ist. Inwieweit sich das mit der Kosteneffektivität verträgt, ist nicht immer deutlich.

Umweltpolitik erfordert lange Zeithorizonte. Die Gemeinschaft trägt dem insofern Rechnung, als sie die Planungsperiode ihrer Umweltaktionsprogramme immer mehr verlängert hat. Das sechsten Aktionsprogramm erstreckte sich auf die Periode 2002–2012 mit den Schwerpunkten:

- Klimawandel,
- Natur und biologische Vielfalt,
- Umwelt und Gesundheit,
- Bewirtschaftung der natürlichen Ressourcen und des Abfalls.

Wie schon bei früheren Gelegenheiten hat man sich nicht termingerecht auf ein neues, siebtes Aktionsprogramm geeinigt. Denn sobald ein Programm mehr als nur gute Vorsätze enthalten soll, wird die Diskussion kontrovers. Auch hier gilt wieder der Grundsatz der gemeinsamen Politik: *rules not money*. Natürlich taucht die Umwelt im Budget der Gemeinschaft auf, vor allem bei den Mittelzuweisungen aus dem Kohäsionsfonds und im Etat für Forschung und Entwicklung. Aber das bevorzugte umweltpolitische Instrumentarium sind regulative Lenkungsinstrumente: Richtlinien, Verordnungen und technologisch definierte Standards, die es den Wirtschaftssubjekten überlassen, auf welchem konkreten Weg die politisch festgelegten Ziele erreicht werden. Wie so oft – und ganz dem Subsidiaritätsprinzip entsprechend – ist die Union dabei auf die Mitwirkung der Mitgliedstaaten angewiesen, was konkrete Implementierung und Kontrolle der Einhaltung ihrer Politik betrifft. Die ist im Umweltbereich ein notorisches Problem (Lenschow 2010: 321 ff.).

Mit dem Jahr 2005 trat in der Umweltpolitik der Europäischen Gemeinschaft eine institutionelle Innovation in Kraft, die jahrzehntelang von Ökonomen empfohlen worden war, aber keine politische Unterstützung finden konnte. Gemeint ist der Handel mit Treibhausgasemissionszertifikaten (ein herrliches deutsches Wort, das sicher die Bewunderung von Mark Twain auf sich gezogen hätte; die Abkürzung lautet EU ETS für *EU greenhouse gas emission trading scheme;* siehe Richtlinie 2003/87/EG). Es geht um quantitative Emissionsbeschränkungen, wobei den Betreibern von umweltbelastenden Anlagen Emissionsrechte zugewiesen werden, die sie untereinander, auch grenzüberschreitend handeln können. Dem liegt die einfache Überlegung zugrunde, dass ein Markt für knappe Emissionsrechte das Recht auf eine bestimmte Umweltschädigung derjenigen Aktivität überträgt, die dabei den höchsten gesellschaftlichen Nutzen stiftet. Es handelt sich somit um eine Umsetzung des Coase-Theorems. Auf diese Weise können die Kosten des Umweltschutzes minimiert werden. Ökonomisch sinnvoll wäre es, die Verschmutzungsrechte nicht zuzuteilen, sondern die Verschmutzer sie in einem Auktionsverfahren erwerben zu lassen. Das findet zumindest für einen Teil der Rechte ab 2013 statt.

Das Verfahren sah zunächst einen Nationalen Zuteilungsplan vor, der in erster Runde für die Periode 2005–2007 und danach für 5-Jahresperioden den Betreibern von besonders umweltbelastenden Anlagen Verschmutzungsrechte zuweist. Der Gesamtumfang der zugewiesenen Rechte leitete sich ursprünglich aus den Zielen ab, zu denen sich die Mitgliedstaaten im Klimaschutzprotokoll von Kyoto für den Zeitraum von 2008–2012 verpflichtet hatten. Die Richtlinie formuliert 11 Kriterien, die die nationalen Zuteilungspläne erfüllen müssen und die von der Kommission geprüft werden. Nachdem die Kommission 2006 entschieden hatte, dass die von Polen und Estland in deren Nationalen Zuteilungsplänen festgesetzten jährlichen Gesamtmengen an Emissionszertifikaten mit diesen Kriterien unvereinbar und deshalb drastisch herabzusetzen seien, klagten beide Länder erfolgreich vor dem Europäischen Gericht erster Instanz. Das Gericht entschied, dass die Richtlinie der Kommission hinsichtlich ihrer Kontrollbefugnis enge Grenzen setze (Rs. T-183/07 und T-263/07). Ganz allgemein litt der Handel mit Emissionszertifikaten in dieser zweiten Runde daran, dass die Mitgliedstaaten die Zertifikate weitgehend kostenlos nach dem Prinzip des „Grandfathering", d.h. auf Basis historischer Emissionen, an die Emittenten vergeben hatten. Dies führt in Zeiten der Wirtschaftskrise und des Produktionsrückgangs dazu, dass die Unternehmen Überschüsse an Zertifikaten anhäufen und deren Preise folglich verfallen.

Aufgrund dieser Strukturprobleme wurden die Bedingungen des Handels für die dritte Runde (2013 bis 2020) modifiziert (Richtlinie 2009/29/EG). Die Kommission hat für 2013 die Gesamtemissionsmenge für die Union festgelegt. Diese Menge ist jährlich um 1,74 % zu reduzieren. Ein im Laufe dieser Handelsperiode zunehmender Anteil wird nicht mehr kostenlos vergeben, sondern versteigert. Dabei müssen die Zertifikate für Anlagen des Energieerzeugungssektors bereits ab 2013 in vollem Umfang ersteigert werden, während die sonstigen Industrieanlagen einen zunehmenden Anteil von 20 % für 2013 bis auf 70 % für 2020 ersteigern müssen. Seit 2012 ist auch der gesamte Luftverkehr in das System des Zertifikatehandels eingebunden, was zu massiven Protesten seitens der USA, Russlands und Chinas führte. (Much 2013: 320 ff.)

Der Handel mit Emissionsrechten ist ordnungspolitisch für viele Ökonomen das adäquate Instrument der Umweltpolitik. Dementsprechend positiv fällt die allgemeine Einschätzung der gemeinschaftlichen Regelung aus (z.B. Graichen/Requate 2005). Wie überall liegt allerdings auch hier der Teufel im Detail. So gibt es zahlreiche kritische Anmerkungen zur konkreten Implementierung durch die Europäische Union (Hillebrand et al. 2002; Endres/Ohl 2005). Die Beschränkung auf nur ein Treibhausgas (CO_2) und auf bestimmte Industriezweige bzw. energieintensive Aktivitäten ist durch spätere Erweiterungen reparabel. Drei Probleme scheinen dagegen fast unlösbar:

- *Das Transformationsproblem:* der Übergang vom *status quo ante* zur Situation mit Zertifikatshandel. Einige Länder haben bereits in der Vergangenheit eine aktive Umweltpolitik mit dem Ziel des Klimaschutzes betrieben. Dabei kamen die unterschiedlichsten Instrumente und Verfahren zum Einsatz. Mit der Einführung einer EU-einheitlichen Politik besteht die Gefahr, dass Untätigkeit *ex post* belohnt wird, dass die nationalen Maßnahmen unterlaufen werden und dass die Unternehmen, die sich auf diese eingestellt haben und einstellen, nun doppelt belastet werden.

- *Das Leckage-Problem:* Klimaschutz ist ein globales öffentliches Gut. Wenn nicht alle Aktivitäten mit seinen Produktionskosten belastet werden, gibt es Trittbrettfahrer, die sich an die Emissionseinschränkungen nicht halten und damit ein Erreichen des optimalen Produktionsniveaus des öffentlichen Gutes erschweren. Und nicht nur das: Die mit den gesellschaftlichen Kosten des Klimaschutzes belasteten Aktivitäten in Ländern, die sich zu Einschränkungen verpflichtet haben (den so genannten Annex B Ländern des Kyoto-Protokolls), können in die „freien" Länder ausweichen. Die dadurch entstehende lokale Entlastung trägt nichts zum globalen Klimaschutz bei.

- *Das Wettbewerbsproblem:* Schon das Leckage-Phänomen hat makro-ökonomische Folgen – bestimmte Produktionslinien (z.B. Basischemie, Zement, Glas) wandern aus der regulierten Europäischen Union in „freie" Zonen ab, vor allem Schwellenländer, denen das Kyoto-Protokoll zunehmende Umweltbelastungen in Verbindung mit ihrem ökonomischen Aufholprozess zugestanden hat. Der gleiche Effekt wird auch dadurch erreicht, dass die europäischen Produzenten ihre erhöhten Kosten auf Grund der

Wettbewerbssituation nicht auf die Preise überwälzen können und damit die Produkte aus den Nicht-Annex B Ländern Marktanteile auf dem EU-Markt gewinnen. Dieses Wettbewerbsproblem gibt es auch innerhalb der Union zwischen Ländern mit unterschiedlichen Reduktionsverpflichtungen.

Wir sehen: Umweltschutzregelungen auf der Gemeinschaftsebene sind nur *second best* Lösungen. Das ist nicht weiter verwunderlich. Denn schon die Gemeinschaft, ein regionales Integrationsabkommen (siehe Kap. 1), ist nur eine *second best* Lösung im Vergleich zur Einführung eines globalen gemeinsamen Marktes. Sowohl bei der Marktliberalisierung als auch beim Klimaschutz kann man sich jedoch offensichtlich auf globaler Ebene – trotz WTO, trotz Kyoto-Protokoll – nicht im wünschenswerten Umfang verständigen. Dann ist eine regionale Lösung in Betracht zu ziehen, vorausgesetzt ihr Nutzen ist höher, als es ihre Kosten sind.

Kapitel 9
Aspekte der Umverteilung innerhalb der Union

9.1 EU-Finanzpolitik

Öffentliche Finanzen gelten als trockene Materie. Mit dieser Reputation ist auch das EU-Budget belastet. Abgeordnete des Europäischen Parlaments, die sich für visionär halten, bezeichnen ihre Kollegen aus den Haushaltsausschüssen gerne etwas geringschätzig als Erbsenzähler. Finanzpolitik ist die quantitativ-monetäre Umsetzung von politischen Entscheidungen, die in der Öffentlichkeit nicht gerade als sexy gilt. Luxemburg 1970, Fontainebleau 1984, Berlin 1999 – das sind Ratstagungen, auf denen wegweisende Reformen verabschiedet wurden. Gleichzeitig fassten diese Gipfeltreffen auch wichtige Beschlüsse über die Finanzen der EU. „A study of EU public finances provides us with an important lens through which to analyse the political and economic capacity and potential of the Union" (Laffan, 1997: 16).

Welche Funktion hat das zentrale Budget in einem Mehrebenensystem, oder konkret: Welche Rolle kommt dem EU-Haushalt gegenüber den Haushalten der Mitgliedländer zu? Die Theorie der öffentlicher Finanzen sieht – Richard Musgrave (1959) folgend – Stabilisierung, Effizienz (Allokation) und Gerechtigkeit (Distribution) als die drei Hauptfunktionen öffentlicher Finanzen an. Für Mehrebenensysteme fügt dem die Theorie des Fiskalföderalismus (Oates 1999) ein prinzipielles Dezentralisierungsgebot hinzu, das wir auch als Subsidiaritätsprinzip kennengelernt haben (s. Kap. 3). Das bedeutet dreierlei:

- *erstens* die Frage, ob staatliches Handeln überhaupt erforderlich ist und nicht der Markt das Problem adäquat lösen kann,
- *zweitens* die Frage, ob es für das staatliche Handeln erforderlich ist, Geld in die Hand zu nehmen, und nicht eine Lösung auf dem Weg der Regulierung möglich ist,
- *drittens* müssen zentral finanzierte Aktivitäten deutliche Kostenvorteile bzw. Effizienzvorteile gegenüber dezentralen Lösungen aufweisen.

Konsens bei der Beantwortung dieser Fragen wäre ein Wunder, und da es um Geld geht, spielen die individuellen bzw. nationalen Interessen neben der ökonomischen Rationalität eine wichtige Rolle. So sehen Budgetverhandlungen dann auch aus.

Für jede der drei genannten Funktionen, Allokation, Distribution und Stabilisierung, braucht die Finanzpolitik eine kritische Masse an Mitteln. Bei einem Haushaltsvolumen von rund 1 % des BIP der Gemeinschaft ist offensichtlich, dass das EU-Niveau und das EU-Budget nur im Ausnahmefall für zuständig erachtet werden. Hier ist die politische Ökonomie mit im Spiel. Denn welcher nationale Politiker läßt sich sein wählerwirksamstes Instrument, die Verteilung von Geld, aus den Händen nehmen, nachdem er sein unbeliebtestes Instrument, die Eintreibung von Steuern, eingesetzt hat? Bei der Regelsetzungskompetenz ist das schon etwas anderes: Ihr Produkt wird von der Öffentlichkeit generell weniger wahrgenommen und wenn, dann wird es eher negativ gesehen und als Bevormundung erfahren. So ist die bekannte Maxime der Gemeinschaft *„rules not money"* auch Resultat der politischen Ökonomie der Integration. Und der schlechte Ruf, den die Gemeinschaft in weiten Kreisen der Bevölkerung genießt, findet hier eine seiner Wurzeln.

Hat das Budget der Gemeinschaft eine makro-ökonomische Stabilisierungsfunktion? Konjunkturpolitisch wirken die Staatseinnahmen und -ausgaben als intertemporale Stabilisatoren. Zum Teil erfolgt das automatisch durch Rückgang der Einnahmen und Zunahme der Ausgaben in Rezessionszeiten bzw. den umgekehrten Vorgang in Boomperioden. Zum Teil kann das aber auch bewusst erfolgen, wenn die Politik durch Extraausgaben *(deficit spending)* die makro-ökonomische Nachfrage zu stimulieren versucht – das nicht unumstrittene keynesianische Stabilisierungsprogramm. Ein fiskalpolitischer Spielraum in dieser Hinsicht ist der Gemeinschaft jedoch grundsätzlich vorenthalten. Denn der Haushalt ist mit 1 % des BIP der Union minimal und nach Art. 310 AEUV auszugleichen.

Eine allokative Funktion der EU setzt innerhalb des gemeinsamen Marktes positive Skalenerträge oder externe Effekte voraus, die es zu nutzen oder zu vermeiden gilt. In vielen Fällen lässt sich das regulativ lösen, z.B. im Fall von Antidiskriminierung und Wettbewerb, beim Umwelt- und Konsumentenschutz. Ob bei Vorliegen von Marktunvollkommenheiten und Marktversagen dann tatsächlich das zentrale Niveau tätig werden sollte, hängt unter anderem von der Informationsverteilung ab: Stark asymmetrische Informationen zugunsten der unteren Ebene machen zentrale Lösungen möglicherweise ineffizient. Ein weiteres Problem in dem Zusammenhang sind unterschiedliche Präferenzen. Eine Gemeinschaft von 500 Mio. Einwohnern kann nicht davon ausgehen, das jeder das Gleiche für wünschenswert hält. Adäquate Berücksichtigung der Präferenzen ist ein wichtiges Argument für Subsidiarität.

Die Gemeinsame Agrarpolitik ist ein Beispiel für die Vermeidung von negativen externen Effekten oder eines Gefangenendilemmas. Nehmen wir an, Ziele der Politik seien gleichzeitig ein gemeinsamer Markt für Landwirtschaftsprodukte und eine preis- und subventionspolitische Stützung der bäuerlichen Einkommen. Findet letztere auf dezentralem Niveau statt, dann sind Wettbewerbsverzerrungen auf dem gemeinsamen Markt und Subventionsspiralen sehr wahrscheinlich. Das lässt sich nur mit einer zentralen Lösung vermeiden, eben der Gemeinsamen Argrarpolitik. Zur zentralen Aufgabe wird Agrarpolitik auf Grund von Effizienzüberlegungen. Soweit Agrarpolitik Umverteilung ist, fällt sie unter die Funktion Gerechtigkeit. Das könnte sektoral auch durchaus dezentral geregelt werden. Die regionale Umverteilung innerhalb der EU ist zwar nicht ungewollt, aber ein Nebeneffekt.

Eine redistributive Funktion der EU setzt vor allem ähnliche Sozialpräferenzen und einen gemeinsamen politischen Willen voraus, hier aktiv zu werden. Solidarität als grundlegender Wert hatte im gescheiterten Verfassungsvertrag ein besonderes Gewicht erhalten. Im Vertrag von Lissabon ist das weniger explizit, da das entscheidende Kapitel in die Charta der Grundrechte aufgenommen wurde. Schon da wird deutlich, dass der Union in diesem Bereich keine neue Kompetenz zugestanden wird, was der Lissabon-Vertrag noch ausdrücklich unterstreicht:

> Jeder Mensch, der in der Union seinen rechtmäßigen Wohnsitz hat und seinen Aufenthalt rechtmäßig wechselt, hat Anspruch auf die Leistungen der sozialen Sicherheit und die sozialen Vergünstigungen nach dem Unionsrecht und den einzelstaatlichen Rechtsvorschriften und Gepflogenheiten. (Art. 34.2 GRCh)
>
> Durch die Bestimmungen der Charta werden die in den Verträgen festgelegten Zuständigkeiten der Union in keiner Weise erweitert. (Art. 6.1 EUV)

Das Umverteilungsbudget bleibt fest in nationaler Hand. Dafür gibt es gute Gründe, die sich aus dem Subsidiaritätsprinzip und der politischen Ökonomie ableiten lassen. Das gleiche gilt für eine Umverteilungspolitik auf der Einnahmenseite, eine redistributive Steuerpolitik: Die Union verfügt nicht über die dafür erforderliche Steuerhoheit. Mit dem Subsidiaritätsprinzip ließe sich aber argumentieren, dass ein interregionaler Finanz- und Wohlfahrtsausgleich dann zentral geregelt werden müsse, wenn einzelne Mitgliedländer auf Grund ihrer wirtschaftlichen Situation dazu nicht in der Lage sind. Kurz gesagt: Der Aufbau Ost ist Sache der Bundesrepublik, die Förderung Bulgariens bedarf der internationalen Umverteilung. Die Kohäsionspolitik folgt diesem Grundsatz, wenn auch nicht ganz konsequent, da sie Regionen auch in solchen Ländern fördert, die als ganze selbst dazu in der Lage wären. Die zur Verfügung stehenden Mittel, und das heisst der gemeinsame politische Wille, sind mit weniger als einem halben Prozent des BIP der Gemeinschaft aber äußerst bescheiden. Bei den enormen Einkommens- und Wohlfahrtsunterschieden innerhalb der Gemeinschaft ist verständlich, dass sich die Union nicht als Sozialunion versteht. Die Analyse der Nettobeiträge zum Gemeinschaftshaushalt zeigt allerdings, dass innerhalb der EU eine gewisse interregionale Umverteilung stattfindet.

9.2 Der Haushalt der Union: Was kostet Brüssel und was bietet es?

9.2.1 Der Budgetprozess

Als Finanzverfassung der Europäischen Union können die Art. 310–324 AEUV, die Haushaltsverträge von 1970 und 1975 sowie seit 1988 zumindest in Teilen auch die interinstitutionellen Vereinbarungen zwischen der Kommission, dem Rat und dem Parlament verstanden werden. Zusammen bieten sie die Rechtsgrundlage für die Beschlussfassung über die EU-Finanzen. Prinzipiell sind zwei Verfahren zu unterscheiden: erstens das über die Aufstellung und die Verabschiedung des jährlichen Budgets, und zweitens jenes über den Beschluss des mittelfristigen Finanzrahmens der EU (Laffan 1997; Laffan/Lindner 2010).

Beschränkte Finanzhoheit erlangte die Union durch den ersten Haushaltsvertrag von 1970; das Recht, eigene Steuern zu erheben, besitzt sie jedoch (noch) nicht. Ausgeübt wird die Finanzhoheit durch zwei Organe, den Ministerrat und das Europäische Parlament, wobei die Kompetenzen von letzterem durch den zweiten Haushaltsvertrag von 1975 deutlich erweitert wurden. Seitdem ist die Entscheidungsgewalt über den jährlichen Haushalt zwischen beiden Organen aufgeteilt. Das komplexe Entscheidungsverfahren ist in Art. 314 AEUV geregelt, der wohl nicht zufällig zu den längsten Artikeln des Vertrags gehört. Es unterscheidet sich vom ordentlichen Gesetzgebungsverfahren nach Art. 294 AEUV. Denn beim Haushalt kann es ja nicht die Option der endgültigen Ablehnung des Gesetzes geben. Neu an der Regelung des Lissabon-Vertrages ist eine substantielle Stärkung des Budgetrechts des Europäischen Parlaments. Das führt dazu, dass der Haushaltsentwurf nicht mehr vom Rat, sondern von der Kommission erstellt wird, Rat und Parlament somit gleichberechtigt über diesen Entwurf entscheiden und ein Vermittlungsausschuss für den Fall des Dissens eingerichtet wird.

Der Weg bis Lissabon war beschwerlich, da sich das Parlament sein Budgetrecht erkämpfen musste. Im Zusammenhang mit dem Budget beschäftigten in den 1980er Jahren den Europäischen Gerichtshof zahlreiche Klagen des Parlaments gegen den Rat, des Rates gegen das Parlament, aber auch der Mitgliedstaaten gegen die Kommission und umgekehrt. Diese im einzelnen nachzuvollziehen, würde hier zu weit führen. Zum Abbau der offensichtlichen Unsicherheiten über die finanzielle Handlungsfähigkeit der EU kam es daher im Jahre 1988 auf Vorschlag der Kommission im Rahmen des so genannten Delors I Plans zur Unterzeichnung einer inter-institutionellen Vereinbarung. Darin verständigten sich Rat, Parlament und Kommission über die Spielregeln im Budgetprozess. Die Vereinbarung hat die Konflikte zwischen den beteiligten Organen weitgehend ausräumen können und sie wurde in verschiedenen Neuauflagen verlängert.

Der Delors I Plan hat 1988 auch den mehrjährigen Finanzrahmen geschaffen, der neben dem jährlichen Haushalt das finanzpolitisch wichtigste Planungsinstrument der EU darstellt. Anfänglich für eine fünfjährige Periode eingeführt, wurde die Planungsperiode 1992 um zwei Jahre verlängert. Der Finanzrahmen ist nach Zustimmung des Parlaments im Rat einstimmig zu verabschieden. Er legt Höchstgrenzen für die Ausgaben der EU fest, untergliedert in eine Reihe von Ausgabekategorien (von denen es ausdrücklich „nur wenige geben darf"; Art. 312.3 AEUV), mit dem Ziel einer geordneten Entwicklung in den einzelnen Jahren des Planungszeitraums im Rahmen der zur Verfügung stehenden Eigenmittel. Die vom Rat beschlossene Eigenmittelobergrenze ist das absolute Limit. Mit der Festlegung auf die Gewichtung der einzelnen Kategorien zueinander und deren zeitliche Veränderung legen die Politiker der Mitgliedstaaten ihre Präferenzen für die Ausgestaltung der EU-Politik offen, wodurch die Verhandlungen ihre politische Brisanz erhalten.

Wie zäh die Verhandlungen sind, machte der Stoßseufzer des österreichischen Bundeskanzlers Schüssel im Dezember 2005 nach der Entscheidung über den Finanzrahmen für die Periode 2007–2013 deutlich: „Bei den Finanzen ist das System ausgereizt. So können wir nicht weitermachen. Das nächste Mal werden wir uns an die Gurgel springen" (*Süddeutsche Zeitung* vom 31. 12. 2005). Ganz so schlimm kam es bei der nächsten Runde für die Periode 2014–2020 nicht. Doch inzwischen hatte der Vertrag von Lissabon den mehrjährigen Finanzrahmen im Primärrecht verankert (Art. 312 AEUV) und die Zustimmung des Parlaments zur Voraussetzung gemacht. War die Einigung im Rat Anfang 2013, die von den Einsparwünschen der Nettozahler dominiert wurde, schon schwierig genug, so mussten abweichende Vorstellungen des Parlaments in längeren Verhandlungen akkomodiert werden.

Worum es dabei geht, ist klar. Sowohl die Struktur der Ausgaben mit ihrem Schwergewicht der Ausgaben für die Agrar- und Regionalpolitik, als auch die Transparenz und Gerechtigkeit der Beitragsbelastungen auf der Einnahmenseite stehen seit Jahr und Tag in der Diskussion. Die gegensätzlichen Interessenlagen liegen auf der Hand. Länder wie Großbritannien und Deutschland plädieren vor allem für eine Beschränkung des Haushalts und eine drastische Rückführung der Agrarausgaben. Sie wünschen mehr Gerechtigkeit bei der Beitragsbelastung (sprich eine Verringerung der Nettozahlerposition), dies um so mehr in Zeiten, da das Schuldenkriterium der gemeinschaftlichen Währungs- und Wirtschaftspolitik sich als harte Beschränkung erweist. Dann sind da die Vertreter des *status quo*: Frankreich kämpft für die Beibehaltung der Agrarpolitik. Die neuen Mitgliedstaaten in Osteuropa möchten für ihre Landwirtschaft gerne das erhalten, was die Bauern der alten Mitgliedländer in der Vergangenheit bekommen haben, und zugleich die Umverteilung der Kohäsionspolitik gestärkt sehen. Sie müssen folglich für eine Ausweitung des Budgets stimmen. Dieser generelle Gegensatz zwischen Nettozahlern und Nettoempfängern bestimmt die Verhandlungen über die Ausgabenstruktur: Man setzt sich dort für Ausgabenerweiterungen ein, wo man einen hohen Mittelrückfluss erwartet, und stimmt für Kürzungen in Bereichen, die für das eigene Land unergiebig sind. Da Beschlüsse nur einstimmig gefasst werden können, ist die Wahrscheinlichkeit von durchgreifenden Reformen äußerst gering. Denn die Einstimmigkeitsregel bedingt nun einmal einen *status quo* Bias.

9.2.2 Die Einnahmenseite des EU-Haushalts

Die Einnahmen der EU und ihrer Vorgängerorganisationen haben sich seit der Gründung in den 1950er Jahren hinsichtlich der zugrunde liegenden Prinzipien, ihrer strukturellen Zusammensetzung sowie ihrer Höhe deutlich verändert (Begg/Grimwade 1998: Kap. 3; Europäische Kommission 2009). Der Vertrag über die Arbeitsweise der EU regelt in Art. 311, dass sich die EU ausschließlich aus Eigenmitteln finanziert. Das bedeutet, eine Kreditaufnahme ist untersagt. Die Stabilisierungsmaßnahmen der Europäischen Finanzstabilisierungsfazilität (EFSF) und des Europäischen Stabilisierungsmechanismus (ESM), die zum größten Teil kreditfinanziert sind, werden außerhalb des normalen Haushalts abgewickelt (wir kommen darauf in Kap. 11 zurück).

Der Gemeinschaftshaushalt ist grundsätzlich ausgabengesteuert: Zuerst wird die Ausgabenhöhe sowohl für den mittelfristigen Rahmen, wie für das jährliche Budget festgelegt; die Bereitstellung der erforderlichen Mittel erfolgt dann automatisch im Rahmen der zugestandenen Eigenmittel. Das bedeutet jedoch nicht eine weiche Budgetbeschränkung. Dafür sorgen schon die Mitgliedländer in den Verhandlungen über den mittelfristigen Haushalt. Der vereinbarte Maximalumfang des Haushalts von 1,24 % des Bruttonationaleinkommens (BNE) der Gemeinschaft wird z.B. für die Periode 2014–2020 nicht ausgeschöpft.

Box 9.1: Was sind Eigenmittel der EU?

Die Kommission definiert in ihren Erläuterungen der EU-Finanzverfassung Eigenmittel als Einnahmen, die der Gemeinschaft von Rechts wegen zustehen, ohne dass irgendwelche weiteren Beschlüsse auf nationaler Ebene notwendig sind (Europäische Kommission 2009: 149). Die Steuerhoheit der Mitgliedländer wird dabei ausdrücklich gewahrt: Das System der Eigenmittel bedarf der Zustimmung der Mitgliedländer „im Einklang mit ihren jeweiligen verfassungsrechtlichen Vorschriften" (Art. 311 AEUV).

Traditionelle Eigenmittel sind Einnahmen aus Politikbereichen, für die bereits durch die Römischen Verträge die Souveränität auf die EU-Ebene übertragen wurde:

- Zölle werden im Rahmen der gemeinsamen Handelspolitik vor allem auf industriell gefertigte Importe aus Drittländern erhoben und fallen in demjenigen Land als Einnahmen der EU an, in dem das importierte Gut erstmals EU-Territorium erreicht. Die Zollbehörden des jeweiligen Landes führen 75 % der Einnahmen an die EU ab und behalten 25 % als Entschädigung für ihren Verwaltungsaufwand.
- *Agrarabschöpfungen* sind zollähnliche Einnahmen, die nach den Bestimmungen der Gemeinsamen Agrarpolitik auf landwirtschaftliche Importe der EU erhoben wurden. Im Anschluss an die Uruguay-Runde 1995 wurden sie durch gewöhnliche Zölle ersetzt.
- *Zucker- und Isoglukoseabgaben* sind steuerähnliche Abgaben, die von den Zuckerproduzenten der Gemeinschaft zu entrichten sind. Für die Erhebung der Abschöpfungen und Abgaben ist wieder das unmittelbare Einfuhr- bzw. Produktionsland verantwortlich und wird für die Erhebungskosten entsprechend vergütet.

Mehrwertsteuereigenmittel sind anteilige Einnahmen der EU aus dem Mehrwertsteueraufkommen der Mitgliedstaaten, wobei die Bemessungsgrundlage harmonisiert und gedeckelt ist, um die regressive Wirkung zu begrenzen.

BNE-Eigenmittel werden durch die EU von den Mitgliedstaaten nach ihrem Anteil am gemeinschaftlichen Bruttonationaleinkommen eingefordert. Ihre Gesamthöhe berechnet sich als Residuum aus den EU-Ausgaben und den Einnahmen aus den anderen Einnahmequellen.

Die Grundlage des Eigenmittelsystems, wie wir es heute kennen, wurde erst durch den Luxemburger Haushaltsvertrag von 1970 geschaffen. Zuvor erhielt die EWG ihre Mittel aus Beiträgen der Gründungsmitglieder entsprechend ihrer relativen Größe. Das Luxemburger Abkommen von 1970 überführte die traditionellen Eigenmittel ins Eigentum der Gemeinschaft und ergänzte sie um Mehrwertsteuer-Eigenmittel, deren Höhe einen Prozentpunkt der harmonisierten Bemessungsgrundlage nicht überschreiten durfte. Obwohl bereits 1970 geschaffen, konnten die Mehrwertsteuer-Eigenmittel erst ab 1979 erhoben werden, da die Mitgliedstaaten keine Einigung über eine einheitliche Basis zu ihrer Erhebung erzielen konnten. Schon 1980 zeichnete sich ab, dass das geltende Eigenmittelsystem den steigenden Finanzierungsbedarf der EG, insbesondere der Gemeinsamen Agrarpolitik, nicht decken konnte.

Dem wachsenden Mittelbedarf trugen die Mitgliedstaaten durch einen neuen Eigenmittelbeschluss 1984 auf der Ratstagung in Fontainebleau Rechnung. Dabei blieben sie jedoch deutlich hinter dem von der Kommission für notwendig erachteten Einnahmenzuwachs zurück. So kam es schon in der zweiten Hälfte der 1980er Jahre zu neuerlichen Finanzierungsproblemen, welche die strukturelle Schwäche eines Mehrwertsteuer-basierten Eigenmittelsystems offen legten: Die Wachstumsraten von Mehrwertsteuer-Einnahmen sind in hochentwickelten Ländern wie den EU-Mitgliedstaaten niedriger als das BIP-Wachstum. Hinzu trat ein Verteilungsproblem: Mehrwertsteuern haben tendenziell eine regressive Verteilungswirkung, so dass weniger wohlhabende Länder wie Spanien und Portugal (damals auch Großbritannien) infolge höherer Konsumneigung überproportionale Finanzierungsbeiträge leisteten.

Mit den BNE-Eigenmitteln wurde im Rahmen des Delors I Plans 1988 die vierte Ressource der EU eingeführt. Da die Mitgliedstaaten keinen Blankoscheck unterschreiben wollten, erforderte die Akzeptanz der BNE-Eigenmittel die verbindliche Festsetzung einer Ausgaben-Höchstgrenze, die schrittweise von 1,15 % im Jahre 1988 bis 1992 auf 1,2 % des EU-BIP anwachsen sollte. Der Europäische Rat von Edinburgh beschloss 1992 eine Erhöhung der maximal zur Verfügung stehenden Mittel auf 1,27 % des EU-BIP bis 1999 und blieb damit erneut hinter dem Vorschlag der Kommission in Höhe von 1,37 % zurück. Der Berliner Rat von 1999 bestätigte 1,27 % als Obergrenze bis 2006. Für die Periode 2007–2013 wurde der Satz beibehalten. Allerdings wird der Satz neuerdings nicht im Verhältnis zum Bruttoinlandsprodukt, sondern zum (höheren) Bruttonationaleinkommen ausgewiesen und beträgt dann 1,24 %.

Von 1971 bis 2013 hat der Haushalt einen beachtlichen absoluten Umfang angenommen, aber wohlgemerkt: Das sind immer nur ± 1 % des BNE der Union. Die strukturelle Zusammensetzung der Einnahmen veränderte sich im Laufe der Zeit deutlich. Während traditionelle Eigenmittel 1971 den Löwenanteil ausmachten, liegen sie heutzutage nur noch bei 12–13 % der Gesamteinnahmen. Trotz zunehmender Importe steigen die Zolleinnahmen durch regionale Freihandelsabkommen und multilaterale Zollsenkungen (siehe Kap. 8) nur unbedeutend an. Eigenmittel aus der Mehrwertsteuer avancierten sofort mit ihrer erstmaligen Erhebung im Jahre 1979 zur zeitweise wichtigsten Finanzierungsquelle. Mit der Einführung der BNE-Eigenmittel im Jahre 1987

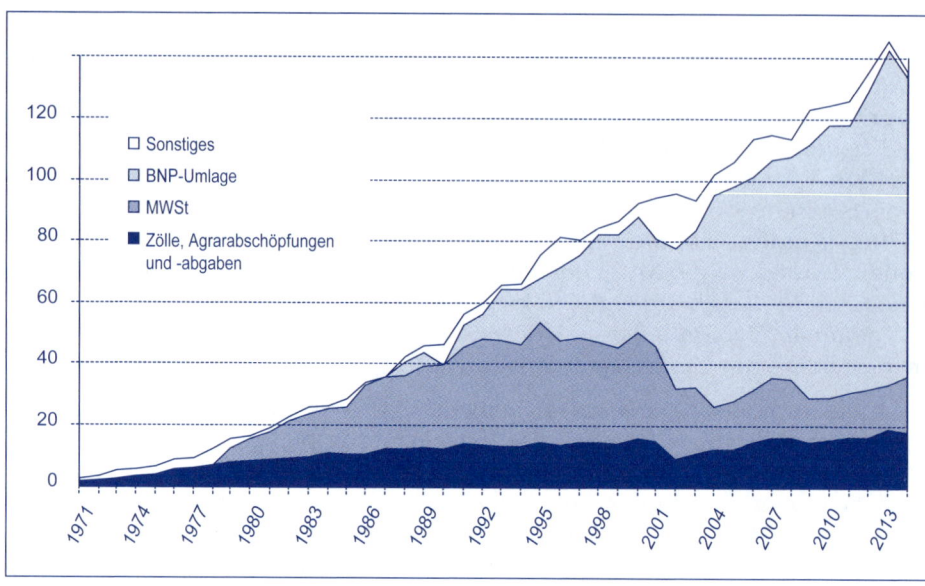

Abbildung 9.1: Die Entwicklung der EU-Einnahmen 1971–2014
(in Mrd. € des jeweiligen Jahres)
Quelle: EUR-Lex, Haushaltsplan online

sank zuerst ihre relative, dann auch ihre absolute Bedeutung und beträgt heutzutage nur noch 10–11 %. Etwa drei Viertel der EU-Einnahmen stammen aus BNE-Eigenmitteln. Die sonstige Einnahmen enthalten Geldbußen, Einnahmen aus der Verwaltungstätigkeit von EU-Organen, Verzugszinsen etc. und vor allem Haushaltsüberschüsse aus den vorangegangenen Jahren. Den Mitgliedländern steht es nach dem Vertrag (Art. 311 AEUV) offen, neue Kategorien von Eigenmitteln zu schaffen. Allerdings ist dafür ein einstimmiger Ratsbeschluss erforderlich, wobei das Parlament nur angehört werden muss. Versuche der Kommission, der Union zu eigenen Steuern (Energiesteuer, Finanztransaktionssteuer z.B.) zu verhelfen, wurden bislang vom Rat immer abgeblockt.

9.2.3 Die Ausgabenseite des EU-Haushalts

Öffentliche Haushalte gehorchen einer Reihe von Haushaltsgrundsätzen, die aus der Finanzverfassung der jeweiligen Gebietskörperschaft hervorgehen. Aus Art. 310 ff. AEUV und den inter-institutionellen Vereinbarungen können folgende Grundsätze entnommen werden, wie wir sie in ähnlicher Form mit Einschränkungen auch für nationale Haushalte kennen (Europäische Kommission 2012):

- *Einheit* – alle Einnahmen und Ausgaben sollen in einem einzigen Haushaltsplan zusammengefasst werden. Anfangs waren die Budgets von EWG, EGKS und Euratom noch getrennt. Durch den Vereinigungsvertrag von 1965 und die Einbeziehung von Euratom in die EG seit 1970 ist der EU-Haushalt dem Einheitsgrundsatz ein großes Stück näher gekommen. Der

1959 erstmals aufgelegte Europäische Entwicklungsfonds (EEF) zur Finanzierung der Zusammenarbeit mit den AKP-Staaten (siehe Kap. 8) wird jedoch bis heute außerhalb des normalen EU-Haushaltsverfahrens verwaltet.

- *Jährlichkeit* – alle Einnahmen und Ausgaben im Haushalt beziehen sich auf dieselbe Haushaltsperiode, die vom 1. Januar bis zum 31. Dezember eines Jahres dauert. In gewissem Widerspruch hierzu praktiziert die EU mehrjährige Ausgabenprogramme in zahlreichen Politikfeldern, woraus im laufenden Haushaltsjahr Verpflichtungen auch für künftige Haushaltsperioden entstehen. Der EU-Haushalt kennt deshalb zwei Mittelzuweisungen:
  - *Mittel für Verpflichtungen*, die nicht nur im laufenden Jahr zu bedienen sind.
  - *Mittel für Zahlungen*, die aus der Erfüllung von Verpflichtungen hervorgehen. Bei einem wachsenden Haushalt sind letztere in der Regel geringer als erstere. Hinzu kommt, dass in einzelnen Fällen nicht alle Mittel für eingegangene Verpflichtungen abgerufen werden. Der Umfang der erforderlichen Eigenmittel bestimmt sich nach dem Plan der Mittel für Zahlungen.
- *Ausgeglichenheit* – Ausgaben in einem Haushaltsjahr müssen vollständig durch Einnahmen gedeckt sein. In diesem Verschuldungsverbot besteht neben dem Umfang der größte Unterschied zwischen dem EU-Haushalt und den Budgets der Mitgliedstaaten.
- *Universalität* – alle Einnahmen und Ausgaben müssen im Haushalt aufgeführt werden.
- *Nonaffektation* – eine Zweckbindung von Einnahmen zur Finanzierung bestimmter Ausgaben ist unzulässig.
- *Spezialität* – Ausgaben müssen einem bestimmten Zweck dienen und dementsprechend zielgerichtet sein.

Die Ausgaben der Union sind im Lauf der Zeit enorm gewachsen.Das folgt schon aus der gewachsenen Mitgliederzahl und aus der Inflation. Bei inzwischen 28 Mitgliedländern betragen sie im Haushaltsjahr 2014 rund 136 Mrd. € oder exakt 1 % des BIP der Union. Zum Vergleich: Das Ausgabenvolumen des Bundeshaushalts der Bundesrepublik Deutschland lag 2011 bei 296 Mrd. € oder 14,4 % des BIP. Die Gesamtausgaben des Staates, d.h. von Bund, Ländern und Gemeinden und den gesetzlichen Sozialversicherungen, betrugen 2011 in Deutschland allerdings 1 175 Mrd. € oder 45,3 % des BIP. Und das ist nicht der höchste Prozentsatz innerhalb der EU: Frankreich z.B. hatte 2011 eine Ausgabenquote von 56,0 %, Dänemark von 57,9 %. In Relation zum BIP stiegen die EU-Ausgaben von 0,74 % im Jahre 1970 auf 1 % im Jahr 2014. Das hält sich vergleichsweise in Grenzen. Die allgemeinen Staatsausgaben der Bundesrepublik wuchsen zwischen 1970 (28,9 %) und 2011 (45,3 %) erheblich rascher.

Die Frage, ob die EU zuviel Geld ausgebe, scheint bei solchen Zahlen müßig. Ganz so einfach lässt sie sich jedoch nicht beantworten. Denn die Gemeinschaft mag zwar ein föderatives System sein, aber sie ist kein föderaler Staat. Die meisten Ausgabenaktivitäten, wofür Staaten gewaltige Summen aufwenden, fallen nicht in die Kompetenz der Union: Verteidigung, Bildung, Gesundheit, Soziale Sicherheit und Wohlfahrt und, da die Union keine Schulden machen darf, auch der Schuldendienst. Da ist es leicht, mit einer knappen Kasse auszukommen. Die Prüfung des sparsamen und effektiven Umgangs mit den bereitgestellten Mitteln ist Sache des Europäischen Rechnungshofes. Die Vorstellungen der Kommission über Ausgabenausweitungen setzen sich bei den Verhandlungen zum (verbindlichen) mittelfristigen Finanzrahmen in der Regel gegen die Stimmen der Nettozahler nicht durch.

Einflussgrößen für die Entwicklung der EU-Ausgaben sind neben dem Wirtschaftswachstum vor allem die Erweiterung der EU und die Vertiefung des Integrationsprozesses. Sprunghafte Erhöhungen der Ausgaben sind erwartungsgemäß 1973, 1986, 1995 und 2004 durch die Aufnahme neuer Mitglieder sowie 1988 und 1991/92 infolge der Umsetzung der Einheitlichen Europäischen Akte und des Maastricht Vertrags zu beobachten. Hinsichtlich der strukturellen Zusammensetzung fällt insbesondere die Dominanz der Agrarausgaben auf. 1970 machten sie 87 % der Gesamtausgaben aus. Eine Initiative der Kommission rief 1975 den Europäischen Fonds für regionale Entwicklung, den ersten Ansatz für die Struktur- und Kohäsionspolitik, ins Leben. Die Einheitliche Europäische Akte sah im Jahre 1986 zur Flankierung des Binnenmarktprojektes den Ausbau der Strukturpolitik sowie der Forschungs- und Technologiepolitik vor. Die Bedeutung des Delors I Plans (1987) für die Entwicklung der EU-Ausgaben kann kaum überschätzt werden. Er hat nicht nur die Marschrichtung für die Umstrukturierung des Budgets bis in die Gegenwart hinein vorgegeben, sondern mit der Einführung der mittelfristigen Finanzplanung auch in planerischer Hinsicht zu entscheidenden Veränderungen geführt. Dementsprechend wuchs im Lauf der Zeit der Haushaltsanteil der Wachstums- und Strukturpolitik zu Lasten der Agrarpolitik. Wie noch zu zeigen sein wird, hat letztere erhebliche Veränderungen erfahren. Insbesondere richten sich die Ausgaben vermehrt auf die Entwicklung des ländlichen Raums und weniger unmittelbar auf die Stützung der Agrarpreise und der bäuerlichen Einkommen. Diese „klassische" Agrarpolitik erhält in der Planungsperiode 2014–2020 nur noch etwa 29 % der gesamten Mittel, die Rubrik „Nachhaltiges Wachstum" mit den Struktur- und Kohäsionsfonds und der Forschungspolitik immerhin bereits 47 %.

Die Haushaltsplanung legt die Prioritäten der EU-Politik fest, die dann auch als Ausgabenkategorien die Struktur des Haushalts bestimmen. Mit nur fünf substantiellen Rubriken wird die eigentliche Bestimmung der Mittel etwas verschleiert. Denn das Kriterium der Spezifikation verlangt selbstverständlich eine präzise Festlegung der geplanten Ausgaben. So ist es notwendig, genauer hinzusehen, was die einzelnen Rubriken enthalten:

- *Nachhaltiges Wachstum* – ein Begriff, unter dem die Kommission Wettbewerbsfähigkeit und Kohäsion für Wachstum und Beschäftigung fasst. Der größte Einzelposten bei der Wettbewerbsfähigkeit ist das Rahmenprogramm für Forschung. Die Mittel für die Kohäsionspolitik teilen sich die Strukturfonds und der Kohäsionsfonds (siehe weiter unten).

- *Bewahrung und Bewirtschaftung der natürlichen Ressourcen* – das ist die gute alte Landwirtschafts- und Fischereipolitik, wovon der größte Teil für marktbezogene Ausgaben und Direktzahlungen, die „klassische" Agrarpolitik, und ein kleinerer Teil für die Entwicklung des ländlichen Raums aufgewendet werden.
- *Sicherheit und Unionsbürgerschaft* – im Mittelpunkt steht hier die innere Sicherheit für EU-Bürger, die durch die Sicherung der Außengrenzen, die Weiterentwicklung einer gemeinsamen Asyl- und Einwanderungspolitik sowie die Zusammenarbeit zwischen Justiz und den Organen der Kriminalitätsverhütung und -bekämpfung gewährleistet werden soll. Daneben spielen der Konsumtenschutz, die Jugend- und die Medienpolitik eine Rolle. Die zur Verfügung stehenden Mittel sind allerdings äußerst beschränkt.
- *Die EU als globaler Akteur* – hierbei geht es um Beitrittsvorbereitungsmaßnahmen, die bei größeren Erweiterungsrunden ins Gewicht fallen. Danach spielt der Ausbau einer gemeinsamen oder zumindest koordinierten Außen- und Sicherheitspolitik eine Rolle, vor allem auch die Entwicklungszusammenarbeit. Allerdings wird der Europäische Entwicklungsfonds außerhalb des regulären Haushalts geführt. Die für Entwicklungszusammenarbeit verfügbaren Mittel sind minimal und verdeutlichen, dass die Mitgliedländer trotz möglicher Vorteile einer koordinierten Entwicklungspolitik lieber eigenen Prioritäten folgen.
- *Verwaltung* – zu den Verwaltungsausgaben der EU, die sich häufiger Kritik ausgesetzt sehen, ist eine Randbemerkung am Platz. Natürlich sind sie im Laufe der Zeit deutlich, jedoch keineswegs überproportional angestiegen – 28 Mitglieder machen nun einmal mehr Aufwand als 6. Ihr Anteil an den Gesamtausgaben schwankte stets zwischen 5 % und 6 %. Angesichts der erheblichen Erweiterung und Vertiefung des Tätigkeitsbereichs der EU seit ihrer Gründung muss man die relative Konstanz der Verwaltungsausgaben eher als bemerkenswerte Leistung werten. Diese Ausgaben halten außerdem jedem Vergleich mit nationalen Verwaltungsausgaben stand, wie wir auch schon in Kapitel 4 im Zusammenhang mit der Personalausstattung der Gemeinschaft feststellen konnten.

Tabelle 9.1 macht deutlich, dass sich die Prioritäten innerhalb der EU nur sehr langsam ändern. Das ist unter anderem Folge der Einstimmigkeitsregel für die mittelfristige Finanzplanung im Rat. Die Gesamtsumme der Mittel für Verpflichtungen betrug für die Periode 2007–2013 (in Preisen von 2004) 864,3 Mrd. € und beträgt für die Periode 2014–2020 (in Preisen von 2011) 960,0 Mrd. €. Unter Berücksichtigung der Inflation zwischen 2004 und 2011 handelt es sich um einen realen Rückgang von etwa 4 % und bleibt somit unter dem erwarteten Wirtschaftswachstum. Das macht sich sofort bemerkbar: Der Jahreshaushalt 2014 weist einen nominalen Rückgang gegenüber 2013 auf. Darin ist ein Einschnitt in der bisherigen Ausgabenpolitik der Union zu sehen. Die Agenda 2020, die eine Fortsetzung der Lissabon-Agenda darstellt, d.h. einen Strukturwandel der EU-Wirtschaft zu einer dynamischen wissensbasierten Volkswirtschaft (vgl. Kap. 8), spiegelt sich im wachsenden Anteil der Ausgaben für Wettbewerbsfähigkeit wider. Dafür muss die Kohäsionspolitik zu ersten Mal Federn lassen. Insgesamt lässt sich eine gewisse Abkehr von

Tabelle 9.1: Struktur der mittelfristigen Ausgabenplanung 2007 – 2020, in %

Ausgabenkategorie	Rahmen-planung 2007 – 2014	Rahmen-planung 2014 – 2020
1. Nachhaltiges Wachstum	44,39	46,94
a) Wettbewerbsfähigkeit für Wachstum und Beschäftigung	8,74	13,08
b) Kohäsion für Wachstum und Beschäftigung	35,64	33,86
2. Bewahrung und Bewirtschaftung der natürlichen Ressourcen	42,79	38,88
– Marktbezogene Ausgaben und Direkt-zahlungen	33,92	28,95
3. Sicherheit und Unionsbürgerschaft	1,25	1,64
4. Die EU als globaler Akteur	5,73	6,11
5. Verwaltung	5,76	6,42
Mittel für Verpflichtungen	100	100

Quelle: Europäische Kommission 2009: 280; Beschluss Eur.Rat. vom 7.–8. 2. 2013; Beschluss Eur.Parl. vom 3. 7. 2013

personeller (Agrarpolitik) und regionaler (Strukturpolitik) Umverteilungs-politik zugunsten einer effizienzorientierten Wachstumspolitik konstatieren.

9.2.4 Nettozahler und der „Briten-Rabatt"

In Diskussionen über das EU-Budget dominiert das nationale Interesse, und aus der eigenen Perspektive fragt jedes Land nach der Nettoposition bzw. dem Finanzierungssaldo. Schnell wird dabei eine Nettozahlerposition – wenn ein Land mehr in den EU-Haushalt einzahlt als es Leistungen aus dem EU-Haushalt empfängt – als ungerecht empfunden, und es werden Korrektur-mechanismen oder sogar eine Finanzreform gefordert. Der Saldo von emp-fangenen und geleisteten Zahlungen ist nicht eindeutig zu berechnen. Zwei Schwierigkeiten sind hauptsächlich daran schuld: Zum einen werden die Zölle im Einfuhrland erhoben. Wo sie letztendlich den Verbraucher erreichen, lässt sich in einem gemeinsamen Markt nicht mehr feststellen. Ihre Häfen machen die Niederlande und Belgien zu besonders aktiven Einfuhrländern. Zum anderen fließt ein Großteil der Verwaltungsausgaben dorthin, wo die Verwaltung ihren Sitz hat, also besonders nach Belgien und Luxemburg. Beide Effekte korrigiert die Kommission in ihrer Berechnung der operativen Salden der Mitgliedländer (Europäische Kommission 2012).

In Tab. 9.2 sind links die Mitgliedstaaten, deren BIP pro Kopf über dem Durchschnitt der EU-27 liegt, nach der Höhe ihres BIP pro Kopf angeordnet, rechts dementsprechend die Länder mit einem BIP pro Kopf unter dem Durch-schnitt. Eine „faire" Umverteilung ließe erwarten, dass die linken Länder ein negatives Vorzeichen aufweisen, also Nettozahler sind, und dass die rechten Länder ein positives Vorzeichen aufweisen, also Nettoempfänger sind. Die

Nettozahler sollten zumindest ihrer Produktivität entsprechend zur Umverteilung beitragen, während die Nettoempfänger mit abnehmender Produktivität einen größeren Beitrag zu ihrem BIP erhalten sollten.

Tabelle 9.2: Nettozahlerposition 2011

Land	BIP pro Kopf	Saldo 2011		Land	BIP pro Kopf	Saldo 2011	
	2011	In €	% des BIP		2011	In €	% des BIP
EU-27	100			EU-27	100		
Luxemburg	271	−75,0	−0,24	Spanien	98	2 995,0	0,29
Niederlande	131	−2 214,0	−0,36	Zypern	94	6,9	0,04
Irland	129	383,8	0,31	Malta	85	67,0	1,15
Österreich	129	−805,1	−0,27	Slowenien	84	490,1	1,40
Schweden	127	−1 325,4	−0,33	Tschechien	80	1 455,2	1,01
Dänemark	125	−836,6	−0,34	Griechenland	79	4 622,6	2,22
Deutschland	121	−9 002,5	−0,34	Portugal	77	2 983,7	1,81
Belgien	119	−1 369,6	−0,36	Slowakei	73	1 160,6	1,71
Finnland	114	−652,1	−0,34	Estland	67	350,4	2,31
Großbritannien	109	−5 565,0	−0,32	Litauen	66	1 368,0	4,63
Frankreich	108	−6 405,8	−0,31	Ungarn	66	4 418,3	4,67
Italien	100	−5 933,0	−0,38	Polen	64	10 975,1	3,10
				Lettland	58	731,3	3,62
				Rumänien	49	1 451,5	1,08
				Bulgarien	46	725,4	1,94

Quelle: Europäische Kommission 2012b: 10; Eurostat

Die Erwartung bestätigt sich auffallend: Der Finanzausgleich innerhalb der Gemeinschaft erfüllt seinen Zweck. Zwei Ausnahmen bedürfen vielleicht der Erklärung. Irland, bis Anfang der 1990er Jahre eines der ärmsten Mitgliedländer, ist noch immer ein Nettoempfänger. Darin äußerst sich die Trägheit der Strukturpolitik: Der Abbau von Fördermaßnahmen erfolgt nur über längere Zeit. Auf der anderen Seite erhalten Bulgarien und Rumänien vergleichsweise geringe Zuwendungen. Das liegt abgesehen von ihrer schwachen Verwaltungskapazität, die für die Mittelvergabe eine Rolle spielt, vor allem daran, dass sie erst mit Beginn der mittelfristigen Planungsperiode 2007–2013 Mitglied der Union wurden.

Es ist wichtig festzustellen, dass Finanzierungssalden ein Maß für direkte budgetäre Kosten und Nutzen eines Landes aus der EU-Mitgliedschaft darstellen. Nicht mehr und nicht weniger. Die weitaus größeren, nicht unmittelbar budgetwirksamen Kosten und Nutzen, wie wir sie in den meisten Kapiteln des Buches diskutieren, und die indirekten budgetären Vor- und Nachteile erfasst die Nettoposition nicht. Das große öffentliche Interesse an den Finanzierungssalden lässt jedoch eher befürchten, dass sie als Maß für die gesamten Vor- und Nachteile der EU-Mitgliedschaft fehlinterpretiert werden.

Akut wurde das Problem der Nettopositionen erst mit dem Beitritt Großbritanniens im Jahre 1973. Die strukturelle Zusammensetzung des EU-Haushalts zu dieser Zeit war für die Briten besonders unvorteilhaft. Auf der Einnahmenseite führten zwei Faktoren zu einer starken Belastung: zum einen die ausgeprägte britische Präferenz für Importe aus Commonwealth-Staaten, die britische Konsumenten besonders stark mit Zöllen und Agrarabschöpfungen belegte; zum anderen der Mehrwertsteuer-Beitrag, der auf Grund der besonders hohen Konsumneigung der Briten (das ist auch heute noch so: Die Konsumquote betrug 2012 in Großbritannien 87,8 %, in Deutschland 76,4 %) überproportional ausfiel. An den EU-Ausgaben, die 1973 eindeutig von Zahlungen im Rahmen der Agrarpolitik dominiert wurden, partizipierte Großbritannien infolge seines relativ kleinen Agrarsektors nur unterdurchschnittlich. In der Summe ergab sich daraus eine Nettozahlerposition in Höhe von annähernd 1 % des britischen BIP – für ein zu jener Zeit nicht überdurchschnittlich produktives Land schien das inakzeptabel.

Es dauerte mehr als 10 Jahre bis eine grundsätzliche Regelung gefunden und umgesetzt werden konnte. Erst auf der Ratstagung von Fontainebleau 1984 gelang es Margaret Thatcher, mittels ihrer berühmt gewordenen Handtaschendiplomatie eine spezifische Regelung für den Umgang mit der britischen Nettozahlerposition durchzusetzen (siehe Kap. 2). Die durch den britischen Rabatt entstehenden Mindereinnahmen der EU werden durch zusätzliche Beiträge der anderen Mitgliedstaaten kompensiert. Es geht dabei um mehrere Milliarden Euro.

Es gibt immer wieder Versuche, die exklusive Behandlung Großbritanniens abzuschaffen, denn anscheinend liegen die Ursachen, derentwegen sie eingeführt wurde, seit einigen Jahren nicht mehr vor. Das Einkommen pro Kopf lag in Großbritannien bereits vor der Osterweiterung deutlich über dem EU-Durchschnitt. Zudem spielen heutzutage BNE-Eigenmittel eine viel größere Rolle als Mehrwertsteuer-Eigenmittel, so dass es von der Einnahmeseite nicht mehr zu einer überproportionalen Belastung von Staaten mit hoher Konsumquote kommt. Auch auf der Ausgabenseite hat sich das britische Problem durch den relativen Bedeutungsverlust von Agrarausgaben entschärft. Doch Tabelle 9.2 macht deutlich, dass Grossbritannien einen normalen Beitrag zur Umverteilung leistet. Deshalb werden die Versuche der Abschaffung des Rabatts von Großbritannien regelmäßig abgelehnt. Auf Grund der Einstimmigkeitsregel für Budgetentscheidungen kann der Briten-Rabatt auch nur mit Zustimmung Londons abgeschafft werden.

9.3 Agrarpolitik – eine Altlast?

9.3.1 Agrarpolitik als Umverteilungspolitik

Die gemeinsame Agrarpolitik (GAP) nimmt über 1/3 des EU-Budgets und einen mindestens ebenso großen Anteil an der Kritik der europäischen Wirtschaftspolitik für sich in Anspruch. Das gilt es zu erklären. Abgesehen von der Handelspolitik, die in einer Zollunion definitionsgemäß gemeinsam sein muss, ist die Agrarpolitik die älteste gemeinsame Wirtschaftspolitik. Sie gehört sozusagen zum Gründungsinventar der EWG.

Die meisten Länder der Welt kennen eine staatliche Landwirtschaftspolitik. Die Landwirtschaft und der bäuerliche Stand werden quasi wie ein öffentliches Gut behandelt, das sich, dem Markt überlassen, angeblich nicht so entwickeln würde, wie es den allgemeinen Präferenzen entspricht. Motive hinter solchen Überzeugungen sind jahrhundertealte Erfahrungen mit regelmäßig wiederkehrenden Hungersnöten und Versorgungsengpässen in Kriegs- und Krisenzeiten. Die zwei großen Kriege des 20. Jahrhunderts haben diese Erfahrungen noch einmal bestätigt. So nimmt es nicht Wunder, dass in der Zeit der Gründung der EWG, als die Landwirtschaft noch durchschnittlich 20 % der Arbeitsplätze bot, Einkommenssicherung, Versorgungssicherheit und Selbstversorgung Westeuropas aktuelle Themen waren. Und jedes Land besaß seinen eigenen wirtschaftspolitischen Mix aus Zolltarifen, Handelsbeschränkungen, Subventionen, Abnahmegarantien und anderen Instrumenten, um seine Bauern zu stützen, die Preise und damit die Reallöhne zu stabilisieren und die Versorgung mit Nahrungsmitteln sicherzustellen.

Ein gemeinsamer Markt, in dem ein Sektor durch nationale staatliche Eingriffe reguliert wird, kann nicht funktionieren. Die meisten wirtschaftspolitischen Instrumente wirken wettbewerbsverzerrend. Aus diesem Grund beschränken sich viele Freihandelszonen und Zollunionen auf das warenproduzierende Gewerbe und schließen die Primärproduktion aus. So zum Beispiel die EFTA. Das hat die EWG nicht getan, sondern von Anfang an einen gemeinsamen Agrarmarkt angestrebt. Damit entstand die Notwendigkeit, entweder den Agrarmarkt zu liberalisieren und ganz auf Agrarpolitik zu verzichten oder eben eine gemeinsame Agrarpolitik zu schaffen. Das hat man auch gleich in den Vertrag (Art. 38.4 AEUV) geschrieben:

> Mit dem Funktionieren und der Entwicklung des Binnenmarkts für landwirtschaftliche Erzeugnisse muss die Gestaltung einer gemeinsamen Agrarpolitik Hand in Hand gehen.

Eine Zollunion bringt mit großer Wahrscheinlichkeit Wohlfahrtsgewinne für ein exportorientiertes Industrieland wie Deutschland. Frankreich und Italien besaßen komparative Vorteile in der Landwirtschaft. Das ist erst einmal ein Argument für einen gemeinsamen Agrarmarkt. Die Zollunion wird allerdings nur zustande kommen, wenn eine faire Verteilung der Wohlfahrtsgewinne stattfindet. Die GAP soll eine solche faire Verteilung sicherstellen und war

Frankreichs Bedingung für das Zustandekommen der EWG. Dabei findet Umverteilung über zwei Kanäle statt: direkt von den Konsumenten auf die Produzenten durch die Preispolitik, wobei Länder mit EU-internen Agrarexportüberschüssen profitieren, und indirekt über die Ausgaben für die Landwirtschaft aus dem EU-Budget, wobei die Nettozahler (zu Anfang fast ausschließlich Deutschland) die Nettoempfänger (vor allem Frankreich und Italien) subventionieren.

Die GAP entspringt also verschiedenen Überlegungen:

- Der gemeinsame Markt soll für alle Güter und Dienstleistungen geschaffen werden, um komparative Kostenvorteile optimal zu nutzen.
- Der Agrarsektor soll stabilisiert und gestützt werden.
- Die Agrarpolitik wird als Umverteilungsmechanismus zum Ausgleich der Vorteile aus dem gemeinsamen Markt verwendet.

Die Einwände gegen die Agrarpolitik richten sich fast ausschließlich gegen den zweite Aspekt, d.h. vor allem gegen die konkrete Ausgestaltung der Politik. Die relative Reformresistenz der Agrarpolitik ist auf den dritten Aspekt zurückzuführen und hier vor allem auf den Widerstand Frankreichs gegen eine Abschwächung der kompensatorischen Umverteilung. Nach der Osterweiterung fand es in den neuen Mitgliedländern Bundesgenossen. Die faktische Notwendigkeit einer kompensatorischen Umverteilung, die Frage also, ob die Vorteile aus dem gemeinsamen Markt noch immer ungleich verteilt sind, wird dabei nicht zur Diskussion gestellt. Ein exakter quantitativer Nachweis stieße auch auf erhebliche analytische und statistische Schwierigkeiten. Doch eines ist sicher: Nach über fünfzig Jahren Integration hat eine weitgehende strukturelle Konvergenz stattgefunden, was zu einer interregionalen Annäherung der Vor- und Nachteile führte.

Als die römischen Verträge verhandelt wurden, also Mitte der 1950er Jahre, war die Landwirtschaft in Europa – mit Ausnahme Großbritanniens – ein bedeutender Wirtschaftssektor. Sie sorgte allerdings für mehr Beschäftigungsmöglichkeiten, als ihr Beitrag zum Bruttoinlandsprodukt (BIP) ausmachte. Das heißt, die Landwirtschaft wies eine unterdurchschnittliche Produktivität auf, zum Teil von so großem Ausmaß, dass man von versteckter Arbeitslosigkeit sprechen konnte. Daraus folgt zweierlei: Zum einen werden auch die Einkommen in diesem Sektor unterdurchschnittlich sein, und zum anderen ergibt sich ein Zwang zum sektoralen Strukturwandel, zum Abbau der landwirtschaftlichen Beschäftigung. Dieser Wandel hat in den folgenden 50 Jahren stattgefunden, ob dank oder trotz der GAP, bleibe dahingestellt.

Wir haben es hier mit einem marginalen Sektor zu tun, der zur Bruttowertschöpfung der EU-27 im Jahr 2011 nur 1,7 % beitrug und 5,3 % der Arbeitskräfte beschäftigte. Daraus erhellt die auch heute noch weit unterdurchschnittliche Produktivität des Sektors. Dass er noch immer über 1/3 des EU Budgets beansprucht, ist schwer zu verstehen. Solange die EU keinen Verteidigungshaushalt, keinen Arbeitsmarkt- und Sozialhaushalt hat und auch die übrige Wirtschaftspolitik eher regulativ als budgetär betreibt, bleibt die Landwirtschaftspolitik neben der Struktur- und Kohäsionspolitik jedoch ein herausragender Ausgabenposten in einem Budget, das nur 1 % des BIP der Union ausmacht.

9.3.2 Ziele der gemeinsamen Agrarpolitik

Der GAP liegen drei Prinzipien zugrunde, die einen wesentlichen Einfluss auf ihre Struktur haben:

- *Ein einheitlicher Binnenmarkt für Agrargüter:* Der einheitliche Binnenmarkt ist das Grundprinzip der Gemeinschaft. Die Einbeziehung der Agrargüter in den gemeinsamen Markt, ja die bevorzugte Behandlung des Agrarbinnenmarktes, war für Frankreich eine wichtige Voraussetzung für die Bildung der EWG.
- *Eine Gemeinschaftspräferenz für Agrargüter:* Jede Zollunion hat grundsätzlich eine Gemeinschaftspräferenz für die innerhalb ihrer Grenzen hergestellten Güter. Das ist der Sinn der Veranstaltung. Die Präferenz kann aber stärker oder schwächer ausgeprägt sein, d.h. der Zollschutz kann hoch oder niedrig sein. Die Gemeinschaftspräferenz für Agrargüter der EWG bedeutete eine Hochzollpolitik, bzw. das Bemühen, sich so weit wie möglich selbst zu versorgen.
- *Finanzielle Solidarität unter den Mitgliedländern:* Die Kosten einer gemeinsamen Agrarpolitik, von denen von Beginn an klar war, dass sie nicht unerheblich sind, werden von den Mitgliedländern solidarisch getragen. Das heißt vor allem, dass nicht das Verursacherprinzip bestimmend ist, sondern das Prinzip der Tragfähigkeit. Dem liegt die erwähnte Idee zugrunde, auf diese Weise Nettovorteile aus der Integration im industriellen Bereich umzuverteilen.

Der Vertrag listet fünf Ziele der Landwirtschaftspolitik auf (Art. 39.1 AEUV):

Ziel der gemeinsamen Agrarpolitik ist es:

1. die Produktivität der Landwirtschaft durch Förderung des technischen Fortschritts, Rationalisierung der landwirtschaftlichen Erzeugung und den bestmöglichen Einsatz der Produktionsfaktoren, insbesondere der Arbeitskräfte, zu steigern;
2. auf diese Weise der landwirtschaftlichen Bevölkerung, insbesondere durch Erhöhung des Pro-Kopf-Einkommens der in der Landwirtschaft tätigen Personen, eine angemessene Lebenshaltung zu gewährleisten;
3. die Märkte zu stabilisieren;
4. die Versorgung sicherzustellen;
5. für die Belieferung der Verbraucher zu angemessenen Preisen Sorge zu tragen.

Für sich genommen sind die Ziele durchaus sinnvoll. Bei jedem einzelnen ist aber die Frage zu stellen, inwiefern dieses Ziel nicht vom freien Markt realisiert werden könne, sondern eine staatliche Landwirtschaftspolitik notwendig mache. Grundsätzlich gilt für jeden Wirtschaftsbetrieb in einer Marktwirtschaft, dass er ein angemessenes, d.h. ein annähernd durchschnittliches

Einkommen nur dann hervorbringt, wenn er durch Investition und Innovation Schritt hält mit der allgemeinen Wirtschaftsentwicklung. Wirtschaftszweige mit systematisch unterdurchschnittlicher Produktivität werden im Prozess des Strukturwandels Beschäftigung abbauen, Unternehmen zu konkurrenz-fähigen Einheiten ausbauen und marginale Betriebe schließen. Das erfolgt normalerweise im Wettbewerbsprozess. Dieser Wettbewerbsprozess ist durch die GAP beschränkt. Protektionismus erlaubt es, das EU Agrarpreisniveau vom Weltmarktpreisniveau abzukoppeln und über höhere Preise Einkommen zu generieren, die wiederum Investition und Innovation ermöglichen – soweit das alte Schutzzollargument. Mit jeder Erweiterungsrunde ist der EU Raum und damit der gemeinsame Agrarmarkt größer geworden. Damit nimmt das Wettbewerbspotential zu. Wir sahen aber bereits, dass es der europäischen Landwirtschaft nicht gelungen ist, zur allgemeinen Wirtschaftsentwicklung aufzuschließen. Das scheint nicht ein europäisches, sondern ein universelles Problem zu sein: Alle hoch entwickelten Länder betreiben Agrarpolitik, be-vorteilen die heimische Produktion oder versuchen, Einkommen zugunsten der Bauern umzuverteilen.

Box 9.2: Sind landwirtschaftliche Produkte besondere Güter?

Die Produkte der Landwirtschaft sind Rohstoffe, die zum Teil in nur gering ver-arbeiteter Form in den Konsum, zum Teil aber in komplexe Weiterverarbeitungs-prozesse eingehen. Nahrungsmittel sind Subsistenzgüter, sie können aber auch zu Luxusgütern werden. Subsistenzgüter haben die Eigenschaft einer niedrigen Preiselastizität der Nachfrage: Wenn das Mehl 10 % billiger wird, wird man kaum mehr davon kaufen. Luxusgüter weisen dagegen eine höhere Preiselastizität auf: Wenn die Spargel billiger werden, nimmt der Absatz spürbar zu. (Zur Erinnerung: Die Preiselastizität der Nachfrage ε_p ist definiert $\varepsilon_p = (\Delta q/q)/(\Delta p/p)$, wobei q für die *ceteris paribus* nachgefragte Menge und p für den Preis stehen. Normaler-weise ist $\varepsilon_p < 0$. Wenn wir von einer niedrigen Preiselastizität sprechen, dann ist $|\varepsilon_p| < 1$ gemeint.)

Für Nahrungsmittel gilt das Engelsche Gesetz: Die Einkommenselastizität der Nachfrage ist positiv, aber kleiner eins, und nimmt mit steigendem Einkommen ab. (Zur Erinnerung: Die Einkommenselastizität der Nachfrage ε_y ist definiert $\varepsilon_y = (\Delta q/q)/(\Delta y/y)$, wobei q wiederum für die *ceteris paribus* nachgefragte Menge und y für das Einkommen stehen. Das Engelsche Gesetz bezieht sich allerdings auf die Ausgaben (pq) für Nahrungsmittel und wird erst über die *ceteris paribus* Annahme mit der Einkommenselastizität verbunden.) In den Entwicklungslän-dern beträgt $\varepsilon_y^{Nahrung} \approx 0{,}6$, d.h. von jedem zusätzlichen Euro werden 60 Cents für Nahrungsmittel ausgegeben. In den entwickelten Industrieländern dagegen ist $\varepsilon_y^{Nahrung} \approx 0{,}2$. So können wir sehen, wie der Anteil der Nahrungsmittel (und alkoholfreien Getränke) an den Konsumausgaben in Europa unter anderem mit dem Entwicklungsniveau variiert und im Laufe der Zeit mehr oder minder rasch abnimmt.

Tabelle 9.3: *Anteil der Nahrungsmittel und alkoholfreien Getränke an den Konsumausgaben 1990–2010, in %*

Land	1990	2000	2010	Land	1995	2010
Großbritannien	12,3	9,7	9,1	Tschechien	18,7	14,1
Österreich	12,4	10,2	10,0	Ungarn	23,4	16,8
Deutschland	13,4*	11,6	11,4	Polen	29,9	19,6
Frankreich	15,3	13,9	13,5	Rumänien	38,5	27,5
Portugal	23,5	16,6	16,4			

* 1991

Quelle: Eurostat

Solche Nachfrageeigenschaften haben Agrargüter mit vielen anderen Basisgütern (z.B. Kleidung, Schuhe) gemein, ohne dass es dort zu Marktinterventionen käme. Auf der Angebotsseite stechen zwei Eigenschaften hervor. Zum einen ist die kurzfristige Preiselastizität des Angebots auf Grund der Ausreifungszeiten niedriger als die langfristige. Auch das gilt für viele Güter. Zum anderen ist die kurzfristige Angebotskurve vor allem in der Pflanzenproduktion auf Grund der Wetterbedingungen erheblichen Schwankungen unterworfen. Zusammen mit der niedrigen Preiselastizität der Nachfrage kann das zu größeren Preis- und damit auch Erlösschwankungen führen. Zum Auffangen entsprechender Risiken bieten Termin- und Versicherungsmärkte geeignete Produkte an.

Aus den Angebots- und Nachfragebedingungen für landwirtschaftliche Produkte lassen sich nur mit Mühe besondere Merkmale ableiten, die eine staatliche Intervention in den Markt und eine staatliche Fürsorge für den Agrarsektor unerlässlich machen. Solche besonderen Merkmale müssen woanders gesucht werden: vor allem im hohen Stellenwert, den Ernährung in der Bedürfnispyramide hat, in der sozialen Bedeutung, die traditionell der bäuerlichen Familie zugeschrieben wird, und im Reiz, den der ländliche Raum als Erholungsgebiet für eine vorwiegend urbane Bevölkerung bietet. Landwirtschaft war anscheinend ein öffentliches Gut, von dem der Markt, auf sich selbst gestellt, zu wenig produziert hätte. Je moderner die Landwirtschaft wird, desto weniger ist das noch der Fall.

Die drei weiteren Ziele, Stabilisierung der Märkte, Sicherstellung der Versorgung und angemessene Konsumgüterpreise werden unter normalen Bedingungen vom Wettbewerb in ausreichendem Maß erfüllt. Dabei ist nicht zu übersehen, dass angemessene Konsumgüterpreise und angemessene Einkommen der Bauern in einem gewissen Konflikt stehen. Der Vertrag spricht sich nicht darüber aus, was angemessen sei. Wenn aber das europäische Agrarpreisniveau durch protektionistische Maßnahmen über das Weltmarktpreisniveau angehoben wird, um den Bauern angemessene Einkommen zu sichern, dann müssen die Konsumenten die Rechnung mit höheren als weltüblichen Preisen bezahlen.

Die Notwendigkeit, die Märkte zu stabilisieren und auch die Versorgung sicherzustellen, folgt aus den naturbedingten Outputschwankungen. Bei einer Missernte in einem geschlossenen Wirtschaftsraum werden die Agrarprodukte knapp und die Preise steigen – das nannte man früher eine Teuerung. Eine stabilisierende Reaktion auf diese Eventualität ist Vorratshaltung, die Joseph im alten Ägypten staatlich organisiert hat, was heutzutage zwar nicht zwingend, aber in vielen Ländern üblich ist. Die andere Reaktion ist Freihandel – hier hat die liberale Maxime *laissez faire, laissez passer* ihren Ursprung. Der mögliche Einkommensausfall beim lokalen Produzenten kann entweder durch eine staatliche Subvention oder durch eine Ernteausfallversicherung aufgefangen werden.

Für die moderne Agrarpolitik spielt die entgegengesetzte Situation eine viel wichtigere Rolle – eine besonders gute Ernte. Auf Grund der Nachfragebedingungen fallen bei steigenden Mengen die Preise und Erlöse rasch. Die Konsumenten profitieren davon, aber die Produzenten erleiden Einkommenseinbußen. Um diesen Einkommensverfall zu verhindern, muss man einen Teil der Angebotsmenge aus dem Markt nehmen und damit den Preis stützen. Das kann der einzelne Anbieter nicht leisten. Eine kollektive Aktion ist erforderlich. Entweder der Staat fixiert die Preise und garantiert die Abnahme überschüssiger Produktion. Oder eine genossenschaftliche Organisation der Produzenten nimmt bei Unterschreitung eines Mindestpreises das Angebot aus dem Markt und entschädigt den betroffenen Anbieter. So funktionieren z.B. die Gemüse- und Blumenmärkte in den Niederlanden.

Den Verfassern von Art. 39.1 AEUV scheinen ebenfalls Zweifel gekommen zu sein, ob die durchaus plausiblen Ziele eine staatliche Lenkung des Agrarsektors rechtfertige. Sie haben dem ersten Absatz deshalb einen zweiten hinzugefügt (Art. 39.2 AEUV):

> Bei der Gestaltung der gemeinsamen Agrarpolitik und der hierfür anzuwendenden besonderen Methoden ist folgendes zu berücksichtigen:
>
> a) die besondere Eigenart der landwirtschaftlichen Tätigkeit, die sich aus dem sozialen Aufbau der Landwirtschaft und den strukturellen und naturbedingten Unterschieden der verschiedenen landwirtschaftlichen Gebiete ergibt;
>
> b) die Notwendigkeit, die geeigneten Anpassungen stufenweise durchzuführen;
>
> c) die Tatsache, dass die Landwirtschaft in den Mitgliedstaaten einen mit der gesamten Volkswirtschaft eng verflochtenen Wirtschaftsbereich darstellt.

Dieser zweite Absatz macht die Sache keineswegs besser. Hinter jedes der drei Argumente für eine besondere Behandlung des landwirtschaftlichen Sektors kann man ein dickes Fragezeichen setzen:

a) Die besondere Eigenart des sozialen Aufbaus der Landwirtschaft zielt auf den bäuerlichen Familienbetrieb. Er ist nicht nur in den neuen Mitgliedländern einschließlich Ostdeutschlands auf dem Rückzug und macht kapitalintensiven Großbetrieben Platz.

b) Bei den geeigneten Anpassungen handelt es sich um den sektoralen Strukturwandel, der sozial verträglich zu gestalten ist. Das gilt generell. Im konkreten Fall fand der Strukturwandel in den Nachkriegsjahren in einer Periode raschen Wirtschaftswachstums statt. Die Verlagerung der Beschäftigung aus der Landwirtschaft in die Industrie- und Dienstleistungssektoren erfolgte problemlos. Hier hat vor allem der Markt funktioniert.

c) Der hohe Verflechtungsgrad der Landwirtschaft mit den übrigen Wirtschaftssektoren wäre erst einmal in einer Input-Output Analyse zu überprüfen. Dabei stellte sich sicher heraus, dass die Landwirtschaft auf der Outputseite relativ konzentrierte Lieferbeziehungen hat und andere Sektoren, Energie und Transport z.B., stärker integriert sind. Zur Zeit der Verhandlung des EWG-Vertrages in den 1950er Jahren schrieb man dem Staat eine besondere Verantwortung zu für stark verflochtene Basissektoren (eben Transport, Energie, die sogenannten „öffentlichen" Versorgungsbetriebe allgemein). Die einer solchen Einstellung zugrunde liegende Vermutung des Marktversagens war jedoch nicht zu belegen. Und so plädiert inzwischen auch die EU im Rahmen der Realisierung des gemeinsamen Marktes für eine Liberalisierung dieser Sektoren.

9.3.3 Instrumente der gemeinsamen Agrarpolitik

Die liberale Orthodoxie kennt nur ein Instrument für erfolgreiche Agrarpolitik – Freihandel. Durch die Öffnung der Grenzen für den Handel mit Agrargütern steht einem das Angebot der ganzen Welt zur Verfügung: Versorgungssicherheit und angemessene Preise sind garantiert. Durch den scharfen Wettbewerb werden die marginalen Betriebe zur Aufgabe gezwungen, während die überlebenden Betriebe mittels Innovation und Investition ihre Produktivität erhöhen. Die abwandernden Arbeitskräfte finden in den übrigen Wirtschaftszweigen produktivere Beschäftigung, und die verbleibenden Bauern kommen durch die Produktivitätssteigerung auf durchschnittliche Einkommen. Tatsächlich vertraut kein Industrieland auf diesen Mechanismus, sondern stützt seine Landwirtschaft auf die eine oder andere Weise. Dies kann allerdings mit mehr oder minder hohen Wohlfahrtskosten geschehen.

Tabelle 9.4: Übersicht über die Instrumente der Agrarpolitik

	An der Grenze	*Auf dem heimischen Markt*	*Beim landwirtschaftlichen Betrieb*
Preisinstrumente	Zölle Variable Importabgaben	steuerliche Vergünstigungen	Preisausgleichszahlungen
Mengenregulierungen	Importquoten	Aufkäufe und Lagerhaltung	Produktionsquoten Stillegungs- und Abschlachtprämien
Subventionen	Exportsubventionen	FuE Subventionen Konsumsubventionen	Inputsubventionen Kreditsubventionen
Andere Regulierungen	Importverbote	Qualitätskontrolle	Gesundheits- und Qualitätsvorschriften

Um das zentrale Ziel der Agrarpolitik, die Sicherung der bäuerlichen Einkommen, zu verwirklichen, kann die Politik an der Grenze, d.h. am Übergang zum Weltmarkt, ansetzen, am heimischen Markt oder direkt an den landwirtschaftlichen Betrieben.

- *An der Grenze:* Wichtigstes Instrument auf der Importseite sind Zölle und Importquoten. In der gemeinsamen Agrarpolitik waren die Zölle lange Zeit variabel (sogenannte variable Einfuhrabgaben), um sicher zu stellen, dass ein fixierter Richtpreis nicht unterboten wird. Importquoten sind nicht mit den Regeln der Welthandelsorganisation (GATT bzw. WTO) kompatibel. Sie tauchen nur im Zusammenhang mit präferentiellen Importen zum Beispiel aus den AKP-Staaten (siehe Kap. 8) auf. Nicht-tarifäre Handelshemmnisse sind ebenfalls stark verbreitet: Importverbote (z.B. aus seuchengefährdeten Regionen oder von genmanipulierten Produkten), Qualitäts- und Kontrollvorschriften und ähnliche. Interventionen an der Grenze bewirken eine Erhöhung des Preises. Sie treffen folglich die Konsumenten negativ und die Produzenten positiv. Auf der Exportseite hat die Politik die Möglichkeit, Exporte zu subventionieren. Interventionen an der Grenze rufen die internationalen Wettbewerber auf den Plan. Im Rahmen der WTO versuchen sie, den Abbau der Interventionen an der Grenze zu vereinbaren, d.h. den internationalen Handel mit Agrargütern zu liberalisieren.

- *Auf dem heimischen Markt:* Am einfachsten ist die öffentliche Intervention – der Aufkauf von überschüssiger Produktion und ihre Einlagerung. Der Abbau dieser Lager, wenn sie das normale Maß der Produktionsschwankungen überschreiten, kann dann nur über Subventionen erfolgen, entweder die bereits erwähnten Exportsubventionen oder Konsumsubventionen (die sogenannte Weihnachtsbutter z.B.). Generelle Konsumsubventionen treten in der Form von niedrigeren indirekten Steuern für Nahrungsmittel auf.

Die Produktivität der Landwirtschaft hängt neben den Fähigkeiten der Bauern wesentlich von der Entwicklung neuer Sorten, neuer Rassen, neuer Pflanzenschutzmittel und veterinärmedizinischer Medikamente ab. Viele dieser Innovationen werden mit öffentlichen Mitteln oder in öffentlichen Forschungseinrichtungen entwickelt. Man könnte auch die Infrastrukturpolitik mit einbeziehen, denn die Transportkosten spielen in der Landwirtschaft eine wesentliche Rolle. Hier befinden wir uns an der Grenze zwischen Agrar- und Regionalpolitik, wo in der EU-Praxis die Entwicklung des ländlichen Raumes gefördert wird.

- *Beim landwirtschaftlichen Betrieb:* Das preispolitische Instrument, das am landwirtschaftlichen Betrieb ansetzt, sind die sogenannten Preisausgleichszahlungen (*deficiency payments*, die vor allem in Großbritannien vor dem Beitritt zur Europäischen Gemeinschaft üblich waren). Sie haben ähnliche Mengenwirkungen wie ein Zoll mit der Ausnahme, dass der endgültige Wohlfahrtsverlust (*dead weight loss*) einer Zollerhebung nicht auftritt. Im Unterschied zur Intervention an der Grenze bleibt der Weltmarktpreis im Inland gültig und für die Konsumenten preisbestimmend.

Die Differenz zum gewünschten Produktionsrichtpreis wird den Bauern direkt aus Steuermitteln ausbezahlt. Abb. 9.2 verdeutlicht das:

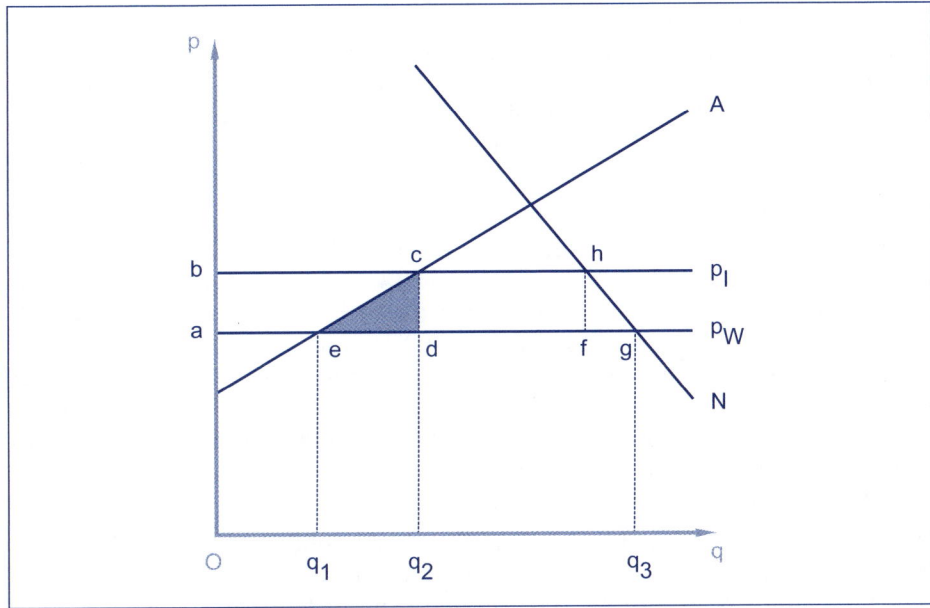

Abbildung 9.2: Preisausgleichszahlungen

p_w ist der Weltmarktpreis, p_I der angestrebte Produktionsrichtpreis, d.h. die Bauern erhalten pro produzierter Einheit eine Subvention von $(p_I - p_w)$. Damit werden sie beim Marktpreis p_w ihre Angebotsmenge von q_1 auf q_2 erhöhen. Die Differenz zur konsumierten Menge q_3 wird importiert. Konsummenge, Konsumpreis und Konsumentenrente bleiben unverändert. Die bäuerlichen Erlöse steigen von $(0, q_1, e, a)$ auf $(0, q_2, c, b)$, wovon abcd vom Steuerzahler getragen wird. Wohlfahrtsökonomisch ist das Dreieck (cde) als Verlust (erhöhte Produktionskosten) zu betrachten. Im Unterschied zur Zollerhebung tritt aber der (weitere) Wohlfahrtsverlust (fgh) nicht auf. Preisausgleichszahlungen kombinieren folglich das Ziel eines angemessenen Einkommens der Bauern mit dem Ziel eines angemessenen Preises für die Konsumenten. Bei Inputverflechtungen verursachen Preisausgleichszahlungen bei den Verwendern landwirtschaftlicher Produkte keine politikbedingten Substitutionseffekte.

Preisausgleichzahlungen schränken den Import weniger stark ein als über Zölle geregelte Mindestpreise, sie haben aber noch immer eine (tarifähnliche) handelsbeschränkende Wirkung. Deshalb werden ihnen in den internationalen Verhandlungen direkte produktionsunabhängige Zahlungen an die bäuerlichen Betriebe vorgezogen. Damit findet überhaupt kein unmittelbarer Eingriff in den Agrarmarkt statt, und die Politik kann das für angemessen erachtete Einkommen realisieren. Direkte Einkommenszahlungen sind aber meistens an die bewirtschaftete Fläche gebunden, d.h. genau genommen gehen sie an den Boden und nur indirekt an den Wirt. Die Folge ist klar: Die Bodenpreise steigen und der sektorale Strukturwandel wird erschwert.

Eine rationale Bevölkerung müsste dieses Instrument allen anderen vorziehen, da es eine reine Umverteilungsmaßnahme darstellt und die internen wie die externen Wohlfahrtsverluste der Agrarpolitik minimiert. Emotional erwecken direkte Zahlungen an die Bauern jedoch den Eindruck, dass hier Einkommen ohne produktive Eigenleistung entstehe, was den Grundprinzipien der Marktwirtschaft widerspreche. Der Begriff der „grünen Arbeitslosenunterstützung" *(green dole)* macht das Dilemma deutlich.

Weitere agrarpolitische Instrumente, die direkt beim landwirtschaftlichen Betrieb ansetzen, sind Inputsubventionen, z.B. verbilligte Kredite oder niedrigere Kraftstoffsteuern für Diesel. Eine große Bedeutung spielen schließlich Produktionsbeschränkungen. In der EU treten sie eigentlich nur im Zusammenhang mit einem tarifären Außenschutz auf, um die Gefahr der Überproduktion zu verhindern (Beschränkung der Anbaufläche, Zucker- und Milchquoten). In Ländern, die bei einzelnen Produkten einen wesentlichen Einfluss auf den Weltmarkt haben, können sie auch direkt zur Preisbeeinflussung eingesetzt werden.

Wie wir sehen, verfügt die gemeinsame Agrarpolitik über eine Fülle von Instrumenten. Sie werden in den einzelnen Marktordnungen in jeweils unterschiedlichem Mix eingesetzt. Das klassische Instrument der Agrarpolitik war die Preisregulierung in Verbindung mit Importzöllen, Aufkaufgarantien und Exportsubventionen. Die Ökonomie der Preisregulierung entspricht in wesentlichen Zügen der Ökonomie des Zolls, die wir in Kapitel 1 dargestellt haben, und sollte deshalb vertraut sein.

Marktordnungen gibt es zum Beispiel für Getreide, Zucker, Milch und Milchprodukte, für Rindfleisch, Schaffleisch, Schweinefleisch, für Obst und Gemüse, Hülsenfrüchte und Ölsaaten und selbst für Tabak, was besonders delikat ist, da die EU-Gesundheitspolitik Regulierungen gegen den Tabakkonsum erlässt. Und es gibt eine Bananenmarktordnung, wenn auch kaum Bananen aus gemeinschaftsinterner Produktion.

Box 9.3: Ausgerechnet Bananen!

Eine *cause célèbre* der EU-Agrar- und Handelspolitik ist die Bananenmarktordnung (Cascante/Sander 1999). Deutschland ist nicht erst seit der Wende eine „Bananenrepublik" und hatte sich schon bei der Gründung der EWG die zollfreie Einfuhr von Bananen ausbedungen. England und Frankreich sahen sich ihren ehemaligen Kolonien, den AKP Staaten, gegenüber in der Pflicht und importierten bevorzugt aus diesen Ländern. Benachteiligt fühlten sich die übrigen Bananen produzierenden Entwicklungsländer, vor allem aber die US-amerikanischen Handelskonzerne, die den internationalen Bananenmarkt beherrschen.

Mit der Einführung des Binnenmarktes musste auch dieser Handelszweig vereinheitlicht werden – folglich wurde 1993 eine einheitliche Bananenmarktordnung

---

erlassen. Nun ist Banane nicht gleich Banane. Es gibt Gemeinschaftsbananen, traditionelle AKP-Bananen, nicht-traditionelle AKP-Bananen und Drittländerbananen, die mit differenzierten Kontingenten und Zollsätzen belegt oder gefördert werden wie die Gemeinschaftsbananen aus den französischen Überseegebieten, den Kanaren, Azoren, Madeira und Griechenland. Diese Bananenmarktordnung war mit den GATT Bestimmungen nicht vereinbar, wie WTO-Schiedsgerichte wiederholt festgestellt haben. Das Problem ist ein tragbarer Kompromiss zwischen dem Vertrag von Lomé, der grundsätzlich von der WTO akzeptiert wird und der eine präferentielle Behandlung der AKP Staaten durch die EU vorsieht, und den GATT/WTO Regeln, die eine diskriminierende Handelspolitik verbieten.

Die Bananenmarktordnung schützt aber auch die europäischen Händler, die vornehmlich mit AKP-Bananen handeln, gegenüber den US-amerikanischen Handelskonzernen, die vor allem lateinamerikanische Drittländerbananen vertreiben. Der Versuch von Importeuren von Drittländerbananen, das Bundesverfassungsgericht zum Schutz ihres Eigentums und ihrer Berufsfreiheit anzurufen, ist im Jahr 2000 gescheitert: Im Anschluss an die *Solange II Entscheidung* (vgl. Kap. 3) lehnte das Gericht eine entsprechende Vorlage als unzulässig ab, da der Grundrechtsstandard der EU unverändert hoch sei und somit das Urteil des EuGH, die Bananenmarktordnung verletze keine EU-Rechte, nicht gegen das deutsche Grundgesetz verstoßen könne.

Am Ende langwieriger Streitigkeiten über die Bananenmarktordnung hat die EU zum 1. Januar 2006 die Quoten abgeschafft und ist zu einer reinen Zollregelung übergegangen. Der Zoll wurde auf 176 € pro Tonne festgesetzt und den AKP-Ländern wurde ein zollfreies Kontingent von 775 000 t zugestanden (VO 1964/2005).

Wir haben gesagt, das klassische Instrument der gemeinsamen Agrarpolitik *war* die Preisregulierung. Dies ist aus wohlfahrtsökonomischer Sicht das aufwendigste Verfahren. So ist es wenig verwunderlich, dass im Laufe der Zeit politisch-ökonomischer Druck auf die gemeinsame Agrarpolitik ausgeübt wurde, das Verfahren zurückzuführen oder ganz aufzugeben. Der Druck kam aus der Gemeinschaft von den Nettozahlern. Und der Druck kam von außen von den Konkurrenten auf dem Weltmarkt, die einerseits kaum Zutritt zum europäischen Markt haben und andererseits mit den subventionierten EU-Exporten konfrontiert sind. Vor allem die GATT- und WTO-Runden führten zu Verhandlungspaketen, in denen Konzessionen an die EU im Handel mit Industriegütern oder bei Auslandsinvestitionen durch Konzessionen an die Agrarexportstaaten ausgeglichen werden. Damit wird der Spielraum für Interventionen an der Grenze verringert.

Wenn man das Ziel Einkommenssicherung für die bäuerlichen Betriebe nicht aufgeben will, dann führt der Weg über die Preisausgleichszahlungen zu direkten Zahlungen an die Betriebe. Dieser Reformprozess ist 1992 mit der sogenannten MacSharry-Reform eingeleitet worden und noch nicht abgeschlossen.

9.3.4 Zur politischen Ökonomie der Reformen der Gemeinsamen Agrarpolitik

Den ersten Reformplan legte Sicco Mansholt (1908–1995), der damalige EWG-Kommissar für Landwirtschaft, im Jahr 1968 vor, kurz nachdem die gemeinsame Agrarpolitik ihre volle Aktivität aufgenommen hatte. Mansholt – selbst ein Bauer aus den nördlichen Niederlanden – sah, dass die Preisstützung zur Ausdehnung der Anbauflächen, der Viehherden und zur Steigerung der Produktivität führe und es absehbar sei, wann die Produktion auf dem heimischen Markt nicht mehr abgesetzt werden könne. Damit würden der Interventionsmechanismus und die Exportförderung in Wirkung treten und das Gemeinschaftsbudget belasten. Der Mansholt-Plan sah Flächenstillegungen und einen beschleunigten Abbau der Beschäftigung im Agrarsektor vor, um so das Marktgleichgewicht wiederherzustellen. Ganz im Sinne Jean Monnets sollte die Durchführung des Mansholt-Plans sektoralen Planungsorganen übertragen werden, d.h. ihm lag ein korporatistisches Modell einer gelenkten Marktwirtschaft zugrunde. Er kam nicht zur Ausführung, weil Ende der 1960er Anfang der 1970er Jahre die Probleme noch nicht drängend waren.

Das sollte sich bald ändern. Mit der ersten Erweiterungsrunde kam 1973 Großbritannien in die EWG, das von Beginn an der GAP kritisch gegenüberstand und eine unbeschränkte Ausweitung des Gemeinschaftsbudgets zur Finanzierung der Agrarpolitik blockierte. Mit der Ölkrise von 1973 endete die lange Nachkriegsprosperität, so dass auch in den übrigen Mitgliedländern die Regierungen mit Haushaltsproblemen konfrontiert wurden. Die Briten wurden allerdings mit dem Kompromiss von Fontainebleau (siehe Kap. 2) zufrieden gestellt, ohne dass es zu einer tiefer greifenden Reform der GAP gekommen wäre. Es dauerte bis zur zweiten Erweiterungsrunde in den 1980er Jahren, bevor neuerliche substantielle Reformen angestrengt wurden. Denn Spanien, Portugal und Griechenland waren wenig geneigt, die alte Agrarpolitik fortzuführen, die einseitig die Produkte der reichen nördlichen Mitgliedländer bevorzugte: Weizen, Rindfleisch und Milch. Diesen Ländern und auch Irland schien es sinnvoller, eine gemeinschaftliche Strukturpolitik ins Leben zu rufen mit dem Ziel, die Konvergenz der weniger entwickelten Regionen zu fördern. Damit erhielt die gemeinsame Agrarpolitik im Gemeinschaftsbudget Konkurrenz, und der Zwang zur Ausgabenbeschränkung wurde akut.

In diese Phase fallen die Reformen der gemeinsamen Agrarpolitik von 1984 und 1988, die beide in die gleiche Richtung gingen. Dabei wurde zum einen das inzwischen aufwendig gewordene agrar-monetäre System reformiert, durch das bei Paritätsänderungen der Währungen der einheitliche Binnenmarktpreis aufrechterhalten werden sollte, ein Problem, das erst durch die Einführung des Euro definitiv gelöst werden konnte. Zum anderen führte man, um Überschüsse z.B. bei Milcherzeugnissen abzubauen, Garantieschwellen (Quoten) ein, bei deren Überschreiten die automatische Intervention ausgesetzt, bzw. die Garantiepreise gesenkt wurden (Box 9.4). Hinzu kamen Stillegungs- und Abschlachtprämien zur Reduzierung der Kapazitäten. Ziel war die Wiederherstellung des Marktgleichgewichts und eine Ausgabenbeschränkung. Die Methode war eine Verstärkung der planwirtschaftlichen Elemente in der gemeinsamen Agrarpolitik. Das Ziel wurde nur unvollkommen erreicht.

Box 9.4: Warum Quoten und keine Senkung der Interventionspreise?

Um die durch hohe Interventionspreise verursachten Überschüsse zu reduzieren, wurden 1984 für einige Agrarprodukte Quoten eingeführt. Ein Überschreiten der Maximalmenge hatte Strafsteuern zur Folge, so dass ein Anreiz bestand, die Quoten einzuhalten. Die Mitgliedstaaten erhielten Länderquoten auf der Basis von historischen Produktionsmengen zugeteilt. Die Länderquoten wurden dann auf die einzelnen Betriebe aufgeteilt, wiederum auf Grundlage ihrer früheren Produktionsmengen.

Dieses System hat sich bis heute gehalten, obwohl Ökonomen am Quotensystem immer wieder Kritik übten (Colman/Roberts 1997; Koester 2005: 341 ff.). Denn eine Quotierung verursacht höhere Wohlfahrtsverluste als eine Senkung der Interventionspreise mit dem gleichen Mengeneffekt. Folgende Wohlfahrts- und Verteilungsanalyse zeigt, warum das der Fall ist. Vorausgesetzt ist, dass die Quoten gehandelt werden. Denn dann wandern sie von den weniger produktiven zu den produktiveren Anbietern, d.h. die marginalen Produzenten scheiden aus: Die verringerte Menge wird tatsächlich auch zu verringerten Grenzkosten produziert, wie es die Angebotsfunktion widerspiegelt.

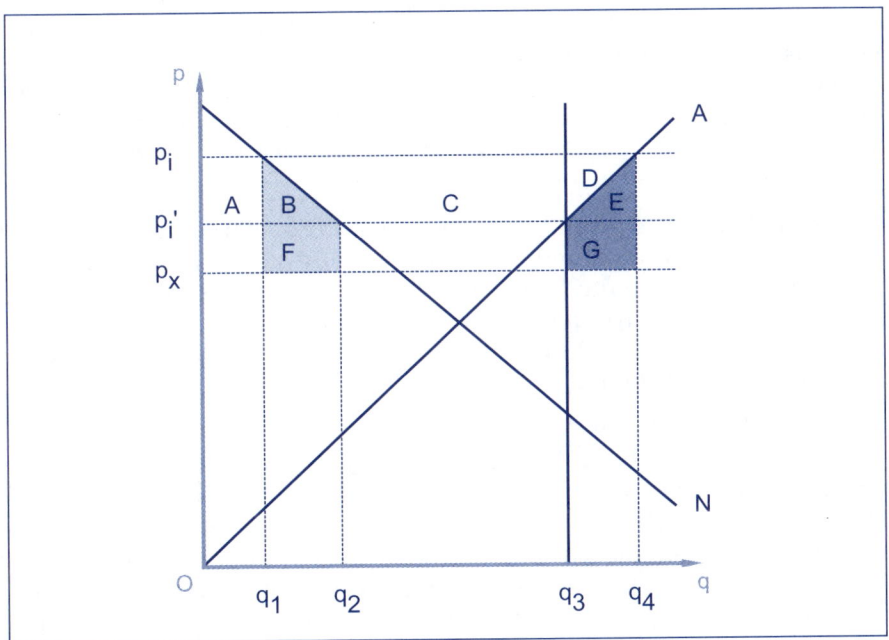

Abbildung 9.3: Quoten oder Preissenkung

Der Interventionspreis p_i, verursacht einen Überschuss ($q_4 - q_1$), der nur zum Preis p_x auf dem (Welt-)Markt mit Hilfe von Exportsubventionen untergebracht werden kann. Vergleichen wir nun die Wohlfahrts- und Verteilungseffekte der Einführung einer Quote q_3 bei Beibehaltung des hohen Interventionspreises mit einer Senkung des Interventionspreises auf p_i' mit gleichem Mengeneffekt, nämlich einer Reduzierung der Produktion auf q_3. Die Exportmenge reduziert sich bei Quotenregelung auf ($q_3 - q_1$) und bei Preissenkung auf ($q_3 - q_2$).

Tabelle 9.5: Wohlfahrtsveränderungen gegenüber der Ausgangssituation

	Quotenregelung	*Preissenkung*
Konsumentenrente	0	A + B
Produzentenrente	– D	– A – B – C – D
Budgeteinsparungen	D + E + G	B + C + D + E + F + G
Nettowohlfahrtsgewinn	E + G	B + E + F + G

Warum haben sich die Quoten trotz der höheren Wohlfahrtsgewinne bei Preissenkung so hartnäckig gehalten? Die Frage lässt sich leicht beantworten, wenn man auf die unterschiedlichen Verteilungswirkungen der beiden Maßnahmen schaut. Der Wechsel von einer Quote zur Senkung des Interventionspreises würde die Konsumenten und die Steuerzahler begünstigen, die Produzenten aber deutlich benachteiligen. Da sich die Interessen der Produzenten in der Regel politisch leichter organisieren lassen als die Interessen der Konsumenten und Steuerzahler, wird deutlich, warum die ökonomisch ineffiziente Lösung die politisch stabile ist. Doch am Ende siegt die Vernunft: Die Milch- und Zuckerquoten laufen im Jahr 2015 aus.

Der stärkste Druck, die gemeinsame Agrarpolitik zu reformieren, kommt aber von außen. Die Uruguay-Runde und die weiterhin steigenden Budgetkosten der Agrarpolitik haben die MacSharry-Reform von 1992 ausgelöst, genannt nach dem damaligen irischen Agrarkommissar. Die Details dieser Reform sind so komplex, wie die Praxis der Agrarpolitik. Wir wollen hier nur die Grundzüge wiedergeben:

- Eine Reduktion der Interventionspreise.
- Kompensation durch direkte, flächenbezogene Zahlungen an die Ackerbaubetriebe. In der Viehwirtschaft waren die direkten Zahlungen auf die Herdengröße bezogen.
- Die direkten Zahlungen waren gebunden an eine 15-prozentige Rotationsbrache, d.h. die jährlich wechselnde Stilllegung von 15 % der Anbaufläche.
- Die Umsetzung der variablen Einfuhrabschöpfung in einen festen Zollsatz.
- Förderung der Frühverrentung von Bauern, um den Arbeitskräfteeinsatz zu verringern.
- Ausbau der zweiten Säule der Landwirtschaftspolitik, nämlich der Entwicklung des ländlichen Raums.
- Förderung von umweltpolitischen und Tierschutzmaßnahmen.

Die Stoßrichtung der Reform ist deutlich: Abkoppelung der Einkommensunterstützung vom Produktionsumfang, Aufrechterhaltung der Umverteilung zugunsten der Bauern, Reduzierung der Umverteilung vom Konsumenten auf die Bauern, dafür eine stärkere Umverteilung vom Steuerzahler auf die Bauern, Beschränkung der Budgetausgaben für Marktintervention, um die wachsenden Budgetausgaben für direkte Zahlungen decken zu können, schließlich bescheidene Konzessionen an die internationalen Handelspartner. Die Reform hat den planwirtschaftlichen Charakter der gemeinsamen Agrarpolitik weiter verstärkt. Der administrative Aufwand und der Kontrollaufwand nahmen zu, und zugenommen haben auch die Möglichkeiten für opportunistisches Verhalten oder direkten Betrug. Hier zeigt sich ein aus den sozialistischen Planwirtschaften bekanntes Phänomen: Die Planung wird „vervollkommnet" (so hieß es damals), wenn die Ergebnisse den Erwartungen nicht entsprechen.

Seit 1992 lösen weitere Reformrunden in kurzer Folge einander ab. Die jüngste soll für die Periode 2014–2020 in Kraft treten. Hauptziel der Bemühungen ist die völlige Entkoppelung der Agrarsubventionen von der Produktion und von der Produktionskapazität (Bodenfläche und Herdenumfang). Damit gewinnen die Direktzahlungen als Grundsicherung der bäuerlichen Einkommen eine Vorrangstellung, während sich die Produktion stärker am Markt orientiert. Das bedeutet aber nicht die Aufgabe der direkten Markteingriffe. Man lese nur den Entwurf der Kommission für eine Verordnung über eine gemeinsame Marktorganisation für landwirtschaftliche Erzeugnisse (Verordnung „Einheitliche GMO"; Europäische Kommission 2011), die für 24 Produktgruppen nicht weniger als 149 zu ändernde oder neu zu fassender Maßnahmen auflistet. Bemerkenswert ist daneben die Aufgabe des Prinzips der Einheitlichkeit: Die Gemeinschaft gibt die Grundregeln der Agrarpolitik vor, die Mitgliedländer erhalten Optionen, wie sie ihre nationale Agrarpolitik in diesem Rahmen konkret ausgestalten. Man kann hierin ein Vordringen des Subsidiaritätsprinzips in die GAP sehen. Die zweite Schiene der Entkoppelung ist in der Verstärkung der „zweiten Säule" der Agrarpolitik zu sehen. Der Fonds für ländliche Entwicklung wird erheblich aufgestockt.

Die Reformen heben die GAP nicht auf. Der Grundcharakter der Politik als Stabilisierungs- und Umverteilungsmechanismus bleibt erhalten. Die Betonung des Charakters der Landwirtschaft als eines öffentlichen Gutes soll die Akzeptanz der Politik sichern. So werden die Pauschalbeihilfen z.B. an die Einhaltung bestimmter Umwelt- und Tierschutzvorschriften gekoppelt (die sogenannte *cross compliance*). Das führt zu den erwähnten Kontrollproblemen, die nur auf nationaler Ebene zu lösen sind. Der Außenschutz des Binnenmarkts bleibt grundsätzlich bestehen, auch wenn es im Rahmen von WTO Verhandlungen zu Reduzierungen der Zollsätze kommt.

9.3.5 *Bilanz der gemeinsamen Agrarpolitik*

Eine Kosten-Nutzen Analyse der gemeinsamen Agrarpolitik wird sich nicht auf statische Wohlfahrtseffekte beschränken können, wie sie von Ökonomen gerne demonstriert werden. Sie wird vor allem auf die Ziele eingehen müssen, die sich die Politik vorgenommen hat – ausgehend von der Annahme, dass diese Ziele hinreichend demokratisch legitimiert sind. Davon darf man tatsächlich ausgehen: Meinungsumfragen von *Eurobarometer* stellen immer wieder eine hohe Zustimmung der EU-Bevölkerung zu den Zielen der Politik fest, d.h. der ländliche Raum, die Landwirtschaft, der bäuerliche Stand und eine naturnahe Produktion der Nahrungsmittel genießen nach wie vor eine hohe Sympathie unter der Bevölkerung aller Mitgliedländer, wofür man auch bereit ist zu zahlen (*Eurobarometer* 57.0, 2002). Das bedeutet, die Bevölkerung geht von anderen Argumenten aus als nur denen der statischen Wohlfahrtstheorie.

Hauptziel der gemeinsamen Agrarpolitik ist es, den Bauern ein angemessenes Einkommen zu verschaffen. Wenn man unter einem angemessenen ein durchschnittliches Einkommen versteht, dann wird dieses Ziel nicht erreicht, wie wir bereits feststellen konnten. Die Einkommenssituation der Bauern ist schwach im Vergleich zu den Durchschnittseinkommen. Das ist aber nur die eine Hälfte der Geschichte. Die andere betrifft die Verteilung der landwirtschaftlichen Einkommen, die extrem schief ist. Rund 80 % der Bauern verdienen ein unterdurchschnittliches, die Mehrheit davon ein sehr niedriges Einkommen, und nur 20 % liegen über dem Durchschnitt, wobei nur Großbauern mit einer Betriebsgröße über 100 ha auf „angemessene" Einkommen kommen. Solche Einkommensunterschiede gibt es unter den Selbständigen außerhalb der Landwirtschaft natürlich auch: Zwischen Tante Emma und Aldi liegen Welten.

Zwei Gründe sind hierfür verantwortlich. Zum einen die erheblichen Produktivitätsunterschiede zwischen großen und kleinen Betrieben. Dabei beherrschen die Großbetriebe über 100 ha Gesamtfläche die Produktion. In einigen ehemaligen sozialistischen Ländern wie Tschechien und der Slowakei nehmen sie 90 % der Gesamtfläche in Anspruch. Aber auch in Großbritannien liegt dieser Anteil über 70 % und in Deutschland, Frankreich und Spanien noch über 50 %. Ausnahmen bilden vor allem Griechenland, Italien, Irland und Kroatien, für die der Mittel- und Kleinbetrieb noch typisch ist. Die Durchschnitte verschleiern eine extrem schiefe Verteilung – zwischen den Mitgliedländern und innerhalb der Mitgliedländer. Der zweite Grund ist die gemeinsame Agrarpolitik selbst. Sie ist lange Zeit produktionsbezogen gewesen. Und das bedeutete, dass 20 % der Bauern 80 % der Vorteile aus der Politik auf sich ziehen konnten (Commission of the EC 1994: 27). Aber auch der Übergang zu direkten Zahlungen hat diese Situation nicht verbessert, da die direkten Zahlungen flächenbezogen berechnet werden: Die Großen erhalten den Löwenanteil. 90 % der Empfängerbetriebe teilen sich ein Viertel der Zahlungen, und die obersten 1,5 % der Empfänger kommen auf 30 % der Fördersumme (Baldwin/Wyplosz 2012: 251).

Da stellt sich die Frage: Sollte die EU die mittleren und kleinen Agrarbetriebe stärker stützen und die großen sich selbst überlassen? Über das Instrument der direkten Zahlungen wäre das durchaus möglich, aber ist es ökonomisch sinnvoll? Das Ziel der Einkommenssicherung für die Bauern lässt offen, für wen es gelten solle – alle heute wirtschaftlich tätigen Bauern, nur diejenigen, die längerfristig im Wettbewerb bestehen können, oder bevorzugt die Einkommensschwachen? Je stärker sich die Politik mit der Einkommenssicherung auf letztere Gruppe konzentriert, desto mehr kommt dieses Ziel in Konflikt mit einem anderen Ziel der GAP, dem Strukturwandel. Denn Strukturwandel macht es nun einmal erforderlich, dass die weniger produktiven, einkommensschwächeren Betriebe ausscheiden. Eine produktionsbezogene Preisregulierung, aber auch flächenbezogene direkte Zahlungen begünstigen automatisch die größeren, produktiveren Betriebe und stimulieren so den strukturellen Wandel. Doch die Großbetriebe dürften auch ohne die Direktzahlungen wettbewerbsfähig sein. Hier setzt die Reform für die Periode 2014-20, wenn auch zögerlich, an: Kleinere Betriebe sollen einen größeren Anteil am Kuchen erhalten.

Ein weiteres Ziel der Politik war die Versorgungssicherheit. Ein liberalisierter Weltmarkt und diversifizierte Lieferbeziehungen bieten dafür eine gute Garantie. Die GAP stellte jedoch darüber hinaus auf Selbstversorgung ab. Das ist weitgehend gelungen, ja für viele landwirtschaftliche Erzeugnisse wurde die hundertprozentige Selbstversorgung zeitweise weit überschritten. Damit entsteht die Notwendigkeit, die Überschüsse auf dem Weltmarkt unterzubringen, was bei dem hohen internen Preisniveau nur mit erheblichen Subventionsaufwendungen möglich ist. Inzwischen wird in Brüssel mit einer europäischen Verantwortung für die globale Ernährungslage argumentiert. Ob das eine staatliche Planung und Förderung rechtfertigt, mag dahingestellt bleiben. Eine nicht durch Kostenvorteile, sondern durch Marktordnungen hervorgebrachte Überschussproduktion (Butterberge, Milchseen) kann nicht im Interesse der Gemeinschaft liegen, da sie das Budget und die außenwirtschaftlichen Beziehungen zu produktiveren Partnerländern belastet.

Insgesamt ist Europa ein Nettoimporteur von Agrarprodukten, allerdings mit nur einem relativ geringen Importüberschuss. Bei vielen einzelnen Produkten ist die Gemeinschaft im Laufe der Zeit zu einem Nettoexporteur geworden, häufig unterstützt von Exportsubventionen. Auf Grund der wechselnden Mitgliederzahl der Gemeinschaft sind längerfristige Vergleiche schwierig. Aber zwei Grundtendenzen lassen sich klar feststellen:

- Der Binnenhandel mit Agrarprodukten hat sehr viel stärker zugenommen als der Handel mit Drittländern. Das lässt auf Handelsumlenkung schließen.

- Im Drittländerhandel haben die Exporte stärker zugenommen als die Importe. Das lässt auf handelshemmende Importbeschränkungen und handelsstimulierende Exportförderungen schließen.

Beide Tendenzen rufen den schon erwähnten externen Druck auf die Gemeinschaft hervor, ihre Agrarpolitik zu ändern.

Solange ein Interventionsregime herrschte, wurde das Ziel der Marktstabilisierung, was die Preise betrifft, erreicht. Denn diese waren geplant und im Rahmen der Interventionskontingente garantiert. Je mehr man zu direkten Zahlungen übergeht, desto stärker sind die Agrarmarktpreise den Preisschwankungen des Weltmarkts ausgeliefert.

Alle Industrieländer haben eine Agrarpolitik. Doch was kostet der Spaß? Seit 1986 schätzt die OECD den Umfang, bzw. die Kosten dieser Politik. Hierfür verwendet sie unterschiedliche Indikatoren, die das Instrumentarium der Politik widerspiegeln. Im Jahr 2007 wurden diese Indikatoren den neueren Formen der Landwirtschaftspolitik angepasst (OECD 2008: 48–56):

- *Producer support estimate (PSE):* der Geldwert der Bruttotransfers von den Konsumenten und den Steuerzahlern an die Landwirtschaftsproduzenten absolut gemessen und als Prozentsatz der Bruttoeinnahmen der Agrarbetriebe.
- *Market price support (MPS):* der Geldwert der Bruttotransfers, die aus Maßnahmen hervorgehen, durch die ein Keil zwischen den Preis eines Produkts auf dem heimischen Markt und den Importpreis (Weltmarktpreis) getrieben wird (dieser Wert kann auch negativ sein auf Grund von Marktpreissubventionen).
- *Consumer support estimate (CSE):* der Geldwert der Bruttotransfers von den Konsumenten, die im wesentlichen auf die erhöhten Marktpreise zurückzuführen sind.
- *General services support estimate (GSSE):* der Geldwert der Bruttotransfers, die nicht einzelnen Produzenten, sondern der Landwirtschaft generell zugute kommen: Forschung und Entwicklung, Ausbildung, Marketing, öffentliche Lagerhaltung usw.
- *Total support estimate (TSE):* der Gesamtwert aller Transfers an die Landwirtschaft abzüglich der Budgeteinnahmen aus der Landwirtschaft (wie z.B. der Produktionsabgabe für Zucker in der EU).

Schon die Bezeichnungen machen deutlich, dass es sich hierbei um Schätzungen handelt. Eine zentrale Rolle spielt dabei der Weltmarktpreis als Referenzgröße. Der ist aber keine fixes Datum, sondern wird zum einen von der Agrarpolitik der Industrieländer beeinflusst und zum anderen von den jeweiligen Wechselkursen. Steigt zum Beispiel der Wechselkurs des Euro gegenüber dem US-Dollar, dann sinkt *ceteris paribus* der Weltmarktpreis in Euro und die Protektion der europäischen Agrarpolitik nimmt zu, obwohl sich in der Politik nichts geändert hat.

Es gibt OECD Mitgliedländer mit sehr niedriger Stützung der Landwirtschaft, Australien z.B., und es gibt Länder, die ihrer Landwirtschaft besonders umfangreichen Schutz angedeihen lassen, z.B. Japan und die Schweiz. Die EU und die USA bewegen sich dazwischen. Die Instrumentierung der Agrarpolitik über Marktpreisbeeinflussung oder Budgetsubventionen unterscheidet sich ebenfalls erheblich. Die generelle, in der WTO vereinbarte Tendenz, die Marktpreisstützung zugunsten der Budgetsubventionen abzubauen, zeigt sich deutlich.

Was die Europäische Gemeinschaft betrifft, so kostete 1986–88 die Agrarpolitik insgesamt (TSE) 2.56 % des Bruttoinlandsprodukts der EU-12, gut zwei Jahrzehnte später für die EU-27 nur noch 0,75 %. Auch der Beitrag der Transfers zu den Bruttoeinnahmen der landwirtschaftlichen Betriebe (PSE) war in diesem Zeitraum rückläufig, nämlich von 39 % auf 20 %. Anfänglich war die Marktpreisunterstützung (im wesentlichen über den Zollschutz) bestimmend,

Tabelle 9.6: Stützung der Landwirtschaft 1986–88 bis 2009–11

Land	PSE in % der Einnahmen			TSE in % des BIP		
	1986–88	1995–97	2009–11	1986–88	1995–97	2009–11
EU	39	34	20	2,56	1,50	0,75
USA	22	12	9	1,28	0,90	0,92
OECD	37	30	20	2,97	1,63	0,96
Land	Beitrag der Konsumenten zum TSE in %			Beitrag der Steuerzahler zum TSE in %		
	1986–88	1995–97	2009–11	1986–88	1995–97	2009–11
EU	74,9	48,5	15,3	25,1	51,5	84,7
USA	23,0	18,7	3,8	77,0	81,3	96,2
OECD	30,0	34,0	24,3	70,0	66,0	75,7

Quelle: OECD 2012

was fast ausschließlich auf Kosten der Konsumenten geht. Dagegen hat sich in jüngerer Zeit das Preisniveau der EU dem Weltmarktpreisniveau angenähert, wodurch die Marktpreisstützung und damit die direkte Belastung der Konsumenten abnimmt. 2009–11 trugen die Konsumenten nur noch 15 % der Gesamtfördersumme. In den USA liegt dieser Prozentsatz noch niedriger. Dort findet die Agrarförderung – inzwischen größer als in der EU – bevorzugt im Bereich der allgemeinen Dienstleistungen (GSSE) statt.

Unter den Zielen der Agrarpolitik, die in den römischen Verträgen niedergelegt wurden, fehlt der Umweltschutz. Er fehlte auch generell im EWG-Vertrag. Das war zur damaligen Zeit noch kein Thema, das auf den Nägeln brannte (vgl. Kap. 8). Die landwirtschaftliche Produktionsweise war wenig intensiv. Der Einsatz von Maschinen, Kunstdünger, Pestiziden und Herbiziden war gering, die Konzentration in der Viehwirtschaft stellte kein Problem dar. Das sollte sich rasch ändern. Mit der sogenannten „grünen Revolution" hielt auf den Höfen der technische Fortschritt seinen Einzug und brachte die enormen Produktivitätssteigerungen hervor, die für die moderne Landwirtschaft kennzeichnend sind. Von einem Hektar werden nicht mehr 25 dt Weizen geerntet, sondern 80 dt und mehr. Eine Kuh gibt nicht mehr 2 500 kg Milch pro Jahr, sondern 7 500 kg. Diese Intensivierung geht nicht spurlos an der Umwelt vorüber: Überdüngung, Bodenverdichtung, Grundwasserverseuchung, Luftverschmutzung, Reduzierung der Artenvielfalt sind nur einige der vielen Folgen.

Viele Autoren (z.B. Baldwin/Wyplosz 2012: 251 f.) sehen die gemeinsame Agrarpolitik als unmittelbaren Verursacher der intensiven Wirtschaftsweise und damit als einen der großen Umweltsünder. Ein liberalisierter Markt für Agrargüter würde vermutlich niedrigere Preise und einen harten internationalen Wettbewerb mit sich bringen mit der Konsequenz einer weiteren Spezialisierung, Rationalisierung und Konzentration sowie der Aufgabe marginaler Böden. Dabei würde möglicherweise der Einsatz von Kunstdünger zurückgehen, da er bei sinkenden Preisen für Agrargüter weniger lohnend ist

(Koester 2005, S. 260). Die GAP hat mehr produktive Ressourcen in die Landwirtschaft gelenkt, als unter normalen Marktbedingungen dort zum Einsatz gekommen wären. Somit könnte eine Liberalisierung der Agrarmärkte durch die Reformen der Agrarpolitik zu einer gewissen Umweltentlastung führen. Umweltbelastungen sind externe Effekte. Ob die notwendigen Vorschriften durch *cross compliance* im Verbund mit Direktzahlungen effektiver durchgesetzt werden können als unmittelbar, ist eine praktische Frage.

Eine umsichtige und rationale Verwendung der natürlichen Ressourcen gehört inzwischen zu den vorrangigen Zielen der Agrarpolitik, was auch den Bürgern der Union wichtig ist. Denn Sicherstellen, dass die landwirtschaftlichen Produkte gesund sind, und Respekt vor der Umwelt sind die beiden Ziele, die bei den Erhebungen von *Eurobarometer* (EB 68.2, 2008) eine hohe Zustimmung erhalten haben. Daneben genießt der Schutz mittlerer und kleiner Bauernbetriebe, d.h. der Schutz der sozio-kulturellen Umwelt auf dem Lande, eine hohe Priorität. Damit wird das Dilemma der Agrarpolitik deutlich: Sie muss einen Kompromiss finden zwischen produktivitätssteigerndem Strukturwandel auf der einen Seite und der Wahrung von Natur und traditioneller Kultur auf der anderen.

9.4 Die soziale Dimension Europas

9.4.1 Was verstehen wir unter europäischer Sozialpolitik?

Art. 3 EGV hatte noch vollmundig festgestellt, die Tätigkeit der Europäischen Gemeinschaft umfasse

> „eine Sozialpolitik mit einem Europäischen Sozialfonds". Art. 4.2 AEUV formuliert es etwas präziser und bescheidener:
>
> „Die von der Union mit den Mitgliedstaaten geteilte Zuständigkeit erstreckt sich auf die folgenden Hauptbereiche:
>
> (a) …
> (b) Sozialpolitik hinsichtlich der in diesem Vertrag genannten Aspekte,
> (c) …"

Art. 153.1 AEUV legt dann in 11 Einzelpunkten fest, um welche Aspekte es sich handelt, u.a. Chancengleichheit, Bekämpfung von Ausgrenzungen, Verbesserung der Lebens- und Arbeitsbedingungen und sozialer Dialog. Soziale Sicherheit und sozialer Schutz der Arbeitnehmer zählen auch dazu, können aber als einziger der Politikbereiche grundsätzlich nur einstimmig geregelt werden. Lohnpolitik, Koalitions- Streik- und Aussperrungsrecht sind ausdrücklich von einer gemeinschaftlichen Regelung ausgeschlossen. Der Normalfall ist sowieso nur eine Zusammenarbeit unter den Mitgliedländern, die von der Kommission gefördert werden soll (Art. 156 AEUV), was man mit der offenen Methode der Koordinierung zu institutionalisieren versucht hat.

Wir befinden uns offensichtlich auf heißem Boden: Die Formulierungen sind gewunden, jeder Artikel hat seine Geschichte. Die vertragschließenden

Parteien wünschen keine Harmonisierung der Rechts- und Verwaltungsvorschriften. Und wo die Gemeinschaft durch Richtlinien Mindestvorschriften erlassen darf, sollten diese so gefasst sein, dass sie die Mitgliedländer weder rechtlich, verwaltungsmäßig noch finanziell binden. Kurzum, man gewinnt den Eindruck, Sozialpolitik solle in der Gemeinschaft auf kleiner Flamme gekocht werden, sie liegt vornehmlich in der Kompetenz der Mitgliedländer.

Bei der Abfassung der römischen Verträge 1957 war diese Intention noch deutlicher. Im EWG-Vertrag gab es zwar auch einen eigenen Titel „Sozialpolitik", aber keine sozialpolitische Kompetenz der Gemeinschaft. Zwei Ausnahmen sind zu erwähnen. Der EWG-Vertrag schuf einen Europäischen Sozialfonds, um die Beschäftigungsbedingungen für Arbeitnehmer und ihre Mobilität zu verbessern, und er legte in Art. 119 (heute Art. 157 AEUV) den Grundsatz der Entgeltgleichheit für Männer und Frauen fest. Hierbei handelte es sich aber um *ad hoc* Maßnahmen, die im ersten Fall von Italien, im zweiten von Frankreich aus aktuellem Anlass in den Vertrag eingebracht wurden. Für Italien war die Mobilität der Arbeiter aus dem *Mezzogiorno* ein Problem, für das man die finanzielle Solidarität der Gemeinschaft in Anspruch nehmen wollte. Frankreich hatte gerade ein Gleichstellungsgesetz verabschiedet und fürchtete nun einen Wettbewerbsnachteil, wenn seine Konkurrenten unter Ausnutzung billiger Frauenarbeit auf dem gemeinsamen Markt kostengünstiger anbieten könnten. Hier sehen wir zum ersten Mal den – in diesem Fall erfolgreichen – Versuch, durch Harmonisierung der Sozialvorschriften die Kosten der Wettbewerber auf dem Markt zu beeinflussen.

Die Frage nach der sozialen Dimension der Europäischen Gemeinschaft ist allerdings kein *ad hoc* Problem. Um sie zumindest für den beschränkten Rahmen dieses Buches zu klären, ist kurz zu untersuchen, was unter Sozialpolitik verstanden wird. Eine häufig zitierte Definition von T.H. Marshall (1975: 15) stellt ab auf den Gebrauch „politischer Macht, um Funktionsweisen des ökonomischen Systems zu ergänzen, zu modifizieren oder abzulösen und so Ergebnisse zu bewirken, die das ökonomische System aus sich selbst heraus nicht erreichen würde". Damit wird praktisch die gesamte interventionistische Wirtschaftspolitik als Sozialpolitik definiert. Das ist sehr breit, lässt sich aber rechtfertigen. Denn auch wo die wirtschaftspolitische Intervention auf Effizienz abstellt, wie z.B. bei Marktversagen, unterliegt sie mit der potentiellen Wohlfahrtssteigerung einer sozialen Motivation. Eine breite Definition von Sozialpolitik kommt uns entgegen, weil wir in diesem Unterkapitel nicht nur die Sozialpolitik im engeren Sinn, sondern auch die Kohäsionspolitik zusammenfassen wollen. Und Kohäsion ist Voraussetzung für Solidarität, ohne die Sozialpolitik nicht denkbar ist.

Box 9.5: Hayek und die soziale Dimension Europas

„Die Vorstellung, man könne die Zwangsgewalt der Regierung einsetzen, um ‚positive' (d.h. soziale oder distributive) Gerechtigkeit zu erlangen, zerstört jedoch nicht nur mit Notwendigkeit die persönliche Freiheit, was einigen vielleicht kein zu hoher Preis scheinen würde, sondern sie entpuppt sich bei näherem Hinsehen als Fata Morgana oder Illusion, die unter keinen Umständen verwirklicht werden

---

kann. Denn dieses Ideal setzt Einverständnis über die relative Wichtigkeit konkreter Ziele voraus, das in einer großen Gesellschaft aber nicht existieren kann, da ihre Mitglieder weder einander noch die gleichen Tatsachen kennen" (Hayek 1969: 119).

Vielen gilt diese Feststellung des Nobelpreisträgers Friedrich von Hayek (1899-1992) als ultra-liberal und kaum diskutabel. Doch drei Aspekte seiner Argumentation scheinen im Zusammenhang einer europäischen Sozialpolitik bedenkenswert:

- Die Gemeinschaft hat sich eindeutig für Markt und Wettbewerb als Lenkungsmethode des wirtschaftlichen Handelns entschieden: Der gemeinsame Markt ist die tragende Säule des europäischen Hauses.
- Europa ist keine organisierte Gesellschaft, es ist ein offenes Gebilde, in dem man sich vielleicht auf prozedurale Gerechtigkeit, nämlich Chancengleichheit und Verbot von Diskriminierung, verständigen kann, kaum aber auf konkrete Parameter distributiver Gerechtigkeit.
- Das Informationsproblem lässt es geraten erscheinen, interventionistische Entscheidungen, wenn überhaupt, auf möglichst dezentraler Ebene zu treffen.

Für eine europäische Sozialpolitik würde diese Argumentation die Unterordnung unter einen funktionsfähigen Wettbewerb bedeuten, was heißt, dass nicht Resultate korrigiert, sondern Voraussetzungen für Resultate geschaffen werden. Im weiteren sind eine strikte Einhaltung des Subsidiaritätsprinzips und eine nicht-direktive, offene Methode der Koordinierung impliziert, die den dezentralen Einheiten weitgehende Gestaltungsfreiheit belässt. Das bedeutet nicht den gänzlichen Verzicht auf Sozialpolitik, genau so wenig wie Hayek grundsätzlich etwas gegen soziale Mindeststandards einzuwenden gehabt hat.

Jetzt wissen wir aber immer noch nicht, was unter Sozialpolitik im engeren Sinn zu verstehen ist. Es geht dabei, soviel ist schon sicher, um praktisches politisches Handeln – die karitative Tätigkeit kirchlicher Wohlfahrtsverbände ist zweifellos als soziales, aber kaum als politisches Handeln zu betrachten. Dieses Handeln ist auf die Verbesserung der wirtschaftlichen und sozialen Lage relativ oder absolut schwach gestellter Personen gerichtet,

- um ihnen im Marktprozess eine normale, faire Chance zu verschaffen,
- um sie in den Marktprozess wieder einzugliedern,
- um ihnen hinreichende wirtschaftliche und soziale Sicherheit zu geben, wenn sie am Marktprozess nicht teilnehmen können.

Ausgangspunkt ist die individuelle Eigenverantwortung, Sozialpolitik verhält sich dazu subsidiär (Lampert 1980). Die ihr zugrunde liegenden gesellschaftlichen Primärziele, Entfaltung der Persönlichkeit, soziale Sicherheit und soziale Gerechtigkeit, bedürfen einer verallgemeinerungsfähigen Interpretation und Operationalisierung, was um so schwerer fallen wird, je komplexer, größer und offener die jeweiligen Gesellschaften sind. Daraus folgt, dass die Kohäsion, der Zusammenhalt von Solidargemeinschaften mit ihrem Umfang tendenziell abnimmt. Ist es in der Familie selbstverständlich, für Kinder,

Kranke und Alte ohne institutionalisierte Umverteilungsmechanismen zu sorgen, und fühlte sich – zumindest bis vor kurzem – die Gemeinde für ihre Mitglieder, die als Bürger identifizierbar waren, verantwortlich, so ist Solidarität auf der Ebene des Staates anonym und folglich weniger intensiv. Eine Solidargemeinschaft Europäische Union mit 500 Millionen Mitgliedern wird über ein absolutes Minimum an Solidarität nicht hinauskommen.

Nach dieser engeren Definition ist Sozialpolitik auf das fokussiert, was wir gewöhnlich den Wohlfahrtsstaat nennen, das ausgabenintensive System der Risikovorsorge und der Transferzahlungen, die auf Solidarität und Überlegungen sozialer Gerechtigkeit basieren. Es ist in den einzelnen Mitgliedländern auf die unterschiedlichste Weise organisiert und hat auch einen sehr unterschiedlichen Umfang (Tab. 9.7). Auf diesem Feld wird die Gemeinschaft fast überhaupt nicht tätig. Etwas weiter gefasst lassen sich auch die Arbeitsmarktregulierung und die Regelung der industriellen Beziehungen darunter subsumieren. Hier treffen wir einige Aktivitäten der Gemeinschaft an, wenn auch in bescheidenem Umfang. Kurzum, der sozialpolitische *acquis communautaire* ist schmal und vor allem auf den Arbeitsmarkt konzentriert.

Der schwache sozialpolitische *acquis* spiegelt sich in den Unterschieden der nationalen Sozialordnungen wider. Esping-Anderson (1990, 1996) sah drei Welten des Wohlfahrtskapitalismus, die sich nach dem Grad des Warencharakters der Arbeit, nach dem Verhältnis von Stratifikation und Gleichheit und nach dem Mix öffentlicher und privater Vorsorge unterscheiden:

- *das liberale Modell* (auch angelsächsisches Modell genannt) mit einem minimalen Sicherheitsnetz gegen Armut und einem starken Akzent auf privater Verantwortung und Initiative;
- *das konservativ-korporatistische Modell* (auch kontinentales oder rheinisches Modell genannt) mit obligatorischen versicherungsartigen Regimen und Subsidiarität zwischen Familie, Betrieb und Staat;
- *das sozialdemokratische Wohlfahrtsstaat-Modell* (auch skandinavisches Modell genannt), das soziale Bürgerrechte garantiert und auf eine an der Zahlungsfähigkeit orientierte Umverteilung setzt.

Was hier interessiert, ist die Tatsache, dass wir es in der Welt des Kapitalismus, aber auch in der engeren Welt der Europäischen Union, mit einer Vielfalt von Wirtschafts- und Sozialordnungen zu tun haben (Bönker 2013). Wenn dann seit einiger Zeit von *einem* europäischen Sozialmodell die Rede ist (z.B. Kaelble/Schmid 2004), stellt sich die Frage: Gibt es das? Wie verträgt sich das mit der konstatierten Vielfalt in den Mitgliedländern der Gemeinschaft?

Kaelble (2004) folgend kann man dazu erst einmal feststellen, dass der Sozial- oder Wohlfahrtsstaat, wie wir ihn kennen, und die Werte, die ihn tragen, historisch eine europäische, und zwar eine westeuropäische Entwicklung sind. Die grundsätzlich gleich gelagerten Anforderungen an das Sozialsystem haben dann zu einer relativen Angleichung der Modelle geführt, wobei sich das europäische Modell im Vergleich zu den USA oder Japan durch eine verhältnismäßig hohe staatliche Ausgabenintensität und eine weitgehende Verrechtlichung der Ansprüche auszeichnet. Der dritte Faktor, der zu einem einheitlichen europäischen Sozialmodell beiträgt, ist der supranationale

Einfluss der Gemeinschaft, der in diesem Kapitel näher beschrieben wird. Da hier die Gemeinschaft erst in jüngster Zeit aktiv geworden ist und da das Subsidiaritätsprinzip eine wichtige Rolle spielt, d.h. die Vielfalt der nationalen Politiken keineswegs aufgehoben werden soll, geht es dabei eher um ein europäisches Sozialmodell im Werden.

Das „europäische Sozialmodell" kann nicht eine Harmonisierung oder Vereinheitlichung der organisatorischen Lösungen des Problems der sozialen Sicherung in einer Marktwirtschaft bedeuten: Das britische *National Health System* würde in Deutschland auf wenig Gegenliebe stoßen, die deutsche Arbeitsmarktordnung ebensowenig in Großbritannien akzeptiert werden. Harmonisierung kann nur in einem Wertekonsens bestehen, den zum Teil die historische Entwicklung geschaffen hat, zum Teil der sozialpolitische Diskurs auf europäischer Ebene schaffen muss. Inwieweit das neueste politische Instrumentarium der „offenen Methode der Koordinierung" für ein europäisches Sozialmodell konstitutiv wird, muss die Zeit erweisen. Denn damit wird erst seit der Jahrtausendwende gearbeitet. Natürlich stellt sich die Frage, ob in einer Gemeinschaft, die durch einen gemeinsamen Markt, Freizügigkeit und Nicht-Diskriminierung gekennzeichnet ist, so eklatante sozialpolitische Systemunterschiede langfristig bestehen bleiben können, wie sie zur Zeit zwischen Alt- und Neumitgliedern der EU bestehen.

9.4.2 Entwicklung der europäischen Sozialpolitik

Schon unter den sechs Gründerstaaten der EWG gab es einen Dissens zwischen liberal orientierten Marktwirtschaftlern und planerisch orientierten Sozialpolitikern. Erstere vertrauten ganz auf die Erhardsche Formel „Wohlstand durch Wachstum", d.h. darauf dass der gemeinsame Markt quasi automatisch eine Angleichung der Wohlfahrtsniveaus ergebe. Letztere sahen in einer sozialpolitischen Harmonisierung einerseits ein eigenständiges Ziel eines sozialen Europa, anderseits eine Voraussetzung für die Angleichung der Wettbewerbsbedingungen im gemeinsamen Markt. Konkret war es ein Dissens zwischen Deutschland, das sozialplanerische Intervention befürchtete, und Frankreich, das seine Sozialordnung zur Norm für die Gemeinschaft machen wollte. Die EWG wurde als gemeinsamer Markt gegründet und nicht als Sozialgemeinschaft. Daran hat sich bis heute grundsätzlich nichts geändert. In der ersten Erweiterungsrunde kamen mit Großbritannien und Dänemark Länder hinzu, die wieder anderen Sozialstaatsmodellen anhingen und einer europäischen Sozialordnung besonders skeptisch gegenüber standen.

Die marktorientierte Formel „Wohlstand durch Wachstum" blieb solange plausibel, wie die Wirtschaft kontinuierlich wuchs und Arbeitslosigkeit auf das absolute Minimum der rein friktionellen Arbeitslosigkeit reduziert wurde. Die „goldenen 30 Jahre" der Nachkriegsperiode gingen Anfang der 1970er Jahre zu Ende. Als Reaktion auf diese Wende beschloss die Pariser Gipfelkonferenz von 1972 die Ausarbeitung eines sozialpolitischen Aktionsprogramms, das die Verbesserung der Arbeitsbedingungen und der Lebensqualität und die betriebliche Mitbestimmung der Arbeitnehmer zum Ziel haben sollte. Das Aktionsprogramm wurde 1974 vom Rat verabschiedet. Daran schloss sich tatsächlich eine verstärkte sozialpolitische Aktivität der Gemeinschaft an. Seit 1975 wurden regelmäßig Sozialrichtlinien verabschiedet, wobei eine Konzentration der Aktivität in den 1990er Jahren auftrat (Falkner 2004). Schaut man sich die Maßnahmen an, die diese Richtlinien zum Gegenstand haben, so wird deutlich, dass es hier um Arbeitsbedingungen geht, insbesondere Sicherheit und Gesundheit am Arbeitsplatz, und um die Nichtdiskriminierung, d.h. vor allem die Gleichstellung der Geschlechter.

Der nächste Wendepunkt in der Entwicklung der europäischen Sozialpolitik ist auf das Jahr 1985 anzusetzen. In diesem Jahr wurde in der Einheitlichen Europäischen Akte mit dem gemeinsamen Markt ernst gemacht: Ab 1992 sollten nicht nur Güter, sondern auch Dienstleistungen, Kapital und Arbeit ungehindert über die Grenzen verkehren. Das machte eine Koordinierung bestimmter sozialpolitischer Regelungen und auch gewisse Harmonisierungen notwendig. Das rief aber auch die unterschiedlichsten Ängste wach: Die einen fürchteten einen Zwang europäischer Richtlinien zu kostenintensiven arbeitsmarktpolitischen Maßnahmen, die anderen eine Abwärtsspirale des Sozialabbaus auf Grund des Regimewettbewerbs. Die Vielfalt der Sozialmodelle in den Mitgliedländern ließ Konflikte unvermeidlich erscheinen, und es war nur logisch zu versuchen, Einstimmigkeit in diesem Bereich zur Regel zu machen. Mit der Einheitlichen Europäischen Akte bekam auch der Begriff der wirtschaftlichen und sozialen Kohäsion seinen ersten Auftritt. Zwar bezog sich das vornehmlich auf die regionalen Entwicklungsunterschiede innerhalb der Union, doch hatte es tiefgreifende Folgen für den Sozialfonds, der dadurch neue Aufgaben zugewiesen erhielt.

Box 9.6: Von der Sozialunion zur politischen Union?

1985 trat die erste Kommission Delors an. Jacques Delors hatte sich vorgenommen, die europäische Integration um eine soziale Dimension zu erweitern und der politischen Union anzunähern. Die europäischen Nationalstaaten sind nicht durch Marktordnungen bestimmt. Sie definieren sich vielmehr als Verfassungsstaat, Rechtsstaat und Sozialstaat. Ein ausschließlich vom Markt getriebenes Integrationsprojekt kommt mit einem Minimum an politischer Integration aus, wenn die notwendigen verfassungs-, rechts- und sozialpolitischen Komplemente auf die untere Ebene des Nationalstaates beschränkt bleiben. Werden diese Komplemente teilweise in die Kompetenz der oberen Ebene der Union verlagert, dann wird politische Integration unvermeidlich. Das bedeutet nicht den Abschied vom Nationalstaat, sondern nur sein Zurückfallen auf die zweite Ebene eines Mehrebenensystems politischer Ordnung.

Verfassungs-, rechts- und sozialpolitische Kompetenz sind wesentliche Identifikationsmerkmale moderner Staaten – sie halten das ganze zusammen. Gelingt es also, sie zumindest teilweise auf die europäische Ebene zu übertragen, dann könnte das entstehen, was für politische Integration unerlässlich ist und was immer wieder als Defizit der EU herausgestellt wird: die Identifikation der Bevölkerung mit der Union, ein „Europa der Bevölkerung". Darauf beruhte die langfristige Strategie der Kommissionen Delors. Auf der anderen Seite ist leicht einzusehen,

> dass die Nationalstaaten diese ihre „Bindemittel" mit Klauen und Zähnen verteidigen werden sowie mit der Behauptung, eine solche Identität könne es nur auf der nationalen Ebene geben. Da am Ende die Mitgliedländer Beschlüsse einstimmig nehmen müssen, erscheint die Verwirklichung der politischen Union auf diesem Weg höchst unwahrscheinlich.

Die Intentionen von Jacques Delors und seiner Kommission fanden ihren ersten Niederschlag in der Gemeinschaftscharta der sozialen Grundrechte der Arbeitnehmer, der so genannten Sozialcharta, die 1989 verabschiedet wurde. Sie ist als soziale Ergänzung zur Realisierung des gemeinsamen Marktes in der Einheitlichen Europäischen Akte zu sehen. Aber während die einzelnen Vorschriften für den Binnenmarkt rechtsverbindlich gemacht wurden, ist die Sozialcharta nur ein Programm, eine Liste von Maßnahmen, die dem Arbeitsmarkt einen sozial verantwortlichen und ökonomisch verantwortbaren Rahmen verschaffen sollten, eine Liste von wünschenswerten Minimalstandards für den Arbeitsmarkt und die industriellen Beziehungen. Einige Mitgliedländer hatten bereits strengere Vorschriften eingeführt. Nach den Vorstellungen der Kommission sollten diese nicht auf das neue Mindestniveau zurückgeführt werden, sondern beibehalten bleiben.

Die Sozialcharta stieß auf den erbitterten Widerstand der konservativen britischen Regierung, die ihre gerade Früchte abwerfende Reformpolitik zur Flexibilisierung der Arbeitsmärkte dadurch in Gefahr gebracht sah und deren liberale Grundhaltung sich mit keiner neuen Regulierung von Märkten vertrug. In Fortführung der Sozialcharta wollte die Kommission dann das Sozialkapitel im Vertrag von Maastricht neu formulieren. Insbesondere sollten in die Ziele des Art. 117 EG (neu Art. 136 EG, jetzt Art. 151 AEUV) ein angemessener sozialer Schutz, der soziale Dialog und die Entwicklung des Arbeitskräftepotentials im Hinblick auf ein hohes Beschäftigungsniveau und die Bekämpfung der Ausgrenzung aufgenommen werden. Eine Reihe der relevanten Tätigkeitsfelder wurden dem Mitentscheidungsverfahren nach Art. 294 AEUV (siehe Abb. 6.1) unterworfen. Das bedeutete für den Rat in der Regel, dass Entscheidungen mit qualifizierter Mehrheit getroffen werden können. Bestimmte Entscheidungsbereiche (vor allem soziale Sicherheit, sozialer Schutz und budgetrelevante Entscheidungen) sind davon allerdings explizit ausgenommen. Gegen diese Neufassung des Sozialkapitels legte Großbritannien sein Veto ein, und so konnte es nur als Protokoll einer Vereinbarung unter 11 der 12 Mitgliedländer dem Vertrag von Maastricht zugefügt werden. Erst die Labour-Regierung Blair war bereit, das Sozialkapitel zu unterschreiben, womit es im Vertrag von Amsterdam in das Vertragswerk einging. Der Vertrag von Lissabon hat daran keine wesentlichen Veränderungen vorgenommen.

Spätestens Ende der 1990er Jahre war deutlich, dass das zentrale soziale Problem der Gemeinschaft das Beschäftigungsproblem ist. Es hat zwei Seiten: die Verwaltung der Arbeitslosigkeit und die soziale Absicherung der davon betroffenen Personen einerseits und die Stimulierung der Beschäftigungsmöglichkeiten und des Wachstums andererseits. Ersteres überlässt die Gemeinschaft integral den Mitgliedländern. Nur auf dem zweiten Feld versucht sie, mit geeigneten Maßnahmen dem Problem zu Leibe zu rücken. Das ist der wesentliche Inhalt des so genannten Luxemburg-Prozesses und des Lissabon-Prozesses.

Der Europäische Rat von Luxemburg hatte 1997 damit begonnen, der Beschäftigungspolitik einen konsistenten Rahmen zu verschaffen, der aus jährlichen Leitlinien, nationalen Aktionsplänen und einem gemeinsamen Beschäftigungsbericht besteht. In Kombination mit dem so genannten Cardiff-Prozess (verstärkter Wettbewerb auf den Arbeits-, Waren-, Dienstleistungs- und Kapitalmärkten) und dem so genannten Köln-Prozess (makroökonomische Abstimmung in der Lohn-, Finanz- und Geldpolitik) wird eine wirtschaftspolitische Gesamtstrategie angestrebt, versehen mit dem wohlklingen Namen „Europäischer Beschäftigungspakt". Einen gewissen Abschluss hat die Gesamtstrategie auf dem Rat von Lissabon im Jahr 2000 erhalten, wo Innovation und Wachstum direkt angesprochen wurden (vgl. Kap. 8).

9.4.3 Was heißt europäische Sozialpolitik nun konkret?

Ein Problem der sozialen Dimension der Gemeinschaft ist darin zu sehen, dass sie sich in einem Nebel von schönen Worten und guten Absichten verbirgt. Gehen wir vom Sozialkapitel des Vertrages von Amsterdam aus, das in Nizza noch Änderungen erfahren hat (Art. 151–161 AEUV), dann macht das Betätigungsfeld der europäischen Sozialpolitik einen eher bescheidenen Eindruck. Sozialpolitik fällt in die gemeinsame Zuständigkeit der Gemeinschaft und ihrer Mitgliedländer. Sie ist also dem Subsidiaritätsprinzip unterworfen, und das meiste auf diesem Feld kann auf der Ebene der Nationalstaaten erledigt werden. Dem europäischen Niveau hat man vor allem die Festlegung gewisser Mindeststandards zugewiesen in den Bereichen (Ribhegge 2013):

- Gesundheit und Sicherheit am Arbeitsplatz
- Arbeitsbedingungen
- Unterrichtung und Anhörung der Arbeitnehmer
- Chancengleichheit von Männern und Frauen.

Hier können Entscheidungen mit qualifizierter Mehrheit und im Mitentscheidungsverfahren nach Art. 294 AEUV gefällt werden. Einstimmigkeit wird dagegen verlangt bei Beschlüssen zu

- sozialer Sicherheit
- Kündigungsschutz
- Mitbestimmung
- Ausgaben zur Beschäftigungsförderung.

Sozialpolitik ist in allen Mitgliedländern einer der aufwendigsten Ausgabenposten des Staates. Und das ihm zugrundeliegende System der sozialen Sicherheit unterscheidet sich, wie wir sahen, von Land zu Land. Das lässt sich auch am unterschiedlichen Umfang der Aufwendungen für den Sozialschutz ablesen:

Tabelle 9.7: Gesamtausgaben für Sozialschutz 1990–2010, in % des BIP

Land	1990	2000	2010	Land	2000	2010
Portugal	15,2	20,9	27,0	Rumänien	13,0	17,6
Irland	18,4	13,8	29,6	Estland	13,9	18,1
Spanien	19,9	20,0	25,7	Lettland	15,7	17,8
Griechenland	22,9	23,5	29,1	Litauen	15,7	19,1
Großbritannien	23,0	26,4	28,0	Tschechien	18,8	20,1
Deutschland	25,4	29,7	30,7	Slowakei	19,4	18,6
Frankreich	27,9	29,5	33,8	Polen	19,7	18,9
Niederlande	32,5	26,4	32,1	Ungarn	19,9	23,1
Schweden	33,1	29,9	30,4	Slowenien	24,1	24,8

Quelle: Eurostat

In den alten Mitgliedländern der EU-15 hat von 1990 bis 2010 ein deutlicher Konvergenzprozess des Ausgabenniveaus stattgefunden. Die neuen Mitgliedländer liegen signifikant unter diesem Niveau, was zum Teil einem anderen Grundmodell, zum anderen Teil ihrem niedrigeren Entwicklungsstand zuzuschreiben ist. Während Ungarn und Slowenien sich eher auf das westliche Niveau zubewegen, ist das für die übrigen Länder weniger deutlich.

Was die Gemeinschaft auch beschließt, die Mitgliedländer haben ihr ins Stammbuch geschrieben (Art. 153.4 AEUV), sie darf damit nicht an die Grundprinzipien der nationalen Systeme rühren und sie darf damit nicht das finanzielle Gleichgewicht der Systeme stören. Damit sind ihr die Hände weitgehend gebunden. Es sind aber nicht nur die Nationalstaaten, die eifersüchtig über ihre Kompetenzen wachen. Eine europäische Sozialpolitik hat auch die Rolle der Sozialpartner zu berücksichtigen, denen z.B. das deutsche Grundgesetz Tarifautonomie garantiert. Wenn der Vertrag (Art. 151 AEUV) zusichert, dass bei sozialpolitischen Maßnahmen „der Vielfalt der einzelstaatlichen Gepflogenheiten, insbesondere in den vertraglichen Beziehungen" Rechnung zu tragen sei, dann werden folglich die Handlungsalternativen weiter eingeengt. Art. 152 AEUV legt noch einmal explizit fest: Die Union „fördert den sozialen Dialog und achtet dabei auf die Autonomie der Sozialpartner".

Der Spielraum für eine umverteilende Sozialpolitik auf europäischem Niveau ist gering. In Übereinstimmung mit dem regulativen Grundcharakter der Wirtschaftsordnung (siehe Kap. 3) konzentrieren sich die Maßnahmen auf die Vereinbarung von arbeitsrechtlichen Mindeststandards. Das sollte man allerdings nicht gering schätzen. Denn für einige Mitgliedländer entstand dadurch ein beträchtlicher Anpassungsdruck auf das nationale Arbeitsrecht, wonach es in diesem Bereich durchaus berechtigt ist, von der Evolution eines europäischen Sozialmodells zu sprechen. Untersuchungen zu sechs sozialpolitischen Richtlinien der EU (Falkner/Treib 2005) haben ergeben, dass sie vor allem in Ländern wie Großbritannien, Irland und Dänemark den Arbeitnehmern zu erheblich verbesserten Rechten verholfen haben. In Deutschland, Frankreich und Spanien waren die Mindeststandards dagegen bereits weitgehend erfüllt, so dass der gesetzliche Anpassungsbedarf nur gering blieb. Ein Problem ist die Kontrolle der Einhaltung von arbeitsrechtlichen Vorschriften. Es sind vor allem die Luxemburger Richter, die dem Gemeinschaftsrecht unnachsichtig zur Durchsetzung verhelfen.

Über die Definition von Mindeststandards hinaus besteht die europäische Sozialpolitik vor allem aus der Koordinierung der Systeme der sozialen Sicherheit und einer wachstumsorientierten Beschäftigungsstrategie. Ersteres verdeutlicht eine wichtige Funktion der europäischen Sozialpolitik: Sie soll den Binnenmarkt funktionsfähig machen, insbesondere die Dienstleistungsfreiheit und die Freizügigkeit der Personen ermöglichen. Denn diese Freiheiten bleiben auf dem Papier, wenn die Arbeitskräfte, die dem Versprechen der Freizügigkeit folgen, mit dem Überschreiten der Grenze in ein sozialrechtliches schwarzes Loch fallen. Zwar hat jeder Mitgliedstaat sein eigenes System der sozialen Sicherung. Diese sind aber so zu koordinieren, dass Arbeitnehmer aus anderen Mitgliedstaaten nicht diskriminiert werden und ihre Ansprüche unabhängig vom jeweiligen Arbeits- oder Wohnort geltend machen können. Kurz, ein in Deutschland erworbener Anspruch muss auch in Sizilien gültig sein, z.B. Beschäftigungs-, Versicherungs- und Wohnzeiten müssen überall anerkannt werden und kumulierbar sein, Sozialleistungen müssen exportierbar sein.

Die Verordnung Nr. 1408 von 1971 hat diese Dinge zum ersten Mal geregelt. Der EuGH hat richtungweisende Urteile in dieser Sache gefällt (vgl. Kap. 6), die zu stetigen Anpassungen der Koordinierungsregeln führen. Eine integrale Neufassung der Verordnung von 1971, die von der Kommission bereits 1998 vorgeschlagen wurde, wurde aber erst 2004 verabschiedet (VO Nr. 883/2004), trat am 1. Mai 2010 in Kraft und wurde seitdem bereits wieder mehrfach geändert. Im Unterschied zur ursprünglichen Verordnung von 1971 werden nun auch wirtschaftlich nicht-aktive Personen und Staatsangehörige von Nicht-EU-Ländern miteinbezogen, darüber hinaus ist eine Gleichbehandlung von Arbeitnehmern aus anderen Mitgliedstaaten mit einheimischen Beschäftigten bezüglich aller relevanten Parameter der (beitragsabhängigen) Sozialleistungen vorgesehen (Ribhegge 2013: 385 ff.).

Box 9.7: Ist die EU ein Hort des Neo-Liberalismus?

Neo-Liberalismus ist ein Schlagwort, für viele sogar ein Schimpfwort: Jürgen Habermas (2008: 91) zum Beispiel spricht von „den Lebenslügen einer neoliberalen Orthodoxie". Soweit es sich um die Charakterisierung einer wirtschaftspolitischen Grundeinstellung handelt, versteht man darunter:

- ein grundsätzliches Vertrauen in Märkte als Koordinationsmechanismus
- damit auch ein Plädoyer für freien Handel
- eine starke Präferenz für private gegenüber staatlichen Wirtschaftsaktivitäten
- uneingeschränkte Verteidigung der Geldwertstabilität

- individuelle Eigenverantwortlichkeit und damit eine Beschränkung des Sozialstaates auf das Notwendige (wie auch immer definiert)
- Bevorzugung angebotsorientierter gegenüber nachfrageorientierten wirtschaftspolitischen Maßnahmen.

Was daran „neo" ist, bleibt unklar. Liberale wie z.B. Walter Eucken (1952) oder Ludwig Erhard haben nichts anderes vertreten. Wo bleibt aber das Soziale? Diese Frage wird seit Müller-Armack (1962/1976) immer wieder gestellt. Fritz Scharpf (2002) konstatiert eine Entkoppelung von ökonomischer Integration und Sozialschutz auf dem Weg von Rom nach Maastricht, die zu einer konstitutionellen Asymmetrie zwischen Wirtschafts- und Sozialpolitik geführt habe, und zwar auf beiden Niveaus, dem europäischen und dem nationalen. Einerseits würden die Handlungsspielräume des nationalen Wohlfahrtsstaates von der europäischen Liberalisierungspolitik und der Wirtschafts- und Währungsunion eingeschränkt. Andererseits finde auf dem europäischen Niveau keine adäquate Kompensation statt. Die Erweiterung und Vertiefung der Märkte durch die Wirtschaftspolitik *(market making)* schreite erfolgreich voran; die Korrektur unerwünschter Marktresultate durch die Sozialpolitik *(market correcting)* bleibe zurück.

Fragt sich nur: Ist das so, weil die Architekten der Union in der Wolle eingefärbte Liberale waren und sind, oder ist das einfach das Resultat des Subsidiaritätsprinzips? Ersteres kann kaum der Fall sein; denn diese Architekten waren und sind gleichzeitig die führenden Politiker ihrer Nationalstaaten, unter denen nur das Großbritannien von Margret Thatcher im Ruch stand, einen rücksichtslosen Neo-Liberalismus zu vertreten. Doch zeigt die Geschichte des Sozialprotokolls von Maastricht, dass man auch ohne die Briten Fortschritte machen kann, wenn man will, und sie früher oder später wieder ins Boot bekommt.

Den Grund für eine im Wesentlichen liberale Wirtschaftsordnung und Wirtschaftspolitik der Gemeinschaft sehen wir weniger in der vorherrschenden Wirtschaftsgesinnung als im Mehrebenencharakter der Union und im Subsidiaritätsprinzip. Unterschiedliche nationale Präferenzen in der Sozialpolitik, eine mit der Distanz abnehmende Solidaritätsneigung, die hohe Budgetintensität dieses Politikfeldes und die daraus folgenden besonderen Anforderungen an seine demokratische Kontrolle, die Kosten einer adäquaten administrativen Handhabung der Sozialpolitik – all das spricht dafür, die sozialpolitische Aktivität auf der Ebene des Nationalstaates zu konzentrieren. Abgesehen davon bezieht die nationale Politik daraus einen Großteil ihrer Legitimität und wird diese kaum freiwillig an ein höheres Entscheidungsniveau abtreten. Auch das europäische Sozialmodell ist ein Mehrebenensystem – man muss beide zusammen sehen, das europäische und das nationale Niveau.

Fassen wir zusammen: Der soziale *acquis communautaire* hat einen bescheidenen Umfang. Er umfasst im wesentlichen vier Ebenen:

- *die Ebene des gemeinsamen Marktes* mit Gesundheits- und Sicherheitsvorschriften,

- *die Ebene des Sozialprotokolls*, die in den Vertrag von Amsterdam aufgenommen wurde, mit Regeln zur Arbeitszeit und der Gleichbehandlung der Geschlechter,
- *die Ebene des sozialen Dialogs*, auf der verstärkte Sozialpartnerschaft angestrebt wird,
- *die Ebene des so genannten „weichen acquis"*, die eine Art europäischer Sozialkultur beschreibt, die zwar nicht verbindlich im rechtlichen Sinne ist, aber doch als Konsens unter den Mitgliedländern erwartet wird.

Solidaritätsorientierte Umverteilung findet auf dem europäischen Niveau nur im Rahmen der Agrar- und der Strukturpolitik statt. Die ausgabenintensiven Bereiche der sozialen Sicherheits- und Wohlfahrtspolitik sind auf dem nationalen Niveau angesiedelt. Unterschiedliche Präferenzen, unterschiedliche historische Pfade, aber auch unterschiedliche Interessenkonstellationen haben hier ein breites Spektrum nationaler Systeme hervorgebracht. Wachsender Wettbewerb, demographische Änderungen und mehr oder minder harte Budgetbeschränkungen führten die nationalen Systeme sozialer Sicherheit in vielen Mitgliedländern in eine Krise, die sowohl ihre Nachhaltigkeit, wie ihre Wettbewerbskonformität in Frage stellt. Die erforderlichen Strukturreformen sind, das scheint auf der Hand zu liegen, auf nationalem Niveau einzuleiten. Doch gibt es durchaus Bestrebungen, diesen Prozess von der Gemeinschaftsebene aus subsidiär zu unterstützen. Das ist die Aufgabe der offenen Methode der Koordinierung. Ein Blick auf Tab. 9.7 macht jedoch deutlich, dass die Realisierung des Gemeinsamen Marktes 1992 wohl zur Konvergenz, aber nicht zu einer generellen Verringerung der sozialpolitischen Ausgaben geführt hat.

9.4.4 Die offene Methode der Koordinierung

Die EU und ihre Mitgliedstaaten haben drei ordnungspolitische Probleme:
- Auf vielen Feldern der Wirtschaftspolitik hat die Gemeinschaft nur eine geringe oder keine Kompetenz, so z.B. in der hier besprochenen Sozialpolitik, aber auch in der Industriepolitik (vgl. Kap. 8).
- Durch die Einführung der Wirtschafts- und Währungsunion sind den Mitgliedländern wichtige wirtschaftspolitische Instrumente abhanden gekommen (z.B. die Wechselkurs- und Geldpolitik) oder eingeschränkt worden (z.B. die Fiskalpolitik), ohne dass dafür eine Kompensation auf europäischem Niveau erfolgt wäre.
- Die vertiefte Integration macht erhebliche *spillovers* möglich. Beispielsweise bleiben die Kosten einer undisziplinierten Fiskal- oder Tarifpolitik nicht auf das jeweilige Mitgliedland beschränkt. Weder die Fiskal-, noch die Tarifpolitik unterliegen jedoch einer harten Koordinierung. (Die Schuldenkrise 2010–13 hat mit dem Fiskalpakt hier eine gewisse Änderung veranlasst.)

Daraus folgt, dass eine gemeinschaftliche Politik nur im Konsens betrieben werden kann. Die pragmatische Reaktion ist die so genannte „offene Methode der Koordinierung". Sie unterscheidet sich von der „Gemeinschaftsmethode" dahingehend, dass letztere vor allem im Bereich der Marktregulierung zu verbindlichen Gesetzen bzw. Verordnungen führt (harte Regelsetzung), soweit man sich nicht mit dem Prinzip der wechselseitigen Anerkennung begnügen kann, während die offene Methode der Koordinierung letztlich unverbindlich, eben offen, bleibt (weiche Regelsetzung). Ihre Grundelemente sind:

- gemeinsame Situationsanalyse und ein makro-ökonomischer Referenz-rahmen,
- Übereinstimmung in den Zielsetzungen der Wirtschaftspolitik: Leitlinien, die auch zeitlich strukturiert sind,
- Übersetzung der Ziele von der Gemeinschaftsebene auf die nationalen und regionalen Ebenen: nationale Aktionsprogramme (Wahrung der na-tionalen Souveränität),
- *Benchmarking:* Es werden Indikatoren definiert, die einen Vergleich und die Erfolgskontrolle erlauben,
- wechselseitiges Lernen: Der Erfolg weist *best practices* aus, die vom ra-tionalen Politiker übernommen werden,
- Periodische Evaluierung, aber keine formalen Sanktionen (wie z.B. beim Stabilitäts- und Wachstumspakt), sondern Empfehlungen,
- *Peer pressure:* Die regelmäßige Evaluation im Europäischen Rat stimuliert das wechselseitige Lernen über das, was auf Englisch so anschaulich *blaming and shaming* genannt wird.

„The method institutionalizes the sharing of experience and reform experi-mentation, removing any real or apparent risk of regulatory competition and replacing it with a co-operative but non-binding method" (Hodson/Marer 2001: 725). Es sollte aber nicht übersehen werden, dass die offene Methode der Koordinierung vor allem aus der Notwendigkeit entstanden ist, die feh-lende gemeinschaftliche Wirtschaftspolitik, die eine Währungsunion eigent-lich erfordert, durch eine intergouvernementale Abstimmung der nationalen Wirtschaftspolitiken zu substituieren. Die Akzeptierung einer Politik stabilen Geldes und stabiler Staatsfinanzen hat Folgen für die Beschäftigungs- und Sozialpolitik ebenso wie für die Industriepolitik. Diese liegen aber außerhalb des engeren Kompetenzbereichs der Gemeinschaft.

Die offene Methode der Koordinierung beabsichtigt zweierlei, einen zeitlich und inhaltlich strukturierten Prozess und den Transfer erfolgreicher Politi-ken. Im Ergebnis sollten sich kognitive Konvergenz der politischen Planer einstellen und daraus folgend politische Konvergenz. Es ist aber fraglich, inwieweit das funktionieren kann. Es ist eines, Gütermärkte zu liberalisieren und ihre Marktordnungen zu harmonisieren. Es ist etwas ganz anderes, Bil-dungssysteme, Sozialordnungen, Arbeitsmarktordnungen auf einen Nenner zu bringen und sie einer einheitlichen Politik zu unterwerfen. Es gibt, auch innerhalb der EU, unterschiedliche Spielarten des Kapitalismus (Hall/Soskice 2001; Bönker 2013), die durch eine offene Methode der Koordinierung nicht aufgehoben werden. Außerdem wissen wir aus der Geschichte der indikati-ven Planung in Frankreich, dass Planung durch Information, d.h. ohne Pla-nungsautorität und ohne harte Sanktionen, vor allem in Schönwetterperioden funktioniert. Wird die See rauer, dann segelt jeder seinen eigenen Kurs. Das gilt schon für den mit „härteren" Sanktionen versehenen Stabilitäts- und

Wachstumspakt, wie viel eher muss es dann für die offene Methode der Ko-ordinierung gelten.

Die offene Methode der Koordinierung entspricht den erklärten Governance-Prinzipien der EU: Subsidiarität, Flexibilität, Legitimität. Letzteres aber nur deshalb, weil sie eigentlich auf intergouvernementaler Ebene stattfindet, wo nationale Souveränitäten nicht berührt werden. Damit stellt sich die Frage nach der Rolle des Europäischen Parlaments und des Rates. Die offene Me-thode ist eine Angelegenheit der Exekutive. Der Kommission käme eigentlich die Aufgabe des Planers zu. Es sind aber wieder die berühmten Komitees (Wirtschaft und Finanzen, Wirtschaftspolitik, Beschäftigung, Sozialschutz), die vor allem bei der Vorbereitung des Entscheidungsprozesses aktiv werden. Die strategischen Entscheidungen müssten dann vom Rat, bzw. von Coreper, ausgehen. Das scheint, allein schon aus Zeitmangel, nur unzureichend der Fall zu sein. Wir haben folglich einen Prozess indikativer Planung vor uns, nicht nur ohne Planungsautorität, sondern auch ohne einheitlichen Planer. Der Pro-zess ist komplex, technisch anspruchsvoll und lässt deshalb bezüglich seiner Transparenz einiges zu wünschen übrig. Während die nationalen Parlamente bei der Umsetzung der nationalen Aktionsprogramme noch zu ihrem Recht kommen könnten, bleibt das Europäische Parlament mehr oder minder außen vor. Vor allem aber findet die Formulierung der Leitlinien, die erste Phase der Planung, kaum eine demokratische Kontrolle. Diese institutionellen Defizite der offenen Methode lassen eine vage und ineffektive Planung erwarten.

Der Lissabon-Prozess findet im Schatten des Stabilitäts- und Wachstumspak-tes statt: Europäische Sozialpolitik handelt weniger von verteilungsorientier-ten sozialen Bürgerrechten als vielmehr von Wachstum und Wettbewerbsfä-higkeit – der Wohlfahrtsstaat wird von der Stabilitäts- und Wachstumspolitik kolonisiert (Chalmers/Lodge 2003: 10). Das führt unweigerlich zur Vernach-lässigung der Wohlfahrtsziele, sagen die einen (Streeck 1998). Die anderen halten dagegen, dass nur eine angebotsorientierte Wirtschaftspolitik län-gerfristig Wohlfahrt für alle generieren kann. Die offene Methode der Koor-dinierung als institutionelles Komplement des Lissabon-Prozesses ist damit drei typischen Kritiksträngen ausgesetzt:

- *dem inhaltlichen:* Betonung der Angebotspolitik, Vernachlässigen der sozialen Dimension;
- *dem theoretischen:* Worauf gründet der Optimismus, dass nationale Politi-ker lernfähig und bereit seien, sich am Gemeinwohl zu orientieren?
- *dem organisatorischen:* wohlklingende Rhetorik, wenig politischer Ein-fluss, potentiell kontra-produktive Effekte.

Ihre Wirksamkeit muss sie noch unter Beweis stellen. Der Lissabon-Prozess wurde im Jahre 2000 in Gang gesetzt. Die Bilanz im Jahre 2010 machte deut-lich, dass seine hochgesteckten Ziele nicht erreicht wurden. Als Reaktion hat sich die Kommission darauf verständigt, die Strategie zu vereinfachen, die quantitativen Ziele aufzugeben und die verschiedenen Koordinations-prozesse (Luxemburg: Arbeitsmarktpolitik, Cardiff: mikroökonomische und strukturelle Reformen, Köln: makroökonomische und haushaltspolitische Maßnahmen) mit dem Lissabon-Prozess zu verbinden. Das heißt ja nichts anderes, als eine integrierte Wirtschaftspolitik über die offene Methode zu führen. Die Erfolgsaussichten eines solchen Vorgehens müssen skeptisch stimmen. Noch ist es zu früh, die offene Methode der Koordinierung bereits für gescheitert zu erklären.

9.4.5 Sozialdumping – ein Kapitel für sich

Mit dem Beitritt relativ gering entwickelter Länder in Ostmitteleuropa hat der zuvor nur gelegentlich auftauchende Vorwurf des Sozialdumping eine rasante Karriere gemacht. Damit werden Fälle belegt, in denen entweder Produktionsstätten aus Regionen mit hohen Löhnen und Lohnnebenkosten in Regionen mit niedrigeren Kosten verlegt werden (Kapitalmobilität), oder Fälle in denen Firmen aus Ländern mit niedrigen Lohn- und Lohnnebenkosten Dienstleistungen in Ländern mit höheren Kosten erbringen (Dienstleistungs- und Arbeitskräftemobilität). Aus Gründen der Wettbewerbsgleichheit wird häufig eine Harmonisierung der Sozialstandards, wenn nicht gar der Löhne gefordert. Macht das Sinn?

Als erstes ist anzumerken, dass der Begriff des *social dumping* ökonomisch unsinnig ist. In Box 8.1 haben wir Dumping als Preisdiskriminierung definiert, die nach den Regeln der WTO unzulässig ist, wenn das Angebot für Ausländer (der Exportpreis) günstiger ist als das Angebot für Inländer (der Preis auf dem heimischen Markt). In den beiden erwähnten Fällen liegt eine solche Preisdiskriminierung nicht vor, und deshalb sollte man im Gebrauch des Wortes Dumping Zurückhaltung üben.

Als zweites kann man theoretisch davon ausgehen, dass unter Wettbewerbsbedingungen die Arbeitskraft mit ihrem Wertgrenzprodukt entlohnt wird. Ist in einem Land das Gesamtlohnniveau niedriger als in einem anderen, so steht zu vermuten, dass auch die Produktivität entsprechend niedriger ist. Wie nun der Bruttolohn jeweils in Nettolohn, direkte Steuern und Sozialabgaben aufgeteilt wird, ist Sache der nationalen Sozialpräferenzen. Die können sehr unterschiedlich sein. Eine europaweite Harmonisierung der Sozialstandards und ihrer Finanzierungsmodi würde nicht nur in diese Präferenzen eingreifen. Sie müsste auch, wenn die Harmonisierung oberhalb des Minimums stattfände, in den Ländern mit niedriger Produktivität zur Absenkung der Nettolöhne führen, damit sie wettbewerbsfähig bleiben.

Soweit es sich um den Güterverkehr handelt, haben wir uns an das Phänomen unterschiedlicher Kostenniveaus – wenn auch langsam und widerwillig – gewöhnt: T-Shirts werden in China billiger produziert als in Deutschland, also führt man sie von dort ein. Im Fall von Dienstleistungs-, Kapital- und Arbeitskräftemobilität taucht dagegen der Vorwurf des Sozialdumping auf. Grundsätzlich gilt hier aber das gleiche. Wenn es unter Einbeziehung aller Kosten und Risiken auch auf mittlere Sicht billiger ist, in Ungarn zu produzieren als in Frankreich, dann wird ein rationaler französischer Unternehmer eine Verlagerung seiner Produktion nach Ungarn in Erwägung ziehen. Und der Konsument wird ihm die niedrigeren Preise danken. Für die Arbeitnehmer des betroffenen französischen Unternehmens ergeben sich daraus mit hoher Wahrscheinlichkeit Beschäftigungsprobleme. Ob solche Probleme auch für die französische Wirtschaft insgesamt auftreten, ist weniger eindeutig. Denn die Wirtschaftsaktivität im gemeinsamen Raum wird insgesamt zunehmen, und die Importe der verlagerten Produktion werden teilweise, wenn nicht sogar vollständig, nach einer gewissen Anpassungszeit, von Exporten anderer Güter kompensiert.

Im Zusammenhang mit Dienstleistungen ergeben sich jedoch Komplikationen. Die Löhne in einer Volkswirtschaft richten sich tendenziell am Wertgrenzprodukt der Arbeit im verarbeitenden Gewerbe aus, d.h. am Sektor der handelbaren Güter (vgl. Box 11.4). Sind Produktivität und Lohn in diesem Sektor niedrig, dann werden auch die Löhne in den meisten Dienstleistungssektoren niedrig sein. Das Wertgrenzprodukt der Arbeit ist bei vielen Dienstleistungen praktisch nicht vom Lohn zu trennen. Die physische Produktivität der Dienstleistungen variiert dagegen international sehr viel weniger als im verarbeitenden Gewerbe. Kommt eine polnische Maurerkolonne auf eine Berliner Baustelle, dann leistet sie nicht viel weniger als eine deutsche Maurerkolonne, beansprucht aber nach polnischen Tarifen bezahlt nur einen Bruchteil des Lohns der deutschen Maurer. Das ist zwar kein *dumping*, aber ein Problem, obwohl es sich faktisch von den chinesischen T-Shirts nicht grundsätzlich unterscheidet: Die Lohnstückkosten der deutschen Textilarbeiter sind signifikant höher als die der chinesischen und folglich kommen letztere zum Zuge. Die Äquivalenz von Waren- und Dienstleistungsverkehrsfreiheit wird am Beispiel der inzwischen berüchtigten Schlachtbetriebe besonders deutlich. Wenn die Schlachtereien in Chemnitz den kostengünstigen Dienstleistern aus Ostmitteleuropa ortsübliche Löhne und Arbeitsbedingungen bieten müssen, werden sie dazu tendieren, ihre Betriebe 50 km weiter südlich in Tschechien anzusiedeln, das Lebendvieh zu exportieren und das Fleisch zu importieren – auf dem Binnenmarkt ein völlig normaler Vorgang. Dadurch gehen in Chemnitz weitere Arbeitsplätze verloren. Die billigen Schlachtbrigaden kommen inzwischen allerdings aus Bulgarien und Rumänien.

Nun ist eines sicher: Eine harmonisierte europäische Tarif- und Sozialpolitik würde, solange nicht weitgehende ökonomische Konvergenz erreicht ist, erhebliche negative Konsequenzen haben. Die Länder mit unterdurchschnittlicher Produktivität verlieren ihre Konkurrenzfähigkeit, und die Länder mit überdurchschnittlicher Produktivität machen beträchtliche Gewinne. Das wiedervereinigte Deutschland hat vorgeführt, wohin das führt. Dort hatte man allerdings nicht eine Harmonisierung auf dem durchschnittlichen, sondern auf dem hohen westdeutschen Niveau angepeilt. Das hatte zur Folge, dass die westdeutschen Unternehmer vor lästiger Konkurrenz aus Ostdeutschland bewahrt wurden und die westdeutschen Arbeitnehmer vor schmerzhaften Einschnitten in ihre Einkommen. Bezahlt haben die Rechnung die ostdeutschen Unternehmen, die schließen mussten, und die ostdeutschen Arbeitnehmer, die arbeitslos wurden.

Die Angleichung der Tarif- und Sozialpolitik im erweiterten Europa kann nicht über eine Harmonisierung, sie muss über einen Konvergenzprozess oder über *catching-up* erfolgen. Und das erfordert Zeit (siehe Box 2.9). Solange dieser Prozess andauert, werden die Löhne und die Sozialstandards – unabhängig von Präferenzunterschieden – in den aufholenden Ländern niedriger sein. Es gibt keinen theoretischen Grund anzunehmen, dass die Regierung in diesen Ländern das Tarif- und Sozialniveau unter eine von der Produktivität gerechtfertigte Höhe ansetzen könnte oder würde, vorausgesetzt es herrschen ausreichender interner Wettbewerb und internationale Güter- und Faktormobilität. Die Schlussfolgerung von Sinn (2003: 111) scheint deshalb gerechtfertigt:

> A simple but important insight for the assessment of systems competition follows from this. Because private competition and systems competition carry out the gradual transformation of the joining countries perfectly, there is no need for a supra-national government like the EU to intervene by harmonizing social standards. Both the EU Social Charter and the ILO conventions are interventions of dubious use.

Die EU-Sozialcharta hat, wie wir bereits gesehen haben, nur eine partielle Harmonisierung zum Ziel, d.h. die Einführung von Mindeststandards mit einer *ratchet* Klausel (Sperrklinkenklausel) für Länder mit höheren Standards. Dadurch bleiben die Unterschiede in den Sozialstandards im Konvergenzprozess bestehen. Es wird nur versucht, diesen Konvergenzprozess zu beschleunigen. Ob das unabhängig von der ökonomischen Konvergenz allerdings möglich und sinnvoll ist, ließe sich diskutieren.

So weit, so gut: Es gibt nicht gleichen Lohn für gleiche Arbeit, wenn die Produktionsbedingungen, vor allem die Kapitalausstattung, nicht auch gleich sind. Denn dann ist das Ergebnis gleicher Arbeit, ihr Wertgrenzprodukt, unterschiedlich. Doch wie steht es mit unserer polnischen Maurerkolonne auf der Berliner Baustelle? Sie produziert mehr oder minder das gleiche Ergebnis wie die deutsche Maurerkolonne, die aber dafür einen höheren Lohn verlangt und deshalb möglicherweise nicht zum Zuge kommt. Dass die deutschen Bauarbeiter von Dumpinglöhnen sprechen, ist verständlich, auch wenn die Polen Löhne erhalten, die noch über dem Niveau in ihrem Heimatland liegen. Hier ist nun zu differenzieren:

- Soweit es sich um Gastarbeiter oder Zuwanderer handelt, d.h. temporär oder dauerhaft eingewanderte Arbeitskräfte, erhalten sie grundsätzlich die gleichen Tariflöhne wie deutsche Arbeitskräfte. Das folgt schon aus dem Diskriminierungsverbot des EU Vertrags.
- Soweit es sich um den Export von Dienstleistungen aus anderen Mitgliedländern handelt, gelten grundsätzlich die Sozialvorschriften des exportierenden Landes. Hier greifen zwar die harmonisierten europäischen Mindeststandards. Darüberhinaus ist es aber möglich, dass ungleicher Lohn für gleiche Arbeit am gleichen Ort bezahlt wird. Ein tschechischer Fernfahrer unterliegt zwar der deutschen Straßenverkehrsordnung, sobald er die Grenze überschreitet, erhält aber nicht einen höheren Lohn. Um die daraus folgenden Verdrängungstendenzen für deutsche Arbeitskräfte abzuschwächen, hat die Bundesregierung 1996 für bestimmte Branchen,

vor allem das Baugewerbe, das so genannte Entsendegesetz verabschiedet. Dieses Gesetz wurde noch im gleichen Jahr durch die Entsenderichtlinie der Gemeinschaft legitimiert.

Box 9.8: Entsendegesetz und Entsenderichtlinie zum Zweiten

Entsendegesetz und Entsenderichtlinie (siehe auch Kap. 5) sind Ergebnis eines längeren Streites in der Gemeinschaft darüber, ob die Dienstleistungsfreiheit nach Art. 56 AEUV zu unfairem Wettbewerb führe und deshalb einer einschränkenden Regelung bedürfe. Den Tatbestand des unfairen Wettbewerbs sehen die Befürworter einer Regelung darin, dass Unternehmen aus Ländern mit niedrigem Lohnniveau und bescheidenen Sozialstandards in Hochkosten-Ländern ihre Dienste zu erheblich günstigeren Preisen anbieten können als die einheimischen Unternehmen. Nach 1992, als der gemeinsame Markt mit der Dienstleistungsfreiheit wirksam wurde, hatte sich das vor allem in der Bauindustrie, wo die Arbeitskosten ungefähr die Hälfte der Gesamtkosten ausmachen, deutlich bemerkbar gemacht. In der Folge fanden sich trotz anfänglich guter Baukonjunktur deutsche Bauarbeiter vermehrt arbeitslos.

Rasch wurden Stimmen laut, die als Reaktion auf diese Situation eine Regelung verlangten, nach der zumindest für Dienstleistungen, die von ausländischen Arbeitnehmern, nicht von Selbständigen, erbracht werden, die Tarifbestimmungen und Sozialstandards des Produktionsortes gültig sein sollten. Aus praktischen Gründen wäre eine solche Regelung bei einigen Dienstleistungen absurd, so zum Beispiel im Transportsektor (der tschechische Fernfahrer, dessen Lohn sich bei jedem Grenzübertritt ändern müsste).

Auf europäischem Niveau haben sich Großbritannien und Portugal einer derartigen Regelung widersetzt. Dafür gibt es gute Gründe: Theoretisch ist sie einem Zoll vergleichbar, d.h. sie schützt inländische Unternehmen und Arbeitnehmer vor ausländischer Konkurrenz. Damit widerspricht sie völlig der Logik und der Intention des gemeinsamen Marktes, schränkt den Wettbewerb ein und verlangsamt den angestrebten Konvergenzprozess. Eine sekundärrechtliche Einschränkung (Entsenderichtlinie) eines primärrechtlichen Rechtes (Dienstleistungsfreiheit, Art. 56 AEUV) müsste vom EuGH für nichtig erklärt werden – es sei denn, es gäbe eine zwingende Rechtfertigung dafür. Diese findet man in zwingenden Gründen des Allgemeininteresses oder in einer konkurrierenden Bestimmung des Primärrechtes (s. hierzu auch Koberski/Asshoff/Hold 2002 und Görres 2003).

Die einschlägigen Regelungen der Entsenderichtlinie und des deutschen Entsendegesetzes haben wir bereits in Kapitel 5 kennengelernt. Wie alle protektionistischen Maßnahmen, die den Strukturwandel begleiten sollen, läuft auch das Entsendegesetz Gefahr, zur Dauereinrichtung und damit kontraproduktiv zu werden. Es ist Aufgabe der Europäischen Kommission, darüber zu wachen, dass dies nicht geschieht. Eine Initiative in dieser Richtung ist die dem Rat 2005 vorgelegte Dienstleistungsrichtlinie. Sie hat in einzelnen Mitgliedländern zu vehementen Reaktionen geführt. Die Ablehnung der Verfassung in Frankreich war weniger eine Reaktion auf den Verfassungstext als eben auf diese nach ihrem Autor benannte Bolkestein-Richtlinie. Denn der Verfassungstext entzieht sich dem

---

> Allgemeinverständnis; dass polnische Klempner aber das französische Handwerk bedrohen, das versteht jeder (auch wenn es nicht den Tatsachen entspricht). Ziel der Dienstleistungsrichtlinie ist es, dem Sitz- oder Heimatlandprinzip und damit dem Wettbewerb wieder mehr Geltung zu verschaffen. Nach vielen Änderungen wurde die Richtlinie (RL 2006/123) schließlich Ende 2006 verabschiedet.

Man spricht zuweilen auch von *social dumping* in Verbindung mit einer vermuteten Verdrängung des Wohlfahrtsstaates durch den Systemwettbewerb. Dieser Vorgang hat noch weniger mit *dumping*, d.h. einer unfairen Preisdiskriminierung, zu tun als die bislang besprochenen Fälle. Doch auch hier geht es um die freie Mobilität von Kapital und Arbeit, die, so wird gesagt, eine Form von Wettbewerbsversagen hervorbringt.

Der Wohlfahrtsstaat ist ein Versicherungs- und Umverteilungsmechanismus: Zum einen werden die Bürger gegen Risiken versichert, für die der Markt keine geeignete Versicherung bereitstellt. Zum anderen werden Mittel zur Bedürfnisbefriedigung von tragfähigen Schichten auf bedürftige Schichten umverteilt, sei es unmittelbar in der Form eines Kaufkrafttransfers oder mittelbar in der Form des nicht äquivalenten Tausches (z.B. in der gesetzlichen Krankenversicherung, wo die Beiträge einkommens- und nicht risikoabhängig, die Leistungen aber bedürfnisorientiert sind). Unterscheidet sich nun das Volumen des Wohlfahrtsstaates von Land zu Land, so steht zu erwarten, dass die Träger der Kosten, kurz die Reichen, in das System mit dem niedrigsten Volumen abwandern und die potentiell Begünstigten, kurz die Bedürftigen, im System mit dem höchsten Volumen zuwandern. Vorausgesetzt, die Mobilitätskosten sind hinreichend niedrig. Das sind sie eher nicht.

Die beschriebenen Wanderungsprozesse sind Folge eines internationalen Ungleichgewichts, das durch die Öffnung der Grenzen entstanden ist. Es stellt sich nun die Frage, wie das neue Gleichgewicht aussieht, das danach wieder angestrebt wird: Erhalten wir einen Wohlfahrtsstaat auf durchschnittlichem Niveau oder erfahren wir ein *race to the bottom*, den totalen Abbau des Wohlfahrtsstaates? Hans-Werner Sinn (2003: 64 ff.) hat gezeigt, dass bei vollständiger Mobilität aller Personen und Faktoren der Systemwettbewerb zu einem *race to the bottom* führen und letztlich jegliche Umverteilung von Besitzenden zu Bedürftigen unmöglich machen kann.

Nun ist selbst bei vollständiger Mobilität aller Personen und Faktoren nicht zu erwarten, dass die Politiker diesen „Abrüstungswettlauf" bis zum bitteren Ende durchhalten werden. Sind die beteiligten Länder tatsächlich identisch und haben die gleichen Umverteilungspräferenzen, so ist zu erwarten, dass sie sich einigen, den Teufelskreis in diesem Bereich zu durchbrechen und ein einheitliches, ihren ursprünglichen Sozialpräferenzen entsprechendes Niveau der Umverteilung für alle Staaten festzuschreiben, das auch in allen Staaten Unterstützung durch eine Mehrheit der Bevölkerung findet. Schwierig wird die Angelegenheit allerdings dann, wenn – wie es in der Europäischen Union noch immer der Fall ist – sich die nationalen Präferenzen für Wohlfahrtsstaat und Umverteilung voneinander unterscheiden. Dann ist eine

Harmonisierung der Umverteilungsregelungen, die in allen Staaten Unterstützung findet, nicht möglich.

Ein *race to the bottom*, d.h. ein neues Gleichgewicht auf niedrigstem Niveau, das Schreckgespenst vieler Globalisierungskritiker und Europaverächter, kann sich vor allem also bei unterschiedlichen Präferenzen ergeben. Ist in dem Raum mit sonst gleichen Bedingungen ein Wohlfahrtsmuffel vorhanden, d.h. ein Land mit extrem niedrigen Umverteilungspräferenzen, dann wird es die mobilen Nettozahler anziehen, was dort ein weiteres Absenken der Steuersätze ermöglicht. Alle übrigen Länder gerieten in Finanzierungsprobleme und müssten sich im Endeffekt an dieses niedrigste Niveau anpassen, bzw. ihre höheren Umverteilungskosten den weniger mobilen Faktoren aufbürden, was natürlich auch deren Mobilität stimuliert. Im Endzustand gibt es dank der nicht perfekten Mobilität aller Faktoren zwar gewisse Unterschiede im Volumen des Wohlfahrtsstaates, allerdings in der Nähe des niedrigsten Niveaus. Tabelle 9.7 macht jedoch deutlich, dass ein *race to the bottom* nicht stattfindet, sondern Konvergenz der Sozialausgaben auf hohem Niveau, zumindest unter den Altmitgliedern der EU, was auf sehr ähnliche Sozialpräferenzen schließen lässt.

Der Konvergenzprozess kann bei ungleichen Präferenzen in einem Gleichgewicht mit niedrigerem Niveau enden als bei gleichen Präferenzen. Die Frage der Angleichung der Sozialpräferenzen ist nun genau die Frage nach dem europäischen Sozialmodell. Während einige Autoren (z.B. Kaelble 2004) hier bereits einen weitgehenden Konsens feststellen, sehen andere darin erst eine noch zu leistende Koordinierungsaufgabe der Europäischen Union. *Ex ante* Harmonisierung, d.h. die Schaffung eines europäischen Sozialstaates auf oberstem Niveau, ist aus den verschiedensten Gründen kein gangbarer Weg. Zum einen treffen hier alle Argumente, die schon zuvor im Zusammenhang mit den Löhnen und Lohnnebenkosten genannt worden sind, unverändert zu. Zum anderen würde bei der notwendigen Einstimmigkeit einer solchen Entscheidung der „Wohlfahrtsmuffel" natürlich sein Veto einlegen und eine Entscheidung oberhalb des Minimalniveaus verhindern. Die offene Methode der Koordinierung ist dazu eine Alternative. Sie versucht, einen Konsens auch bezüglich der Ziele der Sozialpolitik zu schaffen.

9.5 Strukturpolitik

9.5.1 Strukturpolitik als Instrument für Konvergenz und Kohäsion

Die Sozialpolitik der Gemeinschaft verfügte seit den Verträgen von Rom über einen eigenen Fonds, den Europäischen Sozialfonds. Das war ursprünglich eine *ad hoc* Einrichtung zur Förderung der Mobilität der Arbeitskräfte aus dem italienischen *Mezzogiorno*. Im Laufe der Zeit erweiterte sich der Aufgabenbereich, der mit Mitteln des Sozialfonds gefördert werden konnte. Doch er blieb konzentriert auf Maßnahmen zur Unterstützung der Arbeitskräftemobilität, der Qualifikationsverbesserung und der Beschäftigungspolitik generell. Schon der Sozialfonds hatte eine starke regionalpolitische Komponente. Mit der Agrarpolitik kam ein weiterer Fonds hinzu, der Europäische Ausrichtungs- und Garantiefonds für die Landwirtschaft, dessen Ausrichtungsteil für die Entwicklung des ländlichen Raumes bestimmt ist, während der Garantieteil für die Strukturpolitik nur untergeordnete Bedeutung hat. 1975 legte die Gemeinschaft einen eigenen Regionalfonds auf, den Europäische Fonds für regionale Entwicklung. Schließlich gibt es noch einen Fonds für die Fischereipolitik.

In einer integralen Reform der europäischen Regionalpolitik im Jahre 1989 wurden die Fonds unter dem Namen „Strukturfonds" zusammengeführt und stärker koordiniert. Sie sind allerdings noch immer eigenständig und können in bestimmten Fällen gleichzeitig zur Förderung eines Projektes herangezogen werden. 1994 kam als weiterer Fonds der Kohäsionsfonds hinzu, der ähnliche Aufgaben erfüllt, formell aber von den Strukturfonds getrennt bleibt. Zur Zeit verfügt die Gemeinschaft also über insgesamt fünf Instrumente für die Regional- und Strukturförderung. Diese organisatorische Entwicklung ist begleitet von einer beachtlichen Ausdehnung der zur Verfügung stehenden Mittel. Die Struktur- und Kohäsionsfonds haben inzwischen die Agrarpolitik als größter Ausgabenposten des Gemeinschaftsbudgets überflügelt und beanspruchen ungefähr ein Drittel der Gesamtausgaben (vgl. Tabelle 9.1).

Nun stellt sich die Frage: Was ist die ökonomische Begründung für die zunehmenden Anstrengungen der Gemeinschaft in der Struktur- und Kohäsionspolitik? Zwei Argumentationsstränge spielen hier eine zentrale Rolle, ein theoretischer, der die Wirkung von Integration untersucht, und ein empirischer, der die faktischen Disparitäten in der Europäischen Union aufzeigt. Letztere sind erheblich und auch erheblich größer als z.B. in den USA, einem Wirtschaftsraum, der nicht nur ökonomisch, sondern auch politisch sehr viel länger integriert ist. Schon das Europa der Sechs wies zwischen dem Mezzogiorno und dem Pariser Becken oder dem Rhein-Main-Gebiet immense Unterschiede auf. Mit jeder Erweiterungsrunde, vor allem aber der Osterweiterung, haben die Disparitäten zugenommen. Im Jahr 2000 betrug das BIP pro Kopf im obersten Dezil (den reichsten 10 %) der Regionen das 2,6 fache des untersten Dezils. Die Osterweiterung 2004 erhöhte die Relation auf das 4,4 fache, und nach dem Beitritt von Bulgarien und Rumänien 2007 stieg die Relation noch einmal an auf das 6 fache (Europäische Kommission 2003d).

Ökonomisches Hauptmotiv für Integration ist Konvergenz, ein Wohlfahrtsausgleich auf hohem Niveau. Und die ökonomische Theorie erklärt auch, entlang welcher Wege Konvergenz erfolgt. Reibungslos operierende Märkte setzen einen Gleichgewichtsprozess in Gang, an dessen Ende der Ausgleich der Entwicklungsunterschiede steht. Alle vier Freiheiten, des Güter-, Dienstleistungs-, Kapital- und Personenverkehrs, tragen dazu bei. Der ungehinderte Güter- und Dienstleistungsverkehr lässt nach der Heckscher-Ohlin-Samuelson-Theorie die Regionen ihre komparativen Kostenvorteile durch Spezialisierung ausnutzen, was tendenziell zum Ausgleich der Faktorpreise führt. Dieser Prozess wird noch verstärkt durch Wanderungen der Produktionsfaktoren Kapital und Arbeit. Die moderne neoklassische Wachstums- und Außenhandelstheorie hat diesen Ansatz verfeinert und kommt zu einer ähnlichen Prognose (Sala-i-Martin 1996; siehe auch Armstrong 2004). Das ist aber zum einen ein sehr langwieriger Prozess, und zum anderen gibt es Gegenkräfte, die ein solches Zusammenwachsen bremsen. So ist Konvergenz nicht von Vornherein garantiert.

Box 9.9: Beta- und Sigma-Konvergenz

Was heißt genau Konvergenz (Sala-i-Martin 1996)? Nach allgemeinem Verständnis bedeutet Konvergenz die Verringerung der Variationsbreite von Gegenstandsmerkmalen, in unserem Fall z.B. die Verringerung der Variation des Bruttoinlandsprodukts pro Kopf der 28 Mitgliedländer der EU. Statistisch wird die Variation üblicherweise durch folgende Formel gemessen:

$$\sigma^2 = (1/n) \, \Sigma[\log(y_{it}) - \mu_t]^2 \quad \text{mit } i = 1, \dots, 28$$

wobei y_{it} – BIP pro Kopf in Mitgliedland i im Jahr t

μ_t – der Durchschnittswert des logarithmierten BIP pro Kopf über alle Mitgliedländer.

Nimmt σ ab, dann liegt Sigma-Konvergenz vor: Die Abweichungen vom Durchschnitt reduzieren sich.

Man kann sich aber auch auf den Prozess der Konvergenz konzentrieren und fragen, ob die ärmeren Regionen schneller wachsen als die reicheren. Ein solcher Prozess lässt sich mit folgender Schätzgleichung beschreiben:

$$\log(y_{it}) = a + (1 - \beta) \, \log(y_{i,t-1}) + u_{it}$$

wobei a und β Parameter sind und u ein Störterm mit dem angenommenen Mittelwert 0.

Ist $0 < \beta < 1$, dann bedeutet das Beta-Konvergenz: Die Wachstumsrate des BIP pro Kopf [$\log(y_{it}/y_{i,t-1})$] ist negativ korreliert mit dem Entwicklungsniveau in der Ausgangsperiode [$\log(y_{i,t-1})$].

Es lässt sich leicht zeigen, dass Beta-Konvergenz eine notwendige, aber keine hinreichende Voraussetzung für Sigma-Konvergenz ist. Das ist auch intuitiv einzusehen: Es ist denkbar, dass gleichzeitig die ärmsten Regionen sich dem Durchschnitt annähern und bislang durchschnittlich gelagerte Regionen sich von diesem nach oben oder unten entfernen.

Was nun wichtiger sei, Beta- oder Sigma-Konvergenz, ist eine normative Frage. Beta-Konvergenz entspricht dem Gerechtigkeitskriterium von Rawls (1975): Die relative Position der am wenigsten Begünstigten wird verbessert. Sigma-Konvergenz entspricht dagegen einem egalitaristischen Gerechtigkeitskriterium: Die Lage aller nivelliert sich. Vor allem im dynamischen Kontext einer rasch wachsenden Wirtschaft, was in der Regel mit Differenzierung verbunden ist, mag man der Beta-Konvergenz den Vorzug geben.

Die ökonomischen Disparitäten Europas weisen ein Zentrum – Peripherie Muster auf. Das deutet darauf hin, dass sie kaum zufällig entstanden sind. Das Zentrum – oder besser: die Zentren, denn wir haben es in Europa natürlich mit mehreren Zentren zu tun wie Greater London, das Pariser Becken, die Räume um München und Stuttgart, Norditalien; diese Zentren haben innerhalb Europas aber wiederum eine zentrale Lage – das Zentrum also hat zahlreiche Agglomerationsvorteile wie Bevölkerungs- und Wissenskonzentration, kurze Entfernungen, strukturelle Vielfalt. Solche externe ökonomische Effekte lassen Wachstumspole (Perroux 1955) entstehen, die sich kumulativ verstärken und nur durch Überlastungskosten und erhöhte Preise etwas abgeschwächt werden. Die alte Theorie der Wachstumspole wurde inzwischen von der neuen ökonomischen Geographie verfeinert (Fujita/Krugman/Venables 1999). Die Grundaussage bleibt aber erhalten. Mit großer Wahrscheinlichkeit wächst die Attraktivität der Kernregionen mit der Vergrößerung der Märkte und der Verringerung der Transport- und Transaktionskosten, beides erwünschte Folgen der europäischen Integration. Die Konsequenzen sind:

- ein Ausdünnen der Peripherie (z.B. *brain drain*),
- innovative Industrien, vor allem die wachstumsintensiven Dienstleistungen, meiden die peripheren Räume,
- handelsinduziertes Wachstum überspringt solche abgelegenen Regionen.

Denn der Handel zwischen entwickelten Volkswirtschaften ist bevorzugt Intra-Industrie-Handel in den innovativen, hoch spezialisierten und zentral gelegenen Industrien.

Das Phänomen ist altbekannt und seit langem Gegenstand kompensatorischer staatlicher Politik, der Regionalpolitik. Vor allem mit Infrastrukturmaßnahmen im Transport- und Kommunikationsbereich und mit Bildungsinvestitionen versucht die Regionalpolitik die Distanz der Peripherie zum Zentrum zu verringern in der Hoffnung, dass sich das zentrale Wachstum auf die Peripherie ausdehnt, was in der Theorie *trickling down effect* genannt wird, aber häufig eben nur ein tröpfchenweises Durchsickern darstellt. Hier geht es also darum, die Angebotssituation der Randregionen zu verbessern und damit ihre Beschäftigungsmöglichkeiten. Ein weiteres Hauptmotiv, den offensichtlich starken zentripetalen Marktkräften entgegenzuwirken, ist direkt sozialpolitischer Natur. In einer egalitär ausgerichteten Gesellschaft sind größere Einkommensunterschiede unerwünscht. Soweit man sie beispielsweise durch einheitliche Flächentarifverträge verhindert, nimmt man den Randregionen allerdings die Möglichkeit, mit dem Zentrum auf dem Markt zu konkurrieren. Alternativ ist ein Ausgleich über Transfers denkbar, die über die vielfältigen Formen des Finanzausgleichs erfolgen können, vor allem über die Haushalte der regionalen Körperschaften und der Sozialversicherungen. Hier geht es darum, die Nachfragesituation der Peripherie zu verbessern.

Für eine direkte Verbesserung der Nachfragesituation der peripheren Regionen fehlen der Gemeinschaft das Instrumentarium, die Mittel und wohl auch die Überzeugung, dass das längerfristig zur Konvergenz führe. Dieses Feld bleibt der nationalen Wirtschaftspolitik überlassen. Dagegen wird eine Verbesserung der Angebotssituation angestrebt über Infrastruktur-, Bildungs- und arbeitsmarktpolitische Maßnahmen. Die Aktivität der Gemeinschaft hat sich mit der Verwirklichung des gemeinsamen Marktes verstärkt: Der Gemeinschaftsvertrag erhielt in der Einheitlichen Europäischen Akte ein neues Kapitel (heute „Wirtschaftlicher, sozialer und territorialer Zusammenhalt" Art. 174–178 AEUV), und die Gemeinschaft erhielt eine neue Kompetenz (Art. 4 AEUV).

Wie jede Politik, die sich nicht in der ausschließlichen Kompetenz der Union befindet, unterliegt auch die Strukturpolitik dem Subsidiaritätstest. Ein Großteil der regionalpolitischen Anstrengungen wird von den Mitgliedländern selbst erbracht. Soweit es sich bei den peripheren Regionen um integrale Mitgliedstaaten handelt, spielt natürlich die gesamtstaatliche Wirtschaftspolitik für die Konvergenz eine wichtige Rolle. Hier nun führt der Integrationsprozess zu einer Beschneidung der Handlungsspielräume. Vor allem die Wirtschafts- und Währungsunion hat einen solchen Effekt. Den Mitgliedländern werden wichtige wirtschaftspolitische Instrumente genommen oder eingeschränkt: Sie können die Konkurrenzfähigkeit ihrer Wirtschaft nicht mehr über Währungsabwertungen stimulieren; das Instrument der Geldpolitik zur Behandlung kurzfristiger konjunktureller Probleme geht auf die Europäische Zentralbank über und wird nur noch europaweit wirksam. Und dank des Stabilitäts- und Wachstumspakts und des Fiskalpakts sind auch die fiskalpolitischen Möglichkeiten z.B. für Umverteilungsmaßnahmen beengt. (Wir werden in Kapitel 11 näher untersuchen, wie gravierend diese Einschränkungen tatsächlich sind.)

Den peripheren Regionen der Gemeinschaft sind auf bestimmten wirtschaftspolitischen Feldern die Hände gebunden, so wie das innerhalb von Nationalstaaten auch der Fall ist (schließlich kann die Uckermark keine eigene Wechselkurs- oder Geldpolitik führen, um ihre Konkurrenzfähigkeit zu erhöhen). Um hierfür einen gewissen Ausgleich zu schaffen, und um erst einmal überhaupt die Zustimmung der weniger entwickelten peripheren Mitgliedländer zum Maastricht-Vertrag, zur Wirtschafts- und Währungsunion, sicherzustellen, hat die Gemeinschaft 1994 den Kohäsionsfonds eingerichtet. Seine Mittel fließen nicht in einzelne Regionen wie die Strukturfondsmittel, sondern in die ärmeren Mitgliedländer, genau in solche, deren BIP pro Kopf weniger als 90 % des EU-Durchschnitts beträgt. Förderfähig sind kostenintensive Projekte im Bereich der Infrastruktur- und Umweltpolitik, die die nationalen Haushalte überstrapazieren und damit in Konflikt mit den stabilitätspolitischen Vorschriften von Art. 126 AEUV („Die Mitgliedstaaten vermeiden übermäßige öffentliche Defizite") geraten könnten. Bis zur Osterweiterung zählten nur Griechenland, Spanien, Portugal und Irland zu den Kohäsionsländern. In den Jahren 2004 und 2007 sind dann alle 12 neuen Mitgliedländer zu dieser Gruppe hinzugestoßen. Inzwischen sind Irland, Spanien und Zypern nicht mehr dazuzurechnen (vgl. Tab. 2.3). Das ist zum einen dem erfolgreichen *catching-up* zu danken, zum anderen auch der statistischen Absenkung des Durchschnitts.

Wir kommen zu dem Schluss: Die Gemeinschaft betreibt Struktur- und Regionalpolitik mit einer deutlichen sozialpolitischen Intention, nämlich der Ausweitung der Vorteile des gemeinsamen Marktes auf die Bevölkerung in weniger entwickelten Randgebieten. Diese Politik ist im Einklang mit dem, was europäisches Sozialmodell genannt wird. Denn die wohlfahrtsstaatlichen und nachfragepolitischen Funktionen des Sozialstaates bleiben den Mitgliedländern vorbehalten, und die Gemeinschaft konzentriert sich vor allem auf die Verbesserung der Angebotssituation, um ein Mithalten, besser noch ein Aufholen im verschärften Wettbewerb des gemeinsamen Marktes zu ermöglichen.

9.5.2 Strukturpolitik aus der Nähe

Die Strukturpolitik setzte 1975 für die Gemeinschaft der EU-9 ein und verfügte damals über relativ bescheidene Mittel. Inzwischen richtet sich die Politik auf 28 Mitgliedländer und hat für die laufende Haushaltsperiode 2014–2020 etwa 330 Mrd. € zur Verfügung (vgl. Tab. 9.1). Zusammengenommen sind das jährlich weniger als 0,5 % des BIP der Union. Doch sollten mit einer so beachtlichen absoluten Summe bei konzentriertem und zweckdienlichem Einsatz auch signifikante Effekte erzielt werden können. Das ist vor allem ein politisches und ein administratives Problem.

Die Politik hat erst einmal die Ziele festzulegen. Bis 1999 gab es für die Strukturpolitik sechs Ziele, von denen eines noch unterteilt war. Mit der Haushaltsperiode 2000–2006 fand eine Umstrukturierung statt, die für die laufende Haushaltsperiode noch einmal stark vereinfacht wurde. Danach gab es nur noch drei Hauptziele (Konvergenz, Regionale Wettbewerbsfähigkeit und Beschäftigung, und Europäische territoriale Zusammenarbeit), allerdings die genannten fünf Finanzinstrumente (den Europäischen Fonds für regionale Entwicklung (EFRE), den Europäischen Sozialfonds (ESF), den Kohäsionsfonds (KF), den Europäischen Landwirtschaftsfonds für die Entwicklung des ländlichen Raums (ELER) und den Europäischen Meeres- und Fischereifonds (EMFF)). Um eine Aufsplitterung der damit durchzuführenden politischen Maßnahmen zu verhindern, werden diese Fonds für die neue Haushaltsperiode 2014–2020 einem Gemeinsamen Strategischen Rahmen (GSR) unterworfen. Dieser GSR soll wiederum mit der Strategie Europa 2020 verknüpft werden, die 2010 mit dem Ziel der Förderung von intelligentem, nachhaltigem und integrativem Wachstum beschlossen wurde (siehe Kap. 8). Für den territorialen Zusammenhalt spielen der Kohäsionsfonds und der Fonds für regionale Entwicklung die entscheidende Rolle.

Regionen sind zentrales Objekt der Strukturpolitik, aber wie sind die Regionen definiert? Was den Kohäsionsfonds betrifft, geht es, wie schon gesehen, um integrale Mitgliedländer (mit einem BIP pro Kopf < 90 % des Gemeinschaftsdurchschnitts). Für die Mittel aus dem regionalen Entwicklungsfonds gibt es drei Kategorien:

1. weniger entwickelte Regionen, deren Pro-Kopf-BIP weniger als 75 % des durchschnittlichen BIP der EU-28 beträgt,
2. Übergangsregionen mit einem Pro-Kopf-BIP zwischen 75 % und 90 % des EU-28-Durchschnitts und
3. stärker entwickelte Regionen, deren Pro-Kopf-BIP über 90 % des durchschnittlichen BIP der EU-28 beträgt.

Die Mittelvergabe konzentriert sich verständlicherweise auf die erste Kategorie. Doch da es bei der Strukturpolitik nicht allein um Konvergenz geht, sondern auch um Wettbewerbsfähigkeit und Beschäftigung, fällt ein Teil der Mittel den beiden anderen Kategorien zu.

Unterhalb der gesamtstaatlichen Ebene kann man nun Regionen auf unterschiedlichem Aggregationsniveau definieren. Das ist in der Regel abhängig von der Verwaltungsstruktur des jeweiligen Landes. Die EU hat ausgehend von den nationalen Gegebenheiten eine eigene regionale Nomenklatur entwickelt, die so genannten *Niveaux d'Unités Territoriales Statistiques* (NUTS). Drei Ebenen werden unterschieden:

- NUTS-1, in Deutschland sind das die Bundesländer, in Frankreich die Großregionen, die innerhalb des Landes keinerlei administrative Funktion haben (z.B. der Osten: Elsaß, Lothringen, Franche-Comté),
- NUTS-2, in Deutschland können das die Regierungsbezirke sein, aber auch nur die Zusammenführung mehrer Kreise (und kreisfreier Städte), in Frankreich sind das die Regionen,
- NUTS-3, das sind in Deutschland die Kreise und kreisfreien Städte, in Frankreich die Départements.

Objekte der Konvergenzziel-Förderung sind Regionen, die ihrem Umfang nach dem NUTS-2 Niveau entsprechen. Das können durchaus Regionen auf der NUTS-1 Ebene sein (z.B. Hamburg, Bremen, Saarland).

Bei einer europaweiten Schwelle von 75 % des Durchschnitts für eine Konvergenzziel-Förderung muss das BIP pro Kopf natürlich zu Kaufkraftparitäten umgerechnet werden, um einen einheitlichen Maßstab abzugeben. Kaufkraftparitäten sind, wie wir in Kapitel 2 sahen, kein exaktes Maß und sie liegen nur für die Mitgliedländer insgesamt vor, nicht für einzelne Regionen. Es ist durchaus plausibel anzunehmen, dass das Preisniveau der Konsumgüter in weniger entwickelten Regionen eines Landes niedriger liegt als in den höher entwickelten; d.h. die Entwicklungsunterschiede werden überschätzt. Schon aus diesem Grund sind Übergangsregelungen (*phasing-out* und *phasing-in*) bei Erreichen des Schwellenwertes und die Definition von Übergangsregionen sinnvoll. Mit einer Schwelle von drei Viertel des Unionsdurchschnitts erfasst die Gemeinschaft zweifellos die Regionen, die trotz aller statistischen Probleme außerhalb einer als normal anzusehenden Streuung um den Mittelwert liegen und in einen Konvergenzprozess einbezogen werden sollten.

Der konzentrierte und zweckdienliche Einsatz der umfangreichen Strukturfondsmittel ist nicht nur ein politisches, sondern auch ein administratives Problem. Hier muss die Kommission in Brüssel mit den nationalen und lokalen Behörden zusammenarbeiten, wobei möglicherweise sehr unterschiedliche Verwaltungspraktiken aufeinanderstoßen. Die Effizienz der Mittelverwendung steht wiederholt im Zentrum der Kritik und daraus folgender Reformen der Verwaltungsvorgänge. Programmplanung, Programmausführung, finanzielles Management und Kontrolle werden immer strikteren Regeln unterworfen, was auf der einen Seite zu den bekannten Klagen über den Brüsseler Amtsschimmel führt, auf der anderen Seite aber aus der Notwendigkeit zu verstehen ist, mit sehr knappen Mitteln verantwortlich umzugehen.

9 **Aspekte der Umverteilung innerhalb der Union**

Die Strukturförderung unterliegt zwei Grundprinzipien:

Strategische Planung: Der Einsatz der Mittel erfolgt nicht mehr *ad hoc* für Einzelprojekte, wie es bis zur Reform von 1989 üblich war. Vielmehr werden sie auf Grund vorgegebener Prioritäten für mehrjährige Programme vergeben, die für die Förderregionen erstellt werden müssen. Hier tritt wieder einmal das Subsidiaritätsprinzip in Wirkung: Entwicklung und Ausführung der Programme beziehen alle drei Ebenen ein – die Region, den Mitgliedstaat und die Gemeinschaft. Dabei sollte die Initiative von der untersten Ebene ausgehen und der Schwerpunkt der Verantwortung auch auf dieser Ebene liegen. Die Programmdokumente sind strategische Pläne für die Entwicklung der Regionen. Wie bei jeder Planung liegt auch hier eine Schwierigkeit darin, dass sie die Entwicklung des Marktes antizipieren muss, um sie unterstützen zu können. Solange sich die Regionalpolitik auf klare Fälle, d.h. wenige Prioritäten und nur die am weitesten zurückgebliebenen Regionen konzentriert, dürfte dieses Problem beherrschbar bleiben.

Additionalität: Die Förderung durch die Gemeinschaft soll nationale Maßnahmen nicht ersetzen, sondern ergänzen. Jedes geförderte Projekt muss auf der nationalen bzw. regionalen Ebene kofinanziert werden. Zum einen sind die Mittel der Gemeinschaft knapp. Durch den Einsatz zusätzlicher nationaler Mittel wird eine Hebelwirkung erzielt: Die entwicklungsbedürftigen Regionen erhalten eine stärkere Förderung, als es sich die Union und der jeweilige Mitgliedstaat für sich leisten könnten. Voraussetzung dafür ist natürlich, dass die zusätzlichen Mittel wirklich additional sind und nicht aus einer einfachen Umwidmung sowieso geplanter Maßnahmen bestehen. Zum anderen steigt das nationale oder regionale Interesse an einem zweckdienlichen und effizienten Einsatz der Mittel, wenn eigene Gelder damit verbunden sind. Additionalität bringt es mit sich, dass neben dem Subsidiaritätsprinzip für die Strukturpolitik auch ein Prinzip der Partnerschaft zwischen Gemeinschaft, Mitgliedstaat und geförderter Region gültig ist.

Wenn der Posten Strukturförderung insgesamt pro Jahr ungefähr 0,4 % des BIP der Gemeinschaft ausmacht, dann ist klar, dass diese Mittel in den meisten Mitgliedstaaten nur einen bescheidenen Umfang haben können. Für die Kohäsionsländer und die Konvergenzregionen sieht das anders aus: Hier spielt die europäische Regionalpolitik eine signifikante Rolle, wie das insbesondere an den neuen Mitgliedländern deutlich wird, die jährlich 2–3 % ihres BIP aus Brüssel erhalten (vgl. auch Tab. 9.2).

Nur schwer entscheiden lässt sich die Frage, ob und inwieweit die gemeinschaftliche Kohäsionspolitik wirksam ist. Was sich messen lässt, ist Konvergenz. Und in der Tat: Konvergenz hat seit 1985 in der EU-15 stattgefunden. Die Sigma-Konvergenz war anfänglich minimal, die Beta-Konvergenz dagegen signifikant positiv, auch wenn sie nicht den von Sala-i-Martin (1996) festgestellten „normalen" Wert von 2 % erreicht (Europäische Kommission 2004a: 146). Das bedeutet, die ärmsten Regionen hatten aufgeholt, ohne dass die regionalen Disparitäten generell stärker nivelliert worden wären. Die Abstände nach unten verkürzten sich, aber die Wachstumspole legten nach wie vor ein überdurchschnittliches Entwicklungstempo vor. Seit dem Jahr

352

2000 hat sich die Lage geändert, wobei eine deutliche Sigma-Konvergenz auffällt: Die reicheren Regionen wachsen nicht mehr überdurchschnittlich (Europäische Kommission 2007c: 7 ff.), die weniger entwickelten Regionen holen rasch auf. Alle Variations- bzw. Streuungsmaße weisen nach 2000 eine fallende Tendenz auf (Europäische Kommission 2010b: 10).

Wir haben drei Einflussfaktoren, die zu diesem Ergebnis beitragen:

- die Konvergenzkräfte des Marktes
- die nationale Struktur- und Regionalpolitik
- die gemeinschaftliche Kohäsionspolitik.

Wer von den dreien darf sich den Erfolg auf die Fahnen schreiben? Darauf gibt es keine einfache Antwort. Einiges spricht für die Vermutung, dass die spontanen Marktkräfte nicht gleichzeitig den Konvergenzprozess der ärmeren Regionen und den Divergenzprozess der reicheren Regionen verursachen. Vielmehr wird man ihnen vor allem letzteren zurechnen können, während der Aufholprozess der am wenigsten entwickelten Regionen eher der Wirtschaftspolitik zuzuschreiben ist, aber nicht notwendigerweise der gemeinsamen Strukturpolitik. Allerdings ist die konstatierte Konvergenz vor allem Ergebnis des raschen Wachstums in den neuen Mitgliedländern Osteuropas, das auf die Transformation und die wirtschaftliche Umorientierung in diesen Regionen zurückzuführen ist. Hier lassen sich die Einflüsse von Marktkräften und wirtschaftspolitischer Planung kaum voneinander trennen. Soviel lässt sich aber sagen: Die europäische Kohäsions- und Strukturpolitik unterstützt den Aufholprozess dieser am wenigsten entwickelten Regionen.

In diesem Zusammenhang taucht eine interessante Frage auf: Hätte man die knappen Mittel nicht mit größerem Erfolg in die Wachstumspole investieren, auf diese Weise das allgemeine Wirtschaftswachstum noch stärker stimulieren und damit auch das absolute Entwicklungsniveau der ärmer Regionen anheben können? Auf dem nationalen Niveau würde so der Wohlstand der ärmeren Regionen steigen, auch wenn es weder Sigma- noch Beta-Konvergenz gäbe. Auf dem europäischen Niveau könnte eine solche Politik, nur in den weniger entwickelten Mitgliedländern angewendet, sogar zu Beta-Konvergenz führen, wenn nämlich das Wachstum in den ärmeren Regionen dieser Länder auf Grund des hohen nationalen Wachstums über dem Gemeinschaftsdurchschnitt liegt. Das bedeutet, was für die hochentwickelten Industrieländer der Union, die rückständige Regionen aufweisen, gültig und sinnvoll ist – nämlich die Strukturpolitik auf diese Regionen zu konzentrieren –, muss nicht gleichzeitig für die weniger entwickelten Beitrittsländer in Ostmitteleuropa gültig und sinnvoll sein. Die knappen Strukturfondsmittel könnten dort bei einem Einsatz in den nationalen Wachstumspolen möglicherweise größere Wohlfahrtsgewinne produzieren und den nationalen Aufholprozess stärker stimulieren, als wenn sie in die entlegeneren Regionen dieser Länder fließen.

Kapitel 10
Von der D-Mark zum Euro: Währungsintegration

10.1 Elementare Zusammenhänge: Währungssystem, Zahlungs- bilanz und ökonomische Aktivität

Es gibt unterschiedliche Ansichten darüber, wann und mit welchem institu- tionellen Arrangement die Europäische Währungsintegration ihren Ausgang genommen hat. Verstehen wir darunter institutionell abgesicherte, stabile Währungsrelationen in Europa bei hoher Kapitalmobilität, so reichen die Wurzeln mindestens bis ins 19. Jahrhundert zum System des klassischen Goldstandards zurück. Dabei handelt es sich ebenso wie beim späteren Bret- ton Woods System um ein Weltwährungssystem, das Europa mit einschloss. Beschränken wir uns hingegen auf spezifisch europäische Arrangements, so ist der Beginn Europäischer Währungsintegration in der Europäischen Zahlungsunion (EZU) zu sehen, die von 1950 bis 1958 Bestand hatte (vgl. Kap. 2). Die geographische Reichweite monetärer Integration in Europa ist nur in den wenigsten Fällen mit den Grenzen der EU deckungsgleich. Der Kreis der EZU-Mitglieder war größer als derjenige der späteren Unterzeichner der Römischen Verträge, wohingegen der Euro nur von einem Teil der EU- Mitgliedstaaten eingeführt wurde. Monetäre Integration hat ihren eigenen Rhythmus und ihren eigenen Raum. Darüber hinaus ist das jeweilige Welt- währungssystem ein wichtiger Bestimmungsgrund für währungspolitische Kooperation in Europa. Nachfrage nach europäischen Arrangements für stabile Währungsbeziehungen besteht nur, wenn diese durch das Weltwäh- rungssystem nicht sichergestellt werden können.

Box 10.1: Währungsunion – was verstehen wir darunter?

- Innerhalb einer Währungsunion müssen die Währungen voll und unveränder- lich konvertibel sein, es darf keine Schwankungsbreiten um die Wechselkurse geben, die Paritäten sind unwiderrufbar zu fixieren, und der Kapitalverkehr ist völlig frei.
- Die Geldpolitik ist zentralisiert und entscheidet über Liquidität, Zinssätze, Inter- ventionen auf den Devisenmärkten, das Management der Währungsreserven und die Festlegung des Regimes der Wechselkurse gegenüber dem Rest der Welt.
- Die nationalen Währungen können bestehen bleiben oder man schafft eine gemeinsame Währung. Technisch bestehen zwischen den beiden Varianten wenig Unterschiede. Psychologische und politische Faktoren geben häufig den Ausschlag zugunsten einer einheitlichen Währung, was die unumkehrbare Natur der Regelung demonstriert.

> Vergleichen wir das System von Bretton Woods mit der Europäischen Währungs-
> union, dann zeigt sich ersteres zwar als eine internationale Währungsordnung,
> aber nicht als Währungsunion. Denn die Wechselkurse schwankten in einer be-
> stimmten Bandbreite um den Mittelkurs und die Geldpolitik blieb in nationaler
> Kompetenz, auch wenn sie erheblichen Beschränkungen unterworfen war, um
> die festen Kurse aufrecht zu erhalten. (Werner 1970; Gandolfo 1992)

Im Zentrum eines voll entwickelten Währungssystems steht konvertibles
Geld und damit ein Devisenmarkt, auf dem die eigene gegen fremde Währungen frei gehandelt wird. Der nominale Wechselkurs ist das Austauschver-
hältnis der beiden Währungen zueinander, also der Preis auf dem Devisenmarkt. Aber der Wechselkurs ist weit mehr als einfach nur ein Preis auf einem
Teilmarkt. Zusammen mit dem Zinssatz, dem Lohnsatz und dem Preisniveau
gehört er zu den zentralen Preisvariablen, die in einer offenen Marktwirtschaft für makroökonomisches Gleichgewicht sorgen. Wenn alle Preisgrößen völlig flexibel sind, dann sind die monetären und realwirtschaftlichen
Sphären einer Volkswirtschaft voneinander getrennt: Das Geld hat keinen
Einfluss auf die realwirtschaftliche Entwicklung. Einige Autoren sprechen
auch von Neutralität des Geldes. Reagieren hingegen einzelne Preise träge,
so gilt diese Trennung nicht mehr: Die Märkte sind interdependent, so dass
Veränderungen von nominalen Größen, wie z.B. dem Wechselkurs, realwirtschaftliche Reaktionen auslösen können, etwa im Bereich von Produktion
und Beschäftigung. Der Gestaltungsspielraum für die Wirtschaftspolitik
verändert sich.

Inwieweit von flexiblen Preisen auf den einzelnen Märkten ausgegangen
werden kann, hängt von der Marktstruktur und dem institutionellen Rahmen
ab, in dem sich die Preisbildung vollzieht. Zinsen auf den Finanzmärkten
gelten in der Regel als flexibel, Gütermarktpreise schon etwas weniger. Der
Lohnsatz ist relativ starr, wobei international große Unterschiede bestehen
aufgrund verschiedener Arbeitsmarktregulierungen und Lohnverhandlungs-
systeme. Und der Wechselkurs? Nun, das hängt vom Währungssystem ab,
und genau deshalb ist es für die gesamtwirtschaftliche Entwicklung von
großer Bedeutung.

Box 10.2: Nominale und reale Wechselkurse

Der nominale Wechselkurs einer Währung ist der tatsächliche Preis, den man für
eine Einheit, z.B. einen Euro, auf dem Devisenmarkt in einer fremden Währung
zahlen muss. Steigt dieser Preis, dann wird der Euro nominal aufgewertet, fällt
er, dann wird der Euro nominal abgewertet. Sind die Güterpreise in beiden Währungsgebieten gleich geblieben, dann fallen nominale und reale Veränderungen
der Wechselkurse zusammen. Durch die Aufwertung des Euro werden fremde
Güter in Europa billiger und europäische Güter im Ausland teurer. Die reale Aufwertung der eigenen Währung verringert die internationale Wettbewerbsfähigkeit,
aber verbilligt die Importe.

Bleiben die Güterpreise in beiden Währungsgebieten nicht gleich, haben z.B. die USA eine höhere Inflation als Europa, dann verändern sich die realen Wechselkurse auch bei unveränderten nominalen Wechselkursen. Ein Beispiel: Das amerikanische Preisniveau habe im Jahr 2013 den Indexwert 100 und im Jahr 2014 den Wert 110 – eine US-Inflation von 10%. Das europäische Preisniveau bleibe in dieser Periode stabil. In beiden Jahren herrsche der gleiche nominale Wechselkurs von 1,40 $/€. Der reale Wechselkurs des Dollar zum Euro errechnet sich jetzt aus dem Verhältnis des europäischen zum amerikanischen Preisniveau multipliziert mit dem nominalen Wechselkurs, d.h. 100/110 x 1,40 = 1,27. Der Dollar ist bei konstantem nominalen Wechselkurs real aufgewertet worden mit den genannten Folgen für die internationale Wettbewerbsfähigkeit. Selbst innerhalb einer Währungsunion mit einheitlicher Währung können sich die realen Austauschverhältnisse verschieben, wenn die Inflation in einem Mitgliedland nicht im Gleichschritt mit den anderen verläuft. Solche Veränderungen der Wettbewerbsfähigkeit haben die Euroländer in jüngster Zeit beunruhigt.

Bei flexiblen nominalen Wechselkursen und Kapitalmobilität ist der reale Wechselkurs langfristig relativ konstant. Eine kurzfristige reale Aufwertung, verursacht von einer im Inland höheren Inflation als im Ausland, lässt die Exportnachfrage fallen und die Importnachfrage steigen. Damit steigt die Nachfrage nach Fremdwährung und fällt die Nachfrage nach der heimischen Währung. Die Währung des höher inflationierenden Landes wertet nominal ab. Das Ausmaß der nominalen Abwertung entspricht dem Inflationsgefälle, so dass der reale Wechselkurs sein ursprüngliches Niveau wieder annimmt und die Nachfrageverschiebung ins Ausland rückgängig gemacht wird. Reale Effekte, wenn sie überhaupt auftreten, sind äußerst kurzfristig, denn als Finanzmarktpreis reagiert der nominale Wechselkurs schnell. Ist der nominale Wechselkurs infolge eines Festkurssystems starr oder haben wir es mit einer einheitlichen Währung zu tun, so kommt es nicht zu den beschriebenen Anpassungsreaktionen. Eine höher inflationierende Volkswirtschaft verliert dann sukzessiv an Wettbewerbsfähigkeit. Der Ausgleich kann nur über eine Umkehr der Inflationspolitik erfolgen.

Etwas längerfristige reale Effekte können ausgelöst werden, wenn am Anfang der Wirkungskette eine Veränderung des nominalen Wechselkurses steht und so den realen Wechselkurs beeinflusst. Mögliche Ursache sind entweder Marktprozesse, z.B. Bestandsumschichtungen von Anlegern auf den internationalen Kapitalmärkten, oder ein gezielter wirtschaftspolitischer Eingriff in Verbindung mit Kapitalverkehrsbeschränkungen. Die so genannte *beggar thy neighbour policy* der 1930er Jahre oder auch die derzeit vermutete Unterbewertung der chinesischen Währung sind Beispiele dafür, wie Regierungen durch eine gezielte Manipulation des nominalen Wechselkurses ausländische Nachfrage anzuziehen versuchen. Die Gütermarktpreise reagieren darauf erst mit einiger Verzögerung, weshalb die Strategie kurzfristig mit Erfolg Produktion und Beschäftigung stimulieren kann. Der Preis ist eine Übertragung von Wohlfahrt an das Ausland. Das Währungssystem beschränkt oder unterstützt kurzfristig die Geld- und Fiskalpolitik (siehe Box 10.3).

Box 10.3: Die unheilige Trinität

Eine freiheitliche Wirtschaftsordnung weist idealerweise drei Eigenschaften auf:

- *Gleichgewicht und Stabilität:*
  - Preisstabilität, was feste Austauschverhältnisse mit dem Rest der Welt einschließt,
  - Beschäftigungsstabilität bzw. Wachstum bei Vollbeschäftigung,
  - außenwirtschaftliches Gleichgewicht;
- *Freiheit der Märkte* und das schließt internationale Güter- und Kapitalverkehrsfreiheit ein;
- *Souveränität*, d.h. Gestaltungsfreiheit für eine nationale Wirtschaftspolitik, um über die Geld- oder Fiskalpolitik konjunkturellen Schwankungen entgegenzusteuern und die drei Stabilitätsziele zu realisieren.

Das ist leider nicht gleichzeitig möglich. Verkürzt dargestellt ist die Ursache des Trilemmas darin zu sehen, dass bei festen Wechselkursen und Kapitalverkehrsfreiheit der Zinssatz als wirtschaftspolitisches Instrument nicht mehr frei zur Verfügung steht, bei flexiblen Wechselkursen jedoch die Preisstabilität gefährdet ist (Burda/Wyplosz 2012).

Nehmen wir an, der Wechselkurs sei fest und die Freiheit der Märkte stehe nicht zur Disposition. Wir haben also perfekte Kapitalmobilität, so wie sie von der EU im Gemeinsamen Markt angestrebt wird (siehe Kap. 6). Dann können die internen Zinsen eines Landes nicht vom Weltmarktzinssatz abweichen, oder jede solche Abweichung führt zu einem ungebremsten Zustrom bzw. Abfluss von Kapital. Der Zinssatz steht folglich für eine autonome Geldpolitik als Instrument nicht zur Verfügung. Fiskalpolitische Maßnahmen, z.B. staatliche Schuldenaufnahme, können kurzfristig Einkommenswirkungen erzielen. Das erhöht kurzfristig auch die Zinsen, was ausländisches Kapital zuströmen lässt, wodurch die Geldmenge zunimmt und der Zins auf sein Gleichgewichtsniveau zurückfällt – eigentlich die ideale Ergänzung zur stimulierenden Fiskalpolitik. Allerdings ruft das inflationäre Tendenzen hervor, und längerfristig verliert der feste Wechselkurs an Glaubwürdigkeit. Feste Wechselkurse und autonome Geldpolitik vertragen einander schlecht bei offenen Kapitalmärkten. Wieweit eine autonome Fiskalpolitik noch möglich ist, ist innerhalb der Währungsunion umstritten (siehe Kap. 11).

In einem System mit flexiblen Wechselkursen ist Preisstabilität bezüglich der internationalen Austauschraten nicht garantiert. Geldmengenvermehrung und Zinssenkungen sind jetzt möglich, in der Regel allerdings um den Preis von Wechselkursanpassungen. Denn die unmittelbar einsetzende Kapitalflucht in die höher rentierlichen ausländischen Kapitalmärkte treibt die Nachfrage nach ausländischer Währung hoch und führt damit zur Abwertung der heimischen, wodurch die Zinsdifferenz wieder ausgeglichen wird – eigentlich auch das eine ideale Ergänzung zur stimulierenden Geldpolitik, denn die Exportnachfrage steigt. Bei einer fiskalpolitischen Erhöhung des Haushaltsdefizits dagegen erhöht sich der Zinssatz, ausländisches Kapital strömt herein, d.h. die Nachfrage nach der heimischen Währung steigt: Sie wird aufgewertet mit der Folge abnehmender Konkurrenzfähigkeit. Der Stimulierungseffekt ist zunichte gemacht. Flexible Wechselkurse und autonome Fiskalpolitik vertragen einander bei offenen Kapitalmärkten schlecht, während die autonome Geldpolitik kurzfristig von Erfolg gekrönt sein kann, längerfristig aber zu höheren Preisen führen wird.

10.2 Alles oder nichts: die Anfänge europäischer Währungsintegration

Die Debatte über Währungsintegration in der Gemeinschaft begann 1960 mit dem Vorschlag von Robert Triffin (1911–1993), einem in den USA lehrenden belgischen Währungsexperten, die Gemeinschaft schrittweise in eine Währungsunion zu überführen. Die Kommission griff diese Idee in einem Aktionsprogramm auf und produzierte verschiedene Vorschläge. Sie stieß jedoch beim Ministerrat zunächst auf wenig Gegenliebe. Erst im Jahre 1968 führte der Vorstoß des damaligen luxemburgischen Premier- und Finanzministers Pierre Werner (1913–2002) zu einer erneuten Belebung der Diskussion und schließlich auch zu konkreten Maßnahmen. Hervorzuheben ist insbesondere der zwei Jahre später vorgelegte Werner-Bericht (Werner 1970) über die stufenweise Verwirklichung der Wirtschafts- und Währungsunion, der die Grundlage für einen entsprechenden Beschluss des Ministerrates im März 1971 darstellte.

Box 10.4: Kernpunkte des Werner-Plans

Inhaltlich: Zwischen den EU-Währungen wird vollständige Konvertibilität hergestellt und die Wechselkurse werden unwiderruflich fixiert. Die Einführung einer gemeinsamen Währung ist nicht notwendig, trägt aber zur Glaubwürdigkeit der Währungsunion bei. Die Zuständigkeit für die Geld- und Währungspolitik wird auf der Gemeinschaftsebene angesiedelt. Eckpunkte der Haushaltspolitik (Haushaltsvolumen, Höhe des öffentlichen Finanzierungssaldos, Art der Finanzierung und der Mittelverwendung) werden gemeinschaftlich festgelegt – eine Fiskalunion also. Auf Gemeinschaftsebene finden außerdem regelmäßige Konsultationen zwischen den Sozialpartnern statt, um ein gewisses Maß an Koordinierung der Einkommenspolitik zu erreichen.

Institutionell: Ein nicht näher spezifiziertes wirtschaftspolitisches Entscheidungsgremium erhält Entscheidungskompetenz in der Haushalts- und Währungspolitik und ist dem Europäischen Parlament rechenschaftspflichtig. Darüber hinaus wird die Verantwortung für andere vergemeinschaftete Wirtschafts- und Sozialpolitiken auf dieses Gremium übertragen. Ein gemeinschaftliches Zentralbanksystem mit föderalem Aufbau betreibt die Geldpolitik.

Zeitplan: Die Währungsunion sollte in einer Übergangsfrist von 10 Jahren realisiert werden. Die Übergangsphase war in zwei Stufen eingeteilt, wobei der Plan für die erste drei und für die zweite sieben Jahre vorsah. In der ersten Phase fanden auf den Gebieten der Haushaltspolitik sowie der Konjunktur- und Währungspolitik Konsultationen und Koordinierungsverfahren statt, die jedoch nicht bindend waren. Zusätzlich erwartete man eine graduelle Verringerung der bilateralen Schwankungsbreiten zwischen den europäischen Währungen bei Beibehaltung der Dollar-Anbindung. Die zweite Stufe wurde nicht näher präzisiert.

Zu viel mehr als seiner Verabschiedung ist der Werner-Plans freilich nicht gediehen. Das lag zum einen an den weltwirtschaftlichen Turbulenzen in den frühen 1970er Jahren. Zum anderen degradierte die schwache institutionelle Absicherung die Wechselkursstabilität in Europa zu einer bloßen Absichtserklärung, die ohne den Hintergrund des Bretton Woods Systems keine Glaubwürdigkeit an den Devisenmärkten besaß.

Im Bretton Woods System fixierten alle teilnehmenden Länder ihre Währungen gegenüber dem US-Dollar, der seinerseits in einem festen Umtauschverhältnis zum Gold stand. Mit Ausnahme der US-Notenbank hatten alle Zentralbanken die Aufgabe, den Dollar-Wechselkurs ihrer Währungen gegebenenfalls durch Interventionen am Devisenmarkt innerhalb einer zulässigen Schwankungsbreite von ± 1 % um den Leitkurs zu halten. Das bedeutete, dass zwei teilnehmende Währungen untereinander um ± 2 % schwanken konnten. Die maximale Abwertung einer Währung gegenüber einer anderen betrug also 4 %. Nachdem die USA im August 1971 die Konvertibilität des US-Dollar gegenüber dem Gold aussetzten, wurde im Dezember desselben Jahres mit dem Washingtoner *Smithsonian Agreement* ein Versuch zur Rettung des Bretton Woods Systems unternommen. Dieser sah unter anderem vor, die zulässige Schwankungsbreite einer teilnehmenden Währung gegenüber dem US-Dollar auf ± 2,25 % zu erweitern. Damit stieg die maximale bilaterale Schwankung zwischen zwei europäischen Währungen auf 9 %. Das erschien den EU-Mitgliedern zu hoch.

Im Abkommen von Basel, das im April 1972 in Kraft trat, vereinbarten sie daher zusätzlich zu ihrer Mitgliedschaft im reformierten Bretton Woods System ein System verringerter Bandbreiten innerhalb der Gemeinschaft. Die bilaterale Schwankung zwischen EU-Währungen sollte nicht größer als ± 2,25 % sein („Währungsschlange"), während man gleichzeitig die zulässige Schwankungsbreite gegenüber dem US-Dollar („Währungstunnel") einhalten wollte. Nun, die Schlange erwies sich als schwer zu bändigendes Reptil, und ihr behagte das Leben im Tunnel nicht wirklich. Mehrmals kam es zu Aus- und späteren Wiedereintritten einzelner Währungen, mehrmals auch zu Paritätsänderungen im Umfang von 5 % oder mehr. Dabei kristallisierte sich ein Hartwährungsclub heraus, dessen Mitglieder Deutschland, die Niederlande und zeitweise auch Belgien gegenüber den anderen Teilnehmern der Schlange stetig aufwerteten. Anstelle der Vollendung der Währungsunion, wie es der Werner-Bericht vorgesehen hatte, waren die Wechselkurse in der zweiten

Hälfte der 1970er Jahre deutlich volatiler als ein Jahrzehnt zuvor und der Intra-EU-Kapitalverkehr blieb nach wie vor Beschränkungen unterworfen.

10.3 Das Europäische Währungssystem (EWS) und seine Entwicklung

Auf der Ratstagung von Kopenhagen im April 1978 schlugen Frankreich und Deutschland die Gründung des Europäischen Währungssystems vor. Angesichts der Anzahl vorangegangener erfolgloser Initiativen brachten die Partnerländer der Idee überraschend schnell Sympathie entgegen, und der Europäische Rat von Bremen verständigte sich bereits drei Monate später auf die konstitutiven Elemente des Systems. Einzelheiten wurden bis zur Ratstagung im Dezember desselben Jahres geklärt, so dass eine Resolution verabschiedet werden konnte, aufgrund derer das EWS im April 1979 ins Leben trat: eine vergleichsweise schnelle und schmerzfreie Geburt.

Voraussetzung für die erfolgreiche EWS-Gründung war ein Einvernehmen zwischen dem deutschen Bundeskanzler Helmut Schmidt (1918*) und dem französischen Präsidenten Valéry Giscard d'Estaing (1926*). Vor allem folgende drei Faktoren begünstigten ein gemeinsames Interesse:

- *Erstens* beschäftigte beide Politiker die Frage, wie ihre Länder mehr Unabhängigkeit gegenüber den USA gewinnen könnten. Für Frankreich war dies traditionell ein wichtiges Anliegen. Deutschland war an einer Lösung vom immer schwächer werdenden US-Dollar interessiert. Denn die deutsche Exportwirtschaft litt unter der Aufwertung der DM gegenüber dem US-Dollar und den europäischen Partnerwährungen, die nicht an der Schlange teilnahmen.
- *Zweitens* waren sowohl Deutschland als auch Frankreich beunruhigt über die politischen Entwicklungen in Italien. Die politische Allianz zwischen italienischen Christdemokraten und Sozialisten (und der anvisierte *compromesso storico* mit den Kommunisten) sorgte bei den EU-Partnern für Verunsicherung. Durch eine klare Einbindung in gestärkte westeuropäische Strukturen wollte man sich die italienische Regierung als verlässlichen Partner sichern.
- *Drittens* hatten beide Politiker zu diesem Zeitpunkt relativ großen politischen Handlungsspielraum im Inneren, der es ihnen erlaubte, auf europäischer Ebene von Maximalforderungen zugunsten von Kompromissen abzurücken.

Box 10.5: Die Elemente des EWS

Die Europäische Währungseinheit (European Currency Unit, ECU)

Die ECU diente in der Gemeinschaft als Recheneinheit, vor allem auch in der gemeinsamen Agrarpolitik. Sie war ein Währungskorb mit festgelegten Gewichten der beteiligten Währungen. Da es innerhalb des EWS Auf- und Abwertungen gab, wurden die Gewichte gelegentlich angepasst.

Der Wechselkursmechanismus (WKM)

Der Wechselkursmechanismus (*exchange rate mechanism – ERM*) war das Herzstück des Systems, wobei nicht alle Währungen des EWS zu jeder Zeit am WKM teilnahmen. Durch den WKM war die Parität jeder teilnehmenden Währung gegenüber der ECU fixiert. Aus der Beziehung der einzelnen ECU-Leitkurse zueinander konnten bilaterale Leitkurse ermittelt werden. Eine beteiligte Zentralbank wurde aufgrund von zwei unterschiedlichen Interventionsmechanismen zu kursstützenden Interventionen am Devisenmarkt veranlasst, dem bilateralen Interventionsmechanismus und dem Abweichungsindikator:

- *Der bilaterale Interventionsmechanismus:* Die zulässige Schwankungsbreite des Wechselkurses zwischen zwei EWS-Währungen betrug bis 1993 im Regelfall ± 2,25 % des bilateralen Leitkurses. Erreichte eine WKM-Währung die maximal zulässige Abweichung, so mussten beide betroffenen Zentralbanken intervenieren und die abwertende Währung gegen Zahlung der aufwertenden ankaufen.
- *Der Abweichungsindikator:* Die maximale Schwankung einer WKM-Währung gegenüber der ECU war ebenfalls begrenzt. Sie wurde als maximale Abweichungsspanne bezeichnet und war für jede Währung unterschiedlich, da sie vom Gewicht einer Währung im ECU-Korb abhing. Der Abweichungsindikator gab Auskunft darüber, inwieweit eine Währung ihre maximale Abweichungsspanne gegenüber der ECU ausschöpfte. Wenn die Ausschöpfung 75 % erreichte, wurden angemessene Korrekturmaßnahmen von dem betroffenen Mitgliedstaat erwartet.

Der Kreditmechanismus

Das EWS verfügte im Rahmen des Europäischen Fonds für Währungspolitische Zusammenarbeit über drei unterschiedliche Kreditmechanismen, die sich in ihrer Laufzeit, ihrem Kreditvolumen und in anderen Konditionen unterschieden. Sie dienten zur Finanzierung von Interventionsverpflichtungen und von unvorhersehbaren kurz- und mittelfristigen Zahlungsbilanzschwierigkeiten.

Als besonderes Charakteristikum im Vergleich zum Dollar-dominierten Bretton Woods System sollte das Europäische Währungssystem Symmetrie aufweisen. Es gab formal keine Leitwährung, sondern mit der ECU einen Währungskorb aus allen teilnehmenden Währungen als Bezugsgröße. Interventionen zur Stützung des bilateralen Leitkurses sollten immer von beiden betroffenen Zentralbanken in gleichem Umfang erfolgen. Eine Neubewertung der Parität sollte sich stets zu gleichen Teilen in eine Abwertung einer relativ schwachen Währung und eine Aufwertung einer relativ starken Währung gegenüber der ECU aufteilen. Neudefinitionen der ECU hielten die relativen Anteile der einzelnen Währungen mehr oder weniger konstant. Abbildung 10.1 verdeutlicht das Zusammenwirken der einzelnen Elemente auf dem EWS-Devisenmarkt.

Wir betrachten den Devisenmarkt für DM in Frankreich, d.h. die DM wird als gehandelte Währung auf der Abszisse abgetragen und der Wechsel-

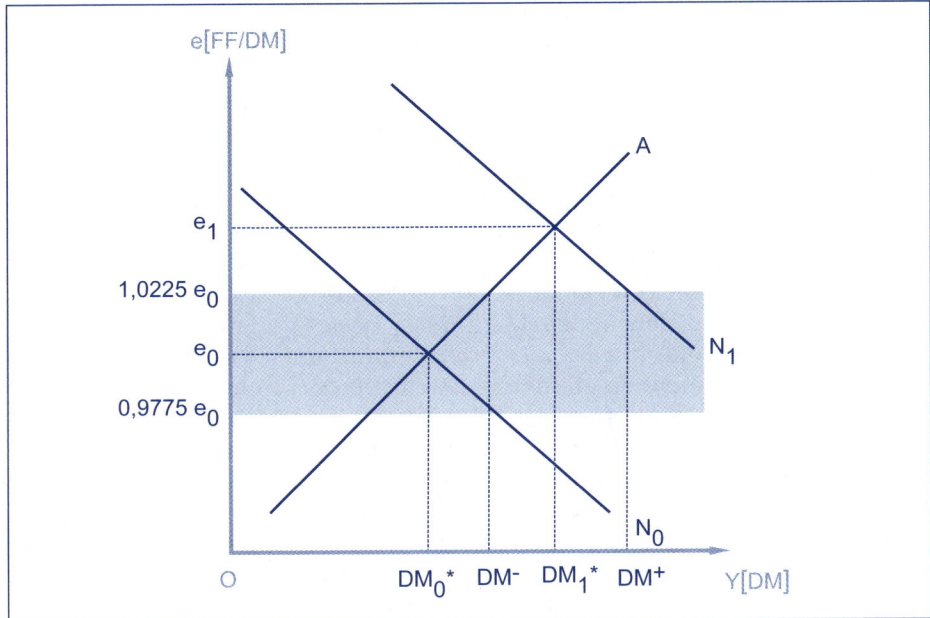

Abbildung 10.1: Der Devisenmarkt in einem Festkurssystem

kurs e (FF/DM) auf der Ordinate. Ein Anstieg des Wechselkurses geht folglich mit einer nominalen Abwertung des FF gegenüber der DM einher und umgekehrt. In der Ausgangssituation gelte die Nachfragekurve N_0 und die Angebotskurve A. Weiterhin wird angenommen, der vereinbarte bilaterale Leitkurs e_0 entspreche dem Gleichgewichtskurs in der Ausgangssituation. Die grau markierte Zone um den Leitkurs kennzeichnet die zulässige Schwankungsbreite, innerhalb derer Frankreich und Deutschland nicht in den Devisenmarkt einzugreifen brauchen.

Angenommen, es komme durch einen exogenen Schock zu einer Rechtsverschiebung der DM-Nachfragekurve auf N_1. Dafür kann es verschiedene Ursachen geben: einen Anstieg der Zinsdifferenz zwischen Deutschland und Frankreich, steigende Wettbewerbsfähigkeit deutscher Produkte oder einfach veränderte Erwartungen, die zu spekulativen Kapitalströmen führen. Der neue Gleichgewichtskurs e_1 liegt außerhalb der zulässigen Schwankungsbreite, wodurch Handlungsbedarf für die wirtschaftspolitischen Akteure in einem oder beiden Ländern besteht. Welche Optionen bieten sich ihnen?

- *Interventionen:* Die beteiligten Zentralbanken können die DM-Angebotslücke in Höhe von $(DM^+ - DM^-)$ schließen, die am oberen Rand der zulässigen Schwankungsbreite besteht. Symmetrie im EWS erfordert, dass die Deutsche Bundesbank und die Banque de France sich in gleichem Umfang an den kursstützenden Interventionen beteiligen. Die unmittelbaren Kosten für die Bundesbank sind relativ gering, da sie DM selbst herausgibt. Mittelbar kann sich ein Preisauftriebsproblem in Deutschland ergeben, da die Intervention *ceteris paribus* die DM-Geldmenge anwachsen lässt.

Durch eine Sterilisationspolitik, etwa eine Zinserhöhung, kann die Bundesbank dies abwenden, was allerdings die Rechtsverschiebung der DM-Nachfragekurve tendenziell verstärkt. Anders in Frankreich: Die Banque de France muss die Interventionen aus ihren DM-Reserven oder über die Kreditmechanismen des EWS finanzieren. Beides verursacht unmittelbare (Zins-)Kosten. Interventionen sind allenfalls zur kurzfristigen Kursstützung geeignet. Ist die Verschiebung der DM-Nachfragekurve von Dauer, müssen andere Maßnahmen ergriffen werden.

- *Kursanpassung (realignment):* Wenn die Gleichgewichtsverschiebung auf dem Devisenmarkt von Dauer ist, kann der Leitkurs von e_0 auf e_1 verändert werden. Um den neuen Leitkurs e_1 besteht wieder eine zulässige Schwankungsbreite von $\pm$ 2,25 %. Der Zentralbank eines Landes darf die Kursanpassung nicht zu einfach gemacht werden. Sonst wird ihr Einsatz zur Verteidigung eines festen Wechselkurses zu schwach, und man kann *de facto* nicht mehr von einem Festkurssystem sprechen. Im EWS verständigte man sich zur Stabilisierung des Systems daher informell auf das Erfordernis der Einvernehmlichkeit für eine Kursanpassung.
- *Erweiterung der Schwankungsbreite:* Eine hinreichend weite Ausdehnung der zulässigen Schwankungsbreite, die den neuen Gleichgewichtskurs e_1 mit einschließt, kann das Problem ebenfalls lösen. Dieser Weg wurde nach der EWS-Krise 1993 beschritten und die Schwankungsbreite auf $\pm$ 15 % erweitert. Auch durch diese Option wird der Einsatz für feste Wechselkurse reduziert. Die Volatilität des Wechselkurses nimmt zu und Akteuren, die sich in grenzüberschreitenden Transaktionen engagieren, wird Planungssicherheit genommen.
- *Andere wirtschaftspolitische Maßnahmen:* Sie zielen auf eine Rückverlagerung der DM-Nachfragekurve, was mit hohen Kosten verbunden ist. Kapitalverkehrsbeschränkungen könnten die DM-Nachfrage drosseln, entsprechen aber seit der Verabschiedung der Einheitlichen Europäischen Akte nicht den herrschenden Präferenzen. Dämpfung der inländischen Absorption in Frankreich bzw. Stimulierung in Deutschland, z.B. durch eine Zinssenkung in Deutschland bzw. einen Zinsanstieg in Frankreich, reduzieren die Überschussnachfrage nach DM. Mögliche Kosten: Inflationstendenz in Deutschland, Investitions- und Beschäftigungsrückgang in Frankreich. In jedem Falle stellt sich die Frage nach einer Verteilung der Anpassungslast, worüber das EWS-Abkommen nichts sagt. Anders ausgedrückt, die Frage nach der Leitwährung im EWS wurde im Währungswettbewerb entschieden: Wenn sich eine relativ stabile Währung herausschält, der man die Instabilitätssünden der übrigen Währungen nicht anlasten kann, dann wird diese nur einen geringen Teil der Anpassungskosten tragen müssen. Und das nennt man eine Leitwährung. Daran hatte sich Deutschland im EWS gewöhnt.

Als das EWS 1979 aus der Taufe gehoben wurde, nahmen Belgien und Luxemburg – sie bildeten ohnehin bereits eine Währungsunion –, Dänemark, Deutschland, Frankreich, Irland, Italien und die Niederlande am Wechselkursmechanismus teil. Für Italien galt eine erweiterte bilaterale Schwankungsbreite von $\pm$ 6 %. Obwohl Großbritannien eine Teilnahme am WKM zunächst ablehnte, enthielt der ECU-Währungskorb von Beginn an das britische Pfund. Zur späteren Teilnahme am EWS entschlossen sich Spanien (Juni 1989), Großbritannien (Oktober 1990) und Portugal (April 1992). Sie alle nahmen die italienische Option der weiten Bandbreite für sich in Anspruch. Österreich (Januar 1995) und Finnland (Oktober 1996) traten später einem institutionell bereits veränderten EWS bei.

Um die Entwicklung des EWS zu beurteilen, müssen wir zunächst nach den Kriterien fragen, anhand derer die Leistung eines Wechselkursregimes gemessen werden kann. Das ist zuallererst die Stabilität des nominalen Wechselkurses, denn diese ist schließlich erklärtes Ziel eines Festkurssystems. Die Erwartungen der Architekten des EWS erstreckten sich jedoch auf monetäre Stabilität insgesamt: Absenkung und gleichzeitige Konvergenz der Inflationsraten in den Mitgliedstaaten. Monetäre Stabilität nach innen und nach außen kann auf unterschiedlichen Wegen erreicht werden, die mit volkswirtschaftlich unterschiedlich hohen Kosten einhergehen, wie z.B. Wachstumseinbußen oder Anstieg der Arbeitslosigkeit. Ein Festkurssystem wie das EWS mag ein effektives Arrangement zur Realisierung der angestrebten Ziele sein, muss aber nicht effizient sein. Mögliche volkswirtschaftliche Kosten sind daher als drittes Beurteilungskriterium heranzuziehen. Als letztes Kriterium ist schließlich wichtig, ob und inwieweit das Währungssystem zu koordinierter oder gemeinsamer Entscheidungsfindung in der EU und damit zur weiteren Integration der Union beiträgt.

Die Entwicklung des EWS kann in vier Phasen eingeteilt werden (Gros/Thygesen 1998; Tsoukalis 1997):

1. Die unruhige frühe Phase von 1979 bis Anfang 1983

Insgesamt kam es in dieser Zeit zu sieben Kursanpassungen. Das Ausmaß der Wechselkursänderungen war zum Teil erheblich, so z.B. im Juni 1982, als die DM gegenüber dem französischen Franc um 10,6 % aufwertete. Generell setzte sich das Muster der Schlange fort, wonach die Währungen Belgiens/Luxemburgs, Dänemarks, Frankreichs, Italiens und Irlands unter andauerndem Abwertungsdruck gegenüber der DM und dem niederländischen Gulden standen. In dieser Anfangsphase fand weder eine Absenkung der Inflation im EWS noch Inflationskonvergenz zwischen den Teilnehmern statt.

Trotz mäßiger oder ausbleibender Erfolge im Hinblick auf monetäre Stabilität, sind gewisse Erfolge bei der Koordination der Wechselkurspolitik zwischen den EWS-Mitgliedern nicht zu übersehen. Im Unterschied zur Schlange wurden Paritätsänderungen nie einseitig vorgenommen, sondern zwischen den Vertretern der EWS-Mitgliedstaaten abgestimmt. Im Gegensatz zu den Lippenbekenntnissen vor 1979 wurde Währungspolitik in der Frühphase des EWS tatsächlich zur Angelegenheit von gemeinsamem Interesse.

2. Die Konsolidierungsphase von 1983 bis Anfang 1987

Von 1983 bis Januar 1987 durchlebte das EWS eine ruhigere Phase. Es gab zwei umfassende Kursanpassungen, im Zuge derer alle anderen Währungen gegenüber der DM und dem niederländischen Gulden moderat abwerteten.

Die Ursachen für die zweite Kursanpassung vom Januar 1987 waren auf äußere Entwicklungen zurückzuführen. Der US-Dollar befand sich im freien Fall und die Anleger auf den internationalen Finanzmärkten sahen in der DM einen sicheren Hafen, weshalb diese unter Aufwertungsdruck geriet. Jeweils eine weitere Leitkursanpassung im Umfang von etwa 8 % wurde für die italienische Lira und das irische Pfund beschlossen, die beide deutlich höher inflationierten als das restliche EWS.

Die relative Wechselkursstabilität während der zweiten Phase war Folge einer erfolgreichen Politik der Senkung der durchschnittlichen Inflationsrate im EWS von etwa 10 % auf 2 % bei gleichzeitiger Inflationskonvergenz – Italien und Irland bildeten Ausnahmen. Die EWS-Partnerländer importierten Preisstabilität aus Deutschland, wo die Bundesbank eine strikte monetaristische Geldmengenpolitik führte. Die französische Politik des *franc fort* kam aus Frankfurt. Allerdings ist die empirische Evidenz für die Effizienz der EWS-weiten Stabilisierungsstrategie nicht eindeutig. Die Inflation wurde in europäischen nicht-EWS-Ländern wie auch in außereuropäischen OECD-Ländern in derselben Periode ohne entsprechende Wechselkursarrangements ebenfalls erfolgreich gesenkt. Zugleich erzielten diese Länder zumeist bessere Ergebnisse bei der Bekämpfung von Arbeitslosigkeit und auch hinsichtlich des Wirtschaftswachstums.

3. Die Stabilitätsphase von 1987 bis September 1992

Die dritte Phase fand ohne Anpassungen der Leitkurse statt. Das ist mindestens aus zwei Gründen besonders bemerkenswert. Zum einen wurden in dieser Phase zuvor vereinzelt noch bestehende Kapitalverkehrsbeschränkungen im Zuge des europäischen Binnenmarktprojektes abgebaut (vgl. Kap. 6). Zum anderen wurde das EWS auf alle EU-Mitgliedstaaten mit Ausnahme Griechenlands ausgedehnt. Die durchschnittliche Inflation im EWS beschleunigte sich, was unter anderem auf den besonderen Umstand der deutschen Wiedervereinigung zurückzuführen war. Die zuvor bereits erreichte Inflationskonvergenz wurde dadurch aber nicht in Mitleidenschaft gezogen. Einen wichtigen Schritt zur Verbesserung wirtschaftspolitischer Koordinationsmechanismen stellte in der Anfangszeit der dritten Phase das Basel-Nyborg-Abkommen dar. Das Abkommen hatte zum Ziel, durch eine koordinierte Vorgehensweise die Wirkung von externen Schocks auf das EWS frühzeitig abzufedern. Die Motivation dafür stammte aus der letzten Kursanpassung von 1987, die der spekulativen Reaktion auf die Dollar-Schwäche geschuldet war.

4. Die Krise 1992 und 1993 und die Zeit danach

Nach dieser Phase hoher Stabilität stellt sich um so deutlicher die Frage, warum es zur Krise des EWS kam. Zunächst die Fakten: Im September 1992 wurden massive Interventionen der deutschen und der italienischen Zentralbank zur Stützung der Lira notwendig, die dennoch kurzzeitig ihre Bandbreite verließ. Die folgende Abwertung der Lira um 7 % erwies sich als nicht ausreichend. Noch im September wurde die Teilnahme der Lira und des britischen Pfund am Wechselkursmechanismus ausgesetzt und die spanische Peseta um 5 % abgewertet. Weitere Abwertungen der Peseta, des portugiesischen Escudo und des irischen Pfund folgten. Im Juli 1993 fiel der Wert des französischen und des belgischen Franc sowie der dänischen Krone unter das untere Interventionsniveau. Um eine weitere Erosion des EWS zu verhindern, beschlossen der Ecofin-Rat und die Notenbankgouverneure am 1. 8. 1993 die Erweiterung der zulässigen Schwankungsbreiten auf ± 15 %. Das EWS als Festkurssystem hörte damit praktisch auf zu existieren. Dennoch setzte danach wieder eine relativ ruhige Phase ein, in der von den weiten Bandbreiten kein Gebrauch gemacht wurde. 1995 kam es lediglich zu einer neuerlichen Kursanpassung der Peseta. Die italienische Lira kehrte im September 1996 in das System zurück, das 1999 mit dem Beginn der dritten Phase der Währungsunion obsolet wurde.

Für den Zusammenbruch des EWS gab es verschiedene Ursachen:

- *Erstens* ist trotz der Erfolge bei der Inflationsbekämpfung unzureichende Konvergenz festzustellen. Die Inflationsraten in Ländern wie Spanien und Italien lagen seit der Gründung des EWS ständig über den deutschen. Während die reale Aufwertung ihrer Währungen in der ersten und zweiten Phase durch Anpassungen der Leitkurse in Grenzen gehalten werden konnte, verloren die italienische und die spanische Wirtschaft in der dritten Phase bei anhaltender Stabilität der nominalen Wechselkurse massiv an Wettbewerbsfähigkeit.
- *Zweitens* gab es eine unzureichende Koordinierung der nationalen Geld- und Wirtschaftspolitik in dieser Phase. Im Gefolge der Wiedervereinigung sah sich die Bundesbank unter relativ hohem inflationärem Druck, dem sie mit einer Hochzinspolitik begegnete. Gleichzeitig befand sich der Rest Europas in einer Rezession, die es für die EWS-Partner nicht sinnvoll erscheinen ließ, die Zinspolitik der Bundesbank nachzuvollziehen. Ein Zinsgefälle entstand, Finanzkapital wanderte aus dem übrigen EWS nach Deutschland und erzeugte Aufwertungsdruck für die DM.
- *Drittens* verstärkten spekulative Kapitalströme den Druck auf einige Währungen. Ausgelöst wurden sie vor allem von Zweifeln am weiteren geschlossenen Voranschreiten aller Mitgliedstaaten beim monetären Integrationsprozess, deren Ursache in Problemen bei der Ratifizierung des Maastricht-Vertrags zu sehen ist. Dieser sah ja eine Währungsunion vor, wurde aber von den Dänen in erster Instanz nicht bestätigt. Das negative Votum destabilisierte die kurzfristigen Erwartungen einer effektiven europäischen Währungskooperation.

Es ist schwierig, eine Gesamtbeurteilung des EWS vorzunehmen. Zu unterschiedlich sind die einzelnen Phasen verlaufen, und das Bild stellt sich mit Blick auf die einzelnen Beurteilungskriterien differenziert dar. Nach den Turbulenzen in der Währungsunion 2008-13 lautet die entscheidende Frage: War das EWS der Währungsunion überlegen? Diese Frage glauben wir verneinen zu können. Ein funktionsfähiges Festkurssystem stellt an die wirtschaftspolitische Disziplin und Koordinierung die gleichen Anforderungen wie eine Währungsunion. Es weist jedoch einen geringeren Nutzen im internationalen Zahlungsverkehr auf und angesichts seiner schwächeren Verbindlichkeit eine geringere Stabilität. Die Währungsunion folgt fast logisch aus dem EWS.

Ohne eine solide wirtschaftspolitische und institutionelle Absicherung ist sie jedoch wie dieses nicht krisenfest.

10.4 Die Theorie des optimalen Währungsraums

In einer Währungsunion verlieren die beteiligten Staaten die nationale Souveränität über zwei wirtschaftspolitische Instrumente, die Geld- und die Wechselkurspolitik. Was bedeutet das? Solange die Geldpolitik nur auf Preisstabilität gerichtet ist, kann sie diese Aufgabe ebenso gut – wenn nicht besser – auf supranationalem Niveau erfüllen. Wird sie allerdings zur konjunkturellen Stabilisierung eingesetzt, wie im keynesianischen Paradigma, ist der Verlust mit möglichen Kosten verbunden. Der Wechselkurs hat, wie wir sahen, in einer offenen Volkswirtschaft zusammen mit anderen makroökonomischen Preisgrößen die Funktion, das gesamtwirtschaftliche Gleichgewicht herzustellen. Wie aber kann das erreicht werden, wenn der Wechselkurs nicht mehr als Instrument der Wirtschaftspolitik zur Verfügung steht? Dieser Frage ist als erster der kanadische Ökonom Robert A. Mundell (1932*) nachgegangen (Mundell 1961), und er wurde dafür 1999 mit dem Nobelpreis für Wirtschaftswissenschaften ausgezeichnet. Denn er gab den Anstoß zu einer über Jahrzehnte andauernden Diskussion, ob und wie ein optimaler Währungsraum bestimmt werden könne.

Ein Währungsraum gilt als optimal, wenn die Integrationskosten geringer sind als die Integrationsgewinne. Der Gewinn einer gemeinsamen Währung folgt aus dem Fortfall des Wechselkursrisikos, niedrigeren Transaktionskosten, größerer Transparenz dank der einheitlichen Recheneinheit, der Integration der Kapitalmärkte und der Austrocknung der Währungsspekulation innerhalb des Währungsraums. All das lässt den Güter- und Kapitalverkehr und damit die Wohlfahrt zunehmen. Die Kosten sind schwerer zu quantifizieren und potentiell mit dem Verlust der nationalen Interventions- und Steuerungsmöglichkeiten über die beiden genannten Instrumente verbunden.

Das klassische Beispiel, mit dem Mundell (1961) mögliche Kosten der Abschaffung einer eigenen Währung veranschaulicht, ist ein asymmetrischer Nachfrageschock, wie er in Abb. 10.2 für Deutschland und Frankreich dargestellt wird. Deutsche Verbraucher oder Investoren verlagern ihre Nachfrage nach heimisch produzierten Gütern und Dienstleistungen auf Importe aus Frankreich. Dem mag eine Präferenzverschiebung der Konsumenten zu Grunde liegen oder wachsende technische Überlegenheit französischer Investitionsgüter. Dadurch verschieben sich die aggregierten Nachfragefunktionen in Deutschland von AN_D^0 nach links auf AN_D^1 und in Frankreich von AN_F^0 nach rechts auf AN_F^1. Deutschland sieht sich einem Abschwung gegenüber, der einhergeht mit steigender Arbeitslosigkeit und einem Leistungsbilanzdefizit. Umgekehrt nehmen in Frankreich Produktion und Volkseinkommen zu, ein Leistungsbilanzüberschuss entsteht, und gleichzeitig ziehen auf Grund der gestiegenen Nachfrage die Preise an.

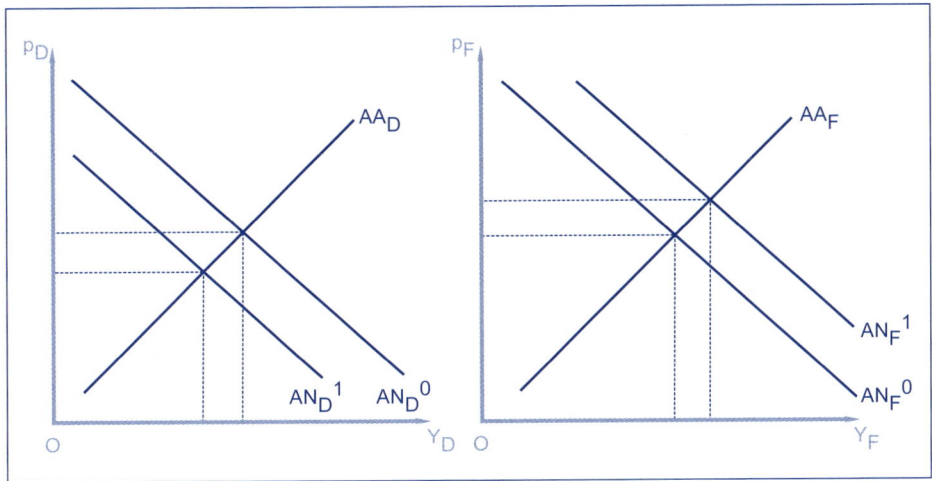

Abbildung 10.2: Asymmetrischer Nachfrageschock

Wenn beide Länder über eigenes Geld verfügen, können die wirtschaftspolitischen Probleme rasch durch eine nominale Abwertung der deutschen
Währung gegenüber der französischen behoben werden. Deutsche Produkte
werden in Frankreich billiger und wettbewerbsfähiger und französische Produkte werden in Deutschland teurer, so dass sich tendenziell die aggregierten
Nachfragekurven in beiden Ländern in Richtung ihres ursprünglichen Niveaus zurückverlagern. Längerfristig wirken sich allerdings in Deutschland
die gestiegenen Preise für importierte Güter negativ aus. Nominale Abwertungen bringen deshalb insbesondere für kleine, offene Wirtschaften nur
geringe Wettbewerbsvorteile (McKinnon 1963). Der Wechselkurs hat auch
aus einem weiteren Grund an Attraktivität verloren. Denn in einer Welt mit
hoher Kapitalmobilität kann er schockartigen Schwankungen unterworfen
sein und ist dann nicht mehr als Stabilisierungsmechanismus brauchbar
(Mundell 1973; De Grauwe 2006a). Eine einheitliche Währung, die entsprechende Spekulationen unterbindet, gewinnt damit an Attraktivität.

Der nominalen äquivalent ist die reale Ab- bzw. Aufwertung über Lohnflexibilität. Die aggregierten Angebotskurven AA_D und AA_F in Abb. 10.2
gelten für einen bestimmten Nominallohnsatz. Sinkende Arbeitsnachfrage
in Deutschland führt bei Lohnflexibilität zu einer Lohnsenkung, welche die
Angebotskurve nach rechts in Richtung auf die Ausgangssituation verschiebt.
In Frankreich kommt es durch die zusätzliche Nachfrage nach Arbeitskräften
zu Lohnauftrieb, der die Angebotskurve nach links ebenfalls in Richtung
auf das alte Gleichgewicht verschiebt. Lohnflexibilität stellt also das Gleichgewicht auf den Arbeitsmärkten wieder her ebenso wie die ausgeglichene
Leistungsbilanz. Denn damit sind Preisveränderungen verbunden, Deflation
in der Region, aus der sich die Nachfrage wegverlagert hat, und Inflation in
der Region, in die sich die Nachfrage hinverlagert hat, eben eine reale Ab-
bzw. Aufwertung.

Ein möglicher weiterer Anpassungsmechanismus besteht in der Mobilität der Arbeitskräfte. Sie könnte das gestörte Arbeitsmarktgleichgewicht wieder herstellen. Zwischen Ost- und Westdeutschland hat das nach der Wiedervereinigung in großem Umfang stattgefunden. Zu berücksichtigen sind allerdings die Mobilitätskosten, die über Grenzen und Kulturräume hinweg erheblich sind. Schließlich ist noch an einen Finanzausgleich zwischen den betroffenen Ländern zu denken, ähnlich dem deutschen Länderfinanzausgleich. In Kapitel 9 haben wir gesehen, dass ähnliche Überlegungen bei der Einführung der gemeinsamen Agrarpolitik eine Rolle spielten und im Zusammenhang mit der Wirtschafts- und Währungsunion zur Einrichtung des Kohäsionsfonds führten. Ein derartiger Finanzausgleich wird auf internationaler Ebene aber eher selten in ausreichendem Umfang und zeitnah bereitgestellt werden können, es sei denn, es handele sich um besonders bedürftige Länder und besondere Katastrophen wie Tsunami, Erdbeben oder Vogelgrippe. Als Solidargemeinschaft hat die Europäische Union sehr enge Handlungsspielräume.

Doch wie wahrscheinlich ist eigentlich ein asymmetrischer Schock? Die meisten Schocks bleiben auf das mikroökonomische Niveau beschränkt. Ein BSE-Skandal in Großbritannien z.B. trifft die britischen Viehzüchter schwer, auf dem aggregierten Niveau macht er sich jedoch nicht bemerkbar und wird von einer vermehrten Nachfrage nach Schweinefleisch teilweise ausgeglichen. In entwickelten Volkswirtschaften, die über breit diversifizierte Produktions- und Außenhandelsstrukturen verfügen, sind asymmetrische Nachfrageschocks eher unwahrscheinlich (Kenen 1969). Anders ist die Situation bei Angebotsschocks, wie z.B. drastischen Lohnsteigerungen oder Ölpreiserhöhungen, die eine ganze Volkswirtschaft in Mitleidenschaft ziehen. Letztere treffen die meisten Volkswirtschaften aber in vergleichbarem Ausmaß, so dass es sich um symmetrische Schocks handelt.

Ein optimaler Währungsraum hat also drei Anforderungen zu genügen:

- Symmetrie
- Flexibilität
- Integration

Als man 1998 über die Mitgliedschaft in der Währungsunion entschied, war es in der EU mit allen dreien nicht weit her. Die Symmetrie war vielleicht in den Kernländern der Union gegeben, doch in Irland, Portugal und Griechenland liefen auf Grund des sehr viel niedrigeren Entwicklungsniveaus die Uhren noch etwas anders. Mit der Arbeitsmarktflexibilität, eine Voraussetzung für reale Auf- und Abwertungen, taten sich viele Länder schwer. Die Integration war zwar im Güterhandel dank des gemeinsamen Marktes weit vorangekommen. Doch ohne ein nennenswertes zentrales Budget und soziales Sicherungssystem blieben grenzüberschreitende Transfers in einem engen Rahmen. Hinzu kommt, dass in einem Europa der kulturellen, vor allem sprachlichen Vielfalt die Wanderungsbewegungen mit zunehmender realer Konvergenz schwächer ausfallen als innerhalb eines Nationalstaates wie der USA oder auch Deutschlands. Daher zeigten sich viele Ökonomen äußerst skeptisch über den möglichen Erfolg der Währungsunion.

Doch selbst wenn der Euroraum vor Einführung der gemeinsamen Währung nicht die Eigenschaften eines optimalen Währungsraumes aufweisen sollte, so hat die Theorie die Vermutung aufgestellt, und die Empirie hat das im Wesentlichen bestätigt, dass sich diese Eigenschaften *ex post* einstellen können. Das bedeutet, die Schaffung einer Währungsunion zieht die Bildung eines optimalen Währungsraums nach sich. Das wird Endogenität eines optimalen Währungsraums genannt (Frankel/Rose 1997). Man könnte es auch den Münchhausen-Effekt einer Währungsunion nennen: Sie zieht sich am eigenen Schopf aus dem Sumpf ungünstiger Voraussetzungen. Die theoretische Vermutung wird mit verschiedenen Prozessen begründet (De Grauwe/Mongelli 2005):

- *Endogenität der realwirtschaftlichen Integration:* Währungsunterschiede stellen wirtschaftliche Grenzen dar. Schafft man sie ab, dann sinken die Handelskosten oder anders ausgedrückt, die Distanz zwischen Wirtschaftsräumen nimmt ab und damit nimmt die Intensität ihres Austausches zu. Währungsintegration hat handelsschaffende Wirkung (vgl. Kap. 5). In einem einheitlichen Währungsraum werden zum Beispiel die Außenhandelsrisiken auch für kleinere Unternehmen überschaubar.

- *Endogenität der finanziellen Integration:* Eine einheitliche Währung fördert die finanzielle Integration, das scheint auf der Hand zu liegen. Der Fortfall des Wechselkursrisikos und zunehmende Transparenz lassen eine bessere interregionale Risikoverteilung erwarten. Dadurch werden auch regional beschränkte, asymmetrische Schocks bis zu einem gewissen Grad abgefedert, abgesehen von der handelsschaffenden Wirkung finanzieller Integration. In Kapitel 6 haben wir gesehen, dass die Finanzmarktintegration in der Gemeinschaft noch einiges zu wünschen übrig lässt, so dass dieser Effekt sich erst über längere Zeiträume auswirken wird.

- *Endogenität der Symmetrie von Schocks:* Wirtschaftliche und finanzielle Integration erhöhen die Interdependenz der Teilräume eines einheitlichen Währungsraums und führen dadurch zu einer stärkeren Korrelation der Konjunkturentwicklung. Darüber hinaus machen sie eine gewisse Koordination der Wirtschaftspolitik erforderlich, so dass sich auch die Politik-Schocks gleichmäßiger verteilen. Dem wirken Spezialisierungs- und Agglomerationseffekte auf Grund von Skalenvorteilen in vergrößerten Märkten entgegen (Krugman 1991).

- *Endogenität der Produkt- und Arbeitsmarktflexibilität:* Die gemeinsame Währung, die einen hohen Grad von Inflationskonvergenz erforderlich macht, um die internationale Wettbewerbsfähigkeit zu sichern, erzwingt sozusagen die Absorption von asymmetrischen Schocks über die Arbeitsmärkte. Die Rolle der Produktmarktintegration ist im zugenommenen Wettbewerb zu sehen: Wenn mit den Preisen die Renten gedrückt werden, nehmen die Verteilungsspielräume ab, und Tarifverhandlungen entscheiden unmittelbar über die Konkurrenzfähigkeit. Die Währungsunion ruft eine politische Reaktion hervor mit dem Ziel, den institutionellen Rahmen und damit auch das Verhalten wenn nicht zu harmonisieren, so doch zumindest zu koordinieren: der Luxemburg- und Lissabon-Prozess.

Die Überlegungen zu Kosten und Nutzen der Teilnahme an einer Währungs-union lassen sich vereinfacht zusammenfassen: Eine Währungsunion ist um so eher vorteilhaft, je kleiner ein Land ist und umgekehrt. Die Größe eines Landes widerspiegelt dabei gleichermaßen seine Bevölkerungsstärke, seine Wirtschaftskraft sowie seine Fläche. Wir gehen selbstverständlich davon aus, dass Staaten einheitliche Währungsräume sind. Das war in der Vergangen-heit nicht immer so: Die Überlegungen, die heute auf europäischem Niveau angestellt werden, waren in früheren Jahrhunderten auf nationalem Niveau relevant. Der Verlust des Wechselkurses als wirtschaftspolitisches Instrument wiegt für ein kleines Land nicht besonders schwer, da kleine Länder in der Regel einen vergleichsweise hohen Offenheitsgrad aufweisen, so dass eine Abwertung ohnehin kein sinnvolles Instrument zum Auffangen eines asym-metrischen Schocks sein kann. Der Nutzen einer Währungsunion ist hinge-gen für ein kleines Land hoch, da viele Unternehmen in Auslandsgeschäften engagiert sind und die Transaktionskostengewinne daher hoch ausfallen.

10.5 Die Währungsunion à la Maastricht

Maastricht, eine 120 000 Einwohner zählende Stadt im Südosten der Nieder-lande, ist zum Synonym für die Europäische Wirtschafts- und Währungsuni-on (EWWU) geworden. Der Grundstein wurde bereits im Juni 1988 gelegt, als sich der Europäische Rat von Hannover darauf verständigte, das Ziel der Währungsunion nach dem fehlgeschlagenen Versuch von 1970 ein zweites Mal in Angriff zu nehmen. Die Motive waren unterschiedlich: Frankreich und Italien forderten ein neues monetäres Arrangement in Europa, da sie nicht glücklich mit der entstandenen Asymmetrie des Europäischen Wäh-rungssystems waren. Obwohl von den europäischen Partnern heftig für die deutsche Dominanz im EWS kritisiert, reagierte die Bundesregierung nicht ablehnend, sondern ergriff die Chance, erste Vorschläge für die Gestaltung eines solchen Arrangements zu machen. Parallelen zum „deutschen Modell", namentlich der Koexistenz von Bundesbankgesetz und Stabilitätsgesetz, waren in diesen Vorschlägen nicht zu übersehen. Großbritannien verhielt sich traditionsgemäß reserviert. Die Europäische Kommission sah eine Wirt-schafts- und Währungsunion als logischen und notwendigen Schritt zur Voll-endung des gemeinsamen Marktes, wie der Titel „Ein Markt, eine Währung", einer von der Kommission in Auftrag gegebenen Kosten-Nutzen-Analyse, deutlich macht (Emerson et al. 1992).

Im April 1989 präsentierte eine Arbeitsgruppe unter Leitung von Jacques Delors den „Delors-II-Bericht" über die EWWU, wodurch sich der franzö-sische Kommissionspräsident, nachdem er bereits 1985 die Vollendung des gemeinsamen Marktes auf die Bahn gebracht hatte, endgültig einen Platz in den europäischen Geschichtsbüchern sicherte. Die anschließenden Beschlüs-se zur Umsetzung des Projektes folgten eng den Kernelementen des Delors-II-Berichts, den der Europäische Rat von Madrid im Juni 1989 annahm. Ein Drei-Stufen-Plan für den Übergang zur EWWU war somit beschlossen.

Die erste Stufe begann am 1. 7. 1990 mit der Aufhebung aller Beschränkungen für den Intra-EU Kapitalverkehr. Der Ausschuss der Zentralbankpräsidenten erhielt eine erweiterte Vollmacht für die Koordination der nationalen Geldpolitiken, was allerdings nicht ausreichend war, wie die gut zwei Jahre später einsetzenden Turbulenzen im EWS belegten. Der EG-Vertrag musste geändert werden, wozu man eine Regierungskonferenz zur EWWU parallel zur Konferenz über die politische Union einberief. Maastricht wurde damit zu einem Eckdatum in der europäischen Integrationsgeschichte. Denn nicht nur der EG-Vertrag erfuhr durch die EWWU eine tiefgreifende Neuformulierung. Sondern es wurde gleichzeitig mit dem EU-Vertrag die Europäische Union aus der Taufe gehoben, die allerdings noch weit entfernt von einer politischen Union blieb.

Der Vertrag von Maastricht wurde im Februar 1992 unterschrieben, trat aber erst im November 1993 in Kraft, da sich die Ratifizierung verzögerte. Die dänische Bevölkerung akzeptierte ihn per Referendum erst im zweiten Anlauf, und in Deutschland musste das Urteil des Bundesverfassungsgerichts über eine Klage von Maastricht-Gegnern abgewartet werden. Mit dem Inkrafttreten des Vertrags bekamen das Ziel der EWWU und der Weg dorthin quasi Verfassungsrang.

Box 10.6: Die Maastrichter Konvergenzkriterien

Eine Währungsunion macht nur dann Sinn, wenn die Währungs- und Finanzsysteme der teilnehmenden Länder gewissermaßen im Gleichschritt marschieren. Der Vertrag von Maastricht sieht deshalb Konvergenzkriterien vor, die ein Land erfüllen muss, um sich für die Mitgliedschaft in der EWWU zu qualifizieren. Diese finden sich heute in Art. 140 AEUV und werden in Art. 126 AEUV sowie im Protokoll über die Konvergenzkriterien spezifiziert. Im einzelnen handelt es sich dabei um folgende Kriterien:

Das Inflationskriterium: Die Inflationsrate eines Landes darf die durchschnittliche Inflationsrate der drei preisstabilsten Länder der EU um nicht mehr als 1,5 Prozentpunkte überschreiten.

Das Defizitkriterium: Das Defizit des öffentlichen Haushalts eines Landes darf 3 % seines BIP nicht überschreiten. Ein geringfügig höheres Defizit ist zulässig,

1) wenn es erheblich und laufend zurückgegangen ist, oder
2) der Referenzwert von 3 % nur ausnahmsweise und vorübergehend überschritten wird.

Das Schuldenstandskriterium: Die öffentlichen Schulden eines Landes dürfen 60 % seines BIP nicht überschreiten. Eine Überschreitung ist zulässig, wenn das Verhältnis hinreichend rückläufig ist und sich rasch genug dem Referenzwert von 60 % nähert.

Das Zinskriterium: Der langfristige Nominalzinssatz in einem Land darf den durchschnittlichen langfristigen Zinssatz der drei preisstabilsten Länder der EU um nicht mehr als 2 Prozentpunkte überschreiten.

Das Wechselkurskriterium: Die Währung eines Landes muss mindestens zwei Jahre vor der Überprüfung der Konvergenzlage spannungsfrei, d.h. insbesondere ohne Abwertung des bilateralen Leitkurses, Mitglied im Wechselkursmechanismus des EWS gewesen sein. Seit der Abschaffung des EWS erfordert die Erfüllung des Wechselkurskriteriums ein entsprechend spannungsfreies WKM II Arrangement.

Institutionelle Kriterien: Unabhängigkeit nicht nur der Europäischen Zentralbank, sondern auch der nationalen Zentralbanken (Art. 130 AEUV) und Verbot einer monetären Finanzierung von Staatsschulden durch die EZB oder die nationalen Zentralbanken (Art. 123 AEUV).

Die zweite Stufe begann am 1. 1. 1994. In institutioneller Hinsicht war ihr wichtigster Schritt die Auflösung des Ausschusses der Zentralbankpräsidenten, der durch das Europäische Währungsinstitut (EWI) ersetzt wurde, dem Vorläufer der Europäischen Zentralbank (EZB). Die Aufgaben des Währungsinstituts umfassten die Verstärkung der Zusammenarbeit zwischen den Zentralbanken im Bereich der Geldpolitik sowie notwendige Vorarbeiten für die Errichtung des Europäischen Systems der Zentralbanken (ESZB), die Durchführung einer einheitlichen Geldpolitik und die Schaffung einer einheitlichen Währung. Die Zuständigkeit für die Geldpolitik blieb aber in dieser Phase noch in den Händen der nationalen Zentralbanken. Im Mai 1998 einigte sich der Europäische Rat von Brüssel auf Mitglieder für das erste Direktorium der EZB, die im Juni 1998 errichtet wurde. Außerdem entschied der Rat von Brüssel, welche Länder ein hinreichendes Maß an Konvergenz aufwiesen, um sich von Beginn an für die Teilnahme an der dritten Stufe zu qualifizieren (vgl. Tab. 10.1), und legte für die Währungen dieser Länder den Umstellungskurs auf den Euro fest.

Ein blau markiertes Feld zeigt an, dass ein Land den Referenzwert des entsprechenden Konvergenzkriteriums verfehlte. Mit Blick auf Inflation und Zinsen wies lediglich Griechenland zu geringe Konvergenz auf, wohingegen eine ganze Reihe von Ländern hinsichtlich der Finanzlage der öffentlichen Haushalte Probleme hatte. Das Haushaltsdefizit kann relativ kurzfristig verändert werden, wenngleich sich die EU-Staaten hierzu zum Teil fragwürdiger kosmetischer Maßnahmen bedienten. Der Schuldenstand kann dagegen nur langfristig nennenswert gesenkt werden. Deswegen fand im Maastricht-Vertrag eine Relativierung des Kriteriums statt, wonach eine Bewegung in Richtung auf die 60 %-Marke ausreichend sei, um das Kriterium zu erfüllen. Der Ministerrat sah die diesbezüglichen Konsolidierungsanstrengungen aller EU-Mitgliedstaaten mit Ausnahme Griechenlands als ausreichend an. Da weder Griechenland noch Schweden zu diesem Zeitpunkt Mitglieder im EWS waren, erfüllten sie das Wechselkurskriterium nicht. Hingegen genügten alle Länder dem institutionellen Erfordernis der Zentralbankunabhängigkeit. Da Dänemark und Großbritannien ein *opting out* für sich in Anspruch nahmen und Schweden und Griechenland eines oder mehrere Kriterien nicht erfüllten, beschloss der Ministerrat 1998, dass die dritte Stufe der Wirtschafts- und Währungsunion Anfang 1999 mit den übrigen 11 Mitgliedern beginnen solle.

Tabelle 10.1: Konvergenz der EU-Mitgliedstaaten (1997)

Land	Inflation	Zinsen	HH-Defizit	Schulden
Belgien	1,5	5,75	– 2,0	124,8
Dänemark	1,9	6,26	– 0,5	65,7
Deutschland	1,5	5,64	– 2,7	61,0
Finnland	1,2	5,96	– 1,5	54,1
Frankreich	1,3	5,58	– 3,0	59,3
Griechenland	5,4	9,92	– 4,0	108,2
Großbritannien	1,8	7,13	– 2,0	50,8
Irland	1,2	6,29	1,1	64,5
Italien	1,9	6,86	– 2,7	120,5
Luxemburg	1,4	–	3,2	6,8
Niederlande	1,9	5,58	– 1,1	69,9
Österreich	1,2	5,68	– 1,8	63,8
Portugal	1,9	6,36	– 3,0	59,1
Schweden	1,8	6,62	– 0,9	70,6
Spanien	1,9	6,40	– 3,2	66,6
Referenzwert	2,7	7,98	3,0	60,0

Quelle: Eurostat; eigene Berechnungen

Die dritte Stufe begann am 1. 1. 1999. Der Euro war in 11 Mitgliedstaaten die gemeinsame Währung, der Französische Franc, die D-Mark hörten auf zu existieren. Als Denominationen des Euro blieben sie allerdings noch drei Jahre bestehen, da das Euro-Bargeld erst zu einem späteren Zeitpunkt eingeführt werden sollte. Gleichzeitig ging die Verantwortung für die Durchführung der einheitlichen Geldpolitik auf die EZB über. Im Zuge einer weiteren Überprüfung der Konvergenzlage ergab sich im Jahre 2000, dass Griechenland die Kriterien nun auch erfüllte – zumindest nach den geschönten Daten, welche die griechische Regierung der Europäischen Kommission übermittelt hatte. Ab dem 1. 1. 2001 nahmen also 12 Staaten an der dritten Stufe teil. Am 1. 1. 2002 kam schließlich das Euro-Bargeld in Umlauf.

Aus den 12 Staaten der Eurozone sind inzwischen 18 geworden. Denn sechs weitere Länder wurden in den Klub aufgenommen: Slowenien (2007), Malta und Zypern (2008), die Slowakei (2009), Estland (2011) und Lettland (2014). Der Euroraum ist tatsächlich noch etwas größer: Auf Grund früher bestehender Währungsunionen haben Andorra, Monaco, San Marino und der Vatikanstaat den Euro eingeführt, und Montenegro und das Kossovo haben die Währung auf einseitigen Beschluss übernommen. Alle diese Länder sind nicht Mitglied des Eurosystems, haben also keine Stimme in der Beschlussfassung über Geld- und Währungspolitik.

Die zentralen Elemente im Maastricht-Prozess sind das Erfordernis der Konvergenz und die Errichtung des Europäischen Systems der Zentralbanken

(ESZB) bzw. der EZB. Die Theorie des optimalen Währungsraums liefert gute Gründe dafür, ein gewisses Maß an Konvergenz für die Teilnahme an einer Währungsunion zu fordern. Allerdings bezieht sich diese Konvergenz eher auf realwirtschaftliche und institutionelle Aspekte, wie die Produktions- und Exportstruktur, die Bedeutung des bilateralen Handels, Arbeitsmarktinstitutionen und Umverteilungsmechanismen. Denn all das ist wichtig, wenn einzelne Länder auf den Wechselkurs als wirtschaftspolitisches Instrument verzichten sollen und es nur noch eine einheitliche Geldpolitik für alle Mitgliedstaaten gibt. Die Formulierung von nominalen Konvergenzkriterien im Maastrichter Vertrag muss aus der Sicht der Theorie des optimalen Währungsraums überraschen. Politisch-ökonomische Überlegungen über die Verteilung des Nutzens der Währungsunion zwischen den EU-Mitgliedstaaten helfen uns an dieser Stelle eher weiter (De Grauwe 2012).

Warum gibt es das Inflationskriterium? Wie wir bei der Diskussion des EWS bereits feststellen konnten, hat es in den Ländern der Gemeinschaft über lange Zeit unterschiedliche Auffassungen hinsichtlich der Bedeutung von Preisniveaustabilität gegeben. Eine Politik des stabilen Geldes wird traditionell mit Deutschland verknüpft, während z.B. in Italien höhere Inflationsraten toleriert, bzw. ökonomisch nicht gerechtfertigte Lohnsteigerungen durch eine von der Zentralbank akkomodierte Inflation zurückgeschnitten wurden. Die Folgen für die internationale Wettbewerbsfähigkeit ließen sich durch regelmäßige Wechselkursanpassungen auffangen. Auch als im Jahre 1991 der Maastricht-Vertrag verhandelt wurde, waren diese unterschiedlichen gesellschaftlichen Präferenzen evident. Obwohl Deutschland damals vereinigungsbedingt mit 3,6 % eine relativ hohe Inflationsrate aufwies, lag die italienische mit 6,3 % noch erheblich höher. In einer Währungsunion betreiben beide Länder eine einheitliche Geldpolitik und müssen sich auch über ein gemeinsames Inflationsziel verständigen.

Die deutsche Politik hatte ihrer Bevölkerung versichert, die gemeinsame Währung werde so stark sein wie die D-Mark. Sie erklärte sich daher nur zur Währungsunion bereit, wenn Italien bereits vor dem Eintritt eine Änderung seiner Präferenzen zugunsten von Preisstabilität signalisierte und die Inflationsrate senkte. Die Tatsache, dass Italien dabei den steinigen Weg des kurzfristigen Phillips-Kurven *trade-offs*, d.h. einer kontraktiven Stabilisierungspolitik, gehen muss, verleiht diesem Signal Glaubwürdigkeit. Gleichzeitig haben die Tarifparteien in ihren Verhandlungen auf das stabilitätspolitische Ziel und auf die internationale Wettbewerbsfähigkeit des Landes direkt Rücksicht zu nehmen. Das alles musste in der Hinführungsphase zur Währungsunion passieren. Ansonsten würde es diese destabilisieren.

Das Wechselkurskriterium ist beinahe selbsterklärend. In einer Währungsunion kann ein Land nicht durch eine Abwertung einen Schock abfedern und vorübergehend seine Wettbewerbsposition verbessern. Der Verzicht darauf bereits vor dem Eintritt zur Währungsunion signalisiert, dass die wirtschaftspolitischen Akteure eines Landes bereit und fähig sind, ihren *policy mix* entsprechend einzustellen. Das ist insbesondere in der Übergangsphase wichtig, in der die Wechselkurse bereits unwiderruflich festgeschrieben sind, aber das Euro-Bargeld noch nicht eingeführt ist. Denn die Kosten des Ausstiegs aus der Währungsunion sind in dieser Phase geringer als nach Abschaffen der nationalen Währung. Darüber hinaus hilft das Wechselkurskriterium, Abwertungen kurz vor dem Eintritt in die Währungsunion zu vermeiden, die das Ziel haben, einen günstigeren Umstellungskurs von der nationalen Währung auf den Euro, d.h. Wettbewerbsvorteile, zu erreichen.

Im Grunde genommen ist das Zinskriterium redundant, wenn die anderen Kriterien erfüllt sind. Die wesentlichen Ursachen für differierende langfristige Zinsen sind erwartete Wechselkursänderungen, Inflationsdifferenzen sowie eine unterschiedliche Bonität von Schuldnern. Hierauf beziehen sich die anderen Konvergenzkriterien. Schließlich bringt die Integration der Kapitalmärkte bei Inflationskonvergenz mehr oder minder automatisch Zinskonvergenz mit sich. Allerdings widerspiegeln langfristige Zinsen auch langfristige Inflationserwartungen, und die sollten beim Eintritt in eine Währungsunion ausgeglichen sein.

Am umstrittensten sind Schuldenstands- und Defizitkriterium. Fallen diese Größen nicht in die souveräne Verantwortung der Mitgliedstaaten? In der Tat, denn die EWWU ist das innovative Experiment einer Währungsunion unter Beibehaltung der nationalen fiskalpolitischen Souveränität, als solches nur dem Goldstandard vor dem 1. Weltkrieg vergleichbar. Doch die Interessenlage der stabilitätsorientierten Länder machte eine fiskalpolitische Mindeststabilität wünschenswert. Die Höhe von 60 % des Bruttoinlandsprodukts ist freilich willkürlich gewählt und entspricht etwa dem Durchschnitt der nationalen Schuldenquoten in der Gemeinschaft vor Unterzeichnung des Maastricht-Vertrags. Unterstellt man (optimistisch) ein durchschnittliches jährliches Wachstum des nominalen BIP von 5 %, so erfordert die Stabilisierung des Schuldenstandes bei maximal 60 % die Begrenzung der jährlichen Neuverschuldung auf 3 % des BIP. Die Notwendigkeit zur Koordinierung der Fiskalpolitik findet eine weitere Begründung in Spillover- oder externen Effekten, wodurch in einer Währungsunion übermäßiges Schuldenmachen eines Mitgliedlandes die Risiken und Kosten in allen übrigen Mitgliedländern erhöht. So ist das Defizitkriterium ebenfalls auf die Interessen stabilitätsorientierter Länder, insbesondere Deutschlands, zurückzuführen.

Wechselkurs- und Inflationskriterium verlieren nach dem Eintritt in die Union ihre Bedeutung. Das Schuldenstands- und Defizitkriterium bleiben dagegen auch danach relevant. Sie sind in Art. 126 AEUV und dem dazu gehörigen Protokoll festgeschrieben und gelten für alle EU Mitglieder, nicht nur die Euroländer. Sie wurden 1997 im Stabilitäts- und Wachstumspakt für die Euro-Länder präzisiert und mit gewissen Sanktionen belegt. Damit soll vor allem ein möglicher Druck von der EZB genommen werden, den hoch verschuldete Mitgliedstaaten ausüben könnten, um über eine laxe Geldpolitik die Währung zu inflationieren und so ihre Schulden abzuwerten. Die Konstruktion von Maastricht, eine Währungsunion unter Beibehaltung der fiskalpolitischen nationalen Souveränität, bedarf allerdings weiterer Absicherungen, um die erforderliche Budgetdisziplin sicher zu stellen.

Die effektivste Disziplinierungsmaßnahme für autonome Wirtschaftseinheiten sind harte Budgetbeschränkungen. Genau das sieht der Vertrag von Maastricht in Art. 123–125 AEUV vor (Häde 2013). Sie untersagen explizit eine monetäre Staatsfinanzierung und legen fest, dass weder die EU noch einzelne Mitgliedstaaten für die Schulden anderer Mitgliedstaaten haften (Nichtbeistandsklausel, *no bail-out*). Damit ist das Währungssystem der EWWU klar definiert: Die EZB stellt ein möglichst wertstabiles Geld zur Verfügung, das von den Wirtschaftseinheiten einschließlich der Finanzinstitute und der Einzelstaaten auf eigenes Risiko genutzt wird. Man hat in Maastricht leider versäumt, sich Gedanken darüber zu machen, wie im Fall von Liquiditäts- und Solvabilitätsschwierigkeiten bei den Finanzinstituten und den nationalen Haushalten innerhalb der Währungsunion vorzugehen sei. Bei der Taufe des Festkurssystems von Bretton Woods wurde 1944 gleichzeitig der Internationale Währungsfonds ins Leben gerufen, der in gewissen Fällen Hilfe bieten kann. Dieses Versäumnis sollte der Konstruktion von Maastricht in der Staatsschuldenkrise 2010–13 große Kopfschmerzen bereiten.

Halten wir fest: Das Erfordernis nominaler Konvergenz ergibt sich nicht aus der Theorie des optimalen Währungsraums. Die ökonomische Rechtfertigung des Inflations- und Wechselkurskriteriums ist intuitiv einzusehen. Die Maastricht Kriterien sind darüber hinaus als Versicherung für zuvor bereits stabilitätsorientierte Länder, allen voran Deutschland, gegen eine asymmetrische Verteilung von Kosten und Nutzen zu ihren Ungunsten zu verstehen. Die Konvergenzkriterien sind aber nur das eine Standbein dieser Versicherung. Das zweite besteht in der Geldverfassung des ESZB, die sich in vielen Bereichen an das Bundesbankgesetz anlehnte.

10.6 Das Europäische System der Zentralbanken (ESZB)

Das Europäische System der Zentralbanken (ESZB) umfasst die Zentralbanken aller EU-Mitgliedstaaten und die EZB. Mit „Eurosystem" oder „Eurogruppe" werden die EZB und die Gruppe jener nationalen Zentralbanken bezeichnet, die uneingeschränkt an der dritten Stufe der Wirtschafts- und Währungsunion teilnehmen und den Euro eingeführt haben. Der „Euroraum" oder das „Eurogebiet" umfasst diejenigen Länder, in denen der Euro gemäß dem EG-Vertrag als gemeinsame Währung eingeführt wurde. Davon zu unterscheiden ist wiederum die „Eurozone", die zusätzlich Länder einschließt, die den Euro einseitig eingeführt haben. Abb. 10.3 zeigt den institutionellen Aufbau des ESZB (nach Art. 129 und 283 AEUV).

Die EZB wird von einem Direktorium geleitet, dem sechs Mitglieder angehören, darunter der Präsident und ein Vizepräsident. Ihre Ernennung erfolgt durch den Europäischen Rat mit qualifizierter Mehrheit für eine nicht erneuerbare Amtszeit von acht Jahren. Die Aufgabe des Direktoriums ist die Führung der laufenden Geschäfte der EZB, die Ausführung der geldpolitischen Entscheidungen des EZB-Rates und anderer, dem Direktorium durch den Rat übertragener Aufgaben, sowie die Vorbereitung der Sitzungen des EZB-Rates, dem geldpolitisch wichtigsten Entscheidungsgremium.

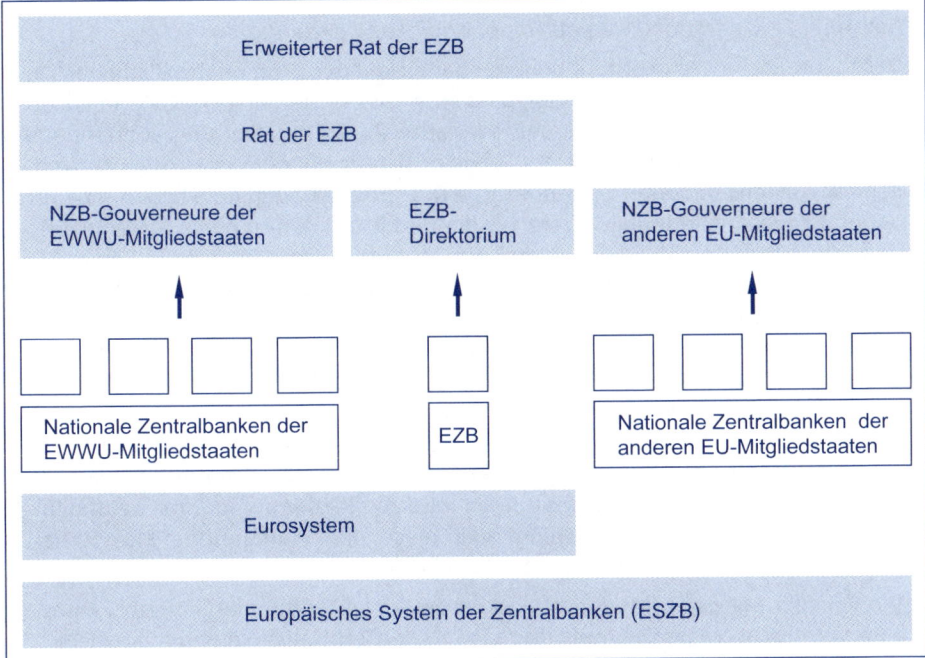

Abbildung 10.3: Der institutionelle Aufbau des ESZB

Der Rat der EZB setzt sich aus dem EZB-Direktorium und den Gouverneuren der nationalen Zentralbanken des Eurosystems zusammen. Derzeit besteht er also aus 24 Mitgliedern. Seine Aufgaben umfassen den Erlass von Leitlinien und Entscheidungen, durch die das Eurosystem seine Aufgaben erfüllen kann, und die Festlegung der Geldpolitik. Der EZB-Rat trifft die meisten Entscheidungen formal mit der einfachen Mehrheit seiner Mitglieder, wobei jedes Mitglied über eine Stimme verfügt. In der Praxis wird Einvernehmlichkeit angestrebt. Genaues erfahren wir darüber jedoch nicht; denn Geldpolitik ist in Europa eine elitäre Angelegenheit, die sich hinter verschlossen Türen abspielt. Anders als die US-amerikanische Notenbank publiziert die EZB weder Protokolle der Ratssitzungen noch das Abstimmungsverhalten der Mitglieder, wenn es denn zu Abstimmungen kommt.

Um ihrem primären Ziel, Sicherung der Geldwertstabilität, optimal gerecht werden zu können, wurde der Zentralbank im Vertrag (Art. 130 AEUV) vollständige Unabhängigkeit zugesichert: Weder die Organe der Gemeinschaft noch die Regierungen der Mitgliedstaaten dürfen der Zentralbank Weisungen erteilen. Dass eine derartige Unabhängigkeit für die Durchsetzung stabiler Preise erforderlich ist, lässt sich leicht verstehen. Zu groß ist das Interesse unterschiedlichster Gruppierungen, durch eine etwas laxere Geldpolitik ihren eigenen Zielen näher zu kommen. Inwieweit die Unabhängigkeit der Zentralbank durch ihr eigenes Verhalten (z.B. ausgedehnte Niedrigzinspolitik, selektiver Ankauf von Staatsanleihen) gefährdet ist, wird seit der Schuldenkrise 2010–13 kontrovers diskutiert.

Box 10.7: Geldwertstabilität und Unabhängigkeit der Zentralbank

Das theoretische Argument für die Unabhängigkeit der Zentralbank (Eijffinger/De Haan 2000: 38 – 46) beruht darauf, dass eine enge Anbindung der Geldpolitik an die Regierung eines Landes zu einem Inflationsbias führt. Der Bias entsteht aus der Kombination des Problems der Zeitinkonsistenz mit rationalen Erwartungen. Zeitinkonsistenz bedeutet Folgendes: Die Regierung kündigt eine bestimmte, für optimal angesehene Inflationsrate an; die Wirtschaft nimmt diese Ankündigung für bare Münze und stellt sich darauf ein; in diesem Moment hat die Regierung einen Anreiz, von ihrer Ankündigung abzuweichen und eine höhere, jetzt unerwartete Inflation in die Wege zu leiten. Denn unerwartete Inflation kann reale Effekte erzielen: Dadurch sinken z.B. die Reallöhne (auf Grund der längeren Laufzeit von Tarifverträgen, die mit Rücksicht auf die erwartete Inflation abgeschlossen wurden), und es verbessert sich kurzfristig die Beschäftigungslage. Da die Wirtschaft aber rationale Erwartungen hegt, weiß sie all dies im Vorhinein und geht bei ihren Entscheidungen von dem vermeintlich unerwarteten Inflationsschub der Regierung aus. Diesen Erwartungen wird die Regierung in ihrer Geldpolitik dann *nolens volens* entsprechen. Im Ergebnis ist die Inflation höher als optimal, und irgendwelche realen Effekte stellen sich nicht ein.

Die Verlagerung der geldpolitischen Kompetenz auf eine unabhängige Zentralbank vermeidet dieses Dilemma insofern, als den Zentralbankern unterstellt wird, sie seien „konservativ", d.h. vor allem an der Geldwertstabilität interessiert. Das muss natürlich nicht der Fall sein, und es ist durchaus denkbar, dass Zentralbanker auch anderweitige politische Ambitionen haben. Deshalb wird die „konservative" Grundeinstellung der Geldpolitik häufig auch in die Verfassung der Zentralbank hineingeschrieben (z.B. Art. 127 AEUV). Ein weiterer Vorteil von Zentralbankern liegt in der Vermutung, sie hätten einen längeren Zeithorizont als Politiker, die relativ kurzfristigen Wiederwahlkampagnen unterliegen. Da sich die inflationären Folgen einer laxen Geldpolitik erst mit der Zeit einstellen, spielen sie für Politiker eine geringere Rolle.

Wim Duisenberg (1935 – 2005), der erste Präsident der EZB, hat in einem kurzen Satz zusammengefasst, was er unter Unabhängigkeit versteht: „Ich höre die Politiker, aber ich höre ihnen nicht zu". Vom ökonomischen Standpunkt aus betrachtet ist die Unabhängigkeit der Zentralbank zweifellos als Gewinn zu sehen. Vom politischen Standpunkt aus betrachtet wirft sie allerdings einige Fragen auf. Denn wem ist die Zentralbank verantwortlich? In einer Demokratie gehört es zu den allerersten Grundsätzen, dass die Ziele der Politik letztlich vom Souverän bestimmt werden und dass die Organe, die die Politik implementieren, dem Souverän verantwortlich sind. Kurzum, das Handeln der politischen Organe bedarf der Legitimität.

Die vor allem auch von der EZB (Scheller 2004: 125) betonte Unterscheidung in Input-Legitimität (Konstituierung und Zielbestimmung eines Organs) und Output-Legitimität (Aufgabenerfüllung) ist nicht ganz unproblematisch. Zwar ist das ESZB unbestritten durch eine legitime Entscheidung der Mitgliedstaaten zustande gekommen und mit einer Verfassung und einem Mandat ausgestattet worden. Ebenso werden die Mitglieder des Direktoriums und des Rates auf legitimem Wege ernannt. Output-Legitimität auf der anderen Seite gibt sich mit der erfolgreichen Ausübung einer einmal zugewiesenen Aufgabe zufrieden. Volle demokratische Verantwortlichkeit erlaubte es dagegen dem Souverän, die Aufgabe zu spezifizieren und eventuell auch zu ändern, und sie ermöglichte es ihm, erfolglose Organe zu sanktionieren. All das steht in einem gewissen Konflikt zur Unabhängigkeit der Zentralbank und ist im Fall der EZB ausgeschlossen.

Daraus folgt, dass es eine *ex ante* Verantwortlichkeit einer unabhängigen Zentralbank nicht geben kann. Ist ihr Mandat Geldwertstabilität und nur in zweiter Linie und unter absoluter Wahrung des primären Zieles auch konjunkturpolitische Stabilisierung, dann lässt sich diese Priorität nicht umkehren, auch wenn im konkreten Fall eine Mehrheit der Mitgliedstaaten, bzw. der nationalen Parlamente das wollte. Die Verfassung der EZB hat auch darauf verzichtet, das mit der Unabhängigkeit der Zentralbank verträgliche Element einer *ex ante* Verantwortlichkeit der Legislative vorzubehalten, nämlich die Quantifizierung des Inflationszieles. Um so wichtiger wird die *ex post* Verantwortlichkeit. Darunter sind die Berichtspflicht und die Transparenz der Entscheidungsfindung zu verstehen. Der Berichtspflicht kommt die EZB mit einem Jahresbericht und Quartalsberichten nach, die dem Parlament, dem Europäischen Rat, dem Ministerrat und der Kommission vorgelegt werden. *In puncto* Transparenz wird der EZB, vor allem auch im Vergleich zum Federal Reserve System der Vereinigten Staaten und der Bank of England, von vielen Seiten mangelhafte Rechenschaftslegung vorgeworfen. Denn weder die Protokolle der Ratssitzungen noch das Abstimmungsverhalten der Mitglieder werden der Öffentlichkeit zugänglich gemacht. Diese in den Statuten des ESZB (Art. 10.4) festgeschriebene Vertraulichkeit soll die Ratsmitglieder generell und vor allem die Präsidenten der nationalen Zentralbanken davor schützen, auf ihre Wahrung „nationaler" Interessen hin überprüft und möglicherweise in dieser Richtung beeinflusst zu werden.

Vor der Osterweiterung der Union sah der Europäische Rat von Nizza zu Recht die Notwendigkeit, die Institutionen und Entscheidungsfindung den Erfordernissen einer erweiterten Gemeinschaft anzupassen. Sowohl die Kommission wie der Zentralbankrat drohten zu umfangreich zu werden und damit die Entscheidungsfindung langwieriger, weniger flexibel und ineffizient zu machen. Im Fall des EZB-Rates würden sich darüber hinaus das Gewicht der Vertreter des Zentrums, des Direktoriums, gegenüber den Vertretern der Regionen, den nationalen Zentralbankpräsidenten, verschieben. Durch ihre zahlenmäßige Überlegenheit im EZB-Rat könnten kleinere Länder eine geldpolitische Entscheidung durchsetzen, die regionale Interessen reflektiert, nicht jedoch die Situation im gesamten Euroraum. Es würde eine ‚falsche' Geldpolitik betrieben.

Im Fall der Kommission ist eine Beschränkung des Umfangs vorläufig gescheitert (vgl. Kap. 4). Für den EZB-Rat wurde 2003 ein Rotationsmodell beschlossen, das Vorbildern in anderen föderal strukturierten Zentralbanken folgt, wie dem Federal Reserve System der USA oder der Bundesbank nach der Wiedervereinigung. Im EZB-Rat wird die Anzahl der stimmberechtigten Mitglieder auf 21 begrenzt. Wohlgemerkt: Nicht-stimmberechtigte Mitglieder nehmen weiterhin an den Ratssitzungen teil. Die sechs Direktoriumsmitglieder haben ständiges Stimmrecht. Die restlichen 15 stimmberechtigten Sitze rotieren nach einem bestimmten Schema monatlich unter den nationalen Zentralbankgouverneuren, die entsprechend dem wirtschaftlichen Gewicht ihres Heimatlandes in zwei bzw., ab einer Mitgliederzahl von 22, in drei Gruppen eingeteilt sind. Im Dezember 2008 beschloss der EZB-Rat jedoch, die Einführung des Rotationssystems bis zu dem Zeitpunkt aufzuschieben, da der Umfang 18 Mitglieder überschreitet. Das wird erst bei der nächsten Aufnahme eines neuen Mitglieds der Fall sein.

Die Einführung der EZB hat tiefgreifende Folgen für die nationalen Zentralbanken. Sie verlieren ihr Hauptbetätigungsfeld, die Geld- und Währungspolitik. In Deutschland führte das zu einer grundlegenden Änderung der Organisationsstruktur der Bundesbank (vgl. den Bundesbank Monatsbericht Mai 2002). Es wurde nämlich die föderale Struktur der Bundesbank aufgegeben, die Landeszentralbanken und damit auch der Zentralbankrat wurden abgeschafft. Die Leitung der Bundesbank liegt nun in Händen eines zentralen Vorstands. Diese Änderung findet ihre Motivierung im Umstand, dass die wesentlichen politischen Funktionen der Bundesbank, für deren Ausübung in einem föderalen Staat die dezentralen Einheiten Mitverantwortung beanspruchen, auf die EZB übergegangen sind. Als weitgehend administratives Organ bedarf die Bundesbank aber nicht der komplexen föderalen Struktur.

10.7 Der Euro und die Welt

Naturgemäß spielt der Euro für die übrigen EU-Mitglieder eine außerordentlich wichtige Rolle. Abb. 10.4 zeigt (blau) den Euroraum, (hellblau) die Mitgliedländer, die ihre Währung fest an den Euro gebunden haben, und (dunkelblau) die Mitgliedländer, die den Euro noch nicht eingeführt haben und ihren Wechselkurs mehr oder minder frei floaten lassen. Sie alle wickeln ihren Handel zum größten Teil mit dem Euroraum ab, Unternehmensverflechtungen sind selbstverständlich, und die öffentlichen Finanzbeziehungen mit der Union werden ebenfalls in Euro durchgeführt. Zusätzlich zementiert wird die Euro-Dominanz durch institutionelle Vorkehrungen zur Erfüllung der Konvergenzkriterien. Mit dem Beginn der dritten Stufe der EWWU stellte sich nämlich die Frage, wie das Wechselkurskriterium künftig ohne das EWS interpretiert werden solle. Ein neuer Wechselkursmechanismus, der so genannte WKM II, wurde eingeführt, und das Wechselkurskriterium bezieht sich auf eine entsprechende zweijährige reibungsfreie WKM II-Mitgliedschaft. Ein WKM II-Abkommen wird zwischen der EZB und der Zentralbank eines EU-Mitgliedstaates geschlossen, der (noch) nicht dem Eurosystem angehört, aber die Mitgliedschaft anstrebt. Es wird ein Euro-bezogener Leitkurs festgesetzt mit einer bilateralen Schwankungsbreite von maximal ± 15 %. Eine geringere Schwankungsbreite sowie ein *currency board*, d.h. ein absoluter Fixkurs, können ebenfalls dem Wechselkurskriterium genügen, sofern

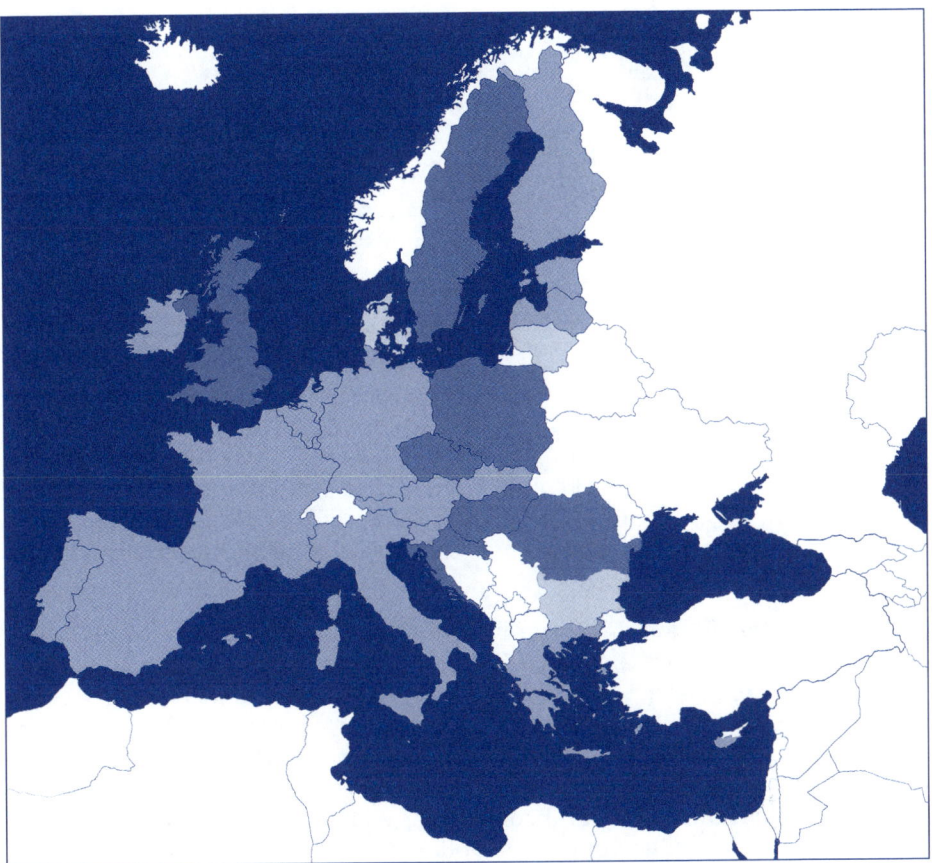

Abbildung 10.4: Der Euroraum 2014

ein WKM II-Abkommen mit der EZB unterzeichnet wurde. Tab. 10.2 zeigt, dass zur Zeit nur zwei Abkommen vorliegen, wobei allein Litauen den Euro möglichst bald einführen will.

Während die kleineren unter den neuen Mitgliedstaaten den Euro so rasch wie möglich eingeführt haben bzw. einführen wollen, lassen sich die größeren damit Zeit: Polen Rumänien, Tschechien und Ungarn. Das entspricht der weiter oben aufgestellten Hypothese, dass besonders kleinere Länder von einer Währungsunion profitieren. Ganz ähnlich unter den EU-15 Mitgliedern, die den Euro bislang ablehnen. Das kleine Dänemark befindet sich durch den engen Festkurs praktisch in der Eurozone, während das größere Schweden und Großbritannien sich mit flexiblen Wechselkursen monetäre Selbständigkeit bewahrt haben. Die fiskalpolitische Stabilitätskriterien von Maastricht sind Inhalt des Vertrags und gelten unabhängig von der Mitgliedschaft im Eurosystem.

Tabelle 10.2: Konvergenzlage der EWWU-Außenseiter 2012

Land	Inflations-rate	Zinssatz	HH-Saldo in % des BIP	Schulden in % des BIP	Mitglied-schaft WKM II
Dänemark	1,7	4,29	4,4	26,0	Ja, ± 2,25 %
Schweden	1,7	4,17	3,5	40,6	Nein
Großbritannien	2,3	5,06	−2,9	43,8	Nein
Bulgarien	7,6	4,54	3,4	18,2	Nein
Tschechien	3,0	4,30	−1,6	28,7	Nein
Litauen	5,8	4,55	−1,2	17,3	Ja, currency board
Ungarn	7,9	6,74	−5,5	66,0	Nein
Polen	2,6	5,48	−2,0	45,2	Nein
Rumänien	4,9	7,13	−2,5	13,0	Nein
Referenzwert	2,8	6,26	−3,0	60	Ja

Quelle: EZB; Eurostat

Die Wirtschaftsleistung des Euroraums betrug im Jahre 2012 etwa 9,5 Billionen €. Nur die USA waren mit 12,2 Billionen € ein größerer Währungsraum (die EU-27 insgesamt ist mit 12,9 Billionen € der größte Wirtschaftsraum). Angesichts dieser Wirtschaftskraft kann erwartet werden, dass der Euro einen hohen Stellenwert für die Währungspolitik anderer Staaten und an den internationalen Finanzmärkten erhält. Man wird ihm kaum absprechen können, eine der führenden Währungen der Welt geworden zu sein (vgl. auch EZB 2008). Er kann allerdings dem Dollar nicht seine führende Position als internationale Reservewährung streitig machen. Über 60 % solcher Reserven werden in Dollar gehalten, etwas unter 30 % in Euro. Dafür gibt es mehrere Gründe.

Zum einen hängt die Funktionsfähigkeit als Reservewährung nicht nur von der Wirtschaftskraft eines Währungsraums ab, sondern vor allem auch vom Umfang seines Finanzmarktes und dessen Integration. Beides beeinflusst die Vielfalt und Liquidität der verfügbaren Instrumente, und in beiderlei Hinsicht ist der Dollar dem Euro voraus. Zweitens wirkt sich die Konstruktion der gemeinsamen Währung auf ihre Funktionsfähigkeit als Reservewährung aus. Der Markt für öffentliche Anleihen z.B. ist stark segmentiert: Griechische Anleihen und deutsche Anleihen weisen unterschiedliche Eigenschaften auf, und hinter beiden steht kein nationales Währungsinstitut, das ihre Bedienung garantieren könnte. Die EZB ist dazu nicht verpflichtet. Amerikanische Staatsanleihen kennen dagegen kein Insolvenzrisiko, da die Regierung die Währung kontrolliert, in der sie ausgegeben werden. Ein Argument für so genannte Eurobonds, d.h. gemeinschaftlich aufgelegte öffentliche Anleihen, zielt genau auf die Liquiditätsnachteile, die aus der Konstruktion des Euro entstehen.

Mit Blick auf den Dollarwechselkurs hatte der Euro einen schlechten Start (vgl. Abb. 2.2). Euroskeptiker sahen hierin ein nachhaltiges Vertrauensproblem und eine Bestätigung ihrer kritischen Einwände, dass die EWWU in der Ausgestaltung von Maastricht ein unzureichendes institutionelles Gefüge aufweise. Andere Kommentatoren betonten, dass eine Währung immer nur so stark sein könne wie die ökonomische Leistungsfähigkeit ihres Wirtschaftsraums im internationalen Vergleich, und forderten deshalb Maßnahmen zur Stärkung der internationalen Wettbewerbsfähigkeit des Euroraums. Die EZB argumentierte während dieser Zeit, ihre Aufgabe bestehe darin, Preisniveaustabilität im inneren zu sichern und nicht Währungsstabilität nach außen. So lange die Abwertung gegenüber dem US-Dollar nicht die Gefahr einer Abwertungs-Inflations-Spirale auslöse, bestehe deshalb auch kein Handlungsbedarf. Eine einfache Erklärung für den anfänglichen Kursverfall des Euros ist neben der Unsicherheit über den Wert und die Stabilität der neuen Währung in der Tatsache zu sehen, dass mit dem Ende der D-Mark umfangreiche Bargeldbestände, die in Osteuropa, aber auch in anderen Ländern unter der sprichwörtlichen Matraze lagerten, in Dollar umgewandelt wurden. Denn Euro-Bargeld gab es ja erst später. Ende Oktober 2000 kehrte sich die Entwicklung um, und der Euro wertete nominal seitdem auf ein Niveau auf, das deutlich über demjenigen von 1999 liegt und seit 2004 das Band der Kaufkraftparitäten übersteigt. Diese offensichtliche Überbewertung des Euro hat sich nach der Finanzmarktkrise von 2007–09 etwas normalisiert.

Kapitel 11
Wirtschaftspolitik für die Währungsunion

11.1 Wirtschaftsunion: Gipfel der ökonomischen Integration oder Begleiterscheinung der Währungsunion?

Schon den Vätern der europäischen Integration war klar, dass ein gemeinsamer Markt „nur funktionieren könne, wenn zur Zollunion die Wirtschaftsunion hinzugefügt würde" (Müller-Armack 1964/1976: 393). Damals war die Erinnerung an die Weltwirtschaftskrise der 1930er Jahre noch frisch, in der jedes Land durch unkoordinierte, zumeist protektionistische Maßnahmen die schlimmsten Folgen des Schocks von sich abzuwehren versuchte – auf Kosten der Nachbarn. Das führte nicht nur zum Zusammenbruch der internationalen Handelsverflechtungen mit entsprechenden Wohlfahrtsverlusten. In manchen Ländern trug es auch zu einer verhängnisvollen politischen Entwicklung bei, die schließlich in der Katastrophe des Krieges endete. Die Einsicht in die Notwendigkeit wirtschaftspolitischer Koordination fand ihren Niederschlag im Vertrag von Rom, der im Art. 103 feststellte, dass die Mitgliedstaaten ihre Konjunkturpolitik als Angelegenheit von gemeinsamem Interesse betrachten. Was das konkret zu bedeuten habe, blieb offen. Für Müller-Armack war klar, das es darum gehen müsse, festere Regeln für die einzelstaatliche Konjunkturpolitik zu akzeptieren, während eine Währungsunion erst in ferner Zukunft realisierbar sein werde: „Eine Einheitswährung, wenn auch nur bei den sechs Staaten der EWG, würde ein solches Maß der Preisgabe einer eigenen Währungs- und Wirtschaftspolitik verlangen, dass dieser Schritt identisch mit einer politischen Integration wäre, für die gegenwärtig doch allgemein die Voraussetzungen fehlen" (Müller-Armack 1958/1976: 337).

Die Diskussion unterschiedlicher Formen ökonomischer Integration in Kapitel 2 hat uns bereits gezeigt, dass eine Wirtschafts- und Währungsunion einer weitreichenden positiven Integration bedarf, vor allem höher entwickelter Formen der Koordinierung von makroökonomischer Wirtschaftspolitik. Dazu gehören die Nachfragepolitik zur kurzfristigen Steuerung des gesamtwirtschaftlichen Ausgabeverhaltens und die Angebotspolitik, die darauf abzielt, mittel- bis langfristig die Produktions- und Absatzbedingungen in einer Volkswirtschaft zu verbessern. Zur ersteren werden üblicherweise die Fiskal- und Geldpolitik gezählt, letztere umschließt z.B. Maßnahmen der Arbeitsmarktpolitik und der Wachstumspolitik.

Die Koordinierung der makroökonomischen Wirtschaftspolitik ließ allerdings in der Gemeinschaft lange auf sich warten. Während vom Werner-Plan über das Europäische Währungssystem bis hin zum Euro die währungspolitische

Integration kontinuierlich vorangetrieben wurde, blieben Wachstum, Arbeitsmarkt und Staatshaushalt lange Zeit Sache der Mitgliedländer ohne den Versuch einer effektiven Koordinierung. In ordnungspolitischer Hinsicht ist die Währungsunion klarer umrissen als die Wirtschaftsunion. Die Kompetenz für Geld- und Währungspolitik liegt ausschließlich bei der Union, Euro und EZB sind deutlich wahrnehmbare Institutionen und Organe. Sie repräsentieren die Währungsunion auch nach außen. Anders liegen die Dinge im Zusammenhang mit der Wirtschaftsunion.

Die EU ist dem „Grundsatz einer offenen Marktwirtschaft mit freiem Wettbewerb verpflichtet" (Art. 119.1 AEUV). Die Ordnungstheorie kennt unterschiedliche Idealtypen der Marktwirtschaft, die in mehr oder minder ausgeprägter Form auch in den Mitgliedstaaten der EU vorzufinden sind: deutsche soziale Marktwirtschaft, die anglo-amerikanische liberale Marktwirtschaft, die französische Ökonomie mit starken etatistischen Elementen, das sozialstaatliche skandinavische Modell und das patriarchalische mediterrane Modell. Jeder Staat hat seine eigene wirtschaftspolitische Tradition, die zum Teil weit in die Geschichte zurückreicht. Ohne diese Ordnungsformen hier im einzelnen behandeln zu wollen (vgl. Crouch/Streeck 1997, Hall/Soskice 2001, Abelshauser 2003, Bönker 2013), sei darauf hingewiesen, dass ein wesentliches Unterscheidungskriterium in der Rolle des Staates besteht: Welche Aufgaben nimmt der Staat wahr und inwieweit interveniert er in den Wirtschaftsprozess? Die jüngste Krise 2008–13 (in ihrer Abfolge von Finanzmarktkrise, Wirtschaftskrise, Schuldenkrise) hat bei einigen dieser Modelle gewisse Defizite offenbart. Trotzdem bleibt die Festlegung auf eine gemeinsame Wirtschaftspolitik in der Wirtschaftsunion konfliktträchtig.

Aber braucht die Wirtschaftsunion eine solche Festlegung überhaupt? Die Theorie des Fiskalföderalismus (s. Kap. 3) nähert sich dieser Frage auf Grundlage von Effizienzüberlegungen. Wenn sich Präferenzen für öffentliche Güter wie soziale Sicherung, Infrastruktur und ähnliches zwischen den Mitgliedstaaten stark voneinander unterscheiden, dann sollten diese Güter auch auf der nationalen Ebene bereitgestellt werden. Zur Deckung der dadurch verursachten Kosten benötigen die Mitgliedstaaten nach dem Prinzip der fiskalischen Äquivalenz auch Einnahmehoheit. Wenn aber Einnahmen- und Ausgabenkompetenz bei den Mitgliedländern liegen, wo bleibt da Raum für eine Wirtschaftsunion? Die Theorie des Fiskalföderalismus sieht ihn zum Beispiel in Bereichen, in denen es externe Effekte gibt, positive Skalenerträgen oder regionale *spill-over* Effekte. Die Wirtschaftspolitik selbst ist ein öffentliches Gut, das in einem gemeinsamen Markt Externalitäten aufweisen kann, möglicherweise auch mit Skalenerträgen verbunden ist. Der Vergemeinschaftung der Währung liegt die Überzeugung zugrunde, dass dadurch erhebliche positive externe Effekte und damit Wohlfahrtsgewinne realisiert werden. Damit ist aber auch die Gefahr negativer *spill-over* Effekte aus den nicht vergemeinschafteten Bereichen der Wirtschaftspolitik, vor allem der Fiskalpolitik, verbunden.

Eine eindeutige Antwort, ob Wirtschaftspolitik in einer Wirtschaftsunion zentralisiert werden solle, gibt die Theorie des Fiskalföderalismus nicht. Statt dessen ist es erforderlich, für einzelne wirtschaftspolitische Bereiche regionale Präferenzen, mögliche Externalitäten und technische Charakteristika bei der Bereitstellung der jeweiligen öffentlichen Güter zu ermitteln und Vor- und Nachteile von Zentralisierung gegeneinander abzuwägen. Aber selbst unter diesem engen Blickwinkel der Effizienz gibt es zusätzliche Aspekte zu berücksichtigen. Die Herausforderungen, denen sich Wirtschaftspolitik gegenübergestellt sieht, verändern sich ständig, zum Beispiel infolge von technischem Fortschritt oder mit der Globalisierung. Darauf müssen ständig neue Antworten formuliert werden, und ein Wettbewerb der Systeme kann helfen, die bestmögliche zu finden. Dieser dynamische Effizienzvorteil einer wirtschaftspolitischen Vielfalt in der Union sollte nicht vernachlässigt werden.

Box 11.1: Ein Plädoyer für die politische Union

Paul de Grauwe (2006), einer der führenden europäischen Theoretiker der monetären Integration, stellte unmittelbar vor der jüngsten Krise fest, dass die monetäre Union ohne eine weiter gehende politische Union stark gefährdet sei, was Kritiker des Euro schon vor Einführung der gemeinsamen Währung etwas drastischer formuliert hatten (Hankel et al. 1998). Denn sie wird von nichts anderem als der positiven Kosten-Nutzen Bilanz ihrer Mitglieder zusammengehalten. Und diese Bilanz falle zur Zeit, so de Grauwe, nur schwach positiv aus. Die darauf einwirkenden Faktoren haben wir in der Theorie des optimalen Währungsraums (vgl. Kap. 10) bereits kennengelernt. Der Nutzen nimmt mit wachsender Integration zu, die Kosten nehmen mit mit der Häufigkeit und der Schwere von asymmetrischen Schocks zu. Letztere entstehen unter anderem durch eine fehlende politische Integration und könnten bei Bestehen einer solchen durch einen interregionalen Finanzausgleich kompensiert werden. „Ultimately, the security on which a sound currency assesses its role cannot be provided exclusively by the central bank. It rests on a number of elements that only the state, or more broadly, a polity can provide" (Padoa-Schioppa 2004: 180).

Ein Beispiel für destabilisierende asymmetrische Schocks in der Eurozone ist nach de Grauwe die deutsche Lohnpolitik, die zwischen 1998 und 2006 die relativen Lohnstückkosten (und so auch den effektiven Wechselkurs) gesenkt und damit für andere Länder, z.B. Portugal, Italien und die Niederlande, das Leben schwer gemacht hat. Ein anderes Beispiel ist die isolierte Einführung der 35-Stunden Woche in Frankreich. In einer politischen Union würden solche einschneidende Entscheidungen gemeinsam beschlossen und damit würde die Symmetrie gewahrt bleiben. Gleichzeitig würde eine politische Union über ein größeres Zentralbudget verfügen als die heutige EU und unvermeidliche asymmetrische Schocks kompensieren können.

Muss man aber jeden asymmetrischen Schock entweder *ex ante* verhindern oder *ex post* kompensieren? Dass die Tarifparteien in Deutschland temporär eine andere Politik geführt haben als in den Niederlanden, wird unmittelbar einsichtig, wenn man die durchschnittliche deutsche Arbeitslosenquote in diesem Zeitraum von 8,9% (wobei diese Quote in den neuen Bundesländern ungefähr doppelt so hoch lag) mit der niederländischen von 3,5% vergleicht. Eine reale Abwertung war offensichtlich vonnöten. Wenn die französische Politik eine 35-Stunden Woche beschließt, dann tut sie das im vollen Bewußtsein der Folgen für die Wettbewerbsfähigkeit. Müssen ihr das die anderen Mitglieder der Eurozone ausreden oder die Folgen kompensieren? Die Einführung der 35-Stunden Woche ist ein struktureller Schock, der nur durch strukturelle Maßnahmen (z.B. entsprechende Produktivitätssteigerungen oder Realeinkommensabsenkung) aufgefangen werden kann. Es kann nicht Ziel der Integration sein, den Wettbewerb zu verhindern und politische Präferenzen zu nivellieren. Die Funktionsfähigkeit der Währungsunion verlangt das auch nicht.

Haben die Deutschen mir ihrer restriktiven Lohnpolitik nicht alle anderen zu schmerzhaften nachholenden Maßnahmen gezwungen? Wäre die Lohnpolitik Resultat staatlicher Planung, d.h. eines systematischen Versuchs, dauerhafte Wettbewerbsvorteile zu sichern, könnte das der Fall sein. Sie war aber Folge einer schwachen deutschen Produktivität und Resultat tarifpolitischer Auseinandersetzungen, und man darf sicher sein, dass eine Verbesserung der Lage auf dem Arbeitsmarkt zu einer weniger restriktiven Lohnpolitik führt. Nur wenn absolute Konvergenz in Konjunktur- und Beschäftigungsentwicklung vorläge, wäre eine gemeinsame Politik sinnvoll. Das ist bei einem Wirktschaftsraum von der Größe der Eurozone kaum zu erwarten. Die Frage der politischen Integration wird somit zu einem Trilemma zwischen Autonomie, Flexibilität und Koordination.

Über den Effizienzaspekt hinaus bestimmen eine Reihe anderer Überlegungen die Gestalt der Wirtschaftsunion. Da ist zunächst das Subsidiaritätsprinzip: Im Zweifelsfall ist die untere der oberen Ebene grundsätzlich vorzuziehen. Noch wichtiger sind aber wohl politische Überlegungen. Die Kompetenz für Wirtschaftspolitik, allen voran für Finanzpolitik, verleiht den Entscheidungsträgern Macht, die sie nicht gerne teilen oder aufgeben. Genau dieselben Akteure sind aber im Ecofin-Rat maßgeblich an den Entscheidungen über die konkrete Ausgestaltung der EWWU beteiligt. Widerstand gegen eine weitreichende und konsequente Übertragung wirtschaftspolitischer Kompetenzen auf die Gemeinschaft scheint in dieser Konstellation vorprogrammiert. Zu erwarten ist, dass eine Wirtschaftsunion allenfalls graduell verwirklicht wird.

Wir begegnen hier wieder dem Spillover-Theorem der fuktionalistischen Integrationstheorie (s. Kap. 1). So wie die heutige Währungsunion als notwendiges Element zur Vollendung des gemeinsamen Marktes angesehen wird, zieht der Euro die Frage nach der Zentralisierung von Wirtschaftspolitik nach sich. In der Tat besteht ein enger Zusammenhang zwischen Geldpolitik und Fiskalpolitik. Im keynesianischen Modell können sowohl Geldpolitik als auch Fiskalpolitik zur Beeinflussung des Volkseinkommens verwendet werden. Sie können ihre Wirkung gegenseitig verstärken oder abschwächen. Sie sind nicht unabhängig voneinander, und es kommt auf eine geeignete Politikmischung *(policy mix)* an. Um einen entsprechenden *policy mix* in einer Währungsunion zu erreichen, müssen die (zentrale) Geldpolitik und die (nationale) Fiskalpolitik aufeinander abgestimmt werden. Das macht es notwendig, die nationalen Fiskalpolitiken untereinander zu koordinieren. Freilich ist das keynesianische Modell nicht mehr die alleinige und unumstrittene theoretische Basis für die Wirtschaftspolitik. Heutzutage sieht man die Aufgabe der Wirtschaftspolitik eher darin, die Erwartungen der Akteure auf den Märkten zu stabilisieren. Das wird unter anderem durch Regelbindung der Politik erreicht. Was das im einzelnen für Geld- und Fiskalpolitik bedeutet, ist noch zu diskutieren. An dieser Stelle ist lediglich festzuhalten, dass Regelbindung der Wirtschaftspolitik in der EU eben auch gemeinsame Regeln voraussetzt.

Das heißt, unabhängig vom zugrunde liegenden Modell erfordert das reibungslose Funktionieren einer Währungsunion in jedem Fall eine Koordinierung der Wirtschaftspolitik. Deren Charakter und Tiefe sind vorläufig noch offen. Wir sollten von der Wirtschaftsunion keine einheitliche Wirtschaftspolitik in der EU oder gar ein einheitliches europäisches Wirtschaftsordnungsmodell erwarten. Vielmehr ist davon auszugehen, dass wir in unterschiedlichen Politikbereichen spezifische Kombinationen aus nationaler und Gemeinschaftskompetenz vorfinden, die Kooperation, Koordination und Harmonisierung einschließen.

11.2 Wirtschaftspolitik in der Wirtschafts- und Währungsunion

Der europäischen Wirtschaftsunion liegen die Art. 3 EUV und Art. 119–126 AEUV zugrunde. Danach macht es sich die Gemeinschaft zur Aufgabe, Vollbeschäftigung und ein ausgewogenes, umweltverträgliches und nicht-inflationäres Wachstum zu fördern (Art. 3 EUV). Stabile Preise, gesunde Staatsfinanzen und eine dauerhaft finanzierbare Zahlungsbilanz sind für jeden Mitgliedstaat die unmittelbaren wirtschaftspolitischen Ziele (Art. 119 AEUV). Ihre Verwirklichung setzt voraus, die eigene Wirtschaftspolitik als Angelegenheit von gemeinsamem Interesse zu betrachten und sie mit den übrigen Mitgliedern im Rat eng zu koordinieren (Art. 121 AEUV).

Papier ist bekanntlich geduldig, und die Geschichte der europäischen Integration ist nicht arm an Beispielen, dies zu untermauern. Wir erinnern uns: Eine Orientierung am Gemeinschaftsinteresse sollte auch in der ersten Hälfte der 1970er Jahre im Bereich der Währungspolitik gelten, was die Mitgliedstaaten nicht daran hinderte, Wechselkursänderungen weitgehend unkoordiniert im eigenen Interesse vorzunehmen. Bereits in Art. 6 EWG war zu lesen, dass die Mitgliedstaaten ihre Wirtschaftspolitik in enger Zusammenarbeit mit den Organen der Gemeinschaft zur Verfolgung der Gemeinschaftsziele koordinieren. Eine solche Koordination erfolgte aber über die Jahrzehnte hinweg bestenfalls *ad hoc*. Wenn seit Maastricht, spätestens aber seit 1999 von einer Europäischen *Wirtschafts- und* Währungsunion die Rede ist, dann muss mehr im Spiel sein als ein unverbindliches Bekenntnis zum Gemeinschaftsinteresse.

Im Zentrum der Wirtschaftsunion stehen die „Grundzüge der Wirtschaftspolitik der Gemeinschaft und der Mitgliedstaaten" oder die allgemeinen

Richtlinien der Wirtschaftspolitik, die seit dem Inkrafttreten des Maastricht Vertrags jährlich vom Ecofin-Rat mit qualifizierter Mehrheit auf Grundlage eines Kommissionsvorschlages verabschiedet werden. Eng mit den allgemeinen Richtlinien verknüpft sind weitere Koordinationsmechanismen für einzelne Politikbereiche. Nationale Fiskalpolitik wird durch die Vorkehrungen des Stabilitäts- und Wachstumspaktes koordiniert, Beschäftigungspolitik durch den so genannten Luxemburg-Prozess und durch den Cardiff-Prozess Reformen, die allgemein die Markt- und Wirtschaftsstruktur betreffen. Die Grundzüge der Wirtschaftspolitik haben eine koordinierende Funktion zwischen diesen Prozessen, d.h. Maßnahmen, die ein Mitgliedstaat zum Beispiel zur Erfüllung der Ziele des Stabilitäts- und Wachstumspaktes ergreift, müssen mit den Grundzügen der Wirtschaftspolitik kompatibel sein.

Die Wirtschaftsunion zielt in ihrem Kern darauf ab, das Funktionieren der Währungsunion zu gewährleisten (Pelkmans 2006: 380 ff.). Implizit ist das Hauptanliegen der Wirtschaftsunion darin zu sehen, die Geldpolitik der Zentralbank zu unterstützen und ihre Akzeptanz zu erhöhen. Was man dazu für erforderlich hielt, hat sich im Lauf der Zeit gewandelt. Vor Ausbruch der Krise 2008 wurde selbst der Stabilitäts- und Wachstumspakt von vielen als überflüssig betrachtet (z.B. Buiter 2006), was zweifellos zu seiner Verwässerung im Jahr 2005 beigetragen hat. Nach Ausbruch der Krise gewann er neue Bedeutung, und es ertönte der Ruf nach Wirtschaftsregierung, Fiskalunion und sogar politischer Union. So wird kaum noch bestritten, dass eine wirkungsvolle Koordinierung der Staatsausgaben der Zentralbank die Erfüllung ihrer geldpolitischen Ziele erleichtert. Unterstützung der Währungsunion kann aber auch durch die Koordinierung angebotsseitiger Politik erreicht werden. Betrachten wir die Währungsunion als Vollendung des gemeinsamen Marktes, so ist klar, dass sie über eine Verschärfung des Wettbewerbs und eine verbesserte Arbeitsteilung zu einer Beschleunigung des Strukturwandels in den Mitgliedstaaten führt. Das erfordert vor allem flexible Arbeitsmärkte, um unvermeidbare Perioden von Arbeitslosigkeit und Zahlungsbilanzungleichgewichten möglichst kurz ausfallen zu lassen, so wie es auch die Theorie des optimalen Währungsraums für den Fall asymmetrischer Nachfrageschocks verlangt (vgl. Kap. 10).

Die „Grundzüge der Wirtschaftspolitik" haben allerdings keinen rechtlich bindenden, sondern lediglich einen politisch selbstverpflichtenden Charakter. Ihre Erfüllung kann dementsprechend nicht eingeklagt werden. Länderspezifische Empfehlungen in den „Grundzügen der Wirtschaftspolitik" erlauben es, Zielverfehlungen einzelner Mitgliedstaaten gezielt anzuprangern. Läuft die Wirtschaftspolitik eines Mitgliedstaates den gemeinschaftlichen Grundzügen zuwider, so kann der Rat dem Mitgliedstaat öffentlich empfehlen, seine Politik zu ändern. Erstmals wurde davon im Jahre 2001 Gebrauch gemacht, als Irland nach Ansicht der Kommission eine pro-zyklische Finanzpolitik verfolgte. Diese Form des *naming and shaming* ist die einzige Sanktionsmaßnahme (abgesehen vom Stabilitäts- und Wachstumspakt), die der Gemeinschaft gegenüber einem wirtschaftspolitisch abweichenden Mitgliedstaat zur Verfügung steht.

Angesichts der einseitigen Ausrichtung der Wirtschaftsunion auf die Währungsunion kommt der Eurogruppe eine wachsende Bedeutung zu. Sie setzt sich aus den Wirtschafts- und Finanzministern jener Staaten zusammen, die den Euro eingeführt haben. Frankreich hatte der Eurogruppe eine mächtige Rolle zugedacht. Denn sie geht auf eine Initiative des damaligen französischen Finanzministers Dominique Strauss-Kahn (1949*) aus dem Jahre 1997 zurück. Seiner Auffassung nach sollte die Eurogruppe den Charakter einer „Wirtschaftsregierung" für den Euro aufweisen, was sich jedoch nicht als konsensfähig erwies. Der Vorschlag stieß auf wenig Gegenliebe bei Dänemark und Großbritannien, die den Euro nicht einführen wollten. Sie sahen die Gefahr, dass die Eurogruppe den Stellenwert des Ecofin-Rates und somit die eigenen Einflussmöglichkeiten auf die Wirtschaftspolitik in der EU mindern würde. Auch Deutschland hatte Bedenken. Denn es sah in einer Wirtschaftsregierung die Gefahr einer schleichenden Aushöhlung der Unabhängigkeit der EZB. Formal besitzt die Eurogruppe daher keine Entscheidungskompetenz – die zentrale Instanz für die Koordination der makroökonomischen Politik ist weiterhin der Ecofin-Rat. Aber nicht zuletzt die Terminierung der Treffen der Eurogruppe, die stets vor denen des Ecofin-Rates stattfinden, legt die Vermutung nahe, dass innerhalb der Eurogruppe Positionen abgestimmt werden und so eine *de facto* Machtverschiebung zugunsten der Eurogruppe zustande kommt.

> „Die letzten zehn Jahre haben ... gezeigt, dass die WWU auf einem soliden Fundament ruht und dass die Länder, die den Euro eingeführt haben, einen hohen Grad an wirtschaftlicher Konvergenz erzielt haben",

stellte die EZB (2008: 167) in ihrem Monatsbericht zum zehnjährigen Jubiläum des Euro selbstzufrieden fest. Fünf Jahre später wird das wohl niemand mehr behaupten wollen. In diesen fünf Jahren wurde die europäische Wirtschaft von einer tiefen Krise erfasst, die ihren Ausgang zwar in den USA genommen hatte, die aber die strukturellen Probleme der Währungsunion mitleidlos an den Tag legte. Denn es zeigte sich, dass der Währungsunion à la Maastricht (Eigenverantwortung, eine harte Nichtbeistandsklausel, keine monetäre Staatsfinanzierung) die Glaubwürdigkeit fehlte. Ebenso fehlten ihr aber auch die Institutionen, die ein adäquates gemeinsames Krisenmanagement regelten. Diese mussten im Sturm der Ereignisse erst gebildet werden. Wenn wir nun die Wirtschaftspolitik für die EU generell, insbesondere aber die Geld- und Fiskalpolitik für die EWWU, betrachten, dann lassen sich die ursprünglichen Intentionen, die aktuellen Erfordernisse und die *ad hoc* Maßnahmen der Krisenbewältigung nur schwer voneinander trennen.

Zwei Probleme sind in der Krisenperiode akut geworden. Das erste, realwirtschaftliche, ist unabhängig davon entstanden, wurde aber dadurch virulent: das außenwirtschaftliche Ungleichgewicht zwischen (grob gesprochen) Nord und Süd. Das zweite, finanzwirtschaftliche, ist in seiner privatwirtschaftlichen Ausprägung der eigentliche Krisenauslöser: eine Kredit- und Immobilienpreisblase, die 2008 geplatzt ist. In seiner öffentlichen Ausprägung ist es eine Folge beider Phänomene und äußert sich in der Staatsschuldenkrise, die 2010 ausbrach. Wir können hier weder die genauen Ursachen, noch die Abläufe im einzelnen diskutieren. Worum es geht, ist die Besonderheit der wirtschaftpolitischen Anforderungen zu verstehen, mit denen eine Währungsunion im Zusammenhang mit derartigen Problemen konfrontiert ist.

Bei aller Integration und Konvergenz hat jedes EU Land seine eigene Geschichte mit eigenen Problemen, die landesspezifische Maßnahmen erfordern. Weder Brüssel noch Frankfurt können eine Poltitik entwerfen, die allen optimal gerecht wird. Es geht also immer darum, zentrale und dezentrale Maßnahmen so zu kombinieren, dass die Währungsunion für alle vorteilhaft bleibt, aber nicht der Bewältigung der nationalen Probleme im Wege steht. Das ist leichter gesagt als getan, vor allem wenn die eigenen Handlungsspielräume durch außerordentliche Notlagen (z.B. übermäßige Verschuldung) eingeschränkt sind.

Zu Beginn des neuen Jahrtausends war Deutschland der kranke Mann Europas – niedriges Wachstum, niedrige Produktivitätsgewinne und die Spätfolgen des (asymmetrischen) Wiedervereinigungsschocks: hohe Staatsverschuldung, hohe Arbeitslosigkeit. Die Überwindung dieser Situation erforderte eigene Anstrengungen, vor allem eine reale Abwertung, die in einer Währungsunion nicht mehr über eine nominale Abwertung, sondern direkt über Lohnzurückhaltung erzielt werden muss. Unabhängig davon haben die Südländer bis zum Beginn der Krise eine reale Aufwertung gegenüber den Nordländern zugelassen. Von den neuen Mitgliedländern in Ostmitteleuropa war zu dieser Zeit noch keines Mitglied der Währungsunion (die übrigen bleiben hier unberücksichtigt). Soweit die Preisentwicklung dem Balassa-Samuelson-Effekt (s. Box 11.4) zuzuschreiben ist, hat das keine Auswirkung auf die Wettbewerbsfähigkeit. Davon konnte in den Südländern aber keine Rede sein, wie die Leistungsbilanzdefizite verdeutlichen. Vor allem durch die Schuldenkrise sind diese Defizite nicht dauerhaft zu finanzieren, was nach Art. 119 AEUV zu den Eckpunkten nationaler Wirtschaftspolitik zählt.

In einer Währungsunion, in der der einzelne Mitgliedstaat nicht mehr über das Instrumentarium der Geld- und Währungspolitik verfügt, führt ein Leistungsbilanzdefizit, dem kein normaler, marktvermittelter Kapitalimport gegenübersteht, zu einem Liquiditätsabfluss. Hier könnte man nun den altbekannten automatischen Stabilisierungsmechanismus des Goldstandards ins Feld führen: Der Liquiditätsabfluss verringert im Defizitland die Geldmenge und löst damit einen deflationären Trend bzw. eine reale Abwertung aus, während im Überschussland der Liquiditätszufluss eine Gegenbewegung verursacht. Manch einer hat sich möglicherweise die Währungsunion à la Maastricht so vorgestellt. Sie ist aber anders konstruiert: Potentielle Liquiditätsverluste werden im internationalen Zahlungsverkehr (in der EWWU im TARGET-2 System) zwischen den nationalen Zentralbanken durch die Bereitstellung zusätzlicher Liquidität ausgeglichen, d.h. an die Stelle privater Kredite treten Zentralbankkredite, die so genannten Targetsalden (Cour-Thimann 2013). Das impliziert eine Vermehrung der Geldmenge und muss in der Währungsunion durch die EZB geregelt werden. Es verhindert den Liquiditätsabfluss, aber auch die automatische Stabilisierung im Defizitland.

Tabelle 11.1: Leistungsbilanzsaldo, Inflation und Lohnstückkosten, 2000–12

Land	Leistungsbilanz 3-J. Ø % des BIP	HIVP** Veränderung in %		Lohnstückkosten Veränderung in % (€ bzw. nat. Währung)	
	2012	2001–07	2008–12	2001–07	2008–12
Deutschland	+ 6,5	12,7	9,0	– 2,2	11,4
Frankreich	– 1,9	14,5	9,9	14,6	12,0
Italien	– 2,4	17,7	12,7	19,8	12,0
Niederlande	+ 9,3	18,6	9,8	15,1	7,8
Belgien	– 0,2	14,9	13,4	13,1	15,0
Luxemburg	+ 7,0	21,3	14,2	17,4	27,1
Österreich	+ 2,2	14,0	11,9	5,7	13,5
Finnland	– 0,6	10,1	14,5	8,4	20,6
Großbritann.	– 2,8	12,5	17,5	16,5	11,5*
Dänemark	+ 5,6	13,5	12,6	21,2	13,1
Schweden	+ 7,0	12,6	9,8	9,0	7,3

Land	Leistungsbilanz 3-J. Ø % des BIP	HIVP** Veränderung in %		Lohnstückkosten Veränderung in % (€ bzw. nat. Währung)	
	2012	2001–07	2008–12	2001–07	2008–12
Irland	+ 2,4	25,0	2,9	31,2	– 7,3
Spanien	– 3,1	24,6	11,9	24,3	0,0
Portugal	– 6,4	23,5	9,8	18,8	0,0
Griechenland	– 7,7	26,4	15,2	20,6	2,6
Slowakei	– 1,2	41,1	14,1	29,5	9,1
Slowenien	+ 0,6	39,3	14,1	31,4	15,9
Estland	+ 1,3	32,7	24,7	58,9	13,6
Malta	– 1,5	16,6	15,1	22,8	15,1
Zypern	– 8,8	18,4	14,4	23,9	10,4

* 2008–11

** Harmonisierter Index der Verbraucherpreise (siehe Box 11.3)

Quellen: Eurostat, EZB

Die Wiedergewinnung der Wettbewerbsfähigkeit erfordert dann diskrete Maßnahmen.

Ist die Währungsunion zwischen Nord und Süd als ökonomische Unmöglichkkeit entlarvt? Nicht notwendigerweise, denn auseinander driftende Wettbewerbsfähigkeit kann kurzfristig über eine reale Abwertung im Defizitland bzw. Aufwertung im Überschussland und langfristig über Innovation und Produktivitätssteigerung in ersterem behoben werden. Dazu bedarf es nicht einer eigenen Währung und der Option einer nominalen Abwertung, wie sie in Großbritannien als Folge der überdurchschnittlichen Preisentwicklung nach 2007 erfolgte. Ob die erforderliche relative Reallohnsenkung direkt oder über die nominale Abwertung umgesetzt wird, ist gleichgültig – sie muss nur stattfinden. Die alternative Forderung, dass die Überschussländer ihren Wettbewerbsvorsprung durch Reallohnsteigerungen abschwächen, stößt in diesen auf wenig Gegenliebe, zumal exportorientierte Länder wie Deutschland ihre außereuropäische Wettbewerbsfähigkeit im Auge behalten müssen. Sie findet bei guter Konjunktur aber mehr oder minder automatisch durch entsprechende Lohnforderungen statt. Tab. 11.1 zeigt, dass die Südländer in der Krisenperiode den innerhalb einer Währungsunion vorgeschriebenen Weg beschritten haben. Dass die notwendige relative Preissenkung noch nicht überall so wie im erfolgreichen Beispiel Irlands stattgefunden hat, mag an Zeitverzögerungen liegen oder aber an zu starren Gütermärkten.

In Maastricht und später im Stabilitäts- und Wachstumspakt (SWP) wurden Obergrenzen für eine nachhaltige Fiskalpolitik festgelegt, die bekannten 3 % des BIP für das Haushaltsdefizit und 60 % des BIP für die öffentliche Bruttoschuld. In Tab. 11.2 sind die aktuellen Daten zu lesen, wobei der Budgetsaldo nach dem von der Kommission gehandhabten Verfahren bei übermäßigem Defizit (excessive debt procedure – EDP) berechnet ist. War in den letzten Jahren vor der Krise die Situation mit wenigen Ausnahmen im ‚grünen Bereich', gelten die wenigen Ausnahmen danach für jene Länder, die vertretbare Defizite und Schuldenstände aufweisen.

Auch hier geht es nicht darum, die Ursachen für diese ungünstige Entwicklung zu analysieren. Sie liegen z.B. in Irland anders als in Griechenland. Hier ist nur zu fragen, ob die Entwicklung für die Währungsunion insgesamt eine Gefahr bedeutet, und wenn ja, welche wirtschaftspolitischen Konsequenzen daraus zu ziehen sind. Die gewählten Grenzwerte von 3 % bzw. 60 % sind willkürlich, wenn auch plausibel fixiert. Ihr Überschreiten indiziert nicht notwendigerweise eine nicht mehr tragfähige Schuldenpolitik. Schulden sind dann nicht mehr tragbar, wenn sie nicht bedient werden können. Ein Land mit einer eigenen Währung kann in dieser Währung eingegangene Schulden immer bedienen, notfalls durch monetäre Finanzierung. Die Gläubiger tragen ein Inflations- bzw. Wechselkursrisiko, aber kein Insolvenzrisiko. Anders in einer Währungsunion. Hier macht der einzelne Mitgliedstaat Schulden quasi in einer Fremdwährung, über die er nicht autonom verfügen kann. Das Inflations- bzw. Wechselkursrisiko betrifft die gemeinsame Währung insgesamt, nicht aber differenziert einzelne Mitgliedländer. Dagegen wird Insolvenz eines Eurolandes ein reales Risiko.

Tabelle 11.2: Haushaltssaldo und Bruttoschuld in % des BIP, 2005–12

Land	EDP Saldo		Bruttoschuld		Land	EDP Saldo		Bruttoschuld	
	2005–7	2010–12	2007	2012		2005–7	2010–12	2007	2012
Deutschland	– 1,6	– 1,6	65,2	81,9	Polen	– 3,2	– 5,6	45,0	55,6
Frankreich	– 2,6	– 5,7	64,2	90,2	Tschechien	– 2,1	– 4,2	27,9	45,8
Großbritannien	– 3,0	– 8,1	44,2	90,0	Slowakei	– 2,6	– 5,7	29,6	52,0
Italien	– 3,1	– 3,8	103,3	127,0	Ungarn	– 7,5	– 3,5	67,0	79,2
Spanien	+ 1,9	– 9,9	36,3	84,2	Slowenien	– 1,0	– 5,4	23,1	54,1
Niederlande	+ 0,1	– 4,6	45,3	71,2	Bulgarien	+ 1,4	– 2,0	17,2	18,5
Belgien	– 0,7	– 3,8	84,0	99,6	Rumänien	– 2,1	-6,1	12,8	37,8
Luxemburg	+ 1,7	– 0,6	6,7	20,8	Estland	+ 2,2	+ 0,4	3,7	10,1
Österreich	– 1,4	– 3,2	60,2	73,4	Lettland	– 0,4	– 4,3	9,0	40,7
Dänemark	+ 5,1	– 2,8	27,1	45,8	Litauen	– 0,6	– 5,3	16,8	40,7
Finnland	+ 4,1	– 1,7	35,2	53,0	Malta	– 2,6	– 3,2	60,7	72,1
Schweden	+ 2,7	0,0	40,2	38,2	Zypern	0,0	-6,0	58,8	85,8
Irland	+ 1,6	– 17,3	25,1	117,6					
Portugal	– 4,7	– 6,7	68,4	123,6					
Griechenland	– 5,8	– 10,1	107,4	156,9					

Quelle: Eurostat

Das Insolvenzrisiko innerhalb einer Währungsunion ließe sich durch verschiedene wirtschaftspolitische Maßnahmen und institutionelle Vorkehrungen vermeiden oder zumindest minimieren:

- Monetäre Finanzierung durch die Zentralbank: Diese Möglichkeit widerspricht dem primären Ziel der Zentralbank, Preisstabilität, und ist demgemäß nach Art. 123 AEUV ausgeschlossen.

- Haftung der Union als Ganzer bzw. einzelner Mitgliedstaaten: Auch das schließt der Vertrag nach Art. 125 AEUV aus. Denn es impliziert ein unkontrollierbares *moral hazard* Problem.

- Zentralisierung der Fiskalpolitik (Fiskalunion): Das würde eine neue vertragliche Grundlage erfordern und widerspricht dem Grundsatz der Subsidiarität. Selbst in einer politischen Union wie den USA genießen die föderalen Einzelstaaten haushaltspolitische Autonomie, und das heißt auch: *no bail-out*.

- Zentralisierung der Schuldenpolitik (Eurobonds): Eine gemeinschaftliche Begebung von und Haftung für Schulden macht diese zu Schulden in eigener Währung, die praktisch immer bedient werden können. Dagegen gibt es Einwände organisatorischer und politisch-ökonomischer Natur, vor allem das marktwirtschaftliche Grundprinzip harter Budgetbeschränkungen: Wer Schulden macht, haftet selbst dafür.

In der Europäischen Währungsunion können souveräne Schuldner offensichtlich in Insolvenz gehen. Es ist deshalb zu fragen, inwieweit sich das für die übrigen Mitglieder nachteilig auswirkt. Die hektischen Rettungsbemühungen im Zusammenhang mit der Staatsschuldenkrise seit 2010 gingen davon aus, dass ein solches Ereignis möglichst zu vermeiden sei. Es gibt allerdings keinen ökonomischen Grund für die Annahme, dass die Insolvenz eines Mitgliedstaates die innere oder äußere Stabilität der gemeinsamen Währung beeinträchtige. Das war auch während der Krise nicht der Fall. Was die Rettungsbemühungen motivierte, war die Gefährdung des Finanzsystems insgesamt, das sich gerade von der Finanzmarktkrise 2008–9 zu erholen begann. Gläubiger der souveränen Schuldner sind vor allem Finanzinstitute unterschiedlichster Art: Banken, Versicherungen, Pensionsfonds. Auf Grund der fortgeschrittenen Integration des europäischen Finanzmarktes beschränkt sich der Kreis der Gläubiger nicht auf das jeweilige Schuldnerland. Wird also ein Schuldnerland insolvent, droht ein Dominoeffekt, der Finanzinstitute in diesem und in anderen Ländern erfasst. Hier war also ein Teufelskreis zu fürchten: In vielen EU-Ländern folgte die Staatsschuldenkrise aus den Rettungsoperationen für Institute, deren Schieflage die vorangegangenen Finanzmarktkrise offenbart hatte; eine Insolvenz der souveränen Schuldner hätte den privaten Finanzsektor erneut in eine tiefe Krise gestürzt.

Box 11.2: Die Interdependenz von Finanzmarkt- und Staatsschuldenkrise

Für die ersten zehn Jahre ihres Bestehens wies die Europäische Währungsunion nur minimale Zinsdifferenzen bei den öffentlichen Schulden ihrer Mitgliedstaaten auf. Das heißt, der Markt bewertete die Risiken der Staatsanleihen dieser Mitgliedländer trotz unterschiedlicher Schuldenstände (Tab. 11.2) mehr oder minder gleich. Davor und danach sieht das Bild anders aus (Abb. 11.1). Davor haben wir es mit unterschiedlichen Inflations- und Wechselkursrisiken zu tun, danach mit differenzierten Insolvenzrisiken. Es gibt in einer Währungsunion offensichtlich mindestens zwei Regime oder Gleichgewichte: eines, bei dem die Investoren nicht mit einer Insolvenz rechnen, und eines, bei dem sie das sehr wohl tun (De Grauwe 2012).

Wann ist mit einer Staatsinsolvenz zu rechnen? Bei souveränen Schulden in eigener Währung grundsätzlich gar nicht. Japan hat einen Schuldenstand von über 200 % des BIP, ohne dass es übermäßige Zinsaufschläge tragen müsste. Auch in einer Währungsunion ist die Höhe des Schuldenstandes nicht *per se* entscheidend. Italien hatte immer hohe Staatsschulden, konnte sie aber bis 2008 problemlos finanzieren, so dass es nach Fortfall des Inflations- und Wechselkursrisikos einen ähnlichen Zinssatz wie Deutschland und Frankreich genoß. Erst in dem Moment, als die Finanzmarktkrise die Bereitschaft der Banken, sich zu engagieren, zweifelhaft machte, musste die Finanzierung von Euroländern mit hohem Haushaltsdefizit und die Refinanzierung hoch verschuldeter Euroländer über den Markt zum Problem werden: Das Insolvenzrisiko wurde real.

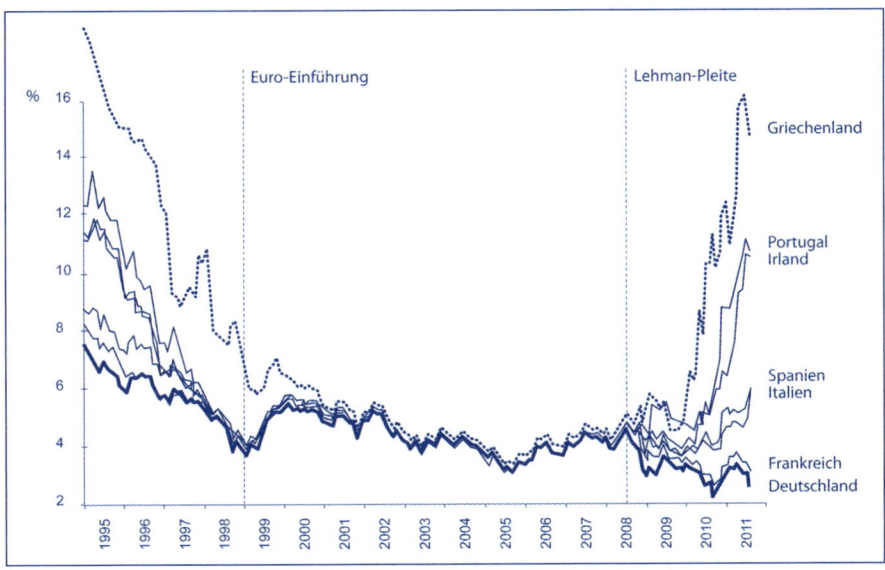

Abbildung 11.1: Zinsen für 10jährige Staatsanleihen

Es ist also eher nicht so, dass die Marktteilnehmer zwischen 1999 und 2008 die Nichtbeistandklausel des Vertrages für unglaubwürdig gehalten hätten und sicher waren, dass souveräne Schulden notfalls gemeinschaftlich bedient würden. Vielmehr hatten sie großes Vertrauen in die Fähigkeit des Marktes, die Refinanzierungsnachfrage der öffentlichen Schuldner jeder Zeit zu befriedigen. Dieses Vertrauen wurde durch den Schock der Finanzmarktkrise erschüttert. Die

> Staatsschuldenkrise ist also in mehrfacher Hinsicht eine Begleiterscheinung der Finanzmarktkrise: Zum einen hat die Staatsverschuldung durch Maßnahmen zur Bankenrettung zugenommen, zum anderen war der Markt nicht mehr bedingungslos bereit oder fähig, diese Schulden zu finanzieren. Die zwei Regime in der Währungsunion spiegeln unterschiedliche Erwartungen wider, und Erwartungen können sich schlagartig ändern.

In souveräne Staaten mit eigener Währung kann die Zentralbank als *lender of last resort* im Notfall nicht nur dem Bankensektor, sondern auch den öffentlichen Schuldnern beispringen. In der Währungsunion geht das grundsätzlich nicht. Als Konsquenz folgt daraus, dass die besonderen Umstände, die nach 2010 die Insolvenz eines Eurolandes als Gefahr erscheinen ließen, zu vermeiden sind. Dazu dienen:

- *Erstens* eine Stabilisierung der Finanzinstitute, damit sie nicht in Schieflage geraten bzw. ohne weitere Systemgefährdung abgewickelt werden können. Das ist hauptsächlich Aufgabe der Regulierung und Aufsicht.
- *Zweitens* institutionelle Vorkehrungen, die prinzipiell solventen Schuldnern ermöglichen, Stressperioden zu überbrücken. Für souveräne Schuldner wurde zu diesem Zweck der Europäische Stabilitätsmechanismus (ESM) geschaffen, für private Schuldner gibt es ähnliche Überlegungen im Rahmen der noch auszubauenden Bankenunion.
- *Drittens* Beschränkung der öffentlichen Schulden, z.B. im Rahmen der Maastricht-Kriterien, damit der Staat in Krisensituationen Handlungsspielraum hat, ohne seine Kreditfähigkeit zu kompromittieren.

11.3 Die Politik der Europäischen Zentralbank

11.3.1 Aufgabenfelder einer Zentralbank

Die Geldpolitik ist das Hauptbetätigungsfeld der Zentralbank. Allerdings ist sie nicht das einzige Betätigungsfeld. Die anderen Aufgaben dürfen nicht übersehen werden. Sie sind in Art. 127 AEUV und im Statut des Europäischen Systems der Zentralbanken (ESZB) festgelegt:

- Wechselkurspolitik
- Management der Währungsreserven
- Entwicklung und Sicherung eines effizienten Zahlungs- und Clearingsystems
- Bereitstellung von Banknoten und Münzen
- Sammlung und Aufbereitung statistischer Daten
- Wirtschaftsforschung
- Koordinierung der Bankenaufsicht und gegebenen Falls die Ausführung dieser Aufsicht.

Diese Aufgaben sind mehr oder minder eng miteinander verbunden. Nicht in allen Fällen verfügt die EZB über zentrale Entscheidungsbefugnisse und sie ist, wie in einem föderativen System nicht anders zu erwarten, bei der

Implementierung ihrer Politik häufig auf die dezentralen nationalen Zentralbanken angewiesen.

Zusammen mit der Geldpolitik hat die Wechselkurspolitik tiefgreifende Auswirkungen auf das Funktionieren offener Volkswirtschaften. Die erste Entscheidung der Wechselkurspolitik betrifft das Wechselkursregime. Es beeinflusst, wie wir schon feststellen konnten (Kap. 10), den Handlungsspielraum der Geldpolitik: Ein Festkurssystem z.B. bindet die Geldpolitik, wenn es darum geht, den festen Kurs zu verteidigen. Bei der Bestimmung des Wechselkursregimes ist die EZB nicht autonom, sondern nach Art. 219 AEUV hat der Rat ein gewichtiges Wort mitzureden. Dabei handelt es sich aber vor allem um förmliche Vereinbarungen mit Drittländern. Vorstellbar ist beispielsweise eine neue Bretton Woods Konferenz: Hier wäre es der Rat, der verhandelt und unterzeichnet – wie könnte es anders sein? Denn nur der Rat kann völkerrechtliche Verträge schließen.

Das Eurosystem hat sich generell für ein System flexibler Wechselkurse gegenüber Drittländern entschieden mit Ausnahme der Länder, die am Wechselkursmechanismus II (WKM II) teilnehmen. Dafür gibt es gute ökonomische Gründe, die wir aus dem vorangegangenen Kapitel bereits kennen. Grundsätzlich sind die Wechselkurse frei variierend. Doch Interventionen der EZB am Devisenmarkt sind nicht ausgeschlossen. Sie setzen Verfügungsmacht über die Währungsreserven voraus und ebenso das Recht, mit Zentralbanken von Drittländern zu verhandeln und Kreditgeschäfte abzuschließen.

Die Erstausstattung der EZB mit Währungsreserven erfolgte durch eine Übertragung von Reserven (rund 40 Mrd. €; Scheller 2004: 94) der am Eurosystem teilnehmenden Mitgliedstaaten entsprechend ihren Anteilen an der Zentralbank (im Gegensatz zum Stimmrecht im EZB-Rat variieren die Anteile der Mitgliedstaaten an der Zentralbank nach Größe). Im Gegenzug erhielten die nationalen Zentralbanken verzinsliche Forderungen an die EZB. Weitere Aufstockungen der zentralen Reserven sind möglich, unterliegen aber einem Ratsbeschluss. Der Bestand der Währungsreserven verändert sich mit den Interventionsoperationen der EZB und mit den Schwankungen der Wechselkurse der Reservewährungen (US-Dollar und Yen) und des Goldpreises. Die Unterbringung der Währungsreserven ist ein investitionstechnisches Problem, das im Wesentlichen von den nationalen Zentralbanken auf Anweisung der EZB bearbeitet wird. Die nationalen Zentralbanken besitzen überdies nach wie vor erhebliche eigene Währungsreserven zum eventuellen Ausgleich der Zahlungsbilanz beispielsweise. So verfügte das Eurosystem Anfang 2013 insgesamt über Reserven im Wert von rund 675 Mrd. €.

Die Einrichtung eines effizienten Zahlungs- und Clearingsystems ist erst einmal Aufgabe des Bankensektors. Im nationalen Rahmen ist das unter anderem dank der modernen Kommunikationstechnik auf einem relativ hohen Niveau erfolgt, zumindest was die eingespielten Marktwirtschaften der EU-15 betrifft. Die Neumitglieder in Ostmitteleuropa und Südosteuropa, deren Wirtschaften unter dem kommunistischen System nur schwach monetarisiert waren, hatten in diesem Punkt einen großen Nachholbedarf. Nicht nur für einen integrierten gemeinsamen Geld- und Kapitalmarkt, sondern auch für das reibungslose Funktionieren der gemeinsamen Geldpolitik sind integrierte Clearing- und Zahlungssysteme eine Voraussetzung. Und hier kommt dem Eurosystem, konkret der EZB, eine lenkende und koordinierende Aufgabe zu.

Ziel der Bemühungen des Eurosystems zusammen mit dem europäischen Bankensektor war es, einen einheitlichen europäischen Zahlungsraum (*Single Euro Payments Area,* SEPA) zu schaffen. SEPA ist seit Januar 2008 operativ und spätestens seit Anfang 2014 für den einzelnen Bürger in Form von neuen Kontonummern sichtbar. Zahlungen erfolgen über den gesamten Raum hinweg so einfach, kostengünstig und sicher, wie das bislang nur im nationalen Rahmen möglich war. Das impliziert eine Harmonisierung der Zahlungssysteme und stößt in Bankenkreisen deshalb auch auf Kritik. Denn eingespielte Prozesse und Standards müssen dabei verändert werden. Die Standards, die Euro-Zahlungssysteme zu erfüllen haben, sind von der EZB definiert worden. Die Aufgabe, die Zahlungssysteme zu überwachen, teilt sich die EZB mit den nationalen Zentralbanken, wobei die EZB vor allem das europaweite System für umfangreiche Zahlungen (*Trans-European Automated Real-time Gross Settlement Express Transfer System,* TARGET) im Auge hat. Nach der Schaffung einer einheitlichen Währung ist darin ein weiterer wichtiger Integrationsschritt zu sehen.

Die statistischen Aufgaben einer Zentralbank ergeben sich einerseits aus der Natur der Sache. Hier laufen die Informationen über die Geld- und Finanzmärkte zusammen, ebenso die Informationen über die internationale Position der Währung (Zahlungsbilanz und internationaler Kapitalverkehr). Andererseits sind diese Informationen auch der wichtigste Input für die Geldpolitik und die damit verbundene Geld- und Finanzmarktforschung der Zentralbank.

Lange Zeit umstritten war das Thema Bankenaufsicht. Bis 2013 erfolgte die Bankenaufsicht durch die zuständigen Behörden des Mitgliedstaates, in dem eine Bank zugelassen ist. Das konnte die nationale Zentralbank sein, aber auch eine eigene Aufsichtsbehörde. Art. 127.6 AEUV legt fest, dass der Rat mit einstimmigem Beschluss und nach Anhörung des Parlaments und der EZB Aufsichtsfunktionen in diesem Bereich (unter ausdrücklichem Ausschluss der Versicherungsunternehmen) der EZB übertragen kann. Aber sollte er das? Die positive Antwort hat die Finanzmarktkrise mit der vom Bankensektor ausgegangenen Systemgefährdung gegeben.

Eng mit der Aufsichtsfunktion verbunden ist eine weitere Aufgabe der Zentralbank, die weder im Vertrag, noch in den Statuten genannt wird, die aber im Lauf der Krise 2008 – 13 in den Focus gerückt ist. Das ist die Gewährleistung der Finanzstabilität, die neben die Sicherung der Preisstabilität getreten ist (De Grauwe 2012). Unter Finanzstabilität versteht man (Deutsche Bundesbank 2010: S. 7):

> ... die Fähigkeit des Finanzsystems, seine zentrale makroökonomische Funktion – insbesondere die effiziente Allokation finanzieller Mittel und Risiken sowie die Bereitstellung einer leistungsfähigen Finanzinfrastruktur – jederzeit reibungslos

zu erfüllen, und dies gerade auch in Stresssituationen und in strukturellen Umbruchphasen.

Entgegen einer weit verbreiteten Auffassung in der Ökonomie (s. aber Minsky 1986) erweisen sich Finanzmärkte als labil und neigen zu Krisen. Es ist Aufgabe des Staates und der Zentralbank, hier regulierend und stabilisierend einzugreifen. Das Spektrum der sich daraus ergebenden finanzpolitischen Maßnahmen ist noch keineswegs theoretisch gesichert, sondern Gegenstand von kontroversen Debatten. In der konkreten Krise sah sich die EZB allerdings zu unkonventionellen Maßnahmen gezwungen, z.B. die Ankündigung von *Outright Monetary Transactions (OMT)*, d.h. eines prinzipiell unbegrenzten Ankaufs von Staatspapieren auf dem Sekundärmarkt zur Stabilisierung des Zinssatzes und der geldpolitischen Transmissionsmechanismen. Kritiker sehen darin eine indirekte (verbotene) monetäre Staatsfinanzierung.

11.3.2 Die Geldpolitik der EZB

Das ist ein weites Feld, auf dem sich zahlreiche, zum Teil konkurrierende theoretische Ansätze und komplexe empirische Funktionszusammenhänge tummeln. All das können wir hier auch nicht andeutungsweise zusammenfassen (vgl. aber Issing et al. 2001; Vollmer 2005; EZB 2004; Bofinger/Reischle/Schächter 1996). Aufgabe dieses Abschnitts kann es nur sein, etwas zur Operationalisierung der Ziele, zum Instrumentarium und zur Strategie der EZB zu sagen, wodurch es möglicherweise leichter fällt, den Erfolg der monetären Integration Europas zu beurteilen.

Preisstabilität ist ein ökonomisch sinnvolles Ziel. Problematischer ist es, sie als primäres, ja ausschließliches Ziel der Geldpolitik zu institutionalisieren. Die EZB begründet das implizit mit der Feststellung, dass unter Ökonomen ein breiter Konsens über die monetaristische Position bestehe, der zu Folge eine Veränderung der Geldmenge *ceteris paribus* langfristig nur zu einer Veränderung des Preisniveaus führt (Scheller 2004: 77; EZB 2004: 41). Gleichzeitig untermauert die Zentralbank damit die zweite, monetäre Säule ihrer geldpolitischen Strategie. Doch verschließt sich die EZB nicht der Tatsache, dass eine Anhebung des Zinssatzes neben der positiven Rückwirkung auf das Niveau der Verbraucherpreise kurzfristig eine negative Rückwirkung auf das reale BIP hat. Und diese kurze Frist dauert immerhin vier Jahre und länger. Man kann die kurzfristigen Effekte der Geldpolitik nicht ganz aus dem Blick verlieren. Es sei denn, es gäbe ein gleichwertiges Substitut für eine angemessene Konjunkturpolitik. Das wird allgemein in der Fiskalpolitik gesehen, und so lässt sich eine Arbeitsteilung zwischen Zentralbank und Regierung postulieren, wobei erstere für die Preisstabilität und letztere für die konjunkturelle Stabilisierung verantwortlich sind.

Unter Preisstabilität versteht die EZB eine Preissteigerungsrate, gemessen am „Harmonisierten Verbraucherpreisindex", die im Euroraum insgesamt auf Jahresbasis mittelfristig 2 % nicht überschreiten, aber nahe bei 2 % liegen soll. Fallende Preise oder Deflation sind grundsätzlich zu vermeiden. Die Intention, die so definierte Preisstabilität mittelfristig zu erreichen, berücksichtigt den Umstand, dass unvorhersehbare externe Schocks kurzfristig zu höheren Preisveränderungen führen, die auf Grund der Reaktionszeit der Geldpolitik nicht unmittelbar ausgeglichen werden können. Schließlich geht es um den Euroraum insgesamt und nicht um einzelne Mitgliedländer oder Regionen. In einem großen Währungsgebiet wie dem Euroraum sind regionale Inflationsunterschiede normal. Die gemeinsame Geldpolitik kann nur auf den Euroraum insgesamt einwirken. Sie muss aber so ausgelegt sein, dass von ihr regional oder sektoral keine deflationären Tendenzen ausgehen. Das ist ein Grund darauf zu verzichten, eine Inflationsrate in unmittelbarer Nähe von 0 % anzustreben. Tatsächlich entwickeln sich die Verbraucherpreise in den einzelnen Ländern des Euroraumes durchaus unterschiedlich, wie Tab. 11.1 verdeutlicht.

Box 11.3: Der Harmonisierte Verbraucherpreisindex

Eurostat stellt harmonisierte Verbraucherpreisindizes (HVPI; *harmonised indices of consumer prices, HICP*) her, um die Inflation zwischen Ländern der Gemeinschaft, aber auch des Europäischen Wirtschaftsraums EWR, vergleichen zu können. Die dafür erforderliche Harmonisierung bezieht sich nicht nur auf die Verfahren der Preiserhebung, sondern auch auf die Gewichtung der Güter und Dienste im Warenkorb. Regional unterschiedliche Verbrauchergewohnheiten, die sich auf die aggregierte Preisentwicklung auswirken können, werden insofern berücksichtigt, als die Gewichtung der Preise über nationale Warenkörbe und nicht einen einheitlichen „Euro-Korb" stattfindet. Durch Aggregierung der Landesindizes mit geeigneten Gewichten (dem Anteil des jeweiligen Landes an den gesamten Konsumausgaben der privaten Haushalte) lassen sich dann für die entsprechenden Räume (EWR, EU, Euroraum) aggregierte Indizes herstellen. Sie stehen konsistent für die Zeit nach 1995 zur Verfügung.

Es sollte klar sein, dass ein Preisindex für Konsumgüter die Preisentwicklung für Investitionsgüter nicht berücksichtigt. Das sind für private Haushalte vor allem Immobilien und Finanzinvestitionen. Die Statistiker haben wie bei jedem Preisindex mit zahlreichen Problemen (z.B. Qualitätsveränderungen, selbstgenutztes Wohneigentum) zu kämpfen. Um endogen verursachte Preisveränderungen von exogen verursachten zu unterscheiden, wird neben dem allgemeinen HVPI auch eine so genannte Kerninflation veröffentlicht, die die Preisentwicklung bei Energie und witterungsabhängigen agrarischen Primärprodukten ausschließt.

Die Differenzierung der Inflationsraten im Euroraum kann unterschiedliche Ursachen haben. Im Fall von Irland werden häufig Preisniveau-Konvergenz und der so genannte Balassa-Samuelson-Effekt (Box 11.4) angeführt. Denn Irland war am Ende der 1980er noch ein Land mit vergleichsweise niedriger Produktivität (vgl. Kap. 2) und dementsprechend niedrigerem Preisniveau. Über die Jahre von 1995–2007 legte das Land ein erheblich höheres Wachstum als der restliche Euroraum an den Tag, was mit einem höheren Produktivitätswachstum einhergeht. Der Balassa-Samuelson-Effekt erklärt dann die Preiskonvergenz bei nicht-handelbaren Gütern. Auf diese Weise verursachte Inflationsunterschiede sind weitgehend unschädlich für die internationale Wettbewerbsfähigkeit und verlangen keine geldpolitische Reaktion (De Haan/Eijffinger/Waller 2005: 148 ff.). Beide, der Balassa-Samuelson-Effekt und die Preisniveau-Konvergenz, spielen auch im Konvergenzprozess der Neumitglieder in Ostmitteleuropa eine wichtige Rolle.

Eine erhöhte Inflation in hoch entwickelten Ländern wird eher auf *cost-push* Faktoren zurückgeführt, und das ist der internationalen Wettbewerbsfähigkeit des Landes abträglich. Denn dadurch werden vor allem auch die handelbaren Güter betroffen. In der Vor-Euro-Ära erlaubten Wechselkursanpassungen eine fast schmerzlose Korrektur (und deshalb hörte man schon vereinzelte Rufe nach einer Wiedereinführung der Lira oder der Drachme). In der Währungsunion würde die Zentralbank erst dann geldpolitisch reagieren, wenn sich eine solche Tendenz für den gesamten Euroraum abzuzeichnen droht. Bis dahin muss das einzelne Mitgliedland durch arbeitsmarkt- und preispolitische Disziplin den Wettbewerbsnachteil auszugleichen versuchen.

Box 11.4: Der Balassa-Samuelson-Effekt

Der Balassa-Samuelson-Effekt versucht folgendes Phänomen zu erklären (Balassa 1964; Samuelson 1964): Länder im wirtschaftlichen Aufholprozess oder generell Länder mit vergleichsweise hohem Produktivitätswachstum unterliegen in der Regel einem gewissen Inflationsdruck. Wie kommt er zustande und wovon hängt er ab?

Wohlstandsunterschiede zwischen Volkswirtschaften widerspiegeln unterschiedliche Faktorproduktivitäten. Die Produktivitätsunterschiede sind jedoch nicht über alle Sektoren gleich verteilt. Insbesondere muss zwischen handelbaren und nicht-handelbaren Gütern unterschieden werden, d.h. grob gesprochen zwischen dem warenproduzierenden Gewerbe und dem Dienstleistungssektor. Die Produktion handelbarer Güter steht bei Freihandel im internationalen Wettbewerb: Der Weltmarkt bestimmt die Produktpreise. Die Löhne entwickeln sich im Sektor der handelbaren Güter, so die Annahme, im Gleichschritt mit der Produktivität. Dadurch kommt es in einem Land mit relativ niedrigem Pro-Kopf-Einkommen zu einem schnellen Anstieg der Löhne in den Sektoren, die handelbare Güter herstellen und ein hohes Produktivitätswachstum aufweisen. Da die Lohnzuwächse in Einklang mit dem Produktivitätswachstum stehen, schaffen sie keinen Inflationsdruck.

Der entsteht allerdings, wenn die gleichen Lohnsteigerungen von Sektoren übernommen werden, die nicht-handelbare Güter produzieren und ein niedriges Produktivitätswachstum aufweisen. Ihr Lohn- und Preisniveau entspricht in der Ausgangssituation dem Produktivitätsniveau des Sektors der handelbaren Güter. Dabei ist ihre Produktivität häufig vergleichsweise hoch. Warum sollte ein Friseur in einem armen Land mehr Zeit für einen Haarschnitt benötigen als sein Kollege in einem reicheren Land? Die Lohnsteigerungen in den Sektoren mit raschem Produktivitätswachstum schwappen in den Rest der Wirtschaft über: Das ist eine Folge des Wettbewerbs auf dem Arbeitsmarkt. Der Friseur tendiert dazu, in den Hochlohnsektor abzuwandern, wenn er nicht seine Preise und damit sein Einkommen an die generelle Einkommensentwicklung anpassen kann. Haare schneiden wird teurer. Das äußert sich in Inflation.

Die geldpolitische Strategie einer Zentralbank kann einerseits nur so gut sein wie unser Wissen um die Faktoren, die die Preisentwicklung bestimmen, und um die Mechanismen, über die geldpolitische Maßnahmen sich auf diese Faktoren auswirken. Und sie kann andererseits nur so gut sein, wie das ihr zur Verfügung stehende Instrumentarium eine effektive Steuerung der Zielvariablen erlaubt. Lange Zeit wurde dieses Wissen von der monetaristischen Theorie dominiert, wodurch die Geldmenge zur strategischen Größe der Geldpolitik aufstieg und Geldpolitik nur auf mittlere Sicht betrieben werden konnte. Mit der Geldmenge als Zwischenziel ein konkretes Inflationsziel anzusteuern, ist allerdings nicht immer leicht gefallen, da sich das Verhalten der Wirtschaftssubjekte auf mittlere Sicht unvorhersehbar verändern kann. Mit der Verbesserung der realwirtschaftlichen Konjunkturmodelle eröffnete sich die Möglichkeit, ein konkretes Inflationsziel direkt anzusteuern und dies auch auf kürzere Frist. Damit erhalten wir die beiden Grundtypen für eine geldpolitische Strategie: Geldmengensteuerung *(monetary targeting)* und Inflationssteuerung *(inflation targeting)*.

Da unser ökonomisches Wissen weder perfekt, noch so gesichert ist wie naturwissenschaftliches Wissen, gibt es relativ weite Spielräume für unterschiedliche Auffassungen über die beste Strategie. Das macht die Diskussion um die geldpolitische Strategie der EZB deutlich, die wir hier nicht im Einzelnen wiedergeben wollen. Moderne Geldpolitik ist in der Regel direkte Inflationssteuerung. Nach Issing (2004: 393) umfasst sie folgende Elemente:

- Preisstabilität als primäres Ziel,
- Ankündigung einer Zielrate der Inflation, die über einen bestimmten Zeitraum verwirklicht werden soll,
- Transparenz der Strategie und
- eine erhöhte Rechenschaftspflicht der Zentralbank über die Erfüllung ihrer Aufgabe.

Die EZB gründet ihre geldpolitische Strategie auf zwei Säulen:

- *Die wirtschaftliche Analyse:* Gemeint ist damit eine Projektion der wahrscheinlichen wirtschaftlichen Entwicklung und die Abschätzung der Risiken, die sie für die kurz- und mittelfristige Preisentwicklung mit sich bringt. Die wirtschaftliche Analyse ist also unmittelbar auf die Inflationsrate gerichtet. Sie schließt sämtliche Märkte ein: den Außenhandel, die Warenmärkte, die Arbeitsmärkte und die Finanzmärkte. Der Wechselkurs, die Rohölpreise, die Lohnabschlüsse, das Konsumverhalten, die Kursentwicklung an der Börse (steigende Vermögenswerte lassen möglicherweise die kurzfristige Sparneigung fallen, was zu erhöhter Nachfrage auf den Gütermärkten führt), die Fiskalpolitik der Regierung, die mittelfristigen Erwartungen, die häufig wiederum an der Entwicklung der Finanzmärkte abzulesen sind, kurzum das ganze Spektrum makroökonomischer Variablen, die in ein Konjunkturmodell eingehen können, wird in die ökonomische Analyse einbezogen. Auch wenn man hier auf Untersuchungen und Projektionen der Wirtschaftsforschungsinstitute, der Banken, der Verbände, der Regierung und anderer Institutionen zurückgreifen kann, findet ein Großteil der Analyse im Hause der EZB statt. Eine Zentralbank, die eine rationale Geldpolitik führen will, ist forschungsintensiv.

*   *Die monetäre Analyse:* Sie hat zu vielen Missverständnissen geführt. Sie ist auf die Geldmenge gerichtet, und die Tatsache, dass die EZB einen Referenzwert für die wünschenswerte Geldmengenentwicklung veröffentlicht, wurde ihr verschiedentlich als Geldmengenziel ausgelegt (und damit als Inkonsistenz, denn mit einem Instrument, den Zinsen, kann man nicht gleichzeitig zwei Ziele, die Inflationsentwicklung und die Geldmengenentwicklung, ansteuern). Ein Referenzwert ist aber keine Zielgröße. Vielmehr liefern erwartete Abweichungen vom Referenzwert Informationen über mögliche mittelfristige Gefahren für die Preisstabilität. Gegenstand des Referenzwertes ist die Geldmenge M3 (s. Box 11.5), und er wird bestimmt von der angestrebten Inflationsrate von knapp unter 2 % und den Annahmen, das BIP im Euroraum wachse mittelfristig mit real 2–2,5 % und die Umlaufgeschwindigkeit des Geldes nehme um 0,5–1 % ab. Vor allem letztere Annahme steht erst einmal auf schwachen Füßen. Denn die Einführung der Währungsunion hat das Geldsystem im Euroraum schockartig verändert mit unvorhersehbaren Folgen für das Verhalten der Wirtschaftssubjekte. Insgesamt dient die monetäre Analyse sozusagen als Gegenprüfung zu den Ergebnisse der wirtschaftlichen Analyse.

Box 11.5: Die monetären Aggregate der Geldmengenanalyse

Für die Geldpolitik wichtig ist die Frage, welche Geldmenge sie ihrer Analyse zugrunde legen soll. In diesem Zusammenhang werden die Verbindlichkeiten der Banken (einschließlich der Zentralbank) gegenüber den Nicht-Banken (ohne die Zentralregierung) als Geld definiert. Da das Ziel Preisstabilität lautet, versteht es sich von selbst, dass es sich um die Geldmenge handeln muss, die unmittelbar für Kaufprozesse eingesetzt werden kann, d.h. die hoch liquide und konvertierbar in Güter ist. Die Geldtheorie unterscheidet Geldmengenaggregate an Hand ihrer Liquidität: Wie rasch können sie in gesetzliche Zahlungsmittel umgesetzt oder zum Kauf von Waren eingesetzt werden?

Tabelle 11.3: Abgrenzung der monetären Aggregate

Verbindlichkeiten	M1	M2	M3
Bargeld	x	x	x
Täglich fällige Einlagen	x	x	x
Einlagen mit vereinbarter Laufzeit ≤ 2 Jahre		x	x
Einlagen mit vereinbarter Kündigungsfrist ≤ 3 Monate		x	x
Repogeschäfte			x
Geldmarktfondsanteile			x
Schuldverschreibungen mit Laufzeit ≤ 2 Jahre			x

Quelle: EZB 2004: 38

Ausgangspunkt der als Geld zu betrachtenden Verbindlichkeiten ist M0, das so genannte Zentralbankgeld: das Bargeld und die Einlagen der Banken und Nicht-Banken bei der Zentralbank. Diese Geldmenge kann die Zentralbank unmittelbar kontrollieren und zum Beispiel durch Diskont- und Offenmarktgeschäfte variieren. Die für die monetäre Analyse relevante Geldmenge M3 unterscheidet sich von M1, d.h. von dem, was der Normalbürger als Geld betrachtet, nämlich sein Bargeld und sein Kontokorrentkonto, durch Einlagen, die gegebenen Falls nur mit einer gewissen Verzögerung liquidiert werden können (M2), und durch Finanzinstrumente der monetären Finanzinstitute, die auf Grund ihrer Kurssicherheit und ihrer Laufzeit ebenfalls rasch „zu Geld zu machen" sind (M3).

Geld wird vom Finanzsektor „gemacht". Nur auf einen kleinen Bereich dieses Prozesses hat die Zentralbank unmittelbaren Einfluss. Dabei handelt es sich um das Angebot an Zentralbankgeld (M0), das die Banken benötigen, um die Nachfrage nach Bargeld zu befriedigen, ihre Salden im Zahlungsverkehr untereinander auszugleichen und um die Mindestreserveanforderungen der Zentralbank zu erfüllen. Im übrigen sind die Einwirkungsmöglichkeiten der Zentralbank indirekter Natur und verlaufen über die Zinssätze, die sie für die Bereitstellung von Zentralbankgeld fordert. In dem komplexen Geflecht der Wirkungszusammenhänge innerhalb eines Wirtschaftssystems ist der Faktor Zinsen nur einer unter vielen.

Nun ist es keineswegs so, dass die Transmission geldpolitischer Maßnahmen in jedem Land quantitativ die gleichen Resultate hervorbrächte. Je nachdem, wie flexibel die wirksamen Märkte sind, welche konkreten Werte die dahinter verborgenen Verhaltensparameter und Reaktionsfunktionen haben und wie die nationalen Finanzsysteme konkret strukturiert sind, werden zinspolitische Maßnahmen früher oder später und mit unterschiedlicher Intensität für die Preisentwicklung in den einzelnen Mitgliedländern wirksam. Daraus ergibt sich vor allem ein Transformationsproblem: Der Übergang von einer nationalen auf die europäische Geldpolitik macht es schwer, wenn nicht ganz unmöglich, das Funktionieren des Transmissionsmechanismus und damit die Wirkung der Geldpolitik genau vorherzusagen. Die Zentralbank kann erst im Laufe der Zeit Erfahrungen gewinnen, so dass sie mit einem doppelten Unsicherheitsproblem konfrontiert ist: Der institutionelle Strukturbruch belastet die Geldpolitik mit Risiken und gleichzeitig verursacht er nach außen ein Reputationsdefizit. Die EZB hat darauf in der ersten Phase ihrer Existenz mit einer besonders konservativen Geldpolitik reagiert, um im Laufe der Zeit Erfahrung und Glaubwürdigkeit zu gewinnen.

11.4 Fiskalpolitik in der Währungsunion

Die Konstruktion der EWWU hat keine Vorbilder, an denen sich ihre Designer hätten orientieren können. Insbesondere der Gegensatz von zentralisierter Geldpolitik und dezentralisierter Fiskalpolitik stellt eine Herausforderung dar – oder, wenn man so will, einen ordnungspolitischen Konstruktionsfehler (vgl. Box 11.1). Jedes föderative Staatengebilde weist eine gewisse Dezentralisierung der Fiskalpolitik auf. Doch verfügen Föderationen wie die USA oder die Bundesrepublik über hinreichend große Zentralhaushalte, um damit makroökonomische wirtschaftspolitische Funktionen auszuüben. Der europäische Zentralhaushalt (vgl. Kap. 9) kann das seinem Umfang und seinem gesetzlichen Rahmen (obligatorischer Budgetausgleich) nach nicht. Die Gemeinschaft ist deshalb in der Fiskalpolitik auf Koordinierung und Harmonisierung der nationalen Fiskalpolitik angewiesen. Denn eine Fiskalunion im Sinn einer vollständigen Zentralisierung auch nur der globalen Budgetentscheidungen halten wir für eine Verletzung des Subsidiaritätsprinzips und den entsprechenden Souveränitätsverlust für kaum konsensfähig.

In einer Wirtschafts- und Währungsunion gibt es prinzipiell drei Begründungen für eine Beschränkung nationaler Souveränität im Bereich der Fiskalpolitik:

- *free rider* Verhalten nationaler Regierungen,
- Übertragungseffekte von der Fiskalpolitik auf die Geldpolitik,
- Zentralisierung der öffentlichen Finanzen in Anlehnung an die Theorie des optimalen Währungsraums.

In einem hoch integrierten Wirtschaftsraum kann es zu *free rider* Verhalten von Regierungen bei öffentlichen Defiziten kommen. Ein Haushaltsdefizit muss durch die zusätzliche Emission von Staatsschuldtiteln am Kapitalmarkt finanziert werden. Der Staat muss tendenziell höhere Zinsen für seine Neuverschuldung zahlen, je größer das Haushaltsdefizit und der Staatsschuldenstand sind. Das sollte disziplinierend auf das Staatsdefizit wirken. Dieser disziplinierende Effekt wird jedoch durch die Kapitalmarktintegration im Zuge einer Währungsunion abgeschwächt. Der Zinsanstieg ist für den Staat mit defizitärem Haushalt geringer, trifft dafür aber alle Emittenten im integrierten Kapitalmarkt. Denn das Substitutionsverhältnis zwischen Wertpapieren verschiedener öffentlicher Emittenten wird enger. Ein substantieller Teil des Kapitals, das die Sparer im integrierten Wirtschaftsraum anbieten, wird von dem Land mit einer hohen Neuverschuldung angezogen. Das geht zu Lasten der übrigen Mitgliedländer und treibt den Zinssatz nach oben. Infolge dieser partiellen Externalisierung der Kosten von Staatsverschuldung ist zu erwarten, dass die Neigung jedes Staates, sich zu verschulden, in einem hoch integrierten Wirtschaftsraum zunimmt und damit auch der durchschnittliche Zins (Fuest 1995).

Das Argument eines *free rider* Verhaltens bedarf allerdings einer gewissen Relativierung. Denn es ist nicht auf eine Währungsunion beschränkt, sondern trifft prinzipiell auf jede Form ökonomischer Integration zu. Die Aufhebung von Kapitalverkehrsbeschränkungen im Zuge der Vollendung des gemeinsamen Marktes hat hier bereits einen wesentlichen Beitrag geleistet. Deshalb fordert der Maastricht Vertrag generell fiskalpolitische Disziplin und Koordinierung, auch für die Länder, die nicht Mitglied der Währungsunion sind. Außerdem geht das Argument implizit davon aus, dass sich das Angebot am Kapitalmarkt nicht verändert. Ein zinselastisches Angebot an Ersparnissen würde den Zinsauftriebseffekt einer Staatsverschuldung abschwächen.

Weist ein Staat einen hohen Schuldenstand auf, muss er einen entsprechend hohen Anteil seiner Einnahmen für den Schuldendienst verwenden, wodurch sein finanzpolitischer Gestaltungsspielraum abnimmt. Ein vermeintlich bequemer Ausweg für die betroffene Regierung besteht darin, auf einen Anstieg der Inflationsrate hinzuwirken, um dadurch den realen Wert der Staatsschuld zu senken. Damit ist ein negativer *spill-over* Effekte von der Finanzpolitik auf die Geldpolitik begründet. Das macht das Leben für eine auf Preisstabilität verpflichtete Zentralbank schwer. Im Beschlussorgan der formell unabhängigen EZB können schuldengeplagte Staaten eine Stimmenmehrheit haben und so eine lockere Geldpolitik durchsetzen. Versuche, die Zentralbankpolitik zu beeinflussen, werden unwahrscheinlicher, wenn die Staatsschuld durch harte Regeln begrenzt wird und laufende Defizite an eine Obergrenze gebunden sind.

Schließlich haben wir im Zusammenhang mit der Theorie des optimalen Währungsraums verschiedene Möglichkeiten diskutiert, wie sich Volkswirtschaften an asymmetrische Nachfrageschocks anpassen können, wenn der Wechselkurs nicht mehr zur Verfügung steht. Eine der Maßnahmen ist die Einrichtung eines interregionalen Finanzausgleichs, wie er etwa zwischen den deutschen Bundesländern oder in anderer Form zwischen den Staaten der USA besteht. Dies erforderte allerdings einen höheren Anteil des EU-Budgets an den öffentlichen Finanzen in der Währungsunion. Und das wiederum würde bedeuten, dass die Verfügungsgewalt der Mitgliedstaaten über ihr derzeitiges Budget *a priori* eingeschränkt ist.

Allerdings berufen sich die Befürworter eines uneingeschränkten nationalen Entscheidungsspielraums im Bereich der Fiskalpolitik ebenfalls auf die Theorie des optimalen Währungsraums. Sie weisen zu Recht darauf hin, dass die fiskalische Zentralisierung mit der Möglichkeit eines umfangreichen Finanzausgleichs unter den Mitgliedstaaten lediglich einen von mehreren Anpassungsmechanismen darstellt. Sie ist zugleich aus polit-ökonomischer Sicht die unwahrscheinlichste Variante. Denn das EU-Budget wird auf absehbare Zeit in Relation zu den nationalen Haushalten nicht nennenswert anwachsen. Das Anpassungsproblem bei Nachfrageschocks bleibt also bestehen, und hier ist besonders die Fiskalpolitik gefragt, da sie angesichts von partieller oder vollständiger Autonomie der Tarifparteien das einzige Instrument ist, das die Regierung zur Nachfragesteuerung einsetzen kann.

Offensichtlich haben wir es bei der Fiskalpolitik in einer Währungsunion mit einer klassischen *trade-off* Situation zu tun. Finanzpolitische Regelbindung auf EU-Ebene dient dem Ziel der Preisniveaustabilität und der Nachhaltigkeit der öffentlichen Finanzen. Eine weitgehende nationale Autonomie ist hingegen erforderlich, um es den nationalen Regierungen zu ermöglichen, auf asymmetrische Schocks und zyklische Schwankungen zu reagieren, die nicht in allen Mitgliedländern der Währungsunion gleichläufig sind. Zugunsten welches Ziels haben die Entscheidungsträger der Gemeinschaft den *trade-off* gelöst?

Art. 119.3 AEUV fordert von den Mitgliedstaaten als richtungweisenden Grundsatz „gesunde öffentliche Finanzen und monetäre Rahmenbedingungen". Was darunter zu verstehen ist, wird in Art. 126 AEUV sowie dem Protokoll über das Verfahren bei einem übermäßigen Defizit spezifiziert: Ein geplantes oder tatsächliches Haushaltsdefizit darf 3 % des BIP nicht überschreiten, die Obergrenze für den öffentlichen Schuldenstand liegt bei 60 %. Es geht folglich darum, den beim Eintritt in die dritte Stufe der Währungsunion geforderten Konvergenzstand dauerhaft zu sichern. Die Regeln von Art. 126 AEUV gelten aber auch für Mitgliedstaaten, die den Euro nicht eingeführt haben. Lediglich die Vorkehrungen des SWP beziehen sich nur auf die Länder, die den Euroraum bilden. Mit der Verabschiedung des Maastricht Vertrags verfolgte die Gemeinschaft offensichtlich die Absicht, die Fiskalpolitik zu harmonisieren und einen ersten Schritt in Richtung auf eine Wirtschaftsunion zu nehmen, die prinzipiell unabhängig von der Währungsunion existiert.

Box 11.6: Haushaltsdefizite – warum oder warum lieber doch nicht?

Der Umfang des Staatshaushalts ist über die letzten 150 Jahre dem von Adolph Wagner (1835–1917) 1864 formulierten „Gesetz der wachsenden Staatsausgaben" folgend gewaltig gestiegen. Verantwortlich dafür sind die wachsenden Aufgaben, die man im Rechts- und Wohlfahrtsstaat der öffentlichen Hand zugewiesen hat. Bis zur wirtschaftspolitischen Revolution von John Maynard Keynes (1883–1946) galt allerdings unumstößlich die orthodoxe finanzpolitische Doktrin, dass der Staatshaushalt ausgeglichen und so klein wie möglich zu sein habe. Ausnahmen davon wurden nur in Kriegs- und Katastrophenzeiten gemacht. Für die Europäische Gemeinschaft gilt diese Doktrin bis heute (s. Kap. 9) – nicht so für ihre Mitgliedländer. Keynes sah im tiefen konjunkturellen Einbruch der Weltwirtschaftskrise nach 1929 eine Katastrophenzeit, die eine Ausnahme von der Regel rechtfertige. Die keynesianisch beeinflusste Theorie der Wirtschaftspolitik verallgemeinerte seine Argumentation zur so genannten anti-zyklischen Finanzpolitik.

Grundsätzlich kann anti-zyklische Finanzpolitik mit einem mittelfristigen Schuldenstand von Null gefahren werden. Es wird aber bei jeder Wachstumsabschwächung nach finanzpolitischen Maßnahmen zur Wiedererreichung des „normalen" Wachstumspfades gerufen. Die Korrekturen am SWP von 2005 reflektieren diese Einstellung. Hinzu kommt ein permanenter Leistungsdruck auf die demokratischen Regierungen. Im Ergebnis führt das progressive Aufweichen der orthodoxen Doktrin zu steigenden Schulden: In den 20 Jahren von 1977 bis 1997 wuchsen die öffentlichen Schulden der EU-12 von 31 % auf 75,4 % des BIP. Die EWWU zusammen mit dem Vertrag von Maastricht und dem SWP haben diesen Trend vorläufig gebrochen: Von 1998 bis 2007 nahm der Schuldenstand der 17 Euroländer von 72,8 auf 66,4 % ab. Doch die Schuldenkrise hat den zwischenzeitlichen Erfolg zunichte gemacht: 2012 betrugen die durchschnittlichen Schulden dieser 17 Länder 90,6 % ihres BIP.

Gegen konjunkturell bedingte Defizite, die durch automatische Stabilisatoren (s. Box 11.7) verursacht werden, ist nichts einzuwenden. Der Versuch, in Abschwungsphasen das Budget auszugleichen, würde die Krise verstärken, genauso wie in Boomphasen die Ausgabe möglicher Überschüsse eine Überhitzung ver-

ursachen kann. Probleme tauchen dann auf, wenn Regierungen einen diskretionären Handlungsspielraum in der Finanzpolitik erhalten und diesen aktiv nutzen.
„Discretionary fiscal policies in Euro area countries over the past three decades
have generally been pro-cyclical – that is expansionary in good times, contrac-
tionary in bad times – thereby undermining the role of automatic stabilizers" (IMF
2004: 111, zitiert nach Tanzi 2005: 57). Auch die Hoffnung auf eine wachstums-
stimulierende Wirkung einer schuldenfinanzierten Expansionspolitik scheint zu
trügen: Es sind eher Länder, in denen der Haushalt konsolidiert wurde, die rasch
zu einem Aufschwung kommen (Tanzi 2005).

Art. 126 AEUV weist der Gemeinschaftsebene Überwachungsbefugnisse zu.
Aufgabe der Kommission in diesem Zusammenhang ist es, einen Bericht über
die Haushaltslage von Mitgliedstaaten zu verfassen, die mindestens eines der
beiden Kriterien nicht erfüllen oder das Defizitkriterium nicht zu erfüllen
drohen. Aufgrund einer entsprechenden Empfehlung der Kommission kann
der Ministerrat dann mit qualifizierter Mehrheit ein übermäßiges Defizit in
dem entsprechenden Land feststellen und geeignete Maßnahmen zur Defi-
zitbegrenzung vorschlagen sowie eine Frist setzen, in der diese Maßnahmen
ergriffen werden müssen. Für den Fall, dass der betreffende Mitgliedstaat
innerhalb dieser Frist keine wirkungsvollen Korrekturen vornimmt, sieht
Art. 126 verschiedene Sanktionen vor.

Trotz dieser Bewehrung mit Sanktionsmöglichkeiten sahen einige Mitgliedstaaten, allen voran Deutschland, das Regelwerk des Maastricht Vertrags
nicht als ausreichenden Garant für finanzpolitische Disziplin in der Währungsunion an. Dafür gab es auch gute Gründe. Art. 126.10 AEUV erklärt
ausdrücklich, dass die Einhaltung fiskalischer Disziplin nicht beim EuGH
eingeklagt werden könne. Entscheidungen obliegen ausschließlich dem
Ecofin-Rat, also dem Kreis der Wirtschafts- und Finanzminister. Wer aber
trägt maßgebliche Verantwortung für ein Budgetdefizit wenn nicht der Finanzminister? Täter, tatsächliche von heute und potentielle von morgen,
richten über sich selbst. Was anderes als ein Freispruch ist da zu erwarten?
Kurzum: Auf deutschen Druck wurde im Jahre 1997 ergänzend der von Beginn an ungeliebte Stabilitäts- und Wachstumspakt (SWP) ins Leben gerufen.
Als einziger Mitgliedstaat der Union hatte Deutschland schon seit längerer
Zeit (1967) im „Gesetz zur Förderung der Stabilität und des Wachstums der
Wirtschaft" (StWG) einen gesetzlichen Rahmen für die Stabilitätspolitik. Es
hat die ständig wachsende Schuldenlast allerdings nicht verhindert.

In seiner ursprünglichen Form bestand der europäische SWP aus einer Resolution des Europäischen Rates von Amsterdam und aus zwei Richtlinien des
Ministerrats. Letztere wurden im März 2005 geändert. In ihrer Amsterdamer
Resolution verständigten sich die Staats- und Regierungschefs der Mitgliedstaaten darauf, gesunde öffentliche Finanzen als mittelfristig annähernd
ausgeglichenen Haushalt oder einen Haushaltsüberschuss zu definieren.
Diese Formulierung zielt darauf ab sicher zu stellen, dass in Zeiten eines
ökonomischen Abschwungs ausreichend Raum für das Wirken automati-

scher Stabilisatoren (vgl. Box 11.7) oder im Einzelfall auch für diskretionäre Maßnahmen antizyklischer Fiskalpolitik besteht. Weiterhin bekräftigt die Resolution nachdrücklich den Willen der Unterzeichner, die begleitenden Richtlinien fristgerecht und strikt in nationales Recht umzusetzen.

Box 11.7: Was sind automatische Stabilisatoren?

Als automatische Stabilisatoren werden diejenigen Einnahme- und Ausgabekomponenten des öffentlichen Haushalts bezeichnet, die antizyklisch wirken, ohne dass die Politik mit diskretionären konjunkturabhängigen Beschlüssen eingreift. Auf der Einnahmenseite zählen dazu vor allem einkommensabhängige Steuern und Sozialabgaben und in geringerem Maße Verbrauchssteuern, auf der Ausgabenseite verschiedene Transferzahlungen an private Haushalte (Sozialausgaben).

Eine Rezession führt zu steigender Arbeitslosigkeit und einem Rückgang von Unternehmensgewinnen. Dementsprechend sinken die Einnahmen aus der Besteuerung von Arbeitseinkommen und Gewinnen. Umgekehrt steigen die Ausgaben der Arbeitslosen- und Sozialversicherung. Es kommt also gewissermaßen automatisch zu einem steigenden Haushaltsdefizit, das den Konjunktureinbruch abfedert. Der weitaus größere Effekt wirkt dabei über die Einnahmenseite, wohingegen der automatische Anstieg der Ausgaben im Staatshaushalt – anders als bei den Sozialhaushalten – eher gering ist.

Nach Berechnungen der OECD führt ein einprozentiges Absinken des BIP in Deutschland zu einem Anstieg des Haushaltsdefizits um 0,5 % des BIP. Ein plötzlicher Wachstumseinbruch von + 1,5 % auf − 2,0 % würde also von einem anfangs ausgeglichenen Haushalt zu einem Defizit in Höhe von ca. 1,8 % des BIP führen. Das Zahlenbeispiel macht deutlich, dass ein Haushaltsdefizit von mehr als 3 % des BIP bei einem Wirtschaftswachstum von etwas unter + 1 % offensichtlich eine Ausgangssituation mit einem strukturellen Budgetdefizit voraussetzt. Das erklärt die Bedeutung, die die Gemeinschaft einem mittelfristig ausgeglichenen Haushalt beimisst. In den 1990er Jahren haben die automatischen Stabilisatoren in der OECD etwa ein Viertel der zyklischen Schwankungen der Wirtschaftsentwicklung ausgeglichen (Girouard/André 2005; van den Noord 2000).

Die beiden Richtlinien verleihen dem SWP einen präventiven Arm zur Vermeidung übermäßiger öffentlicher Defizite sowie einen korrektiven Arm, der das Verfahren beschreibt, womit ein übermäßiges Defizit bekämpft werden soll. Auf dem Papier schauten die Regelungen vertrauenerweckend aus, die angedrohten Sanktionen bei notorischen Defiziten hinreichend streng. In der Realität war die Abschreckungswirkung gering. Die Erfahrung mit den Regelungen aus Art. 126 AEUV und dem SWP zeigt, dass die finanzpolitische Disziplin in der Anlaufphase zur Währungsunion höher war als nach ihrem Inkrafttreten. Die Drohung, nicht in den Euroraum aufgenommen zu werden, war offensichtlich wirksam, die Drohungen des SWP waren es nicht. Das Ziel eines mittelfristig ausgeglichenen Staatshaushalts mit Überschüssen in guten Jahren ist nur in wenigen Ländern erreicht worden (vgl. Tab. 11.2). Deutschland war in der Zeit von 1990 bis 2006 weit davon entfernt.

Im Jahr 2003 kam es zu einem Eklat, der die völlig verkehrte Einschätzung der Gefährdungen der Wirtschafts- und Währungsunion offenbarte. Deutschland und Frankreich wiesen im zweiten Jahr in Folge übermäßige Defizite auf. Die Kommission als Hüterin der Verträge empfahl dem Ecofin-Rat, die vorgesehenen Maßnahmen zu ergreifen, was nicht erfolgte. Die Kommission hat die Ablehnung ihrer Empfehlungen durch den Rat nicht auf sich beruhen lassen, sondern vor dem EuGH gegen den Rat geklagt, um die richtige Interpretation und Anwendung des Paktes gerichtlich klären zu lassen. Das Urteil des Gerichtshofes erging im Juli 2004 (Rs. C-27/04) und fiel vergleichsweise zögerlich aus. Der Gerichtshof erkannte an, dass die Bestimmungen des Paktes keine *per se* Regeln aufstellen, sondern im Einzelfall zu überprüfen sind, so dass der Rat bei ihrer Anwendung einen Ermessensspielraum hat. Grundsätzlich sind Kommission und Rat zur Zusammenarbeit angehalten, was aber ein Abweichen des Rates von den Kommissionsempfehlungen nicht ausschließt. Der zentralen Frage, wo die Grenzen des Ermessensspielraums liegen und wie die Macht zwischen Rat und Kommission in diesem Bereich verteilt sein sollte, wich der EuGH allerdings aus.

Das wesentliche inhaltliche Problem des Paktes ist seine asymmetrische Ausgestaltung. In wirtschaftlich schlechten Zeiten sieht er eine Begrenzung öffentlicher Defizite vor, aber er enthält keine Regeln für die fiskalische Konsolidierung in guten Zeiten. Damit sieht er sich mit dem gleichen Problem konfrontiert, wie schon die Protagonisten keynesianischer antizyklischer Fiskalpolitik in den 1960er und 1970er Jahren: Regierungen geben gerne Geld aus, aber sie sparen nur ungern, selbst dann nicht, wenn sie es sich eigentlich leisten könnten. Wir haben in Box 11.7 gesehen, dass die Defizitgrenze von 3 % des BIP selbst im Falle einer drastischen Rezession ausreichend Raum für automatische Stabilisatoren bietet, aber eben nur dann, wenn der Haushalt vorher ausgeglichen war.

Das Problem der Durchsetzbarkeit des Verfahrens bei einem übermäßigen Defizit ist durch den oben beschriebenen Umgang mit dem deutschen und dem französischen Defizit im Jahre 2003 evident. Wenn Finanzminister, die für die Defizite verantwortlich sind, sich selbst sanktionieren sollen, dann ist das keine glaubwürdige Ordnungskonstruktion. Zudem birgt das Entscheidungsverfahren mit qualifizierter Mehrheit eine Unleichbehandlung großer und kleiner Mitgliedländer in sich. 2003 hatten Deutschland und Frankreich gemeinsam 20 Stimmen im Rat und benötigten von den restlichen 67 nur weitere 6 Stimmen für die Sperrminorität. Kleine Länder mit geringerem Stimmengewicht sind da schlechter dran.

Im März 2005 verabschiedete der Ecofin-Rat eine Änderung des SWP, durch die der Pakt Glaubwürdigkeit zurückgewinnen sollte. Die neuen Regelungen gingen zum Teil auf die festgestellten inhaltlichen Probleme der ursprünglichen Fassung ein. So wurde eine Flexibilisierung des mittelfristigen Haushaltsziels in Abhängigkeit vom Schuldenstand eines Mitgliedstaates eingeführt. Zudem wurde dem asymmetrischen Charakter des Paktes entgegengewirkt, indem nun auch Vorschriften zur Haushaltskonsolidierung in wirtschaftlich guten Zeiten bestehen. Alle anderen Änderungen hingegen lockerten den finanzpolitischen Spielraum der Mitgliedstaaten. Die Liste der Ausnahmen, unter denen man ein Defizit von 3 % überschreiten darf, wurde verlängert, die Fristen zur Korrektur eines Defizits ebenfalls. In der folgenden Finanzmarkt- und Schuldenkrise erwiesen sich die Regeln des Vertrages und des Paktes praktisch als Makulatur. Neue Vereinbarungen sind erforderlich, um die Währungsunion zu stabilisieren.

11.5 Angebotspolitik in der EWWU

Solange die EZB wachstums- und beschäftigungspolitische Ziele der Preisstabilität völlig unterordnet, könnten gemeinsame fiskalpolitische Bemühungen auch die gesamteuropäische Konjunkturentwicklung von der Nachfrageseite her zu steuern versuchen. Nationale fiskalpolitische Autonomie bezieht ihre ökonomische Rationalität aus Situationen, in denen asymmetrische Schocks und eine asynchron verlaufende Wirtschaftsentwicklung regional beschränkte Nachfragesteuerung wünschenswert machen. Während die fiskalpolitischen Implikationen der Preisstabilisierung wenig umstritten sind, tauchen im Fall der Outputstabilisierung zwei Fragen auf:

- Inwieweit ist Nachfragesteuerung effektiv?
- Inwieweit sind regionale Eigenentwicklungen in einer Wirtschafts- und Währungsunion wahrscheinlich?

Der Monetarismus hat die geldpolitische Nachfragesteuerung weitestgehend diskreditiert, was einige Zentralbanken wie z.B. das amerikanische Federal Reserve Board nicht daran hindert, Preisstabilisierung und Outputstabilisierung gleichzeitig zu verfolgen. Die Einwände gegen eine fiskalpolitische Nachfragesteuerung sind allerdings nicht so schwerwiegend, dass dieses Instrument grundsätzlich auszuschließen wäre, auch wenn seine Effektivität beschränkt ist. Zur Parallelität der Wirtschaftsentwicklung in den Mitgliedländern der Gemeinschaft gibt es unterschiedliche Überlegungen. Die Annahme, dass Handel und Integration die Synchronisierung förderten, ist nicht zwingend. Denn Handel kann zur verstärkten regionalen Spezialisierung und damit zu vergrößerter Anfälligkeit gegenüber asymmetrischen Schocks führen (Krugman 1991). Doch die Tatsache, dass vor allem die Altmitglieder der EU-15 eine hohe Parallelität ihrer Konjunkturentwicklung aufweisen, zeigt, dass mit der Integration auch die Notwendigkeit fiskalpolitischer Autonomie geringer wird (De Haan/Eijffinger/Waller 2005: 137 ff.).

Wenn aber die Nachfragepolitik nicht alles zu leisten imstande ist, was die keynesianische Theorie einmal von ihr erwartet hat, dann rückt die Angebotspolitik zur makroökonomischen Steuerung ins Blickfeld. Angebotspolitik ist schwieriger zu umreißen als Nachfragepolitik, da sie facettenreicher ist. Das wird bereits bei Betrachtung des grundlegenden klassischen Modells einer Volkswirtschaft deutlich. Dabei ist das gesamtwirtschaftliche Angebot bei vollständigem Wettbewerb durch die Ausstattung mit Produktionsfaktoren – im einfachsten Fall Arbeit und Kapital – bestimmt sowie durch die Produktionstechnologie, mit der die Produktionsfaktoren in Güter und

Dienstleistungen transformiert werden. Angebotspolitik muss darauf ausgerichtet sein, Wettbewerb zu intensivieren, die Verfügbarkeit der Produktionsfaktoren zu erhöhen und ihre Qualität zu verbessern sowie technischen Fortschritt zu fördern, der eine effizientere Produktion erlaubt.

In einigen dieser Politikbereiche ist die EU seit langem vor allem in geteilter Kompetenz mit den Mitgliedstaaten tätig. Wie wir in vorangegangenen Kapiteln bereits sehen konnten, gibt es eine europäische Wettbewerbspolitik, eine gemeinsame Industriepolitik sowie einen Budgetposten für Bildung und Forschung. Dazu bedurfte es nicht einer Wirtschafts- und Währungsunion. So stellt sich die Frage, in welcher Hinsicht die Wirtschaftsunion angebotspolitisch mehr erwarten lasse und mehr zu bieten habe als der Gemeinsame Markt.

Doch unter welchen Umständen sollte die Gemeinschaft überhaupt angebotspolitisch tätig werden (Tabellini/Wyplosz 2004)? Zentrale oder harmonisierte wirtschaftspolitische Maßnahmen sollten ganz allgemein auf Situationen beschränkt bleiben, in denen Externalitäten oder ausgeprägte *economies of scale* vorliegen. Natürlich gibt es zahlreiche Beispiele von positiven oder negativen *spill-overs* angebotspolitischer Aktionen. So führen die Senkung von Lohnnebenkosten oder produktivitätssteigernde Maßnahmen in einem Mitgliedland zu Wettbewerbsvorteilen gegenüber anderen Ländern und Anpassungsdruck. Gleichzeitig steigt möglicherweise das Einkommen, wovon wiederum die Exportindustrien der übrigen Mitgliedländer profitieren. Bei solchen Externalitäten handelt es sich aber um marktmäßige oder pekuniäre externe Effekte. Hier liegt kein Marktversagen vor, das einen korrektiven Eingriff des Staates rechtfertigen würde. Gerade das Gegenteil ist der Fall. Denn der beschriebene Übertragungseffekt setzt das grenzüberschreitende Funktionieren des Marktmechanismus voraus: Das ist die Wirkung des Wettbewerbs. Aus wohlfahrtstheoretischer Sicht ist das positiv zu beurteilen, und von einer Koordination oder Zentralisierung auf EU-Ebene, die darauf abzielte, derartige Übertragungseffekte, d.h. den Wettbewerb, zu verhindern, wäre dringend abzuraten (vgl. Box 11.1).

Stärker sind hingegen Argumente für eine koordinierte Angebotspolitik in einer Wirtschaftsunion, die gleichzeitig eine Währungsunion ist. Flexible und offene Arbeitsmärkte können makroökonomische Anpassungskosten im Falle von asymmetrischen Nachfrageschocks reduzieren, wie die Theorie des optimalen Währungsraums (s. Kap. 10) gezeigt hat. Die Koordination arbeitsmarktpolitischer Flexibilisierung kann dazu beitragen, dass derartige Maßnahmen leichter akzeptiert werden und damit das Funktionieren der Währungsunion unterstützen. Ähnliches gilt für Deregulierungs- und Liberalisierungsprozesse auf den Gütermärkten. Der Nutzen des Euro besteht zu einem großen Teil aus wettbewerbsfördernden Effekten im Gemeinsamen Markt. Damit wird aber nicht das europäische Sozialmodell, wie auch immer wir es definieren (vgl. Kap. 9), zur Disposition gestellt, selbst wenn das manche Liberale und manche Kritiker des „Neoliberalismus" so sehen. Die krude Alternative: „Either a social model or a strong currency – make a choice", die Alan Greenspan (*Wall Street Journal*: 4. 12. 2001), langjähriger Gouverneur des amerikanischen Federal Reserve Systems, den Europäern vorhielt, hat das Wiedererstarken des Euro gegenüber dem Dollar falsifiziert, das genau zu diesem Zeitpunkt einsetzte.

Eine Übertragung arbeitsmarktpolitischer Kompetenzen auf die EU-Ebene ist in absehbarer Zeit jedoch kaum zu erwarten, da die nationalen Systeme der Mitgliedstaaten zu stark differieren und es politisch kaum durchsetzbar sein dürfte, tradierte Institutionen aufzubrechen und zu harmonisieren. Die Tarifverhandlungssysteme sind mit Blick auf die beteiligten Akteure und den Zentralisierungsgrad unterschiedlich ausgestaltet. In Deutschland sind Gewerkschaften und Arbeitgeberverbände autonom. Der Staat ist lediglich in seiner Rolle als Arbeitgeber an Tarifverhandlungen beteiligt. Die so ausgehandelten Flächen- und Branchentarifverträge sind charakteristisch für ein System mit mittlerem Zentralisierungsgrad. In anderen Ländern ist der Staat aktiver in den Lohnbildungsprozess eingebunden. Ein Beispiel dafür sind die Niederlande mit dreiseitigen Verhandlungen: Der Staat hat bestimmte Interventionsrechte. In vielen Ländern gibt es gesetzlich festgelegte Mindestlöhne. Hinsichtlich der Zentralisierung von Tarifverhandlungen reicht das Spektrum von Großbritannien mit zahlreichen Tarifabschlüssen auf Betriebsebene bis hin zu Österreich und den skandinavischen Ländern mit landesweiten Vereinbarungen. Zu den Unterschieden in den Arbeitsmarktinstitutionen tritt die enge Verzahnung mit den Systemen der sozialen Sicherung, die ebenfalls in nationaler Kompetenz liegen. Die Wirksamkeit von Arbeitsmarktreformen erfordert häufig parallele Reformschritte im Bereich der sozialen Sicherung, um Anreizeffekt zur Aufnahme, bzw. zum Angebot von Beschäftigung zu setzen.

Im Unterschied zum SWP ist die Koordinierung im Bereich der Angebotspolitik weich. Wir haben die offene Methode der Koordinierung bereits eingehend in Kapitel 9.4.4 behandelt. An dieser Stelle seien nur noch einmal drei Argumente in Erinnerung gerufen, die im Zusammenhang mit der Wirtschaftsunion als Vorteile der Methode gewertet werden (vgl. Tabellini/Wyplosz 2004):

- Gemeinschaftliche Koordinierung ist auch in solchen Bereichen sinnvoll, in denen wohlfahrtstheoretische oder polit-ökonomische Argumente für eine gemeinschaftliche Beschlussfassung eher schwach sind.
- *Benchmarking* und milder Druck in Form von *peer pressure, naming and shaming* kann über Bewusstseinsveränderungen von Akteuren zu einem Politikwechsel auch in politisch sensiblen Bereichen führen, in denen die formale Entscheidungskompetenz bei den Mitgliedstaaten liegt.
- Die offene Methode der Koordinierung kann den Anfang eines dynamischen Prozesses bilden, im Zuge dessen schrittweise Kompetenzerweiterungen auf der EU-Ebene erfolgen.

Ob die offene Methode der Koordinierung zu einer substantiellen Verbesserung der nationalen Wirtschaftspolitik führt, wird erst die Zeit erweisen.

11.6 Reformen der Währungsunion

Die Finanzmarkt-, Wirtschafts- und Schuldenkrise 2008–13 hat eine Reihe von Problemen und Defiziten der EWWU zu Tage gefördert, die einerseits zu teilweise erbitterten Diskussionen über adäquate Lösungsansätze geführt haben, andererseits zu zahlreichen „Rettungs-" und Stabilisierungsmaßnahmen in Frankfurt (EZB), Brüssel (EU) und den einzelnen Mitgliedstaaten. Die EWWU à la Maastricht ging von der Annahme aus, dass Konvergenz und Disziplin in den Bereichen der Preisentwicklung und Staatsverschuldung ausreichende Voraussetzungen für Stabilität seien und im Übrigen die Märkte ihre segensreiche disziplinierende und equilibrierende Wirkung ausüben sollten: keine monetäre Staatsfinanzierung, kein *bail-out*. Tiefgreifende makro-ökonomische Ungleichgewichte, instabile Finanzmärkte und dadurch erzwungene übermäßige Haushaltsdefizite bis hin zur möglichen Staatsinsolvenz waren im institutionellen und wirtschaftspolitischen Rahmen der EWWU nicht vorgesehen. Als diese Phänomene plötzlich auftauchten, galt es erst einmal, *ad hoc* damit fertig zu werden, und dann, Vorkehrungen zu treffen, die langfristig präventiv und korrektiv wirken. Das heißt, die Währungsunion bedurfte zu ihrer Stabilisierung wirtschafts- und ordnungspolitischer Ergänzungen und Reformen. Diese unterliegen zweierlei Beschränkungen:

- Zum einen sind die EU-Verträge und die Schwierigkeit sie zu ändern zu berücksichtigen.
- Zum anderen regen sich in den Mitgliedländern Kritik und Widerstand gegen weitere Souveränitätsaufgabe und schwer überschaubare finanzielle Verpflichtungen.

Als Griechenland im März 2010 in akute Liquiditäts- und Solvenzprobleme geriet und in Irland und Portugal ähnliche Probleme drohten, stellte sich die Frage: Insolvenz oder Rettung? Die Euro-Staaten entschieden sich für letztere, da sie in einer Staatsinsolvenz ein unkalkulierbares Risiko für das gerade notdürftig sanierte Finanzsystem sahen. Rasch wurden im Mai 2010 der Europäische Finanzstabilisierungsmechanismus (EFSM) und die Europäische Finanzstabilisierungsfazilität (EFSF) ins Leben gerufen. Ersterer erlaubt es der EU, bis zu 60 Mrd. € Kredite aufzunehmen und an bedrängte Staaten weiter zu leiten. Mit letzterer gründeten die Euroländer eine temporäre Zweckgesellschaft, die sich ebenfalls über den Kapitalmarkt finanziert, wofür die Euroländer Garantien bereitstellen, was das Risiko und damit die Kapitalkosten senkt. Schließlich wurde der Internationale Währungsfonds (IWF), der ja für Liquiditätshilfen an seine Mitgliedländer gegründet worden ist, in die Operationen eingebunden. Gleichzeitig mit diesen *ad hoc* Maßnahmen beschloss der Rat (EUCO 30/1/10 REV 1) eine langfristige Lösung – die Schaffung des Europäischen Stabilisierungsmechanismus (ESM), in den der temporäre EFSF überführt worden ist.

Der ESM ist eine Art europäischer Währungsfonds mit einem Subskriptionskapital von 700 Mrd. €, wovon 80 Mrd. € unmittelbar eingezahlt werden. Ähnlich wie beim IWF unterliegen Finanzhilfen aus dem ESM strikten Auflagen, bei deren Aushandlung und Überwachung der EU-Kommission unter Einbeziehung der EZB eine wesentliche Rolle zukommt. Beschlüsse über Gewährung von Hilfen werden mit einer qualifizierten Mehrheit von 80 % genommen. Die Stimmanteile entsprechen dem gezeichneten Kapital. Deutschland hat einen Anteil von 27,1464 % und damit eine Sperrminorität. Für seine Finanzhilfen hat der ESM laut Gründungsvertrag vom 2. Februar 2012 unterschiedliche Instrumente zur Verfügung: direkte Kreditgewährung, Ankäufe von Staatsanleihen auf dem Primär- oder Sekundärmarkt, aber auch Hilfen zur Rekapitalisierung von Finanzinstituten in den betroffenen Ländern. Vertragsgemäß tritt der ESM nur dann in Aktion, wenn die finanzielle Stabilität des Euroraumes insgesamt gefährdet ist – eine problematische Bestimmung. Denn dafür gibt es keine harten Kriterien, und so konnte 2013 auch ein insolventes Zypern in den Genuss von ESM Hilfe kommen. Wichtiger für eine Unterstützung aus dem ESM ist die Schuldentragfähigkeit. Sie wird in der Regel von der Troika aus Kommission, EZB und IWF geprüft. Wo sie nicht gegeben ist, kann der ESM nicht aktiv werden. Dann stellt sich die Frage nach einer mehr oder minder geordneten Umschuldung bzw. Insolvenz.

Box 11.8: Ja, dürfen die denn das?

Heiß umstritten bei allen „Rettungsoperationen" war die Frage nach ihrer Legalität. Seit Maastricht sind die EU-Verträge ziemlich klar darüber, was erlaubt ist und was nicht:

- Der EZB und den nationalen Zentralbanken sind Kredite an öffentliche Institutionen und der Erwerb von deren Schuldtiteln auf dem Primärmarkt, d.h. eine monetäre Staatsfinanzierung, verboten (Art. 123 AEUV).
- Weder die Union, noch andere Mitgliedstaaten haften für Verbindlichkeiten öffentlicher Institutionen eines Mitgliedstaates. Das ist ein Verbot, die Nichtbeistandsklausel (Art. 125 AEUV).

Was sind die Kredite an insolvenzgefährdete Mitgliedstaaten im Rahmen des EFSM und EFSF anderes als ein *bail-out*? Die rechtliche Basis dafür hat man in Art. 122 AEUV gesucht, nach dem die Union bei außergewöhnlichen Ereignissen, die sich der Kontrolle eines Mitgliedstaates entziehen, berechtigt ist, diesem Land finanzielle Hilfe zu gewähren. Wenn man einen drohenden Finanzmarktkollaps für ein solches Ereignis hält, dann sind die *ad hoc* Maßnahmen der Union wohl legal. Zwar wurde der EFSF ebenfalls über Art. 122 AEUV begründet, doch scheint hier ein Verfahren vielversprechender zu sein, das Juristen „teleologische Reduktion" nennen: „Wenn die Anwendung einer Vorschrift das gefährden würde, was diese Norm schützen soll, dann ist sie im Hinblick auf ihren Zweck zu reduzieren" (Häde 2013: 442). Art. 125 AEUV soll das Funktionieren der EWWU schützen, seine strikte Einhaltung würde sie jedoch ernstlich gefährden. Genau so hat auch der EuGH in einer Vorabentscheidung zur Legalität des ESM geurteilt (Rs. C-370/12).

Für den ESM als institutionelle Dauerlösung kann Art. 122 AEUV nicht herangezogen werden. Deshalb hat der Rat nach dem vereinfachten Änderungsverfahren gemäß Art. 48.6 EUV schon um willen der Klarheit dem Art. 136 AEUV einen dritten Absatz hinzugefügt (2011/199/EU):

„(3) Die Mitgliedstaaten, deren Währung der Euro ist, können einen Stabilitätsmechanismus einrichten, der aktiviert wird, wenn dies unabdingbar ist, um
die Stabilität des Euro-Währungsgebiets insgesamt zu wahren. Die Gewährung
aller erforderlichen Finanzhilfen im Rahmen des Mechanismus wird strengen
Auflagen unterliegen."

Das zitierte EuGH-Urteil hat auch weitere Bedenken gegen die Legalität des ESM
ausgeräumt.

Mit dem ESM ist eine für die EWWU erforderliche Institution geschaffen, die
ähnlich wie der IWF temporäre Liquiditätsprobleme der beteiligten Länder
zu überbrücken hilft. Ebenso temporär wirkt die Politik der EZB, die in der
Krise einerseits die Funktionsfähigkeit des gestörten Finanzsystems aufrecht
erhalten musste, andererseits – zum Teil durch Maßnahmen am Rande der
Legalität – den Schuldnerländern Erleichterungen im Zahlungsverkehr und
bei der Kreditaufnahme zu verschaffen versuchte. Das weiter oben erwähnte
Target-System, das ursprünglich nur der Verrechnung der Finanzströme zwischen den nationalen Notenbanken der Eurozone dienen sollte, hat sich seit
2008 faktisch zu einem Netz von Kreditbeziehungen entwickelt (Sinn 2012:
166 ff., 221 ff.). Strukturelle Probleme können beide nicht lösen, und das sind
vor allem übermäßige Defizite, makro-ökonomische Ungleichgewichte und
ein Finanzsystem, in dem Solvenzprobleme und dementsprechend gegensei-
tiges Mißtrauen herrschen.

Gegen übermäßige Defizite scheint nur eines zu helfen: sparen. Doch ganz
so einfach ist das nicht, da die Staatseinnahmen und das BIP als Referenzgröße vom Wirtschaftswachstum beeinflusst werden, und dieses wiederum
durch Strukturreformen beflügelt wird. Makro-ökonomische Ungleichgewichte, wie z.B. ein nicht normal zu finanzierendes Leistungsbilanzdefizit,
und übermäßige Haushaltsdefizite hängen voneinander ab und müssen gemeinsam bekämpft werden. Dem trägt das in der EU seit 2010 aufgelegte
Maßnahmenpaket zwar Rechnung, räumt aber der Haushaltsdisziplin einen
gewissen Vorrang ein.

Bereits im Jahr 2010 erlassen Rat und Parlament fünf Verordnungen und eine
Richtlinie, das so genannte Six-Pack, um den SWP wieder zu straffen. Im
März 2011 schließen die Euroländer und einige Nicht-Euro-Mitgliedstaaten
den Euro-Plus-Pakt, um Konvergenz und Wettbewerbsfähigkeit zu steigern.
Es handelt sich um eine vertragliche Verpflichtung, die offene Methode der
Koordinierung zielstrebiger anzuwenden, ohne allerdings von der indika-
tiven zur direktiven Planung, d.h. einer Art Wirtschaftsregierung, überzu-
gehen. In die gleiche Richtung zielt das europäische Semester, das einen
geregelten sechsmonatigen Zyklus zur Koordinierung der Wirtschafts- und
Haushaltspolitik auf der Basis von SWP, Euro-Plus-Pakt und der Strategie
EU 2020 einführt. Das Instrumentarium, das dabei Kommission und Rat zur
Verfügung steht, sind vor allem präventive Empfehlungen. Ihre Wirksamkeit
kann man an der Reaktion des französischen Präsidenten François Hollande
(*1954) ablesen, der sich im Mai 2013 eine Einmischung in die französische

Wirtschaftspolitik energisch verbeten hat. Die offene Methode der Koordinierung setzt wie intergouvernementale Governance allgemein Konsens voraus.

Die durchgreifendste Disziplinierung sollte vom „Vertrag über Stabilität, Koordinierung und Steuerung in der Wirtschafts- und Währungsunion", kurz Fiskalpakt genannt, ausgehen, den 25 der 27 EU Staaten als selbständigen, neben der EU bestehenden völkerrechtlichen Vertrag geschlossen haben, der aber die Institutionen der Union respektiert bzw. benutzt. Er trat Anfang 2013 in Kraft. Die komplizierte Konstruktion ist der Verweigerung Großbritanniens geschuldet, der sich, aus anderen Gründen, die Tschechische Republik angeschlossen hat. Wie beim SWP steht die Stabilisierung zentral, während Koordinierung und Steuerung für mehr Wettbewerbsfähigkeit und Wachstum sekundär bleiben. Den Kern des Vertrages bildet die Festlegung auf einen ausgeglichenen Haushalt: Das strukturelle Defizit darf mittelfristig, d.h. über einen Konjunkturzyklus, nicht 0,5 % des BIP überschreiten. Entsprechende gesetzliche Regelungen sind in den Mitgliedstaaten mit Verfassungsrang zu verankern (Schuldenbremse). Ein Defizitverfahren setzt bei Verletzung automatisch ein und kann nur mit einer qualifizierten Mehrheit im Rat außer Kraft gesetzt werden (das Prinzip der umgekehrten Mehrheit). Die Kommission kann Vorschläge oder Empfehlungen bezüglich der erforderlichen wirtschafts- und haushaltspolitischen Korrekturen machen. Sie sind dann vom betroffenen Land selbst zu beschließen und Kommission und Rat zur Genehmigung und Überwachung vorzulegen. Allerdings legt Art. 3 des Vertrages fest: „Dieser Korrekturmechanismus wahrt uneingeschränkt die Vorrechte der nationalen Parlamente." Das gleicht der Quadratur des Kreises. Die Einhaltung des Korrekturprogramms kann beim EuGH eingeklagt werden. Weder der ESM Vertrag noch der Fiskalpakt enthalten jedoch eine Insolvenzregelung für öffentliche Schuldner. Nach der gegebenen Rechtslage entscheiden Kommission und EZB unter möglicher Beteiligung des IWF *ad hoc* über die Solvenz eines Landes und mögliche Schuldenrestrukturierungen. Das ist unbefriedigend.

Box 11.9: Strukturelles Haushaltsdefizit

Das Haushaltsdefizit ist der tatsächliche Finanzierungssaldo des öffentlichen Sektors, also die Einnahmen abzüglich der Ausgaben eines Mitgliedstaates in einem bestimmten Jahr. Der öffentliche Sektor schließt neben dem Zentralhaushalt auch die Haushalte nachgelagerter Gebietskörperschaften sowie der öffentlichen Sozialhaushalte mit ein. Genaue Definitionen sowie weitere Regelungen, etwa zum Umgang mit Parafisci oder der Behandlung öffentlicher Unternehmen, sind europaweit durch das ESA *(European System of Integrated Economic Accounts)* harmonisiert.

Vom laufenden Defizit zu unterscheiden ist das konjunkturbereinigte Haushaltsdefizit, bei dem es um die Frage nach der mittelfristigen Haushaltsposition geht. Das laufende Defizit wird dafür in eine strukturelle und eine zyklische Komponente zerlegt und die zyklische Komponente herausgerechnet. Der so genannte strukturelle oder zyklisch angepasste Budgetsaldo (ZAB) ist eine nicht beobachtbare, hypothetische Größe, der zahlreiche theoretische Annahmen zugrunde liegen. Die Kommission berechnet diese Größe nach der Gleichung

$$ZAB = B - \alpha G$$

wobei B den aktuellen Budgetsaldo wiedergibt und αG die zyklische Komponente darstellt. G ist dabei die Output-Lücke, d.h. die Differenz zwischen dem tatsächlichen und einem potentiellen Vollbeschäftigungsoutput, und α die Sensitivität des Budgetsaldos bezüglich der Output-Lücke. Die zyklische Komponente stellt im wesentlichen die Wirkung der automatischen Stabilisatoren (s. Box 11.7) dar, die man durch Haushaltsregeln nicht außer Kraft setzen möchte. Es ist das strukturelle Defizit, das im Zentrum der fiskalpolitischen Stabilisierungsbemühungen steht.

Vor allem die Schätzung der Output-Lücke wirft einige theoretische und praktische Probleme auf (Europäische Kommission 2004 g: 97 f.). Die Sensitivität des Budgetsaldos kann sich von Land zu Land unterscheiden. In der Tendenz ist sie höher in Ländern mit einem hohen Anteil der Staatsausgaben am BIP und in Ländern mit progressiveren und konjunkturempfindlichen Steuersystemen (Girouard/André 2005; van den Noord 2000). Kritischer zu sehen sind *ad hoc* Korrekturen des Budgetsaldos, z.B. für Investitionsausgaben, die ökonomisch zwar sinnvoll sein mögen, administrativ aber anfällig für Manipulationen sind.

Ein Gutteil der Staatsschuldenkrise von 2010 ist auf Solvenzprobleme des Bankensektors im Rahmen der vorangegangenen Finanzmarktkrise zurückzuführen. Die Regierungen sahen sich gezwungen, einzelne Banken zu rekapitalisieren, da deren Insolvenz angeblich nicht kalkulierbare Risiken nach sich gezogen hätten (in den USA sind in der Krise zahlreiche Banken vom Markt verschwunden, wenn auch – mit Ausnahme von Lehman Brothers, Merrill Lynch und Bear Stearns – eher kleinere Institute). Das Verhältnis Staat – Banken hat sich zu einem ordnungspolitischen Teufelskreis entwickelt. Finanzmarkt- und Schuldenkrise, die keineswegs auf die EU oder die Euroregion beschränkt geblieben sind, haben eine Reihe von Problemen aufgezeigt (Beck 2012; Krahnen 2013):

- Das zugenommene Volumen der globalisierten Finanzmärkte und die zugenommene, auch grenzüberschreitende Interdependenz innerhalb des Bankensektors: Die Banken wickeln immer mehr Geschäfte untereinander ab und nicht mit der Realwirtschaft. Ihre kurz- und mittelfristige wechselseitige Verflechtung hat im Fall einer Insolvenz systemische Risiken zur Folge, d.h. einen Dominoeffekt, mit unkalkulierbaren Auswirkungen auf die Realwirtschaft.
- Der doppelte *home bias* nationaler Bankensysteme: Banken investieren in Staatsanleihen, bevorzugt in nationale Schuldtitel, und nationale Regierungen sind dann geneigt, in Schieflage geratene nationale Banken zu „retten", was in der Regel nur auf Kosten einer höheren Staatsverschuldung bzw. des Steuerzahlers möglich ist. Das führt darüber hinaus zur Konkursverschleppung.
- Die Sonderbehandlung souveräner Schulden: Die herrschenden Regulierungsvorschriften, auch unter den Vorgaben von Basel III, betrachten

Staatsanleihen als risikolos. Banken brauchen diesbezügliche Investitionen nicht mit Eigenkapital zu unterlegen. Das birgt zwei Gefahren in sich, Überinvestition in (eigene) Staatsanleihen und systemische Ansteckung bei Staatsinsolvenz.

- Der Marktzins spiegelt nicht das volle Ausfallrisiko wider: Die Akteure auf den Finanzmärkten rechnen mit einem staatlichen Bail-out im Insolvenzfall einer systemrelevanten Bank und mit zwischenstaatlichen Rettungsoperationen im Fall einer Staatsinsolvenz.

Um den Steuerzahler, aber auch die Bankgläubiger zu schützen und die genannten Systemrisiken zu verringern, ist es erforderlich:

- von den Banken eine höhere Eigenkapitalausstattung zu fordern bzw. die Gläubigerstruktur der Banken so einzurichten (Bail-in Kapital), dass im Ernstfall kein Systemrisiko davon ausgeht,
- die Bankenaufsicht einheitlich und supranational zu regeln,
- die Abwicklung bzw. Rekapitalisierung insolventer Banken so zu regeln, dass sie rasch erfolgt und keine systemischen Risiken auslöst,
- diesen Prozess weitgehend der nationalen Verantwortung zu entziehen, was auch bedeutet, Steuermittel durch eigens dafür vorgesehene Fonds zu ersetzen, um so die staatliche Verantwortung für das Finanzsystem zu minimieren.

Dem Subsidiaritätsgedanken folgend ist deshalb eine europaweite Regelung erforderlich, die die Chance bietet, die Geiselung des Staates durch den Finanzsektor zu durchbrechen und dort wieder normale Haftungsverhältnisse zu etablieren. Entsprechende Maßnahmen werden unter dem Begriff Bankenunion zusammengefasst. Wie in Brüssel üblich ist die konkrete Ausgestaltung einer so umfangreichen Konstruktion – abgesehen von der rechtlichen Komplikation, dass sie erst einmal ohne zeitaufwendige Vertragsänderung vorgenommen wird – Ergebnis zahlreicher Kompromisse der beteiligten Akteure, der Mitgliedstaaten, des Parlaments, der Kommission, der EZB. Noch steht die Bankenunion im Gerüst. Doch ihre Konturen zeichnen sich bereits deutlich ab.

Box 11.10: Bankenunion

Unter einer Bankenunion versteht man die Vergemeinschaftung der Funktionen Regulierung, Überwachung, Genehmigung und Auflösung und Einlagensicherung. Das für die EU vorgesehene, zum Teil bereits beschlossene System besteht aus folgenden Elementen (Schwödiauer 2013):

- Ein einheitliches Regelwerk *(single rule book, SRB)*, das von der Union zu erstellen ist. Hier sind auch internationale Vereinbarungen (z.B. Basel III) zu berücksichtigen. Umstritten und noch unklar ist, ob eine Rückkehr zum Trennbankensystem notwendig ist, d.h. eine Trennung von Wertpapierhandel und Einlagen- und Kreditgeschäft.
- Ein gemeinsamer, supranationaler Aufsichtsmechanismus *(single supervisory mechanism, SSM)*. Er ist ein Kompromiss zwischen zentraler und dezentraler

Kontrolle. Denn er wird von der EZB, die dabei die allgemeine Verantwortung übernimmt, und den Aufsichtsbehörden der Mitgliedstaaten gebildet. Die EZB ist für die großen und „systemrelevanten" Institute (etwa 130) verantwortlich, die nationalen Behörden für die übrigen. Wichtig in diesem Zusammenhang ist die strikte Trennung der geldpolitischen Funktion der EZB, bei der die EZB die Liquidität der Banken bestimmt, von der Bankenaufsicht, bei der sie u.a. ihre Solvabilität beurteilen und ihnen eventuell die Kreditfähigkeit absprechen muss. Das Problem wäre leichter lösbar, wenn sich Liquiditäts- und Solvabilitätsprobleme eindeutig voneinander unterscheiden ließen, was nicht immer der Fall ist. Rechtlich ist die Funktionsübertragung an die EZB durch Art. 127.6 AEUV abgesichert.

- Ein gemeinsamer, supranationaler Abwicklungsmechanismus *(single recovery and resolution mechanism, SRM)* bestehend aus:
  - Eine einheitliche Restrukturierungs- und Abwicklungsdirektive *(recovery and resolution directive, RRD)*, die natürlich Teil des SRB ausmacht. Wichtig ist hier die so genannte Haftungskaskade, die festlegt, in welcher Reihenfolge und in welchem Umfang Eigenkapital, Gläubiger, Heimatstaat und Abwicklungsfonds in Anspruch genommen werden sollen, ohne dass es dabei zu einer Systemgefährdung kommt und der Steuerzahler erst in letzter Instanz belastet wird.
  - Eine zentrale Abwicklungsbehörde *(single resolution agency, SRA)*, bei der auch ein gemeinsamer, von den Banken zu finanzierender Abwicklungsfonds gebildet werden muss. Die SRA ist wiederum ein Kompromiss zwischen dem intergouvernementalen und supranationalen Ansatz, wobei der Kommission eine zentrale Rolle zufällt, was rechtlich – nicht ganz unumstritten – auf Art. 114 (und damit auch Art. 26) AEUV gegründet wird. Auch hier drohen Interessenkonflikte zwischen der Beihilfenkontrolle und der Restrukturierungskompetenz der Kommission.
- Ein gemeinsames Einlagensicherungssystem *(deposit guarantee scheme, DGS)*, wofür aber möglicherweise eine Harmonisierung der nationalen Regelungen ausreichend ist.

Ein Problem der Bankenunion besteht in der Zeit, die erforderlich ist, ihre Institutionen und Instrumente voll in Stellung zu bringen. Mit 10–15 Jahren ist zu rechnen. Was geschieht in der Zwischenzeit? Auftretende Schwierigkeiten – und die hat man von der Finanzmarkt- und Schuldenkrise in ausreichender Zahl geerbt – müssen *ad hoc* gelöst werden, so wie das bisher geschehen ist. Damit werden aber möglicherweise Erwartungen geweckt und Verhaltensweisen verfestigt, die einem ordnungsgemäßen Funktionieren der Bankenunion zuwider laufen – ein Fall von Zeitinkonsistenz. Langfristige und kurzfristige Interessen liegen in Konflikt miteinander. Die EWWU weist im Bereich der Finanzmarktregulierung Defizite auf, und die dazu erforderliche institutionelle Struktur kann nur Schritt für Schritt aufgebaut werden. Das ist evident und kaum kontrovers. Kurzfristig verbindet sich mit der Bankenunion auf verschiedenen Seiten aber die Erwartung, aktuelle Probleme der öffentlichen und privaten Überschuldung über den ESM lösen zu können.

Bei einem direkten Eingreifen des ESM ließe sich eine Erhöhung der öffentlichen Schulden vermeiden, die sonst automatisch mit einer Bankensanierung verbunden ist. Wir sahen bereits, dass der ESM-Vertrag Restrukturierungshilfen für Banken erlaubt, allerdings nur über die betroffenen Mitgliedstaaten, die für diese Mittel haften und den „strengen Auflagen" nach Art. 136.3 AEUV unterliegen. Eine direkte Restrukturierung von Banken durch den ESM würde die betroffenen Länder dieser Auflagen, d.h. der geforderten Korrekturprogramme, entheben. Eine entsprechende Umfunktionierung des ESM wirft jedoch vertragsrechtliche und in einzelnen Mitgliedstaaten verfassungsrechtliche Probleme auf.

Finanzielle Stabilität, finanzielle Integration und Aufrechterhaltung uneingeschränkter nationaler Autorität über den Finanzsektor lassen sich nicht gleichzeitig verwirklichen. Das ist eines jener Trilemmata, die politischen Illusionen im Wege stehen (Schoenmaker 2011). Vor allem das europäische Bankensystem wickelt einen Großteil seiner Geschäfte jenseits der Grenzen des Mutterlandes ab. Das bedeutet, nationale Regulierung und Koordinierung greifen ins Leere. Will man die Integration nicht rückgängig machen, sind gemeinschaftliche Regulierungen, ist eine Bankenunion notwendig. Über all den mehr oder minder nachvollziehbaren Maßnahmen, die im Schatten der Krise 2008-13 ergriffen wurden, sollte man jedoch nicht vergessen, dass die ökonomische Grundordnung der Europäischen Union eine Marktwirtschaft ist, und die setzt harte Budgetbeschränkungen voraus. Insolvente Unternehmen müssen aus dem Markt ausscheiden, insolvente Staatsanleihen sind vom Markt zu nehmen. Beides sollte um willen der Erwartungssicherheit möglichst klar geregelt vonstatten gehen.

11.7 Die Wirtschafts- und Währungsunion – eine Erfolgsstory?

Wir sahen, dass in der EWG bereits in den letzten Jahren des Bretton Woods Systems der Wunsch nach einer europäischen Lösung aufkam, um das Handels- und Wachstumspotential des gemeinsamen Marktes voll zur Geltung zu bringen. Dieser Wunsch schlug sich 1970 im Werner-Plan nieder. Eine Währungsunion musste umso dringender erforderlich scheinen, als man 1986 in der Einheitlichen Europäischen Akte mit dem Gemeinsamen Markt wirklich ernst machte. Beseitigung des Wechselkursrisikos, Verringerung der Transaktionskosten, Steigerung der Transparenz und verstärkte finanzielle Integration würden, so die Erwartung, die Vorteile des gemeinsamen Marktes unterstützen. Auf dem makro-ökonomischen Feld erwartete man eine höhere Stabilität zum einen davon, dass notorisch instabile Mitgliedstaaten einem glaubwürdigen gemeinsamen Regime unterworfen werden, und zum anderen davon, dass eine Koordination der nationalen Wirtschaftspolitik Risiko und Intensität asymmetrischer Schocks verringern hilft. Die Bedenken, die gegen das Experiment angeführt wurden, richteten sich vor allem gegen die mit der einheitlichen Währung verbundene Einschränkung der wirtschaftspolitischen Souveränität, wodurch einzelne Mitgliedstaaten nicht mehr adäquat auf Schocks und Änderungen in ihrer wirtschaftlichen Umgebung reagieren könnten. Und sie zweifelten an der Fähigkeit der Zentralbank wie des Ministerrates, die für eine stabile Geld- und Wirtschaftspolitik erforderlichen Maßnahmen zu beschließen und konsequent durchzusetzen.

Die ersten zehn Jahre der Existenz des Euro boten ein gemischtes Bild, ließen aber am generellen Erfolg des Experiments kaum Zweifel aufkommen. Das vorrangige Ziel der Geldpolitik, Preisstabilität, durfte für diese Periode als erfüllt angesehen werden, auch wenn die Inflation im Durchschnitt etwas über der anvisierten Rate von 2 % pro Jahr lag. Die Geldwertstabilität hat dem Euro trotz des anfänglichen äußeren Wertverlustes relativ rasch zu internationaler Anerkennung verholfen. Die Konvergenz der Inflationsraten und der Zinssätze war markant. Die Integration der europäischen Finanzmärkte nahm zu. Der fiskalpolitischen Stabilität ließ sich dagegen kein so gutes Zeugnis ausstellen, wie wir sahen.

Die Krise 2008–13 hat dieses im Großen und Ganzen positive Bild der Währungsunion gründlich beschädigt. Dabei wies der Euro weiterhin eine hohe innere und äußere Stabilität auf. Doch die Maßnahmen, die zur Bereinigung der außenwirtschaftlichen Ungleichgewichte und zur Sicherung der Stabilität des Finanzsystems getroffen wurden, waren im einzelnen weder unumstritten, noch konnten sie der Bevölkerung (in den Nehmer- wie den Geberländern) verständlich und akzeptabel gemacht werden. Das blieb nicht ohne Folgen für den währungspolitischen Konsens und das Ansehen des Euro.

Man kann mit einigem Wohlwollen bei der EU eine kohärente wirtschaftspolitische Strategie ausmachen, die makro-ökonomische nachfrage- und angebotsseitige Politik, Beschäftigungspolitik und mikro-ökonomisch orientierte Maßnahmen struktureller Reformen von Produkt- und Faktormärkten umfasst. Dominiert wird diese Strategie von der Geldpolitik der EZB bzw. ihrer vertragsgemäßen Verpflichtung auf Preisstabilität. Die inhaltliche Ausgestaltung der Wirtschaftsunion mit Luxemburg-, Cardiff- und Lissabon-Prozess und dem SWP ist dem Stabilitätsprimat untergeordnet. Genau hierin liegt die allgemeine wirtschaftspolitische Orientierung der EWWU, die bisweilen als neoliberal kritisiert wird. Daran ist soviel richtig, dass stabiles Geld zum Kern des liberalen wirtschaftspolitischen Credo gehört.

Trotz dieser vermeintlich neoliberalen Grundhaltung existiert jedoch keine klare ordnungspolitische Ausrichtung der EWWU auf ein einheitliches marktwirtschaftliches Modell. Das ist nicht verwunderlich, erfordern Entscheidungen in solchen Grundsatzfragen im Rat doch Einstimmigkeit. Kein Politiker eines Mitgliedstaates möchte aber seiner Bevölkerung zu Hause erklären müssen, warum er die tradierte nationale Wirtschaftsordnung und mit ihr langfristig auch einen großen Teil der Gesellschaftsordnung auf dem europäischen Altar geopfert hat. Die Kernfrage, wie viel positive Integration eine Wirtschaftsunion erfordere und wie viel Systemwettbewerb sie vertrage, muss damit empirisch – und im übrigen auch wohlfahrtstheoretisch – zunächst noch unbeantwortet bleiben.

War zu Beginn der EWWU mit Bezug auf Geldordnung und Geldpolitik das Modell der Bundesbank unumstritten, so hat sich vor allem im Laufe der Krise die EZB davon fortentwickelt. Das ist vor allem in Deutschland nicht nur von Vertretern der Bundesbank kritisiert worden. Hinsichtlich der anderen Teilordnungen beschränkt sich die EWWU auf den kleinsten gemeinsame Nenner der Mitgliedstaaten. Koordinations- und Kooperationsformen reichen über einen institutionell gut organisierten Informationsaustausch kaum hinaus. Im Bereich der Fiskalpolitik bemühen sich die Staaten, die den Euro eingeführt haben, um weitergehende gemeinsame Regeln. Es ist zu früh, diese Bemühungen als gelungen zu erklären, denn ihre Kohärenz und Effektivität müssen sie noch unter Beweis stellen.

Die Währungsunion à la Maastricht war mit einer unabhängigen Zentralbank und der Eigenverantwortung der Mitglieder eindeutig marktwirtschaftlich konzipiert. Die Krise 2008–13 hat gezeigt, dass diese Konstruktion in schwerem Wetter stabilitätsgefährdet ist. Daraus folgte die Erkenntnis, dass die monetäre Ordnung der Union eines regulierenden Schutzgürtels von Institutionen bedarf, die präventiv und korrektiv Gefährdungen abwehren. Diese institutionelle Vervollständigung der Währungsunion ist noch keineswegs abgeschlossen. Wie auch immer sie am Ende aussehen wird, sie kann und darf das konstitutive Grundprinzip harter Budgetbeschränkungen für alle öffentlichen und privaten Beteiligten nicht ausser Kraft setzen.

Die damit verbundenen Maßnahmen werden auch von der Bevölkerung als Ausfluss europäischer Wirtschaftspolitik wahrgenommen – und das nicht mit ungeteilter Zustimmung. Der Euro mag als technokratisches Phänomen akzeptiert sein, Wirtschafts- und Sozialpolitik sind unmittelbar „politisch" relevant. Das in vorausgegangenen Kapiteln schon mehrfach angesprochene Demokratiedefizit der Europäischen Union wird mit jeder weiteren Vertiefung der Integration akuter und äußert sich in einem wachsenden Unbehangen gegenüber intransparenten Entscheidungsprozessen. Eine Wirtschafts- und Währungsunion braucht andere politische Vermittlungs- und Entscheidungsstrukturen als eine Zollunion. Da liegen noch ungelöste Aufgaben.

Kapitel 12
Ausblicke

12.1 Denkpause oder Ende der Vorstellung?

Krisen gehören zum Alltag der EU. Die Union befindet sich ständig in einer Krise: von De Gaulles Politik des leeren Stuhls über Maggie Thatchers Aufbegehren, die Ablehnung des Verfassungsvertrages in Frankreich und den Niederlanden und die Schuldenkrise bis hin zum drohenden Austritt Großbritanniens aus der Gemeinschaft. Über die Ursachen wird spekuliert. Was ins Auge sticht, sind die Diskrepanzen zwischen Erwartung und Wirklichkeit. Dabei geht es keineswegs nur um enttäuschte Erwartungen:

- Wer hätte 1951 erwartet, als die erste europäische Gemeinschaft von den sechs Gründerstaaten in Paris beschlossen wurde, dass dies ein säkulares Projekt wird, das nach einem halben Jahrhundert mit 28 und bald mehr Mitgliedländern ganz Europa umfasst eingeschlossen zahlreiche Länder des ehemals sozialistischen Lagers?

- Wer hätte 1957 erwartet, als die gleichen sechs Gründerstaaten sich für den funktionalen Weg zur europäischen Integration entschieden, dass nach einigen Jahrzehnten die über Jahrhunderte heiß umkämpften Grenzen bedeutungslos sein würden und nicht nur Güter, sondern auch Menschen sich frei in einem gemeinsamen Markt und einem europäischen Raum bewegen können?

- Wer hätte am Ende des Zweiten Weltkriegs erwartet, dass es ein direkt gewähltes Europäisches Parlament geben wird, in dem Polen neben Deutschen, Engländer neben Franzosen, Griechen neben Türken – nein, das können sich viele auch heute noch nicht vorstellen! – Sitz und Stimme haben und dass die oberste rechtliche Instanz in Europa ein Europäischer Gerichtshof sein wird?

- Wer hätte am Ende der 1940er Jahre mit der Großen Depression und ihren protektionistischen Folgen in frischer Erinnerung erwartet, dass man nach der nächsten Jahrhundertwende von Helsinki bis Palermo und von Pressburg bis Lissabon mit gleicher Münze bezahlen kann?

- Wer hätte 1957, als Heinrich Böll (1957/1961: 24) in seinem „Irischen Tagebuch" schrieb: „Regen fällt über die Armut, und Schmutz könnte hier selbst von einem unverbesserlichen Ästheten nicht mehr als malerisch empfunden werden; das Elend hockt hier in den Slums um St. Patrick herum, in manchen Winkeln, manchen Häusern noch so, wie Swift es 1743 gesehen haben mag", wer hätte damals erwartet, dass Irland binnen 50 Jahren zu den Ländern Europas mit dem höchsten Sozialprodukt pro Kopf der Bevölkerung zählen wird?

Andererseits wurden dem breiten Publikum der Gemeinsame Markt und die Währungsunion mit dem Argument schmackhaft gemacht, dass dies eine gewaltige wirtschaftliche Dynamik in Gang setzen werde, die zu Wachstum, Vollbeschäftigung und Wohlfahrt führe. Längerfristig mag das auch der Fall sein: Zumindest was die Produktivitätsentwicklung betrifft, konnte Europa seinen Rückstand zu den Vereinigten Staaten weitgehend aufholen. Doch mit der Globalisierung und den Schwellenländern sind ganz neue Akteure im internationalen Wettbewerb aufgetaucht. Niedriges Wachstum und hohe Arbeitslosigkeit haben sich als Hauptprobleme der Politik zäh erwiesen. Inwieweit kann man die Gemeinschaft dafür verantwortlich machen? Das mag eine berechtigte Frage sein, die aber wenig relevant ist, wenn die Bevölkerung sie dafür verantwortlich hält.

Ein solcher Dissens macht vor allem der nationalen Politik der Mitgliedländer zu schaffen. In Frankreich und den Niederlanden spielte die Unzufriedenheit mit der nationalen Regierung eine wichtige Rolle für die Ablehnung des Verfassungsvertrages: Hier wurde der europäische Sack geschlagen und der nationale Esel gemeint. In Irland fürchtete man bei der anfänglichen Ablehnung des Lissabon-Vertrages wohl eher um die nationale Souveränität und das Gewicht eines kleinen Landes in der reformierten Union. Soweit sich die Unzufriedenheit auf die Gemeinschaft bezieht, sind zwei unterschiedliche Reaktionen denkbar. Die eine Reaktion ist eine Wiederbelebung des Nationalismus, ein Pochen auf die nationale Souveränität („wir sollten unsere Angelegenheiten selber regeln und nicht so viel Geld in die EU einbezahlen"). So reagierten vor allem die Nein-Sager in den Niederlanden und auch in Irland. Diese Inselmentalität ist aber weiter verbreitet. Die andere Reaktion bleibt eher auf Europa gerichtet, allerdings mit dem festen Seitenblick auf den *juste retour*. Sie ist beispielsweise in Frankreich anzutreffen, wo es bei der Vertragsablehnung vor allem darum ging, Frankreich vor zu starkem Wettbewerb zu schützen und stattdessen die Umverteilung in Europa zu stärken.

Da stellt sich die Frage: warum sich nicht mit dem Erreichten zufrieden geben und auf die utopische „immer engere Union der Völker Europas" (Präambel EUV) verzichten? Vertiefung und Erweiterung sind für die europäische Gemeinschaft nicht gottgegeben wie bei Vergil (*Aeneis* I, 278–9), der Jupiter für die Zukunft Roms klarstellen lässt:

His ego nec metas rerum nec tempora pono,
imperium sine fine dedi ...
Weder im Raum noch der Zeit setz' eine Grenze ich ihnen,
sondern habe ein Reich ohne Ende bestimmt ...

Wo liegen die Grenzen des europäischen Integrationsprojektes? Müssen wir sie bestimmen? Mit jeder Krise der EU kam auch die Frage nach der Finalität Europas auf (Pernice 2005). Das Problem mit der Finalität historischer Prozesse ist allerdings, dass diese grundsätzlich offen sind (Classen 2014) und nur im Mythos der Gott im Vorhinein weiß, dass die Reise nach Rom führt. Man kann eine Vision haben oder wie Rifkin (2004) einen europäischen Traum von der „leisen Supermacht", die sich als Rechtsgemeinschaft ohne Gewalt oder gar Gewaltmonopol universell konstituiert. Oder man kann erklären: „Bis hierher und nicht weiter!" und die Schiffe verbrennen. Doch dazwischen ist viel Raum, dessen Besetzung von vielen kontingenten Faktoren abhängt, die sich erst im Laufe der Zeit ergeben. Diese Offenheit ist Programm der europäischen Integration.

12.2 Integration – wie weit?

In den vorangegangenen Kapiteln sind wir mehrfach auf ordnungspolitische Inkonsistenzen gestoßen:

- Die unheilige Trinität der Geldpolitik: Feste Wechselkurse, Kapitalverkehrsfreiheit und geldpolitische Autonomie lassen sich nicht miteinander verbinden. Eines der drei muss Federn lassen.
- Das Trilemma vollständiger politischer Integration: Zwischen regionaler Autonomie und Flexibilität und interregionaler Koordination besteht ein Konflikt.
- Das Finanzmarkt-Trilemma: Finanzielle Stabilität, finanzielle Integration und Aufrechterhaltung uneingeschränkter nationaler Autorität über diesen Sektor sind gleichzeitig unmöglich zu verwirklichen.

Diese Ambivalenzen vertiefter Integration hat der Harvard-Ökonom Dani Rodrik (1957*) verallgemeinert (Rodrik 2011). Dabei konstatiert er ein politisches Trilemma der Weltwirtschaft, dessen drei Eckpunkte, souveräner Nationalstaat, Demokratie und vertiefte wirtschaftliche Integration (Hyperglobalisierung), soweit miteinander in Konflikt liegen, dass immer nur zwei der drei realisiert werden können. Die Lösung, die Rodrik vorschlägt, ist – vereinfacht ausgedrückt – eine Rückkehr zum Bretton Woods System und zum GATT, d.h. zu einem internationalen Regime, das einerseits eine flachere Integration als die Hyperglobalisierung anstrebt und damit andererseits den souveränen Nationalstaaten hinreichende politische Spielräume für die Umsetzung ihrer jeweiligen Präferenzen belässt. Für die Europäische Union würde das die Empfehlung implizieren, die Integration nicht zu weit zu treiben, sondern sie vielmehr zurück zu schrauben.

Höpner/Schäfer/Zimmermann (2012) weisen auf das gleiche Problem. Erweiterung, Vertiefung und Demokratie lassen sich ihrer Ansicht nach nicht gleichzeitig verwirklichen: das Trilemma der europäischen Integration. Demokratie umfasst implizit nationale Souveränität. Denn unbegrenzte Erweiterung und Vertiefung machen die EU immer inhomogener, wodurch gemeinsame Politik notwendigerweise in Konflikt mit nationalen Präferenzen geraten muss. Sie engt die Handlungsspielräume der Mitgliedstaaten ein. Partizipation auf europäischer Ebene scheitert an der Distanz und der Heterogenität. Die Autoren diskutieren verschiedene Optionen, um das Trilemma zu entschärfen. Eine Verkleinerung der EU steht nicht zur Debatte. Da hilft nur ein Europa der unterschiedlichen Geschwindigkeiten, das im Vertrag ja auch vorgesehen ist (Art. 326–334 AEUV). Kompetenzen von Brüssel sind im Licht des Subsidiaritätsprinzips zu überprüfen und in gewissen Bereichen in die Mitgliedstaaten zurück zu verlagern. Gleichlautend mit Rodriks Ruf nach dem Bretton Woods System wird die Rückkehr von der Währungsunion zum EWS empfohlen.

Schauen wir genau hin, dann haben wir es hier eigentlich nicht mit einem Trilemma, sondern nur mit einem Dilemma zu tun, nämlich dem Konflikt zwischen Souveränität und Integration bzw. dem Konflikt zwischen Markt und Staat. Die Idee, man könne auf Kosten der Demokratie gleichzeitig tiefe Integration und den souveränen Nationalstaat verwirklichen, ist eine Illusion, wenn man unter einem souveränen Nationalstaat einen Staat versteht, dem alle Entscheidungen uneingeschränkt offen stehen. In dem Maße, wie Grenzen und Verkehrsbeschränkungen für Personen, Waren und Kapital ersatzlos beseitigt werden, treten an die Stelle der staatlichen Regelungen die Regeln des Marktes. An die Stelle staatlicher Governance treten multinationale Konzerne. Eine ausschließlich negative Integration institutionalisiert die Gesetze des Marktes und nimmt dem Staat *in oeconomicis* jegliche Verantwortung und Handlungsfreiheit. Insofern hat sie für orthodoxe Liberale programmatische Bedeutung: mehr Markt, weniger Staat (Gillingham 2003). Die Demokratie bleibt davon grundsätzlich unberührt.

Auch Rodrik folgert daraus: wenn tiefe Integration, dann auch positive Integration. Marktversagen der unterschiedlichsten Form macht staatliche Regulierung und Kontrolle unerlässlich. Wettbewerbspolitik ist das herausragendste, aber keineswegs das ausschließliche Beispiel. Klimaschutz, der Schutz der Meere zum Beispiel erfordern ihrer Natur entsprechend positive Integration. Wenn die relevanten Entscheidungen nicht mehr allein auf der nationalen Ebene getroffen werden können, setzt das ein supranationales Governance-Niveau voraus. Das jedoch gilt es demokratisch zu kontrollieren, und damit wird die Ecke Demokratie aktiviert. Die bereits existierenden globalen Governance-Strukturen, z.B. Welthandelsorganisation, Weltbank, Weltwährungsfonds, sind einerseits zu eng ausgerichtet, um einen Weltmarkt umwelt- und wohlfahrtsgerecht zu regulieren. Andererseits fehlt ihnen jegliche direkte demokratische Legitimierung. Eine demokratisch kontrollierte Weltregierung ist vorläufig Utopie. Folgt daraus nicht der Schluss, dass globale vertiefte Integration, selbst mit positiver Integration, abzulehnen sei? Das gilt nach den drei genannten Autoren auch für die EU, die eben einen Staatenbund, aber keine politische Union darstellt.

Wir wollen uns gar nicht auf eine *reductio ad absurdum* berufen, die das Argument auf eine prinzipielle Unvereinbarkeit von autonomem Individuum und staatlicher Integration, d.h. den anarchistischen Grundgedanken, zurück verfolgen würde. Integration souveräner Staaten ist auf intergouvernementalem Weg herzustellen. Sie können sich völkerrechtlich binden, was, wenn sie demokratisch regiert werden, dann eben auch demokratisch legitimiert ist. Solche völkerrechtlichen Verträge – der EU Vertrag ist nichts anderes – können auch supranationale Kompetenzen konstituieren. Ihre Ausübung erfolgt nach den vertraglich festgelegten Regeln, die, je weiter die Kompetenzen reichen, desto mehr direkte demokratische Kontrolle vorsehen sollten. Die Erweiterung und Vertiefung der Kompetenzen der Union verläuft nicht zufällig parallel mit der Machterweiterung des Europäischen Parlaments.

Die Integration der EU ist in einer Tiefe realisiert, wie man sie sonst nur von Nationalstaaten kennt. Dieser Prozess ist von Beginn an begleitet gewesen von positiver Integration, d.h. der Herausbildung intergouvernementaler und supranationaler Governance-Strukturen im legislativen, exekutiven und judikativen Bereich. Die europäische Integration hat vielleicht die Einflusssphären von Markt und Staat im Einzelnen verschoben, sie hat jedoch nicht die staatliche Handlungsfreiheit und Verantwortung auf dem Feld der Wirtschaft aufgegeben. Das Souveränitätsproblem, dem so große Bedeutung beigemessen wird, schwächt sich ab, wenn man sich das Subsidiaritätsprinzip vor Augen hält, wobei jede höhere Ebene idealerweise nur jene Kompetenz zugewiesen bekommt, deren Ausübung auf dem nächst niedrigen Niveau mit externen Effekten verbunden wäre. Solange die Kompetenzübertragung demokratisch, d.h. freiwillig erfolgt, dürfte es keinen Konflikt zwischen Souveränität und Integration geben. Allerdings können Überzentralisierungen auftreten, die korrekturbedürftig sind.

Eine ebenso ernst zu nehmende Kritik innerhalb der EU richtet sich auf die vermeintlich schwache Ausbildung der Ecke Demokratie im erwähnten Dreieck. Mit der Vertiefung supranationaler Autorität wurden, wie gesagt, Bedeutung und Mitspracherechte des europäischen Parlaments angehoben. Doch hier taucht ein neuer Konflikt auf, der bereits auf nationalem Niveau anzutreffende Konflikt zwischen Demokratie und Technokratie. Er besteht auf der Unionsebene in verstärktem Maß. Schon Walter Hallstein hatte festgestellt, Europa gehorche einer Sachlogik, und Hans Peter Ipsen (1972) hat die Gemeinschaft einen „Zweckverband funktioneller Integration" genannt. Diese Charakterisierungen erwecken den Anschein, die Tätigkeit von Kommission, Rat und Parlament hätten nichts mit Politik zu tun. Selbst für eine Zollunion ist das nicht zutreffend, auch wenn zu ihrer Steuerung viel Sach- und Fachverstand notwendig ist. Das gilt für alle Bereiche des gesellschaftlichen Lebens: Sie bleiben trotzdem Gegenstand politischer Entscheidungen und damit Gegenstand des demokratischen Diskurses.

Gerade auf dem Feld der Wirtschaft herrscht eine starke Neigung zur Technokratie. Die Unabhängigkeit der Zentralbank ist ein auffälliges Beispiel. Ähnliche Tendenzen gibt es im Bereich der Fiskalpolitik und der Bankenunion, wo es durchaus vorstellbar ist, dass eine unabhängige Kommission oder eine eigene Institution Entscheidungen treffen, die normalerweise der parlamentarischen Kontrolle unterworfen sind. Diese auf dezentraler und zentraler Ebene sicher zu stellen, bleibt eine gewaltige Aufgabe.

Stellen wir die von Rodrik und Höpner/Schäfer/Zimmermann aufgeworfene direkte Frage: Muss der Euro am politischen Trilemma der Globalisierung scheitern? Der Euro ist zweifellos eine Institution vertiefter Integration. Er nimmt den beteiligten Ländern die wirtschaftspolitische Souveränität in puncto Geld- und Wechselkurspolitik. Und die funktional gerechtfertigte Unabhängigkeit der EZB minimiert die demokratische Kontrolle dieses Instituts.

Von Rodriks Dreieck sind offensichtlich gleich zwei Ecken verletzt. Das kann nur funktionieren, wenn der Euro vollständig entpolitisiert ist, so wie es der Goldstandard vor dem 1. Weltkrieg war. Die Goldwährungen gehorchten den Gesetzen des Markts, Geld- und Wechselkurspolitik gab es nicht. Und die beteiligten Länder hatten im Übrigen volle nationale Souveränität, die sie demokratisch – oder auch nicht – nutzten. Der Euro à la Maastricht kommt dem sehr nahe: Vornehmste Aufgabe der EZB ist es, eine wertstabile Währung zur Verfügung zu stellen. Nationale Souveränität und Demokratie spielen bei der Ausführung dieser „technischen" Aufgabe eine untergeordnete Rolle. Mit der Nichtbeistandsklausel und dem Verbot der monetären Staatsfinanzierung sind die Mitgliedstaaten den Gesetzen des Markts verpflichtet. Das hat in einzelnen Ländern zu erheblichen Schwierigkeiten geführt, aber nicht zu einer Eurokrise. Die teilweise Revidierung der Maastrichter Ordnung, um diese Schwierigkeiten aufzufangen, birgt die Gefahr der Politisierung des Euro. Erst damit würde er anfällig für das Globalisierungstrilemma.

12.3 Anspruch und Wirklichkeit

Fast 60 Jahre Europäische Union sind nicht nur eine Periode des Friedens gewesen, sondern auch eine Periode wachsenden Wohlstands. Strukturelle Faktoren, die erwartete Wachstums- und Produktivitätsfortschritte behindern, sind rasch gefunden, denn es sind immer die gleichen Verdächtigen: der Arbeitsmarkt, die Regulierungswut, die Ineffizienz des öffentlichen Sektors, demographische Änderungen, zu wenig Bildung und Forschung. Wir wollen dem hier nicht im einzelnen nachgehen. Es ist nur klar, dass in den meisten dieser Fälle der Schwarze Peter erst einmal bei den nationalen Regierungen liegt. Auch wenn von europäischer Krise oder Eurosklerose die Rede ist, handelt es sich vor allem um Probleme der Mitgliedländer der Gemeinschaft. In jüngster Zeit wurde das vor allem als ein Nord-Süd Problem wahrgenommen. Damit ist die EU nicht außer Obligo, sie kommt aber erst in zweiter Instanz ins Spiel. Arbeitsmarktreformen, Mittel für Forschung und Bildung, die fiskalische Stabilisierung der Alterssicherungssysteme – all das sind primär Aufgaben der nationalen Regierungen, und Brüssel kommt dabei höchstens eine koordinierende Aufgabe zu. Das sollte der Lissabon-Prozess leisten.

Der ist, nachdem das erste Jahrzehnt des neuen Jahrhunderts vorüber ist, eine große Enttäuschung. Den eigentlichen Schaden von Maßnahmen wie dem Lissabon-Prozess kann man jedoch mit Alesina und Perotti (2004: 34) in der pompösen Rhetorik sehen, mit der diese Politik in die Öffentlichkeit getragen wird: „An empty rhetoric can mislead the public debate, generating unreasonable expectations in the public, thus creating obstacles for well-intentioned policymakers facing tough choices". Die resultierende Glaubwürdigkeitskrise der europäischen Politik hat dann wohl auch zu den ablehnenden Referenden in Frankreich, den Niederlanden und in Irland geführt.

Die Diskrepanzen zwischen Erwartung und Wirklichkeit folgen zu einem guten Teil aus der historischen Dynamik des europäischen Integrationsprozesses. Die Formen der Governance der Gemeinschaft entwickeln sich im Laufe der Zeit im Spannungsfeld von zwei Kräften, dem eigentlichen Integrationsprojekt und den ständig wechselnden Herausforderungen der Umgebung. Es ist unvermeidlich, dass in einem solchen Entwicklungsprozess Spannungen auftreten zwischen den Ansprüchen an die Politik und den dafür verfügbaren Mitteln und Instrumenten. In Maastricht wurden die Kompetenzen mit der Währungsunion erheblich erweitert, während man 2000 in Lissabon die Erwartungen an die Union hochgeschraubt hat. In beiden Fällen erfuhr das wirtschaftspolitische Instrumentarium keine adäquate Ergänzung oder Vertiefung. Dem Stabilitäts- und Wachstumspakt fehlten effektive Sanktionsmechanismen und die gemeinschaftliche Entschlossenheit, sie einzusetzen. Die offene Methode der Koordinierung bleibt bislang im Unverbindlichen und findet in der nationalen Politik gerade der größeren Mitgliedländer keinen Widerhall. Die Schulden- und Finanzmarktkrise hat die Defizite unbarmherzig offen gelegt.

Eine Gruppe von Wirtschafts- und Politikwissenschaftler aus verschiedenen Mitgliedländern hatte schon vor einem Jahrzehnt, also vor der Finanzmarkt- und Schuldenkrise, im Auftrag der Kommission die Probleme und Herausforderungen analysiert, vor die sich Europa gestellt sah, und eine Agenda entwickelt, was im einzelnen zu tun sei. Angesichts des Auftraggebers der Studie ist klar, dass die Problematik vor allem aus der Gemeinschaftsperspektive behandelt wird. Dabei kommt der Mehrebenenaspekt der Reformpolitik nur unzureichend zur Geltung. Uns interessiert hier aber besonders die Gemeinschaftsperspektive. Der Sapir-Bericht (Sapir et al. 2004) entwirft geradezu einen Feldzugsplan, um Defizite der Union zu überwinden:

- die Wirtschaftsordnung überdenken, lautete die strategische Devise,
- die Wirtschaftspolitik neu gestalten, lautete die taktische Devise,
- die Formen der politischen Umsetzung ändern, lautete die operative Devise.

Wachstum sei das Mittel, um die ökonomischen, sozialen und umweltpolitischen Ziele der Union zu realisieren, schreiben die Autoren. Und da bedarf es einiger Überzeugungsarbeit, um dem breiten Publikum klar zu machen, dass dies auch das einzige Mittel ist. Die liberale Grundeinstellung wird noch unterstrichen durch die Betonung der makroökonomischen Stabilität, die als unabdingbare Voraussetzung für wirtschaftliches Wachstum gesehen wird. Schon hier zeigt sich, dass der Bericht auch nach einem Jahrzehnt nicht an Aktualität verloren hat, wie immer man seine Empfehlungen einschätzt.

Wachstumsorientierte Wirtschaftspolitik ist, so die Überzeugung des Berichts und des ökonomischen *mainstream*, angebotsorientierte mikroökonomische Politik. Stichworte sind: Stärkung der Mobilität von Gütern, Diensten, Kapital und Arbeit innerhalb des gemeinsamen Marktes, Verbesserung der grenzüberschreitenden Infrastruktur, Erleichterung und Förderung der Innovation und des Marktzutritts neuer Unternehmen, Offenheit gegenüber Migranten aus Drittländern, Investition in Qualifikation und Wissen. Soweit es sich dabei um Regulierungen und den Wettbewerb auf dem gemeinsamen Markt handelt, verfügt die Gemeinschaft über Kompetenzen, wachstumsfördernde Maßnahmen durchzusetzen. Sobald für die Politik Geld erforderlich ist, kommt sie rasch an die Grenzen ihrer Handlungsfähigkeit. Wo es aber, wie bei der Immigrationspolitik, um nationale Reizthemen geht, ist die Gefahr direkter Konflikte groß. Das zeigen die Beispiele der Niederlande („das Boot ist voll") und Großbritanniens.

Bei der stabilitätsorientierten Makropolitik befindet sich der Bericht, nicht so sehr was den Inhalt, wohl aber was die politische Ökonomie der Durchsetzung betrifft, auf ähnlich unsicherem Boden. Die von französischer Seite immer wieder vorgebrachte Idee einer „Wirtschaftsregierung" für die EU oder zumindest für die Eurozone ist wohl noch für längere Zeit unrealistisch. Also Koordinierung und Regelbindung der nationalen Politikansätze, und zwar so, dass das bislang erreichte Niveau an Preisstabilität nicht gefährdet wird. Wenn dann von zyklischer Stabilisierung die Rede ist, meint das eine symmetrische Fiskalpolitik, die in guten Zeiten jene Defizite ausgleicht, die in schlechten Zeiten notwendigerweise anfallen. Mit dem Fiskalpakt hat man wieder einmal versucht, diesen keynesianischen Grundgedanken der Politik zu aktualisieren.

Je strikter die Budgetregeln und je stärker die Kontrolle durch die Europäische Kommission werden, desto geringer wird auch der fiskalpolitische Spielraum der nationalen Regierungen. All das läuft tendenziell darauf hinaus, die Fiskalpolitik genauso wie die Geldpolitik unabhängig vom politischen Tagesgeschäft der nationalen Regierungen zu machen oder zumindest in ein enges zentral gesteuertes Korsett zu zwängen. Der Aufschrei der nationalen Souveräne bleibt nicht aus. Die Tendenz, Entscheidungen an der Politik vorbei von „unabhängigen" selbständigen Instanzen fällen zu lassen, besteht auch auf anderen Gebieten, wie wir gesehen haben. Im Falle der Geldpolitik und der Unabhängigkeit der Zentralbank gibt es dafür sehr plausible Gründe. Der so genannte Lamfalussy-Prozess (vgl. Kap. 6) führt eine ähnliche Entpolitisierung in der Finanzmarktregulierung ein, und die Finanzmarktkrise hat die Notwendigkeit dafür bestätigt. Die betroffenen Fachleute begrüßen solche Vereinfachungen auch auf anderen Gebieten. Dem Konsumenten und dem Bürger kommen Zweifel darüber, wer ihn dann noch vertrete.

Darin kann man die Kommissionsvision von Europa sehen: apolitische, technokratische, zweckrationale Lösungen für grenzüberschreitende Probleme. Das ist angemessen für ein europäisches Patentamt. Das ist vielleicht noch angemessen für eine Freihandelszone. Doch ganz offensichtlich ist die heutige Europäische Union mehr als das, und ihre Bürger beklagen ein soziales und ein politisches Defizit. Es mag sachlich richtig sein, dass nicht Umverteilung, sondern Entbürokratisierung, Flexibilisierung, Forschung und Bildung die von allen erwünschte Wohlfahrt und Sicherheit voran bringen. Aber aus Legitimationsüberlegungen ist es unmöglich, dies an der Politik, und das heißt an den Bürgern vorbei in die Realität umzusetzen. Zur Sachlogik muss in jedem Fall die Partizipation hinzukommen, sonst wird Enzensbergers (2011) Schreckensvision vom „sanften Monster Brüssel" Realität.

Auf festem Boden bewegte sich der Sapir-Bericht, wenn es um die Effektivität und Transparenz der Entscheidungsprozesse geht. Die Probleme sind immer wieder genannt worden. Klar und deutlich haben zum Beispiel Alesina und

Perotti (2004) sie unter der Überschrift „überlappende Jurisdiktionen" zusammengefasst:

- Mangelnde Klarheit über die Machtverteilung zwischen Kommission und Rat und über Struktur und Rolle des Europäischen Rates. In föderativen Systemen tauchen Probleme überlappender Jurisdiktionen häufiger auf; man denke nur an die jüngste Föderalismusdebatte in Deutschland. Der Union ist es aber bislang nicht gelungen, sie durch adäquate *checks and balances* in den Griff zu bekommen.

- Die Verteilung der Kompetenzen zwischen den nationalen Regierung und den Gemeinschaftsinstitutionen hat sich über die Jahre hinweg ständig zugunsten letzterer verschoben. Dagegen mag man einwenden: Wie könnte es bei einem evolutionären Integrationsprojekt anders sein! Aber das Subsidiaritätsprinzip und die Regeln des Fiskalföderalismus legen nahe, die Kompetenzverteilung zu überdenken, um sie dann klarer und rationaler festzulegen.

- Mangelnde Transparenz der Entscheidungsprozesse und mangelnde Verantwortlichkeit der politischen Gemeinschaftsinstitutionen haben bei den Bürgern der Union Informationsdefizite und das unbestimmte Gefühl zur Folge, von einer dunklen Macht regiert zu werden. Dabei gibt es ein Europäisches Parlament, das nicht mehr so zahnlos ist wie in seinen Kindertagen. Es tagt nur weit weg von seinen Wählern.

Die Union ist längst über eine rein technokratische Koordinierungsinstanz auf intergouvernementaler Ebene hinausgewachsen und zu einer politischen Veranstaltung geworden. Ihre institutionelle Struktur und ihre Regierungsqualität trägt dem aber noch unzureichend Rechnung.

Die Verteilung der Kompetenzen ist Sache einer Verfassung oder eines entsprechenden Vertrages. Andererseits wird sie bestimmt vom *trade-off* zwischen Ausmaß und Reichweite von externen Effekten auf der einen Seite und der Inhomogenität der Präferenzen auf der anderen. Beide Seiten des *trade-off* verändern sich mit der Zeit, so dass eine vertragliche Festschreibung der Kompetenzverteilung die notwendige Flexibilität behindern würde. Der Reformvertrag von Lissabon ist ein Kompromiss: Er erfüllt die Aufgabe, die wesentlichen Kompetenzen zu formulieren und zuzuweisen; andererseits bleibt er dabei vage genug, um eventuell erforderliche Anpassungen ohne Vertragsänderungen vorzunehmen. Die Zuweisung der Bankenaufsicht an die EZB ist ein Beispiel dafür: In Lissabon war sie noch nicht aktuell, 2013 ließ sie sich ohne Vertragsänderung einführen. Doch schon das zweite Element der Bankenunion, eine gemeinsame Regelung für die Bankenabwicklung, verlangte nach einer Vertragsänderung. In der bisherigen Geschichte der Gemeinschaft war die Kompetenzzuweisung eine Einbahnstraße: Was einmal in den Verantwortungsbereich der Union fiel, wurde *acquis communautaire* und damit irreversibel. Wechselnde Konstellationen des erwähnten *trade-off* machen jedoch Umkehrungen möglich oder erforderlich.

Der Sapir-Bericht stellte, wie es sich für Ökonomen geziemt, Sachlogik und Funktionalität zentral. Das grundlegende Demokratieproblem der Union wird nur insoweit gestreift, als es sich dysfunktional auswirkt. Es ist aber fundamental und wird durch die wiederholten negativen Referenden ins Bewustsein der Öffentlichkeit gebracht. Das Problem besteht in der Dominanz der Exekutive in Fragen der europäischen Politik sowohl auf der Unionsebene als auch im Verhältnis von Mitgliedstaat und Gemeinschaft und in dem aus dieser Dominanz abgeleiteten Paternalismus (Neyer 2008). Ein immer größerer Anteil der für die Bürger relevanten gesetzlichen Regelungen nimmt seinen Ausgang von Brüssel, wobei die Entscheidungsverfahren wenig transparent sind und die Bürgern allein schon auf Grund der Entfernung kaum unmittelbaren Einfluss darauf haben. Es ist nicht tragisch, sondern symptomatisch, dass der Reformvertrag von Lissabon, der die Politisierung der Union einen Schritt voran bringen sollte, im einzigen Bürgerreferendum, dem er – in Irland – unterworfen wurde, in erster Instanz gescheitert ist. Hätte es mehr Referenden gegeben, das Ergebnis hätte sich wahrscheinlich noch mehrfach wiederholt. Die Regierung eines Landes wirbt um die Bürger – zumindest wenn der Wahltermin naht. Parlament, Rat und Kommission in Brüssel werben nicht um die Zustimmung der Bürger. Das sollten sie tun.

Literaturverzeichnis

Das Schrifttum zur europäischen Integration füllt inzwischen Bibliotheken. Sich hier einen repräsentative und kritischen Überblick zu verschaffen, auch bei einer Beschränkung auf die Hauptsprachen der Gemeinschaft, übersteigt die Kapazität eines Autors, selbst zweier Autoren. Deshalb darf die folgende Literaturliste nicht als ein solcher Überblick verstanden werden. Wir führen hier nur die Werke auf, die wir unmittelbar beim Verfassen des Textes herangezogen und zitiert haben. Der Liste muss deshalb trotz ihrer Länge ein gewisser unsystematischer Charakter anhaften. Sicher, es gibt Standardwerke auf die jeder zurückgreift, der sich mit dem Thema beschäftigt. Aber über manches, was instruktiv und bedenkenswert ist, stolpert man mehr oder minder zufällig – oder eben auch nicht. Der interessierte Leser, der sich mit einzelnen Fragen, die in den voranstehenden Kapiteln angeschnitten worden sind, etwas tiefer beschäftigen möchte, wird aber durch die Portale der zitierten Arbeiten Zugang finden zu weiterführender Literatur.

Abelshauser, Werner (2003), *Kulturkampf. Der deutsche Weg in die Neue Wirtschaft und die amerikanische Herausforderung*, Berlin (Kulturverlag Kadmos).

Admati, Anat/Hellwig, Martin (2013), *The Bankers' New Clothes. What's Wrong with Banking and What to Do about it*, Princeton (Princeton University Press).

Alesina, Alberto/Spolaore, Enrico /Wacziarg, Romain (2000), Economic Integration and Political Disintegration, *American Economic Review* 90: 1276–1296.

Alesina, Alberto/Angeloni, Ignazio /Schuknecht, Ludger (2001), *What Does the European Union Do?*, NBER Working Paper No. 8647, Cambridge, MA.

Alesina, Alberto/Perotti, Roberto (2004), The European Union: A Politically Incorrect View, *Journal of Economic Perspectives* 18(4): 27–48.

Alter, Karen J. (1998), Who are the „Masters of the Treaty"?: European Governments and the European Court of Justice, *International Organization* 52 (1): 121–147.

Alter, Karen J. (2001), *Establishing the Supremacy of European Law: the Making of an International Rule of Law in Europe*, Oxford (Oxford University Press).

Althusius, Johannes (1603/1995), *Politica*. An Abridged Translation of Politics Methodically Set Forth and Illustrated with Sacred and Profane Examples (Frederick S. Carney ed.), Indianapolis (Liberty Fund).

Apolte, Thomas (1999), *Die ökonomische Konstitution eines föderalen Systems. Dezentrale Wirtschaftspolitik zwischen Kooperation und institutionellem Wettbewerb*, Tübingen (Mohr Siebeck).

Apolte, Thomas (2004), Die eigentümliche Diskussion um Zentralisierung und Dezentralisierung in der Europapolitik, *Perspektiven der Wirtschaftspolitik* 5: 271–291.

Armstrong, Harvey (2004), Regional Policy, in: Ali M. El-Agraa (Hg.), *The European Union. Economics & Policies*, 7. Aufl., Harlow (Prentice Hall): 401–420.

Armstrong, Kenneth/Bulmer, Simon (1998), *The governance of the Single European Market*, Manchester (Manchester University Press).

Arndt, Hans-Wolfgang (2003), *Europarecht*, 6. Auflage, Heidelberg (C.F. Müller).

Arrow, Kenneth J. (1963), Uncertainty and the Welfare Economics of Medical Care, *American Economic Review* 53: 941–973.

Asad, Talal (2002), Muslims and European Identity: Can Europe Represent Islam? in: Anthony Pagden (Hsg.), *The Idea of Europe. From Antiquity to the European Union*, Cambridge (Cambridge University Press), 2002: 209–27.

Avgouelas, Emilios (2012), *Governance of Global Financial Markets. The Law, the Economics, the Politics*, Cambridge (Cambridge University Press).

Ayres, Ian/Nalebuff, Barry (2005), Going Soft on Microsoft? The EU's Antitrust Case and Remedy, in: *The Economists' Voice* 2(2): Article 4.

Literaturverzeichnis

Bach, Stefan (2001), Kapitaleinkommensbesteuerung zwischen Wettbewerb und Harmonisierung, in: Müller, Walter/Fromm, Oliver/Hansjürgens, Bernd (Hg.): *Regeln für den europäischen Systemwettbewerb. Steuern und soziale Sicherungssysteme*, Marburg (Metropolis): 105–132.

Badinger, Harald/Maydell, Niklas (2009), Legal and Economic Issues in Completing the EU Internal Market for Services: An Interdisciplinary Perspective, *Journal of Common Market Studies* 47 (4): 693–717.

Balassa, Bela (1961), *The Theory of Economic Integration*, Homewood (Irwin).

Balassa, Bela (1975) Trade Creation and Trade Diversion in the European Common Market: An Appraisal of the Evidence, in: Bela Balassa (Hg.), *European Economic Integration*, Amsterdam (North Holland).

Baldwin, Richard/Krugman, Paul (1987), Industrial policy and international competition in wide-bodied jet aircraft, in: Richard Baldwin (Hg.), *Trade Policy Issues and Empirical Analysis*, Chicago (University of Chicago Press).

Baldwin, Richard/Venables, Anthony J. (1995), Regional Economic Integration, in: Gene M. Grossman/Kenneth Rogoff (Hg.), *Handbook of International Economics*, vol. 3, Amsterdam (Elsevier): 1597–1644.

Baldwin, Richard/Wildgren, Mika (2007), *Pandora's (Ballot) Box*, CEPR Policy Insight No. 4, www.cepr.org/pubs/policyinsights.

Baldwin, Richard/Wyplosz, Charles (2012), *The Economics of European Integration* 4th ed., London (McGraw Hill).

Barnard, Catherine (2013), *The Substantive Law of the EU. The Four Freedoms*, 4th ed., Oxford (Oxford University Press).

Barros, Pedro Pita, et al. (2005), *Integration of European Banking: The Way Forward*, Bilbao (Fundación BBVA), London (CEPR).

Beck, Thorsten (Hsg.) (2012), *Banking Union for Europe*, London (Centre for Economic Policy Research).

Begg, Iain/Grimwade, Nigel (1998), *Paying for Europe*, Sheffield (Sheffield University Press).

Beiser, Reinhold/Kühbacher, Thomas (2008), Ertragssteuern im Spannungsfeld der Grundfreiheiten des EG-Vertrages, in: Günther H. Roth/ Peter Hilpold (Hg.), *Der EuGH und die Souveränität der Mitgliedstaaten. Eine kritische Analyse richterlicher Rechtsschöpfung auf ausgewählten Rechtsgebieten*, Wien (Linde): 103–250.

Bergmann, Jan (2001), *Recht und Politik der Europäischen Union. Der Integrationsverbund vor der Osterweiterung*, Grevenbroich (Omnia).

Berndt, Arnold/Kunz, Martin (2003), Immer öfter ab und an? Aktuelle Entwicklungen im Bahnsektor, in: Günter Knieps/Gert Brunekreeft, *Zwischen Regulierung und Wettbewerb*, Heidelberg (Physica): 165–218.

Bertoli, Simone/Brücker, Herbert/Moraga, Jesús Fernández-Huertas (2013): *The European crisis and migration to Germany: expectations and the diversion of migration flows.* IZA Discussion Paper Nr. 7170.

Bigus, Jochen/Leyens, Patrick C. (2008), *Einlagensicherung und Anlegerentschädigung*, Tübingen (Mohr Siebeck).

Bishop, Simon/Walker, Mike (2002), *Economics of E.C. Competition Law: Concepts, Application and Measurement*, 2. Aufl., London (Sweet & Maxwell).

Blanchard, Olivier J./Katz, Lawrence F. (1992), Regional Evolutions, *Brookings Papers on Economic Activity* 1: 1–61.

Blank, Jürgen E./Clausen, Hartmut/Wacker, Holger (1998), *Internationale ökonomische Integration. Von der Freihandelszone zur Wirtschafts- und Währungsunion*, München (Vahlen).

Böll, Heinrich (1957/1961), *Irisches Tagebuch*, München (DTV).

Bönker, Frank, 2013, Europäische Integration und kapitalistische Vielfalt, in: Timm Beichelt et al. (Hsg.), *Europa-Studien*, 2. Aufl., Wiesbaden (Springer): 345–56.

Boeri, Tito/Brücker, Herbert (2001), *The Impact of Eastern Enlargement on Employment and Labour Markets in the EU Member States*, Report for the European Commission, Employment, Social Affairs and Equal Opportunities DG, Brüssel.

Boeri, Tito/Brücker, Herbert (2005): *Why are Europeans Getting so Tough on Migrants?*, *Economic Policy* 41: 631–703.

Bofinger, Peter/Reischle, Julian/Schächter, Andrea (1996), *Geldpolitik. Ziele, Institutionen, Strategien und Instrumente*, München (Vahlen).

Bonin, Holger (2006): *Der Finanzierungsbeitrag der Ausländer zu den deutschen Staatsfinanzen: eine Bilanz für 2004*. IZA Discussion Paper Nr. 2444.

Bonin, Holger/Raffelhüschen, Bernd/Walliser, Jörg (2000): „Can Immigration Alleviate the Demographic Burden? An Assessment with Generational Accounts", *Finanzarchiv*, 57 (1): 1–21.

Borgolte, Michael (2005), Wie Europa seine Vielfalt fand. Über die mittelalterlichen Wurzeln für die Pluralität der Werte, in: Hans Joas/ Klaus Wiegandt (Hsg.), *Die kulturellen Werte Europas*, Frankfurt a.M. (Fischer): 117–63.

Brander, James A. (1995), Strategic Trade Policy, in: Gene M. Grossman/Kenneth Rogoff (Hg.), *Handbook of International Economics*, Vol. III, Amsterdam (Elsevier): 1395–1455.

Brander, James A./Spencer, Barbara J. (1985), Export subsidies and market share rivalry, *Journal of International Economics* 18: 83–100.

Braunberger, Gerald (2006), *Airbus gegen Boeing. Wirtschaftskrieg der Giganten*, Frankfurt a.M. (Frankfurter Allgemeine Buch).

Brücker, Herbert (2013): *Auswirkungen der Einwanderung auf Arbeitsmarkt und Sozialstaat: Neue Erkenntnisse und Schlussfolgerungen für die Einwanderungspolitik*. Bertelsmann Stiftung, Gütersloh 2013.

Brücker, Herbert/Eger, Thomas (2012), The law and economics of the free movement of persons in the European Union, in: Thomas Eger/Hans-Bernd Schäfer (eds.): *Research Handbook on the Economics of European Union Law*, Cheltenham (Edward Elgar): 146–179.

Brücker, Herbert/Schröder, Philipp J.H. (2005), *International Migration With Heterogeneous Agents: Theory and Evidence*, Paper presented at the European Economic Association Annual Meeting 2005, Amsterdam.

Brunekreeft, Gert/Keller, Katja (2003), Elektrizität: Verhandelter versus regulierter Netzzugang, in: Günter Knieps,/Gert Brunekreeft, *Zwischen Regulierung und Wettbewerb*, Heidelberg (Physica): 131–164.

Buchanan, James M./Tollison, Robert D. /Tullock, Gordon (Hg.) (1980),*Toward a Theory of the Rent Seeking Society*, College Station (Texas A&M University Press).

Buiter, Willem, 2006, The ‚Sense and Nonsense of Maastricht' revisited: What have we learnt about stabilization in EMU? *Journal of Common Market Studies* 44: 687–710.

Burda, Michael C. (1995), Migration and the Option Value of Waiting, *Economic and Social Review*, 27, 1–19.

Burda, Michael C./ Charles Wyplosz, 2012, *Macroeconomics. A European Text*, 6. ed., Oxford (Oxford University Press).

Carbonara, Emanuela/Luppi, Barbara/Parisi, Francesco (2012), Subsidiarity for a changing union, in: Thomas Eger/Hans-Bernd Schäfer (eds.): *Research Handbook on the Economics of European Union Law*, Cheltenham (Edward Elgar): 95–110.

Cascante, José Christian/Sander, Gerald G. (1999), *Der Streit um die EG-Bananenmarktordnung*, Berlin (Duncker & Humblot).

Chalmers, Damian/Lodge, Martin (2003), *The Open Method of Co-ordination and the European Welfare State*, Discussion Paper No. 11, London (ESRC Centre for Analysis of Risk and Regulation).

Classen, Claus Dieter (2014), Zur offenen Finalität der europäischen Integration, in Armin Hatje/Peter Christian Müller-Graff (Hsg.), *Europäisches Organisations- und Verfassungsrecht*, EnzEuR Bd. 1, Baden-Baden (Nomos): im Erscheinen.

Coase, Ronald (1960), The problem of social cost, *Journal of Law and Economics* 3: 1–44.

Colman, David/Roberts, Deborah (1997), Economics of the CAP in Transition, in: Mike Artis,/Norman Lee, (Hg.), *The Economics of the European Union. Policy and Analysis*, Oxford (Oxford University Press): 89–117.

Literaturverzeichnis

Commission of the European Communities (1994), *EC Agricultural Policy for the 21ˢᵗ Century*, Brussels.

Cournot, Augustin (1838/1980), *Recherches sur les principes mathématiques de la théorie des richesses*, Paris (Vrin).

Cour-Thimann, Philippe, 2013, Target Balances and the Crisis in the Euro Area, *CESifo Forum* 14 (Special Issue).

Craig, Paul/de Búrca, Gráinne (2011), *EU Law. Text, Cases and Materials*, 5ᵗʰ ed., Oxford (Oxford University Press).

Crouch, Colin/Streeck, Wolfgang (Hg.) (1997), *Political Economy of Modern Capitalism. Mapping Convergence & Diversity*, London (Sage).

Curzon Price, Victoria (2004), Competition and industrial policies with emphasis on industrial policy, in: Ali M. El-Agraa (Hg.), *The European Union. Economics and Politics*, 7ᵗʰ ed., Harlow (Prentice Hall): 212–37.

De Grauwe, Paul (2006), On Monetary and Political Union, *CESifo Forum* 4/2006: 3–10.

De Grauwe, Paul, 2006(a), What have we Learnt about Monetary Integration since the Maastricht Treaty? *Journal of Common Market Studies*, 44: 711–30.

De Grauwe, Paul, 2012, *Economics of Monetary Union*, 9ᵗʰ ed., Oxford (Oxford University Press).

De Grauwe, Paul/Mongelli, Francesco Paolo (2005), *Endogeneities of Optimum Currency Areas. What Brings Countries Sharing a Single Currency Closer Together?* Working Paper Series No. 468, Frankfurt a.M. (ECB).

De Haan, Jakob/Eijffinger, Sylvester C.W. /Waller, Sandra (2005), *The European Central Bank. Credibility, Transparency and Centralization*, Cambridge, Mass., (MIT Press).

De Schoutheete, Philippe (2002), The European Council, in: John Peterson/Michael Shakleton, *The Institutions of the European Union*, Oxford (Oxford University Press): 21–46.

Deutsche Bundesbank, 2010, *Finanzstabilitätsbericht 2010*, Frankfurt a.M.

Die Kairoer Erklärung der Menschenrechte im Islam (1990), http://www.aidlr.org/german/mag/36_1%20-5.pdf.

Di Pietrantonio; Loris/Pelkmans, Jacques (2004), *The Economics of EU Railway Reform*, Bruges European Economic Policy Briefings no. 8, available at: http://www.coleurope.eu/content/studyprogrammes/eco/publications/BEEPs/BEEP8.pdf

Djajic, Slobodan/Milbourne, Ross (1988), A general equilibrium model of guestworker migration, *Journal of International Economics* 25: 335–351.

Donges, Juergen B. et al. (2007), *Dienstleistungsmärkte in Europa weiter öffnen*, Schriftenreihe der Stiftung Marktwirtschaft, Band 45, Berlin.

Egan, Michelle (2001), *Constructing a European Market: Standards, Regulation, and Governance*, Oxford (Oxford University Press).

Eger, Thomas (1995), *Eine ökonomische Analyse von Langzeitverträgen*, Marburg (Metropolis).

Eger, Thomas (2014), Comment on Christian Kirchner ‚The European Constitutional Impossibility Theorem', in: Thomas Eger/Stefan Oeter/Stefan Voigt (eds.): *Economic Analysis of International Law*, Tübingen (Siebeck Mohr): 273–8.

Eger, Thomas/Schäfer, Hans-Bernd (2014), *Rettungsschirme für die Eurozone – Cui bono?*, in: FS Kirchner, Tübingen (Mohr Siebeck) 713–33.

Eger, Thomas/Weise, Peter (2010), Some Limits to the Private Enforcement of Antitrust Law: A Grumbler's View on Harm and Damages in Hardcore Price Cartel Cases, *Global Competition Litigation Review* 3 (4): 152–160.

Eidenmüller, Horst (Hg.) (2004), *Ausländische Kapitalgesellschaften im deutschen Recht*, München (Beck).

Eidenmüller, Horst/Engert, Andreas/Hornuf, Lars (2008), Die Societas Europaea: Empirische Bestandsaufnahme und Entwicklungslinien einer neuen Rechtsform, *Die Aktiengesellschaft*, 53. Jg.: 721–30.

Eijffinger, Sylvester C./De Haan, Jakob (2000), *European Monetary and Fiscal Policy*, Oxford, (Oxford University Press).

Emerson, Michael, et al. (1992), *One Market, One Money. An Evaluation of the Potential Benefits and Costs of Forming an Economic and Monetary Union*, Oxford (Oxford University Press).

Endres, Alfred/Ohl, Cornelia (2005), Kyoto, Europe? – An Economic Evaluation of the European Emission Trading Directive, *European Journal of Law and Economics* 19: 17–39.

Engert, Andreas (2005), Gesellschaftsrecht, in: Katja Langenbucher, (Hg.), *Europarechtliche Bezüge des Privatrechts*, Baden-Baden (Nomos): 238–288.

Enzensberger, Hans Magnus (2011), *Sanftes Monster Brüssel oder Die Entmündigung Europas*, Berlin/Frankfurt a.M. (Suhrkamp).

Erzan, Rafik/Umut Kuzubas/Nilufer Yildiz (2004), *Growth and Immigration Scenarios for Turkey and the EU*, CEPS EU-Turkey Working Papers, No. 13, Brüssel.

Esping-Anderson, Gosta (1990), *The Three Worlds of Welfare Capitalism*, Cambridge (Polity Press).

Esping-Anderson, Gosta, (Hg.) (1996), *Welfare States in Transition. National Adaptations in Global Economies*, London (Sage).

Eucken, Walter (1952/1990), *Grundsätze der Wirtschaftspolitik*, 6. Aufl., Tübingen (Mohr Siebeck).

Eurobarometer (2005c), *Die öffentliche Meinung in der Europäischen Union*, Eurobarometer 63.

Europäische Kommission (2001), *Weissbuch. Die europäische Verkehrspolitik bis 2010. Weichenstellungen für die Zukunft*, Luxemburg.

Europäische Kommission (2003d), *Zweiter Bericht über den wirtschaftlichen und sozialen Zusammenhalt*, Brüssel.

Europäische Kommission (2004a), *Dritter Bericht über den wirtschaftlichen und sozialen Zusammenhalt*, Brüssel.

Europäische Kommission (2004g), EMU after five years, *European Economy*, Special Report No 1.

Europäische Kommission (2007c), Wachsende Regionen, wachsendes Europa – *Vierter Bericht über den wirtschaftlichen und sozialen Zusammenhalt*, Luxemburg.

Europäische Kommission (2009), *Die Mehrwertsteuersätze in den Mitgliedstaaten der Europäischen Gemeinschaft*.

Europäische Kommission, 2009, *Die Finanzverfassung der Europäischen Union*, 4. Ausgabe, Luxemburg.

Europäische Kommission, 2010, *Mitteilung der Kommission an das Europäische Parlament, den Rat, den Europäischen Wirtschafts- und Sozialausschuss und den Ausschuss der Regionen*, Brüssel, KOM (2010) 672.

Europäische Kommission 2010b, *In Europas Zukunft investieren. Fünfter Bericht über den wirtschaftlichen, sozialen und territorialen Zusammenhalt*, Luxemburg.

Europäische Kommission, 2011, *Vorschlag für eine Verordnung des Europäischen Parlaments und des Rates über eine gemeinsame Marktorganisation für landwirtschaftliche Erzeugnisse (Verordnung "Einheitliche GMO")*, Brüssel, KOM(2011) 626.

Europäische Kommission, 2011b, *Kohäsionspolitik 2014–2020 – Investieren in Wachstum und Beschäftigung*, Luxemburg.

Europäische Kommission, 2012, *EU-Haushalt 2011 – Finanzbericht*, Luxemburg.

Europäische Kommission (2012a), *European Commission: Commission Staff Working Paper*, Autumn 2012 Update, COM (2012) 778 final.

Europäische Kommission (2013a), *Commission Staff Working Document on the Free Movement of Capital in the EU*, Brussels, 15. 04. 2013, SWD(2013) 146 final.

Europäische Kommission (2013b), *Bericht über die Wettbewerbspolitik 2012*, Brüssel, den 7. 5. 2013, COM(2013) 257 final.

Europäischer Islamrat (1981), *Die Allgemeine Erklärung der Menschenrechte im Islam*, http://www.dadalos-d.org/deutsch/Menschenrechte/grundkurs_mr2/Materialien/dokument_8.htm.

European Central Bank (2013), *Financial Integration in Europe*, Frankfurt/Main, April.

Literaturverzeichnis

Falkner, Gerda (2004), *Kontinuität und/oder Wandel? Zahlen und Fakten zur EU-Sozialpolitik*, Reihe Politikwissenschaft 100, Wien (Institut für Höhere Studien).

Falkner, Gerda/Treib, Oliver (2005), Europäische Sozialpolitik in der nationalen Praxis, *Zeitschrift für Sozialrecht* 51(2): 139–63.

Faure, Michael/Skogh, Göran (2003), *The Economic Analysis of Environmental Policy and Law. An Introduction*, Cheltenham (Elgar).

Fertig, Michael (2001), The economic impact of EU enlargement: assessing the migration potential, *Empirical Economics* 26: 707–720.

Fertig, Michael/Schmidt, Christoph M. (2001), *Aggregate-Level Migration Studies as a Tool for Forecasting Future Migration Streams*, Discussionpaper Nr. 324, Universität Heidelberg, Wirtschaftswissenschaftliche Fakultät.

Fidrmuc, Jan, 2012, The economics of multilingualism in the EU, in: Thomas Eger/Hans-Bernd Schäfer (Hsg.), *Research Handbook on the Economics of European Union Law*, Cheltenham (Edward Elgar): 331–352.

Fioretos, Orfeo (2001), The Domestic Sources of Multilateral Preferences: Varieties of Capitalism in the European Community, in: Peter A. Hall/David Soskice (Hg.), *Varieties of Capitalism: The Institutional Foundations of Comparative Advantage*, Oxford (Oxford University Press): 213–44.

Frankel, Jeffrey/Rose, Andrew (1997), Is EMU more justifiable ex post than ex ante? *European Economic Review* 41: 753–760.

Fritsch, Michael/Wein, Thomas /Ewers, Hans-Jürgen (2003), *Marktversagen und Wirtschaftspolitik: Microökonomische Grundlagen staatlichen Handelns*, 5. Aufl., München (Vahlen).

Fuest, Clemens (1995), Budgetdefizite in einer europäischen Währungsunion: Bedarf es gemeinsamer Verschuldungsregeln? *Zeitschrift für Wirtschaftspolitik* 42: 123–149.

Fuest, Clemens (2001), Europäische Steuerpolitik, in: Renate Ohr/Theresia Theurl (Hg.), *Kompendium Europäische Wirtschaftspolitik*, München (Vahlen): 467–499.

Fuest, Clemens (2005), EuGH-Rechtsprechung zur Unternehmensbesteuerung, *Wirtschaftsdienst*, 1: 21–5.

Fujita, Masahisa/Krugman, Paul/Venables, Anthony (1999), *The Spatial Economy. Cities, Regions, and International Trade*, Cambridge, Mass., (MIT Press).

Gabelmann, Anne/Groß, Wolfgang (2003), Telekommunikation: Wettbewerb in einem dynamischen Markt, in: Günter Knieps/Gert Brunekreeft, *Zwischen Regulierung und Wettbewerb*, Heidelberg (Physica): 85–130.

Gandolfo, Giancarlo (1992), Monetary Unions, in *The New Palgrave Dictionary of Money & Finance*, (Peter Newman/Milgate/John Eatwell Hg.), London (Macmillan): Bd. 2, 765–70.

Garret, Geoffrey (1995), The Politics of Legal Integration in the European Union, *International Organization* 49 (1): 171–81.

Garret, Geoffrey/Kelemen, R. Daniel /Schulz, Heiner (1998), The European Court of Justice, National Governments, and Legal Integration in the European Union, *International Organization* 52(1): 149–76.

Genschel, Phillipp (2002), *Steuerharmonisierung und Steuerwettbewerb in der Europäischen Union*, Frankfurt/Main (Campus-Verlag).

Gerichtshof der Europäischen Union, 2012, *Jahresbericht 2011*, Luxemburg.

Gillingham, John (2003), *European Integration, 1950–2003. Superstate or New Market Economy?*, Cambridge (Cambridge University Press).

Girouard, Nathalie/André, Christophe (2005), *Measuring cyclically-adjusted budget balances for OECD countries*, Economics Department Working Papers, No. 434, Paris (OECD).

Görres, Steffen (2003), *Grenzüberschreitende Arbeitnehmerentsendung in der EU*, Wien (Neuer wissenschaftlicher Verlag).

Graichen, Patrick/Requate, Till (2005), Der steinige Weg von der Theorie in die Praxis des Emissionshandels: Die EU-Richtlinie zum CO_2-Emissionshandel und ihre nationale Umsetzung, *Perspektiven der Wirtschaftspolitik* 6(1): 41–56.

444

Grimm, Dieter (2002), Constitutionalism Beyond the Nation State, in: Stefan Voigt/ Hans-Jürgen Wagener (Hg.), *Constitutions, Markets and Law. Recent Experiences in Transition Economies*, Cheltenham (Edward Elgar): 317–323.

Grimwade, Nigel (2004), Measuring the impact of economic integration, in: Ali M. El-Agraa (Hg.), *The European Union. Economics and Politics*, 7. Aufl., Harlow (Prentice Hall): 118–141.

Grundmann, Stefan/Möslein, Florian (2003), Die Goldene Aktie – Staatskontrollrechte in Europarecht und wirtschaftspolitischer Bewertung, *Zeitschrift für Unternehmens- und Gesellschaftsrecht (ZGR)* 32(3): 317–366.

Grundmann, Stefan (2004), *Europäisches Gesellschaftsrecht. Eine systematische Darstellung unter Einbeziehung des Kapitalmarktrechts*, Heidelberg (C. F. Müller).

Güney, Necla Akdağ (2014), Abkommen Europäische Union – Türkei, in Armin Hatje/ Peter Christian Müller-Graff (Hsg.), *Europäisches Organisations- und Verfassungsrecht*, EnzEuR Bd. 1, Baden-Baden (Nomos): im Erscheinen.

Guzman, Andrew T. (2008), *How International Law Works. A Rational Choice Theory*, Oxford (Oxford University Press).

Haas, Ernst (1958/1968), *The Uniting of Europe: Political, Social and Economic Forces, 1950–1957*, 2. Aufl., Stanford (Stanford University Press).

Habermas, Jürgen (1999), *Die Einbeziehung des Anderen. Studien zur politischen Theorie*, Frankfurt a.M. (Suhrkamp).

Habermas, Jürgen (2008), *Ach, Europa*, Frankfurt a.M. (Suhrkamp).

Häde, Ulrich, 2013, Der rechtliche Rahmen der Europäischen Währungsunion, in: Timm Beichelt et al. (Hsg.), *Europa-Studien*, 2. Aufl., Wiesbaden (Springer): 431–49.

Hall, Peter A./Soskice, David (Hg.) (2001), *Varieties of Capitalism: The Institutional Foundations of Comparative Advantage*, Oxford (Oxford University Press).

Hankel, Wilhelm et al., 1998, *Die Euro-Klage. Warum die Währungsunion scheitern muß*, Reinbek.

Hansen, Jørgen Drud/Nielsen, Jørgen Ulff-Møller (1997), *An Economic Analysis of the EU*, 2. Aufl., London (Mc Graw-Hill).

Harris, John R./Todaro, Michael P. (1970), Migration, Unemployment and Development: A Two-Sector-Analysis, *American Economic Review* 60: 126–142.

Hayek, Friedrich A., 1967, The Principles of a Liberal Social Order, in: ders. *Studies in Philosophy, Politics and Economics*, London (Routledge): 160–77.

Hayek, Friedrich A. von (1969), *Freiburger Studien. Gesammelte Aufsätze*, Tübingen (Mohr Siebeck).

Heine, Klaus/Kerber, Wolfgang (2002), European Corporate Laws, Regulatory Competition and Path Dependence, *European Journal of Law and Economics*, 13: 47–71.

Hellwig, Martin (2007), *Wirtschaftspolitik als Rechtsanwendung: Zum Verhältnis von Jurisprudenz und Ökonomie in der Wettbewerbspolitik*, Reprints of the Max Planck Institute for Research on Collective Goods, Bonn 2007/19.

Hellwig, Martin (2008c), *Systemic Risk in the Financial Sector: An Analysis of the Subprime-Mortgage Financial Crisis*, Reprints of the Max Planck Institute for Research on Collective Goods, Bonn 2008/43.

Henrekson, Magnus/Torstensson, Johan /Torstensson, Rasha (1997), Growth Effects of European Integration, *European Economic Review*, 41: 1537–1557.

Herdegen, Matthias (2013), *Europarecht*, 15. Auflage, München: Beck

Herder, Johann Gottfried (1784–91/1974), *Ideen zur Philosophie der Geschichte der Menschheit* (4 Teile), Stuttgart.

Herzog, Roman/Gerken, Lüder (2008), Stoppt den Europäischen Gerichtshof, *Frankfurter Allgemeine Zeitung* vom 8. September 2008: 8.

Hillebrand, Bernhard et al. (2002), *CO2 Emissions Trading Put to Test. Design Problems of the EU Proposal for an Emissions Trading System in Europe*, Münster (LIT Verlag).

Hirte, Heribert/Bücker, Thomas (2005) (Hg.), *Grenzüberschreitende Gesellschaften. Praxishandbuch für ausländische Kapitalgesellschaften mit Sitz im Inland*, Köln (Heymanns).

Literaturverzeichnis

Hirte, Heribert (2008), Die „Große GmbH-Reform" – Ein Überblick über das Gesetz zur Modernisierung des GmbH-Rechts und zur Bekämpfung von Missbräuchen (MoMiG), *Neue Zeitschrift für Gesellschaftsrecht*, 11. Jg.: 761–6.

Hix, Simon/Høyland, Bjørn 2011, *The Political System of the European Union*, Basingstoke (Palgrave).

Hodson, Dermot/Marer, Imelda 2001, The Open Method as a New Mode of Governance: The Case of Soft Economic Policy Coordination, *Journal of Common Market Studies* 39: 719–45.

Höpner, Martin/ Armin Schäfer/ Hubert Zimmermann, 2012, Das Trilemma der europäischen Demokratie, *Frankfurter Allgemeine Zeitung*, 27. 4. 2012: 12.

Homburg, Stefan (2010), *Allgemeine Steuerlehre*, 6. Aufl., München: Vahlen.

Hopt, Klaus J. (2013a), Die Haftung für Kapitalmarktinformationen. Rechtsvergleichende, rechtsdogmatische und rechtspolitische Überlegungen, *WM Zeitschrift für Wirtschafts- und Bankrecht* 67 (3): 101–144.

Hopt, Klaus J. (2013b), *Europäisches Übernahmerecht. Eine rechtsvergleichende, rechtsdogmatische und rechtspolitische Untersuchung*, Tübingen (Mohr Siebeck).

Huber, Peter M. (2002), *Recht der Europäischen Integration*, 2. Aufl., München (Vahlen).

http://europa.eu.int/comm/environment/climat/emission.htm

IMF (2004), *World Economic Outlook*, Washington, D.C.

Inman, Robert P./Rubinfeld, Daniel L. (1998), Subsidiarity and the European Union, *The New Palgrave Dictionary of Economics and Law* (Peter Newman/Murray Milgate/John Eatwell Hg.), London (Macmillan): 545–51.

Ipsen, Hans Peter (1972), *Europäisches Gemeinschaftsrecht*, Tübingen (Mohr Siebeck).

Issing, Otmar et al. (2001), *Monetary Policy in the Euro Area: Strategy and Decision Making at the European Central Bank*, Cambridge (Cambridge University Press).

Jaspers, Karl (1949/1963), *Vom Ursprung und Ziel der Geschichte*, München (Piper).

Joas, Hans/Mandry, Christof (2005), Europa als Werte- und Kulturgemeinschaft, in: Gunnar Folke Schuppert/ Ingolf Pernice/ Ulrich Haltern (Hg.), *Europawissenschaft*, Baden-Baden (Nomos): 541–72.

Johnson, Harry G. (1965), An economic theory of protectionism, tariff bargaining and the formation of customs unions, *Journal of Political Economy* 73: 256–283.

Jørgensen., Jan G./Lüthje, Teit /Schröder, Philipp J.H. (2001), Trade: The Workhorse of Integration, in: Jørgen Drud Hansen (Hg.), *European Integration. An Economic Perspective*, Oxford (Oxford University Press): 109–40.

Kaelble, Hartmut (2004), Das europäische Sozialmodell – eine historische Perspektive, in: Hartmut Kaelble/Schmid, Günther (Hg.), Das europäische Sozialmodell. Auf dem Weg zum transnationalen Sozialstaat, *WZB Jahrbuch* 2004, Berlin (Edition Sigma): 31–50.

Kant, Immanuel (1795/1968), Zum ewigen Frieden. Ein philosophischer Entwurf, in: *Werke in Zehn Bänden* (Wilhelm Weischedel Hg.), Band 9, Darmstadt (Wissenschaftliche Buchgesellschaft): 193–251.

Kant, Immanuel (1784–5/1968), Zu Johann Gottfried Herder: Ideen zur Philosophie der Geschichte der Menschheit, in: *Werke in zehn Bänden* (Wilhelm Weischedel Hg.), Band 10, Darmstadt (Wissenschaftliche Buchgemeinschaft): 779–806.

Kaufmann, Daniel/Kraay, Aart /Zoido-Lobatón, Pablo (1999), *Aggregating Governance Indicators*, Policy Research Working Paper, 2195, Washington D.C. (The World Bank).

Kenen, Peter B. (1969), The Theory of Optimum Currency Areas: An Eclectic View, in: Robert A. Mundell/A. Swoboda (Hg.), *Monetary Problems of the International Economy*, Chicago (University of Chicago Press).

Keynes, John Maynard (1919/1971), The Economic Consequences of the Peace, *The Collected Writings of John Maynard Keynes*, Vol. II, London (Macmillan).

Keynes, John Maynard (1931/1972), The End of Laissez-faire, in: Essays in Persuasion, *The Collected Writings of John Maynard Keynes*, Vol. IX, London (Macmillan): 272–94.

Kieninger, Eva-Maria (2004), Internationales Gesellschaftsrecht nach „Centros", „Überseering" und „Inspire Art": Antworten, Zweifel und offene Fragen, *Zeitschrift für Europäisches Privatrecht* 2004: 685–704.

Kieninger, Eva-Maria (2005), The Legal Framework of Regulatory Competition Based on Company Mobility: EU and US Compared – Part I/II, *German Law Journal* 6(4): 741–770.

Kimms, Frank, (1996), *Die Kapitalverkehrsfreiheit im Recht der europäischen Union*, Frankfurt/Main (Lang).

Kirchner, Christian (1997), Competence Catalogues and the Principle of Subsidiarity in a European Constitution, *Constitutional Political Economy* 8: 71–87.

Kirchner, Christian (2005), Die Dynamik des Wettbewerbs. Der Fall Microsoft und die Instrumente des Zwangstechnologiezugangs sowie der Produktentbündelung/Folgen für die Innovationsanreize, *Frankfurter Allgemeine Zeitung*, 8. Januar 2005: 13.

Kluth, Winfried/Rieger, Frank (2005), Die neue EU-Berufsanerkennungsrichtlinie – Regelungsgehalt und Auswirkungen für Berufsangehörige und Berufsorganisationen, *Europäische Zeitschrift für Wirtschaftsrecht*, Heft 16: 486–92.

Knieps, Günter (1998), Telekommunikationspolitik, in: Paul Klemmer (Hg.), *Handbuch Europäische Wirtschaftspolitik*, München (Vahlen): 1193–1228.

Koberski, Wolfgang/Asshoff, Gregor/Hold,Dieter (2002), *Arbeitnehmer-Entsendegesetz*, 2. Aufl., München (Beck).

Koester, Ulrich (2005), *Grundzüge der landwirtschaftlichen Marktlehre*, 3. Aufl., München (Vahlen)

Kox, Henk/Lejour, Arjan/Montizaan, Raymond (2004), *The Free Movement of Services within the EU*, CPB Netherlands Bureau for Economic Policy Analysis, Document No. 69, The Hague.

Krahnen, Jan Pieter (2013), Rettung durch Regulierung. Eckpunkte des Liikanen-Berichts, *Perspektiven der Wirtschaftspolitik* 14: 167–85.

Kramer, Heinz (2003), *EU-kompatibel oder nicht? Zur Debatte um die Mitgliedschaft der Türkei in der Europäischen Union*, SWP-Studie S 34, Berlin (Stiftung Wissenschaft und Politik).

Krieger, Hubert (2003), *Migration trends in an enlarged EU*, Dublin (European Foundation for the Improvement of Working and Living Conditions).

Krugman, Paul (1991), *Geography and Trade*, Cambridge, Mass., (MIT Press).

Krugman, Paul R./Obstfeld, Maurice/Melitz, Marc (2011), *International Economics*, 9th edition, Prentice Hall (Pearson).

Kühn, Kai-Uwe/Reenen, John Van (2009), Interoperability and Market Foreclosure in The European Microsoft Case, in: B. Lyons (ed.): *Cases in European Competition Policy: The Economic Analysis*, Cambridge (Cambridge University Press), 50–71.

Laffan, Brigid (1997), *The Finances of the European Communities*, London (Macmillan).

Laffan, Brigid/Lindner, Johannes (2010), The Budget: Who Gets What, When, and How? in: Helen Wallace/Pollack, Mark A. /Young, Alasdair R. (Hsg.), *Policy Making in the European Union* 6th ed., Oxford (Oxford University Press): 207–28.

Lampert, Heinz (1980), *Sozialpolitik*, Berlin (Springer).

Layard, Richard et. al. (1992): *East-West Migration: The Alternatives*, Boston (MIT Press).

Leggewie, Claus (Hg.) (2004), *Die Türkei und Europa. Die Positionen*, Frankfurt a.M. (Suhrkamp).

Lejour, Arjan M./Ruud A. de Mooij/Clem A. Capel (2004), *Assessing the economic implications of Turkish accession to the EU*, CPB Document No. 56, Den Haag (Central Plan Bureau).

Lévi-Strauss, Claude (1981), Ethnozentrismus und „falscher Evolutionismus", in: Otfried Höffe/ Gerd Kadelbach/ Gerhard Plumpe (Hsg.), *Praktische Philosophie/Ethik*, Band 2, Frankfurt a.M. (Fischer): 214–20.

Literaturverzeichnis

Lewis, Jeffrey (2002), National Interests: Coreper, in: John Peterson/Michael Shakleton (Hg.), *The Institutions of the European Union*, Oxford (Oxford University Press): 277–98.

Leyens, Patrick C. (2009), Finanzintermediär, in: Jürgen Basedow /Klaus J. Hopt/ Reinhard Zimmermann (Hg.), *Handbuch Europäisches Privatrecht*, Tübingen (Mohr Siebeck).

Longhi, Simonetta/ Peter Nijkamp/ Jacques Poot (2005), A Meta-Analytic Assessment of the Effect of Immigration on Wages, *Journal of Economic Surveys* 19(3): 451–77.

Longhi, Simonetta/ Peter Nijkamp/ Jacques Poot (2006), *The Impact of Immigration on Employment of Natives in Regional Labor Markets: A Meta-Analysis*, IZA Discussion Paper 2044, IZA, Bonn.

Lutter, Marcus (Hrsg.) (2005), *Europäische Auslandsgesellschaften in Deutschland*, Köln (O. Schmidt).

Machlup, Fritz (1977), *A History of Thought on Economic Integration*, London (Macmillan)

Martiny, Dieter, 2013, Europäisches Internationales Schuldrecht, in: Timm Beichelt et al. (Hsg.), *Europa-Studien*, 2. Aufl., Wiesbaden (Springer): 315–27.

Mattli, Walter/Slaughter, Anne-Marie (1995), Law and Politics in the European Union: A Reply to Garret, *International Organization*, 52 (1): 183–190.

Mc Kinnon, Ronald I. (1963), Optimum Currency Areas, *American Economic Review* 53: 717–724.

Meade, James A. (1955), *The Theory of Customs Unions*, Amsterdam (North Holland).

Mearsheimer, John J. (1990), Back to the Future: Instability in Europe after the Cold War, *International Security* 15 (1): 15–56.

Mentler, Michael (1996), *Der Ausschuß der Ständigen Vertreter bei den Europäischen Gemeinschaften*, Baden-Baden (Nomos).

Mestmäcker, Ernst – Joachim/Schweitzer, Heike (2004), *Europäisches Wettbewerbsrecht*, 2. Aufl., München (Beck).

Milner, Helen V. (1997), *Interests, Institutions and Information: Domestic Politics and International Relations*, Princeton (Princeton University Press).

Minsky, Hyman P., 1986, *Stabilizing an Unstable Economy*, New Haven (Yale University Press).

Mock, Sebastian (2005), Review Essay – Perspectives of Regulatory Competition in European Company Law, *German Law Journal* 6(4): 771–792.

Monnet, Jean (1988), *Erinnerungen eines Europäers*, Baden-Baden (Nomos).

Montesquieu (Charles-Louis Secondat Baron de Montesquieu) (1748/1961), *De l'Esprit des lois*, Tome I, Paris (Garnier).

Moravcsik, Andrew (1993), Preferences and Power in the European Community: A Liberal Intergovernmentalist Approach, *Journal of Common Market Studies* 31 (4): 473–524.

Moravcsik, Andrew (1998), *The Choice for Europe: Social Purpose and State Power from Messina to Maastricht*, London (Palgrave).

Moravcsik, Andrew/Schimmelfennig, Frank, 2009, Liberal Intergouvernmentalism, in: Antje Wiener/ Thomas Diez (Hsg.), *European Integration Theory* 2nd ed., Oxford (Oxford University Press): 67–87.

Moser, Peter (1999), The impact of legislative institutions on public policy: a survey, *European Journal of Political Economy* 15: 1–33.

Motta, Massimo (2004), *Competition Policy. Theory and Practice*, Cambridge (Cambridge University Press).

Much, Susanna (2013), Klimaschutzrecht, in: Winfried Kluth/Ulrich Smeddinck (Hrsg.), *Umweltrecht*, Wiesbaden (Springer): 309–341.

Müller-Armack, Alfred (1958/1976), Institutionelle Fragen der Europäischen Konjunkturpolitik,, in: ders., *Wirtschaftsordnung und Wirtschaftspolitik*, 2. Aufl., Bern (Haupt): 331–349.

Müller-Armack, Alfred (1962/1976), Das gesellschaftspolitische Leitbild der Sozialen Marktwirtschaft, in: ders., *Wirtschaftsordnung und Wirtschaftspolitik*, 2. Aufl., Bern (Haupt): 293–315.

Müller-Armack, Alfred (1964/1976), Europäische Konjunkturpolitik,, in: ders., *Wirtschaftsordnung und Wirtschaftspolitik*, 2. Aufl., Bern (Haupt): 393–400.

Mundell, Robert A. (1961), A theory of optimal currency area, *American Economic Review* 51: 657–665.

Mundell, Robert A., 1973, Uncommon Arguments for Common Currencies, in: Harry Johnson/ Alexander Swoboda (Hsg.), *The Economics of Common Currencies*, London: 114–32.

Musgrave, Richard A. (1959), *The Theory of Public Finance*, New York (McGraw-Hill).

Mussler, Werner (1998), *Die Wirtschaftsverfassung der Europäischen Gemeinschaft im Wandel: Von Rom nach Maastricht*, Baden-Baden (Nomos).

Nagel, Bernhard (2003), *Wirtschaftsrecht der Europäischen Union. Eine Einführung*, 4. Aufl., Baden-Baden (Nomos).

Nagel, Bernhard (2004), Stadtwerke und Verkehrsbetriebe unter dem Beihilfenrecht des EG-Vertrages, *Zeitschrift für Neues Energierecht*, Heft 04/2004: 353–355.

Nettesheim, Martin (2003), Die konsoziative Föderation von EU und Mitgliedstaaten, in: Burkhard Hess (Hg.), *Wandel der Rechtsordnung*, Tübingen, (Mohr Siebeck): 1–34.

Neven, Damien/Paul Seabright (1995), European Industrial Policy: The Airbus Case, *Economic Policy* 21: 313–58.

Neyer, Jürgen (2008), Europa als Res Publica – Wider die Dominanz der Exekutiven in der Europäischen Union, *Wirtschaftsdienst* 88-8: 491–95.

Neyer, Jürgen, 2012, *The Justification of Europe. A Political Theory of Supranational Integration*, Oxford (Oxford University Press).

Neyer, Jürgen, 2013, Die europäische Demokratie und die deliberative Integrationstheorie, in: Timm Beichelt et al. (Hsg.), *Europa-Studien*, 2. Aufl., Wiesbaden (Springer): 135–47.

Niemann, Arne/Schmitter, Philippe C, 2009, Neofunctionalism, in: Antje Wiener/ Thomas Diez (Hsg.), *European Integration Theory*, 2nd ed., Oxford (Oxford University Press): 45–66.

North, Douglass C. (1990), *Institutions, Institutional Change and Economic Performance*, Cambridge (Cambridge University Press).

Nugent, Neil, 2010, *The Government and Politics of the European Union*, 7th ed., Basingstoke (Palgrave).

o.V. (2005), Liberalisierung im Schienenverkehr, *dbb Europathemen*, Ausgabe Nr. 4/ Februar 1995.

Oates, Warren E. (1999), An Essay on Fiscal Federalism, *Journal of Economic Literature* 37: 1120–1149.

Oberender, Peter (Hg.)(2008), *Der „more economic approach" in der Beihilfenkontrolle*, Berlin (Duncker&Humblot).

OECD (2008), *Agricultural Policies in OECD Countries at a Glance*, Paris.

OECD (2012), *Agriculture Policy Monitoring and Evaluation*. Paris.

Ogus, Anthony (1994), *Regulation: Legal Form and Economic Theory*, Oxford (Clarendon Press).

Oppermann, Thomas/Claus Dieter Classen/Martin Nettesheim (2011), *Europarecht*, 5. Auflage, München: Beck.

Pache, Eckhard (2003), Dienstleistungsfreiheit, in: Dirk Ehlers (Hg.), *Europäische Grundrechte und Grundfreiheiten*, Berlin (de Gruyter): 268–89.

Padoa-Schioppa, Tommaso, (2004), *The Euro and its Central Bank: Getting United after the Union*, Cambridge, MA (MIT Press).

Pechstein, Matthias (2014), Mitgliedschaftsordnung der EU, in Armin Hatje/ Peter Christian Müller-Graff (Hsg.), *Europäisches Organisations- und Verfassungsrecht,* EnzEuR Bd. 1, Baden-Baden (Nomos): im Erscheinen.

Pelkmans, Jacques (2006), *European Integration. Methods and Economic Analysis,* 3. Aufl., Harlow (Prentice Hall).

Pelkmans, Jacques (2012), Mutual recognition: economic and regulatory logic in goods and services, in: Thomas Eger/Schäfer, Hans-Bernd (eds.): *Research Handbook on the Economics of European Union Law,* Cheltenham (Edward Elgar): 113–145.

Peltzman, Sam (1976), Toward a More General Theory of Regulation, *Journal of Law and Economics* 19: 211–40.

Pernice, Ingolf (2005), Zur Finalität Europas, in: Gunnar Folke Schuppert/Ingolf Pernice/Ulrich Haltern (Hg.), *Europawissenschaft,* Baden-Baden (Nomos): 743–792.

Perroux, François (1955), Note sur la notion de pôle de croissance, *Économie appliquée* 7: 307–20.

Pollack, Mark A., 2009, The New Institutionalism and European Integration, in: Antje Wiener/ Thomas Diez (Hsg.), *European Integration Theory* 2nd ed., Oxford (Oxford University Press): 125–43.

Putnam, Robert (1988), Diplomacy and domestic politics: the logic of two-level games, *International Organization* 42: 427–61.

Quaisser, Wolfgang/Reppegather, Alexandra (2004), *EU-Beitrittsreife der Türkei und Konsquenzen einer EU-Mitgliedschaft,* Osteuropa-Institut München, Working Papers Nr. 252.

Rapport et recommandations de la commission arabe permanente pour les droits de l'homme (2004), http://www.humanrights.ch/home/upload/pdf/061015_Projet-Charte-arabe.pdf

Rat der Europäischen Union (2004), *Interinstitutionelles Dossier 10865/04 zum Vorschlag für eine Richtlinie des Europäischen Parlaments und des Rates über Dienstleistungen im Binnenmarkt,* Brüssel, 25. 6. 2004.

Rawls, John (1975), *Eine Theorie der Gerechtigkeit,* Frankfurt a.M. (Suhrkamp).

Ress, Georg/Jörg Ukrow (2002), Der Kapital- und Zahlungsverkehr, in: Eberhard Grabitz/Meinhard Hilf (Hg.), *Das Recht der Europäischen Union,* Kommentar, Loseblattsammlung, München (Beck): Bd. II.

Ribhegge, Herrmann (2013), Europäische Sozialpolitik, in: Timm Beichelt et al. (Hsg.), *Europa-Studien,* 2. Aufl., Wiesbaden (Springer): 377–95.

Richter, Rudolf/Eirik G. Furubotn (1999), *Neue Institutionenökonomik,* 2. Aufl., Tübingen (Mohr Siebeck).

Ringe, Wolf-Georg (2010), Company Law and Free Movement of Capital, *The Cambridge Law Journal* 69 (2): 378–409.

Robson, Peter (1998), *The Economics of International Integration,* 4. Aufl., London (Routledge).

Rodrik, Dani (1995), Political Economy of Trade Policy, in: Gene M. Grossman/Kenneth Rogoff (Hg.), *Handbook of International Economics.* Volume III, Amsterdam (Elsevier): 1457–1494.

Rodrik, Dani (2011), *Das Globalisierungsparadox. Die Demokratie und die Zukunft der Weltwirtschaft,* München (Beck).

Rosamond, Ben (2000), *Theories of European Integration,* Basingstoke (Palgrave).

Roth, Günther H. unter Mitarbeit von Mathias Demetz/ Guido Donath (2008), Gesellschaftsrecht: Briefkastengründungen und Golden Shares, in: Günther H. Roth/ Peter Hilpold (Hg.), *Der EuGH und die Souveränität der Mitgliedstaaten. Eine kritische Analyse richterlicher Rechtsschöpfung auf ausgewählten Rechtsgebieten,* Wien (Linde): 427–79.

Rowe, Gerard C. (2013), Europäische Integration durch Verwaltung und Verwaltungsrecht, in: Timm Beichelt et al. (Hsg.), *Europa-Studien,* 2. Aufl., Wiesbaden (Springer): 263–80.

Sala-i-Martin, Xavier X. (1996), Regional cohesion: Evidence and theories of regional growth and convergence, *European Economic Review* 40: 1325–52.

Sapir, André, et. al. (2004), *An Agenda for a Growing Europe*, Oxford (Oxford University Press).

Schäfer, Hans-Bernd (2012), Can member state liability for the infringement of European law deter national legislators?, in: Thomas Eger/Hans-Bernd Schäfer (eds.): *Research Handbook on the Economics of European Union Law*, Cheltenham (Edward Elgar): 82–94.

Schäfer, Hans-Bernd/Claus Ott (2005), *Lehrbuch der ökonomischen Analyse des Zivilrechts*, 4. Aufl., Berlin-Heidelberg (Springer).

Scharpf, Fritz W. (1999), *Regieren in Europa. Effektiv und demokratisch?*, Frankfurt (Campus).

Scharpf, Fritz W. (2002), Regieren im europäischen Mehrebenensystem – Ansätze zu einer Theorie, *Leviathan* 30(1): 65–92.

Scheller, Hanspeter K. (2004), *The European Central Bank. History, Role and Functions*, Frankfurt a.M. (ECB).

Schmidt, André (2001), Europäische Wettbewerbspolitik: Ordnungspolitische Weichenstellungen, in: Renate Ohr/Theresia Theurl (Hg.), *Kompendium Europäische Wirtschaftspolitik*, München (Vahlen): 363–416.

Schmidt, Ingo/André Schmidt (2006), *Europäische Wettbewerbspolitik: eine Einführung*, 2. Aufl., München (Vahlen).

Schmidt, Jessica (2010), *„Deutsche" vs. „britische" Societas Europaea (SE)*, 2. Aufl., Jena (JWV-Verlag).

Schmidtchen, Dieter/Albert, Max/Voigt, Stefan (Hg.)(2007), *The More Economic Approach to European Competition Law*, Tübingen (Mohr Siebeck).

Schmitter, Philippe C. (1971), A Revised Theory of European Integration, in: Leon N. Lindberg/Stuart A. Scheingold (Hsg.), *Regional Integration: Theory and Research*, Cambridge, Mass., (Harvard University Press).

Schnyder, Anton K. (2005), *Europäisches Bank- und Versicherungsrecht*, Heidelberg (C. F. Müller).

Schoenmaker, Dirk, 2011, The Financial Trilemma, *Economic Letters* 111: 57–9.

Schrooten, Mechthild (2013), Europäische Finanzmarktintegration, in: Timm Beichelt et al. (Hsg.), *Europa-Studien. Eine Einführung*, 2. Auflage, Wiesbaden (Springer): 397–407.

Schwödiauer, Gerhard (2013), Zusammenfassende Anmerkungen zur Debatte über die „Europäische Bankenunion", *Perspektiven der Wirtschaftspolitik* 14: 233–39.

Smith, Adam (1776/1976), *An Inquiry into the Nature and Causes of the Wealth of Nations*, Oxford (Oxford University Press).

Sinn, Hans-Werner (2003), *The New Systems Competition*, Oxford (Blackwell).

Sinn, Hans-Werner et al. (2001), *EU-Erweiterung und Arbeitskräftemigration. Wege zu einer schrittweisen Annäherung der Arbeitsmärkte*, München (Ifo-Institut für Wirtschaftsforschung).

Sinn, Hans-Werner (2012), *Die Target Falle. Gefahren für unser Geld und unsere Kinder*, München (Hanser).

Sjaastad, Larry A. (1962), The costs and returns of human migration, *Journal of Political Economy*, 70(5): 80–93.

Starbatty, Joachim/Uwe Vetterlein (1998), Forschungs- und Technologiepolitik, in: Paul Klemmer, (Hg.) *Handbuch Europäische Wirtschaftspolitik*, München (Vahlen): 665–733.

Stark, Oded (1995), Return and Dynamics: The Path of Labor Migration when Workers Differ in their Skills and Information is Asymmetric, *Scandinavian Journal of Economics* 97(1): 55–71.

Stigler, George J. (1971), The Theory of Economic Regulation, in: *Bell Journal of Economics* 2: 3–21.

Streeck, Wolfgang (1998), Vom Binnenmarkt zum Bundesstaat? Überlegungen zur politischen Ökonomie der europäischen Sozialpolitik, in: Stephan Leibfried/Paul

Literaturverzeichnis

Pierson (Hg.), *Standort Europa. Europäische Sozialpolitik*, Frankfurt a.M. (Suhrkamp): 369–421.

Streit, Manfred E./Mussler, Werner (1995), Wettbewerb der Systeme und das Binnenmarktprogramm der Europäischen Union, in: Lüder Gerken (Hg.), *Europa zwischen Ordnungswettbewerb und Harmonisierung. Europäische Ordnungspolitik im Zeichen der Subsidiarität*, Berlin (Springer): 75–107.

Sutton, John (1998), *Technology and Market Structure: Theory and History*, Cambridge, Mass., (MIT Press)

Tabellini, Guido/Wyplosz, Charles (2004), *Réformes structurelles et coordination en Europe*, Paris (La documentation Française).

Tanzi, Vito (2005), *Fiscal Policy and Fiscal Rules in the European Union*, CESifo Forum 6.3: 57–64.

Tiebout, Charles M. (1956), A Pure Theory of Local Expenditures, *Journal of Political Economy* 64: 416–424.

Tinbergen, Jan (1954), *International Economic Integration*, Amsterdam (North Holland).

Tsoukalis, Loukas (1997), *The New European Economy Revisited*, Oxford (Oxford University Press).

Tully, James (2002), The Kantian Idea of Europe: Critical and Cosmopolitan Perspectives, in: Anthony Pagden (Hg.), *The Idea of Europe. From Antiquity to the European Union*, Cambridge (Cambridge University Press): 331–58.

Van Aaken, Anne (2002), Comment, in: Stefan Voigt/Hans-Jürgen Wagener (Hg.), *Constitutions, Markets and Law. Recent Experiences in Transition Economies*, Cheltenham (Edward Elgar): 325–332.

Van den Bergh, Roger (2000), Towards an Institutional Legal Framework for Regulatory Competition in Europe, *Kyklos* 53: 435–466.

Van den Bergh, Roger/Camesasca, Peter D. (2006), *European Competition Law and Economics. A Comparative Perspective*, 2. Aufl., London (Sweet & Maxwell).

Van den Noord, Paul (2000) *The size and role of automatic fiscal stabilizers in the 1990s and beyond*, Economics Department Working Paper, No. 230, Paris (OECD).

Van Middelaar, Luuk (2013), *The Passage to Europe. How a Continent Became a Union*, New Haven (Yale University Press).

Van Miert, Karel (2000), *Markt – Macht – Wettbewerb. Meine Erfahrungen als Kommissar in Brüssel*, Stuttgart (Deutsche Verlagsanstalt).

Van Schendelen, M.P.C.M. (1996), „The Council Decides": Does the Council Decide? Journal of *Common Market Studies* 34: 531–48.

Vanthoor, W.F.V. 2002, *A chronological History of the European Union 1946–2001*, Cheltenham (Elgar).

Vergil (Publius Vergilius Maro) (17 v.Chr./1994) *Aeneis*, 6. Aufl., Zürich (Artemis & Winkler).

Viner, Jacob (1950), *The Customs Union Issue*, New York (Carnegie Endowment for International Peace).

Viscusi, W. Kip/Vernon, John Mitcham /Harrington, Joseph Emmet jr. (2000), *Economics of Regulation and Antitrust*, 3. Aufl., Cambridge, Mass., (MIT Press).

Vives, Xavier/Staffiero, Gianandrea (2009), Horizontal, Vertical and Conglomerate Effects: The GE-Honeywell Merger in the EU, in: B. Lyons (ed.): *Cases in European Competition Policy: The Economic Analysis*, Cambridge (Cambridge University Press): 434–464.

Voigt, Stefan (2002), *Institutionenökonomik*, München (Wilhelm Fink).

Vollmer, Uwe (2005), *Geld- und Währungspolitik*, München (Vahlen).

Wagener, Hans-Jürgen (2013), ... and never the twain shall meet? Die Osterweiterung der Europäischen Union, in: Timm Beichelt et al. (Hsg.), *Europa-Studien*, 2. Aufl., Wiesbaden (Springer): 357–76.

Wallace, William (Hg.) (1990), *The Dynamics of European Integration*, London (Pinter).

Wallace, Helen, (2010), An Institutional Anatomy and Five Policy Modes, in: Wallace, Helen/ Pollack, Mark A./Young, Alasdair R. (Hsg.), *Policy Making in the European Union* 6th ed., Oxford (Oxford University Press): 69–104.

Weber, Max (1956), *Wirtschaft und Gesellschaft*, 4. Aufl., Tübingen (Mohr Siebeck).

Wendehorst, Christiane (2005), Internationales Privatrecht, in: Katja Langenbucher, (Hg.), *Europarechtliche Bezüge des Privatrechts*, Baden-Baden (Nomos): 333–373.

Wetter, Friedrich Kardinal (2003), Religiöse Herkunft und Zukunft Europas, in: *Europa leidenschaftlich gesucht*, München (Piper): 189–99.

Werner, Pierre, et.al., *Rapport intérimaire concernant la réalisation par étapes de l'Union Economique et Monétaire*, Brüssel, 1970.

Wiegard, Wolfgang (2006), Internationaler Steuerwettbewerb und Reform der Unternehmensbesteuerung: 7 Fakten – 7 Thesen, in: Gerrit Frotscher (Hg.): *Anforderungen an ein modernes Steuersystem angesichts der Globalisierung*, Hamburg (Institut für Ausländisches und Internationales Finanz- und Steuerwesen): 97–128.

Wiener, Antje/Diez, Thomas (Hsg.) (2009), *European Integration Theory* 2nd ed., Oxford (Oxford University Press).

Wils, Wouter P.J. (2001), The Modernization of the Enforcement of Articles 81 and 82 EC; A Legal and Economic Analysis of the Commission's Proposal for a New Council Regulation No. 17, *Fordham International Law Journal* 24: 1655–1690.

Wilmovsky, Peter von (2003), Freiheit des Kapital- und Zahlungsverkehrs, in: Dirk Ehlers (Hg.), *Europäische Grundrechte und Grundfreiheiten*, Berlin (de Gruyter): 290–317.

Windolf, Paul (2002), Die Zukunft des Rheinischen Kapitalismus, *Kölner Zeitschrift für Soziologie und Sozialpsychologie*, Sonderheft 42: 414–442.

Zarek, Brigitte (2006), Die Osterweiterung der Europäischen Union: Auswirkungen auf die Handelsstrukturen zwischen der EU-15 und den Ländern Mittel- und Osteuropas, *Osteuropa-Wirtschaft* 51 (2): 107–126.

Sachverzeichnis

Kursiv gesetzte Stichworte weisen auf Gerichtsentscheidungen (in der Regel des EuGH) hin. **Fett** gesetzte Seitenzahlen zeigen eine ausführliche Behandlung des Stichworts an. Auf ein Namensverzeichnis wurde verzichtet.

Sachverzeichnis

Sachverzeichnis

Sachverzeichnis